An Inquiry into the Nature and Causes of
the Wealth of Nations

国富论

[英] 亚当·斯密（Adam Smith） 著
林敏奋 赵泽铭 译

中国科学技术出版社
·北 京·

图书在版编目（CIP）数据

国富论 /（英）亚当·斯密（Adam Smith）著；林敏奋，赵泽铭译 .— 北京：中国科学技术出版社，2024.5

书名原文：An Inquiry into the Nature and Causes of the Wealth of Nations

ISBN 978-7-5236-0650-6

Ⅰ .①国… Ⅱ .①亚… ②林… ③赵… Ⅲ .①《国富论》Ⅳ .① F091.33

中国国家版本馆 CIP 数据核字（2024）第 075230 号

策划编辑	申永刚
责任编辑	贾　佳
版式设计	蚂蚁设计
封面设计	创研设
责任校对	吕传新
责任印制	李晓霖

出　　版	中国科学技术出版社
发　　行	中国科学技术出版社有限公司发行部
地　　址	北京市海淀区中关村南大街 16 号
邮　　编	100081
发行电话	010-62173865
传　　真	010-62173081
网　　址	http://www.cspbooks.com.cn

开　　本	710mm × 1000mm　1/16
字　　数	600 千字
印　　张	51.5
版　　次	2024 年 5 月第 1 版
印　　次	2024 年 5 月第 1 次印刷
印　　刷	大厂回族自治县彩虹印刷有限公司
书　　号	ISBN 978-7-5236-0650-6/F · 1240
定　　价	108.00 元

目 录

第一卷
寻找帝国的边界

第二卷

论资财的性质、积累与使用

第三卷

论各国不同的富裕进程

第四卷

论政治经济学系统

第一卷

寻找帝国的边界

第一章

论劳动分工

社会生产力的巨大提高，人类劳动技能、熟练程度和判断决策力的巨大提升，在很大程度上都是劳动分工的结果。

为了便于理解上述论断，我们以特定手工制造业中的劳动分工为例，进行探讨分析。人们习惯性地认为，小商品制造业的分工更为精细。其实不然，小商品制造业的目标客户群体小，所需劳动者总数势必也不多。由此，不同分工任务的劳动者可以集中在同一厂房中，监督者对此可以一览无余。而对那些市场需求量大的重要商品制造业来说，由于各工种劳动者数量甚众且分散于各部门，不太可能如前者一般，全部集中于同一厂房工作。这样一来，即使工序划分比小商品制造业更加精细，重要商品制造业的监督者也会因无法一次性将各工种劳动者的工作状态纳入眼帘，从而产生了小商品制造业分工更为精细的习惯性错觉。

以制针业这一小商品制造业为例，其精细分工颇为引人注意。分工使制针业成为一种专门的职业。制针业机械的发明，或许也是分工的结果。试想，一个没有受过相关职业训练，也不熟悉相关机械使用的工人，就算他再竭尽所能地努力，也许他一天也制造不出一枚针，更不用说日产量 20 枚。就该行业的生产方式而言，如前所述，整个制针业不仅形成了专业化生产，还派生出相关的专业工序分工：如甲负责抽丝，乙负责拉直，丙负责剪断，丁将之削尖，戊负责打磨，为接下来的工序做好准备。与针头相关的则还有两三道工序：安装针头和将之涂白，还有包装，都是独立的工序。由此，整个制针流程，被分为约十八道工序。某些工厂会交由约十八名工人来完成；而有些如我所见的规模十人左右小作坊，其工人则一人身兼两三道工序。至此，就算是只有一台简陋设备、资金短缺的小作坊，只要其工人们全力工作，便可日产 12 磅（1 磅约为 450 克）重的针。以每磅 4000 枚中号针计算，该十人的小作坊可以日产 4.8 万枚针，即人均日产量达 4800 枚。该人均日产量是在合理分工的前提下，工人各司其职的结果。但是，倘若这十人在没有职业技能培训下各自为政，不用说日产 20 枚，恐怕日产一枚都困难。也就是说，若不执行专业分工劳动，使无法达到分工劳动日产量的 1/240，甚至无法达到日产量的 1/4800。

虽然其他工艺制造业未必如上述小商品制造业一样拥有如此简单而又细化的工序和合作，但是分工产生的效果和作用如出一辙。只有在制造工序中引入并执行分工，劳动生产力才会有突飞猛进的提高。如今看来，各行各业的发展，也得益于分工带来的好处。那些工业发达和社会生产力先进的国家，其行业分工也最为深入彻底。欠发达社会里由一人完成的劳动任务，在进步社会中则被细化为几道工序来完成。在进步社会里，耕田者专心务农，制造业工人仅事生产。制造生产工序被分解细化，并由不同的专业工人来完成。试想，在亚麻和毛纺业，从原材料的种植养殖，到布纺制品的漂白熨烫，再到成品的染色浆纱等诸道工序，已经分化出了多少种不同的专门职业啊！诚然，比起制造业，农业的分工是相对粗糙的。在制造业中，木匠和铁匠的工序是完全分开的；而将农业中农牧场主的工作和种植农户的工作完全分开则不容易。在纺织业中，纺纱工和织布工基本上是不同的人；但是，在农业中，耕者、耙者、播种者和收割者往往可以是同一个人。上述农业操作在一年四季更替中周而复始，一个人一直重复其中某项农业工序似乎也不太现实。不同的农业劳动操作难以完全分离开来，这也许就是农业生产力的提高速度总是比不上制造业生产力发展速度的原因。同样，一个富裕国家相对于稍逊它的邻国来说，其制造业的优越程度一般显著突出于其农业的优越程度。富裕国家在土地耕作上更加精心，也投入更多的劳力和资金，随着土地面积的增长和土壤肥沃程度的提升，产出量也相对富足。但是，这种农业产量的优势，与其所投入的劳力和资金相比，并不成正比。这表现在富裕国家的农业生产率并非总是比邻国高，至少不像其制造业生产率那样有明显优势。因此，在农业产品品质相同的情况下，富裕国家供给的谷物在价格上并不占优势。在英国、法国和波兰三个国家中，以同一等级的谷物为例，波兰的价格和法国的一样。在法国某些农业强省，大多数年份农作物收成的价格又和英国一样。从富裕和发达程度上看，英国的土地要比法国更加精耕细作，而法国的土地又要优于波兰。由此可见，欠发达国家在农业管理上虽不及富裕国家，但可以提供物美价廉的谷物产品，可以与富裕国家在市场上竞争一席之地；但是在工业制造业上，则没有任何优势可言，因为工业制造业占尽了富裕国家的土壤、气候、地理优势。再比如，在目前[①]进口生丝高额关税背景下，丝绸业在英国有点水土不服，反而在法国大展拳脚。因此，法国丝绸比英国丝绸品质更好，价格更低。然而，相同品质级别的五金业和粗毛织物业商品，英国在价格上却压倒性地胜于法

① 本书中的目前、现在、最近等词表示的时间，均参照作者写作完成时间。——编者注

国。三个国家中经济最弱的波兰，除了民生所需的粗糙制造业外，几乎没有什么主要制造业。

劳动分工的结果是同样数量的劳动者能够完成比分工之前大幅度增加的工作量，其原因有以下三点：第一，分工使劳动者的熟练程度提高；第二，工序之间衔接交换的时间缩短；第三，机械的发明，为手工劳动提供了便利，简化了劳动，使劳动者的工作量大幅度提升。

第一，劳动者工作熟练程度的提高，必然提升工作量。分工使各工序劳动者执行单纯的专门工序，其熟练程度自然会提高。虽然一个普通的铁匠已经习惯于使用锤子，却从未制造过钉子。我敢说，如果必须让这样的铁匠制造钉子，他一天也未必能造出两三百个钉子，而且质量较次。那么，一个不习惯于造钉的铁匠，因其主业不是制钉，即使他再竭尽全力，也很难达到八百到一千的日产量。我见过几位不满二十岁以制钉为业的青年人，在体力充沛时，每人的日产量可以达到两千三百多枚。然而，制钉绝不是最简单的手工操作。同一个劳动者需要拉动风箱，还要调整火候、加热铁器，以及不停地捶打锻造钉子。在锻造钉头时，还需要使用其他工具。制造一枚别针或金属纽扣所细分的各道工序，要比制钉简单得多，而终生从事这些生产的劳动者，其熟练程度极高。如果你未曾亲眼见到，可能无法想象这些手工劳动者的熟练程度。

第二，分工使工序转换之间的时间缩短程度，要比我们想象的大得多。从一种工作转移到另一种在不同地点、用不同工具进行的工作。由于工作地点和使用工具的不同，从一种工作转移到另一种工作，是不可能无缝衔接的。试想，一个乡村织布匠，同时经营一个小农场，那么他从织布机转到田间，又或是从田间转到织布机，都要耗费很多时间。如果这两类工作都能在同一工作地点完成，转移损耗的时间无疑会节省很多。即便如此，也会消耗相当多的时间。人们从一种工作转到另一种工作时，通常都需要适应一段时间。当他们刚开始新的工作时，很难马上满腔热情和投入思考，不免心不在焉一会儿；每个乡村劳动者几乎每天要干二十多种不同的活儿，基本上每半个小时换一次工种和工具，自然而然就养成了这种漫不经心和闲散的习惯。即使在最紧迫的情况下，他们也很难全情投入工作。因此，基于上述原因，即使这些乡村劳动者在劳动工作技术方面没有欠缺，他们能完成的劳动工作量还是会大打折扣。

第三，人们应十分清楚，适当使用机械给劳动带来的简化和效率的提升。这无须赘述。因此，我只想说，那些简化劳动带来便利的机械的发明，最初也似乎是源于劳动分工。当全神贯注投入到一个目标上时，人们通常更容易发现更简便而迅速达到目标的方法。劳动分工使每个人的全部注意力自然而然地集中在一个非常简单的目标上。因此，只要这种工作性质还有改进的余地，各劳动部门所雇佣的劳动者，自然很快就能找到更容易更简单和便利的方法来完成工作。于是，在劳动分工最精细的手工制造业中，最初所使用的机械中，很大一部分都是普通工人发明的。他们专攻最简单的劳动操作，自然可以用心找到简便的工作方法。经常参观劳动工厂的人，一定会经常看到精巧的机械，这些机器正是这些工人为了自己工作便利和高效而发明的。最初的蒸汽机，通常要雇佣一个男孩，根据活塞的升降，不断打开和关闭锅炉和汽缸之间的通道。其中一个男孩，由于想要和他的伙伴们玩耍，就直接用一条绳子把开关通道的活塞阀门的手柄直接系在了机器的另一部分，这样就无须经过人力，活塞阀门就可以自行开关。就是男孩这样一个想节省自己劳力的发明，成了蒸汽机自发明以来最伟大的改良之一。

然而，机器的改良并非全是机器使用者完成的。当机器制造业成为一种专门行业后，机器的改良一部分出自具有聪明才智的机器专业制造商，也有一部分出自哲学家和思想家。他们的任务不在于制造任何实物，而是通过观察，把原来风马牛不相及的事物联系起来。在社会发展过程中，哲学或思辨推想也会像其他社会职业一样，成为某一特定公民的主要业务或专门职业。正如其他职业一样，哲学也分为许多不同的分支，每一个分支都有特定的哲学家群体。所有行业中对工种的细分，不仅提高了熟练程度，还节省了时间。每个人在自己熟悉的专业领域里愈加精通，不但能提高整个领域的劳动产量，而且能大大增加产品的科技含量。

在一个政治修明的社会里，正是由于劳动分工，各种不同行业的产品大量增加，才使最低阶层的人民都能享有丰盈的物资。每个工人都有大量的工作要处理，超出了他自己的需要。处在相同的环境中，其他劳动者也可以用大量自己生产的产品来交换。换句话说，他可以用来交换其他劳动者相同价值的产品。他有能力提供别人所需的物品，而别人同样也可以充分满足自己的需求。由此，普遍的产品物资富足逐渐渗透到社会的各阶层中。

让我们来考察一个文明而繁荣的国家里最普通的技术劳动者或零工的日常生活用品。不难发现，这些生活用品的生产过程，无一不是众多劳动者参与的，尽管只是参与其中最微乎其微的部分。就拿零工所穿的毛呢外套为例，就算质量再粗劣，它也是众多劳动者联合劳动的产物。它结合了牧羊人、分拣工，或梳毛工、染色工、梳理工、纺纱工、织布工、漂洗工、缝纫工，以及许多其他工人的劳动技艺。此外，还需要动用到多少贸易商和运输业劳力才能将原材料从不同工序场所运送到相隔甚远的另一工序的场所啊！再者，又需要多少商贸业和航运业劳力，才能将来自世界各地的各种染料汇聚起来供染色工使用啊！其中要涉及造船业、航海业、制帆业、桅绳业的劳力集合!

这里还没有算到复杂而精密的机械，比如水手工作所用的船，漂洗工所用的水车、纺织工所用的纺织机。就算是牧羊人用于剪羊毛的剪刀这么简单的机械，其制造都需要数个不同工种的分工合作。由此，锻造出一把极其普通的剪子，都需要汇集来自金属矿工、冶金业建造商、五金销售商、锻工、铁匠等不同的手艺和技能。我们以同样的方式来考察该零工的服饰和家用器具，比如他贴身穿着的粗麻衬衫，脚上所穿的鞋子，睡觉所用的床以及各种床上用品，烹调所用的炉灶，从地下挖掘并通过遥远周折的海路或陆路运来用来烹调的煤炭，其他的厨房用具，餐桌用具（刀叉），盛装食物所用的陶瓷和锡制器皿，烘焙和酿制用具，还有用来透光透热、遮风避雨的玻璃，和使地球北部地区的人们享受到舒适居所的知识和技艺，以及生产这些生活必需品的所有工具等。当我们结合生产过程中所投入的各种劳动去探究一切物品时，我们就会发现，如果没有成千上万工人的分工协作，在一个文明国家里最普通的工人也不可能得到最简单平凡的日常生活用品。诚然，相比富裕人士的奢靡，普通工人的日常所用肯定是简朴平凡的。

第二章

劳动分工的起因

劳动分工产生了如此之多的利益，但它最初并不是人类智慧的结晶，人类智慧能够预见并期望通过劳动分工带来普遍富裕。它是人类倾向的互通有无、以物易物、相互交换的必然结果，这种倾向是缓慢而渐进的，在最初并没有很强的功利性。

这种倾向是否由人性中无法透彻分析的本能所导致，抑或是人类理性和言语能力的必然结果，这些都不属于我们现在要研究探讨的问题。但它的确是人类所共有的和特有的一种倾向。在其他任何物种中，并未发现这种契约行为倾向。两只猎犬协同行动追赶同一只野兔时，它们合作将野兔赶向同伴以便追堵拦截，但这只是某一特定时间段内偶发性的协同合作动作，并不是任何契约的结果。我们从未见过两只狗公平而审慎地交换骨头的现象，也未见过一种动物通过它的姿势和叫声来暗示另一种动物，“这是我的，那是你的，我们来交换吧”。当一只动物想要从人或另一只动物身上获得某物时，除了讨好，别无他法。一只长毛垂耳犬做出各种努力，千方百计吸引它那晚餐桌上的主人的注意，只是为了讨要食物。人有时也会对同胞使用同样的殷勤讨好技巧，卑躬屈膝、谄媚奉承以试图获得其欢心。虽然一个人在一生中兴许交不到几个好朋友，但是生活在文明社会中，他会需要大量的合作和别人的帮助。在所有其他物种中，每一个体成年后都是全然独立的，在其自然状态下不需要任何其他动物的帮助。但是人类往往需要同胞的帮助，然而这种帮助不能单凭他人的仁慈和善意来获取。如果能激发他人的自利之心，让他人明白帮助自己对他们来说利己利人、有益可得，那么获得他人帮助的成功概率就会大大增加。任何交易都是以这样的规则行事的：予以我需，汝将获益。这也是交易的终极意义所在。我们正是通过这种方式，从彼此那里获取了自己所需的大部分援助。我们获取每日所需之食，并不是来自屠夫、酿酒商或面包师的仁慈恩惠，而是出于他们自己的利己之心。我们无须向他们讨好乞怜，也不用诉说我们的需求，只要唤起他们的利己之心，强调他们能获取的利益就够了。除了乞丐，没人愿意仰仗他人的爱心来生活。不过，即使是乞丐，亦不能完全依赖他人的怜悯。诚然，善心之人为乞丐提供了生活所需。但是，乞丐不可能在任何有需要的时候立马获得他人的施舍。他的偶尔所需，也都是和多数人一样的方式，通过契约、交换和购买来获取的。他用别人施舍的钱购买食物。他用他人捐赠的旧衣服去交换另一件更适合他的旧衣服，或是住所、食物、钱，随后再用这些钱购买食物、衣服、住所。

正如我们通过契约、交换和购买，从彼此那里获得所需一样，最初造成劳动分工也正是由于这一交换获得所需的倾向。例如，在狩猎或游牧民族中，善于制箭之人可经常用所制之箭与他人交换肉食。他逐渐发现，与其自己亲自野外捕猎，不如用自己擅长之技来获取更多的肉食。最后他发现，用这种方式，他可以得到更多的牛和鹿，而不是自己去野外捕捉它们。就这样，他的兴趣和所长就成为他的主攻领域，后来他成了弓箭武器制造者。再比如，另一擅于制造小木屋或可移动房屋的框架和屋顶之人，邻居经常用肉食来回报他的劳动。这也使得他逐渐发现自己之所长可以获利，于是便成了房屋建造者。同样，有人成了铁匠或铜匠，有人成了制革匠或皮匠，皮毛皮革是未开化人类最初的主要衣料来源。从而，人类使用自己消费剩余的劳动产品，来换取自己所需的他人的劳动生产物的剩余部分。这便刺激了个人投身自己的特定业务，并为之培养和完善自己的才能，发挥自己的天赋。

事实上，各人的才能和天赋差异，并非我们想象的那般大。多数情况下，与其说，区分不同职业的不同才能是劳动分工的原因，倒不如说，是劳动分工导致不同才能之划分。以哲学家和普通街头搬运工的对比为例。这两位截然不同之人的差别，更多是源于习惯、风俗和教育，并非出于天赋。从出生到七八岁之前，其才能天赋，他们的父母和玩伴都难以看出显著区别，因为非常相像。随后不久，他们开始从事截然不同的职业。于是，人们便可以清晰明辨他们之间与日俱增的显著差异。直到最后，两者的任何相似之处被哲学家为虚荣心所驱使，几乎不肯承认他们之间有一点类似的地方。但是，如果没有互通有无、以物易物、相互交换的倾向，所有人都必须亲自生产制造生活必需品，所有人都必须履行同样的职责，从事同样的工作，那么，职业的划分和职业分类带来的才能的巨大差异将不复存在。

交换的倾向，使得不同职业催生的才能上的显著差异更有意义。同一物种，其天性使然的才能差异，要比习俗和教育给人类带来的才能差异显著得多。就天赋和才能而言，哲学家与街头搬运工之间的差别，远不及獒犬与猎犬的差别，或者猎犬与长毛垂耳犬的差别，又或是长毛垂耳犬与牧羊犬之间的差别。这些属于同一类物种的动物，却对彼此没有任何用处。猎犬的敏捷、长毛垂耳犬的机敏或牧羊犬的温顺，都不会对獒犬的凶猛有任何帮助。由于没有交换的能力和倾向，它们不可能汇集各种不同的才能而形成共同的资源，也无法向同类提供更好的便利。动物不得不各自独立、自给自足和自我保护。它们丝毫得不到自然赋予的各种不同才能的联合优势。人类则不同，人类通过互通有无、以物易物、相互交换，将彼此之间不同的才能予以互用，汇集成能各取所需的共同资源和财富平台。

第三章

论劳动分工受市场范围的限制

交换催生了劳动分工，所以分工程度势必受到交换能力的限制，换言之，分工程度受市场范围大小的限制。当市场过小，就不能激励鼓励人们毕生致力于一项专门的职业。因为市场过小，导致他们无法拿自己的劳动生产物的剩余部分去随意交换自己所需的别人的剩余劳动产物。

有些产业，即使是最低级的产业，也只能存在于大城市。例如，搬运工就只能栖身于大城市。因为小村庄空间狭小，中型城镇也不足以维持他的生计。散落于苏格兰高地这样荒凉孤寂的小村庄里，农夫们不得不为了生计包揽了屠夫、面包师和酿酒师的活儿。在这种情况下，方圆 20 英里（1 英里约为 1.61 千米）的范围内很难找到铁匠、木匠或泥瓦匠。离人烟最近的地方，也是零零星星分散在 8 到 10 英里远的人家了，农户们只能学会自己动手去干这些林林总总的小事儿。而在人口密集的地方，就有专业的铁匠、木匠或泥瓦匠来干专门的活儿。在农村里，一个人要兼顾几项性质类似、用材用料也接近的业务，这种现象相当普遍。一位乡村木匠要制作各种各样的木制品，一位乡村铁匠要制作各种各样的铁制品。前者不单是一位木匠，同时还是一位细木工，一位家具师，一位木雕匠，轮子制造工，耕犁制造工，甚至是手推货车和四轮货运车的制造工。铁匠的工作也是极其繁杂的。在苏格兰高地那样偏远的内陆地区，靠制钉业来维持生计也不可能。专业的制钉工日产量是1000 枚，如果一年的工作日按 300 天来算的话，年产量可达 30 万枚。但在苏格兰高地那样的穷乡僻壤，一年也无法消费掉专业制钉工的日产 1000 枚钉子。

由于水运为工业开辟出了一个比陆运更广阔的市场，各行各业的分工改良，首先出现在沿海地区和通航河道沿岸。通常要过很长一段时间，这些分工的改良才会蔓延到其他内陆地区。一辆由两人驾驭、八马动力的宽体货运马车，往返于伦敦和爱丁堡之间运载约 4 吨重的货物，大约需时 6 周。而相同需时情况下，一艘 6 至 8 人驾驶的船，可运载 200 吨重的货物，往返于伦敦和利斯港之间。由此可见，在水运的帮助下，6 至 8 人可以用相同时间，在伦敦和爱丁堡之间，运送原来需 100 人、400 匹马和 50 辆宽体货运马车输送的货品量。由此，从伦敦到爱丁堡，用最廉价的陆运运输 200 吨的货物，需要负担 100 人 3 个星期的生活费，以及 400 匹马 50 辆宽体货运马车的维持费。同样的货物由水运运输，充其量只需要承担 6 至 8 人的生活费，运载量 200 吨的货船的损耗费和水运陆运之间保费的差价。因此，如果在两个只能实现陆运的城市之间，除了那些重量不大而价格昂贵的货物之外，便没有其他可以在两地之间运输的货物了。受其制约，这两地之间的商业往来就只能存在于有水运的情况下，两地之间为彼此的商业产业发展所提供的便利也只是如今的一小部分。这样一来，两地的商业活动将大大减少。照这样看来，世上偏远之地之间就不可能存在各种形式的商业往来。什么货物能负担得起从伦敦到加尔各答之间的陆运费用？即使有，又如何安全通过横亘于两地之间的众多原始部落呢？而现如今，两地都进行着大规模的贸易，并相互提供市场，为彼此的产业发展提供着便利和帮助。

那么，既然水运有如此之多的优势，工艺和产业的改良自然先从水运便利之地开始，之后很长一段时间才蔓延普及至内陆地区。在很长的一段时间里，由于离河海太远，内陆地区只能在它们的邻近地区销售货物。于是，在很长一段时间内，内陆的市场规模势必与富裕程度和人口数量成比例，其产业改良和发展也相应落后于水运便利之地。英国[①]的北美殖民地所开发的种植园，都是沿着海岸或河岸延伸，很少拓展领域至远离海岸的地区。

根据最可靠史料记载，世上最早被开化的民族就位于地中海沿岸的海湾各地。地中海是全世界最大的内海，没有潮汐，较为平静，除了大风引起些许浪涌之外，鲜有波涛汹涌的时刻。在指南针尚未普及、造船业尚不发达的时代，地中海无疑是海运初期之首选。在古代，穿越驶过直布罗陀海峡（被称为赫拉克勒斯[②]之柱）向西航行，被认为是航海史上最冒险的壮举。即使是当时以航海和造船业而举世闻名的腓尼基人和迦太基人，也是到了后期才敢于尝试。而在此后很长一段时间内，没有其他民族的人敢于尝试。

地中海沿岸各国中，埃及是在农业和制造业方面最先发展和改良的国家。埃及北部的繁华地带都分布在尼罗河两岸数英里之内。尼罗河有无数大大小小的支流，遍布埃及南部。只要略加修整，稍加改造，这些支流可以为所有的城镇，甚至是村落里的村庄农舍，提供水运的各项便利。这种情形与荷兰的莱茵河和麦斯河带来产业的兴旺并无二致。如此广泛而便利的内陆航运，是埃及早期兴起和埃及早期文明发达的主要原因之一。

---

① 本书中“我国”均指英国。——译者注

② 赫拉克勒斯（Heraculus）是希腊神话中勇敢无畏的英雄，用赫拉克勒斯之柱来命名，可见该航道的凶险。——译者注

在东印度孟加拉各省，以及中国东部的一些省份中，农业和制造业也在早期得到较大的发展和改良。印度的恒河和其他几条巨大的河流，也如埃及的尼罗河一样，有着可通航的网络。中国东部各省份亦是如此，大大小小的支流，形成了互通的水运通航网络，其内陆航运的范围比尼罗河或恒河都要广，甚至尼罗河和恒河两者的航运范围相加也望尘莫及。

非洲的内陆地区，黑海和里海以北遥远的亚洲地区，古代的塞西亚、现在的鞑靼和西伯利亚，似乎历来都处于未开化状态。鞑靼海是不能通航的冰洋，尽管也有著名的大河都流经此地，但因彼此相距甚远，而大大限制了该地的商业贸易和交通发展。欧洲有波罗的海和亚德里亚海；欧亚大陆有地中海和黑海；亚洲有阿拉伯、波斯、印度、孟加拉以及暹罗诸海湾；而非洲则一个内海都没有，境内各大河之间相距甚远，无法实现大规模的内陆航运。另外，即使有大河流经某国，但若没有支流，其下游和出海口都途经他国领土，该国的商业发展势必受到阻滞。因为该国的海上交通往来，随时都要受到下游国的限制。这就是多瑙河不能为巴伐利亚、奥地利和匈牙利等国提供商业便利的原因。但倘若某国掌握了多瑙河到黑海的航道管理权，那整个情形就截然不同了。

第四章

论货币的起源和效用

劳动分工一旦彻底确立，个人劳动产能仅能供应自己极小部分的所需。个人必须以自身劳动产出剩余，与他人换取自己所需的部分以满足自己绝大部分所需。于是，每个人都以交易为生，或者在某种程度内，每人都变成了商人，而整个社会本身也就发展成为商业社会。

但是，在劳动分工伊始，交换的运作往往受到种种阻碍。我们可以假设，甲所拥有的某种商品超出甲的所需，而乙持有的商品却不足以自己消费。这样，甲乐于出售，乙乐于购买。然而，倘若乙并没有甲所需的商品，甲乙之间就不可能进行交易。就好比，屠夫店里的肉多到自己吃不完，啤酒商和面包师都愿意向他购买肉。但是除了他们本业的产品之外，没有其余的东西可以与屠夫交换，而屠夫已经持有足够的面包和啤酒。此时，他们三者之间的交易也无法成立。屠夫做不了啤酒商和面包师的生意，后者也不能成为屠夫的顾客了。于是，三者彼此之间无法互惠互利。各时代、各社会中都不乏一些有识之士，他们为了顺利达成交易，自然会持有一定数量的商品，这些商品虽非自身劳动产物，却可以用来和任何人的劳动产物进行交换，而不被拒绝。

基于此，人们先后考虑到和使用过许多不同的商品。据说在原始社会时期，牲畜便是当时普遍的交易媒介。虽然，牲畜并不方便携带或运输，但是我们发现，古代常用牲口数量来表示商品价值。荷马曾说，狄奥米德（Diomede）[①]的盔甲仅值九头牛，但格罗卡斯（Glaucus）的盔甲则价值一百头牛。我听说，阿比西尼亚（Abyssinia）[②]地区常以食盐作为商业交易的媒介；印度海岸某些地区经常使用贝壳作为交易媒介；纽芬兰使用干鳕鱼来交易；弗吉尼亚使用烟草；西印度殖民地使用糖；某些国家还会使用皮草皮革。我还听说，如今在苏格兰的一个村庄里，钉子才是购买面包或啤酒的交易媒介，而非货币。

然而，在所有国家里，人们似乎基于不可抗拒的理由，选择了金属取代其他，当作交易媒介。金属耐磨，这点上胜于其他物品。金属不仅能持久地保存，而且几乎可以毫无损失地被分割，而后还可以被熔化并变回原形。正是由于以上的优势，金属比其他任何物质都适合作为商业交易媒介。例如，甲想要购买盐，而又只有牛可以用来交换的人，他就必须一次性购买与整头牲畜价值相当的盐。他无法少买，因为他用来交换的牲口无法毫无损失地被分割。同理，如果他想多买，他必须购买与牲口两倍或三倍价值等值的盐。相反地，如果甲使用的是金属而非牲口来交换，他就可以很容易地将金属按比例进行分割，用来购买符合自己所需商品的数量。

不同的国家使用过不同的金属作为交易媒介。古斯巴达人常使用铁，古罗马人使用铜，其余富庶发达的国家则使用金银。

最初这些用于交换的金属，都只是粗糙的条状，没有铸币，也没有防伪戳记。普林尼[③]（Pliny）说，据古历史学家蒂米阿斯

① 狄奥米德是荷马史诗《伊利亚特》中的希腊英雄。——译者注

② 阿比西尼亚是埃塞俄比亚的旧称。——译者注

③ 见《自然史》（*Natural History*）。普林尼，著有《自然史》。——译者注

（Timaeus）所说，古罗马人一直使用没有防伪戳记的粗糙铜条作为货币，直到塞维乌斯·图利乌斯（Servius Tullius）[1]时代，方才使用铸币。

这种粗糙的金属作为货币存在两大不便之处：其一是称量麻烦；其二是鉴定困难。贵重金属在质量上失之毫厘，在价值上则谬以千里。想要精准地称量这些贵金属，就必须具备精密的砝码和天平。尤其是金的称量，更需要精细的操作。而粗糙的金属的些许称量误差，则对其价值没有什么影响，因此无须锱铢必较。然而，对穷人来说，哪怕是价值区区几个铜板的货物，也要认真衡量，实属麻烦。鉴定金属的操作工序则更加烦琐。只有经过金属取样后使用熔化剂，在坩埚中充分熔化，才能获得可靠的检验鉴定结果。然而，在铸币制度确立之前，不使用这些这种烦琐而困难的鉴定方法，就容易受到最严重的欺诈和遭受最大的伤害。交换所得到的，可能是看起来一磅重的纯银或纯铜，实则是混入许多粗糙低贱金属的仿制品。为了消除弊端，方便交易，进而促进工商业发展，一些较发达的国家达成了共识：在国民用于购买的金属上打上防伪戳记。于是有了铸币制度和铸币厂这种官方机构。这种制度，类似麻布呢绒检察官制度。这些国家机关的设立，都是为了用有公信力的戳记（以下简称“公戳”）来统一商品的性价，规范市场交易。

最早盖在金属上的公戳，是为了确定难以确定而又必须确定的金属货币的品质和纯度。当时的戳记，很像现代英国银币上的纯度标记，也像印在金块上的西班牙纯度标记一样，只是用来表示纯度，而不代表质量。有的戳记只打在金属的一面，并不覆盖整个金属。传载，亚伯拉罕按他先前的承诺，秤了四百舍客勒（Shekels）

① 塞维乌斯·图利乌斯为罗马第六代君主。——译者注

银子给了以弗仑（Ephron），以购买麦比拉（Machpelah）地。据说，舍客勒是当时的流通货币，交易是按质量而非数量，就像今天的金条和银条一样。据说，在古代撒克逊国王入主英格兰，是以各种粮食食物支付赋税，而非金钱。而后威廉入主英国，引入使用金钱缴税的制度。在很长一段时间里，国库收入都是按货币质量而非数量来计算。

铸币制度的诞生是为了精确称量金属而免去麻烦。打在金属两面的公戳，不仅标明了金属的纯度，还显示了金属的质量。至此，交易时省去了称量的麻烦，只要清点收到的数量即可。

最初这些铸币的面额，标明了金属的质量或数量。在确立首个罗马铸币的塞维乌斯·图利乌斯时代，当时的货币阿斯（As）或庞多（Pondo）中含有1罗马磅的纯铜。庞多币和我们的特鲁瓦磅（Troyes pound）一样，分成12盎司（1盎司约为28克），每盎司含有一盎司纯铜。在爱德华一世①时期，每英镑（Pound）②含有一塔磅③的上等银。塔磅比罗马磅重，比特鲁瓦磅轻。直到亨利八世十八年，才引入特鲁瓦磅。查理曼时代的法国货币里弗尔（Livre），含1特鲁瓦磅的上等银。当时欧洲人民经常到法国东北部香槟省的特鲁瓦集市去，这个著名市场的度量衡制度是众所周知和受人尊敬的。从亚历山大一世到罗伯特·布鲁斯时期的苏格兰，苏格兰币每磅含有与英格兰磅同重同品质的纯银。英国、法国和苏格兰的便士币，最初都是一便士④重的足银，即是一盎司的二十分之一，一磅的二百四十分之

① 爱德华一世（1239—1272），英国杰出君主。——译者注

② 英镑，Pound，本书出现的镑，如无特殊限定词，皆为英镑。

③ 英国铸币的塔衡制，单位：塔磅；金衡制，单位：盎司或磅。——译者注

④ 便士是英国货币辅币单位，1英镑=100便士。——编者注

一。英国的先令[①]最初也是表示质量。亨利三世的一项古老法令规定：当每夸脱[②]（1 夸脱 =8 及耳 =2 品脱 =1/32 蒲式耳[③]=1.1365 升）小麦价值 20 先令时，售价一法新（英国以前使用的旧铜币，等于 1/4 便士）的上等小麦面包，质量要达到 11 先令 4 便士的。然而，先令与便士（1 镑 =20 先令，1 先令 =12 便士），或是与镑之间的比例经常上下浮动，便士与镑之间的比例相对稳定和统一。在法国早期的统治时代，法国的苏币或先令在不同的场合的价值一直在浮动，有时 5 便士，有时 12、20 便士，甚至 40 便士。在古代撒克逊人时代，一先令一度只值 5 便士，其含量变化，就像他们的邻居古代法兰克人的先令一样上下浮动。法国自查理曼时代起，英国自威廉一世时代起，镑、先令和便士之间的比例与现在基本一致，尽管它们各自的价值已有很大的不同。我们有理由相信，世界任何角落都存在贪婪和不义的君主和主权国，滥用了臣民的信任，逐渐减少了货币中所含金属的实际分量。罗马共和国后期，阿斯币的质量减少到原来的二十四分之一，名义上含铜一磅，实际只有半盎司的铜。英格兰镑和便士目前仅有原来的三分之一；苏格兰镑和便士仅有原来的约三十六分之一；而法国镑和便士大约是原价值的六十六分之一。借着这种做法，这些缺斤少两的主权国，便能以低于实际数量的白银偿还债务。实际上债权人损失了一部分应得权利。这就造成了该主权国中其他债务人争相效仿，用贬值的新钱，换掉之前的旧债。事实证明，这种偷减货币金属含量的做法对债务人有利，却侵害了债权人的权利。这对个人私有财产造成的普遍损失，比巨大的公共灾难所造成的损失更多。

---

① 先令是英国旧辅币单位，1 英镑 =20 先令。——编者注

② 夸脱是个容量单位，主要在英国、美国及爱尔兰使用——编者注

③ 蒲式耳是一种计量单位，1 蒲式耳在英国相当于 36.3688 升。——编者注

货币通过这种方式，在所有文明国家成为商业通用媒介。各种商品的买卖和交换得以运行。

我们将继续探讨物物交换或货币交换时所遵守的规则。这些规则决定了商品的相对价值或交换价值。

应当注意，“价值”一词有双重含义：其一表示使用价值，即某一特定物品的效用；其二表示交换价值，即表示拥有该物品者的购买力。那些具有最大使用价值的物品，往往具有极小的交换价值或几乎没有交换价值。相反，那些具有最大交换价值的物品，往往具有极小的使用价值或几乎没有使用价值。没有什么比水更有使用价值的了，但水无法交换购买到其他物品。相反，钻石几乎没有使用价值，但可以交换到大量的其他物品。

为了探讨决定商品交换价值的规则，我将尽力说明如下问题：

第一，什么是交换价值的真正衡量标准？或者说，是什么构成了商品的真实价格？

第二，实际价格包含哪些不同成分？

第三，什么情况导致了某些或全部商品的真实价格，时而高于、时而低于自然价格或普遍价格？

换言之，哪些因素导致市场价格、实际价格与自然价格不一致？

我将在接下来的三章里，尽力解释以上三个问题。这三章内容，可能略显冗长和赘述，请读者们多一点耐心，细细品读其中的细节和深意。某些地方我已竭尽全力阐述但也许仍然不甚明晰，也请读者们多加思考和探索。为了深究缘由，我自然无惧烦琐，但无奈此乃极端抽象晦涩的课题，难免仍有费解之处，还望读者们海涵。

第五章

商品的实际价格与名义价格，即劳动价格与货币价格

一个人的贫富，是依其享有生活必需品、便利品及娱乐的程度而定的。而在劳动分工确立之后，各人所需的其中很小一部分是由自身劳动所获，其余的绝大部分仍需仰仗他人劳动。于是，富裕程度取决于各人所能支配或能购买的他人的劳动量。因此，一个拥有自己的剩余劳动而欲将之用于交换的劳动产物价值，就等于该人所能支配或购买的劳动量。换言之，劳动才是衡量所有商品交换价值的真实尺度。

任何一件物品的真实价格，即某人欲获得它需付出的劳动和艰辛的真实代价。对于已经持有该物，而又欲以其用来交换他物的人来说，该物的实际价值在于它可以为自己省免而又加之于他人的辛苦和麻烦。实际上，用货币或以物易物而得到的物品，也是通过劳动购买的，与我们付出自身辛苦劳动等值。诚然，货币或该物省却了我们的周折。它们的确包含了我们想要交换等量他人劳动的价值，由此意义上说，劳动是购买一切商品原始抵偿货币，是第一原始价格。世界上任何财富，最初都是用劳动来购买的，而不是用黄金白银；对愿意交换新财富的财富持有者来说，他的所有价值，等同于他们能购买或支配的劳动量。

正如霍布斯所说，财富即权力。但获得或继承了一笔巨额财富的人，并不一定能获得或继承任何民事或军事上的政治权力。拥有财产，或许能为获得这两种权力提供便利，但仅仅靠拥有财产，并不一定能获得上述两种权力。拥有财产给予他的直接权力是购买力，是对市场上的所有劳动或劳动产品的支配力。拥有财产的多少，与他能购买他人劳动或劳动产品的支配力是成正比的。任何物品的交换价值，都始终等值于它带给其拥有者的劳动支配力。

虽然劳动是衡量一切商品交换价值的真实尺度，但商品价值通常却并不总是由劳动来衡量的。要确定两种不同的劳动量之间的比例是困难的。不同工作所耗费的时间，并不能单独决定劳动量的大小。劳动的难易程度、精细程度和所需的智力多少，都必须考虑。一个小时的困难工作要比两小时的轻松工作包含更多的劳动力；在一项学习十年才能胜任的行业里工作一小时，可能要比在一项普通工作行业中做一个月的劳动量还大。人们在交换不同种类的劳动产品时，通常会对劳动的困难程度和精巧程度都有所考虑。虽不能用也无法找到任何关于两者的精确标准，但目前市场上的讨价还价，还是足以应付日常买卖的大致等值交换。

此外，当商品种类多时，交换通常在商品之间进行；而当商品种类少时，则是用商品交换劳动。因此，对其交换价值的估价，更多的是依据其他商品的交换数量，而非该商品的劳动力购买量。而且，某种特定商品的直观数量更清晰明了，要比抽象的劳动量要更容易被充分理解。

但当物物交换停止，货币成为商业的普遍交易媒介时，特定商品更多的是与货币进行交换，而非与其他商品直接交换。屠夫很少把牛羊肉拿去直接换取面包或啤酒，而是去市场用牛羊肉换取货币，后用货币金钱换取面包和啤酒。他在市场得到的货币数量，决定了他购买食物的数量。因此，对他来说，以货币直接交换肉类，能直接衡量肉类的价值，这比用肉类换取其他食物的数量来估计价值更便捷。宁愿说肉类值三四便士一磅，也比说他卖的肉值三四磅面包或三四夸脱啤酒来得直观明了。因此而产生的现象是：任一种商品的交换价值，并不是用劳动力或是可交换商品的数量来表现，而更多的是直接用货币价值来表现。

然而，金银和其他商品一样，价格时高时低，购买时难时易。在交换时，一定量的金银所能购买或所能支配的劳动量，往往取决于当时的金银矿产量。16 世纪美洲丰富金银矿的发现，使欧洲金银价格贬值为原价的三分之一。由于从矿场开采到进入市场的劳动力成本更低，上市后欧洲的这些金银所能购买或支配的劳动也相应减少。此次金银价额波动程度兴许是最大的，但史上记载绝非仅此一例。但是，有些量的尺度，比如一步之长，双臂张开之宽或一手所能握住的量，不可能成为其他商品量的衡量准确尺度，是因为这些量本身就因人而异，不断变化。等量的劳动在何时何地，对劳动者来说，都具有同等价值。在他正常的健康、体力和精神状态下，在劳动技能和熟练程度正常发挥的情况下，一位劳动者必然总是牺牲了等值的舒适、自由和快乐。无论他的回报所得多少，总是和他所付出的代价等值。有时可购买的商品多一些，有时少一些，但这是由于这些商品本身的价值在波动，而不是购买商品的劳动价值在波动。无论何时何地，难以获取或是需要大费周章才得以获取的东西，价格就高；容易找到或是需要较少劳动就能得到的商品，价格就低。因此，只有本身价值恒久的劳动才是最终的真实标准。一切商品的价值在何时何地都可以用劳动来衡量和比较。由此，劳动才是商品的真实价格，而货币只是商品的名义价格。

虽然对劳动者来说，等量的劳动有等量价值，但对雇主来说，其价值却时高时低。雇主购买劳动所需要付出的时多时少，对雇主来说，劳动的价格也和其他商品价格一样是波动的，时贵时贱。其实，只是商品时贵时贱而已。

因此，从这个普遍意义上说，劳动力和其他商品一样，也有实际价格和名义价格。其实际价格存在于劳动所提供的生活必需品和便利品的数量；其名义价格就以货币量表现。劳动者的贫富，劳动报酬的高低，都与劳动者的劳动实际价格成正比，而非与名义价格成正比。

实际价格和名义价格的区分不仅仅是一个理论问题，有时具有相当大的实践意义。相同的实际价格总是具有相同的价值；但是由于金银价值的波动，相同的名义价格，有时则具有极其不同的价值。因此，当地产所有人要售卖永久租佃时，如果想要使地租价值保持相对不变，重要的就是不要把地租用特定数额的货币来规定。有两种波动将影响货币价值：一是不同时期同一货币单位内所含金银量的不同；二是不同时期内等量金银价值的不同。

君主和主权国往往为了眼前利益而减少铸币中所含纯金属的量，却从未想过要增加铸币所含金属的量。各国均是如此。因此，货币地租的价值才会随之降低。

美洲金矿的发现，使欧洲金银贬值。人们通常认为，这种贬值态势仍在继续，而且长时期内不会扭转。基于这种假设，货币地租的价值不会增加，只能减少。即使把地租定价为若干盎司纯银，亦于事无补。

即使在货币单位未发生浮动的情况下，谷物地租的价值也比货币地租更加保值。直到伊丽莎白立法规定，所有学院[①]地租的三分

---

① 据立法第6章，学院指牛津大学、剑桥大学、温彻斯特公学和伊顿公学。——译者注

之一保留用谷物地租形式，三分之二或以货币支付，或根据市场的时令价格兑换谷物进行支付。

据布莱克斯通博士统计，谷物兑换的地租收入，虽然最初只占全部地租收入的三分之一，但如今升值到其余三分之二地租价值的两倍了。照这样计算，各学院的货币地租价值，肯定贬值到其原有价值的四分之一，或是相当于原值谷物的四分之一了。而自菲利普亲王和玛丽女王执政以来，英国铸币金属含量价值几乎没有变化，同样数量的镑、先令和便士所含纯银基本和其面值相当。因此，学院货币地租的贬值，完全是银价下跌的结果。

银价下跌，再加上铸币含银量减少，会带来货币地租的更大贬值损失。较英格兰来说，苏格兰的铸币含银量发生很大变化；而法国的铸币含银量变化比苏格兰还要大得多。这就导致了两国某些原本价值可观的早期的货币租金价值，而今几乎降为零了。

在两个相隔遥远的时期，以等量劳动换取劳动者维持生计的生活必需品谷物，要比用等量的金银或其他商品更接近实际价值。因此，在古时，等量的谷物价值更接近相等的实际价值，或者换言之，谷物使其拥有者能够购买或支配等量的他人劳动。那么，从购买和支配他人劳动这点上说，谷物几乎要比任何其他等量的商品，都要做得更好，尽管等量的谷物的实际价值也不完全是不变的。正如后文将尽力说明的那样，劳动者的生活物资，或劳动的实际价格，在不同的场合，差别还是很大的。比如，生活物资在富裕社会中最为丰盛；而相较于衰退社会，生活物资在停滞社会中更为丰富。然而，在任何特定的时间，任何商品所能兑换购买的劳动量，是与它在当时所能购买的生活物资量相当的。因此，谷物地租的波动变化，取决于谷物兑换购买劳动量而变化。而其他商品形式的地租，会受到两方面因素的影响而变化：谷物兑换购买劳动量的变化，以及该商品兑换购买谷物量的变化。

尽管我们要注意到，谷物地租的实际价值在不同世纪之间的变化，比货币租金的变化要小得多。但谷物地租在不同年份之间的变化则大得多。正如后文将要说明的那样，劳动的货币价格，并不逐年随着谷物价格而波动，它与生活必需品的平均或普通价格成比例。后文同样会说明，谷物的平均价格或普遍价格，又受银价、白银矿产资源的丰富或稀缺，运输白银所需劳动力而消耗的谷物数量而影响的。银价在不同世纪之间变化很大，却很少在不同年份之间变化很大。通常，银价在半个世纪或整个世纪内基本保持不变，或几乎不变。谷物的平均或普遍价格，在半个世纪到一个世纪这么长的一段时间内，也可能保持几乎不变；同理，只要社会其他方面保持基本相同的状态下，劳动的货币价格也是如此。与此同时，谷物的临时或偶然价格可能经常比前一年翻一番，或者上下波动，比如每夸脱谷物从 25 先令涨价到 50 先令不等。当谷物价格涨到 50 先令时，谷物地租的名义价格，和实际价格都是之前的两倍，或能支配双倍的劳动力或双倍的其他商品。但是，所有波动之中，劳动的货币价格，以及大多数其他商品的货币价格，均保持不变。

但是，我们可以用商品所能兑换购买的劳动量来准确衡量商品的实际价值。以世纪为单位来进行比较时，谷物是比金银铸币更好的衡量标准，因为从一个世纪到另一个世纪，等量的谷物可以兑换等量劳动力。反而，以年为单位来进行比较时，金银铸币作为衡量标准又优于谷物，因为等量金银可以换取等量劳动力。

在确立长久性租赁契约时，区分比较实际价格和名义价格，或许有点用处；但是对于人类日常生活中的普遍买卖，却毫无意义。

在同一时间同一地点，所有商品的实际价格和名义价格是完全成比例的。例如，在伦敦市场上出售的某些商品所得的货币越多，在当时当地所能购买或支配的劳动力就越多。因此，也只有在同一时间、同一地点，货币是衡量当时当地商品实际交换价值的准确尺度。

在相距甚远的两地，商品的货币价格，并不一定与其实际价格成比例。往来两地的商贾只关注商品的货币价格，也就是买价和卖价之间的差额。

在中国广州，半盎司白银所能购买支配的劳动力和生活物资的数量，可能比在伦敦花费的一盎司还要多。因此，对当时当地的商品拥有者来说，广州卖半盎司银的商品，可能比伦敦卖一盎司银的商品更珍贵，更重要。然而，如果一位伦敦商人在广州用半盎司银买入某商品，之后于伦敦以一盎司卖出，那么他就能从本次买卖中获得百分之百的利润。这样看起来，一盎司白银，之于伦敦和广州的价值似乎是等值的。半盎司白银其实能使他在广州比在伦敦，购买到更多劳动力和更多的生活物资。但在商人看来，这无关紧要。商人所关注的是，在伦敦，一盎司白银所能支配的商品量，往往两倍于半盎司白银所能支配的商品量。

由于日常生活中一切买卖的精明和失算在于商品的名义价格或货币价格，名义价格比实际价格更加得到关注，就不足为奇了。

然而，在本书中，比较特定商品在不同时期不同地点的实际价值是有必要的。也就是要明白特定商品在不同时期不同地点所能购买和支配他人劳动的能力，而不是特定商品交换多得的货币量。在相去甚远的年代，各地的劳动力市价鲜为人知。虽然谷物价格的史料记载零零星星，但是历史学家和学者们对它的关注，使我们还是可以了解到一些谷物的价格。尽管谷物价格并不总是与当时的劳动价格精确相符，我们还是可以得出一个最接近的价格比例，对此，我们应该心满意足了。接下来我将列举几个这样的比例进行比较。

随着工业的发展进步，各国发现用不同的金属铸成货币便于流通交易：黄金可用于支付大额款项，白银用于购买中等价值的商品，而铜或其他粗金属则用于支付较小金额的商品。人们往往从这三种金属中选定其中的一种金属作为商品的主要价值尺度，而其中最先被当作交易媒介的那种金属，往往成为价值尺度的首选。在货币尚未出现时，使用某种金属作为商品价格尺度已经成为必然，而后该金属被继续使用，即使历史发展到后期也不需要携带和使用金属货币。

据说，罗马人一直使用铜钱，直到第一次布匿战争①（约公元前264—前241）前五年开始，首次铸造银币。因此，铜就一直被保留成为罗马共和国衡量商品价值的尺度。罗马所有的账目和财产的价值都是用阿斯（Asses）铜币②或赛斯特斯（Sesterce）银币为单位来记录的。阿斯铜币是既定货币单位，赛斯特斯的字面意思是两个半阿斯铜币。虽然赛斯特斯是银币，但其价值却用阿斯铜币来计算。因此，在罗马文字中，一个债务缠身的人被称为向他人借了很多铜的人。

那些在罗马帝国废墟上建立起来的北方国家，从他们定居之初就开始使用银币，而在此后的几个世纪里，既没有金币也没有铜币。在撒克逊人入主英国之初，英格兰只有银币，直到爱德华三世时代，才出现少量金币，不列颠帝国詹姆斯一世之后，才开始使用铜币。基于此，我相信，英国乃至欧洲所有其他现代国家的所有账目和财产价值，是以银为单位来计算的。在语言中很少使用金畿

---

① 见普林尼《自然史》。布匿战争，指在古罗马和古迦太基之间的三次战争（分别发生在公元前264—前241，公元前218—前201，公元前149—前146），其名字来自当时罗马对迦太基的称呼。——译者注

② 阿斯铜币的罗马名称，也成为英文中资产（Asset）一词的词源。——译者注

尼[①]，而是使用多少磅银来表示财产。

我相信，各国最初法定的支付货币，都只能是那种被定为价值标准的金属铸币。在很长的一段时间内，黄金铸币在英格兰都不被认定为法定支付货币。金银之间的比例，并非由法律或政府公告来确定，而是取决于市场。如果债务人提出以金币偿还债务，债权人可以拒绝接受，或者依据双方协议的黄金价格来计算。如今，铜币已不是法定货币，只用于表示比银币价值更小的零钱。在这种情况下，作为本位币的金属和非本位币的金属之间的区别，就不光是名义上的区别了。

随着时间的推移，人们逐渐熟悉同时使用数种金属铸币，并且熟知各金属之间的兑换比例。我相信，也是从那时起，各国开始意识到法定比例的便利性。比如，明文规定多少质量和纯度的畿尼金币，应当兑换 21 先令金额的价值或债务。在这种情形下，在法定比例的有效期内，本位币金属与非本位币金属之间的区别，就只有名义上的区别而已。

然而，一旦法定比例发生变动，本位币与非本位币的区别，似乎变成只是名义上的区别，而非实际价值的区别了。例如，当所有的账目和所有债务都以银币为单位来记录，如果明文规定 1 畿尼金币的价值由原来的 21 先令银币跌落到 20 先令银币，抑或升值至 22 先令银币，此时用银币来偿还债务自然没有什么分别，但是如果用金币来计算就会有很大的差别了。按前者比例 1 ∶ 20 的话，所需的金币就会增多；按后者比例 1 ∶ 22，则所需的金币就会减少。这样看来银价似乎比金价要稳定。银价也似乎成为衡量金价的尺度，并非用金来衡量银。金的价值，取决于金能兑换的银量，而银的价

① 畿尼是一种英国货币，最初是用几内亚的黄金铸造。——编者注

值则不受金的影响和制约。然而，事实上这完全源于财产记录全部使用银表示的习惯。即使兑换比例变动，一张面额为 25 或 50 畿尼金币的德拉蒙德期票，仍可按以前等额等量的方式兑换金币。但是，如果用银为单位，那么期票兑换的银币数额就一定会产生差异。从这张期票的兑付情形来看，金价似乎比银价更稳定，看上去像是以金来衡量银的价值。所以，记账、期票债务等都以金币来 表示，那么作为价值标准或价值尺度的金属就是黄金，而非白银了。

实际上，在所有金属铸币的法定价值比例持续不变的情况下，所有铸币价值都是由最贵的那种金属价值来决定的。例如，12 便士铜币，含有重约 0.5 常衡磅[①] 的杂铜。这 0.5 磅的杂铜在未铸币之前，价值不到 7 便士。可是，由于明文规定，12 便士铜币可以兑换 1 先令银币，于是在任何时候，该兑换比例都适用于市场。在大不列颠最近的一次金币改革之前，比起银币来说，在伦敦及其附近流通的金币，一般很少下跌到它们的标准质量之下。然而，磨损的银币 21 先令价值相当于 1 畿尼金币。金币也有些许破损，但不像银币磨损那么严重。最新规定所有国家的金币价值接近于它的标准质量，而且政府只按质量接受金币。这一规定一旦执行，就可保持金币的质量和价值始终达标。而银币一如金币改革之前，磨损严重，质量粗糙。然而，在市场上，21 先令的磨损银币仍然可以兑换 1 畿尼优质金币。

金币改革显然提高了可与之交换的银币价值。

在英格兰铸币厂，一磅黄金可以铸成 44.5 畿尼金币。按照当

① 常衡，是英美国家以磅为单位的衡制，表示金、银和药品之外的物品重量等。金的重量称为金衡，药品重量称为药衡。16 盎司 =1 磅，2000 磅 =1 吨，常衡磅是 avoirdupois pound。——译者注

时的畿尼：先令是按 1 ∶ 21 的比例来计算，1 磅黄金等值于 46 镑 14 先令 6 便士的银币。因此，一盎司金币等值于 3 镑 17 先令 10.5 便士银币。在当时的英格兰，铸币无须额外缴纳费用，任何人携带一磅或一盎司重的标准金条去铸币厂，就能得到没有任何价值折损的一磅或一盎司重的金币。因此，英格兰的黄金铸币厂价格就是每盎司折合 3 镑 17 先令 10.5 便士，或是铸币厂标准金块的兑换给付金币数量。

在金币改革之前，市场上标准金块的价格多年都在每盎司金币价值 3 镑 18 先令以上，有时是 3 镑 19 先令，更常见的是 4 镑。在磨损侵蚀的这 4 镑金币中，很少含有一盎司重以上的标准黄金。自金币改革以来，标准金块的市场价格很少超过每盎司 3 镑 17 先令 7 便士。在金币改革之前，市场价格始终或多或少高于铸币厂价格。自金币改革以来，市场价格则常常低于铸币厂价格。但无论是用黄金还是银币支付，标准市场价格是一样的。因此，金币改革不仅提高了金币的价值，而且也提高了银币与金块的兑换比例，甚至还提高了银币与其他商品的兑换交易比例。尽管其他商品价格受到许多其他因素的影响，黄金和银币的价格上涨比例，还是没有其他商品的价格上涨来得明显。

在英格兰铸币厂，　磅重的标准银块可铸成 62 先令，同样包含一磅重的标准银。因此，英格兰的白银铸币厂价格是每盎司银折合 5 先令 2 便士，或者是造币厂换取标准银块的兑换给付银币数量。在金币改革之前，标准银块的市场价格，在不同的场合下，有每盎司合 5 先令 4 便士，有时每盎司 5 先令 5 便士，有时每盎司 5 先令 6 便士，有时每盎司 5 先令 7 便士，还常常是每盎司 5 先令 8 便士。最普遍的价格似乎是每盎司 5 先令 7 便士。自金币改革以来，标准银块的市场价格则偶尔跌至每盎司 5 先令 3 便士、每盎司 5 先令 4

便士、每盎司 5 先令 5 便士，很少超过最后提到的这个每盎司 5 先令 5 便士的价格。虽然自金币改革以来，银的市价大幅下跌，但还没有跌到铸币厂价格那么低。

就英格兰铸币中数种金属的价值来说，铜的价值要远远高于其实际价值，而银的价值略低于其实际价值。在欧洲的市场上，就法国铸币和荷兰铸币而言，一盎司纯金可以兑换 14 盎司纯银。英格兰铸币中，一盎司纯金可以兑换大约 15 盎司纯银。也就是说，按这个兑换比例所兑换的银，比欧洲普遍市价兑换的银更多。但是，即使在英格兰，铜块价格并未因英格兰铸币中的铜价高而相应提高一样，银块价格亦未因英格兰铸币中的银价低而相应降低。银块仍然保持与黄金的适当比例；同理，铜块也保持与银块的适当比例。

在威廉三世当政期的银币改革后，银块价格仍然略高于铸币厂价格。洛克先生将把这种高价归因于政府只准许出口纯银块、禁止出口银币的政策。洛克先生解释说，准许进口纯银块，使市场对纯银块的需求大于对银币的需求。然而，事实上那些需要银币用于国内的日常买卖的人，肯定要比那些需要银块用于出口贸易的人要多得多。而当前有准许出口金块而禁止出口金币的政策，但是金块价格却下跌至铸币厂价格之下。但就当时的英格兰铸币来说，和目前一样，银兑换金的比例过低，金则支配着全部金属铸币的实际价格，而且金币改革在当时被认为没有必要。当时的银币改革也并没有使银块价格降至铸币厂价格，所以现今类似的货币改革也不太可能使银块价格降至铸币厂价格。

假如希望如金币一样，要使银币质量接近于其标准质量，那么，按目前比例，一畿尼金币所能兑换的银币要比兑换的银块更多。在这种情形下，将标准质量的银币熔化，然后将熔化之后得到的纯银交易兑换金币，随之进一步再兑换成银币，如此反复循环是可以获利的。要防止此种获利流弊的唯一方法，就是改变金银兑换比例。

要或多或少地避免上述流弊，可以如此：目前银于金的比例略低，可以适当调高该比利，使铸币中银的估值略高。并且，此政策的前提是，同期还要规定，如果超过一畿尼的散钱找头，银就不能充当法定货币；同理，如果超过一先令的散钱找头，铜就不能充当法定货币。如此，债权人不会因银的铸币厂价格高而受到财产损失；同理，债权人不会因目前铜的铸币厂价格高而受到财产损失。只有银行家才会受到这种监管制度的影响。因为当发生挤兑时，银行会用 6 便士银币支付来争取有利的时间。而这种监管制度，可以避免他们使用这种不体面的拖延付款的方式。在此情形下，他们必须在自己的金库中存储大量的现金用于流通。此举尽管对银行家来说有着极大不便，但对银行债权人来说，是项重要的保障制度。

即使现在优质金币所含金量也不会超过一盎司的标准黄金，那么，每盎司 3 镑 17 先令 10.5 便士（黄金的铸币价），不应该等值兑换更多的标准金块。但是金币比金块更方便。虽然在英格兰铸造货币免费，但是将金块带进铸币厂再以金币的方式出现，往往要等上数周。在当前铸币厂繁忙的状态下，往往还要等上数月。这种流通延时，相当于一笔小额税款，并使等量的金币比金块更有价值。即使不进行银币改革，按照英格兰铸币中银于金的适当比例指定价值，银块价格也可能低于铸币厂价格之下。即使是磨损银币的价值，也会受到它所能兑换的优质金币价值的支配。

对金银铸币征收少量的铸币税，可能会使铸币中的金银价值比等量的金块银块中金银的价值更高。在这种情况下，铸币能按所征收的小额铸币税，增加铸币中的金属价值。同理，制造费用的增多，使物品价值随之增加。铸币价值高于金块，可以防止将铸币熔化的流弊，并阻碍熔化铸币的出口。如果处于必须出口铸币的公共紧急情况下，大部分出口铸币很快就会自动流通回国内。因为在国外，它只能按同等质量的金块出售。而在国内，却能购买到比金块实际质量更多价值的商品。这样，将金币带回国内流通才是可以获利的。在法国，对铸币征收 8% 的铸币税，然后出口的法国铸币流通之后又自动回到国内了。

金银条块市场价格偶尔波动的原因，与所有其他商品价格波动的原因是类似的。铸币金属在海运和陆运中，常因各种事故而流失；随着在镀金、电镀、包边中金属的不断损耗，那些在本国并不拥有金属矿产的国家，就需要不断进口金银，以弥补上述流失和损耗。我们可以相信，金银进口商人同所有其他商人一样，尽力使他们偶尔进口的商品符合他们的判断。然而，尽管他们已经十分谨慎，仍然免不了有时进口过多，有时又进口太少。当他们进口黄金量超过需求时，为了避免再次出口的风险和麻烦，商人们有时愿意以一般价格甚至更低的价格出售一部分。反之，当他们进口量少于需求时，他们的出售价格就高于一般价格。尽管有各种偶然的波动，金银的市场价格仍数年保持稳定的状态，有时略高或略低于铸币厂价格。这是铸币金属的市场状态的反映，即铸币价值高于或低于该铸币所含纯金或纯银的实际精确质量。结果的稳定持续，以相应的原因的稳定和持续为前提。

任何国家的货币，在特定的时间和地点，能否成为价值的标准尺度，要看该国的通用铸币是否准确地符合所应含的金属量标准。举个例子，在英国，44.5 畿尼金币包含 1 磅重的标准金量，也就是 11 盎司纯金和 1 盎司合金，那么，此金币无论在何时何地都能被承认为商品实际价值的标准尺度。但是，如果经过磨损，44.5 畿尼金币通常含有不到 1 磅重的标准黄金，且损耗程度不一，那么该价值尺度就不精确，正如其他所有度量衡一样。由于缺乏完全精确的度量衡标准，于是商人们尽可能按自身经验得出的平均价格来调整商品价格。由于铸币中的类似混乱，商品价格也不按照铸币中所含的金银数量来调整，而是按市场经验中铸币金属含量的平均值来调整。

我所谓的商品的货币价格，是指出售商品所得的纯金纯银量，而不考虑铸币的面额价值。举个例子，爱德华一世时期的 6 先令 8 便士，相当于现在 1 镑的货币价格，因为根据我们所能判断的，上述的货币价格，含有等量纯银。

第六章

论商品价格的组成部分

在资本积累和土地私有制成型之前的早期原始社会状态中，获得物品所需的劳动量之间的比例，是物品交换的唯一标准尺度。例如，原始狩猎社群中，捕杀一只海狸的劳动成本通常是捕杀一只鹿的劳动成本的两倍，那么一只海狸自然就可以交换或价值两只鹿。消耗两天或两小时的劳动所得，其价值自然应该是通常一天或一小时劳动所得的两倍。

如果某一种劳动比另一种劳动更艰苦，自然还要考虑更艰苦的劳动给予一些所得补偿；一小时更加艰苦的劳动的所得成果，常常可以与另一种相对轻松的两小时劳动所得成果进行交换。

或者，如果某种劳动需要非凡的技巧和机敏度，那么为了体现对满足该条件的劳动的尊重，自然会赋予该项劳动产品以超越所花费劳动时间的价值。由于技巧和机敏度需要长期的实践方可获得，这样对其劳动产物赋予更高的价值，等于是对劳动者获得该技能所耗费时间和劳动的合理报酬。在进步社会中，对艰苦和技能劳动的特殊考虑，会体现在额外的劳动津贴上。即使是在早期未开化社会中，也可能曾经有过类似之举。

在早期的原始社会中，所有的劳动所得都归劳动者所有。一种商品能交换或支配的劳动量，只等价于生产或获取该商品所需的劳动量。

一旦资本在某些人手中得以积累之后，他们自然会提供生产原料和生活物资，雇佣勤勉的劳动者，以期通过售卖劳动者的劳动产物或劳动产品附加值来获取利润。这些劳动产品在交换之后获取的货币、劳动或其他商品，除了足够支付劳动者工资及原料成本之外，还有盈余。这些纯利润是促使这些人敢于雇佣劳动力的最大动力。劳动产品的劳动附加值被分成了两部分，一部分支付劳动者工资，另一部分就是雇主从预付原料和工资中所获的利润。只有雇主预期出售劳动产品所得大于预付值，才有利可图，否则没有兴趣雇佣工人。只有所得利润和雇主资本达到雇主的预期比例，雇主才有动力继续进行巨额投资。

或许有人认为，资本利润是一种特殊劳动工资，即监督和统筹劳动多得的别称。然而，利润与工资是截然不同的。两者完全由不同的原则所支配，而且资本利润并不与监督和统筹的劳动量、强度和技巧度成比例。资本利润完全是由所投资资本的价值支配，利润的多寡与所投资本的规模大小成比例。例如，假设在某地，制造业普遍的年利润为 10%，有两个不同的工厂，各自雇佣 20 名年工资为 15 镑的劳动者，也就是每个工厂需要每年支付的工资是 300 镑。其中一个工场使用价值 700 镑的粗糙原料，另 个工场则使用价值 7000 镑的精细原料。那么，前者每年投入资本不过 1000 镑；后者的年投入将达到 7300 镑。按照制造业普遍的年利润 10% 来计算的话，前者年利润 100 镑，后者年利润则高达 730 镑。尽管两者利润相差巨大，两者投入监督和统筹工作的劳动却基本相同。在许多大型工厂中，监督和统筹工作都交给了某个主要职员。而他的工资恰如其分地表现了这些工作的价值。该职员的工资，通常由该职员的劳动和技能与他所肩负的劳动职责来综合决定。但其工资多少与该职员所监管的资本是不构成任何固定比例的。监督统筹者几乎没有参与劳动，却希望获得与其资本保持一定比例的利润。因此，作为商品价格的一个组成部分，资本利润完全不同于劳动工资，并且二者受完全不同的原则支配。

在这种资本积累的情况下，劳动成果不完全归劳动者所有，反而劳动者必须与雇佣他们的资本所有者分享。商品所能交换、支配和购买的劳动量，不再由商品所耗费的劳动量所单独决定，而是加入了另一个决定因素，那就是为支付劳动工资和提供劳动原料而投入的资本。

任何国家的土地一旦完全变为私有财产，土地的拥有者也就是地主们，就会通过出租其土地的方式不劳而获，即使是对其土地的自然产物也要收取地租。森林里的树木、田野里的麦草，以及土地上的天然果实，在土地公有制时代，劳动者们只需要出力采集便可获得；而到了土地私有制时代，劳动者们必须把他采集的土地产物的一部分上交给地主。上交的这部分，就是地租。如此一来，大部分商品的价格，就有了三个组成部分。

值得注意的是，商品价格的三个不同组成部分各自的真正价值，是由它们各自所能购买或支配的劳动量来衡量的。劳动那部分的价值，以及地租和利润的价值，都由劳动来衡量。

在任何社会中，商品价格最终都会被分解为这三个部分或其中的一两个部分。在进步社会中，绝大部分商品的价格都由此三部分组成。

我们以谷物价格为例来分析商品价格的组成部分。一部分用于支付地主的租金；一部分用于支付劳动者的工资或牲畜饲养费；还有一部分用于支付农场主利润。这三个组成部分直接或最终形成了整个谷物价格。也许有人认为，牲畜和农具消耗，应该抵偿作为农场主资本，而被划分成谷物价格的第四个组成部分。

但是必须考虑到，任何农具或是服役牲畜的价格，也同样由三个部分组成。例如，耕马价格是由马匹饲养的地租、照料马匹者的劳务费，以及农场主支付地租和工资的资本利润三个部分组成的。因此，尽管谷物价格可以支付马匹饲养费，依然被直接或最终分解为地租、工资和利润三个部分。

同理，面粉价格由谷物价格、磨坊主利润和磨坊劳动者工资三部分组成；面包价格，也需要考虑面包师利润和烘焙坊劳动者的工资。另外，将谷物从农场运输到面粉厂，将面粉从面粉厂运输到面包烘焙坊，也需要一定的劳动。因此，面粉和面包的价格，还需要加上运输工人的工资和相应的资本利润。

亚麻价格和谷物价格一样也分为三个组成部分。亚麻的商品价格，由亚麻价格，纺纱工、织布工、漂白工等劳动者的工资，以及他们各自雇主的利润组成。

商品生产越接近后期，其商品价格中的工资部分和利润部分所占的比重就越大于地租部分。随着生产过程的延续，不但利润的部分在增加，后一阶段的利润总会比前一阶段的利润要大。这是因为后一阶段所需的资本更多。例如，织布工的雇佣资本要大于纺织工的雇佣资本，因为到了织布阶段，不仅要支付纺织工的工资，还要支付织布工的工资。而利润必然和资本保持一定比例。

然而，在最发达进步的社会，有少数商品的价格只分为劳动工资和资本利润两部分，甚至更少数的商品，只含有劳动工资这一部分。例如，海鱼价格包含两部分，一部分支付渔民的劳动，另一部分支付渔业资本的利润。海鱼价格很少有地租部分，在接下来的章节我会说明这一点。而在欧洲的大部分地区，河渔业和海渔业情况不同。鲑鱼的渔场是需要付租金的，虽然从严格意义上说不能称之为地租，但它的确和劳动者工资和利润一起，组成了鲑鱼价格。在苏格兰某些地方，少数穷人沿着海岸采集被称为苏格兰玛瑙的彩色石块，卖给雕饰工。此时，石块价格，就只是这些采集劳动者的劳动工资，既没有地租，亦不含利润。

不管如何，任何商品的全部价格，依然最终必须分解成三个组成部分或其中的一两个部分。除去支付地租和饲养、制造、生产和运输等过程的全部劳动力价格以后，剩余的那一部分就是某些人的利润。

既然每一种特定商品的价格或交换价值由三个部分组成，那么某国所有劳动年产品的价格，也必然由劳动工资、资本利润和地租三部分构成，在国内不同居民间分配。每个社会的全年劳动所得，或者说全部的年商品价格，最初就是按照这样的方式分配给不同的社会成员。工资、利润和租金是所有收入和所有交换价值的三个原始来源。

任何人从自己资源中获取收入，必然是从他的劳动、资本或土地中获得的。从劳动中获得的收入叫作工资。通过资本运动获得的利润称为利润。有资本自己不用，而转借给他人以此获利，就是货币利息或佣金。它是借款人支付给贷款人的补偿，以酬谢他获取利润的机会。这些利润的一部分自然属于借款人，因为他们承担了风险，并付出了劳动；利润的另一部分需要支付给放款人，因为放款人给了赚取利润的机会。利息始终是一种派生收入，借款人偿还利息，要么是靠借款获得利润的一部分，要么是靠其他收入，前提是借款人不是个挥霍无度、以新债抵旧债之人。完全依靠土地获得的收入叫作地租，这部分归地主所有。农场主的收入一部分来自劳动，一部分来自资本投入。对农场主来说，土地只是一种可以赚取劳动工资和资本利润的工具。所有赋税和一切来源于赋税的收入，如薪资、福利、年金等，究其本源，都是直接或间接来源于劳动工资、资本利润和地租。

当收入的这三个部分分别由不同的人获取时，是很容易区分它们的；但是当三个部分同时归于某人时，体现在人们的语言习惯上，就容易混淆。

某位拥有土地的乡绅，耕种自己的土地，在支付耕作费用后，理应获得地租和农场主利润两部分。然后，他就习惯把自己的全部收益称为利润。如此这般，在普遍的语言使用上，就把地租和利润的概念混淆了。北美和西印度群岛的大部分种植园主大都是这种情况。拥有庄园的他们大多自己务农，因此，我们常常听到种植园利润，却很少听到种植园地租的说法。

普通农场主很少雇佣监工来统筹农场的一般经营。他们通常自身参与犁田、耙田等的劳作。因此，在支付租金之后，所得的剩余部分，就包含了资本利润，和自己作为劳动者的劳动工资。但是，在语言上习惯把除掉农业成本和地租之后的剩余收入所得称为利润。现在，劳动工资是此时利润的一部分，却被混淆在一起了。

一个独立的制造商拥有购买生产材料和维持日常生活开支的足够资本。直到他的产品上市为止，原本应该付给劳动者的工资和出售商品的利润，自然全部归他所有。而此时的全部所得又被误称为利润，工资又再次与利润混淆了。

一位亲自从事植物栽培的园艺师，集地主、农场主和劳动者三种身份于一身。那么，本应交给地主的地租、农场主的利润资本和劳动者的工资，自然全部归他所有。然而，这些收入被看成是他的劳动报酬工资。此时，地租、利润又和工资混为一谈了。

在文明国度，极少有商品价格仅由劳动产生，大部分的商品价格源于地租和利润。因此，该国的劳动年产值所能购买或支配的劳动量，必然远远超出年产物生产、制造和运输所耗费的劳动量。假如该国每年都能运用它每年所能购买到的全部劳动量，由于劳动量每年增长量都很大，那么，以后每一年的产品价值都要比前一年的价值大得多。但是，无论哪个国家都不能把全部年产物投放到劳动阶层上，其中必然有一大部分的年产物被不事生产的人所消费。依据年产物在这两个阶层的分配比例，年产物的普通或平均价值势必要么逐年增加，要么逐年减少，又或是年复一年保持不变。

第七章

商品的自然价格和市场价格

在各个社会和它的邻近区域，各种劳动领域的工资以及各投资领域的利润都存在一个普遍值或平均值。如同我在之后的章节中要说明的那样，这个普遍平均值，一方面受到社会的普遍经济政治环境的影响，一方面由各领域的特殊性质所决定。

同理，在各个社会和它的邻近区域，地租也同样存在一个普遍值或平均值。如同我在之后的章节中要说明的那样，这个普遍平均值，一方面受到该土地所属社会及其邻邦区域的普遍社会情况的影响，一方面由土地的自然性质和改良的肥沃程度所决定。

这些普遍值或平均值，可以被称为当地在某一时期内通行的普遍工资自然率、利润自然率和地租自然率。

若某种商品价格，恰好和该商品在生产制造和运输过程中，按照自然率所支付的地租、劳动者工资和资本利润的总和相等，那么，这种价格就被认为是商品的自然价格。

然后，该商品以与其价值恰恰相等的售价出售，换言之，售价刚好与商品出售者的所有实际花费相抵消。虽然在语言习惯上所说的商品原始成本不包含商人的利润，然而倘若商人不能以符合当地一般利润率的售价把商品出售的话，他就会在这笔交易中蒙受亏损。之所以称之为失败的贸易，是因为若他将资本转投其他方面的交易，他便可获得利润。再者，商人的利润就是他的收入，是他生活资料的资金来源。他在商品的生产、制造和运输过程中，需要预付劳动者的工资或生活资料。同样，他也需要垫付自身的生活资料，其价值与他出售商品合理预期能获得的利润是大致相等的。售卖商品如不能获利，就等于没有从出售商品中收回自己实际的全部花费。

能获得商品利润的售价未必总是出售商品的最低价格，却是商人在相当长一段时间内愿意出售商品的最低价。至少在有绝对自由的地方，或者在商人可以随心所欲地变换职业之处。

通常商品售出的实际销售价格称为市场价格。市场价格可能高于或低于自然价格，也可能两者恰好相同。

每一特定商品的市场价格，都受实际市场供应量和愿意支付自然价格（愿意支付在商品出售之前预付的地租、工资和利润）的人的需求量之间的比例所影响。这些人可以称为有效需求者，他们的需求称为有效需求，因为它足以使商品进入市场。有效需求不同于绝对需求。从某种意义上说，一个赤贫之人完全有一辆厢式六骏马车的需求，他也许十分想得到这些，但他的需求并不是有效需求，因为这种马车绝不是为了满足此类人的需要而进入市场出售的。

当某种商品的市场供应量小于市场有效需求，那些愿意支付自然价格的人就无法得到所需的数量供给。他们中的某些人会宁愿支付更高价格得到该商品。市场需求者之间的竞争就此产生，市场价格自然而然升高到自然价格之上。价格的上升幅度，取决于竞争对手的贫富程度、商品的匮乏程度和竞争的激烈程度。富有程度或奢侈程度同等优势的竞争对手之间竞争的激烈程度，取决于商品对于需求者的重要性。因此，在城市封锁或大饥荒期间，生活必需品的价格总是出奇的昂贵。

而当某种商品的市场供应量大于它的有效需求量，商品则无法全部出售给那些愿意支付商品自然价格（全部租金、工资和利润）的人，其中一部分还要降价出售。这样一来，整体市场价格都必然降低。于是，商品的市场价格便或多或少地低于自然价格。价格下降的幅度，由超出需求的那部分商品引起的卖方竞争的激烈程度决定。或者说，由卖方出售商品的急切程度而定。在超出需求程度相同的条件下，存放容易腐败的商品比耐久存放性商品更能引起卖方的竞争。比如，柑橘的市场供应量就比老式铁器的供应量大，更能引起卖方急于出售的竞争。

当商品投放市场的数量恰好满足实际需求量时，市场价格自然地与自然价格完全相同，或尽可能接近。现有的商品可以全数按自然价格出售，但无法高于自然价格。商人之间的竞争迫使他们都得接受这个价格，但他们也无法接受更低的价格。

每种商品的市场供应量，会自行调整并与实际需求量相适应。对于使用土地、劳动或资本来生产商品并将之推向市场的人（也就是商人）来说，商品的市场供应量少于有效市场需求量才是有利的；而对于市场的另一方，也就是对商品的需求方有利的方面是，商品供应量不少于有效实际需求量。

一旦某商品的市场供应量超过了实际有效需求量，必然会导致商品价格的某种组成部分降低到自然普遍率之下。如果其中的地租降了，受利润驱使，土地所有者就一定会即刻抽回部分土地；如果其中的工资或是利润下降了，受利润驱使，劳动者就会减少部分劳动，雇主们会抽回部分资本移作他用。于是，商品的市场供应量不久将自行恢复到恰好与有效需求量相对应的水平。商品价格的所有组成部分也相应恢复到自然普遍率，如此一来，市场价格就会与自然价格持平。

反之，如果商品的市场供应量不足以应付有效需求量，则会导致商品价格某个组成部分的上涨幅度在自然普遍率之上。如果是其中的地租上升了，那么，所有地主自然会为该商品的生产投入更多的土地；如果是工资或是利润上涨了，那么自然会促使劳动者投入更多劳动，商人投入更多资本，以用于商品的生产和运输。如此一来，商品的市场供应量将很快足以满足有效需求量，该商品价格的所有组成部分的上涨幅度也很快自行恢复至自然普遍率，市场价格则恢复到自然价格水平。

这样一来，自然价格就成了中心价格，所有商品的市场价格都不断地趋向自然价格。各种意外事件的存在，使商品价格时而高于中心价格，时而低于中心价格。尽管导致商品价格无法固定在中心价格水平的意外和阻碍不断，但是商品价格总是无时无刻不向中心价格靠拢。

各种投入市场的商品每年所使用的全部劳动量，也以上述方式自行调节，以适应社会的有效需求量。其目的在于平衡商品的市场供应量与有效需求量。

但是，对某些行业来说，等量的劳动力投入出产的商品数量却在不同的年度大不相同。而另外某些行业，等量的劳动力投入的年出产商品数量却几乎年年不变。例如，同等数量的农业劳动者，在不同的年度，生产出不同数量的谷物、葡萄酒、食用油、啤酒花；但是，同等数量的纺织工，每一年生产的亚麻布料和呢绒数量，却是几乎不变的。前一产业（农业）的平均产量，与有效需求量相适应。而实际产量有时大于，有时小于平均产量，所以商品的市场供应量，则有时超出有效需求量，有时远无法满足有效需求量。这样一来，即使有效需求量始终保持不变，商品的市场价格依然免不了发生极大的波动，有时低于自然价格，有时高于自然价格。后一种产业（纺织业），由于等量劳动力投入的年产量大体接近，因而产量能更确切地适合于有效需求量。当有效需求保持不变时，商品的市场价格也能保持稳定不变，完全等同或几乎等同于自然价格。从经验就能知道，亚麻和呢绒的价格，就不像谷物那样有经常或大幅度的波动。这是因为前者的价格随市场需求的变化而波动，后者的价格不仅受有效需求量的影响，还受到商品的市场供应量的影响。

商品市场价格偶然和暂时的波动，主要影响商品价格中的工资和利润组成部分，则对地租这一部分影响较小。以货币量规定了的地租，不论就其比率或价值来说，都不受市场价格的影响。以产物数量的一定量折算的地租，其年价值则要受到产物市场价格偶然和临时波动的影响，但是在比率上不受影响。地主和农场主们在决定地租价格时，都会尽力使地租和生产商品的平均价格相适应，而不是与临时或偶然价格相适应。

这些偶然和临时的波动对于工资或利润产生的影响，是依据市场上商品积存量的多少或劳动力的市场供应量的多少来决定的。换句话说，就是看市场上现成商品或半成品的库存量多少来决定。每逢国丧期，黑布的市场库存量往往不足，因此，黑布价格大幅上涨，而此时拥有黑布库存的商人利润就大增，而织布工的工资却没有丝毫改变。这是因为市场上库存不足的是黑布这种商品，而不是劳动力。也就是，库存不足的是现成品，而不是待成品。不过，话说回来，织布工的工资虽然没有改变，缝纫工的工资却提升了。这是因为此时市场上缝纫工的劳动力不足，对更多的缝纫劳动力产生了有效需求，黑布缝纫品的有效需求大于市场供应量。同时，国丧又导致了彩绸和彩色布料的价格下降，从而，持有大量彩绸和布料的商人利润减少，参与彩绸彩布制造的劳动者工资降低。这是因为在此情况下，半年乃至一年内，对于彩绸彩布和其生产者的需求都会暂停。此类商品和劳动力的供给大于需求。

虽然各种商品的市场价格都在不断地以上述方式向其自然价格靠拢，但有时出于某种特殊的意外或是自然原因，抑或碍于某些特殊的政策法规，某些商品的市场价格可能在很长时间内保持在其自然价格之上。

当有效需求的增加使某种商品的市场价格远高于自然价格时，拥有此类商品的制造供应商们，大多会刻意隐瞒这种变化。因为一旦别的商人获悉了这个情况，巨额利润势必会招致更多趋之若鹜的竞争者以相同方式生产经营。如此一来，市场的有效需求得到了充分满足，市场价格就会很快降到与自然价格持平，甚至低于自然价格。如果市场距离此类商品的制造供应商很远，商人们有时能保密数年，独享超额的丰厚利润。不过，这种秘密很难长期隐瞒，一旦被发现，这种独享利润也不太能保持很久。

制造业往往比商业更能长久地保守独享利润方面的秘密。假如一个染工发现了某种可节省近半成本的制造染料的特殊方法，而他本人又处事谨慎，经营有道，他就能够终生独享这份发明的利益，甚至能够传给子孙后代。这种额外收益来自他个人劳动的高昂价格。所以在某种程度上可以说是他个人劳动所得的高工资，但因为他每投入一部分资本就可以多得到一份收益，即他的收益总额与其资本总额保有一定比例。这些超额收益，又通常被视为资本的超额利润。

虽然市场价格的这种增长，显然是一些特殊意外事件的结果，但有时它的影响却能够持续数年。

有些自然产物必须在某种特殊的土壤或特定地理位置才能生长，所以一个大国中所有适于生产这些产物的土地仍旧满足不了有效需求。因此，市面上的此类产物，就只能供应那些愿意支付特殊价格的人。特殊价格要高于土地地租、劳动工资的自然价格以及生产培育和运输所用的资本利润价格。此类商品可能连续数百年都存在高价出售的情况。这种情况下，商品价格中的地租部分，一般都高于平均地租。出产这类珍稀物产的土地，比如土壤肥沃、地理位置绝佳的法国珍贵葡萄园区，与其邻近的同样肥沃且能精细耕作的别的土地相比，地租水平可能不太可能保持同一比例。与之相反，商品价格中的劳动工资和资本利润与相邻地区其他行业的劳动工资和资本利润，却能保持较为稳定的比例。

这种市场价格的上涨明显是天然原因造成的。基于此，有效需求似乎永远得不到充分的供给，它的作用也将永远持续下去。

赋予个人或商业公司以垄断权力，其效果就能与商业、制造业中的保守秘密相同。垄断经常导致市场存货不足，有效需求永远不能得到充分供给，商品的市场价格自然就能远远超过自然价格。而垄断者的个人收益不论是工资，或是利润，都会大大高于自然率。

垄断价格，在每个时期，都是可能得到的最高价格。相反，自然价格或自由竞争的价格在大多数的时候都是可能得到的最低价格。垄断价格在各个时期都是能向买方榨取的最高价格，或者也可以认为是买方愿意支付的最高价格。而自然价格或自由竞争的价格，却是卖方所能接受的最低价格，也就是卖方得以维持营生的最低价格。

同业联盟的排外专有特权、学徒法规，以及限制特殊行业中竞争人数的各项法规，与垄断有相同的趋向，虽然它们不及垄断的程度深。它们是一种扩大了的垄断，因为它们能使某些行业的产品的市场价格长久地高于自然价格，并使从事该行业的劳动工资和投入该行业的资本利润长久地高于自然率。

只要这种政策法规存在，市场价格的上涨就可以长期持续存在。

任何一种商品的市场价格有可能长期超过其自然价格，但长期低于其自然价格却是不可能的。构成市场价格的任何一个组成部分一旦低于自然率，其利益相关的人们立刻就能察觉到吃亏，并会迅速撤回一部分使用中的土地、劳动或者资本，使市场上商品的供应量，恰好与有效需求量相适应。这样一来，市场价格很快便恢复到自然价格的水平。至少在人们可以完全自由交易的地方，情况是这样。

在制造业兴盛时期，学徒法规与其他各种行业制度，虽然能把劳动工资提升到自然率以上，但一旦制造业衰落，却会迫使劳动工资降落到自然率以下。

因为，这些法规既能阻止外人进入他们的行业圈，也同时阻碍他们从事其他职业。

不过事实上，这些法规在提升劳动工资方面的效力，比降低劳动工资方面来得更长效。其提升劳动工资的作用可以持续数世纪；而后一种作用则在那些于产业兴盛时期接受过行业职业培训的劳动者死去之后便失去意义。离世的人自会被新晋接受这一职业培训的人所替代，劳动者数量依然会自动与有效需求相适应。如果像古印度和古埃及那样严苛地规定，每个人都有义务承继父业，随意变更职业便是大罪。那么，无论是什么职业，其劳动工资或资本利润都可能连续几代人都低于自然率的水平。

关于商品市场价格偶然或长期偏离其自然率这个问题，我必须说明的就是上述这些。

自然价格本身，随其每一组成部分即工资、利润和地租的自然率变化而波动。这种自然率在任何时候，都依据它所在社会环境的富裕程度，进步程度而存在不同。在以下四个章节中，我将尽我所能，详尽阐述变化之原因。

首先，我将尽力说明哪些条件自然地决定工资率，而这些条件又是如何受到社会的贫富、进退或者停滞的影响。

其次，我要尽力阐释哪些条件自然地决这定利润率，而这些条件又是如何受到上述社会状况变动的影响。

再次，我将尽力阐明哪些条件决定了不同行业劳动货币工资和利润之间的比例。虽然因为劳动及资本的用途的差异，货币工资和货币利润也不尽相同。但是不同行业不同用途的货币工资和货币利润似乎都存在一定的比例。这比例在接下来的章节会说明。它部分取决于行业的性质，还部分受社会法律政策影响。虽然受法律政策影响，但似乎与社会的贫富、进步或停滞等状况并无多大关系。在这些不同状况下，这部分的比例大体不变。

最后，我将努力说明是什么条件影响着土地的地租，又是什么条件支配着土地生产物真实价格的升降。

第八章

论劳动工资

劳动的自然报酬或自然工资由劳动产物构成。

在土地私有和资本累积尚未形成之前的原始社会状态下，全部的劳动产物均归劳动者支配，没有地主也没有雇主来分享他的劳动所得。

如果这种状态持续下去，那么伴随着分工所带来的劳动生产力的改进，劳动工资也会不断提高，但是商品的价格却会越来越低廉。这是因为生产它们所需的劳动量变小了。由于等量劳动生产的各种商品之间自然而然地会发生相互交换，因此，在这种状态下，只需较少劳动量的劳动产物就可以购买到各种商品。

尽管所有商品的价格在实际上变得便宜了，但仅从表面上看，似乎某些商品的价值反而较以前有所上升，因为它可交换到比以前更多的其他商品。假设某种行业的劳动生产力比从前提高一倍，即现在劳动日产量是从前的两倍，而其他大多数行业的劳动生产力提高九倍，即现在劳动日产量是从前的十倍。那么，如果交换两种行业一天的劳动产物，则前者仅以原工作量的两倍就可以购得后者原工作量的十倍。如此看来，前者一磅重的价值，似乎提升到之前的五倍了。但是，实际上，它却比之前便宜了一半。因为虽然购买这一磅货物所需的其他商品量增加到了以前的五倍，但生产这一磅商品所需的劳动量却减少为从前的一半。也就是说，现在获取此类商品比从前容易了。

然而，一旦土地私有和资本累积出现，这种劳动者能独享自己全部劳动产物的原始状态便无法继续了。也就是说，这种原始状态，远在劳动生产力有显著提高以前已经不复存在了，因而，进一步追溯此种状态对劳动报酬或者说劳动工资产生的影响就毫无意义了。

土地一旦开始私有化，地主就会要求从劳动者在土地上生产出或采集到的全部物品中分走一部分。因此，地租便构成了劳动者的耕地劳动所得产物中第一个被扣除的项目组成部分。

一般的农田耕作者，不具备足以维持到农作物成熟收获时的生活资本，他们的生活费用往往需要靠其雇佣者农场主垫付投入一定的资本。倘若农场主不能分享劳动者的劳动产物，不能在回收资本的同时得到相当的利润，他们是不会愿意雇佣劳动者的。因此，利润就构成了劳动者在土地上的全部劳动所得产物中第二个被扣除的项目组成部分。

不仅仅是农业，其他的一切行业都要扣除利润。在所有的手工业和制造业中，大部分劳动者都需要雇主在全部工作完成以前为他们预先垫付原材料和工资。雇主则理所应当地分享他们的劳动所得，或者说分享劳动在原材料上的附加值，这个份额便是雇主的利润。

诚然，也有个别的工人有能力自行购买原材料，并在完工之前能一直维持自己的生活。他既是劳动者，又是雇主，能享有自己的全部劳动产物，即享有全部劳动在原材料上的附加价值。因此，他的收入包含了资本利润与劳动工资这两种不同收入，通常情况下，这两种收入应归两种不同身份的人所得。

然而，这种情况并不多见。就整个欧洲而言，如果按比例计算，在二十一个工人中，有二十个都会在老板手下干活，只有一个工人兼任老板。而且，通常情况下，大部分人对劳动工资的理解是，一个劳动者受雇于另一个资本所有者，而从雇主那里获得的劳动报酬。

劳动工资，无论在何处，都由劳资双方订立的契约规定，双方的利益绝不相同。就规定的工资数额来说，双方的想法刚好背道而驰：劳动者当然希望多多益善，雇主则希望越少越好；劳动者都想团结起来达到提高工资的目的，雇主却倾向于联合起来降低工资。

在出现争议的情况下，我们不难预料劳资双方谁会占上风，谁能迫使对方接受自己提出的条件。由于雇主人数较少，则比较容易联合。另外，他们的联合不受法律禁止，而劳工们的联合却为法律所不容。议会的法规条文很少会取缔为了降低价格而联合的团体，却经常取缔许多为提高劳动价格而联合的劳工团体。而且，面对争议，雇主总比劳动者能撑得更长久。即使一个劳工都不雇，地主、农场主、制造业商人，通常也能靠自己拥有的资本维持生活一两年；而劳动者一旦失业，能维持生活一个星期的都不多见，少有人能支撑一个月，几乎没有劳工能撑到一年。从长远来看，雇主对劳动者的需要依赖程度和劳动者对雇主的需要依赖程度大致相同，但是前一种对需求的依赖程度，并不如后者那样迫切。

我们经常听闻劳工们的联合，而很少听闻雇主们的联合。可是，如果仅凭这个就认为雇主们很少联合，那也未免太天真、太不明世事了。雇主们随时随地都会保持一种秘而不宣又融洽的联合，以操控劳动工资不超过实际工资率。不论何时何地，违反或破坏这种联合都是不厚道的行为，都会为同行所不齿。我们之所以没怎么听说过这种联合，是因为这是自然而然就发生了的，并没有谈论的必要。此外，雇主们为了把劳动工资降低到其实际工资率以下，有时也组织一些特别的联合：这种联合，在尚未采取行动之前往往不漏半点风声。直到行动之时，劳动者虽然感到切肤之痛，却只能毫无抵抗地屈服。不过，劳工们往往也会组织防御性的联合来与雇主们的联合对抗。而且，有时即便雇主之间没有兴起什么联合，工人们为了提高劳动价格，也会自发地结合起来：有时是因为粮食涨价，有时是因为雇主从他们的劳动中获得了过多的利润。无论是防御性的还是攻击性的，劳工们的联合往往都满城风雨、声势浩大、影响广泛。为了胁迫雇主立即答应自己的要求，他们总是奔走呼号，甚至不惜采用暴力手段以求能够尽快解决争议。劳工们为了绝处逢生，为了不让自己饿死，不得不铤而走险。雇主们也同样喧呼呐喊，高声请求政府援助，要求严厉执行取缔工人联合的法规。因此，劳工们很少能从这种群情激奋的联合暴动中得到他们想要的利益。有的因为政府的干涉，有些因为熬不过异常镇定的雇主，有些因为其中的多数劳动者不得不为了眼前的生计而屈服，劳工们的联合暴动往往以他们的领袖受到惩罚或一败涂地而告终。

尽管雇主在与劳工的争议中处于有利地位，但劳动工资有一定的标准比率，即使最低贱劳动的普通工资也不可能长期低于这个标准。

一个人总得靠劳动所得的工资来维持生活，他的工资至少必须足以维持他的生活。在大多数场合，工资除了维持日常生活之外，还须得有一点剩余，否则无法支撑家庭开支。因此，在《商业性质概论》（*Essay on the Nature of Commerce in General*）一书里，作者坎蒂隆（Richard Cantillon）先生推测，一位最低贱的普通劳工必须赚得双倍于他们自己的生活费，才能够足以供养两个子女；至于他的妻子的劳动报酬，由于必须她来照顾孩子，只要足以维持她的生存就行。但是，据统计，几乎半数儿童在成年以前就已夭亡。因此，最穷的劳工至少需要生育四个孩子，以便其中两个能活到成年。但是四个孩子的必要抚养费用，几乎等于一个成人的生活费用。坎蒂隆先生还推测，一个健壮的奴隶的劳动价值，相当于他生活费用的两倍；一个最低贱劳工的劳动价值，不可能比一个健壮奴隶的劳动价值更少。说到这里，看来至少可以肯定的是：为了赡养一个家庭，丈夫和妻子的劳动合在一起，即使是最低贱的那种普通劳动，也必须赚得比足以维持生存的生活费用要多一些；但是多出的部分，是如上所说的比例还是其他的比例，不在我目前要阐明的内容范畴。

可是，也存在着某些情况使劳动者能够处于有利地位，并且能够得到大大超过上述比率的工资。这个比率显然只是符合一般人道标准的最低工资。

当任何一国对依靠工资为生的劳动者（包括各种工匠、杂役仆人）的需求不断增长时，也就是，当每年能提供比上一年更多的就业机会和就业岗位时，劳工们就没有必要去联合起来，以期提高自己的工资。人手缺乏，使雇主们彼此竞争，争相出高价雇佣劳工，这样就自行瓦解了雇主之间防止增加工资的自然联合。

显然，对劳工需求量的增长，必然和打算用以支付劳动工资的资金的增加成比例。这种资金有两种来源：第一是超出维持生活所需费用的那部分收入；第二是雇主自身结余的收入资本。

当地主、年金领取人或富人的收入超过他认为足以维持家用时，他就把剩余的全部或部分用来雇佣一个或更多的家庭仆役。当盈余增加时，雇佣仆役的人数亦会随之增加。

如织布匠或制鞋匠这样的独立劳工，拥有的资本比购买自用的原料及维持自己直到出货的需求更多时，他自然会用这种盈余去雇佣一个或更多的工匠帮工，以便从他们的劳动中获利。盈余如有增加，所雇工匠数自然会增加。

对以工资为生的劳工的需求，必须随着每个国家收入和资本的增长而增长，并且不可能脱离它而增长。收入和资本的增长，意味着国民财富的增长。

引起劳动工资上升的，不是国民财富的实际大小，而是它的不断增长。因此，劳动工资最高的不是在最富的国家，而是在最繁荣或发展最快的国家。现在（作者指 18 世纪）的英格兰肯定比北美任何地区都更加富有。然而，北美的劳动工资却比英格兰任何地区更高。在纽约区，普通劳工日工资为美币 3 先令 6 便士，合英币 2 先令；造船木工，10 先令 6 便士，外加值英币 6 便士的一品拖朗姆酒，合计英币 6 先令 6 便士；建房木工和泥瓦匠，8 先令，合英币 4 先令 6 便士；裁缝工人，5 先令，约合英币 2 先令 10 便士。这些劳工价格全部高于伦敦的劳工价格；据说，其他各殖民地，工资也和纽约一样高。在北美各处，食物的价格比在英格兰低得多。北美也从来没有闹饥荒。在歉收的季节，供应内需的粮食也总是足够，只是出口粮食减少。因此，如果在北美殖民地的劳动货币价格比在母国各地都高，那么其劳动的真实价格，即劳动赋予劳动者对生活必需品和便利品的实际支配能力，实际比例要高于母国。

北美虽然没有英格兰富有，却比英格兰发展快，它在以更强劲的势头发展并积聚着财富。一个国家的繁荣，最明显的标志就是居民人数的增长。大不列颠乃至欧洲大多数国家，在过去的 500 年中居民数量增长不到一倍，而北美英属各殖民地，在 20~25 年间居民量就增长了一倍。从目前来看，导致人口迅速增加的主要原因不是新移民的涌入，而是本地人口的迅速繁衍。据说，当地的高寿者在有生之年往往就已经拥有了 50 到 100 个甚至更多的直系子孙。由于劳动工资报酬较高，子女不但没有构成家庭负担，反而成了父母富裕的源泉。在脱离父母重新组建家庭以前，每个子女创造的净劳动价值，算起来都有 100 镑之多。一个带着四五个孩子的年轻寡妇，在欧洲中层及下层社会中再婚机会微乎其微。但在北美，她却被视为一种潜在的财富，常常有男子向她求婚。子女成了结婚的最大诱因。因此，在北美，早婚一点都不足为奇。可是，尽管早婚使人口大量增长，北美当地却仍嫌劳动人手不足。对于劳工需求的增加，和用来维持劳工劳动的资金的增长，似乎要比能找到的劳工数量增长要快得多。

即便一个国家非常富有，如果长期停滞不前，那里就不可能出现极高的劳动工资。预定用于支付工资的资金、居民的收入和资本也许达到极大的数额。但假使它一连数个世纪都恒定不变，或几乎不变，那么整个国家每年雇佣的劳动者人数就完全可以满足次年的需要，甚至还会出现剩余。既然劳动力不稀缺，雇主自然也不需要为雇佣劳动者相互竞争而哄抬价钱。另一方面，劳工的数量大于社会需求量，就业机会常显不足。于是劳动者为了要获得工作机会不得不互相竞争降价。假如原本该国的劳动工资足以让劳工供养家庭，并且额外还有剩余，可是由于劳动者互相竞争降价，那么受利益驱使的雇主们，很快就会将劳动工资降到一般人道标准的最低程度。中国素来是世界上最富有的国家之一，土地肥沃，耕作精细，居民众多而且勤劳。但是，中国似乎一度处于停滞状态。500 多年前就到访过中国的马可·波罗所描述的关于中国的耕种、产业和人口等情况，与现在的旅行家们的报告几乎完全一致。也许早在马可·波罗到访之前，中国就已经达到了法律制度所允许的最大限度的富裕。虽然各个旅行家的描述记载虽然各有不同，但是在一点上却是一致的：中国的劳动工资低廉，劳工收入普遍难以维持家庭用度。终日在田里辛苦劳作，若能换得一日的报酬得以买些谷物，劳工们就心满意足了。技术工人的境遇则更加糟糕，他们要随身携带行当工具，沿街叫卖，来回奔走以求被雇佣。据说，在广州附近的地区，成百上千的家庭居无定所，不得不栖身于河上的小渔船中。

不过，中国虽曾处于停滞状态，但似乎并未出现倒退。尚未听说过何处有被居民遗弃的城市和开垦后又被荒芜下来的耕地；每年被雇佣的劳动力都保持不变，或几乎不变；预定用于维持劳动的资金也自然没有减少。所以，最底层的劳动者尽管生活资料匮乏，但一定想方设法勉强糊口度日，劳动阶层的人数通常也维持不变。

而那些预定用于维持劳动资金大幅减少的国家，情况就大不一样了。每年各类职业对劳动者的需求量都少于前一年，许多在自己原本的上层职业中找不到工作机会的人，不得不从下层的职业中谋生。最底层的职业固有的劳动者本来就已经超过需要，现在又涌入了大量别的阶层的劳动者。结果，竞争越来越激烈，就会导致劳动工资降低到一个使生活资源贫乏的最悲惨的生活水准。即便甘于忍受这些苛刻条件，还是有许多人找不到工作。这些人要么挨饿，要么沦为乞丐，要么也许去干穷凶极恶的勾当，才能取得生活资料。穷困、饥荒和死亡等灾祸，最先在底层劳动者中间泛滥，接着便殃及所有的上层阶级，最终，该国居民减少到残存收入能够维持生计的人数。这也是孟加拉和东印度等某些英属殖民地的现状。

如果在一个土地肥沃而人口大量减少的国度里，劳动者获取生活资料并不十分困难，每年仍旧有三四十万人饿死，那就可以断定，该国预定用于维持最贫困劳动者生活的资金一定在迅速减少。英国保护和统治北美的政治机构和压制东印度的商业公司的不同性质，通过两个国家的不同情况得到了最好的说明。

因此，丰厚的劳动报酬既是国民财富增长的必然结果，又是国民财富增长的自然征兆。反之，贫困劳动者的生活资料匮乏则是社会停滞不进的自然表征；劳动者食不果腹的饥饿状态，则是社会迅速倒退的自然表征。

大不列颠现时的普通劳动工资，已经超过了劳动者供养家庭所必需的数额。这一点无须通过推算劳动者供养家庭所需的最低工资这样烦琐却未必精确的计算方法来证明。有许多显著的迹象表明，大不列颠各地的劳动工资并非时时都以符合人道的最低工资比率为准则。

第一，在大不列颠各地，即使是最低级的劳动，也有夏季工资和冬季工资之分。夏季工资一般是最高的。但是由于冬季需要临时增加一笔炭薪燃料的开支，故各个家庭冬季的花费最高。当支出的生活费最低时，工资反而最高。这显然表明，劳动工资不受保障最低生活标准的必要性支出支配，而受工作量及其被认定价值的支配。也许有人提出，劳动者应当会储蓄一部分夏季工资，以供冬季使用，所以他全年所得，并未超过全年维持家庭所必需的数额。可是，奴隶或者完全依赖他人为生的人却不享有这种待遇，他的日常生活资料都是按每天的需求量供给的。

第二，大不列颠的劳动工资不随食品价格波动。几乎各地的食品价格都是年年不同、月月变动的。但是许多地方的劳动货币价格，有时却能历经半个世纪仍旧保持不变。因此，这些地方的贫穷劳动者，如果能够在物价最昂贵的时代里维持家用，那么在物价适中的年度，必定可以过上舒适的生活；而到了物价极其低廉的年度，生活就简直可以用优越来形容。近十年来，大不列颠有许多地方食物价格昂贵，而劳动的货币价格却没有显著提升。虽然一部分地区劳动的货币价格有所提高，但那并非缘于食物价格的上涨，而是因为劳动需求的增加。

第三，就不同年份而言，食物价格的波动幅度大于劳动工资；

而就不同地区而言，劳动工资的波动幅度却大于食物价格。在整个大不列颠，面包和肉类的价格大致相同。这两种商品，还有别的大部分贫穷劳动者零购的一切物品，在大城市和偏远地区的售价都同样低廉，甚至在大城市更为低廉。其原因我以后会说明。但大城市及其附近区域的劳动工资往往比数英里开外的其他地方高出 1/5 至 1/4。伦敦及其附近地区的普遍劳动价格为每天 18 便士，数英里之外的地方便降至 14~15 便士。爱丁堡及其附近地区则为每天 10 便士，数英里之外的地方便降至 8 便士，这是苏格兰低地一带大部分地区的普遍劳动价格。这一价格在当地的变动比在英格兰少得多。各地劳动价格上的这种差异，不足以驱使劳动者从一个教区搬到另一个教区，却必然驱使商人频繁地将数量庞大的货物从一个教区运往到另一个教区，从国内甚至从世界一个地方运到另一个地方。如此一来，各地商品价格在不久之后就会趋于均衡。虽然对于人性的善变和见异思迁早有定论，但照经验来看，人类显然是不爱迁徙的。否则，贫苦劳动者能够在大不列颠劳动价格最低廉的地方维持家庭用度，就一定能在大不列颠工资最高的地方过上富足的生活。

无论就时间还是空间而言，劳动价格的变化，并不与食物价格的变化一致，很多时候常常相反。

作为普通人最常消费的食物，谷物在苏格兰的售价比在英格兰高。英格兰几乎每年都向苏格兰出口大量谷物。英格兰谷物在苏格兰的售价，必须高于在出口地英格兰的售价，但不可能高于和它相竞争的同等质量的苏格兰本地谷物的售价。谷物的品质优良与否，主要依它可磨得面粉量的多少而定。在这方面，英格兰谷物远胜于苏格兰谷物。因此，虽然从表象上看，英格兰谷物虽然比苏格兰谷物昂贵，但是从品质或从质量来看，英格兰谷物都比苏格兰谷物低廉得多。可是，英格兰的劳动价格却高于苏格兰。因此，贫苦劳动者在苏格兰能维持家庭用度，在英格兰就必能过上富裕的生活。诚然，燕麦是最受苏格兰普通民众欢迎的日常食物，而比起英格兰同阶层民众的日常食物，燕麦无疑差劲得多。人们往往将两地劳动者的工资差异归因于他们的生活水平差异，其实，这是因果倒置。实际上，正是工资的差异导致了生活水平的不同。有一富一穷的甲乙二人，我们不能说是因为甲出行有马车而乙步行，才导致了甲富而乙贫。事实上，正是因为甲富，所以备得起马车；而乙贫，所以不得不步行。

上个世纪（作者指 17 世纪），英格兰、苏格兰两地的谷物年平均价格都比 18 世纪高。这是不容置疑的事实，以苏格兰为证，似乎更为可信。因为在苏格兰，每年都有官方公布的谷物价格可作证明，苏格兰每年按市场实际状况，对所属各地的谷物价格进行公开公正的政府评估。这只是直接证据，如果还需间接证据作为旁证，那我可以说，法国乃至欧洲大部分国家的情况莫不如此。法国提供了最有力的证明。虽然 17 世纪英格兰、苏格兰两地的谷物价格比 18 世纪略高，但同样不可否认，17 世纪两地的劳动价格也比 18 世纪低得多。因此，如果在 17 世纪贫穷劳动者能够维持住家庭，那么现在（指 18 世纪）就必能过上舒适得多的生活。在 17 世纪，苏格兰大多数地方的普通劳动者的普遍日工资为夏季 6 便士，冬季 5 便士；而在苏格兰高地及西部各岛，工资差不多都是每周 3 先令。现在（18 世纪），在苏格兰低地的大部分地区，普通劳动者的普遍日工资为 8 便士。在爱丁堡附近，在毗邻英格兰因而可能受其影响的各地，尤其在最近劳动需求大增的格拉斯哥、卡朗和艾尔郡等县，普通劳动者的普遍日工资为 10 便士，有时为 1 先令。英格兰在农业、制造业和工商业方面的改良比苏格兰早。伴随着这种改良，对劳动的需求量和劳动价格必然也随着相应增加。因此，不论17世纪还是18世纪，英格兰的劳动工资都要高于苏格兰。而自改良以来，英格兰的劳动工资大幅上涨，但由于英格兰不同地区支付的各项工资名目繁多，因此，确定英格兰工资的增长率比苏格兰困难。1614年，每名步兵的饷银和现时一样，都是每天8便士。当初这种粮饷数量的制定，必然是参照当时普通劳动者的普遍工资标准，因为步兵大都出自这个阶层。据查理二世时代的高级法院院长海尔斯推算，一个6口之家（包括父母，勉强能工作的子女2人，未能劳动的子女2人）的日常开销，为每星期10先令，即每年26镑。如果他们通过劳动赚不到这个数额，那就只能靠乞讨或盗窃来满足需要。海尔斯似乎对于这个问题研究得很仔细。[①] 因精通政治和数学而博得德维南博士（Doctor Davenant）盛赞的格里戈里·金，也曾于1688年推算过一般劳动者及外佣的普通收入。平均由3人组成的家庭，一年的花费为15镑。虽然上述两人的计算数额从表面上看不太一样，但实际上却非常接近。两人都推算，这类普遍的家庭中每人每周开支约为20便士。此后，联合王国国内的大多数地方，这类家庭的货币收入与货币支出，都大为增加，尽管有的地方增加多些，有的地方增加少些。但是，增加的幅度不像最近公布的关于劳动工资增长的报告那样夸张、失实。必须指出，很难确切给出一个任何地方的劳动价格的准确数字。这是因为，哪怕是同一地方的同同一种类劳动，其价格也会因劳动者的技能熟练程度以及雇主的慷慨程度而有所不同。在没有相关法律来规定工资标准的地方，我们只能凭经验来把握当地的普遍劳动工资。而且，似乎能从经验中得知，法律虽屡次试图规定工资，却从未成功过。

18世纪，劳动的真实报酬，即劳动者获得的生活必需品和便利

---

① 见伯恩（Burn）《济贫法史》中所述的海尔斯的济贫计划。

品的实际数量的增长比例，可能大于劳动货币价格的增长比例。不仅谷物的价格略低于从前，那些贫穷劳动者日常食用的许多其他健康食品的价格也大大下降。例如，现在联合王国国内大多数地方的土豆价格，只相当于三四十年前的一半。从前只能用锄头而现今可以普遍用犁具种植的萝卜、胡萝卜、卷心菜等，其价格也和土豆的价格一样低廉。所有的蔬果都变得廉价。17 世纪，大不列颠消费的大部分苹果甚至洋葱，都是从弗兰德斯（Flanders）[①] 区域进口的。麻布和呢绒制造业的大改良，让劳动者可以获取更加质优价廉的衣服。粗金属冶炼工业的大改良，不仅向劳动者提供了更精良廉价的劳动工具，还提供了许多便利实用的家用器具。虽然肥皂、食盐、蜡烛、皮革及发酵酒的价格因为课税而有所提升，但贫穷劳动者对这些商品的消费量毕竟较小。大部分商品价格的下降并不会因这一小部分商品价格的上扬而有所抵消。人们常常感叹连下等阶层都开始沾染奢靡之气，贫穷劳动者现在也不满足于以前日常的吃穿用度等基本标准。从这点我们深信，劳动的货币价格与真实价格都相应增加了。

下等阶层生活水平的改善提高，于社会有利还是有弊呢？这个问题的答案显而易见。佣人、劳工和各种劳动者，始终在社会中占最大比例。绝不能把社会最大部分群体境遇的改善，视为对社会全体不利的事情。当一个社会的绝大多数成员都处于穷困潦倒的境遇，这个社会绝对不可能繁荣昌盛。而且，只有那些向全体社会成员提供吃穿用度的劳动者，能在满足他人需要的同时，能分享到自己劳动产物的一部分，这才算公平社会。

---

① 弗兰德斯是中世纪欧洲的伯爵领地，包括现今的比利时、法国和荷兰等地。——译者注

贫困会让人产生不愿结婚的念头，但贫穷的人未必就不结婚。贫困似乎反而还促进了繁衍生育。苏格兰高地处于半饥饿状态的妇女，有时会生育多达20个以上的子女，而娇贵的上等社会妇女，要么不生育，要么就只生两三个。不孕症似乎在上等社会很普遍，而在下等社会却极少见。奢华的生活虽能刺激人们纵情享乐的欲望，却似乎会削弱甚至是彻底破坏他们的生育能力。

贫困虽不会阻碍生育，却对子女的抚养极为不利。初生的柔嫩幼苗，在寒冷土壤和严酷气候中，也很快就会枯死。在苏格兰高地，经常出现生育了20个孩子的母亲最后仅存活一个子女的情况。几个经验丰富的军官告诉我说，士兵在部队所生的子女数量，远远不及本部队的士兵人数，甚至连充当部队的吹鼓手都不够。但是事实是，在兵营附近看到的孩子数量，已经比其他地方要多了。看来能活到十三四岁的孩子并不多，在某些地方，出生的婴儿一般不满四岁就已经夭折，某些地方是不满七岁；而在不满九岁或十岁的孩子中，夭折达半数的现象很普遍。这样高的儿童夭折率，在下层阶级中司空见惯。下层民众不可能像上层民众那样精心呵护子女的成长。虽然他们婚后比上流社会的人更能生育子女，但是他们的子女夭折率要更高。在育婴堂及收容所里的儿童夭折率则更高。

各种物种的繁衍，都自然地和其拥有的生活资料成比例，没有一种物种的繁衍能超越这个比例。然而，在文明社会中，只有下层民众才会因生活资料的匮乏而使繁衍后代受到制约。限制的方法，就是扼杀他们生育的大部分子女。

如果劳动报酬丰厚，劳动者就能够改善子女生活，因而就会有更多的子女能够存活成长，这样，人口的增殖限度就将扩大。应当指出，上述限度的扩大程度，也必然会和社会的劳动需求度相符。如果劳动需求不断增加，劳动报酬必然鼓励劳动者结婚和生殖繁衍，以促使人口不断增加，来满足劳动需求量的增长。无论何时，一旦劳动报酬不足以鼓励人口增殖，不久就会因为劳动量缺乏而导致劳动报酬提高。而如果劳动报酬过高，引起了人口过度增殖，不久就会因为劳动者过多而导致劳动报酬下降。前一种情况是市场上的劳动供给不足，后一种情况是市场上的劳动供给过剩，二者的结果都是迫使劳动价格回到与社会需求量相适应的程度。因此，按此方式，社会对人口的需求也必然支配人口的繁殖。繁殖进展过于缓慢，则加以促进；繁殖过于迅速，则会加以抑制。在世界各地，不论在北美、欧洲，还是在中国，支配和决定人口增长状态的都是社会需求。这种需求在北美反映为人口迅速增加，在欧洲反映为人口缓慢而逐步增加，在中国则反映为人口不增不减。

据说，奴隶受亏损，就等于其雇主受亏损，而自由佣工受亏损，其亏损却只在他自身。其实，不论前者还是后者，雇主都一样遭受亏损。雇主支付给所有劳工和仆役的工资，都必须得使他们能够按照社会对劳动需求量的增加、减少或停滞等情况，而能维持应有的数量。不过，自由佣工的亏损虽同样是雇主的损失，但与奴隶主的亏损相比，他的损失要少得多。用作补充代替或修补奴隶损耗的资金，通常都由放任自由的雇主或疏忽的监工管理。但修补自由佣工损耗的资金却由自由佣工自己来管理。富人会将一贯的漫不经心的态度渗透在资金管理中，所以其管理自然无章法可言；而穷人会将一贯的节省渗透在资金管理中，所以其管理自然锱铢必较。在这样不同的管理态度下，达到相同的目的，就需要有大不相同的支出费用。所以，从不同时代和不同国家的经验来看，我相信，由自由佣工完成的工作，总归要比由奴隶完成的工作价格低廉。即便在波士顿、纽约和费城这些普通劳动工资很高的地方，亦是如此。

因此，丰厚的劳动报酬既是财富增长的必然结果，又是人口增长的根本原因。若是对丰厚劳动报酬心怀不满而抱怨，则是对最大的公共繁荣的因果都发出怨言。

应当指出，社会尚未达到极度富裕，但在社会日益进步、日益繁荣的状态下，贫穷劳动者，即社会上绝大多数人的生活状态是最幸福、最舒适的；社会发展停滞，劳动者就会生活艰辛；若是社会退步衰落，多数人的生活将充满苦难。社会进步是社会各阶层最舒适和满足的状态。社会停滞状态是暗淡无光、没有希望的，而社会退步衰落状态则是十分悲惨的。

充足而丰厚的劳动报酬不仅鼓励人口繁衍，还鼓励人们勤奋劳作。劳动工资是对他们勤勉工作的奖励。勤勉如同人类其他品质一样，越得到褒奖鼓励就越受激发。丰富的生活资料使劳动者体力增强，而对于生活改善和晚年幸福的美妙愿望，促使他们更加努力发挥自身能力。所以，高工资地方的劳动者总比低工资地方的劳动者显得更加积极、勤恳、灵敏。例如，英格兰的劳动者比起苏格兰的劳动者有所不同；大都会附近的劳动者比僻远农村的劳动者也有所不同。诚然，有某些劳动者，如果能在四日之内挣足一星期的生活资料，就会把其余的三天荒废虚度，但大多数劳动者并不会如此。反之，在工资按件计算并得到丰厚劳动报酬时，许多劳动者往往操劳过度，数年之内便损害了自己的身体健康。据说，伦敦及其他一些地方的木匠，其旺盛的精神和体力一般都保持不到八年。此种现象，在按件计酬的许多行业都很普遍。制造业一般如此，在工资通常较高的地方，连农村劳动也是按件计酬。几乎所有从事特殊职业的技工，往往都会因操劳过度而患上职业病。意大利著名医生拉穆齐尼（Ramuzzini）曾专门写过有关这些疾病的专门书籍。我们通常不会把士兵们当作最勤勉的人，但事实上在他们从事某项按件计酬的特殊工作时，军官常常需要限制他们每日报酬，使其不超过一定数额。而在实行这个数额限制以前，士兵们常因相互竞争和获取高额报酬的欲望而操劳过度，损及健康。常有人大发牢骚，抱怨一星期中三天的倦怠、闲散，乃是四天的过度操劳工作所致。大多数人在连续数天大量紧张的脑力或体力劳动之后，自然会强烈地渴望放松休息。除非受到强力作用或某种巨大的必要性抑制，否则这欲望几乎是压制不住的。在紧张劳动之后，需要一定程度的放松，有时只是悠闲自在一会儿，有时则是纵情作乐，这都是天性使然。如果这些要求得不到满足，其后果常常很严重，有时甚至是致命的，迟早也会患上某种特殊的职业病。如果雇主听从理性及人道的命令指挥，就不应过分地鞭策劳动者，而应该要他们适度工作、劳逸结合。我相信，不管是哪个行业的劳动者，只要能适度工作，就可以保持健康的体魄，维持更久的工作年限，而且工作的年产量会比其他人高出许多。

有人认为，在物价低廉的年份，劳动者大多较为惰怠；在物价高昂的年份，劳动者则较为勤快。由此他们得出结论：生活资料丰富，使劳动者疏于工作；生活资料不足，就使劳动者紧张勤奋。生活资料较平常丰富导致一部分劳动者偷闲，这倒毋庸置疑，但若说这将导致大多数劳动者怠于作业，或者说，人们在营养不良时比营养充足时工作更努力，意志消沉时比兴高采烈时工作更努力，疾病时比健康时工作更努力，都似乎不太准确。应当指出，对一般劳动者来说，饥荒岁月里往往疾病和死亡频发，这势必会使他们的劳动产物减少。

在物资充裕的年份，佣工往往会脱离雇主，去碰碰运气自力更生。但食品价格低廉，使得用以维持佣工的资金增加，也鼓励雇主，尤其是农场主，去雇佣更多的劳工。在这种情况下，农场主与其靠低价出卖谷物，还不如以谷物维持更多的雇工，从中获取更多的利润。对佣工需求增加，而供应佣工需求的人数却减少，所以在物价低廉的年份，劳动价格往往会有所上升。

而在物资匮乏的年份，生活资料获取困难，生计不稳，使得佣工们盼望回到原来的工作岗位和雇主那里去。但食品价格高昂，使得用以维持雇工的资金减少，使雇主倾向于减少现有的雇工人数。何况，在物价高昂的年份，贫穷的独立劳工也往往将从前用以购置生产资料的少额资本支出消费。没有这些生产资料，他们就不得不变为佣工。工作岗位少而求职的人又多，自然会导致许多人降低标准以谋求职业。所以在物价高昂的年份，工人的工资往往会下降。

因此，所有各类雇主在物价贵的年份比在物价贱的年份，常常能从佣工那里得到更大的好处，发现他们比以前更加温顺，更加恭顺。所以，雇主们自然会认为，物价高昂的年份，利于事业行业发展。此外，地主和农场主这两个最大的雇主阶级喜欢物价高昂的年份，还有一个原因，那就是他们的地租和利润，大部分取决于粮食的价格。不过，如果说一般人为他人工作会比为自己工作更勤勉，那简直荒谬。贫穷的独立劳工，一般都比按件计薪的帮工勤勉，因为前者享有自身劳动的全部产物，而后者则须与雇主分享劳动产物。大制造厂中的劳工，容易受恶友诱惑往往道德败坏；而独立劳工多半不易受不良伙伴的影响。那些拿月薪和年薪的雇工，由于劳动报酬不因工作量而增减，工作效率也远远赶不上独立劳工。在物价高涨的年度，自由劳工与雇工、帮工的比例通常会增高；而在物价较低的年份，自由劳动者与雇佣工人的比例会有所降低。

麦桑斯（Messance），一位博学多才的法国作家，曾在圣·埃蒂安（St. Etienne）选举中被任命为税收官。他曾对三种制品在物价不同的年份里的产量及价值作比较，以证明贫民在物价低廉时所做的工作比物价高昂时多。这三种制品是埃尔伯夫（Elbeuf）的粗毛织品和鲁昂（Rouen）地区遍地皆是的麻织品及丝织品。根据他录自官署登记簿的报告，这三种制造品在物价低廉时的产量和价值一般都高于物价高昂时期；物价最低的年份，产量和价值往往最高，而物价最高的年份，产量和价值往往最低。这三种制造品的年生产量似乎都处于稳定状态，每一年的产量虽有细微的出入，但总体来说不增不减。

苏格兰的麻纺织业和约克郡西区的粗毛纺织业，都是正在发展的制造业。其产量和价值虽时有变动，但总体上都在增长。不过，从它们的年度生产报告却没能看出年产量的变化与各年度的物价高低有什么显著关联。诚然，在物资严重匮乏的 1740 年，这两种行业的制品产量都有很大幅度的下降，但在物资同样不足的 1756 年，苏格兰制品产量却比正常年份多。与此同时，约克郡制造品的产量却有所下降，其生产额直至 1766 年，也就是直到美洲废除印花税法后，才恢复到 1755 年的数额。在 1766 年和 1767 年，约克郡制造品年产量的增加达到了前所未有的地步，而此后一直不断增长。

对于所有产品远销外地的大型制造业，与其说它们的产量取决于产地年度价格的贵贱，倒不如说取决于影响商品需求量的各种情况，如和平或战争，能与之竞争的那些制造业的盛衰，消费者的消费兴趣浓厚还是寡淡。此外，在物价低廉时期，有大量的特殊劳动也许并未被登记在册。脱离雇主的男工成为独立劳工，妇女则回到家中，从事纺织，为自己和家庭成员缝制衣服。这时，独立劳工可能就不会向公众出售自己的制造品，而是受雇于邻居制造家庭用品。这些劳动产品很少会登记在公共记录上，而这些记录有时难免夸大其词。但是，商人与制造业者却往往依据这种片面的记录来妄断国家的兴衰。

虽然劳动价格的变动与食物价格的变动并不一致，甚至可能完全相反，但我们不能由此推断劳动价格不受食品价格的影响。劳动的货币价格必然受两种情况的支配：一是社会对劳动的需求量，二是生活必需品与便利品的价格。社会对劳动的需求，就必须按照它是在增加、减少还是不变，向这些劳动者提供相应数量的生活必需品和便利品。而劳动的货币价格就由购买这个数量商品所需要的金额决定。所以，在食物价格较低的情况下，劳动的货币价格有时很高；但在食物价格高涨而劳动需求保持不变的情况下，劳动的货币价格只会更高。

正是由于在突然的和特殊的物质丰富的年份对劳动的需求增长、在突然的和特殊的物质缺乏的年份对劳动的需求减少，劳动的货币价格才会有时上升，有时下降。

在物质突然极大丰富的年份，许多产业雇主手中的资金足以雇佣和维持比上一年更多的劳工，但他们的雇佣需求未必能够得到满足。因此，想要雇佣更多劳动者的雇主就会竞相出高价，这样就很自然地抬高了劳动的货币价格和真实价格。

在物质突然极为匮乏的年份，则情况正好相反。预定用于雇佣劳工的资金比前一年少了，大量劳工因此失业。于是，为了获得职业，劳动者竞相降低价格，这自然会促使劳动的真实价格和货币价格降低。例如 1740 年这个大饥荒年份，许多人只要雇主管饭就愿意工作，而在之后的几个丰裕的年份里，雇佣劳工就变得困难了。

在物价高涨的饥荒年份，社会对劳动的需求会相应减少，因而会使劳动的价格降低；反之，食品价格的下跌会使劳动的价格降低，但物价低廉的丰足年份，社会对劳动需求会相应增加，因而会抬高劳动的价格。在食品价格波动不大的情况下，促使劳动价格升降的两种对立因素就会互相抵消。这也许就是各地劳动工资始终比食品价格更为稳定的一个原因。

劳动工资的增长必然会使商品价格组成中的工资部分成比例上

涨，这促使物价相应上升，进而导致国内外同类商品的消费成比例减少。但是，劳动工资的提升原因，即资本的增加，则会提高劳动生产力，使较少劳动能生产出的产品有所增加。一个雇佣大量劳工的资本家，为了使自己的利益不受损，一定会设法合理分配工作，使之尽可能生产更多的产品。出于同样的原因，资本家也会去添置最好的机械设备。在某一工场的劳动者中发生的事情，必然会因同一理由，在整个社会的全体劳动者之中普及开来。劳工的人数越多，他们的分工自然就越精细。有更多人致力于研究发明最适用劳动操作的机械。有了这些改良的机械，便能以比从前少得多的劳动，生产同样多的劳动产物。因此，减少的劳动量除了能抵偿劳动价格的增长，还会有一部分剩余。

第九章

论资本利润

资本利润的增加或减少，和劳动工资一样，都取决于社会财富的增减，但社会财富对二者的影响却完全不同。

资本的增加，一方面使工资提高，另一方面降低利润。如有许多富商投资同一行业，相互的竞争自然会降低这一行业的利润。在同一社会中不同行业的资本都增加时，竞争必然使所有行业的利润趋于减少。

之前的章节已经提过，要给出一个某地某一特定时期的劳动平均工资的具体数字，实属不易。能确定的只不过是最普遍的工资。但就资本利润来说，就连最普遍的利润，也很难确定。利润总是极不稳定，即使是经营某一特定行业的人也未必能够准确说出他每年的平均利润是多少。他的利润不仅要受所经营商品的价格变动的影响，而且要受他的竞争者和消费者财务状况好坏、商品在运输和贮存过程中可能遭遇的种种意外的影响。所以，利润率可以说是每年、每日，甚至每时每刻都在变动。要想准确地确定一个大国各行各业的平均利润，已是难上加难，想要精确地判定遥远的过去时期的利润，那就全然不可能了。

不过，虽然无法确定过去和现时的资本的平均利润，但从货币的利息上我们可以了解一个大概。可以这样说：在利用货币获得利益更多的地方，通常会对使用货币支付较高的利息；在利用货币获得的利益较少的地方，通常会对使用货币支付较低的利息。由此可以断定，一个国家资本的一般利润，必然会随着市场一般利率的变动而变动。利率降低，利润也会降低；利率升高，利润自然也会随之升高。因此，我们可以根据利息的变动，大致了解到资本利润的变化。

亨利八世三十七年（1545 年）曾颁布一道法令：任何超过本金的 10% 的利息均是非法的。由此可见，之前的利息可能有时高于 10%。后来，爱德华六世曾受宗教的影响禁止收取利息，但据说这一禁令和其他同样性质的禁令一样，没有产生任何效果，高利贷的流弊有增无减。于是，伊丽莎白女王十三年（1570 年）的第八号法令又再次恢复了亨利八世的规定。此后，法定利率一直是 10%。詹姆士一世二十一年（1623 年），则把利率限定为 8%。斯图亚特王朝复辟以后，利率再次降低为 6%。安妮女王十二年（1713 年），又降至 5%。所有这些法令的规定，看来都很合理。这些利率的调整，都是随市场利率变动而调整，也随诚实守信的人通常借款的利率的变动而改变。安妮女王时代以后，5% 的利率似乎高于市场利率。在最近的一次战争之前，政府以 3% 的利率就能拿到借款，在首都和联合王国的其他许多地方，资金信用良好的人能以 3.5%、4%、4.5% 等利率借款。

自亨利八世以来，国家财富与国民收入一直在持续增加，而且这一增加的速度似乎随着国家的发展逐渐加快。在此期间，劳动者的工资也在不断增加，与此同时，绝大多数商业和制造业的资本利润却在不断减少。

在大城市经营某种行业，一般比在乡村需要更多的资本。在各行业所投入的庞大资本，以及参与竞争的富商人数众多，这使城市利润率普遍低于乡村利润率。但大城市的劳动工资普遍比乡村高。在一个兴旺发达的城市，拥有巨额资本的人，常常不能如愿雇佣到所需要的人数，因而彼此竞争，这就提高了劳动工资，并降低了资本利润。在边远地区，由于缺少足够充足的资本去雇佣劳工，因此劳工彼此竞争，以求谋得工作，这就导致劳动工资的降低，并使资本利润增加。

虽然苏格兰的法定利率和英格兰相同，但其市场利率却高于英格兰。该地资金信用良好的人，通常无法以少于 5% 的利率借款。即使是爱丁堡的私人银行开出期票也需要支付 4% 的利息，并且是随时可以部分兑现或全部兑现的期票。而伦敦的私人银行，对于存款都不付任何利息。在苏格兰，则不然，几乎所有行业经营所需的资本都要少于英格兰。因此，苏格兰的普遍利润率要比英格兰略高。当然苏格兰没有英格兰富有，而且发展前进的步伐要缓慢得多。

18 世纪，法国的法定利率并不总是受市场利率的影响。1720 年，法定利率由 5% 降至 2%。1724 年，又提升到 3.3%。1725 年，再次提升为 5%。1766 年，在拉弗迪先生（Laverdy）当政期间，又降低到 4%。之后，执政的特雷神父（Abbe Terray）又将利率恢复到旧利率 5%。这种强行调整法定利率的做法，被认为是在为降低公债的利率做铺垫，这种目的也确实有时达到了。就目前而言，法国富裕程度不及英国。法国的法定利率低于英国，而市场利率却高于英国。这是因为在法国跟在其他国家一样，总有一些回避法律的方法。对于那些在英法两国进行商业活动的英国商人都说，法国的商业贸易利润要高于英国。因此，不少英国人宁愿把资本投在轻视商业的法国，而不愿把资本投在重视商业的本土英国。法国的劳动工资较英格兰低。从苏格兰到英格兰，能明显看到两地平民在服饰和面色上的差异，这足以充分体现两地经济状况的差异。然而，你要是从法国到英国来，就会觉得这种差异更加明显。毫无疑问，现在法国比苏格兰富裕，但是它的发展速度似乎赶不上苏格兰。很多人认为，苏格兰正在退步，但我认为这种说法是没有依据的，就算对看上去更贫穷的法国也是不恰当的。假使你见过二三十年前的苏格兰，再到现在的苏格兰看看，那就绝对不会有这样的想法。

反之，就领土面积与人口的比例而言，荷兰比英格兰富足。荷兰政府的借款利率是2%，当地资金信用良好的人的借款利率是3%。据说，荷兰的劳动工资高于英格兰。众所周知，荷兰商人所获取的利润在所有欧洲国家中是最低的。有人认为现在荷兰的商业已陷入衰退。诚然，就某些行业来说，这也许是事实。但前面所说的迹象足以表明，荷兰的商业并未大面积衰退。当利润减少时，商人们自然会抱怨商业在衰退。但事实并非如此，利润减少正是商业繁荣的自然结果，或者是投入资本加大的必然结果。在最近的英法战争中，荷兰人乘机巧取了法国所有的运输业务，而现在法国一部分运输业务仍然被荷兰人掌握。荷兰人手握英法两国的巨额国债，据说，仅英国的债务就有4000万镑之多（我个人认为有点儿夸张）。此外，荷兰人还向利率较高的国家发放巨额贷款。这些状况，无疑表示他们有大量过剩的资本，或者说，他们的资本已经增加到超过继续投在本国的相关行业已经无法获得与资本相当的利润的程度。由经营某个行业获得的私人资本，虽增加到了再投入该行业已基本无利可图的程度，但该行业仍在继续发展。在一个大国出现同样的情况，完全是有可能的。

英国北美殖民地和西印度殖民地的劳动工资、货币利息和资本利润，都要高于英格兰。各殖民地的法定利率和市场利率通常在6%~8%的范围内。不过，劳动高工资与资本高利润并存可能是新开发殖民地的特有现象，其他地方并不常见。在新开发的殖民地中，资本与领土面积之间的比例和人口对与资本之间的比例，在一个较长的时期内一定会低于大多数国家。他们的资本无法照顾到所有既得的能够耕作的土地，所以，便只能把有限的资本投在土壤最肥沃和地理位置最佳的地区，大部分位于海岸和通航河流沿岸。另外，这些土地的售价低廉，远低于它们的实际价值和其自然产物价值的价格。在购买和改良这些土地过程中投入的资本，自然能够获得巨大的利润，投资者因此有能力支付极高的利息。这种可获得丰厚利润的资本的快速累积，使种植园主能够大量雇佣劳工，而新殖民地人口却无法充分满足这种需求。因此，这里被雇佣的劳工就可能得到极丰厚的酬劳。但是，随着殖民地经济的发展，殖民地的扩大，资本的利润率就会逐渐降低。土壤最肥沃、位置最佳的土地已经被充分利用，投在那些土壤不够肥沃、地理位置欠佳的土地上的资本所能取得的利润自然就减少了，因而也只能支付较低的利息。在 18 世纪中，英国大部分殖民地的法定利率和市场，利率都因此大大降低。随着财富、人口的增长和劳动的改良，利息下降了，但劳动工资却没有随着资本利润的减少而下降。无论利润如何，社会对劳动的需求都会随着资本的增加而增长。利润减少了，资本不仅继续增加，而且还比原来增加得更快。勤劳的个人通过这种方式致富，勤劳的国家也是如此。人资本的利润虽低，却比高利润的小资本增加得更快。俗语说，钱生钱，利滚利。靠既有的钱，去赚取更多的钱就不在话下。最难的是如何赚取最原始的起步资金。在上文，关于资本的增加和劳动的增加（即对有用劳动的需求的增加）二者之间的关系，我已经做了一些说明，在之后讨论资本累积的时候，我还会做更详尽的补充。

新领域的开拓或新行业的经营，可以提高资本利润，进而提升货币利息，即使在财富正在快速增加的国家也是如此。国家资本不足以应付这些新开拓和新发展的行业，有限的资本只可能投放到那些能提供最大利润的行业上。有一部分以前投入其他行业的资本肯定会被撤回，转投至更有利的新兴行业。所以，旧行业竞争的激烈程度就会较原先降低，而市场上相关商品的供给就会减少，继而导致价格有所上升。相应地，相关商人获得的利润就会增加，他们所能支付的借款利率也会提升。在最近的那场战争（指英法七年战争）结束后，资金信用良好的个人以及伦敦的一些大型商号，通常以 5% 的利率借款。而在战前，他们支付的利息很少超过 4.5%，甚至很少超过 4%。英国对北美和西印度的占领，增加了领土面积，促进了商业发展，这一事实就足以证明上述观点，不必担心国家财富会减少。由旧资本经营的新兴行业大量涌现，原来用于旧行业的资本量必然大大减少，结果，这些行业内部的竞争会因此缓和，利润也会有所增加。我相信，即使最近一次战争的巨大耗费，并没有导致英国的国家财富减少，至于其原因，我会在之后加以说明。

社会资财不足和用于维持产业的资金的减少，会降低劳动工资，但同时能增大资本利润，提高货币利息。由于劳动工资降低，资本持有者将商品投向市场所需的费用就相应减少，又因为商品的售价比原来提高，这样一来，花费减少，所得增多，他们就能从两方面增加利润，因而能够支付较高的资本利息。能够在孟加拉和东印度的英属殖民地迅速、轻易地获得巨大财富，这一事实足以证明，在这些贫苦地方，极低的劳动工资与超高的资本利润同时并存。所以，其货币利息也相应地非常的高。孟加拉的农夫常常以下一季的收获物作抵押担保，按照 40%~60% 的利息借入资金。支付如此高昂利息的利润必然会吞噬土地所有者的全部地租，这样苛刻的高利贷必然又会吞噬这些利润的绝大部分，在罗马共和国衰亡前，由于总督的横征暴敛，各地的高利率现象司空见惯。从西塞罗

（Cicero）的书简中我们得知，品德高尚的布鲁塔斯（Brutus）在塞浦路斯岛借款时，尚需支付48%的利息。

如果一国的财富已经达到它的土壤、气候以及地理位置所允许的极限，就再没有什么进步的空间，但它也没有退步。那么此时该国的劳动工资及资本利润可能都非常低。如果一国的人口繁衍已经达到该国领土所可维持或是资本所可雇佣的极限程度时，那么，在这种条件下，就业竞争必然十分激烈，劳动工资必然降低到仅够维持现有劳动者基本生活的程度。而且又由于人口已经饱和，劳动者的工资也不可能增加。如果一国的资本与该国必不可少的各种行业所需要的经营资本相比，已达到极其充足的程度，也就是说资本已经达到了所有行业所能容纳的最高饱和限度，那么，各地方的商业竞争一定激烈到无以复加的程度，而一般利润一定减少到没法再少的地步。

事实上，世上没有一个国家的财富能够达到这种富裕程度。中国似乎一度处于停滞状态，可能在许久以前，其财富就已经达到法律制度所允许的最大限度。假如换作其他国家的法制，以该国土壤、气候和位置条件，其能容纳财富的限度可能要比上述状态大得多。一个轻视对外贸易、只允许一两个港口对外开放的国家，能够经营的贸易极为有限，远远达不到其他法律制度允许下的最大经营量。此外，在那些富人或者大资本家享有较高保障，而穷人或少量资本持有者随时都可能被下级官吏以法律为借口巧取豪夺的国家，国内各种行业投入的资本都不可能达到行业性质和范围所能容纳的最高限度。不论哪行哪业，压迫穷人必然会导致富人趁机垄断。富者一旦垄断，就能将全部贸易占为己有，从而获有超常的利润。

一个国家的法律缺陷，有时会导致国内利率大大增高，高到与其贫富状况极不相称。如果法律不强制契约的履行，那么借款人地位就可能和法制修明国家中的破产者或低信用者的处境相似。出借人不确定能否收回借款，于是就像对付破产者一样向借款人索取超出常规的高利息。在侵犯罗马帝国西部各省的未开化民族中，几个世代以来，契约的履行与否，只凭签约双方的信义，裁判所君主法院基本很少干预此类事务。这恐怕也是当时高利率的部分原因。

法律完全禁止利息是绝对不可能奏效的。一方面，许多人必须借款；另一方面，对出借人来说，不仅对出借的资金本身提出合理的报酬要求，而且为了规避法律带来的困难和危险，还会另外提出相应的补偿要求。孟德斯鸠说，一些国家的利率高，原因并不是他们穷，而是一来法律禁止利息，二来借出的款项难以收回。

最低的普遍利润率，除了必须能够补偿投资遭遇的意外损失，还要有剩余的部分。这个剩余就是纯利润，或净利润。通常所说的毛利润，不仅包含这种剩余，还包含着为补偿意外风险而准备的保留部分。借款人支付的利息仅仅与其净利润成比例。

出借钱款，即便再谨慎，也有可能蒙受意外损失。同样，最低的普通利息率，必须高于足以补偿偶然损失的部分，还有剩余。要不没有剩余，贷款的唯一动机就只能是乐善布施行为或友谊了。

在极度富裕，而且各行各业所能容纳的资本都已达到极限的国家，由于普通资本纯利润率极低，普通市场利率也会降到极低。这样一来，除了豪商巨富，其他人都无法靠利息维持生活。小资产者和中等富裕人士，都不得不亲自打理监督自有资财。这样就必然几乎所有人都得亲自经营，去从事某项具体的产业。目前荷兰差不多是这样的状态。在那里，似乎不经营就不合时宜。出于需要，几乎所有人都把经营某种行业当作自己理所应当的事。习俗支配时尚。服装穿着与众不同，便可能成为笑料；不和别人一样经商，就免不了受人耻笑。一个游手好闲者与众多实业家坐在一起，就像一个文官置身部队兵营中一样，不仅尴尬，甚至会遭人鄙视。

最高的普遍利润率也许是这样的：它将商品价格中应当归为地租的那部分也全部占去，只剩下恰好能够支付商品生产和运往市场过程中所需的劳动的最低工资，也就是仅够维持劳动者生存的工资。如果没法养活劳动者，他们就没法工作，但地主就不一样了。东印度公司在孟加拉经营商业的利润，大概离这个最高率相差无几。

通常市场利息率与一般纯利润率的比例必然随着利润的增减而变动。大不列颠的商人认为，利润两倍于利息是适中合理的。按我的理解，他们所说的适中合理的利润，就可以视为一般利润。在普遍纯利润率为 8%~10% 的国度里，在经营业务过程中借用他人资金，拿出一半利润来支付利息，应该是合理的。资本风险由借款人承担，出借人的资金在一定程度上就有了保障。在大多数行业，4%~5% 的利润率已经足够补偿借款人所冒的风险，并且也足以报偿他在运用这笔资金时付出的劳苦。但在一般利润率过低或过高的国家，像这样的利息和纯利润的比例就不合适了。利润率过低时，不可能将利润的一半支付利息；而利润率过高时，则可以拿出一半以上利润来支付利息。

在财富增长迅速的国家，有许多商品的价格是以低利润来补偿高劳动工资，从而使得它们的商品可以与欠发达且劳动工资较低的邻国的商品以同样的低价售出。

事实上，高利润比高工资更容易抬高商品价格。例如，麻布纺织业的各种工人，如梳麻工、纺工、织工等，每人的日工资提高 2 便士，那么 1 匹麻布价格上升的数额，就等于生产这 1 匹麻布所用的人数乘以其生产天数，再乘以 2 便士。在全部生产阶段，构成商品价格中的工资部分是按算术级数递增的。但是，如果这些工人的全体雇主都要求增加 5% 的利润，那么在全部生产阶段，构成商品价格中的利润部分则是按几何级数递增的。也即，梳麻工的雇主要求在麻价中另外加上他购买材料和支付工人工资的全部价值的5%。同样，纺工的雇主也要求在麻线的售价中另外加上他购买原料和支付工人工资的全部价值的5%。织工的雇主也这样要求。所以说，工资提升对商品价格的抬高，就像单利计算方式对债额的累积，而利润增加对商品价格的抬高，却如同复利计算方式对债额的累积。英国的商人和工厂主对于工资提升导致的物价提高和产品销量降低总是怨声载道，但对于高利润带来的更严重的恶果他们却缄口不言。就是说，对于因自己得利而造成的恶果，他们只字不提；对于因他人得利而造成的恶果，他们就大发牢骚。

第十章

论工资与利润随劳动与资本的用途不同而不同

在不同的用途中，劳动和资本的收益有所不同，但大体上说，在同一地区，劳动与资本收益都是基本相近的，或者是不断趋向于相等。同一地区中，如果某种用途的收益比其他用途明显更加有利，劳动力与资本就会朝着那种有利的用途蜂拥而至。反之，则会竞相离去。结果，这种用途很快就不再明显优于或劣于其他用途了。至少在任由所有事物顺其自然、每个人都能自由选择职业和随时更换职业的社会里，情况会是如此。利益自然会驱使每个人追求自认为有利的事业，避开不利的事业。

事实上，在欧洲各地，依据不同用途的劳动和资本所得的货币工资和货币利润都是极为不同的。这种不同的产生，一方面是由各种用途本身的性质造成的，这些情况，实际上或至少人们都能想象得到，某些职业虽然收益微薄但有补偿，某些职业虽利益优厚却另有减损；另一方面，则是因为欧洲各国施行的限制市场完全自由发展的政策造成的。

为了讨论上述二者的影响，我将分两节来阐述本章内容。

第一节　基于职业本身性质的不平等

据我所观察，某些职业虽然收益微薄却另有补偿；而某些职业虽利益优厚却另有亏损。影响劳动工资和资本利润的主要有以下五种情况：第一，有令人愉悦的职业和令人不快的职业之分；第二，职业学习有难有易，职业培训费用有高有低；第三，工作的稳定与否；第四，职业中的工作职责轻重之分；第五，职业中成功的可能性大小之分。

第一，劳动工资随工作的难易程度、清洁程度、体面程度等情况而有所不同。

例如，就年度收入而言，在大多数地方，缝工的收入比织工低，因为缝工的工作比织工容易而轻松。织工的收入比铁匠低，因为织工的工作环境干净得多。铁匠虽属技工，但他 12 小时的劳动收入，往往还不如一个煤矿工 8 小时的劳动收入，因为铁匠的工作没有煤矿工那般肮脏和危险，而且又是在阳光普照的地面上进行的。对于体面的职业，它带给劳动者的荣誉感构成了报酬的一部分。综合各种因素，从事这类职业的劳动者，其所得的货币报酬一般较低，这一点我会在后面加以说明。而那些低贱不体面的职业，情形则恰好相反。屠户是较为野蛮的职业，但在大多数地方他们的收入往往会高于其他普通职业的劳工。刽子手可以说是最令人嫌恶的职业，他们的工作量很低，可是他们的报酬却远高于普通职业的劳动者。

在未开化社会最受重视的狩猎和捕鱼职业，在社会进步以后却成为最令人愉悦的消遣活动。过去从事渔猎是生计所迫，现在进行渔猎却是为了娱乐。所以社会进步后，以别人的消遣乐事为职业谋生的人都是极其穷苦的。忒奥克里托斯（Theocritus）[①] 时代以后，渔夫的生活都是十分贫困的。所有的偷猎者，几乎都是大不列颠王

① 见忒奥克里托斯诗歌作品《田园诗》（*Theocritus and Virgil's Eclogues*），描写两个穷苦渔夫的生活。忒奥克里托斯（Theocritus，约前 310—前 250），希腊诗人，牧歌的创始人。——译者注。

国里各地最贫苦的穷人。在私猎被法令严格禁止的国家里，即使是特许狩猎者，其生活条件也不见得能好多少。许多人从事狩猎职业并不是为了获得优越舒适的生活，而是出于他们对狩猎的喜爱。而且与劳动量相比，他们劳动产物价格并不高。从事狩猎，其收入仅仅够维持最基本的生活资料。

不愉快和不体面对资本利润的影响，与其对劳动工资的影响是一样的。小客栈或小酒馆的老板似乎从来不是自己店铺的真正主人，他们不得不忍受醉酒顾客野蛮和无理的对待。他们的职业既不令人愉快也不体面，但是，这种小店铺却能够以小额资本得到普通行业难以得到的大利润。

第二，劳动工资随入职培训学习的难易程度和培训费用的高低而不同。

高价购置机器时，当然期望它在报废以前所完成的工作可以收回所投入的资本，至少获得普通利润。花费许多时间和精力去学习一项特殊的职业技能，和购进一台昂贵的机器，是同样的投资。学习的人也当然期望参加工作之后能在获得普通劳动工资的基础上，挣回所有培训费，至少获得普通利润。并且，鉴于人的寿命的不确定性，所以还要求要在一定的合理预期时间内实现这个目标。这和考虑到机器的使用寿命，必须在确定期间内收回投资并获取利润的预期如出一辙。

熟练技工的工资和一般劳动者的工资有所不同，就是这个因素造成的。

在欧洲，各国的政府大都规定，机械师、技工和制造师的劳动属于熟练技术劳动，而所有农村劳动者的劳动则为普通劳动。这种政策似乎认定前者的劳动比后者更加精细巧妙。在某些场合，情况的确如此，但在更多的场合，事实并非如此，这一点我会在后面加以说明。所以，欧洲各国的法律一般都有这样的要求：要想从事技师之类的职业，必须先做学徒，以获得相关职业资格。各地的要求宽严不一，对于想从事农村劳动的人，则不加任何门槛限制，放任自流。在学徒期间，师傅占有学徒们的所有劳动产物。在大多数情况下，学徒的生活费都是他的父母或亲戚供应的，衣物则几乎全由父母或亲戚置办。不仅如此，依照传统，学徒还得向师傅缴纳一定的学费。付不起学费的学徒就要拿劳动年限来抵偿，也就是说，他们做学徒的时间要超过一般的年限。不过，由于学徒往往流于懒散，因此这样做对师傅不见得有好处，而对学徒却是绝对不利的。农村劳动则不同，劳动者往往在从事简易劳动的同时也学会了行业中比较繁杂的工作。无论在受雇期的哪个职业阶段，他都能靠劳动养活自己。从这一点说，欧洲各国的机械师、制造师以及技工们的工资，一般比农村普通劳动者的工资略高，这也是合情合理的。如此一般，他们的生活确实优越了一点。不过，这种优越程度十分有限。素色亚麻布厂和呢绒工厂里，普通帮工的平均日工资或周工资，只不过比普通劳动者略高而已。由于他们的工作比较稳定和单一，因此他们的年度总收入或许多一些，但是，这也不过恰好足够抵付补偿他们的职业学习费用。

对精巧艺术和特殊劳动的自由职业的入职培训来说，学习起来更加耗资费时。因此，无论从理论上还是从实际上，画家、雕刻家、律师以及医生的货币报酬比普通劳动更加丰厚。

但资本利润却跟所投资的行业的难易程度关系不大。大城市里较为普遍的所有投资技巧，其学习的难易程度几乎都差不多。不论是国内贸易还是国际贸易，没有哪个行业的投资方法比其他行业更难学习。

第三，劳动工资因各种职业的工作稳定性而有所差异。

与其他职业相比，某些职业要稳定得多。大多数的制造业工匠，只要尚有劳动能力，一年到头几乎天天都有活干，而泥水匠或砖瓦匠每逢严寒酷暑或恶劣天气就完全无事可做。而且，即便天气再好，仍不确定他们是否有活干，因为这取决于顾客是否有需求。因此，他们长时间没有工作也是可能的。这就要求他们在被雇时的劳动所得不仅要足够维持无工作时期的生计，还要对他在不稳定处境中遭受的焦虑与沮丧做出补偿。所以，大多数制造业工人的日工资和普通劳动者相差无几，但泥水匠和砖瓦匠的日工资却是普通劳动工资的 1.5 倍乃至 2 倍。如果普通劳动者每周收入 4~5 先令，泥水匠与砖瓦匠的收入为 7~8 先令；前者若得 6 先令，后者就会收入 9~10 先令；要是前者得 9~10 先令，后者所得则是 15~18 先令。而在各种熟练劳动中，再没有比泥水匠与砖瓦匠的工作更容易学习的了。我听说，到了夏天，伦敦的轿夫有时会转行充当砖瓦匠。所以，泥水匠们的高工资，与其说是对他们娴熟劳动技能的报酬，倒不如说是对他们工作不稳定的补偿。

建筑木匠的工作似乎比泥水匠更精细，也更注重技巧。虽不能说所有的地方，但在大多数地方，建筑木匠的每日所得却赶不上泥水匠。其原因是他们是否有活干，虽然与泥水匠一样，都是由顾客的临时需要决定的，但他们对顾客临时需要没那么依赖，并且也不像泥水匠那样受制于天气。

较为稳定的行业工资通常和普通劳动工资保持一定的比例，但如果某种一般情况下都能提供稳定工作的行业突然不能提供稳定的工作了，那么该行业的工资必然会上升，超过原有的比例。同其他各地的短工一样，伦敦一切下层技工都是按天或按周被雇佣，并且随时都可能被解雇。因此，即使是最低级的裁缝，一天也能有半克朗的收入，1 克朗相当于 5 先令，而普通劳动的日工资仅为 18 便士。

在小城市和农村，裁缝和普通劳动者的工资基本是相同的；但在伦敦，裁缝连续数周没法开工的情况很常见，在夏天尤其如此。

如果一种工作既不稳定，又艰难，不愉快并且肮脏，那么即使它只是最普通的工作，其劳动者的工资也会超过最熟练技工的工资。在纽卡斯尔（Newcastle），按件计酬的煤矿工人的工资，通常是普通劳动工资的两倍左右。在苏格兰大多数地方，他们大约是普通劳动工资的三倍，他们所得报酬较高是因为从事艰苦、不愉快和肮脏的工作。大多数情况下，只要他们愿意，就总会有工作等着他们。和煤矿工人一样，伦敦运煤工人的工作同样辛苦、不愉快且肮脏，由于运煤船的到达时间总是不确切的，所以大部分运煤工人的工作都很不稳定。因此，既然煤矿工人通常能拿得到2~3倍于普通劳动的工资，那么，煤炭运送工人拿到4~5倍于普通劳动的工资也是可以理解的。数年前的调查结果显示，运煤工人每天的收入是6~10先令，按照当时工资率，这大约是当时伦敦普通劳动工资的4倍。一种职业的最低工资往往可看作是该职业绝大多数从业者的报酬。尽管运煤工人的工资看起来过高，但如果除了补偿职业上的种种不如意之外，剩余是不多的。在这个没有垄断、自由竞争的行业里，如果剩余很多，很快就会出现许许多多竞争者，最终导致工资迅速回落至较低的水平。

而所有行业资本的普遍利润，都不受资本的用途是否固定的影响。资本的使用是否固定，取决于经营行业的人，而不取决于行业本身。

第四，劳动者所应承担的责任大小轻重，决定工资高低。

在各地，金银珠宝匠的工资不仅高于需要同样技巧的其他许多行业的劳动者，甚至还高于技巧性更强的其他行业劳动者，这是因为他们承担着贵重材料的托管责任。

我们把身体的健康托付给医生，把自己的生命、荣誉和财产托付给律师。显然，卑微平庸之辈绝对承担不了这样重大的托付，所以医生和律师们得到的报酬必须能够使他们维持一定的社会地位，以承担相应的托付责任。维持这种社会地位，从业前必须接受长期培训教育并支付高额费用，这些因素都会提升他们的劳动价格。

一个只使用自己的资本经营事业的人，不需要受到任何委托。至于他能否得到他人的信任，不取决于他经营的是何种性质的行业，而取决于别人对他的财产、人品和能力的看法。因此，各个行业利润率的不同，与经营者是否受到委托以及委托程度无关。

第五，劳动工资与劳动者取得从业资格的可能性大小有关。

参加学习的人获得所学行业从业资格的可能性的大小，因行业不同而差异甚大。对于大多数的机械工作，人们学习成功的概率是很高的；但就某些自由职业来说，却不太有把握取得从业资格。例如，送子女学制鞋，毫无疑问他们能够学会这项技术；但若送孩子去学习法律，那他能够精通法律并以此为生的可能性仅为二十分之一。就彩票来说，中奖人的所得应是全体未中者的集体损失。就成功率仅为二十分之一的行业来说，其中的那个成功者，应该享有失败者该得而未得的全部。因此，对普遍到四十岁才能靠法律维持生计的律师来说，他所获得的报酬，应在充分补偿他因受教育耗去的大量时间和不菲花费的基础上，还要充分补偿那些未能从事该职业者所有的受教育时间和花费。有时候，律师的收费高得过分，但事实上，他应得的报酬远不止这些。核算某地鞋匠或者织工等普通工人的年收入总额和支出总额，你会发现，他们的总收入通常都多于总支出。而以同样的方法核算所有职业律师及见习律师的总收入与总支出，你就会发现，即使你尽量高估他们的年收入并尽量低估他们的年支出，其收入也只相当于支出的很小一部分。因此，对律师这个具有彩票性质的职业来说，总体上看是不划算的，也是不公平的。律师和其他一些自由职业或受尊崇的职业，从金钱报酬来看，实属太难补偿从业者的付出。

但是，这些职业仍然能够与其他职业一样发展。尽管这一行业狭窄的出路难免令一些人沮丧，但这丝毫不妨碍那些有抱负之士慷慨投入精力金钱竞相进入。鼓舞他们的原因不外乎两个：第一，希望在这些行业中拔得头筹，争得荣誉；第二，所有人对于自己的能力或运气，都抱有天生的自信心。

一个能在只有少数人才能到达中等水平的行业里做到出类拔萃的人就是所谓的天才，他拥有卓越的才干。因为这种才干而赢得的人们的赞誉，可归于他报酬的一部分。至于这部分报酬的高低，则依其所获赞誉的大小而定。对医生来说，荣誉占报酬的一大部分；对律师而言，所占报酬比例更大；至于诗人或者哲学家，荣誉几乎是他报酬的全部。

拥有数种愉快称心且优美高雅的才能的人，定能博得世人赞誉；但若以此谋利，就会遭世人唾弃，被认为是出卖人格。因此，运用这种才能的人所得的金钱报酬，不仅得补偿训练此等技能所花的精力、时间和费用，还须补偿因谋利而招致的声誉损失。艺人、歌剧演员、舞蹈家之所以获得超高报酬，就缘于这两方面：一是拥有少见的美妙才能；二是由于运用这才能而可能遭受声名受损。我们一方面在人格上鄙视他们，另一方面却在报酬上给他们丰厚的回报。乍看上去，这颇为矛盾和荒唐，然而，或许正因为我们在人格上鄙视他们，才要对他们的才能予以厚报。一旦世人对这种职业的偏见有所改变，很快就会在他们的金钱报酬上得到体现，他们的收入就会降低。因为会有更多的人来加入这些行业，竞争加剧，势必会导致劳动价格降低。这些才能虽不一般，但也绝不像人们想象的那么罕见。有许多人完全具备这种才能，却不屑以此谋利。如果运用这种才能谋生而不会招致骂名，一定会有更多人能够获得这种才能。

关于自己的才能，大多数人总是自信满满甚至自负，这是历代哲学家和思想家所言的人性中固有的通病。但人们对于自己运气的过高估计，却往往不为人自身所察觉。实际上，人们对自己运气的荒谬臆断，比对自己才能的自负还要普遍。一个人只要身体健康、精力旺盛，就总会相信自己是幸运者。每个人都会过高地预估获利的概率，而低估亏损的概率。身体健康、精力旺盛的人，很少正确地估计亏损的可能性。

从大家购买彩票时的心理就可以看出，人们会自然而然地高估获利概率。世上从来就没有那种完全公平的彩票，也就是全部落奖者的损失都归于中奖者，否则，彩票的经营者便无丝毫利益可图。就英国国营彩票而言，购买者所付的价格实际上并非彩票的实际价值，市场上的售价通常都超过其实际价值的 20%、30% 甚至 40%。人们对于中大奖的梦想和希冀，是产生这种需求的唯一原因。就算一个头脑清醒、行事稳重的人，即便明知道购买彩票时支付的金额高于中奖机会的实际价值的 20% 或 30%，也不认为花费小钱去钓取 1 万镑甚至 2 万镑的大奖是愚蠢行为。奖金在 20 镑以内的小额彩票，虽然在各个方面都要比普通国家经营的彩票更近于完全公平，但这种彩票的需求量很小。为了增大中大奖的概率，有的人会同时购买几张彩票，有的人会购买更多的小面额彩票。但你买入的彩票数量越多，亏损和希望落空的概率就越大。在数学上，这是再明确不过的法则。假若你购入所有的彩票，那就必亏无疑。你买入的彩票的数量越多，你的损失就与上述的必然损失越接近。

从保险行业的微薄利润可以看出，人们往往会低估亏损发生的概率。要经营火灾险或海损险之类的保险事业，所收的保险费不仅要足够赔付一般损失、支付经营管理的费用，还要能向投资人提供经营其他一般事业所能获取的利润。只缴纳普通数额保险费的投保人，所付的显然只是危险的真实价值，也就是说，只付了他所预估的最低保险价格。虽然许多人通过经营保险赚得一点小利，但很少有人依靠这项事业发大财。可见，一般的利润与亏损的平衡，对保险业不太有利，不像其他那些赚钱的行业。尽管保险费数额普遍不大，很多人还是因为低估风险而拒绝投保。拿英国来说，为房屋缴纳火灾保险的人家不足 5%，甚至不足 1%。在许多人看来，海损比火灾更可怕，因此，投保与未投保船只的比例应该比房屋火灾险大得多。但实际情况却是仍有许多未投保船只不分季节时令、不避战争地在海上航行。不过这种做法也不完全是因为忽视风险。如果一家大公司或者一个大商人所拥有的二三十艘船同时在海上航行，那么它们就可以相互照应。由此节省下来的保费一般足以补偿海上航行可能蒙受的损失。可是，在更多的时候，船只、房屋不投保，都是考虑不周的结果，都是流于轻率以及轻视风险的鲁莽行为。

轻视风险以及奢望成功的心理，在人的一生中以青年时期择业上的表现尤为突出。在这个时期，对成功寄予的厚望大大降低了对厄运的畏惧。这一点，在兴致勃勃地准备参军或出海的普通青年们身上，在迫切渴望从事自由职业的上流社会青年们的身上，表现得十分明显。

普通士兵可能遭遇的危险和丧失的东西是显而易见的。但是，在新战争一开始，青年们就会奋不顾身，踊跃应征入伍。尽管升迁的概率几乎为零，这丝毫不妨碍青年们幻想立功和获得荣誉。这些渺茫而又虚幻的希望，就是他们甘愿抛头颅洒热血的全部动力。他们得到的报酬还不及普通劳动者，付出的艰苦却比普通的劳动者大很多。

海军这个彩票性质的职业，总体来说还略比陆军这个“彩票职业”有利。一个好名声的工匠之子，可能会得到父亲的准允去参加海军，但如果他想去参加陆军，就需要瞒着他的父亲了。如果说前一种职业还能让人看到几分成功的希望，那么后一种职业，除了他本人，是不能得到旁人的认可和支持。陆军上将要比海军上将更受民众崇拜，在陆军中服役也比在海上服役获得的成功更加荣耀，不仅是上将，两个兵种中所有级别的将官都存在着这样的差距。依据规定，海军上校和陆军上校的阶位是一样的，但在人们的心目中，前者就根本比不上后者。由于彩票的大奖较少，所以小奖就比较多。同理，普通海军士兵比普通陆军士兵更容易获得名利和升迁。正是这种中小奖的希望，鼓励着普通青年去报名参加海军。海军士兵一生都在不停地跟困难和危险做斗争，所以，普通海军士兵的技巧与熟练程度，几乎强于所有技工。可是，在他们的海军生涯中，除了在运用自己的熟练技巧克服危险困难时所获得的些许快感之外，几乎没其他任何报酬。他们的工资，并不比决定海员工资率的港口普通劳动者的工资高。由于海员频繁往返于各地港口，所以，与各港口其他劳动者的薪资相比，他们的月薪更加趋于一致。而且，因为出入伦敦港的海员数量最多，所以这里海员的工资率往往决定着其他港口海员的工资率。伦敦各类工人的工资大多是爱丁堡同类工人工资的两倍。但是，从伦敦出海的海员比由利斯（Leith）港出海的海员的月工资高出三四先令的情况都极为少见。一般情况下，伦敦商船上的海员的月工资大约是21~27先令。然而，按每周9先令或10先令来算，伦敦的普通劳动者月工资便为40先令乃至45先令。诚然，海员的所得除了工资外还有食品，但食品的价值未必能填补他的工资与普通劳动者工资之间的差额。即便偶尔超过这个差额，超出的部分也不是海员的净收入，因为他无法和自己的家庭成员分享这些食品，只能用工资来养活家人。

潜在的危险和艰难的生活非但不能让青年们望而却步，有时反而还成为他们选择这个行业和这类职业的诱因。下层民众中的母亲，通常不愿把儿子送到海港城市读书。她们担心自己的孩子看到海船，听到海员们谈论那些冒险经历，因而受到引诱赴海远航。未来可能发生的危险，并不能震慑我们，因为我们期待凭借自己的机智勇敢来摆脱困境，所以这种危险不构成提高这类冒险行业工资的理由。但在那些机智与勇敢不起作用的行业里，情形就不同了。至于肮脏不卫生的职业，其劳动工资总会特别高。肮脏污浊和不卫生环境本身令人生厌，它对劳动工资的影响，应归入劳动不愉快的那一类来阐述。

各种资本投向的普通利润率，会随着收益的确定性与否而有所不同。一般来说，对外贸易的收益比国内贸易更具有不确定性，而对外贸易的某些部门又比另一些部门更有不确定性。例如，对北美贸易的收益，就比对牙买加贸易的收益更为确定。一般来说，危险程度高的职业，其利润率也较高，但利润率增高的幅度与行业的风险程度并不成正比，也不一定很完全弥补风险带来的损失。在最危险的行业中，破产相当常见。所有行业中最危险的莫过于走私。如果冒险成功，所获当然不菲，但是最终走向破产是这种行业的必然结果。如同其他行业一样，对成功的幻想在这里所起的作用是诱使大量冒险家参与其中。竞争如此激烈，以至于他们的利润减少到不足以抵偿危险的程度。这些冒险家的一般收益除了资本普通利润外，不仅能够弥补所有随时可能出现的损失，还要提供一种与保险业同样性质的利润，这样才能完全补偿其中的风险和危险。如果普通收益能够充分满足这些，那么，破产在这种行业中就不会那么常见了。

由此可见，导致各行业劳动工资差异化的五种原因中，影响资本利润的只有两种，那就是工作的愉快度和职业是否存在风险。工作的愉快度在绝大多数的资本用途中都相差不大，或者没什么差别，但在各种不同的劳动用途中差别却很大。而且，资本的一般利润虽然会与危险程度一同增高，但增高程度不一定与风险成正比。由此，我们可以推论，在同一社会或同一地区，各种用途的资本平均或一般利润率，比各种用途的劳动工资更为接近，并趋向同一水平，而事实也确实如此。普通劳动者和业务繁忙的律师与医生的货币报酬之差异，要比行业间普遍利润的差异大得多。这是显而易见的。再者，表面看到的不同行业的利润差异，往往都不真实，因为很多情况下我们习惯于把工资和利润混为一谈。

药剂师的利润这一表达，用来形容过分的暴利。但是这种看上去大得过分的利润，往往是合理的劳动工资。药剂师的技能，要比其他技工的工作更加精细巧妙。他所承担的责任也比一般人重大。他不仅是贫民的医生，在疾病不太严重或病情不太危急的时候，他还是富人的医生。因此，他的报酬，理应与他的技能和所受的托付成比例，他的药品售价自然应当将这些报酬包含在内。在商业大城市中，生意最好的药剂师每年的制药成本也许只有三四十镑，他的所得却有三四百镑。也就是说，他出售药品的所得约是成本的 10 倍以上。但事实上，这利润或许是他应得的工资。因为除了将工资加在药品价格上以外，他再也找不到别的办法来获取自己应得的劳动工资部分。

在一些小型港口城镇，小零售商仅以数百镑资本就可能获得 4% 甚至 5% 的利润，而同一地方的大批发商却很少能以数万镑资本获得 8%~10% 的利润。由于杂货贸易的便利性，它对当地居民来说是十分必要的。但由于市场狭小，杂货业容纳不下过大的资本。而那些小零售商不仅需要靠此行业维持生活，还须具备堪当此任的资格。他不仅要有小额的资本，能读能写会算，还得能准确地判断五六十种以上不同商品的价格和品质，还须有能力以最低的价格进货。总而言之，一切大商人需要具备的知识和能力，他都得具备。而他不能成长为大商人的原因，只是资本量不足而已。一个兼具这么多项才能的人，每年获取三四十镑的劳动报酬绝不为过。从他表面上很大的资本利润里除掉上述部分，剩下的那些不一定会高于普遍利润。所以，这种情况下的表面利润，其大部分也不过是真实工资罢了。

零售商与批发商在表面利润上的差异，在大城市要比在农村和小城镇小得多。在杂货贸易行业能容纳 1 万镑资金投入的地方，相对于这巨大资本的应有利润，零售商人的劳动报酬就微不足道了。所以，在大城市里，生意兴隆的零售商与批发商的表面利润更接近于同一水平。正因为此，大城市里商店的零售价格与小城镇商铺的售价同样低廉，甚至比农村价格更低。一般来说，大城市里的杂货比小城镇及农村便宜得多，而面包和肉类价格往往差不多。杂货送到城市的费用与到小村镇的运输费用差不多，而大城市的谷物和牲畜的运输费用则高得多，因为它们大都来自离大城市很远的地方。杂货的进货价格，在城市和农村都是一样的。所以，在货物价格中，附加的利润越少，售价就越低。面包和家畜肉的进货价格，大城市要比农村高，虽然大城市所加利润较低，但这些物品的零售价格却不一定较低，而是与农村大体持平。面包和肉类商品，在城市利润减少的原因，就是进货价格的增加。由于市场范围大，一方面因为涌进的资本较多，因此表面利润减少；另一方面，由于供货地较远，因此进货价格增加。这表面利润的减少和进货价格的增加，在许多情况下视为相互冲抵。这就是为什么谷物及牲畜的零售价格在全国各地大不相同，而在全国大部分地区的面包和肉类的零售价格一般来说都差不多。

虽然一般来说零售商及批发商的资本利润在大城市比在小城镇和农村少，但以小额投资赚了大钱的人，在大城市俯拾皆是，在小城镇和农村却寥寥无几。由于小城镇和农村的市场狭隘，资本的增加空间有限，贸易无法扩大，因此，虽然这些地方的某些商人利润率很高，但他的利润总额却很有限，每年的积累资本也不会很大。相反，大城市的贸易可以随着资本的增加而扩大，一个足够勤勉和节俭的商人，他的信用会比资本增加得更快。这样，随着信用及资本的大幅增加，他的营业额自然能同比扩张，而他的利润总额也会随着营业额的增长而同比增加，他每年所积累的资金也会因此而大大增加。然而，即便是在大城市，一个人凭借经营一种广为人知的稳赚不赔的正常行业而发大财的情况也不多见。他之所以能发财致富主要缘于自己长期的勤俭节约和苦心经营。诚然，大城市中不乏从事投机生意而一夜暴富的人，但投机商人经营的并不能算作广为人知的稳赚不赔的正常业务：他可能今年是谷物商，明年却成了酒商，后年又变为食糖商、烟草商或茶叶商等。一旦他预见到某个行业的利润有可能高于一般利润，他便立马加入；一旦预见到该行业的利润将要减少到和其他行业相等，他又马上离开。因此，他的利润和亏损，不能和其他任何广为人知的稳赚不赔的正常行业的利润与亏损等而视之。一个大胆的投机商，可能因为两三次的偶然成功骤然大富大贵，但也可能因为两三次的投资失误而债台高筑。这种生意在大城市以外的任何地方都没办法进行。因为只有在商业和通信最发达、交易最频繁的地方才能获取经营这类生意所必需的信息。

上述五种情况，虽然在某种程度上造成了劳动工资与资本利润的较大的不均衡，但是在不同用途的劳动或资本中却没有造成任何真实的或想象上的利害不平等。上述情况的性质是，一方面补偿了某些小额货币报酬的用途，另一方面削减了那些巨额货币报酬的用途。

但是，如果想要使劳动和资本所有不同用途的利害在总体上趋于平等，即使是在具有完全自由的地方，也必须具备下面三个条件。

第一，劳动和资本的用途只有在当地确立很久且众所周知，平等才会产生。

在所有条件都基本相同的地方，新行业的工资一般都比旧行业高。经营者在拟建新产业之初，所提供的工资必须高于其他行业以及本行业的平均工资，这样才能把其他行业中的工人吸引过来。而且，要经历很长时间才能把工资降到平均水平。某些制造业的需求完全取决于时尚和大众一时的喜好，它总是在变化，很少能够长久持续，因而这种行业极难维持成为古老制造业。相反，基于产品的效用和必要性而很少有变动需求的另一些制造业，同一形式和相同结构的产品可历经数百年仍为人们所需。因此，前一类制造业的工资就可能比后一类要高。伯明翰制造的产品大多属于前者；设菲尔德制造的产品大多属于后者。据说，这两地劳动者的工资差异就很符合制造业性质的差异。

任何时候经营一种新的制造业、商业或农业，并期望由此获得超常的利润，都是一种投机行为。这样的利润有时颇为巨大，有时也许极微小。但总的来说，这种新兴产业的利润并不与当地及周边原有产业的利润保持恒常的比例。如果经营成功，最初的利润会非常高。可是一旦这种行业稳定了，被更多的人知晓了，由于竞争加剧，其利润就会降到与其他行业同样的水平。

第二，只有处于自然状态下的时候，劳动和资本的所有不同用途的利害才会在总体上趋于均等。

人们对每一种劳动的需求都会时大时小。在劳动需求大的情况下，劳动用途的收益会上升至普通水平以上。在劳动需求小的情况下，劳动用途的收益会降低到普通水平以下。在割制干草期和粮食收获期，对农村劳动的需求比一年中其他时期都要大，其劳动工资也随着需求的扩大而上升。战时，当原先为商船服务的多达四五万的海员被强制转为为国家服务时，商船对海员的需求必然由于人手稀缺而大大增大。这个时候海员们的工资会由每月 21~27 先令增加到 40~60 先令。相反，在日益凋敝的制造业中，许多劳动者因不愿放弃原来的职业，只能无奈地拿着与他们的工作性质极不相称的较低工资。

资本的利润随使用这一资本生产出来商品价格的变动而变化。当一种商品的价格超过其普通价格或者平均价格时，至少为该商品生产销售而使用的某部分资本的利润会上升到原有水平之上；当该商品价格下降时，相应利润也会降到原有水平之下。所有商品的价格多少都会有所变动，但某些商品的价格变化幅度可能比其他商品大得多。就人类劳动生产的产品来说，每年所用的劳动量必然受每年需求的支配，以使年平均产量尽可能地接近于年平均消费量。这在前文已经讲过。在有些行业中，等量的劳动会生产等量或几乎等量的商品。例如麻布或者呢绒的生产，同一数量的劳动者每年制造的麻布或呢绒的量几乎不变。因此，这类商品的市场价格的变动，只可能是需求的偶然变动导致的。国丧期间，黑布的价格就会升高，但是，由于人们对素麻布和呢绒的需求没什么变化，因此它们的价格也基本不会变动。在有些行业中，等量的劳动却不一定能生产出等量的商品。拿谷物、葡萄酒、啤酒花、砂糖、烟草等商品来说，同一数量的劳动者生产的年产品数量大不相同。所以，这类商品的价格不仅受需求的影响，更受商品产量频繁变化的影响，因而其价格波动非常大。经营此类商品的那些商人，其利润必然也随商品价格的变化而增减。很多投机商人都依靠经营此类商品而获利，他们预测此类商品价格将上升，就会立刻买入；预测此类商品价格将要下降，就会马上卖出。

第三，劳动和资本的这些用途，只有被经营者当作唯一或者是最主要的工作，才会产生利害均等。

当一个人从事并不占用他大部分时间的工作时，他往往会在闲暇时候兼顾另一种职业，即便由此获得的报酬低于和工作性质相称的水平，他也毫不介意。

在苏格兰很多地方有一种雇工佃农（Cotters or Cottagers），他们相当于地主与农场主的外仆。虽然佃农的数量比前些年明显减少，但至今依然存在。通常，雇主会给他们一间房屋、一块小菜园、一块能够养一头母牛的草地，另加一两亩较为贫瘠的耕地。每当雇主需要他们的时候，有时每周还会向他们提供价值约为 15 便士的 2 配克（Peck）[1] 燕麦片。一年之中，他们只需要为雇主提供少量的劳动，有时甚至完全不需要劳动。至于他们自己的小块耕地，也不会占用他们太多的时间。所以，据说在这种佃农数量较多的时候，任何人都可以以极少的报酬雇佣他们为自己工作，哪怕这报酬远低于其他劳动者。在古代，这种佃农佣工遍布欧洲各地。如果不采用这种方式，在耕作不良、人口稀少的国家，大多数的地主和农场主根本无法在农忙时节雇到自己需要的临时佣工。这些劳工从雇

① 1 配克相当于 8 夸脱。——译者注

主那里偶然得到的低廉的日报酬或周报酬，显然不是他们付出的全部劳动价格。雇主无偿给予他们的小块耕地，构成了他们劳动的全部价格中很可观的一个部分。可是，有些学者似乎把他们为雇主劳动时所得日报酬或周报酬当成他们的全部劳动价格。这些学者在搜集了以往劳动以及食品价格的数据之后，总会自以为是地宣称，二者的价格都相当低贱。

这类劳动产品在市场上的售价，往往比它应有的价格低。苏格兰不少地方出产的手工编织长袜比其他任何地方生产的机织袜子的售价要低廉很多。这是因为那些编织袜子的劳动者主要依靠其他职业获取生活资料。设得兰群岛（Shetland）每年都向利斯出口 1000 多双袜子，每双袜子的价格从 5 到 7 便士不等。据说，在设得兰群岛的小首府勒韦克（Lerwick），普通劳动者的日工资平均为 10 便士。但是，在设得兰群岛，他们所织的毛袜却有每双售价超过 1 畿尼的。

在苏格兰，纺亚麻线的活儿也和长袜编织一样。行业主要的劳工大多是兼职做这项工作。这些人希望靠这两种工作来补贴家用，但赚取的报酬却非常有限。在苏格兰，每周能挣 20 便士的女纺工，就称得上其中的佼佼者了。

富裕国家的市场一般都很广阔，基本上任何一个行业的劳动和资本都能全部被容纳并且得到充分运用。依靠一项主业谋生，又兼职一项副业以赚取些许额外收入的情况，多半只在贫困的国家才会存在。然而，与上面所述相类似的情况，却在一个很富裕国家的首都出现。我相信，在欧洲再也找不出一个房租高于伦敦的城市了。但是，要说家具齐全、租金低廉的分租房屋，那么就整个欧洲而论，也得首推伦敦了。伦敦的分租房不但比巴黎低廉很多，还比爱丁堡同等房屋低廉很多。奇特的是，分租房租金低廉的原因之一，竟是整租房租金过于高昂。大城市房租居高不下的原因不外乎：劳动价格高昂、建筑材料昂贵（一般需要从远方运输而来）、地租昂贵（垄断了地皮租赁市场的地主们，对脏乱差街区一英亩土地的要价，往往比一百英亩良田还要高）。伦敦的房租高昂，除了上述原因外，还有一个原因：按照当地特有的风俗习惯，户主在租赁房屋时，一般会将整所住宅全部租下。住宅（Dwelling-house）这个词，在法国、苏格兰以及欧洲其他地方，常常指建筑物的单独一层，而在英格兰，却指同一屋顶之下包含的所有房屋。在伦敦，商人们不得不在顾客所在城区租下整栋房子。底层作为店铺，顶楼作为自己和家人的住房，中间两层则分租给他人，以收回部分房租。他主要靠自己经营的生意来养活家人，并不指望以分租的租金过活。而在巴黎和爱丁堡，往往有人依靠分租房间所获的利润来谋生，所以，第三方支付的分租房租金，不仅能使承租人支付房租，还须足够承租人维持家用。

第二节　欧洲政策引发的不平等

由以上论述可知，就算是在完全自由的地方，如果缺少上述三个条件中的任意一项，劳动与资本不同用途的利害必然会出现上述的不均等现象。更何况欧洲的政策对事物完全自由的发展的限制，由此便产生了比前面所述更多重要的不平等。

欧洲政策造成上述不平等的方式主要有以下三种。

第一，欧洲政策通过限制某些行业的竞争，使一部分原本有意愿加入这些行业的人无法从业，因此造成了劳动和资本的所有不同用途的利害出现严重的不平等。

欧洲政策限制行业从业人数的主要手段，就是同业联盟公会的排外特权。

一个有同业联盟公会的行业，它的排外特权，势必只允许其所在城市中的享有经营权的人相互竞争；要想得到这种经营权，就必须在当地有相应资格的师傅门下做一段时间的学徒。同业联盟公会有时还会限定每位师傅所带的学徒人数，而且往往会规定学徒的学习年限。这两条规则的目的，都是为限制行业中竞争者的人数，使从业人数比不加限制时有意愿加入的人数要少。限定学徒人数是直接限制竞争，而规定一个较长的学徒学习年限，等于增加了学习者的教育费用，是间接限制竞争，这种方法也同样奏效。

按照公会规定，设菲尔德的刀匠师傅最多只能带一个学徒。诺福克（Norfolk）和诺利奇（Norwich）的织匠师傅所带学徒人数不得超过两个，如有违规，则须每月向国王交纳 5 镑的罚款。英格兰本土及各英属殖民地，一个帽匠师傅所带的学徒人数也不得超过两个，违规者也须每月上交 5 镑罚款，一半归国王，一半归告发者。这两项规定，虽经王国公法确认，但显然是受了设菲尔德同业联盟公会规定的影响。伦敦丝织业同业联盟公会还不到一年，就规定了每位师傅不能带两个以上的学徒。后来，通过议会特别法令的干预，才使这项规定得以废止。

以往欧洲大部分有联盟公会的行业，几乎都规定学徒期为 7 年。这样的组织在过去都称为“大学”（University），这的确是一个适合于任何组织的拉丁文名称。铁匠大学，裁缝大学等字眼，在古时城市的许可证中很常见。而现今被称为大学的组织，在刚刚成立的时候，所规定的取得硕士学位所需的学习年限，明显参考了以往行业联盟公会有关学徒年限的规定。在普通行业，一个人必须得拜在符合资格的师傅门下学徒七年，才能获得普通行业上的师傅资格，并可以收授学徒；一个人也必须在符合资格的老师门下学习七年，才能成为文理学科的老师，或学者（这些词在古代属同义词），才有资格收授学生或学徒（二者在古代也是同义词）。

在伊丽莎白五年（1562 年）所颁布的一项被称为《学徒法》（*Statute of Apprenticeship*）的法令规定，一个人如果想在英格兰从事任何一项手艺，都至少须做满七年学徒。这样一来，以前各地那些同业联盟公会制定的规则，演变成了英格兰所有行业的例行公法。这项法令的文字表达很笼统，似乎包含整个王国在内。但依据法律解释，该法令的效力仅限于城市。至于劳动者在农村，可以任意从事几种不同的行业，即使他在其中任何一种行业都不曾学习达到七年。为了给农村居民提供足够的便利，这种一人兼顾几种行业的情况是完全必要的。而且，农村人口不多，要把农村手工业者按一定比例分给各个行业，显然不够。

另外，依照法令文字的严格解释，该法令只适用于伊丽莎白五年之前英格兰境内存在的各种行业，并未推及之后新建的行业。这种对不同时期和行业的区别限制政策，简直是愚不可及。例如，按照法令规定，马车制造者无权自行制造车轮或者雇人制造，他必须从车轮制造者那里购买。因为在伊丽莎白五年之前，车轮制造业已然存在。而马车制造业出现于《学徒法》颁布以后，所以又不受这项法令限制。故此，一个车轮制造者，虽然没有做过马车制造师的学徒，却可以自行或者雇人制造马车。在曼彻斯特、伯明翰和沃弗汉普顿等地，许多制造业都成立于伊丽莎白五年之后。所以按照这种文字解释，它们可以不受《学徒法》的约束。

在法国，不同城市、不同行业规定的学徒年限也不同。在巴黎，尽管大多数行业规定的学徒期为五年，但是一个人若想在某项行业中取得做师傅的资格，就必须至少再做五年帮工。这五年，他被称为师傅的合作伙伴，所以这五年就被称为合伙期。

苏格兰则对学徒年限没有统一的法律规定。不同联盟公会规定的学徒年限也不一样。在年限规定得较长的地方，通常可以通过缴纳小额罚金的方式来缩短年限。并且，在大部分城市中，只需缴纳很少的金额，就能买到任何同业联盟公会的成员资格。苏格兰最重要的制造业者，如亚麻布与大麻布制造业的织工，以及各附属行业，如车轮制造业、纺车制造业的从业人员等，即便分文不出，也可以在自治城市中自由从事这些行业。自治城市里的所有居民，都可以在每周的法定日里自由贩卖肉类。苏格兰的学徒年限通常为三年，就算那些要求有非常精湛技艺的行业也一样。迄今为止，我还没听说过欧洲有哪个国家的同业联盟法规像苏格兰那样宽松。

一个人对自己劳动的所有权是其他一切所有权的基础，是最神圣不可侵犯的。对一个穷人来说，体力和技能就是他的全部财产。禁止穷人在不侵犯他人利益的前提下以适合于自身的方式使用自己的体力和技能，显然就是对这种权利的侵犯。这是对劳动者和雇主正当自由的侵犯。妨碍劳动者在适合自己的行业上付诸劳动，就等于同时妨碍了雇主雇佣自己需要的劳动。一个人是否适合被雇佣，完全可以交由利益相关的雇主自行决断。立法者假装出于对雇主雇佣到不合适的劳动者担忧而对此横加干涉，实在是无礼僭越。

长期学徒制并不能杜绝市场上不合格产品的出现。市场上经常出现不合格产品，这是由欺诈行为造成的，并非制造者能力所限。学徒年限再长，也不能保证没有欺诈。因此，必须制定一些完全不同的法规，来防止这一流弊。金属器祖上的纯度标识，麻布、呢绒上的质检印记等向购买者提供的质量保证，都比《学徒法》的规定有用得多。一般人购买商品，都只会看商品标识和印记，而不会刻意询问制造者是否满七年学徒期。

长期学徒制，亦无助于培养青年人勤劳的习惯。那些多劳多得、按件计资的劳动者自会勤勉工作。学徒们的劳动所得和自己是否偷懒毫不相关，所以免不了偷懒、蒙混度日。对从事低级职业的人来说，劳动的乐趣完全取决于劳动报酬。越早感受到劳动的乐趣，就会越早对劳动产生兴趣，而且能早日养成勤勉的习惯。一个年轻人，长期无法从劳动获取任何利益，自然而然地会厌恶劳动。公共慈善机构送去当学徒的孩子，其年限大多长于普通学徒，结果这些人大多成了疏懒无能之人。

古时并没有学徒制度。所有近代法典中，涉及师徒相互之间权利义务的规定占了很大一部分，但古代的《罗马法》（*Roman Law*）完全不曾述及。在现代人的心目中，“学徒”一词的含义为：一个人在某行业拜师学艺，为师傅无偿服务一定年限，在此年限内，师傅也要履行相关授业的义务。但我无法从希腊语或拉丁语中找出一个表达同样意思的词语。

规定长的学徒年限完全没有必要。即使是那些比普通行业技巧要求更高的制造业，比如钟表制造业，并没有什么需要长期教授的秘密技艺。这些作为人类聪明才智结晶的精妙机械，包括用以制造这些机械的种种器具的发明，固然需要经年累月的思考和反复试验。但是，既然已经发明成功，要将它们的制造方法和使用方法详细地教授给年轻人，根本就用不上几周，有时仅仅只需要几天时间就能完成所有讲解。对于那些普通的机械工艺，几天的讲授就已足够。诚然，即便是那些最普通的技术，不积累足够的实践和经验也难以得心应手。但不可否认的是，如果在一个年轻人学习之初就将他算作帮工，依据他的工作量支付他相应的报酬，对他因自己技术不精和经验不足而毁损的材料，让他赔偿相关费用，那么他必然会严格自律勤奋地学习。他受教育的效果也必定更卓著，所用培训的时间和花费也必定更少。当然，这样一来，师傅自然会蒙受损失，因为他要支付徒弟七年的劳动报酬。另外，学徒也会蒙受损失。由于行业的门槛降低了，他的竞争者就会增多，等他成为一个真正的劳动者时，他的工资将大大少于目前。行业内的竞争加剧，不仅师傅的利润会减少，工人的工资也会降低。影响所及，所有从事手艺、工艺和技艺的劳动者都将蒙受损失，而社会大众却成为受益者，因为各种制造品的售价都将大大降低。

同业联盟公会的排外特权以及大部分公会规则之所以存在，目的就是通过限制自由竞争，避免出现这种价格下降，进而阻止工资及利润的下降。古时，欧洲诸国要想成立联盟公会，只需得到所在自治城市的认同即可。在英格兰，还须取得国王颁发的特许状。不过，英格兰国王此项特权，似乎不在于为防止垄断、捍卫自由而设立，而在于榨取民众的钱财。只要向国王缴纳一定金额，特许状一般很容易取得。如果有技工或者商人在未经国王特许的条件下私设了联盟公会，只要每年向国王缴纳一定数量的罚金，所谓的不正当排外特权未必会被剥夺，依然可以得到默许①。一切公会联盟及其制定的行规，都由它们所在的自治城市直接监管。因此，对联盟实行的任何管制，一般并非来自国王，而是来自自治城市，各行业联盟公会都依附于自治城市而存在。

在当时，自治城市的统治权力完全掌握在商人与技工手中。他们所说的严防产品在市场上的存货过多，实际上就是使各自的特种产品在市场上存货不足，供小于求，这明显是在满足他们自己的利益。各个阶层都迫不及待地制定适合自己的规则，以期达到这个目的，并且在自己这种做法被允许的条件下也支持其他阶层这样做。最终，各阶层都得以比规则制定之前略高的价格，从市内其他阶层那里购买自

① 摘自马多克斯（Madox）的《自治城市》（*Firma Burgi*）。——译者注

己需要的商品。而他们自己的产品，也同样能卖得高价。这样一来，如同他们自己所说，买卖相抵，谁都不吃亏。市内任何阶层都不会因为这些规则而遭受损失，但他们是和农村交易的获利者。正因为有这样的交易存在，各城市才能得以维持并走向富裕。

城市的全部生活资料与工业原料都来源于农村。城市支付这些资料与原料费用的方法主要有两种：一是把一部分原材料加工处理，制成成品后返销农村，由于这些原材料附加了劳动工资和投资者利润，因而其价格会提升。二是把一部分从外国进口或从国内其他较远地区购进的天然产品或者精制品向农村销售，由于产品附加了水陆运输工人的劳动工资及投资者利润，因而其价格也会提升。前一种商业利益是城市通过制造业获得的，后一种商业利益是城市通过国内贸易和对外贸易获得的。劳动者工资和各种投资者的利润，就是这两种商业活动的全部利益。因此，只要是使工资和利润有所提高的规则，就能使城市用较少的劳动量去购买农村较多的劳动量。由于这些规则，城市里的商人和技工所获取的利益要比地主、农场主和农民所得利益大得多。因此，城市与农村商业上应有的自然平等，便遭到了人为破坏。社会劳动的年产物，全部要在城市居民与农村居民中进行分配。这些规则的存在，导致城市居民享有的份额多于应得的，农村居民享有的份额自然少于应得的。

对于每年由农村输入的食品和原料，城市所支付的实际价格是它每年销往农村的制造品和其他商品的数量。这些输出品的售卖价格越高，输入品的购买价格越低。对城市产业来说就更加有利，对农村产业而言就更加不利。

无须周密的计算，只简单观察一下你就能明白，欧洲各地的城市产业都比农村产业处于更有利的地位。在欧洲依靠小本起家经营城市产业而最终发迹的商人和制造业者，同样也有以小本起家经营农村产业，即通过改良和耕种土地来获取天然产物而最终发了大财的人，两者比例至少是 100 ∶ 1。因此，城市产业的回报率绝对比农村产业优厚，城市的劳动工资和资本利润也明显要高于农村。然而，资本与劳动会自动向最有利的用途靠拢，所以它们自然会尽可能地远离农村而聚集于城市。

城市居民居住比较密集，很容易产生联盟。于是，即使是城市中最微不足道的行业，也会有同业联盟公会。就算某地没有这种联盟公会，也会有最起码的联合精神。比如说，他们排斥外人、不乐意收学徒、行业上的秘诀禁止外传给别人等。由于没法用规则去禁止，因此他们往往受联盟精神的指引而自愿联合或订立约定去阻止自由竞争。从业人员为少数人的行业里最容易出现这类联盟。比如，区区五六个梳毛工，就能供应一千名纺工和织工下一步操作之所需。这几个梳毛工就会联合起来，不收学徒。此举不仅能够垄断这种工艺，还能有效控制整个羊毛制造业，而且能够使他们自己的劳动工资大大高过与其作业性质相符的工资。

农村居民一般散布在相距较远的各地，不容易产生联盟。他们向来没有公会联盟，甚至从来没有受过联盟精神影响。他们从来没有必须经过学徒期才能获得从事农业生产资格的观念。可是，事实上除了所谓的美术和自由职业以外，没有哪种行业像农业这样要求如此复杂的知识和经验。那些用各种语言文字著成的难以计数的农业书籍可以证明，即使是最具学识和智慧的国民，也没有小觑农业生产的复杂性。并且，一些普通农民都具备的农业生产知识，在书中都没有记载。尽管如此，还有一些粗鄙的作家，在提到农民时竟然一副嗤之以鼻的态度。反观所有机械行业的相关操作指导书籍，都是些薄薄的小册子，些许文字再附带些插图，就能详尽地介绍各种机械的操作方法。现在法国科学院出版发行的工艺史相关的图书就是用这种方法对各种工艺进行说明的。此外，农业操作要随气候和诸多意外事故而变更，这方面所需的思考和判断，永远比那些一成不变的机械操作方法所需要的要多得多。

不单农业上的耕种活是如此，就连农村中许多低级劳动也一样要求比大多数机械工艺所要求的多得多的技能和经验。以加工铜铁为工作对象的工人所使用的工具和材料，其性质、用法都一样，或者大同小异。但是，驱使牛马犁地的农民，却要参照牲口的健康状况、体力和性情来使唤，还要在不同情况下使用不同的工具工作。他所使用的原材料也同样多变，这都需要他准确判断、谨慎处理。庄稼汉几乎都具备这种判断能力与思考能力，尽管有些人认为庄稼汉是愚昧无知的。庄稼汉虽然不像城市里的机械工人那样擅长社会交际，他们的口音和语言，也许是未加修饰的，没听惯的人也难以理解他们的语言和口音，但他们的理解力却因为经常得到锻炼而比那些终日从事循环往复的简单机械操作的人强得多。不管是出于业务需要还是出于好奇，但凡你曾经与农村的下层人民和城市的下层人民有过接触，就能感觉，农民的确比普通工人优秀。据说，在印度，农村劳动者的社会地位和劳动工资，都高于大部分技工和制造工人。如果不是由于同业联盟公会的排外法规和联盟法规的阻碍，也许各国在这方面的情况都会印度一样。

不过，欧洲各地的城市产业之所以比农村产业更得利，并不完全是由于同业联盟公会的排外法规及联盟法规的作用。还有其他许多法规促成了这种局面，对一切从国外进口的商品征收高额关税，也会加强这种倾向性。同业联盟公会的排外法规，使城市居民得以抬高自己产品的价格而不必担心国内的自由竞争导致价格降低。高关税又保证了城市居民不必为外来的竞争忧虑。在这两种法规共同作用下提升的物价，全部由农村的地主、农场主和劳动者承担。对于这种垄断，农村人几乎从不反对。一般来说，他们既没有结成联盟的倾向，也不适合结成联盟，更何况还有那些诡辩的商人和制造者们广造舆论，让他们误以为这归于社会一小部分人（而且是不重要的一部分）的私利，乃是全社会的公共利益。

过去，大不列颠的城市产业相较于农村产业的有利程度似乎比现在还要大。与 17 世纪和 18 世纪初叶比较，现在的农村劳动工资和资本利润，更接近于工商业的劳动工资和资本利润。应该说这种变化是以前过分鼓励发展城市产业导致的必然结果，只不过直到最近才呈现出来罢了。城市累积的资本，最终达到了某个巨大数额，以致全部投入这个城市的特有产业中已经基本无利可图。同其他所有产业一样，城市的特有产业也存在着一个限度，资本的持续增加致使竞争不断扩大。这样资本利润势必会减少。既然城市的利润菲薄，资本必定会转流至农村，农村的劳动需求增加了，劳动工资必然会提高。如果允许我这样说的话，资本自行转移到农业用途上，回到了农村。其实，本来大部分资本就是以牺牲农村利益为代价而于城市中累积起来的。欧洲各国农村的深度改良，都是因城市资本回流到农村而实现的，我将在后面说明这一点。并同时指出，虽然有些国家经历此过程之后变得更加富裕。但这个过程本身极其缓慢，充满不确定因素，并很容易遭到意外事故的干扰。无论从哪一方面来说，这个过程都是与自然和理性相悖的。对于造成这种情况的各种利害、社会偏见、法律和习俗，我会在本书第三篇和第四篇尽可能地详细说明。

同行们即便是以娱乐和消遣为初衷而进行集会，他们的谈话内容也很少不涉及策划阴谋以对付公众或是商量联合抬高价格。诚然，通过法律来禁止同行们举行这样的集会，免不了会违背自由和正义，因而很难施行。但是至少法律不应该鼓励这样的集会，更不应使这种集会成为一种必要。

规定某地所有同行都要将自己的姓名住址登记在册，就方便了这种集会的举行。因为这样一来，许多本身无缘结识的个人被联系在了一起，所有人都能由此获知其他人的住址。

规定同一行业的人须为该行业中的贫病孤寡者捐款的做法，就以涉及公共利益为理由，使这种集会的召开成为必要。

同业联盟公会的排外特权，不但使这种集会成为必要，而且使多数人通过的决议对全体成员都具有拘束力。在自由行业中，未经同行们全票通过，就不可能结成有效的联盟，并且只有在所有人的意见都继续保持一致的情况下，联盟才可能继续存在。在享有排外特权的同业联盟中，只要多数人同意，就可以订立规则，还能规定相关的惩罚措施。这种规则对于限制竞争所起的作用，比任何的自由联盟组织都更持久、更具效力。

有人会说，同业联盟的存在对于行业管理的有效进行十分必要，这毫无根据可言。真正对工人们起有效作用的监督，不是来自他们所属的联盟，而是来自他们的顾客。正是出于对失业和丧失顾客的担忧，工人们才会毫不懈怠，不敢造假，不敢疏忽。而联盟的排外特权必使这种监督力量受到削弱。由于排外，即使一批工人素质参差不齐，也得悉数雇佣。因此在许多有公会联盟存在的城市，哪怕是在一些最关键的行业中，也有滥竽充数的工人。如果你想得到满意的作品，就必须到郊外找人定做。因为那里的劳动者不存在排外特权，他们凭靠的都是真功夫。但是，你想把成品运到城市里，就必须得私下里偷偷进行运输。

欧洲的这种政策，将某些行业中的竞争人数限制在比愿意加入者要少的范围内，从而导致劳动和资本不同用途的利害产生了严重的不平等。

第二，欧洲的一些政策，强化了一些行业里的竞争，使从业人员增加到超越自然的限度，因而使劳动和资本不同用途的利害有了另一种不同于上述情况的不均等。

人们往往认为，某些行业适当培养一些后备人才是十分重要的，所以一些公共团体或者热心的个人便设立基金，因此而提供各种助学金、奖学金、贫困生津贴之类的奖励，结果必然导致这些行业的人数大大超过其自然限度。我觉得，很多国家大部分神职人员的教育费用都源于此。完全自费接受教育的人很少见。这样一来，那些自费学习的人所下的功夫、花的时间和费用，可能就得不到相应的回报，因为教会中愿意接受低报酬的人比比皆是，哪怕这个报酬远低于他应得的报酬。穷人纷纷加入竞争，这样就夺去了富人应得的报酬。也许我们拿牧师或者牧师助理同一般行业的帮工来比较不太合适，但他们的薪水和帮工的工作明显属于同一性质。三者都是按照自己和上级订立的契约来获取劳动报酬的。根据 14 世纪中叶以前的几次全国宗教会议的规定，英格兰教区牧师助理的薪水为 5 马克，它和现在的 10 镑货币含银量大致相同。在同一时期，泥水匠的工资为每天 4 便士，与现在的 1 先令含银量相同，泥水匠帮工的工资为每天 3 便士，与现在的 9 便士含银量相同。如果这两种劳动者经常被雇佣，那么他们的所得将比牧师助理优厚得多。假如泥水匠全年能有三分之二的时间被雇佣，他所得的薪金便和牧师助理相等。安妮女王十二年第十二号法令规定：“由于发给牧师助理的给养和奖励不够充足，因此某些教区的牧师助理生活颇为贫困。兹特授权各地主教签字盖章，提高薪金以维持牧师助理的生活，牧师助理的年薪不得高于 50 镑，亦不得低于 20 镑。”如今，牧师助理年收入 40 镑，就算待遇非常好的了。尽管上述法令规定了最低年薪的标准，但事实上很多牧师助理年收入都低于 20 镑，而伦敦制鞋业的帮工，有人年收入却达到40镑；同一个城市中，随便找一个勤劳的工作者，其年收入都能超过20镑。20镑，确实低于许多农村的普通劳动者所得。每次当法律试图规定工人的工资，效果总是适得其反，工资不但不降低，反而会升高。统治者曾经多次想以法律手段提升牧师助理的薪金，并且为了维护教会的尊严，命令教区长给教区牧师助理提高薪酬，发放超过他们甘愿接受的极微薄的报酬。在这两种情况下，法律都没有达到预期效果：它既没有将教区牧师助理的工资提高到预期的程度，也没有将劳动者的工资降低到预期的程度。法律无力阻止牧师助理们因处境困窘、竞争者众多而甘心接受低于法定薪金的报酬这一状况；法律亦无力阻止雇主们急于获取利润而竞相雇佣，致使工人获得超过法定薪金的报酬这一状况。

如果律师与医生也可以享受公费教育，那么这类职业的竞争很快就会变得十分激烈，进而大大削减从业者的货币报酬。如此一来，自费让子女接受这些职业教育就很不划算了。这类职业中的职位，就会被慈善事业所资助的人才全部占据。由于他们人数众多而且都很贫穷，因此都能满足于很微薄的薪金。最终，律师与医生这类受到人们尊重的职业会贬值。

通常，那些被我们称为穷酸文人的不得志之辈，正处在我们假设的律师和医生将遭遇的窘境。在欧洲各地，他们中的大多数人本是受过公费教育、打算在教会中谋求职位的，但出于种种原因而未能如愿。并且，此类人在各地都供过于求，因此他们的劳动价格通常低得可怜。

在印刷术尚未发明的时候，担任公共或私人教师，是文人以自己的才能谋求薪酬的唯一方式，也就是把自己掌握的知识传授给别人。比起印刷术发明以后那些以为书商写作谋生的人，教师们的职业确实更受尊敬、更具价值，而且通常更能获利。然而，要成为一名优秀教师，所需花费的时间和功夫，所需的天赋、知识和勤奋，至少得和一个知名律师或者医生不相上下。可是，一个优秀教师所得的报酬，却远远不及律师或医生的一般报酬。因为教师行业里，接受公费教育的穷人扎堆。而在律师或医生的行业里，则多是自费受教育的人。虽然现在教师的一般报酬已经很低了，但如果那些更穷苦的靠笔杆子糊口的文人也加入竞争行列，那么教师们的报酬肯定会比现在更微薄。在印刷术诞生以前，学者与乞丐几乎就是同义词，在当时，各个大学的校长经常给学生们发乞讨特许证。

在为使贫困子弟能够从事神学、医学和法学类的职业而设立各种助学基金，资助他们接受教育的慈善事业出现之前，出色教师的报酬似乎高得多。苏格拉底在反诡辩学派的演讲中，曾讽刺当时的教师言行不一。他说："他们向学生打包票，说要把学生培养成睿智、正直的人，带给学生幸福，但对如此重大的功劳，他们只求能有四五迈纳（Minae）[①]的微薄回报。"接着他还说："授教于人者，首先自己定当是明智之士。但是，此人以这么低的价格兜售自己的学识，必定会被认为愚不可及。"苏格拉底对当时教师报酬所做的评价，没有丝毫的夸张。当时教师的报酬，的确就是这么微薄。4迈纳，合现在的13镑6先令8便士；5迈纳，合现在的16镑13先令4便士。当时雅典城内优秀教师的一般报酬应该不低于5迈纳。苏格拉底向每个学生收取10迈纳，合33镑6先令8便士。据说，有100多名学生到雅典听他讲学。这恐怕只是他某一时期的听讲人数。在雅典这么一个大城市，像苏格拉底这样出类拔萃的教师，况且所授又是当时最为流行的修辞学，100多个学生，肯定不能算多。

① 迈纳是古希腊的货币单位。——译者注

因此，每期授课他至少能赚1000迈纳，折合3333镑6先令8便士。当时另外一个地方，有一个普鲁塔克（Plutarch）的教师，说自己每期授课所得通常有1000迈纳。那时候许多优秀教师似乎都积累了大笔财产。高尔吉亚（Gorgias）曾将自己的自塑金像赠予德尔菲神庙（Temple of Delphi）。我不敢断言这尊金像是否与他本人一样大，但柏拉图曾说，高尔吉亚，还有当时另外两位知名的教师——希庇亚斯（Hippias）和普罗特格拉斯（Protagoras），生活都过得相当阔绰，甚至可以说是奢华。柏拉图的生活据说也很奢华。亚里士多德曾任亚历山大王子的老师。大家都认为王子及其父腓力二世给予亚里士多德的报酬必定相当丰厚，但亚里士多德却觉得回雅典讲学更划算。当时的教师人数，与后来数十年相比要少些。在之后的几十年里，由于人数增多，竞争加剧，教师的劳动价格，还有他们受尊敬的程度，都有所下降。但是其中能力超群者享有的报酬和尊崇，似乎仍然优于今天该职业中的任何一员。学园派大师卡涅阿德斯（Carneades）和斯多亚派大师第欧根尼（Diogenes），曾代表雅典人民出使罗马。他们那份威严和荣誉令人无比欣羡，尽管当时的雅典已失去了往日的辉煌，但毕竟还是一个知名的独立共和国。况且，作为一个巴比伦人，卡涅阿德斯能被素来排斥外人出任公职的雅典人委以如此重任，足见雅典民众对他的尊敬程度。

或许从公众角度来说，上面所述的不平等，从总体上说，利大于弊。虽然公共教师的地位有所降低，但教育费用低廉绝对是有益的，它大大抵消了这个微不足道的弊端。如果说欧洲大部分地区的学校和学院组织比现在更合理的话，公众由此获得的收益将更大。

第三，欧洲有关政策阻止劳动和资本从一种行业向其他行业，或从一个地方向其他地方的转移，使劳动和资本不同用途的利害出现非常大且不便的不均等。

《学徒法》阻止劳动的自由流通，甚至在同一地区之内劳动者也不能自由转换职业；同业公会联盟的排外特权，也使劳动的自由流动和转移受到阻碍，即使在同一行业亦是如此。

我们发现一种常见的情况，某一行业的劳动者待遇优厚，而另一行业的劳动者却不得不接受仅维持基本生活费用的现实。前一种行业处在快速发展状态，需要不断吸纳新的劳动者，后一种行业则处于衰退状态，劳动者过剩的情况不断加剧。这两种行业，可能在同一城市中，也可能在相邻的城市中，但它们彼此之间无论如何也起不到一点互助作用。或许在前一行业中，《学徒法》的存在妨碍它们协作；但在后一行业中，《学徒法》和排外特权同时发挥着阻碍作用。但是，有很多不同种的行业，生产制造中的操作方法十分接近。如果没有这些阻碍，劳动者很轻易就能变更职业。例如，织素麻布和织素丝绸所用的技术几乎毫无分别。织素羊毛，虽略有不同，但也差别不大，麻织工或丝织工经过数日的学习，都能胜任羊毛织工的工作。因此，如果这三种制造业其中任何一个出现衰退，该行业的劳动力都可以改行从事另外两种职业。这样一来，繁荣行业的工资不会过高，衰退行业的工资亦不会过低。诚然，由于特别法令的颁布，现在的英格兰麻布制造业开放了，所有人都可以自由从事该行业。但由于麻布制造业在英格兰分布不是很广泛，所以只能为其他衰退行业的劳动者提供极其有限的就业机会。在《学徒法》生效的地区，衰退制造业的工人只好求助于慈善教会，或者充当普通劳力。不过，由于习惯使然，他们更适合从事制造业，而不太适合当普通劳工。因此，他们普遍更倾向于请求教区救济。

妨碍劳动者自由流动的因素，也同样会妨害资本的自由流动，因为一种行业上所能容纳的资本量，在很大程度上取决于该行业所能容纳的劳动量。不过，相对来说，同业联盟法规更偏向于阻止劳动的自由流动，而对资本由一地向另一地转移的阻碍则较小。无论何处，富商获得自治城市中的经商权，总比贫穷技工获得自由城市中的劳动权容易得多。

我确信，在欧洲各地，普遍存在着同业公会联盟法规阻止劳动自由移动，是普遍存在的。而据我所知,《济贫法》(*Poor Laws*)对这方面的阻碍却为英格兰所独有。自从出台了《济贫法》，贫民离开了自己所属的教区，获得居住权变得很困难，要获得工作就更难上加难了。同业联盟法规只是妨害了技工和制造工人的劳动自由，而对居住权的限制，却将这种妨害扩大到了一般劳动者身上。英格兰的不良政策，在这方面体现得尤为突出。很值得我们对它的产生、发展及现状做出一些说明。

修道院被毁而导致对贫民的接济和庇护受阻。几次补救无果之后，伊丽莎白女王四十三年颁布了二号法令，规定各教区有义务救济其所属贫民，教区每年都要指定管理人同教会执事一起征收救济金，以满足贫民需要。

依据这项法令，教会对教区内所有的贫民都必须救济。但是如何界定贫民是否属本教区所辖呢？这个问题至关重要。几经波折之后，终于在查理二世十三年（1673 年）及十四年出台了相关法令，将这一问题的答案明确下来。法令规定，只要某人在某教区连续住上 40 天，就可获得该教区的户籍。但在这 40 天之内，新住户必须向治安官缴纳令他满意的保证金，担保放弃原教区户籍，或者租赁年租金 10 镑的土地，否则，依教会执事或贫民管理人的申诉，新住户就得被遣送回之前居住的教区。

据说，这项法令的实施也导致了一些徇私舞弊的事情发生。教区职员有时会贿赂区内贫民，使其秘密前往其他教区，居住 40 天以获得新户籍，从而从原教区户籍中除名。为防止这种弊病，詹姆士三世一年的法律规定：任何人为获得新教区户籍而连续居住的40天，一律从他向当地教区委员或贫民管理人递交书面材料，报告他的新居地址及家庭人数那天算起。

但是，有的教区职员对于自己的教区未必那样诚实可信。对于递交书面报告的新住户，他们有时放任自流，不采取任何适当措施。教区的原住民为了自身利益通常都希望尽可能地阻止外人闯入。因此，在威廉三世三年（1691年），又做出如下规定：40天的居住期，起算日为星期天礼拜后，书面报告在教堂公布的日子。

伯恩博士指出："公布书面报告之后，继续留居40天并能获得户籍的人实为少数。这款规定的目的，不是让人获得户籍，而是阻止人入住教区。因为递交报告书，就是为了给教区一个合适的理由来撵走新移民。但是，如果遇到了无法确定是否能够迫使某人迁回原教区的情况，那么教区在接到该人的报告书后，通常有以下两种选择：一是准许他继续留居40天，对他不加拒绝，最终给予户籍；二是施行权力，即刻打发他离开。"

因此，按照这项法令，穷人再想按连续留居40天获得新户籍的老办法，就基本行不通了。于是，作为补救措施，法律又规定了递交或公布报告书以外的其他四种取得户籍的办法：一是向教区缴纳赋税；二是被推选为教区职员，任期一年；三是在该教区做学徒；四是在教区持续进行某项工作一年以上。

没有人可以按照前两种办法取得户籍，除非取得全教区民众的一致同意。但是，教区内的所有人都明白，按照课税或推选教区职员的办法，把一个除自身劳力之外身无长物的外来者收容进本教区的结果会是怎样的。

已婚者也不能通过后两个办法获得户籍。做学徒的人大多未婚，法律还专门规定已婚的雇工不得靠受雇一年的方式获取户籍。

采用通过被雇佣方式取得户籍这个办法，造成了英格兰一种沿用已久的老习惯被破除。这种习惯是，如果雇佣期未经议定，则通常以一年为准。但是，雇主不一定都愿意在一年以后便给雇工户籍，而雇工也不一定会愿意在被雇一年后入籍新教区，因为这样一来他们的原户籍就会被取消，他们就得离开故土，离开父亲、母亲和亲友们的居住地。

显然，不管是普通劳工还是技工，没有人能通过做学徒或被雇佣而得到新户籍。因此，当他带着一技之长来到一个新教区，无论他多么强壮、多么勤奋，也只能选择通过租用年租金 10 镑的土地这个方式获得户籍，或者是向治安官缴纳令他满意的保证金，担保放弃原教区户籍。不然的话，教区委员或者是贫民管理人随时都能遣返他。但是，对除劳动力外一无所有的人来说，前者根本不可能。诚然，保证金数额的多少完全由治安官说了算，但他们提出的数额绝不会低于 30 镑。因为法律有这样的规定：凡购入的世袭不动产价值低于 30 镑者不给予户籍，因为这不足以作为注销原来户籍的担保。而以劳动维生的人，能付得起 30 镑的不多。并且在实际中，治安官要求的数额会远高于 30 镑。

劳动力的流动自由几乎被各种法律法规限制了。为了补救对流动自由的限制，当局制定了发放证书的措施。威廉三世八年与九年的法令规定，只要持有上一个合法居住教区颁发的由该教区执事和贫民管理人署名，经两名治安官认可，并注明任何教区都有义务收留的证书，任何证书持有人即将前往的教区就不得以他会加重负担为理由驱逐他。但这个人若到了必须接受救济的地步时，则又有其他的规定：发放证书的教区有义务负担其迁移费及生活费。为使证书持有人不至于因贫困而牵累新教区，同一法令又规定：移居者必须租有年租金 10 镑的土地，或自费为教区服务一年，才能得到新户籍。这样一来，他就不能通过递交报告、做学徒、被雇佣或缴纳教区税而取得户籍。除此之外，更有安妮女王十二年法令第一号第十八条规定，持证书的雇工和学徒都不能取得所住教区内的户籍。

从伯恩博士下面这段颇有见地的话中，我们就能了解到颁发证书这个举措，在多大程度上恢复了被各项法令剥夺殆尽的劳动移动自由。伯恩博士说："迁入教区会以种种理由要求迁入者交出证书。入住教区的证书持有人，不能通过递交报告、做学徒、被雇佣或缴纳教区税而取得户籍。他们的学徒和雇工不能取得户籍。如果这些人成为累赘，所在的教区很清楚要把这些人遣返到哪里去，又让哪个教区来承担这些人的迁徙费用和相关的生活费用。如果这些人生病，无法迁移，颁发证书的教区有义务担负这些费用。所有的这一切，离开了证书都万万不可。新教区迫使迁入者交出证书的这些理由，同时也是原教区拒绝颁发证书的理由。因为那些领证人很可能被遣返，而当他们回来时，境况只会更糟。"伯恩博士这段话似乎意在表明，新教区通常要求迁入者必须持有证书，而原教区通常不肯发放证书。这位聪明的博士在他的《济贫法史》(*History of the Poor Laws*)一书中又说："发放证书这个办法背后隐藏着多少残酷的真相，因为它，教区职员简直可以说有权将贫民终身幽禁，就算贫民继续在原籍居住是多么不适宜，而他意欲移居的地方又是那么有利于他。"

虽然证书所确认的只是领证人的所属教区，而对持证者的品行操守毫不涉及，但是否给予证书，完全凭教区职员裁夺操纵。据伯恩博士说，有一次，政府谕令高等法院，命教区委员与贫民管理人签发证书，但高等法院视其为荒诞提议，竟然拒绝了。

在英格兰，相距很近的两地，劳动价格可能不均等，其根本缘由大概就是英格兰的居住法阻止没有证书的贫民到别的地方劳作吧。强壮又勤奋的单身者或许能够得到宽容，就算没有证书也可在以其他教区获得户籍，但已婚者就肯定会被大多数教区驱逐。等到单身者结了婚，恐怕也难逃这样的处境。因此，苏格兰以及所有无户籍障碍的国家那种一个教区劳力不足，可由其他教区过剩的劳力补偿的情况，绝对不会在英格兰出现。在这些国家，尽管大城市附近或是对劳动有特别需要的地区工资高一点，而远离这些地方的工资则处在一般水平，但是绝对不会像英格兰这样，就连邻近地区的工资都可能存在巨大的差异。英格兰贫民要想打破教区间的人为隔离，往往比翻越由高山或海湾构成的国家之间的自然隔离还困难。

将一个未触犯过轻微罪行的人强制驱逐出教区的做法，明显违背自由和正义。尽管英格兰的群众如此渴望自由，但他们跟其他大部分国家的普通民众一样，从未真正理解自由的含义。近百年来，他们一直逆来顺受而不予反抗。一些有思想的人有时也会抱怨《户籍法》（*Law of Settlements*），可是，它从来没像搜查证那样，引起群众热议和公愤。搜查证虽说也是一种流弊，但它造成的压迫毕竟不像《户籍法》那样普遍。我敢说，英格兰现在 40 岁以上的贫民，没有任何一人能够逃脱这项荒谬法律的残酷压迫。

我将用下面的话，来为这冗长的一章总结。在过去，要规定工资，先得参照王国的一般法律，然后再依从各郡治安官的特殊规定。但现在，这两个要求都被废止了。伯恩博士说：“400 多年来，种种经验告诉我们，企图强行精确规定那些性质上无法加以准确限定的事物的愚蠢做法，到了该废止的时候了。假如让相同职业的工人领取同等的工资，就会扼杀一切竞争。这样一来，也就不会再有技术革新和发明创造了。”

可是，直到现在，仍有不时冒出的个别法案试图规定某些行业或地区的工资。乔治三世八年（1767年）的法令规定，除非国丧期间，伦敦以及附近5英里内的裁缝每日所得工资不得超过2先令7便士，而其雇工也是如此，违者课以重罚。在确立雇主与雇工关系时，立法当局向来只咨询雇主。因此，对劳动者有利的法规，总是公平公正的，而对雇主有利的法规，则往往有失公平正义。例如，命令某些不同行业雇主须以货币而不得以货物支付工资的法律，是完全正当而公平的。它并没有给雇主们造成什么实际的不利，雇主们原先虽有支付货物工资的打算，但并未实施过。法律只不过要求雇主们把这种构想改为付给工人货币工资。这种法律对劳动者当然是有利的，但乔治三世八年的法令却对雇主有利。当雇主企图降低劳动工资而互相联合时，他们通常是秘密结盟或缔结一种协定，相互约定不许向工人支付超过定额的工资，违者必惩。但是，若是工人们成立联盟与雇主对抗，相约不得接受雇主低于定额工资，违者必究，法令就会从重惩罚工人。如果法律确实公平，就得以同样的办法对待劳动者和雇主。但乔治三世八年的法条，却使雇主们企图通过结盟来建立的那种规章以法律的形式明确下来：工人们经常抱怨这种规定，说它把最能干、最勤勉的工人和普通劳动者等同视之，这种抱怨不是没有理由的。

古时试图通过规定食品与其他商品的价格来限制商人利润的做法也常常出现。据我所知，这种古老做法的唯一遗存就是面包的法定价格。在那些排外同业联盟存在的地方，对生活第一必需品面包的价格加以规定也许是恰当的。但在没有公会联盟的地方，在调节物价方面，竞争所起的作用比法规大得多。乔治二世三十一年（1757年）所制定的关于面包价格的规定，由于法律自身的缺陷而无法在苏格兰实行。法律明确该规定由市场管理员来执行，但苏格兰当时并没有市场管理员。直到乔治三世三年，这个法律缺陷才得以弥补。之前，苏格兰并没有法定价格的规定，也没有什么明显的不便；而今，在执行法定价格的地区，也没见它带来什么利益。在苏格兰大部分城市里，都存在有排外特权的面包业联盟，只不过这种特权没有受到严格的保护。

前面已经说过，劳动和资本在不同用途上的不同工资率与利润率的比例，受所属社会的贫富、进步退步或停滞状态的影响不大。公共福利上的变革，虽然能够影响一般工资率和利润率，但总的来说会对所有不同用途产生同样的影响。所以，不同用途上的工资率与利润率的比例，必会保持不变，至少在一个较长的时期内，不会因上述变化而改变。

第十一章

论地租

作为使用土地支付的价格，地租是承租人按照土地实际情况所能支付的最高价格。在制定租约时，地主都设法使承租人的土地生产物，刚好够抵偿用来购买种子、支付工资、购买与维持耕畜和农具的农业资本，并可获得当地农业资本的普通利润。这份收入，显然是土地承租人在不折本的情况下所愿意接受的最低限度，因为地主是不会给他多留利益的。超过这个份额的那部分产物，或那部分产物的价格，地主自然力图保持给自己，作为地租。这显然是承租人在土地的实际情况下所能支付的最高份额。当然，有些地主会因为慷慨大方（更可能是因为无知），接受低于这一最高份额的地租；同样，租地人也可能因为无知，缴纳高于最高份额的地租，即愿意接受的利润要低于当地农业资本的普通利润，这种情况甚为少见。但这一份额，仍可看作是土地的自然地租，也就是大多数土地出租者应得的地租。

我们可以这样设想，地租是地主在改良土地过程中所使用资本的合理利润或是利息。在某些时候，部分情况可以说是这样的，但也只是部分如此而已。对于没有改良过的土地，地主也同样要收地租。至于用来改良土地的资金的利润，通常都附加在原有地租中。此外，改良土地的资本并不完全来源于地主，有时来源于承租人。

但是，在续签租地契约时，地主总会提出增加租金的要求，好像土地改良用的资本都是他出的。

有时，地主对于那些完全不能改良的土地或自然生成物，也要求地租。例如，大海藻在燃烧后能够产生碱盐，这种碱盐可用来制造玻璃与肥皂以及其他物品。在大不列颠的一些地方，尤其是苏格兰，都出产大海藻。它生长于涨潮时被淹没、落潮时露出来的岩石上，每日被海潮淹没两次。这类自然产物从来都不是靠人类的劳动可以增加数量的。但是，对于大海藻围绕的地域，地主也会像耕地那样收取地租。

盛产鱼类的设得兰群岛，让居民以鱼类为主要的生活资料。为了捕捞鱼类，他们必须在相关海域附近的陆地居住。地主也向渔民收取地租，这种情况下的地租和农民在土地上的收获不同，而是与承租人在土地和海洋中的全部收获成比例。他们的地租部分是用鱼支付的。地租构成鱼类商品价格的一部分的实例较为少见，设得兰群岛就是特例。

由此，为了使用土地而交付的地租，很显然是一种垄断价格。它根本不和地主改良土地的投入资本成正比，也不和地主能收取的数目成比例，而和农民的支付能力成比例。

能进入市场的那部分土地产品，一般情况下普通价格都足以补偿它进入市场所必须运用的资本和普通利润。如果普通价格超过了这个数额，那么剩余部分就是地租。如果一般价格不足此数，那么它就不能为地主提供地租。价格的高低是依据需求而调整的。

由于市场需要，某种土地产品进入市场，其价格高于普遍价格。在这种情况下，该产品总是可以为地主提供地租；对另一些土地产品，由于需求变化，其售价有时会高于（有时会低于）普遍价格。依据不同情况，该产品有时能提供地租，有时则不能。

因此，需要说明的是，地租构成商品价格的方式与工资和利润不同。工资和利润的高低，导致了商品价格的高低。而地租的高低，却是由商品价格高低决定的。商品上市所需支付的工资与利润的高低影响着商品的价格。但是，高于足以支付工资和利润数额的价格的商品，就能支付高地租；仅仅够支付这一数额的价格的商品，仅能支付低地租；低于这一数额的价格的商品，就无法支付地租。

本章分为三节，特别考虑讨论下面三点：第一，总能提供地租的土地生产物；第二，间或能提供地租的土地生产物；第三，这两种不同的天然产物在互相比较或者和制造品比较时，在不同发展阶段自然产生的相对价值的变化。

第一节　论总能提供地租的土地产物

人类与其他所有动物一样，其繁衍取决于生活资料的丰富程度。人类对食物有必然的需求，尽管有时多有时少。因此，食物总是能够购买或支配一定量的劳动力，总是存在着为获得食物而愿意付出劳动的人。诚然，有时由于劳动工资高昂，食物所能维持的劳动量就很有限，与按照最经济的方式所支配的劳动量有一定差别。但不管怎样，参照周边地区劳动者的一般生活标准，食物总是能维持一定量的劳动。

但是，不管是哪里的土地，其所产的食物在维持它上市所需的劳动以外，都会有所剩余。这个剩余部分，不但足够偿付为雇佣劳动所预支的资本及其利润，还能余下一部分作为地主地租。

在挪威和苏格兰的旷野上生长着一种饲养牛羊的牧草。喂养的牲畜所产的奶和牲畜幼崽，不仅足够支付所有畜牧工人的劳动工资，补偿牧场主资本的普通利润，还能为地主提供少量地租。牧场草地越优良，条件越好，地租就越高。优质牧场不但能比相同面积的劣质牧场维持更多牲畜，而且由于牲畜较为集中，在饲养与收获上都较为方便，饲养和收集产物所需的劳动也较少。因此，地主就能从生产物数量的增加和维持费用减少这两方面获利。

无论土地的产物如何，地租都会随土地的肥沃程度而有所不同；肥沃程度相差不多的土地，地租则会随土地位置的不同而不同。城市附近的土地比偏远地区同样肥沃的土地地租更高。前者和后者在耕作方面所需的劳动量虽相同，但要运送偏远地区的产物到市场，则需要更多的劳动力。既然偏远地区物产需要维持的劳动量较大，当地的农场主利润及地主地租必然较少。并且前面已经说过，偏远地区的利润率普遍高于城市附近，因此，属于地主地租的部分就更少了。

良好的路况、运河或通航河流能够减少运输费用，偏远地区便可以与城市附近接近同一水平。因此，在所有的改良中，交通改良的效果最为显著。通常情况下，偏远地区占据着一个国家幅员最为辽阔的部分。交通改良会大大促进这些地区的开发，并且有利于打破城市附近农村的垄断，进而对城市也有好处。即使是城市附近的乡村也能从中获得收益。交通条件的改善，虽然一方面会使偏远地区的竞争性商品流入旧市场，但另一方面，也为城市附近农村的旧产品开辟了大量新市场。再者，垄断本身也不利于良性经营。只有通过自由竞争，才能促使所有人出于自保而采用良好经营方法。这样，良性经营才能得到普遍确立。50 年前，伦敦附近有一些州郡曾请求议会，反对将征收通行税的道路扩展到偏远地区。他们认为，由于那些偏远州郡的劳动价格低廉，它们的牧草与谷物将以低于附近州郡的价格在伦敦市场售出，这会导致伦敦附近州郡的地租受连带而下降，他们的耕作事业也将因此而衰退。但事实上，道路开通以后，他们的地租反而升高了，耕作事业也得到了改善。

即便是中等肥沃程度的农田，所出产的食物也要比同等面积的最优良的牧场多得多。虽然耕种农田需要更多的劳动量，但所生产的食物在扣除了种子成本和劳动维持费用以后的剩余部分也大得多。所以，虽然过去从来没有认为一磅畜肉没有一磅面包的价值高的话，上述剩余产物在各地都始终具有较大的价值，而且能为农场主和地主提供更多的利润和地租。在农业处于原始阶段时，情况似乎普遍如此。

但是在农业发展的不同时期，面包和肉这两种食物的相对价值大不相同。在农业原始阶段初期，绝大多数未经开垦的土地都被用来放牧。肉的量比面包多，面包又被人们争相抢购，因而售价会高得吓人。据乌罗亚（Ulloa）说，在四五十年前的阿根廷首都布宜诺斯艾利斯，一头牛一般能卖 4 里尔（Reals），折合英币 21.5 便士，并且在购买的时候，还会有二三百头牛可供挑选。乌诺阿没有谈到面包价格，也许是因为面包价格不值一提吧。他还说，在那里，一头牛的价格差不多和捕获它所费的劳动相当。但无论在哪里，种植谷物都得耗费大量的劳动。况且阿根廷位于普拉塔河流域，该河在当时是欧洲到达波托西银矿的直接通道，这样一个地方的劳动价格，势必不会低廉。但当国内开垦出大面积耕地之后，情形就完全不同了。面包比肉多，竞争的主要方向转移了，肉价就变得比面包价高。

另外，由于耕地扩大，天然牧场的产出就不能满足人们对肉类的需求，必须借用部分耕地来饲养牲畜。所以牲畜价格不仅要能够维持畜养牲畜所需的劳动，还要足够支付原本作为耕地使用时地主所能收取的地租和农场主所能获得的利润。然而，天然牧场所产的牲畜与耕地上所产的牲畜，按照品质和质量在市场上等价出售。于是，天然牧场的所有者就借此机会依牲畜的价格提升地租。近一个世纪以前，苏格兰高地大部分地区的肉类价格和燕麦面包相同，或者比面包低廉。后来，英格兰跟苏格兰统一了，苏格兰高地所产牲畜有了英格兰市场。而今，苏格兰高地所产肉类的一般价格约比 18 世纪初增加了三倍，而许多土地的地租也同时增加了三四倍。现今的大不列颠各地，1 磅上等肉类的价值约等于 2 磅以上的上等白面包，而在丰收年份，有时甚至能达到 3 磅乃至 4 磅面包的价格。

因此，伴随着不同程度的改良，天然牧场的地租和利润某种程度上开始受经过改良的牧场的地租和利润的支配，而经过改良的牧场的地租和利润，又受农田的地租和利润的支配。谷物可以每年收割丰收，可是需要四五年才能收获畜牧业的肉类。也就是说，同一亩地的肉类产量比谷物产量少得多，而肉类的低产量必须以高价作为补偿。如果价格的补偿超过合理限度，就会有更多的农田被改为牧场；假若价格的补偿低于合理限度，那么已改为牧场的部分土地又会恢复为农田。

但是必须强调，只有在那些大多数土地已经完成改良的国家里，牧场与耕地，也就是用来生产肉类食物的土地和用来生产谷类食物的土地，在地租与利润上才可能出现这样的平等。在某些特殊的地方情形则完全不同，牧场的地租和利润要远远高于农田的地租和利润。

对牛奶和马的草料的需求，以及肉类的高价，导致大城市附近的牧草价格大幅上升，大大超过了它与谷物的正常比价。显然，这种局部现象不可能扩大到偏远地区。

有时由于特殊情况，某些国家会出现人口非常稠密的现象，以至于这些国家的全部土地都像大城市附近地区那样，牧草和谷物产量远远满足不了全体国民的需要。所以，这些国家的土地就主要用于生产牧草，因为牧草数量多、体积大，并且运输不便，而国民日常食用的谷物则从外国进口。如今的荷兰就是这种情况。在古罗马的辉煌时期，古意大利大部分土地都是种植牧草的。西塞罗引述老加图（Old Cato）[①]所说："在私有土地的经营中，善于饲养的人所得的收益占第一位；水平稍好的饲养者占第二位；不善于饲养的人占第三位。"他把农耕得到的收益只列为第四位。古罗马常把谷物无偿或以极低的价格分配给人民，这导致邻近地区的耕作大受阻害。这些谷物来自被征服的各个郡。这些郡有的不必纳税，但有义务将谷物收成的1/10，按照6便士1配克的法定价格卖给罗马。将这些谷物以如此低廉的价格分配给人民，必然致使罗马旧领土所产的谷物市价大跌，因而必然妨碍其农耕生产。

在以谷物生产为主的幅员辽阔的国家，圈围牧场的地租往往高于附近的农田。圈围方便了牲畜饲养，而圈养牧场的昂贵地租并非依据牧场生产物价值，而是依据被围农田生产物价值来确定的。但是，假如附近的土地都被圈围起来，那么地租就会下跌。而今苏格兰的圈围地地租之所以高昂，就是因为这类圈围地太少，一旦圈围地增多，其地租自然会下降。将土地圈围起来，对畜牧的益处更大。它不但能够节约看管牲口的劳动，而且能使牲畜免受看守人或看门狗的惊扰，摄食更多，成长更快。

但是，在没有这种地方性利益的牧场，其地租和利润就自然会取决于那些谷物或其他农作物的土地的地租与利润了。

比起单用天然牧草，兼用芜菁、胡萝卜、卷心菜等人工饲料来饲养牲畜，更能使牲畜产量得到提升。这样一来，进步国家中的肉

① 老加图（前234—前149），罗马政治家。——译者注

类价格远高于面包价格的情况就会有所改善。事实上也确实是这样。至少有例子可以让我们相信这一点。现在的伦敦市场上，家畜肉相对于面包的价格，已经比 17 世纪初叶低了不少。

伯奇（Birch）博士在《亨利亲王传》(*Life of Prince Henry*）一书的附录中，记载了亲王日常消费的肉品价格表。一头 600 磅重的牛，通常花费为 9 镑 10 先令，也就是说，31 先令 8 便士能买 100 磅牛肉（亨利亲王死于 1612 年 11 月 6 日）。

1764 年 3 月，议会就食品价格飞涨的原因展开调查。其中一位弗吉尼亚商人的证言提到，在 1763 年 3 月，他为自己的航船购置食品，那时的牛肉每 100 磅卖 24~25 先令。据他讲这是当时的普遍价格；而到了 1764 年这个物价高昂的年份，同质同量的牛肉需要支付 27 先令。即便如此，这个价格还是比亨利亲王日常支付的价格低了 4 先令 8 便士。而且，购买为远航而腌制的牛肉时，必定会选最优质的。亨利亲王所买的牛肉，上等肉和次等肉混合在一起，平均价格为每磅 3.8 便士。

依此推算，当时上等肉的零售价，一定不会低于每磅 4.5 便士或者 5 便士。

1764 年，据议会调查时的参与者说，当时最上等牛肉的零售价为每磅 4~4.25 便士，而下等牛肉的零售价为每磅 7 个法新币到 2.5 便士（或 2.75 便士）。他们都说，这个价格比 3 月间的普遍市价大约高出 0.5 便士。但是，这个高价还是比亨利亲王时代牛肉的一般零售价低很多。

17 世纪前 12 年间，温莎市场上的上等小麦的平均价格为每夸脱（合 9 温切斯特蒲式耳）1 镑 10 先令 3.6 便士。

可是在 1764 年及以前的 12 年间，温莎市场上的上等小麦平均价格为每夸脱 2 镑 1 先令 9.5 便士。

所以，17世纪头12年的小麦价格比1764年及以前的12年低很多，而肉类价格却昂贵很多。

所有大国的大多数耕地，基本用于生产人类的食物或牲畜的草料。这种土地的地租与利润支配着其他所有土地的地租与利润。假若有特别用途的土地提供的地租和利润比这种土地少，那么这种特别用途的土地很快就会改为农田或牧场。若提供的地租和利润比这种土地多，那么就会有一些农田或牧场很快被改作这种特别用途。

为了使土地适于这种特殊用途，要么一开始需投入比农田或牧场更多的改良费用，要么每年需花更多的耕作费用。增加改良费用一般会提升地租，而增加耕作费用一般会增加利润。这种地租和利润的增多，往往只是所投入的高昂费用的利息或合理补偿。

比起谷田或草场，种植啤酒花、果树和蔬菜的那些土地就属于特别用途，其地主的地租和农场主的利润相比相对较高。但是，由于改良土地以使其适宜于这类种植需要更大投入，所以地主所得地租也理应提高。另外，对于这类土地需要投入更精细、更专业的耕作，所以农场主所得利润也应增加。况且，这类作物的收成通常很不稳定，因此其价格须提供一种类似于保险的利润，以补偿可能出现的意外损失。花木种植园主的普通处境有理由让我们相信，他们的智慧和技能很难得到让人满意的回报。他们的这种令人愉快的作业，被很多有钱人当成日常消遣，因此，花木种植园主人们难以依靠经营种植园获得大收益。因为本应成为他们忠实顾客的那些人，自己本来就侍弄并提供着珍贵的产品。

地主依靠土地改良获得的额外利益，似乎都只是足够补偿改良过程中的投入。在古代，能提供最大价值生产物的农场，除葡萄园外似乎就是便于灌溉的菜园了。但是被古人尊为农业技术之父的德谟克利特（Democritus）[1]在两千多年前所著的这方面的书籍中写道，将菜园用围墙环绕的做法是不明智的，因为菜园带来的利润不足以补偿石墙的花费，而砖块（我想应该是那种靠日光晒干的砖块）一旦被风雨侵蚀毁损，就需要及时修补。在引用德谟克利特的话时，科卢梅拉（Columella）[2]并未加以否定，但他提出了一个更经济的办法，就是用荆棘做成篱笆墙。他说，依照经验，这种篱笆既坚固耐用，又能严防外人闯入。但在德谟克利特那个时代，普通人好像还不懂得此种妙法。科卢梅亚这个主意，先是被瓦罗（Varro）[3]重视，而后又被帕拉第乌斯（Palladius）采纳应用。根据这些古代农业专家的意见，菜园所产蔬菜的价值，除了补偿栽培和灌溉的费用之外，几乎没有剩余。赤道地区的国家，早在那时就意识到应该掌控水源，引水灌溉。科卢梅拉提倡的篱笆，至今还为欧洲大多数地区的菜园所用。在英国和其他北方地区的国家，不筑造围墙就很难收获优质的果实。因此，这些优质果实的价格中，必须包含偿付围墙的建筑和维修费用的部分。这样，种植园产物不足以补偿围墙建造费与维持费的菜园，就可以通过用果树来围篱的方法来享受圈围带来的益处。

栽培得当、护理完善的葡萄园，算得上是最具价值的一种农场，这在古代和现代的所有葡萄酒生产国，都是众所周知且毋庸置疑的真理。但据科卢梅拉记载，对于开辟新葡萄园是否有利，古代意大利的农场主众说纷纭、争议不断。科卢梅拉是一个新奇植物爱好者，他支持建设新葡萄园，并力求通过比较费用与利润来证明建

---

① 德谟克利特（约前460—前370），希腊哲学家。

② 科卢梅拉（公元1世纪—?），罗马军人和农民，写过很多农业和有关题材的著作。——译者注

③ 瓦罗（前116—前27）罗马著名学者。——译者注

设新葡萄园是绝对有利的改良。但是，这种新葡萄园建设计划的预算通常不太准确，对农业来说尤为如此。如果葡萄种植的收益果真如同科卢梅拉所预想的那般大，那么对这个问题就不会再有争议了。直到现在，在葡萄酒生产国中，这还是个悬而未决的问题。这些国家的农学家，也就是高级种植的爱好者和支持者，都与科卢梅拉一样，对建设新葡萄园信心满满。法国的老葡萄园主就对建设新葡萄园却持坚决反对的态度，这似乎可以反证农业专家的观点。他们的态度似乎还能说明，在目前的所在国的种植业中，有经验的人都认为，再也没有比葡萄园更赚钱的了。但是，另一方面的情况却表明，一旦法律不再限制葡萄的自由培植，经营葡萄园的丰厚利润就难以为继了。1731 年，老葡萄园主们得到了一项敕令：未经国王特许，不准私自建设新葡萄园，或是重开已经停种两年以上的葡萄园。而在请求获得国王特许之前，须先由州长检查，确认这块土地不适宜栽种其他任何作物。据说，当时发布这项敕令，是因为其国内谷物、牧草短缺，而葡萄酒大量过剩。但是，如果葡萄酒真的过剩，那么葡萄种植的一般利润就会降到牧场和农田的普遍利润之下，这样，无须下达敕令，人们自然不会再去开辟新的葡萄种植园。若说葡萄园的增加导致了谷物短缺，也不尽然。我们都知道，在法国，盛产葡萄酒且适宜生产谷物的那些州，比如勃艮第（Burgundy）、吉延（Guienne）和上郎格多克（Upper Languedoc），其农田耕作比别的州更为精细。一种种植业使用的劳动者增多，就会给另一种种植业产品腾出市场，这必然会鼓励后一种种植业的发展。通过减少购买葡萄酒的人数来鼓励谷物耕作事业，无疑是最蠢的策略。因为以阻碍制造业的方式来促进农业，无疑等于剜肉补疮。

因此，需要有较高的土地改良费以使土地适宜栽种，或者要求较高耕作费用的那些特殊用途的土地，即便其地租与利润远高于农田或牧场的地租与利润，而如果超出部分仅仅够抵偿它们要求的较大投入，那么事实上，它们的地租和利润也还是在受着普通作物用地的地租与利润的支配。

事实上，有时也会发生这样的情况：适合某种特殊作物生长的土地面积太小，产量不足以供应有效需求。这时，全部生产物都可出售给那些愿出高价的人，他们所出的价格，高于这种作物从生产到上市，按照相关自然率或者按照其他大多数耕地的地租、工资和利润率，所应支付的地租、工资和利润的总和。在这种情况下，并且仅仅在这种情况下，从价格中去除所有的改良和耕作费用后的剩余部分，同谷物或牧草的这个剩余部分不保持正常的比例，甚至可以在任何程度上超过它。当然，这超额的大部分都归地主所有。

例如，葡萄酒的地租和利润对谷物和牧草的地租和利润的自然或普通比例，只适用于能够生产较好的普通等级葡萄酒的葡萄园。这种葡萄园土壤松软，混有沙砾，所产的葡萄酒除浓度适中、健康卫生之外乏善可陈。国内普通土地只能和这种普通葡萄园一较高下，而无法和那些优质等级的葡萄园竞争。

在所有种植果树中，葡萄树是受土壤差异影响最明显的。据说，在特殊土壤中生长出来的葡萄特别美味，是其他土地任何人工培育物都无法比拟的。这种现实中或人们梦想的美味，可能仅仅是为数不多的几个葡萄园的特产，也可能是一个小区域内多数葡萄园的特产，最多时也不过是一个州里多数葡萄园的特产。这种葡萄酿的酒在市场上不足以供应有效需求，也就是说，那些愿意按普通地租、工资和利润率，或按普通葡萄园提供的地租、工资和利润率，所必须支付的全部地租、工资和利润支付这种葡萄酒的生产和运输代价的人的需求，无法被全部满足。因此，只有那些愿意付更高价格的人才能买到这种酒，酒价也会超过普遍价格。价格究竟能超出多少，依这种酒的受欢迎程度和稀缺程度所引起的消费者的竞争程度而定。但无论差价是多少，其中的大部分都会归地主所有。虽然这种葡萄园通常都比其他葡萄园被打理得更为精细，但是与其说是这种精心栽培使其价格变得高昂，倒不如说是因为其价格高昂，所以园主才慎重对待、精心栽培。对于这种高价物产，掉以轻心可能会招致庞大的损失。因此，哪怕是非常粗心大意的人，也会格外留意。所以，这高价中的一小部分就足够支付生产中投入的额外劳动的工资以及所增加资本的利润。

欧洲各国所拥有的西印度地区的甘蔗园与这种高价的葡萄园类似。甘蔗园的总产量满足不了欧洲地区人们的有效需求，因此，只会将产品卖给愿意支付比这些产品生产和上市所应当支付的地租、工资和利润，按其他同类产品通常支付的地租、工资和利润率更高的价格的人。对农业做过细致观察的波佛尔先生（Poivre）对交趾支那（越南南部、柬埔寨东南方）的农业有深入了解，他告诉我们[①]，该地区精制的最上等白糖的价格，一般为每昆特尔（Quintal）[②]三皮亚斯特，相当于英币13先令6便士。此处所言的昆特尔，在巴黎的150~200磅之间，平均值为175磅。以英制计量单位来算，每100磅约合8先令。这价格还不到我们从殖民地输入的红糖或粗砂糖一般价格的1/4，不到最上等精制白糖价格的1/6。交趾支那的大多数田地以生产国民日常所食的谷米为主。在那里，谷米、砂糖的价格，也具有自然的比例，使地主和农场主，都能够得到与原始改良费用和每年耕作费用相符的报酬。但英国的殖民地甘蔗园所产的砂糖价格，却不和欧美农田的稻麦价格成比例。一般来

① 见《哲学家游记》（*Voyages d'un Philosophe*）。

② 昆特尔，在英国约等于112磅。——译者注

说，甘蔗栽培者们都希望以糖酒和糖蜜之所得来补偿投入的全部栽培费用，这样砂糖的收益就是纯利润了。但如果这能成为现实（我可不敢奢望），就好像谷农也希望仅仅靠糖款和秸秆就能补偿全部耕作费用，而将谷粒作为纯利润一样。伦敦还有其他城市的商人组织，经常在英国产糖的殖民地购置荒地，委托人去进行改良和耕作，以期获利。即使当地距离遥远，司法与行政都不健全，收入不确定，也丝毫不影响他们这样做。可是，却没有任何一个人想在苏格兰、爱尔兰或北美粮食产区的沃野上来进行这样的改良和耕作。尽管这些地方司法健全，而且他们的正常收入还有保障。

在弗吉尼亚和马里兰，因为种植烟草获利更丰，所以人们都乐意种烟草，而不愿种植谷物。在欧洲大多数国家，种植烟草的收益同样丰厚。但由于几乎所有欧洲国家都征收烟草税，而对国内烟草产地征收税款，还不如对进口烟草征收税来得容易，所以大多数地区都下令禁止烟草种植。于是，那些允许烟草种植的地区，便获得了一种变相的垄断权力，而弗吉尼亚与马里兰的烟草产量最大。所以即便是存在少量竞争者，它们还是享有烟草种植业的大部分垄断利益。可是，种植烟草的利润好像没有种植甘蔗那么大。因为我从来没有听说过有英国商人去投资改良和兴建烟草种植园的。凭借种植烟草在殖民地发财后归国的，也不像依靠经营甘蔗园、生产砂糖发财后归国的那么多。殖民地的居民喜欢种植烟草而不愿种植谷物的事实告诉我们，欧洲对烟草的有效需求似乎全部得到了满足，而砂糖的供给就不那么充足了。如今的烟草价格带来的一般利润率或许已经超过了农田的普遍利润率，但烟草的生产、制造和上市的全过程所得利润与农田利润的差额，必定没有糖价带来的利润和农田利润的差额大。因此，英国在殖民地的那些烟草栽培者与法国的老葡萄园主一样害怕生产过剩。于是，他们联合起来通过决议，规定 16~60 周岁的黑奴每人只允许种植 6000 株烟草，预计可产烟草 1000 磅。他们觉得，每个黑奴除了生产上面数量的烟草以外，还能耕种 4 亩玉米地。道格拉斯博士说（我觉得他的消息不准确），每到丰收年，为了防止市场供给过剩，他们会像荷兰人焚毁生产过剩的香料一样，把黑奴们生产的烟草焚毁一部分。我不知道这种说法是否可信。假如必须采用这种过激的办法才能控制住当今的烟草价格，那么，烟草种植较之于谷物种植的好处，恐怕也所剩无几、难以持续了。

由此可知，生产人类食物的那部分耕地的地租支配着其他田地的地租。任何一种特产所能提供的地租，必定不会长久地低于多数耕地的地租，否则，种植特产的土地很快就会被改作他用；而任何一种特产所提供的地租，如果长期高于多数耕地的地租，必定是因为出产这种产物的土地太少了，无法满足相应的有效需求。

欧洲人主要以谷物为食。因此，欧洲各国谷田的地租支配着某些特殊耕地以外的其他所有耕地的地租。对不列颠来说，完全没有必要去羡慕法国的葡萄园和意大利的橄榄园。除了特殊情况下，其价值也是受谷物价值决定的。在种植谷物方面不列颠的肥沃程度，可不比那两国差。

假如一个国家臣民的主食并非谷物，而是另一种粮食作物，并且假定通过和谷物相同或近似的耕作方法，在这个国家的普通土地上所获的这种作物的产量，远远多于最肥沃谷田的产谷量，那么，那里地主们的地租，也就是在支付劳动工资和补偿农场主资本及其一般利润后所剩余的食物量，必然会比谷物多得多。因为这个剩余量较大，所以，不论这个国家劳动者的普通工资是多少，它都能维持较多的劳动量，故而，地主所能购买或支配劳动量就会更多。他所得的地租的真实价值，也就是说，他因能向劳动者提供更多的生活必需品与便利品，所以享有的对他人劳动的支配权，也相应大得多。

稻田比麦田的粮食产量大得多。一般来说，每亩稻田一年可收获两季，每季产量为 30~60 蒲式耳。虽然稻田的耕作所需劳动较多，但其所产的稻米在维持劳动以外的剩余也较多。因此，在以大米为主食，农民主要以种植水稻为生的国家，地主的所得比产麦国的地主更多。在卡罗来纳和其他英属殖民地，耕作者一般既是农民又是地主，因而地租与利润经常被混为一谈。虽然当地稻田一年只收获一次，而且大米并不是来自欧洲的这些当地移民的主食，但耕种稻田还是被认为比耕种麦田更有利。

优良稻田，一年四季都是泥淖，并且其中一季是灌满了水的泥淖。所以，实际上除了种植水稻以外，它不适合用作麦田、牧场，或是葡萄园，也不适宜于种植别的任何对人类有用的农作物。反过来说，在适于别的用途的土地上，也不适合种水稻。所以，即便是在产米国，稻田地租也不能支配别的耕地地租，因为那些耕地无法改作稻田。

土豆种植田的产量堪比稻田的产量，比起麦田的产量更是大得多。一亩地产 1.2 万磅土豆算不得什么稀罕事，然而一亩地产 2000 磅小麦却是相当难得的。诚然，土豆的含水量高，马铃薯和小麦的固体营养物质含量与其质量不成比例。但是，即使从马铃薯的质量中扣除一半算作水分，一亩地的土豆仍含有 6000 磅固体营养物质，相当于一亩小麦所含固体营养物质的 3 倍，而且我们扣除的这个含水量算是相当大的了。一亩土豆的耕作费用比一亩小麦的耕作费用要少。并且，麦地在播种前通常需要犁后休耕，单这一项所费就超过种植土豆的锄草和其他费用。如果土豆能成为欧洲某地人普遍喜食的粮食，如同大米在那些产米国家那样受欢迎，使土豆的种植面积占全部耕地面积的比例，和当今小麦还有其他人类喜食的谷物的种植面积占全部耕地面积的比例相同的话，那么，单位面积的耕地必定能够养活更多的人口。并且，如果农民普遍靠种植土豆为生，那么扣除了劳动工资、耕作资本及利润外，还将有更多剩余。这种剩余的大部分也将归于地主。地租不但会随着人口的增加而增高，而且也会远远超过当前。

只要是适合土豆生长的土地，基本上其他农作物均可种植。假如种植土豆的耕地所占全部耕地的比例与现在的谷田一样，那么，土豆种植地的地租就能像现在的谷田地租一样，支配其余大多数耕地的地租。

听说在兰开夏（Lancashire）某些地区，人们认为燕麦面包比小麦面包对人体更有益，苏格兰也流传着类似的说法。对于这种说法的真实性，我总是怀疑。说起来，常食燕麦面包的苏格兰人，根本不像常食小麦面包的同一阶层的英格兰人那样强健俊美；他们工作起来也不如英格兰人有干劲，健康状况似乎也不如英格兰人。而两地的上层人士却不存在这种差异。经验似乎表明，苏格兰普通民众的食物，不如英格兰普通民众的食物那么有利于人的体质。但土豆就不同了。伦敦的轿夫、挑夫和炭工，还有那些以娼妓为业的不幸妇女，他们或许可算作不列颠领土上最强壮的男子与最美丽的女子了。这些人中有绝大多数来自爱尔兰最下层，他们普遍以土豆为食。这种现象无疑能够提供最确凿的证据，证明土豆的营养价值多么适合人类。

土豆能保存一年都不容易，更别提像谷物那样存放两三年。由于担心无法在其腐烂以前全部卖出，人们不愿意种植马铃薯。在所有的大国，土豆都不能像面包那样成为社会各阶层群众的主食，或许主要是这个缘故。

第二节　论间或提供地租的土地产物

在各种土地产物中，粮食似乎总是能够提供地租。而别的产物则会随着情况的不同，间或提供地租。

除了食，人类必需品就是衣和住了。

在原始状态下，土地提供的衣服和住宅原材料所能供应的人数，比提供的食物所能供应的人数多得多。但随着社会的进步，土地在提供食物方面的能力大为提高，远远超过前者，至少，在人们需要衣服和住宅原材料，并且愿意为它们支付代价的情况下是这样的。因此，在原始状态下，衣服和住宅原材料总是过剩的，几乎或完全没什么价值；而在社会进步之后，这些材料开始短缺，其价值逐步显现并不断增大。在前一种情况下，大部分过剩的材料被弃置不用，被使用的那部分价格，基本上只等于为使这些材料能够为人所用而进行改造的劳动和费用。这一价格无法为地主提供地租。在后一种情况下，这些材料即使全被使用，往往还供不应求。因此，有人会愿意以超过其生产、制造和上市总花费的价格来购买这些材料。所以，这些材料的价格，可以为地主提供若干地租。

最原始的衣服材料，取自兽类的皮毛。所以，主要以这些兽肉为食的狩猎和畜牧民族，就在获取食物的同时获得了超出他们自身需求量的衣服原料。如果不进行交换，这些多余材料就会被视为没有任何价值的东西而被丢弃。在北美原住民没有被欧洲人发现之前，那里的情况多是如此。不过现在，他们会拿多余的毛皮去交换欧洲人的毛毡、火器与白兰地酒，这样一来，他们的毛皮就被赋予了若干价值。如今，在全世界通商的状态下，哪怕是最不开化的民族，只要已经确立了土地所有制，就一定会有这种对外贸易。虽然多余的原材料在本国既不能被加工，也不能被消费，但在较富裕的邻国却能找到销路，因此，其价格也会提升到运往邻国的费用之上。这样的价格，就能提供给地主若干地租。当苏格兰高地所产的大部分牲畜为内部丘陵地带人们所消费的时候，兽皮就成了最主要的输出商品，人们用它来交换需要的物品，这使得高地的土地地租也有所增加。从前不能在英格兰本土被加工和消费的羊毛，也在当时更富裕、更勤劳的弗兰德斯国家[①]找到了市场，其售价也为羊毛产地提供了一些地租。然而，在那些耕作条件不如当时的英格兰和现在的苏格兰高地，并且也没有对外贸易的国家，衣服原材料明显供过于求，以至于一大部分都被丢弃，而不能为地主提供地租。

房屋原材料大多都无法像衣服原材料那样轻易运往遥远的地方，因此也不太容易成为对外贸易的商品。即便在目前的贸易状况下也是如此。在房屋原材料多余的国家，那些多余的材料，无法为地主提供任何地租。伦敦附近的优质石矿，能提供非常可观的地租，而苏格兰与威尔士多数地方的石矿，却不能提供任何地租。在那些人口密集、农业技术先进的国家，作为建筑用材的树木价值都很高，其产地的地租也很高昂，而在北美许多地方，树木产地的地主们非但得不到地租，还要对愿意砍伐并运走他的林区树木的人表示感激。在苏格兰高地某些地方，由于陆运和水运都不发达，因此只有树皮能被运往市场，而木材则被随意丢弃，烂在地里。当房屋原材料严重过剩时，其中已被使用的那部分的价值，也只是恰能抵偿砍伐和搬运所花的劳动和费用而已，并不能为地主提供地租。但是如果邻近的富裕国家对这房屋原材料有需求时，就另当别论了。例如，由于伦敦需要铺路石，因此，以前从未提供过任何地租的苏

---

① 弗兰德斯国家曾是欧洲最富有的地区。他们从英国进口羊毛，纺成面料卖给欧洲大陆，繁荣的纺织贸易使该地区很多城市变得富有。——编者注

格兰沿海某些乱石地，便为它们的所有者提供了地租。又如，挪威和波罗的海沿岸所产的树木在国内久无市场，却在英国打开了销路，于是这些树木也为其所有者提供了一些地租。

一个国家的人口与国内所产食物量供养的人数成比例，而不与国内所产的衣服、住房原材料供养人数成比例。当食物得到供应，那么生活必需的衣服及住宅就不难找到。但是，有衣穿和有房住的人，不见得一定有饭吃。在英国大多数地方，一个人单独劳动一天，就能造一栋简易住宅。制一件最简单的兽皮衣服，只需劳动1天多。对于野蛮民族来说，为获得衣服或者住宅，所费的劳动不过占全年的1%，剩下的99%的劳动都用于寻找食物。尽管如此，往往也只是勉强果腹而已。

但随着农耕的改良，一家的劳动就能供给两家的食物，一半人口的劳动便足以向全社会提供食物，所以余下来的半数或者至少其中一大部分人就能从事其他物品的生产，以满足人们的其他欲望和需求。这些欲望和需求主要包括衣服、住宅、家具，以及所谓的成套用具。富人并不比他的贫困邻居消费更多的粮食。对量的需求或许大致相同，对质的要求则有所不同。为富人挑选和烹调食物，可能需要更多的劳动和技艺。但是，对比一下富人的豪宅华服和贫民的寒室敝衣，不论从质上还是从量上，都存在着天壤之别。各人的食欲都会因为胃的大小而有限，但人们对于住宅、衣服、家具和各类用品的欲望却如同深渊。所以，人们必定愿意用自己消费不完的剩余食物来交换别的自己想要的东西，将有限欲望满足后的剩余产品拿来换取他物，用以满足无限的欲望。为了获取食物，穷人们竭力劳作来满足富人的这些欲望；为了使自己的食物供给更稳定，穷人们往往相互竞争，导致他们的劳动产品日趋完美，也日趋廉价。劳动者的人数随食物数量的增大而增加，换言之，随土地改良以及耕作进步而大大增加。他们的工作性质允许最大限度的分工。因此，他们能够加工的原材料增加的数量，要远远多于他们人数增多的数量。也正因此，人们在修建各类建筑物，加工各种衣服、用品和家具时，对不管是有具体用途的，还是作为装饰的各种原料的使用都大大增加，就连地下的化石、矿产，以及贵金属和宝石，都开始有用了。

如此看来，土地所产食物不仅是地租的原始来源，其他土地生产物也能提供地租。而后来那些提供地租的，其价值中属于地租的那部分，都来自劳动生产力的提高。而生产力的提高，又是随土地改良、耕作进步出现的。

但是，后来那些提供地租的其他土地生产物，并不总是能提供地租。即使是在土地已经得到改良并进行耕作的国家，对这类产物的需求也没有全部达到其价格在支付工资、补偿资本并提供一般利润还有所剩余的程度。这类产物能否提供地租，应视不同情况而定。

例如，煤矿是不是能够提供地租，既要看它的产量，还要看它所处的位置。

判断一座矿山是富饶还是贫瘠，要看在使用同等数量劳动的前提下，从该矿山开采出来的矿物量与从大多数同类矿山所能开采的矿物量相比是多还是少。

有些煤矿虽然位置很好，但由于产量过低没有开采价值，其生产物抵偿不了开采费用。这种煤矿，既不能提供利润，也无法提供地租。

有的煤矿，产煤量价值仅够支付劳动工资、补偿开矿资本并提供其一般利润。企业家或许能够从这种煤矿中得到一些利润，地主却无法从中得到地租。因此，对于这类煤矿，除非地主自己投资开采，才有可能获得一般利润，其他任何人都不可能凭此获利。在苏格兰，许多煤矿都是地主自营的。地主不允许其他人不交地租去开采它们，而其他人也都无法依靠开矿获利并支付地租。

同样在苏格兰，还有些出产量很大的煤矿，可是地理位置不好，因此也无法进行开采。尽管这些煤矿利用一般或比一般更少的劳动量，就能获得足以支付开矿费用的产量，但由于它们处在人口稀少、水陆运输不便的内地，这些矿产还是无法卖出。

和木柴这种燃料相比，煤炭大体上不太令人满意，而且据说它也不太卫生。一般来说，使用煤炭做燃料，其花费比使用木柴要少。

并且，就像牲畜价格一样，木柴价格也会随农业状态的变化而有所变动，二者的价格变化乃是基于同一原因。在原始农业阶段，所有国家的大部分领土上都生长着树木。在当时的地主看来，那些树木不但毫无价值可言，而且还是一种障碍。地主们更希望有人主动来砍伐它们。到了后来，随着农业的发展，一部分树木由于开垦农田而被砍去，一部分为了畜牧而被毁掉。谷物是由全人类勤劳而获得的，虽然牲畜的增产不像谷物的增收发展那么快，但是牲畜也在人类的保护和关注下大量繁殖。在丰年，人类为牲畜贮藏足够的草料，以备匮乏之年使用。如此一来，人类为牲畜贮存、提供的食物量，比自然状态提供的还要多。人类还为牲畜扫除敌害，确保它们自在地享受大自然赋予的一切。大量的牲畜群在林间随意放牧，林中的老树倒还受害不深，而幼树却备受摧残。结果，一两个世纪下来，森林就损毁殆尽了。这就造成了木柴缺乏，木柴的价格也因此被抬高。涨价为地主提供了丰厚的地租。有时地主们认为，在最优质的土地上种植树木最为有利，这个大利润，足以抵消树木生长缓慢造成的收益迟缓。这种情况在如今的大不列颠大部分地区似乎都很普遍，在这些地方，种树被认为和种稻谷、种牧草的收益相当。但是，不管在哪里，树林为地主提供的地租，在相当长的期间内都不会超过谷田或牧场，而在农耕先进的内地，种树的利益往往比种稻谷和牧草少得多。如果煤炭作为燃料，在较为发达的沿海地区很容易得到供给，那么从农耕较落后的外国进口木材，往往比自己国家生产的更为便宜。正因为这个原因，爱丁堡这些年来落成的新街市中，恐怕没使用过一根产自苏格兰的木材。

如果在某地烧煤炭与烧木柴的花费大致相等，那么不论木柴的价格是多少，我们都可以相信，这种情况下那里的煤炭价格已经达到了顶点。英格兰内陆的一些地方，尤其是牛津郡，情况似乎就是这样。牛津郡的平民日常所烧的火炉中，通常都是木柴和煤炭混用，足见二者的价格差异不会很大。

在产煤国家，所有地区的煤炭价格都远远低于上述最高价格。否则，人们就承担不起这些煤炭的长途运输费用了。如此一来，就只会有极少数的煤炭能够卖出。煤矿主和地主为了自己的利益打算，肯定打算按最高价格卖出一小点，还不如按略高于最低价的价格多卖出一些来得划算。并且，产量最大的煤矿往往支配着附近所有煤矿出产的煤炭价格。那些产量最大的煤矿主和地主发现，只要自己的煤炭价格比附近其他煤矿稍低一点点，由于薄利多销，其利润与地租就会增大。接着，附近其他煤矿很快也不得不以同样稍低的价格出售煤炭，尽管以这个价格出售他们简直都无法赢利了。煤炭价格总是在下降，有时甚至降低到连它们的利润与地租都支付不起的地步，以至于其中一部分煤矿只好停止经营，另一部分则因交不起地租而只能由地主自行经营。

煤炭像其他所有商品一样，在相当长的时期内能够继续维持的最低价格，仅仅足够补偿使它上市所需的资本及其普通利润。那些由于无法向地主提供地租，因此非地主本人来经营就得被废置的煤矿所产煤炭的价格，基本上就和这个最低价格差不多了。

即使是能够提供地租的煤矿，煤炭价格中的地租部分通常也小于其他大多数土地生产物价格中的地租部分。通常认为，地面之上的土地地租占总生产额的 1/3。这个份额是比较确定的，不大受产量偶然变化的影响。然而对煤矿来说，地租能占到总生产额的 1/5 就已经非常大了，通常都是占到总生产额的 1/10 左右。并且，这地租的数额很不确定，会因生产额的变化而随时有变动。这种偶然变化非常大，以至于在置产者以 30 倍年租购买田产被认为是平价的地方，而以 10 倍年租收购煤矿却被看作高价。

对煤矿老板来说，煤矿的价值大小取决于其产量的多少，及其位置的好坏。但就金属矿山的价值而言，却是受产量支配的多，受位置支配的少。因为从矿石中提炼出来的金属，尤其是贵金属，价值极其高昂，基本上都负担得起长途的运输费用。并且，这些金属的市场会超越矿山附近的国家，延展至全世界。例如，日本的铜在欧洲市场占有一席之地；西班牙的铁也远销智利和秘鲁；秘鲁的银不仅畅销欧洲，还以欧洲为通道，远销到中国市场。

韦斯特莫兰（Westmoreland）与什罗普郡（Shropshire）所产煤炭的售价，对纽卡斯尔的煤炭售价的影响不大，而利奥诺尔（Lionnois）的煤炭售价对纽卡斯尔的煤炭售价则根本没什么影响。这些地方的煤矿之间，绝不会出现竞争。但相距甚远的金属矿产之间却有可能发生竞争，事实也如此。因此，金属产量最大的地方，那里的金属价格，尤其是贵金属价格，必然影响着全世界矿山的金属价格，只是影响有强有弱而已。日本所产铜的价格，必然对欧洲铜矿所产铜的价格产生影响。秘鲁的银价，也就是说，秘鲁银在当地所能支配的劳动量或购买的货物量，必然对欧洲银矿所产银的价格和中国银矿所产银的价格都有影响。秘鲁银矿投产以来，大多数的欧洲银矿都被弃置。银价下跌到了那些银矿产物不足以偿还开采费用，或偿还开采费用之外不能提供丝毫利润的地步。波托西银矿投产后，古巴和圣多明各，乃至秘鲁的旧银矿，也出现类似现象。

由此可见，各地矿山所产金属的价格在某种程度上都受当时世界上产量最大的矿山所产金属价格的支配。因此，大多数矿山所产金属的价格，除了补偿其开采费用外，没有太多剩余，也无法给地主提供很高的地租。在大多数矿山开采的贱金属价格中，地租所占部分很少，而在贵金属的价格中，地租所占比例更是低微。贵贱金属的价格基本上由劳动和利润组成。

举世闻名的康沃尔（Cornwall）锡矿是全世界最富饶的锡矿，据该矿区副监督波勒斯先生（Borlace）说，其总产量价值的 1/6 是当地的平均地租。有些矿山的地租比这个高，有些则不如这个。苏格兰许多产量很高的铅矿的地租，也占总产量价值的 1/6。

据佛莱齐和乌诺阿两位先生说，秘鲁银矿的矿主往往只要求开采者将采得的矿石交由他的磨坊来碾碎，然后把磨碎的矿石分给他一部分即可。在 1736 年之前，西班牙国王对这些银矿所课矿税，占标准银价值总额的 20%，这可视为当时全世界最富饶的银矿，秘鲁银矿的真实地租。假如不征收矿税，那么这 20% 当然应归地主所有，而那些因交不起矿税而闲置的矿山也必定会重新投入开采。据说，康沃尔公爵（Duke of Cornwall）所课的锡税略高于矿产总价值的 5% 以上，不论税率高低，假如不加以课税，这些矿税自然属于矿山所有者。把这 5%，与前面所说的 1/6 加在一起，我们就能发现，康沃尔锡矿的平均地租与秘鲁银矿的平均地租的比例是 13 ∶ 12。可是，现在的秘鲁银矿连这个较低的地租也承担不起了，而银税在 1736 年也从 20% 降到了 10%。虽说银税是如此轻微，但因为那 5% 的锡税的存在，人们还是更愿意冒险走私银，而贵重物品本身也比体积庞大的笨重物品容易走私。因此，有人说，西班牙国王根本征不到什么税，而康沃尔公爵征得的税收却很可观。所以，全世界最富饶锡矿所产锡的价格中地租所占的部分，可能比全世界最富饶银矿所产银的价格中地租所占的部分还大。在偿还开采所使用的资本及其一般利润后，剩下的归矿山所有者的部分，贱金属也似乎比贵金属更多。

秘鲁银矿经营者的利润一般都不算很高。前面提到的最了解当地情况而且最受人尊重的两位学者告诉我们，在秘鲁，如果有谁准备开采新银矿，人们会认为他必定是要倾家荡产的，因而纷纷敬而远之。由此可见，采矿业在秘鲁和在这里一样，简直就被视为彩票，中奖者少，落奖者多，但是总有一些冒险家被引诱，愿意以自己的财产为代价来尝试。

但是在秘鲁，由于国王要依靠银矿取得自己的大部分收入，因此，发现和开采新矿是会被政府嘉奖的。不论是谁发现了新矿山，国王一律会在他看准的矿区划出一块长 246 英尺（1 英尺约为 30.48 厘米）、宽 123 英尺的土地归他所有，他可以自行开采，而不必向地主支付任何报酬。为了自己的利益着想，康沃尔公爵在他的公国内也做出了类似的规定。凡是在荒野或未被圈定的地方发现锡矿者，都可在所发现锡矿处划出一定范围，这叫作为锡矿定界。设定这个界限的人，就是该矿区的所有人。他无须经过原土地主人的授意便可自行开采，或租给别人开采，开采后只需给地主一点微薄的报酬就行了。在这两种规定中，私有财产的神圣权利都因为所谓的公共收入利益而被侵犯了。

在秘鲁，新金矿的发现与开采也会受到同样的奖励，而国王征收的金税只占标准金产量总价值的 5%。最初，金税和银税一样都是 20%，后来削减到 10%，但就实际的经营情况看来，就算课税

10%，还是显得太重。佛莱齐和乌诺阿曾说，靠经营银矿发财的尚属少见，靠经营金矿发财的就更是寥寥无几了。这 5% 的税额，似乎可看作智利、秘鲁大部分金矿所支付的全部地租。走私黄金比走私白银更容易，不但是因为黄金相对其体积来说价值更高，而且还因为金的天然产出方式。银和其他大多数金属一样，在被挖掘之初一般都掺杂着其他矿物，很少有纯银块，而从混合物中提炼出银，是一个非常烦琐的过程，这种操作必须在特定的工坊里进行，这样一来，就很容易受到国王所派官吏的监视。而金就不同了，在被发现时候一般都是纯金，有时，即便是相当大的一块金子中掺杂了微乎其微的砂土或其他东西，只需经过极简便的操作，就可以提纯了。不管是谁，只要有少量的水银，就可以在自己的家中进行提纯工作。因此，如果说国王从银税中只获得了很少的收入，那么他从金税中所获的就更微不足道了，因而地租在金价中所占的比例必定远远低于其在银价中所占的比例。

贵金属在市场所售的最低价格，即在较长时期内，贵金属在市场上所能换得的最少的其他物品量，必然和其他所有货物的一般最低价格一样受统一原则的支配。决定这种最低价格的，是贵金属上市所需投入的资本量，也即使贵金属上市所需的衣食与居住消费。这个最低价格，至少必须足够偿还投入的资本和支付资本的普通利润。

然而，贵金属的最高价格似乎只取决于贵金属本身的供给量是否充足，而不受其他任何外物支配。贵金属不像煤炭那样，价格由木柴的价格决定，除了木柴，别的任何东西的匮乏都不会引起煤炭价格上涨。如果金的稀缺达到了一定程度，那么最小的一粒金子可能变得比钻石还昂贵，并且可以交换到大量的其他物品。

人们对贵金属的需求，部分是由于它们的用途，部分是追求其美丽。除铁以外，贵金属可能比其他任何金属都要有用。贵金属易清洁，不易锈蚀，因此，由金银打造的餐桌和厨房用具备受人们喜爱。银制的饮煮具比铝制、铜制或锡制的饮煮具更清洁，金制的饮煮具又比银制的饮煮具更清洁。不过，贵金属更大的价值更在于它的美观，这使得它特别适宜于装饰衣物和家具。镀金的那种光华，是任何颜料或染料都无法媲美的。贵金属的这种美质又因贵金属的稀缺性而大大增加了。对大部分富人来说，富有带来的愉悦，主要在于炫富时的那种优越感，自己拥有别人求之不得的象征财富的标志物，再没有什么比这个更能给富人带来满足感的了。在他们看来，有用又美观的东西，如果又比较稀缺，那么必定会耗费异常多的劳动，非一般人所能支付得起，而他们可以。尽管有很多物品比它们美丽得多、有用得多、只不过较为普通，但他们更愿意用比普通物品昂贵得多的价格来购买这种物品。有用、稀缺、美观这些特性，便是构成贵金属高价的原因，即在各处都能换得大量其他物品的根本原因。贵金属在没有被当作货币使用之前，就已经具有了很高的价值，正是这种高价值，赋予了它们能够被用来铸币的特质。不过，由于这种用途的出现带来了新需求，减少了其他用途的贵金属数量，因此有助于保持或提高其价值。

人们对宝石产生需求，就完全是因为它们的美观。除了用作装饰外，宝石不具有其他用途。它们的美观，因为稀少、采掘难度大、费用高而更显得弥足珍贵。所以，在大多数情况下，工资和利润几乎构成了宝石高价格的全部。地租在宝石价格中只是一个极其微小的部分，或者根本就不占任何部分，只有产量最大的矿山才可能提供较大的地租。在考察戈尔康达（Golconda）与维沙普尔（Visiapour）两地的钻石矿时，宝石商塔弗尼尔（Tavernier）听说，当地的矿山是专门为国王而开采的。国王曾下令，除了出产最大且最美的钻石的矿山之外，禁止开采其他所有矿山。其余这些被禁的矿山对其所有者来说，不具任何价值。

各地贵金属或宝石的价格，是由世界上产量最丰富的矿山出产物的价格决定的，所以，出产贵金属或宝石的矿山能为其所有者提供的地租，和矿山绝对产量不成比例，而和它的相对丰富程度成比例，也就是取决于它相对于其他矿山的优越程度：如果新发现的银矿优于波托西银矿，就像波托西银矿优于欧洲银矿那样，那么，银价就会再次下降，甚至连波托西矿山也会丧失经营价值。在西属西印度群岛被发现以前，欧洲最富饶的矿山对其所有者提供的地租，也许就已经像秘鲁最富饶的矿山对其所有者所提供的地租那么大了。那时的白银数量虽然比现在少得多，却可以交换到和现在基本相等的其他货物量，而矿主所得分能够换得的劳动量或货物，也大体和现在相等。生产物和地租的价值，换言之，它们为公众和矿主所提供的实际收入，古今可能都是一样的。

储量最丰富的贵金属或宝石矿山，并不能增加世界的总财富。这类产品的价值主要是因它们的稀缺而产生的。如果这类产品多了，必然会贬值，那么，用比以前少的劳动量或商品量，就能购得金银餐具、衣服和家具上的华丽装饰等。这就是贵金属和宝石产量丰富所能提供给世界的唯一好处。

地面上的地产情况就不一样了。土地产物和地租二者的价值，不与土地的相对产出力成比例，而和其绝对产量成比例。生产一定量衣服、食物、住宅的土地，总能供应得起一定数量的民众，而且，不论地主占有的比例是多少，这份地租使他总能支配相应比例的劳动和这劳动所能购买的商品。一块最贫瘠的土地并不会因为处在最肥沃土地的旁边就贬值。正相反，它的价值还往往会增加。肥沃土地所维持的众多人口，为贫瘠土地的产物提供了较大市场，在贫瘠土地原本维持的人口中，绝对找不到这样的市场。

所有能提高土地产物产量的东西，不仅能提升被改良土地的价值，还能为许多其他土地的生产物创造新的需求，从而提升这些土地的价值。土地改良使得许多人拥有的食物自己都消费不完，因而对贵金属和宝石，以及衣服、住宅、家具和家庭设施等方面的所有便利品和装饰品都有了需求。食物不仅是世界上最主要的财富，而且只有食物丰富了，其他各种财物才会被赋予其价值。在西班牙人发现古巴和圣多明各之初，那里的贫苦居民经常用小金块作为头饰和衣服装饰。这些金块之于他们，似乎就好像那些稍稍特别一点的小鹅卵石之于我们一样，值得拾取，却也随时可以毫不犹豫地赠予别人。一旦有客人请求金块，他们会立刻赠予，丝毫不认为是赠送了什么贵重的礼物。他们吃惊于西班牙人对金子的渴求。他们想不到世界上竟然还有这样的国家，那里的人们对于他们总是缺乏的食物竟有如此大的剩余量，甚至为了得到一点这种闪闪发亮的玩意儿，甘心拿足够供养全家好几年的大量食物来交换。如果他们能理解这个缘由，对西班牙人的黄金热就不足为奇了。

第三节　论总能提供地租的土地产物与间或能提供地租的土地产物二者价值比例之变动

土地的不断改良和耕种而造成的粮食的不断丰富，必然增加对粮食以外的土地的每一种可供实用或可作装饰的产物的需求。因此，可以预期，在整个改良过程中，这两种不同的土地产物的相对价值总有一种变化。有时能、有时不能提供地租的产品的价值，和总能提供一些地租的产品相比，价值不断上升。当技术和产业进步时，衣服和住宅的原料、地下的化石和矿物、贵金属和宝石均应逐渐为人们所需求，均应逐渐交换到越来越多的食物数量，换句话说，均应逐渐变得越来越贵。所以，在大多数场合，大部分的情况就是这样。如果不是在某些场合发生特殊事故，使其中某一些东西增加的供应比需求更大，那么，这些东西在所有场合中都会如此。

例如，石灰石开采场的价值，必须随着它所在国家的不断改良和耕种而增加，特别当它是该地唯一的矿藏的时候。但是银矿的价值，即使在 1000 英里以内没有其他银矿，也不一定随着所在国的改良和耕种而增加。石灰石开采场产品的市场很少能超过周围几英里，其需求一般必然同那个小地区的改良和耕种成比例。但是银矿的市场可能扩大到整个的已知世界。所以除非整个世界的改良和人口均有增进，否则，即使靠近银矿的一个大国有所改良，白银的价值也可能根本不会增加。然而，即使整个世界都在改良，如果在其改良过程中发现了新矿，其丰富程度比以前知道的任何矿藏都要大，那么，虽然对银的需求必然增加，但供应增加的比例可能更大，白银的真实价值就可能逐渐下降；也就是说，这种金属的任何给定数量，例如一磅，所能购买或支配的劳动量越来越小，或能交换的作为劳动者主要生活资料的谷物的数量越来越少。

白银在世界上所有商业和文明地区都有市场。

如果白银的市场需求因为改良而增加，但白银供给量却不按同一比例增加，那么，白银的价值就会上升。一定量白银将能换得更多的谷物量，或者说，谷物的平均货币价格会因此而不断下降。

相反，如果由于某种意外事故，在好多年中，白银供给的增加量比需求的增加量更大，那么银价就会逐渐下降。也就是说，尽管一切都在不断进步，谷物的平均货币价格却会逐渐上升。

而如果白银的供给和需求同步增加，那么等量的白银就能继续购买或交换几乎同等数量的谷物。尽管一切都在不断进步，谷物的平均货币价格却几乎保持不变。

以上三种假设，涵盖了在社会进步中所有可能出现的情况。如果我们以法国和大不列颠的实际情况来判断，那么在过去的四个世纪中，这三种不同的假设在欧洲市场上都发生过，并且发生的顺序几乎和我们所列的相同。

关于前四个世纪中银价变动的离题阐述

第一阶段

在1350年和以前的几年间，英格兰每夸脱小麦的平均价格，估计都不低于4盎司白银，约合现在的英币20先令。之后小麦价格似乎降至每夸脱2盎司，约合现在的英币10先令。这个价格，大约始于16世纪初叶，并且直到1570年，依然如此。

1351年，即爱德华三世二十五年，英国制定了所谓的《劳动法》(*The Statue of Labourers*)。这部法规在前言中严厉指责了要求雇主增加工资的那些雇工的蛮横无理。它规定：一切雇工和劳动者，今后都得满足于爱德华三世二十年及此前4年的一般工资与配给（在当时包含衣服和食物两项），而配给小麦在任何地方的估价都不超过10便士每蒲式耳，并且雇主有权选择支付小麦还是货币。10便士每蒲式耳的价格，在爱德华三世二十五年是一般小麦的合理价格，因为有特殊法规迫使雇工们接受它作为代替配给食物的价格，这个价格在10年前的爱德华三世十六年也被认为是合理的。然而，爱德华三世十六年的10便士中大约含半盎司的银，相当于现在的英币半克朗。所以，4盎司白银，也就是当时的货币6先令8便士、现在的货币20先令，在当时必定被认为是每夸脱即8蒲式耳小麦的适中价格。

对于当时谷物的普通价格，法律提供的证明肯定比历史学家和作家们记录的某年份的谷价更可信。因为记载的常常是偏高或者偏低的价格，所以依据他们的记录来判断当时的普通价格不太容易。另外，还有别的证据足以表明，14 世纪初及此前数年的小麦普通价格必定不低于每夸脱 4 盎司，其他各种谷物的价格，也可依此类推。

1309 年，坎特伯雷的圣奥古斯丁修道院副院长拉尔夫·德·伯恩（Ralph de Born）曾摆过一场就职典礼后的庆祝筵席。威廉·桑恩（William Thorn）记录了这次筵席的食物清单，这次消费的食物有：小麦 53 夸脱，价值 19 镑，即每夸脱 6 先令 2 便士，约合现在的 21 先令 2 便士；麦芽 56 夸脱，价值 17 镑 10 先令，即每夸脱 6 先令，约合现在的 18 先令；燕麦 20 夸脱，价值 4 镑，即每夸脱 4 先令，约合现在的 12 先令。这里的麦芽和燕麦价格，似乎比它们平时对小麦的比价略高。

这项有关价格的记载，并非因为其异常高昂或异常低廉，只是对一次大规模豪华宴会消费品实际价格的偶然记载。

在 1262 年，即亨利三世第五十一年，恢复了一项古老的法令《面包和麦酒的法定价格》（*The Assize of Bread and Ale*），国王在序言中说，这是在他的祖先英格兰诸王时期制定的。因此，它或许同他的祖父亨利二世的时代一样古老，也可能同诺曼征服时代一样古老。它按小麦的时价，即每夸脱值当时货币 1 先令至 20 先令，规定面包的价格。但是这一类法律在做出规定时，一般假定它会同样考虑到所有对中等价格的偏离，即低于它和高于它的价格。因此，根据这种假设，10 先令包含 6 盎司白银，大约等于我们现在的 30 先令，在这项法律最初制定的时候，一定被算作是 1 夸脱小麦的普通价格，直至亨利三世五十一年也一定都是这样。因此，我们假定普通价格不低于这项法律规定的面包最高价格的 1/3，即不低于当时货币6先令8便士，含4盎司银，大体上是会错的。

因此，根据这些不同的事实，我们似乎有相当的理由可以得出结论，大约在14世纪中叶，以及此前的很长时期内，不能假定每夸脱小麦的平均或普通价格少于4盎司白银。

从大约14世纪中叶到16世纪初，被算作是小麦的合理或适中的价格，即普通或平均价格，似乎已逐渐降至上述价格的一半；最后降至大约2盎司白银，约等于我们现在的10先令。直至大约1570年，它继续被估定为这个价格。

据诺萨伯兰第五任伯爵亨利（Henry）1512年的家务账目中，小麦的价格有两种，一种是每夸脱6先令8便士，另一种是每夸脱5先令8便士。那时的6先令8便士含2盎司白银，约合现在的货币10先令。

从爱德华三世二十五年至伊丽莎白当政之初的两百多年间的诸多法令来看，6先令8便士似乎一直被认为是小麦的所谓适中或合理的价格，即普通或平均价格。可是在此期间，这个名义金额包含的白银数量一直在减少，这是由在铸币方面所做的一些变革造成的。但是白银价值的增长似乎弥补了同一名义金额中所包含的白银数量的减少，所以立法机关认为不值得留意。

1436年的法律规定，当价格低至6先令8便士时，小麦无须许可证也可以出口。1463年的法律还规定，禁止小麦以低于每夸脱6先令8便士的价格进口。立法机关设想，当价格如此低廉时，就算任意出口也无妨，但当超过此数时，准许进口是明智的。因此，在当时，6先令8便士，包含的白银数量和我们现在货币13先令4便士所包含的大约相同（比爱德华三世时代同一金额所含银量少1/3），被认为是小麦的所谓适中的和合理的价格。

1554年，根据菲力普和玛利女王元年和二年的法律，1558年，根据伊丽莎白元年的法律，当小麦价格超过每夸脱6先令8便士时禁止其出口，这在当时包含的白银并不比现在同一金额包含的多2便士。但是不久人们就发现，若是直至小麦价格如此低廉时才不限制它出口，实际上等于完全禁止出口。因此，1562年，根据伊丽莎白五年的法律，当小麦价格不超过每夸脱10先令时，在某些港口可以准许出口，这和现在同一金额的含银量几乎相同。因此，这个价格在此时被认为是小麦的所谓适中的和合理的价格。这同诺萨伯兰家务账目1512年的估算大致相同。

在法国的情形亦与此类似。杜普雷·德·圣莫尔（Dupre de St.Maur）先生观察到，谷物的平均价格，在15世纪末和16世纪初，比此前的两个世纪低得多，一位有关谷物政策论文的作者也持相同的看法。在同一时期内，谷物的价格在欧洲大部分地区或许也同样下降了。

白银相对于谷物价值的升高，或许完全是由于供给保持不变而需求，却随农业生产的改良和进步而增加；或许完全是需求保持不变而供给不断减少的缘故，因为当时世界上已经发现的大多数银矿都被开采殆尽，故而开采费用大幅提升；又或许这两个方面的原因都有。15世纪末期到16世纪初期，欧洲多数国家的政治局势都比过去的几个世纪稳定。社会稳定性增加了，自然有利于产业的发展和改良程度的提高，对贵金属和其他装饰物以及奢侈品的需求，会随着财富的增长而相应增加。更多的年产物必然要求更多的货币使其流通。富人多了，对银器及其他银制装饰品的需求就更大了。并且，当时供应欧洲市场的大部分银矿都被开采殆尽，而开采费用大幅提升也是顺理成章的。

论述古代商品价格的大部分学者都认为，自诺曼征服时代开始，甚至从尤利乌斯·恺撒（Julius Caesar）侵略时代算起，直到美洲众多银矿被发现，白银都在不断贬值。我想，他们会有这种见解，一方面是基于对谷物与其他土地原生产物的观察和分析，另一方面则是由于一种通俗的观念：所有国家的银量，都会随国家财富的增加而相应增加，银的价值，也会随数量的增加而不断下降。

在考察谷物的价格变动时，有三种情况经常会误导学者们。

第一，在古代，几乎所有地租都是以实物支付，即支付一定量的谷物、家禽或牲畜等。但是，地主有时会规定，对于年地租，他可以任意要求承租人是用实物来支付还是用同价值的一定数额货币来支付。这种以货币代替实物支付的价格，在苏格兰地区被称作换算价格。在这种情况下，选择要实物还是要货币，都由地主全权决定。因此，出于对承租人风险的考虑，这个换算价格必须低于平均市场价格，而不能高于它。所以，多数地方的换算价格，都比平均市价的一半略高。时至今日，苏格兰大多数地方的家禽地租，以及某些地方的牲畜地租依旧沿用此换算办法。若不是施行了公定的谷价制度，那么，谷物地租恐怕也会一直沿用这个办法。所谓公定谷价，就是谷价公共定价委员会根据自己的判断，每年都会按照各郡市场谷物的实际价格，对不同品质的谷物评定出一个平均价格。有了这一制度，在换算谷物地租时，都会依照当年的公定价格而非其他任何价格。因此，承租人得到了较好的保障，而地主也觉得很方便。收集古代谷物价格的学者们往往把这种换算价格误认为是谷物的实际市场价格。弗利特伍德（Fleetwood）就曾自称犯过这种错误。可是，为了某个特定目的而从事著述的他，在这种换算价格被使用了 15 回之后才敢于承认自己的错误。那时候，小麦的换算价格为每夸脱 8 先令。在 1423 年，也就是着手研究的第一年，8 先令所含的银量与现在的 16 先令货币所含的银量相同，但在 1562 年，也就是他结束研究的那一年，8 先令的含银量则与现在 8 先令的含银量相同。

第二，古代一些关于法定价格的规定，有时因为誊写者的懒惰懈怠和马虎潦草，有时由立法者订立时的草率，难免有不尽详明之处，这就很容易误导上述学者。

从前那些关于法定价格的规定，先是规定小麦和大麦处于最低价时面包和麦酒的价格，后来再进一步规定，超过这个最低价时面包和麦酒的价格。可是，誊写人员常常认为，抄录一开始规定的三四个最低价格就行了，一方面他们想偷懒，另一方面是因为他们认为（我想是这样）这已经足以明确较高的价格所应遵循的比例了。

由此，制定于亨利三世五十一年的面包和麦酒法定价格法令，就是按照小麦每夸脱 1 先令到 20 先令不等的价格来规定面包价格的。可是，在拉弗赫（Ruffhead）刻印相关法令汇编之前，所有的法律汇编手抄本中，都没有收录小麦 12 先令以上的面包价格。因此，被这些不完全抄本误导的学者们，就想当然地认为当时小麦的一般价格为每夸脱 6 先令，即合现在的货币 18 先令。

再如，在大约同时制定的关于囚车和枷锁的法令中，按照大麦每夸脱 2 先令到 4 先令不等的价格来规定麦酒价格，每上升 6 便士就调整一次。但是，4 先令并不被认为是当时大麦通常达到的最高价格，它只是被作为一个例子来说明在较高或较低价格的情况下应遵循的比例。我们可以从该法律最后的一句："Et sic deinceps crescetur veldiminuetur per sex denarios."可以看出，表达虽欠精确，但意思足够明了："这样，麦酒的价格应当随着大麦价格每 6 便士升降的变动而增减。"立法者在制定这项法令时，就像上述的誊写人员一样疏忽。

在苏格兰古老的法律书《王位的尊严》（*RegiamMajestatem*）的古老手抄本中，有一项关于法定价格的法律，面包的价格按小麦的所有不同价格来规定，后者从每一苏格兰波尔（Boll，相当于英格兰的半夸脱）的 10 便士至 3 先令。在被认为是制定这项法律的时候，3 苏格兰先令约等于我们现今英币的 9 先令。拉迪曼（Ruddiman）先生似乎由此得出结论：这 3 先令是小麦当时曾经达到的最高价格，而 10 便士、1 先令、最多 2 先令则是普通价格。可是，查阅抄本后就看得很明白，所有这些价格只是作为举例列出，表明小麦价格和面包价格之间所应遵循的比例。法律的最后一句话是："Religua judicabis secundum praescript a habendorespectum ad pretium bladi." 意思是："你应根据上面所提到的谷物价格来判断其余的情况。"

第三，由于在远古时代小麦曾以极低的价格出卖，学者们据此认为，既然当时小麦的最低价格能比后来低那么多，那么其一般价格肯定也会比后来低得多。但在另一方面，他们可能会发现，正如远古时代的小麦最低价格能比后来低相当多一样，当时的小麦最高价格也可能比后来高得多。例如，在 1270 年，弗利特伍德提到了小麦的两种价格：一种是每夸脱 4 镑 16 先令，合现在的 14 镑 8 先令；另一种是每夸脱 6 镑 8 先令，合现在的 19 镑 4 先令。如此之高的价格，在 15 世纪末和 16 世纪初都不曾有过。谷物的价格在各个时期都处于不断的变动状态，而且在动荡、混乱社会变动得尤为剧烈。在这种社会里，商业中止、交通断绝，一地的富饶无法抵消和救济另一地的贫乏。12 世纪中期到 15 世纪末期，在金雀花（Plantagenets）王朝[1]统治下，英格兰处于极度混乱状态，可能一个地区很富饶，相邻的另一地区却由于自然灾害或异族入侵而陷于灾荒和饥荒。如果有个敌对的贵族领地介于这两个地区之间，那么前

① 金雀花王朝指的是亨利二世至理查德三世的统治阶段，1154—1485 年。——译者注

者就无法对后者施以援手。到了 15 世纪后半期和 16 世纪，由于都铎（Tudors）王朝的强力统治，就没有任何贵族能强大到敢于扰乱社会治安了。

读者在本章末可以看到由弗利特伍德搜集的 1202—1597 年（包括 1202 和 1597 年）的全部小麦价格，经换算为现今货币，并按时间顺序分为 7 组，每组 12 年。在每组末，读者可以找到该组 12 年的平均价格。在这个时期内，弗利特伍德只能搜集到 80 年的价格，因此，最后的一组 12 年中缺少 4 年的价格。因此，我根据伊顿学院的记载，补充了 1598、1599、1600、1601 年的价格。这是我所做的唯一添补。读者可以看到，从 13 世纪初，直至 16 世纪中叶以后，每 12 年的平均价格逐渐变得越来越低；到 16 世纪末，又开始上升。诚然，弗利特伍德所能搜集到的价格，似乎主要是因其特别贵或特别贱而值得注意的价格；我不敢说能从这些价格得出任何非常肯定的结论。然而，如果它们还能证明任何东西的话，它们可以确证我一直在力图提供的说明。可是，弗利特伍德本人和大多数其他作家一样，似乎都相信，在这整个时期内，由于白银日益丰富，而价值一直在下降。他本人所搜集的谷物价格，肯定没法和这个一致。谷物价格和杜普雷・德・圣莫尔先生的意见完全一致，也和我所力图说明的意见完全一致。弗利特伍德主教和圣莫尔先生似乎是以极大的勤勉来搜集古代物价的两位作者。令人不免有些奇怪的是，尽管他们的意见非常不同，但是他们搜集的物价数据，至少就谷物价格而言，竟是极其相近甚至完全一致。

但是，有智之学者之所以能推断出远古时代银的惊人价值，依据的并非谷物的低价，而是其他众多土地生产物的低价。在原始时代，谷物被认为是一种制造品，比其他大多数商品都昂贵得多。我想，这里所说的其他大多数商品，主要指的是家禽、牲畜及猎物这类物品。在原始时代，它们的价格无疑会比谷物低得多。但这种低廉并不是银价过高造成的，而是这些商品本身的价值就低。这并非因为在那个时代白银能购买或代表比现代进步社会更多的劳动量，而是因为当时这类商品能购买或代表的劳动量比在现代进步社会少得多。西属美洲的白银肯定比欧洲低廉，即在原产国肯定比在进口国低廉，因为出口国要加上长途水陆运输的运费和保险费。然而乌诺阿却说，不久之前，在阿根廷的首都从400头牛中精挑细选出一头来，价格也仅为21.5便士。拜伦则说，在智利首都，一匹骏马的价格为英币16先令。在土壤肥沃并且大部分区域未实行农耕的国家，家禽、牲畜和猎物都很容易由极少量的劳动来获得，因此，它们所能交换的劳动非常有限。这类商品在当地以低价出售，并不能说明那里的白银价值很高，而只能证明那里的这类商品本身的价值很低。

有一点我们应当谨记：衡量白银及其他所有商品的真正唯一尺度，是劳动，而不是任何一件或者一类商品。

在荒野遍布、人口稀少的国家，自然生产的家禽、牲畜以及各种猎物往往大大超出居民的需要量。在这种情况下，供给量一般会超过需求量。所以，在不同的社会状态下和不同的社会发展阶段，这类商品所能代表或所能购入的劳动量是大不相同的。

无论处于何种社会状态和各种发展时期，谷物都是人类劳动的产品。但是每一种劳动的平均产品总是或多或少地与它的平均消费相适应，即平均的供给量总是或多或少地与平均的需求量相适应。此外，在各种不同的发展阶段，在同一土壤和气候中生产同等数量的谷物，平均说来，需要花几乎相同的劳动量。因此，在一种耕作改良状态中劳动生产力的不断增长，为牲畜（农业的主要工具）价格的不断提高所抵消。出于这些原因，我们可以肯定，在每一种社会状态下，在每一个改良阶段，同等数量的谷物，会比任何其他部分的土地天然产物更为接近地代表或等于等量的劳动。如前所述，谷物在所有不同的财富和改良阶段，都比任何其他一种商品或一组商品都是更为准确的价值尺度。因此，在所有这些不同的阶段中，我们将白银和谷物比较，比起将它和任何其他一种商品或一组商品比较来，就能更好地判断它的真实价值。

在所有文明国度里，谷物或者别的为大众所普遍喜爱的粮食，都是劳动者的主要生活资料。随着农业的推广，各国土地所生产的植物性食物都远多于动物性食物，而各地的劳动者一向都是以最低廉和最丰富并利于健康的食物作为主要生活物资。除了最富庶的国家或劳动报酬极高的地方，肉类在其他地区劳动者的生活物资中只占一个极小的部分，家禽所占比例更小，猎物则算不上是一种食物。在法国，乃至在劳动报酬略高于法国的苏格兰，贫穷劳动者除非遇上佳节或其他特殊场合，就很少能吃到肉类食物。所以，劳动的货币价格基本不受肉类或其他土地产物的平均货币价格的影响，而受作为劳动者的主要生活资料的谷物平均货币价格的支配。因此，金与银的真实价值，也就是金银所能换得或支配的真实劳动量，不由金银所能购买的家畜肉量或其他土地生产物的量来支配，而基本上是由金银所能支配的谷物量决定的。

但是，上述这种粗略观察，不可能使那么多有智学者受误导，除非他们同时受到一个普遍却没有任何依据的观念影响，即各国的银量都随着财富的增加而自然增加，因此导致银的价值不断下降。

任何一个国家中贵金属的数量增加，原因不外乎两个：第一，出产贵金属的矿山产量增加；第二，社会财富的增长，也就是劳动年产物的增加。前者无疑和贵金属的价值下降有关，但后者却与其无关。

由于发现了更富饶的矿山，能够向市场提供的贵金属会大幅增加，而增多后的贵金属总量所能换得的生活必需品与便利品的数量，如果仍和以前一样多，那么单位数量的贵金属所能交换的商品量必定少于从前。因此，一个国家贵金属存量的增加，如果是因为矿山产量的增加，那就必然会导致贵金属贬值。

反之，当一国财富增加时，即该国劳动年产物逐渐增多时，会有更大数量的商品流通，这必然要求更多的货币。由于人们的购买力增强，即有了更多的商品用于交换，他们自然会购买越来越多的金银器皿。他们的通货量由于需要而增加，他们的金银器物量因为追求虚荣和奢华而增加，而各种精巧雕像、绘画和其他奢侈珍奇品的数量，也可能由于同样的原因而增加。然而，正如雕刻家与画家在繁荣富裕时代所获得的报酬不会低于贫乏萧条时期一样，金银的价值在繁荣富裕时代也不可能比贫乏萧条时期低。

如果更富饶的新矿山的偶然发现并没有导致金银价格下降，那么，由于金银价格会随着所在国财富的增长而自然上升，不管矿山的状态怎样，富裕国家的金银价格总是会比贫穷国家的金银价格高。和其他所有商品一样，金银也自然要寻找最高价格的市场，而对其他所有商品都能够支付起最高价格的国家，通常也能对金银支付最高的价格。我们应当谨记，支付所有商品价格的说到底还是劳动。在那些对劳动能支付优厚报酬的国家里，劳动的货币价格与劳动者生活资料的货币价格，存在一个合理的比例。但是，金银在富裕国家所能购买的生活资料肯定比在贫穷国家多，也就是说，金银在生活资料充裕的国家所能购买的生活物资，肯定比在生活物资匮乏的国家所能购买到的多。如果这两个国家相距很远，这个差异便会很大。这是因为，虽然金银会自动流向良好的市场，但若距离太远，巨大数额的金银还是存在运输障碍，那么，两个国家的金银价格自然很难达到同一水平。如果这两个国家离得很近，由于运输方便，金银价格的差额便会很小，甚至可能看不出来。中国比任何一个欧洲国家都要富裕很多，而中国生活物资的价格和欧洲相比差距巨大，中国的米价远低于欧洲各地的小麦价格。英格兰富裕程度远超苏格兰，但两地的小麦价格却差异很小，只是略有不同而已。单就数量来看，苏格兰产的小麦似乎一般都比英格兰产的小麦价低，但就品质而言，苏格兰产的小麦却应该比英格兰产的小麦价高。苏格兰几乎每年都从英格兰进口大量的小麦。无论什么商品，其价格在输入国通常总是比原产国高些。因此，英格兰小麦在苏格兰的售价肯定会高于英格兰。但是，从品质来看，也就是从小麦所能制成的面粉或食物的数量和品质来看，在苏格兰出售的英格兰小麦一般不能比苏格兰小麦的价格更高。

中国与欧洲的生活物资价格差异很大，劳动的货币价格差异更大。在欧洲，劳动的真实报酬要高于中国，这是因为欧洲大多数国家处于进步和发展状态，而中国则似乎处在停滞状态。苏格兰劳动力的货币价格也低于英格兰的劳动力货币价格，这是因为苏格兰虽在不断进步。但不像英格兰那么快。苏格兰人移居外国的很多，而英格兰人向外迁移的不多，足见这两地对劳动的需求存在很大的差别。我们应当谨记，各个国家不同的劳动真实报酬的比例，与其实际的贫富程度无关，而取决于各国是处于进步、退步抑或停滞状态。

金银在最富裕的国家自然具有最大的价值，而在最贫穷国家自然具有最小的价值。在最贫穷的未开化族群中，则几乎没有价值。

谷物在大城市总是比在偏远地区昂贵，但这昂贵不是银价低落造成的，而是谷物本身实际价值高昂的结果。把银运往大城市，并不比运往偏远地区所耗的劳动量少，而把谷物运往大城市，所需劳动量却多得多。

在一些富裕的商业国家，比如荷兰和热那亚（Genoa）地区，谷物价格高昂的原因和大城市谷物价格高昂的原因是一样的。它们生产的谷物不能满足当地居民的需要。其优势在于技术工人和制造工人的技能熟练，在于各种简化劳动与节省劳动的机器，在于运输船只，在于其他所有的运输工具与商业方式。但是它们却缺乏谷物，必须依靠从遥远的国家进口来满足需要，因此谷物的价格必须加上从原产国运输而来的花费。往阿姆斯特丹运送白银，所需要的劳动量并不比送往但泽（Dantzic）多，而往阿姆斯特丹输送谷物所需的劳动量却多得多。所以，白银的真实成本在两地基本上是一样的，而谷物的真实成本在两地却有巨大差别。假设荷兰或热那亚的居民人数是稳定的，而实际富裕程度在下降，从遥远国家进口谷物的能力也会降低，那么，白银存量必然会伴随着这种衰退而减少，可能是衰退造成了银量的减少，或者是银量的减少造成了衰退，反正谷物的价格非但不会随着银量的减少而降低，反而会有所上升，甚至升高到饥馑年份的价格水平。当我们的必需品短缺时，肯定要放弃那些非必需品。非必需品的价值在穷困年代会下降，就像它们在富裕繁荣时代会上升一样。必需品就不同了，它们的真实价格，即其能换得或支配的劳动量，在贫困年代会上升，而在繁荣富裕年代会下降。繁荣富裕的时代总是物资丰富的时期，否则就不能称之为繁荣富裕的时代。

所以，从 14 世纪中期至 16 世纪中期，无论财富增长和社会进步引起的贵金属数量的增多程度怎样，都不可能使英国及欧洲其他任何国家出现贵金属贬值的倾向。因此，那些收集古代谷物价格的学者，如果根据对谷物或者是其他商品价格的观察断定这一时期内白银贬值了，显然是缺乏根据的，而根据假设中的财富增长和社会进步来判断这一时期白银贬值，理由就更加不充分了。

第二阶段

尽管各位学者对于第一阶段银价变动的观点迥异，但他们对于第二阶段的银价变动的观点却是一致的。

从 1570 年到 1640 年，白银与谷物价值的比例，变动方向完全相反。这一时期，白银的真实价值在下降，也就是说，它所能购买的劳动量比从前少了；而谷物的市场价格却上升了，先前银的价格是每夸脱 2 盎司，约合现在英币 10 先令，当前的售价则是每夸脱 6 盎司或 8 盎司，约合现在英币 30 先令或 40 先令。

造成这一时期内白银对谷物比价下降的唯一原因，似乎就是美洲富饶的新兴银矿的发现。对此，大家的意见都颇为一致，对于银的比价下降这个事实以及其中原因，从来没有产生过争议。在这个时期，欧洲大部分地区在产业与改良方面都有长足的进展，因此对银的需求大大增加，但是因为供给的增幅远远超过了需求，致使银价大跌。但应该注意的是，美洲银矿的发现似乎并未对英格兰的物价产生什么影响，一直到 1570 年后，这种情况才有所改变。

依据伊顿学院（Eton College）的相关记载，从 1595 年到 1620 年，温莎市场上最上等的小麦合 9 蒲式耳的每夸脱平均售价为 2 镑 1 先令 6 $\frac{1}{3}$ 便士，如果舍去零头，再减去总价的 1/9，那么合 8 蒲式耳的每夸脱小麦售价就是 1 镑 16 先令 10 $\frac{2}{3}$ 便士。同样，从这个金额中舍去零头，再从余数中减掉 1/9 或 4 先令 1 $\frac{1}{9}$ 便士，就是最上等小麦与中等小麦的价格差额，由此得到中等小麦价格约为 1 镑 12 先令 8 $\frac{1}{3}$ 便士，合白银 6 $\frac{1}{3}$ 盎司。

依据同一记载，1621 年到 1636 年，在同一市场上，等量的最上等小麦的平均售价，约为 2 镑 10 先令。在此金额的基础上，按照上面的扣除方法计算，那么，合 8 蒲式耳的每夸脱中等小麦的平均售价为 1 镑 19 先令 6 便士，约合白银 $7\frac{1}{3}$ 盎司。

第三阶段

从 1630 年至 1640 年，或于 1636 年左右，美洲银矿的发现对降低白银价值的影响余波似乎已经完结，白银价值相对于谷物价值的疲软从来没有达到过这种地步，在 18 世纪中白银价值似乎略有上升，或许在 17 世纪终了之前的一些时候就已开始。

从 1637 年至 1700 年，即 17 世纪的最后 64 年，温莎市场最好的小麦每 9 蒲式耳 1 夸脱的平均价格，根据同一记载，为 2 镑 11 先令 $\frac{1}{3}$ 便士，比 16 年以前贵 1 先令 $\frac{1}{3}$ 便士。但在这 64 年中发生了两次重大事变，必然造成了谷物的稀缺程度，远远超过了收成情况所会造成的程度，因此，即使不假定白银价值的进一步降低，也足以说明谷价的这种微小的上升。

第一个事是内乱，它破坏了耕作，阻碍了商业，导致当时的谷物缺乏程度和价格飞涨远远超过自然灾害造成的歉收。内乱的影响波及整个英国市场，其中以谷物供给必须依靠偏远地区的伦敦所受的影响为最。根据伊顿学院的记录，在温莎市场，合 9 蒲式耳 1 夸脱的最上等小麦，1648 年的价格为 4 镑 5 先令，1649 年的价格为 4 镑。这两年的谷价，比 1637 年前 16 年的平均价格 2 镑 10 先令，竟然还高出 3 镑 5 先令。将它分摊到 17 世纪最后的 64 年中，就能充分解释当时的谷价略微上升的原因。这两年的谷物价格虽属最高价格，但由内乱而引起的高价远不止这些。

第二个事件是 1688 年鼓励谷物出口法令的颁布。一般人或许认为，因为有了这种奖励，必会促进耕作。可是经年累月地促进耕种，总会使谷物产量有所增加，国内市场上的谷价也会因此而变得低廉。这种奖励措施究竟在何种程度上促进了谷物增产、谷价降低，将在后文讨论。目前要阐述的是1688年到1700年间的例外情形。在这一时期中，奖励措施产生的唯一效果是，由于鼓励每年的剩余产品出口，上一年的丰产竟然无法弥补下一年的歉收，因此，国内市场上的谷价反而被抬高了。从1693年到1699年，英格兰境内的谷物短缺，虽然主要是由于恶劣气候造成的，但奖励措施的施行，无疑加剧了英格兰谷物的短缺。所以，1699年谷物出口被禁止了9个月。

在上述两个重大事变发生的同时，还有第三个事件对谷物价格产生了影响，该事件虽不至于引发谷物的短缺，也没有使支付谷物的实际用银量增加，但确实抬高了谷物的名义价格。它就是由磨蚀损毁而造成的银币价值大跌。这种流弊，始于查理二世时代，而后一直持续到1695年。据朗迪斯先生说，当时市场上流通的银币，其价值平均比标准价值低了大约25%。但是，衡量一切商品价格的名义金额，并非受标准银币应含银量的支配，而是受银币实含银量的支配。因此，谷价的名义金额在铸币磨蚀损毁而价值降低的情况下，必然比铸币接近标准价值的情况下高得多。

银币低于标准质量的情况从来没有像现时一样严重，并达到了18世纪之最。尽管银币的磨损很严重，但是因为它能与金币兑换，所以金币能在一定程度上帮它维系价值。在最近一次的金币改革之前，金币虽然也有磨损，但不像银币损毁那样严重。到1695年，银币的价值再也无法靠金币来维持。那时的1畿尼金币，通常可换得磨损银币30先令。在最近一次金币改革以前，每盎司银的价格很少能高于5先令7便士，而该价格只比造币厂价格高5便士。但在1695年，银块的一般价格却为每盎司6先令5便士，比造币厂价格高出15便士。因此，就是在最近一次金币改革以前，拿金银铸币与银块相比较，金银铸币低于标准价值的量最多不超过 8%，可是据说在 1695 年，铸币低于标准价值的量一度达到 25%。在 18 世纪初，也就是威廉国王大举改铸以后流通的银币，一定比现在的银币更接近于标准质量。18 世纪没有出现像内乱那样妨害农业和商业的重大公共灾难。尽管近数十年间奖励谷物出口的措施肯定会抬高谷物价格，使之高于按照当时实际耕作情况应有的价格，但由于这种奖励措施由来已久，有充分的时间来产生它应有的良好影响、促进农耕发展，增加国内市场上的谷物数量。因此，根据我们后面将要阐明的一种理论，这种措施一方面会略微抬高物价，另一方面，也会使物价稍稍降低。甚至不少人认为，由此引起的降低的程度比提高的程度还要大。根据伊顿学院的有关记录，在 18 世纪的前 64 年里，温莎市场上由 9 蒲式耳组成的 1 夸脱最上等小麦，平均价格是 2 镑 6 $\frac{19}{32}$ 便士。这个价格比 17 世纪后 64 年间的平均价格低了大约 10 先令 8 便士，降幅达 25% 以上；比 1636 年之前的 16 年间（当时美洲富饶矿山发挥的影响力已经得到公认）的平均价格，低了大约 9 先令 6 便士；比 1620 年之前的 26 年间（那时候美洲矿山的影响力还未充分发挥）的平均价格低了大约 1 先令。由该记录可知，18 世纪前 64 年中，合 8 蒲式耳的每夸脱中等小麦的平均价格大约是 32 先令。

由此可知，18 世纪白银价值相对于谷物价值略显上升，而这种上升趋势，或许是从 17 世纪终结之前开始的。

1687 年，在温莎市场上最上等小麦的价格，由 9 蒲式耳组成的 1 夸脱，约为 1 镑 5 先令 2 便士。这是 1595 年以来小麦的最低价格。

1688 年，在这方面颇有研究的知名学者格雷戈里·金（Gregory King）在经过推算后认为，一般的丰收年份中，小麦的平均出产价格为每蒲式耳 3 先令 6 便士，即每夸脱 28 先令。据我所知，所谓的出产价格，就是契约价格，即农民和商人签订契约，双方约定在一定年限内向商人供应谷物时的交易价格。有了这个契约，农民便可以免去到市场上谈价的费用与麻烦，因此，这个契约价格通常会比人们预估的平均市场价格低。金断定，当时普通丰年中的小麦契约价格大约是每夸脱 28 先令。据我了解，在最近一次出现严重歉收以前，这确实是平常收成年份的普通契约价格。

1688 年，议会设立了奖励金，鼓励谷物出口。当时立法机关中的乡绅比现在多，他们感觉到谷物的货币价格在不断下降。奖励金措施仅仅是权宜之计，他们希望依靠人为手段来迫使谷价提升到查理一世及查理二世时代的水平，所以，在谷价涨到每夸脱 48 先令之前，奖励金都要继续发放。这个价格，比金先生在同年推算出的收成平年的出产价格高出大约 20 先令，也就是 5/7。如果金先生的推算和他当时所博得的普遍赞誉相符的话，那么，将极歉收年份排除在外，除非借助奖励金这种人为激励方式，否则每夸脱 48 先令的价格绝不可能达到。但是，由于当时威廉国王政府势力尚未稳固，在制定年土地税问题上还有求于乡绅们，如此，当然无法拒绝乡绅们的提议和要求了。

由此可见，白银相对于谷物的价值在 17 世纪终结之前就已略微上升，到 18 世纪，由于奖励金的作用，这种上升虽然不像以前那样显著，但是仍在持续。在丰收年份，因为有奖励金措施对谷物出口的促进作用，谷物自然会保持高价，超过原本应有的价格。而奖励金措施的最主要目的，正是要使谷价即使在最丰收的年份仍有提升，以鼓励促进农耕。

在丰收的年份，奖金由于造成了特别大量的输出，必然使谷价大大超过在这些年份所应有的水平。但即使在最丰收的年份，也要通过维持谷价来鼓励耕作，乃是奖金制度的最明显目的。

虽然在严重歉收的年份奖励金停发确系事实，但是，即便在这样的年份，谷价仍不免受奖励金制度的影响。奖励金导致了丰年谷物的大量出口，因此，国内就无法实现丰收年份对歉收年份的补救了。

因此，不论在丰收年份还是歉收年份，奖励金均使谷价超过实际耕作状况自然应有的水平。如果在18世纪前64年的平均价格比17世纪后64年的平均价格低，那么，在相同的耕作状态下，如果不是由于奖励金的这种激励作用，一定还会更低些。

但是有人说，如果没有奖励金，耕作的状况就会不同。这种奖励金制度对一国农业的影响究竟如何，我将在后文特别讨论奖励金时加以说明。现在我只想说，白银价值比例于谷物价值的上升，并不是英格兰特有的现象。三位忠实、勤勉、辛劳的谷价搜集者，杜布雷·德·圣莫尔先生、麦桑斯先生和那位有关谷物政策论文的作者，曾经观察到法国在同一时期白银价值亦有上升，而且比例亦大致相同。但是法国在1764年以前禁止谷物出口。很难设想，在一个禁止出口的国家所发生的差不多相同的价格下降现象，在另一个国家却是由特别鼓励出口造成的。

把谷物平均货币价格的变化看作是欧洲市场上白银实际价值逐渐上升的结果，而不是谷物实际平均价格下降的结果，或许更为合适。前文已经说过，在很长一段时期内，谷物是比白银或任何其他商品更为正确的价值尺度。当发现美洲丰富银矿以后谷物升至以前货币价格的三四倍时，普遍认为这种变化不是由于谷物真实价格的上升，而是由于白银真实价值的下落。因此，如果在18世纪最初64年谷物平均货币价格比17世纪大部分下落时期内略有下降，我们也同样不应将这种变化归因于谷物真实价值的下降，而应归因于欧洲市场上白银的真实价值略有上升。

鉴于过去 10 年或 12 年间谷价持续高昂，引发人们一度猜想欧洲市场上的真实银价会继续下降。实际上，这种高昂的谷价明显是气候欠佳造成的，是暂时的偶发事故，而不是经常性事故。在最近 10 年或 12 年间，欧洲多数地区的年份收成都不好。再加上波兰的动乱，许多在谷价上涨年份需要从波兰进口谷物的国家自然陷入谷物短缺的困境。像这种长期的收成欠佳现象虽不常见，但也算不上稀罕。但凡曾经研究过从前谷价的人，都不难列举出类似的例子。并且，连续 10 年的大荒年，相比连续 10 年的大丰收，并不少见。1741—1750 年间，谷物价格很低，与最近 8 年或 10 年间的谷价腾飞正好形成鲜明对照。根据伊顿学院的记载，1741—1750 年，温莎市场上合 9 蒲式耳 1 夸脱的最上等小麦，平均价格低到 1 镑 13 先令 9.8 便士，比 18 世纪前 64 年间的平均价格低了大约 6 先令 3 便士。照此推算，在这 10 年间，合 8 蒲式耳 1 夸脱的中等小麦，平均价格就是可怜的 1 镑 6 先令 8 便士了。

1741—1750 年，奖励金的存在，阻止了国内市场上的谷物价格按自然的发展趋势走低。据海关统计，这 10 年间出口的各类谷物的总量，竟然高达 8 029 156 夸脱 1 蒲式耳。为这些出口而支付的奖励金，也达到 1 514 962 镑 17 先令 4 便士之多。1749 年，当时的首相佩勒姆（Pelham）在下议院陈述，此前 3 年，支付谷物出口奖励金的开支巨大。他这么个说法，有着很充分的证据。如果是在 1750 年，那么这个理由足够充分，因为单是 1750 这一年，政府支付的奖励金就高达 324 176 镑 16 先令 6 便士。[①] 这种强制性出口必然致使国内市场上的谷价上升，并超过没有奖励金时的价

① 见《关于谷物贸易的论文集》（*Tracts on the Corn Trade*）。

格。更不必说，这种强制性出口究竟在多大程度上提高了国内市场的谷物价格。

在本章所附统计表的最后，读者能看到单列的那10年的统计。另外还会看到此前10年的统计，这10年的平均值虽然也低于本世纪最初64年的总平均值，但相去并不甚远。不过，1740年的歉收着实很严重。1750年之前的20年，和1770年之前的20年，恰好形成对照。前者中虽有一两个年份谷价高昂，但明显比18世纪的总平均值低很多，后者中虽有一两个年份谷价低廉（例如1759年），但明显比总平均值高很多。前者与总平均值的差额，不如后者与总平均值的差额大，个中原因，当然应该归功于奖励金制度。谷价的变动显得太突然，不是缓慢渐涨的银价波动所能解释的。结果的突然性，只能是突然起作用的原因导致的，那就是气候和收成的异常变化。

的确，在18世纪中，大不列颠的劳动力货币价格已然提高。可是，这与其说是欧洲市场上白银价值有所降低所产生的效果，倒不如说是由于大不列颠巨大的普遍繁荣而产生的对劳动需求增长的效果。在法国这个不那么繁荣的国家，自从17世纪中叶以来，劳动的货币价格随着谷物平均价格逐渐下降。在17世纪和18世纪，法国普通劳动的日工资据说始终大约等于一塞蒂埃（Septier）小麦平均价格的1/20。1塞蒂埃要比4温切斯特蒲式耳略多。如前所述，18世纪英国劳动的真实报酬，即劳动者应得的生活必需品与便利品的实际数量，都已经显著增加。这种商品价格的上升，好像不是因为欧洲普通市场上的银价下降，而是因为英国自身发展势态良好所引起的市场上劳动力真实价格的提升。

美洲被刚发现之后的一段时期，欧洲市场上的白银仍旧是以原价或略低于原价的价格售卖。因此，这段时期内的采矿业的利润相当可观，远远超过了平均水平。但是很快，向欧洲市场输入白银的商人就发现，不是所有输入的白银都能按高价售出了。白银所能换得的商品量日渐减少，银价也逐渐降低到自然价格。换句话说，白银的价格仅仅能够支付为其上市所必需的支出的自然率条件下的劳动工资、资本利润和土地地租。前文提到过的秘鲁大多数银矿都必须向西班牙国王缴纳相当于总产值1/10的矿税。这样一来，土地地租便无从谈起了。这种矿税开始时占到总产值的一半，不久就降到1/3，然后又降到1/5，最后成了1/10，并且一直保持到现在。在秘鲁大多数银矿中，这1/10几乎就是偿还开矿人资本、支付其一般利润后的全部剩余了。开矿人的利润一度非常之高，而今却低落到仅能维持开采的地步了，这个事实已经为世人所公认。

西班牙国王的赋税在1504年已降到登记银的1/5，这是1545年波多西银矿发现之年以前的41年。在90年中，或在1636年以前，这些全美洲最丰富的银矿已经有了充足的时间去产生它们的全部效应，即在欧洲市场上使白银价值降低到它再也不能下降的水平，并继续向西班牙国王缴纳这种赋税。90年的时间，足以使任何没有垄断的商品降低到它的自然价格，即一边纳税一边仍然能在长时期内继续出售的最低价格。

本来，欧洲市场的银价还有进一步跌落的可能，跌落的程度不但会使税率像1736年那样降低到1/10，而且还会像金税那样降低到1/20，甚至降至现在的程度。大多数正在开采的美洲矿山，需要停止运营。只不过，因为对白银的需求同时也在不断增加，美洲所产白银的市场也在不断扩大，所以上述情况才没有发生。这个原因不仅维持住了欧洲市场上的银价，还把银价推高到略微高于17世纪中的水平。

自从美洲被发现以来，美洲银矿产品市场逐渐变得越来越大。

第一，欧洲市场在不断扩大。自美洲被发现以来，欧洲大多数地区都有了显著进步。英格兰、荷兰、法国、德国、瑞典、丹麦，乃至俄罗斯，在农业及制造业方面都有着长足进步。意大利总体好像也没有倒退。虽然在秘鲁被入侵之前，它的确没落过一段时间，但此后，它逐渐恢复了元气。西班牙和葡萄牙据说已步入衰退，但葡萄牙毕竟太小，仅占欧洲微不足道的一隅，而西班牙的衰退也不像人们想象的那样严重。16世纪初期，即便与法国相比，西班牙也是一个非常贫穷的国家。而法国，从那时起已经有了很大进步。因此，经常在这两国巡游的查理五世曾给出众所周知的评价：法国所有物资都很丰富，西班牙任何东西都很短缺。既然欧洲农业与制造业的产量都在增加，那么它要求流通的银币量自然也要增加。富有的人数既然增多了，对金银器皿和金银饰品的需求量自然也会增加。

第二，美洲本身也成为它自身所产白银的新市场。该洲工农业的发展和人口的繁衍比欧洲最繁荣的国家还要迅速得多，因此对白银的需求量也在激增。英属殖民地以前对银根本没有需求，现在却由于需要铸币和铸造银器而形成了一个全新的白银市场。西班牙和葡萄牙的大部分殖民地也都是新市场。新格拉纳达（New Granada）、尤卡坦（Yucatan）、巴拉圭、巴西在被欧洲人发现以前，当地的居民都属于未开化民族，完全不识工农业为何物。而现今，这些地区多已引进了相当规模的工农业。至于墨西哥和秘鲁，虽不能被完全称作新市场，但当地市场也比过去扩大了许多。不管记述这两国古代辉煌发现史的书籍如何极尽夸张，但凡稍具清醒的头脑和判断力的人都知道，当时的居民在农业和工商业方面较为无知。即便是相对来说稍微进步一点的秘鲁人，也只晓得金银可以用作装饰，却不知金银铸币为何物。他们的商业还完全停留在物物交换的阶段，因此也几乎不存在劳动分工。耕作土地的人，也必须自己去建造住宅，自己制作家具、衣物、鞋和农具等用品。他们中间即便有一些工匠存在，但据说也都是君王、贵族、僧侣们的仆役或奴隶。墨西哥与秘鲁的古代工艺，从来没有向欧洲市场供给过任何制造品。不到500人的西班牙军队（有时甚至连250人都不到），却很难在那里获得足够的食物。据说这帮军人所到之处，常常出现饥荒，而书中对当地的描述却是人口稠密，耕作发达。由此可见，有关这些国家人口众多、耕作进步的记录，纯属虚构。在促进农业进步、技术改良及人口增长方面，西班牙殖民地的统治方式显然不如英国殖民地那样好，但西班牙殖民地在这些方面的进步却比欧洲任何国家都要快。究其原因，就是那里气候适宜、土壤肥沃，还有土地广阔和廉价。所有的新殖民地都有这样的优点。有了这些优点，政治上的许多不足就得以弥补。1713年，弗雷齐埃曾到秘鲁观光，他说，利马市（Lima）有2.5万~2.8万居民。但据1740年到1746年间在此地居住的乌洛阿说，该市人口已经超过5万。他们对智利和秘鲁很多重要城市人口的记述都存在差异，而二人的报告毫无疑问都是确切的。数字的差异，恰恰表明当地人口的增长并不比英属殖民地慢。总之，这一切都显示，美洲本身也是自己所产白银的新市场。美洲对白银需求量的增幅，要比欧洲最繁荣的国家还要大。

第二，东印度是美洲所产白银的另一个市场。从美洲矿山被发现以来，东印度市场吸收的白银量日渐增加。从那时起，美洲通过阿卡普尔科船舶（Acapulco ships）与东印度进行直接贸易，且贸易量不断增大。与此同时，两地通过欧洲发生的间接贸易增加得更多。在16世纪中期，葡萄牙还是唯一的与东印度进行常规贸易的欧洲国家，但到16世纪末期，荷兰人便开始参与贸易竞争。仅仅用了数年时间，就将葡萄牙人挤出了东印度殖民地。在17世纪的大部分时间里，这两国分占了东印度贸易的绝大部分。葡萄牙人的贸易份额日渐减少，而荷兰人的贸易份额却以更快的速度增加。在 17 世纪，英国人与法国人就开始与印度展开贸易，到 18 世纪，他们之间的贸易往来已经大幅增加了。瑞典人和丹麦人与东印度进行的常规贸易，则始于 18 世纪。总之，除了法国因最近的战争而导致东方贸易中断以外，其他各国对东方的贸易几乎都在持续扩大。欧洲人消费的东印度商品日渐增多。其消费额如此巨大，迫使东印度的各种业务都迅速扩大。比如，在 16 世纪中期以前，茶还被当作药品在欧洲使用，因而用量极其有限。可是现在，茶已经被当作日常饮料，英国东印度公司为本国国民输入的茶，每年多达 150 万磅，尚且满足不了需要，还需从荷兰各个港口和瑞典的哥登堡（Gottenburg）秘密走私。在法国东印度公司生意兴隆的时候，也常从法国海岸走私输入。此外，欧洲人对于马鲁古群岛（Moluccas）的香料、孟加拉的布匹，以及其他无数商品的消费量也都在同比增加。因此，按照吨数来算，17 世纪任何时候整个欧洲使用的船只，比起近来航运严重萎缩的英国东印度公司一家使用的船只，怕也多不了多少。

在欧洲与东印度国家通商之初，这些国家的贵金属价值要比欧洲高很多，并且迄今为止仍然这样。之所以有这种差别，是因为这些国家多为产米国，其稻田一般是每年两熟或三熟，而每次的产量都要比小麦的产量高。所以，与产麦国相比，即使种植面积相同，产米国的粮食总量也必然更为丰富。因此，这些国家的人口也必然更多。这些国家的富有者，持有大量自身消费不了的剩余产品可以出卖，因而可购买相当多的他人劳动。正因为如此，在任何记载中，印度的巨富显贵们都比欧洲最富有的人拥有更多的奴仆和侍从。并且，这些富豪们拥有大量过剩的食物，因而能换取那些产量极小的珍奇物品，例如富人们争相搜求的金银珠宝。所以，即使供给印度市场的银矿和供给欧洲市场的银矿同样富饶，前者的产物在印度所能换得的粮食，也必然多于后者。然而，向印度市场供应贵金属的矿山似乎远比向欧洲市场供应贵金属的矿山贫瘠，向印度市场供应宝石的矿山却比向欧洲市场供应宝石的矿山丰饶，因此在印度，贵金属自然比在欧洲交换到的宝石多，并能购买到更多的粮食。钻石之类的非必需品的价格，在印度要比在欧洲略低些，而粮食之类的最重要的必需品的价格，在印度却比在欧洲低很多。之前我们说过，在印度市场中，劳动的真实价格，也就是劳动者获得的生活必需品的实际数量比不上欧洲。那里的劳动工资只能购买到较少的食物，而且由于印度的食物比欧洲价格低廉。所以，这样一来，印度劳动力的货币价格就显得加倍低贱。在粮食价格本身就低的情况下，所能购得的粮食数量还很少。在技术水平相同、勤劳程度相同的情况下，各国的大部分制造品的货币价格与劳动的货币价格必然成比例。从制造业的技术水平和勤劳程度上讲，印度与欧洲各地的差距并不太大。既然印度劳动的货币价格这样低廉，那么那里制造品的货币价格当然比欧洲的任何地方都要低。再者，欧洲大部分地方的货物运输方式都是陆运，先把原材料从产地运到工厂，再从工厂运到市场，因为这个过程消耗的劳动量较大，所以产品的真实价格和名义价格都会提升。相反，在印度，内地河流纵横密布、水运便利，所需的运费比在欧洲要少，因此大部分产品的真实价格和名义价格就都会进一步降低。综合上述原因，将贵金属由欧洲运往东印度，不管是从前还是现在，都极其有利。在印度，没有什么商品能比贵金属卖得更好了，也就是说，相比在欧洲能够购买到的劳动和商品量而言，贵金属在印度能够换得的劳动和商品数量更多。而贩运白银到印度，比贩运黄金到印度更为有利，因为在印度的市场中，纯银和纯金的比率一般是 10 ∶ 1，最多也不超过 12 ∶ 1，而欧洲市场上，则为 14 ∶ 1 或 15 ∶ 1。也就是说，在印度市场中，能用10盎司（至多12盎司）白银交换到1盎司黄金；而在欧洲，则需要14盎司乃至15盎司白银才能换得1盎司黄金。故而，在去往印度的欧洲船舶上，一般来说白银是其中最具价值的物品。对驶往马尼拉的阿卡普尔科船舶来说，确实如此。白银就是以这种方式成为世界贸易往来的主要商品之一。从很大程度上来说，也正是白银贸易把世界上的各个遥远区域彼此联系了起来。

为了供应这种极为广大的市场，每年从矿山运出的白银数量，不仅须足以维持所有繁荣国家在铸币和器皿方面不断增长的需求，而且要能弥补所有使用白银国家不断毁损和消耗的白银。

铸币由于磨损，器皿由于磨损和洗涤，其中包含的贵金属的消耗和磨损是很大的，单是这些被广泛使用的商品就要求每年有大量的供应。在某些特殊制造品中所消费的金属，整个说来虽然可能不比上述逐渐的消耗大，可是因其特别迅速，所以也就特别明显。单是在伯明翰的制造品中，每年在镀金和包金中使用的金银数量据说超过英币5万镑，这些是无法使之恢复原形的。从这些我们可以想象，世界各地在相同的制造品上，或是在镶边、彩饰、金银器、书面和家具等的烫金上，每年消费的贵金属数量多么巨大。此外，将这些金属通过海上和陆地从一处运输往另一处，每年要损失的数量也一定不在少数。其次，亚洲大多数国家都有在地下埋藏财宝的习惯，随着埋藏者的死亡，常常再也无人知道埋藏处所，这一定会造成更大数量的损失。

据权威资料记载，每年由加的斯（Cadiz）和里斯本（Lisbon）进口的金银量（包括记录在案的和也许走私的），总共约有600万镑。

据梅更斯（Meggens）先生[①]说，1748年至1753年这6年间西

① 见《环球商人》（*Universal Merchant*）后记。该书出版后三年（即1756年）才印行后记，并无再版。

班牙平均每年进口的贵金属量，和 1747 年到 1753 年这 7 年间葡萄牙平均每年进口的贵金属量，合计白银 1 101 107 磅，黄金 49 940 磅。白银每金衡磅价值 62 先令，总价值 3 403 431 镑 10 先令。黄金每金衡磅价值 44.5 畿尼，总价值 2 303 446 镑 14 先令。二者合计共价值 5 746 878 镑 4 先令。梅更斯先生认为这个记录是可信的。他依据记录，详细提供了金银的输出地点以及进口的具体数量。他还就可能是秘密走私的金银数量，进行了估计。这位贤明商人的丰富经验，使得他的意见显得极具分量。

根据《欧洲人在东西印度殖民的哲学及政治史》（*Philosophical and Political History of the Establishment of the Europeans in the two Indies*）的作者所说，从 1754 年到 1764 年，西班牙进口的金银量总共达到 13 984 185.6 皮亚斯特（Piastres）。1 皮亚斯特相当于 10 里尔（Real）。但这只是官方统计数字，若再加上秘密走私的量，恐怕每年合计不会低于 1700 万皮亚斯特。按一皮亚斯特合 4 先令 6 便士来算，总额达 3 825 000 英镑。该作者曾详列金银输出地点，以及进口的具体数量。他说，如果依据葡萄牙国王所征收的税额来判断（税率似乎是标准金属价值的 1/5），里斯本每年从巴西进口的黄金总价值应当是葡币 1800 万克鲁查多（Cruzadoes），合法币 4500 万法国里弗尔，折 200 万镑。至于秘密走私的量，他说，按照合法进口部分的 1/8 计算应该差不多。这样总量就又增加了 25 万英镑，合计共 225 万镑。依同理计算，西班牙、葡萄牙两国每年进口的贵金属总价值就高达 607.5 万镑。

另外，还有别的一些记述，尽管只是些手抄本，但我觉得翔实可靠。都认为平均每年总输入量约为 600 万镑，只不过有的多一点，有的少一点。

每年加的斯和里斯本进口的贵金属总量，并不等于美洲所有矿山的全部年产量。一般情况下，这些矿山的出产物一部分由阿卡普尔科船舶运到马尼拉；一部分用于西属殖民地和欧洲其他殖民地之间的秘密交易；还有一部分则是留在原产地。此外，美洲矿山虽非世界上仅有的金银矿山，但是全世界最富饶的矿山。迄今已发现的其他矿山的总产量和美洲矿山相比根本无足轻重，这一点为世人所公认。同时人们也认为，美洲矿山每年的大部分产物都流入了加的斯和里斯本。但是，仅伯明翰每年 5 万镑的消费，就已占了这每年 600 万镑进口总额的 1/120 了。由此可见，世界各地每年消费的金银总量，应该与产出的金银总量大致相等。就算有剩余，也只是恰恰足够供应那些繁荣国家的持续增长的需求。有时，也许满足不了这种需求，因此，欧洲市场上的金银价格就会有所提高。

每年由矿山向市场提供的铜铁量绝非金银可比，但我们绝不能因此就想当然地以为这些贱金属的供应量会增大到超出市场需求的地步，或者说，会使其价格趋于降低。那为什么我们要想象贵金属有这种倾向呢？虽然贱金属质地坚硬，并且由于其价值较低，因此当它们用在那些比较容易磨损的方面时，人们不会像对待贵金属那样小心翼翼，但是，这并不一定能使贵金属比贱金属保存更久，贵金属一直在以各种方式损毁、磨蚀和消耗。

所有金属的价格，都存在着缓慢、逐渐的变动，但与土地原产物相比较，这种年变动率很小。相对于贱金属，贵金属价格突变的可能性更小。事实上，金属价格稳定的原因就在于它们的耐久性。上一年上市的谷物，到今年年底可能就全部或几乎消费完了，但二三百年前开采出来的铁，可能至今仍有一部分在使用，两三千年前开采出来的金，也是如此。每一年的谷物消费量与该年的生产量，一般都保持相当的比例。但不同年份所使用的铁量的不同，几乎和这两个年份铁矿产量波动没有关系。各年份金消耗量之间的比例，基本不会受金矿产量波动的影响。因此，大部分金属矿山逐年产量的变化，虽比大部分农田逐年产量的变化更大，但这种变动对金属价格的影响和对谷物价格的影响是不同的。

黄金价值和白银价值比例的变化

在美洲矿山发现之前，欧洲各国造币厂关于纯金对纯银价值比例的规定，是1 ：10到1 ：12，也就是1盎司纯金可以交换10~12盎司的纯银。到了17世纪中期，这个比例调整为1 ：14到1 ：15，也就是1盎司纯金可以交换14~15盎司的纯银。于是，黄金的名义价格就增大了，即黄金所能交换的白银量增多了。金银的实际价格，也就是说，金银所能购买的劳动量虽然都有所下降，但白银比黄金下降得更厉害。美洲金银矿山的富饶程度比以往发现的任何矿山都高，但其中银矿的富饶程度相对金矿来说好像更大。

从欧洲每年运往印度的大量白银，已在某些英格兰殖民地逐渐降低白银相对于黄金的价值。加尔各答的造币厂，同欧洲的造币厂一样，认定1盎司黄金值15盎司纯银。造币厂的定价同黄金在孟加拉市场上的价值相比或许显得太高。在日本，黄金和白银的比例据说是1 ：8。

据梅更斯先生的统计，欧洲每年进口的金银数量的比例约为1 ：22，即每进口1盎司黄金的同时进口22盎司白银。可是，一部分白银在输入欧洲后，又会被转运东印度，于是，欧洲剩余的金银量之间的比例就与其价值比例大致相同了，约为1 ：14或1 ：15。他好像以为，金银价值间的比例应该与其数量间的比例相等。所以，如果没有那么多的白银流出欧洲市场，那么欧洲金银的价值比例就应该是1 ：22。

但是，两种商品的一般价值比例与它们在市场上一般存量之比并不一定相等。一头牛价值10畿尼，一头羊价值3先令6便士，前者价格约为后者的60倍。但是，如果照上面的推想，那么市场上有一头牛，同时就得有60头羊，这简直荒唐。同样，仅仅以1盎司黄金可换得14乃至15盎司白银的事实为依据，就推断市场上有1盎司黄金的同时就必有14~15盎司的白银，也是荒唐可笑的。

一般情况下，市场上金银数量上的比例，比一定量金银价值上的比例要大得多。在市场上，廉价商品与高价商品相比，往往不仅总数量多得多，而且总价值也要大更多。每年供应市场的面包，不仅总数量比家畜肉多，总价值更是比家畜肉大很多。家畜肉的总数量与总价值大于家禽的总数量与总价值，家禽的总数量与总价值又分别大于野禽的总数量与总价值。购买廉价商品的消费者，一般都比购买高价商品的消费者多得多，因此廉价商品在市场上的总售量更大，总售价更高。所以，廉价商品与高价商品总数量的比例，通常必定大于等量高价商品对廉价商品价值的比例。就贵金属而言，白银是廉价商品，黄金是高价商品。所以，我们基本上可以断言，市场上的白银不仅总量多于黄金，而且总价值也会大于黄金。任何一个拥有金银器的人，只需比较一下自己的银器与金器的数量和价值就会发现，前者始终大于后者。甚至还有些人虽拥有不少银器，却压根没有金器，即便有，也不过是些手表壳、鼻烟壶之类的小玩意儿，总价值并不大。诚然，就英国的铸币而言，所有金币的总价值的确大于银币的总价值，但在其他国家情况可不是这样。在有些国家，所有银币的总价值，几乎与所有金币的总价值持平。造币厂统计数字表明，在与英格兰合并以前，苏格兰的金币虽然比银币略多，但相差并不大①。在其他国家中，大都是银币而非金币占多数。

① 见鲁迪曼为安德逊的《苏格兰古文书》(*Diplomata Scotiae*)所写的序言。

在法国，所有的大笔支付一般都是使用银币。所有国家的银器价值都必定大于金器价值，只有少数国家的铸币中金币占大多数，因此，以前者来补偿后者实乃绰绰有余。

尽管在过去白银总是比黄金低廉很多，而且到将来也免不了如此。但是，照现在西班牙市场上的情况来看，或许可以说黄金已经比白银低廉了。我们可以根据一种商品平均价格的绝对值来判定它是昂贵还是低廉的，当然，也可以按照其价格究竟在怎样的程度上超过其长时期内的最低市场价格来判定它是昂贵还是低廉的。这里所说的最低价格，是指恰好能补偿这种商品上市所必需的资本及其一般利润的那个价格，它不能向地主提供任何地租，而全部由工资和利润两部分构成。而今的西班牙市场上，黄金确实比白银更接近于这个最低价格。在西班牙，对黄金征收的税额不过是标准金的5%，而对白银征收的税额却高达10%。我们在前面讲过，美洲西属殖民地大多数金银矿山的地租全部作为赋税上缴给国王了，而国王在黄金上的收入却赶不上在白银上的收入，经营金矿而发财的人也没有经营银矿而发财的人多。由此可见，金矿的利润必定比银矿的利润低。与白银相比，西班牙市场上的黄金价格能够提供的地租和利润都较少，所以黄金价格相对来说一定更接近于最低价格。把所有的费用都计算在内，西班牙市场上的黄金似乎不能像白银那样全部可以以有利的价格出售。葡萄牙对巴西征收的金税，与西班牙从前对墨西哥和秘鲁所征收的银税相同，都是标准金属的20%。因此，很难说欧洲市场上来自美洲的全部黄金是否比全部白银更接近于可能的最低价格。

至于钻石与其他宝石的价格，则可能比黄金的价格更接近于这个可能的最低价格。

和其他奢侈品税一样，银税不仅是最正当的税目，而且还是当时政府收入的重要来源。因此，但凡有征收的可能，政府就很难轻易放弃。但是由于不少人无力缴纳，银税在1736年已由20%降到10%。或许有一天，同样的原因还会迫使银税不得不再度降低，就像金税不得不降到5%那样。和其他矿山一样，西属美洲殖民地的银矿由于近来采掘深度比从前加大，排出深处积水以及向深处供给新鲜空气等费用的增多，开采费用逐渐增加。研究过这些矿山状况的人，都承认这个事实。

当获取某种商品的难度加大、费用增加，就可以说它的供给在日趋减少。这就相当于加重了银的稀缺性，这势必会引起以下所列三种情况中的一种。第一，开采费用的增加，必定会由银价相应的增加来获得补偿；第二，开采费用的增加，必定会由银税相应的减少来进行补偿；第三，开采费用的增加，必定部分依靠第一种方式，部分依靠第二种方式来加以补偿。总之，三者当中必定出现一个，但第三种情况出现的可能性最大。正像虽然金税大减，但黄金相对于白银的价值仍然在上升一样，银税虽然大减，但白银相对于劳动和其他商品的价值也可能仍然会上升。

然而，银税的不断减少，即便不能完全阻止欧洲市场上银价的攀升，但至少也会阻滞其上升。由于税额降低，以前因交不起税而停业的矿山必定会重新开张。这样一来，每年上市的白银数量必定会有所增加，而增量后的白银市场价格也一定要有所降低。由于1736年西班牙国王降低银税，欧洲市场上的白银价格比强征旧税之前低了至少10%。

上述各种事实与论证，使我相信，或者更确切地说，使我揣测，虽然银税减少了，但是18世纪欧洲市场的银价还是有所上升。我称之为揣测，是因为我虽然已经竭力证明，但我对自己的见解还是没有绝对的把握。事实上，尽管银价确有上升，但是到目前为止其上升程度还是极为有限的。因此，尽管说了这么多，但是很多人恐怕还是不敢断定这种情况是否确已发生，相反的现象是否还会出现，当今欧洲市场上的银价是否仍在下降。

不过，必须指出，不论假定每年进口的金银量有多少，到了某个时间，消费量必定会恰好达到进口量。金银的总量越多，其消费也相应地越大，有时还会比总量增加更多。总量的增加，必然导致其价值相应地减少。对它们使用得越多，人们使用时也就越不爱惜，因此，金银的消费量的增加必定比其供给总量的增加更快。一段时期过后，金银的年消费量必然会和它们的年进口量趋于一致，当然这要以进口量不增加为前提，而现在的实际情况是，进口仍在不断增加。

如果在金银的年消费量与年进口量达到一致之后，每年的进口量递减，那么，年消费量在某段时间内或许会超过年进口量。金银的市场总量在不知不觉中减少，其价值也在不知不觉中上升，直到年进口量再次稳定、不增不减为止。这时，年消费量会不知不觉地自动调整至与年进口量相适应的量。

怀疑银价依然继续降低的根据

人们普遍有一种误解；当贵金属的数量随着财富的增长而自然增长时，它们价值也随着它们数量增长而减少。欧洲财富的日渐增长，以及这种通俗观念，或许使许多人相信，在欧洲市场上金银的价值仍在继续下落。而土地天然产物的价值仍在上升这一事实，益发加深人们的这种误解。

前文已经讲过，贵金属的量随着国家财富增加而增加，绝不可能引起其自身价值的降低。任何种类的奢侈品和珍稀品，都会自然而然地流向富裕国家，金银也不例外。这种情况的出现并非因为这些物品在富裕国家比在贫穷国家低廉，反而恰恰是因为它们在富裕国家比在贫穷国家更加昂贵，也就是富裕国家可以提供更高的价格。这种价格上的优越吸引着它们，一旦这种优越性消减，这些物品就不会再流向那里。

除了谷物和其他全靠人类劳动生产的各种粮食外，一切种类的原生物，如家畜、家禽、各种猎物，地下的化石和矿物等，都会自然地随着社会财富的增加和技术的改良而趋于昂贵，这也是我在前面已经努力论证过的。因此，我们不能因为购买这些商品需要比以前更多的白银，就说白银的价值比以前降低了，或者说白银所能购买的劳动量比以前减少了。我们由此只能得出这样一个结论：这些商品的实际价格提升了，也即它们所能购买的劳动量比以前增多了。随着财富的增加和技术的进步，这些商品的名义价格和实际价格均提升了。名义价格的上升，并不是银价下降所导致的，而是商品自身实际价值提升所导致的。

社会进步对三种土地天然原生产物的不同影响

我们可以将土地天然原生产物分作三类。第一类产物仅凭人类劳动几乎完全不能使之增加；第二类产物能够依靠人类劳动使其数量随着需求的变化而相应增加；第三类产物虽能靠人类劳动增加，但增加的量有限并且不确定。第一类产物的真实价格，能够随着财富的增加与技术的进步而无限上升。第二类产物的真实价格虽然也会大幅上升，但绝不能长期超越某个限度。第三类产物的真实价格虽然会随着改良进程而趋于提高，但在同一改良水平，其价格有时反而会下降，有时则会与原先持平，有时会或多或少地有所提升，完全要依偶然意外使人类劳动在增加此等产物时所获的成效如何而定。

第一类产物

第一类产物的真实价格可随财富的增长和技术的改良而无限上升。仅凭人类劳动的力量基本完全不能使其产量增加。它们的产量不可能超过自然生产的限度，而且本身又极易腐烂变质，因此不可能将各季节生产的这类产物全部蓄积起来。大部分的鸟兽虫鱼、珍禽异兽都属于此类。随着财富的增长以及随之而来的对奢侈品需求的增大，这些原生产物的需求量大多都会增加，然而其供给却不能人为地增加。因此，这些商品的价格，会随着购买者竞争的持续加剧而不断上升。如果北美山鹬变得这样风行，每只售价 20 畿尼，人类劳动的努力也不能使它的上市数目大大超过现在的情况。罗马人在他们的鼎盛时代付给珍贵鸟类和鱼类的高价，可以很容易这样去解释。这种高价并不是当时白银价值低的结果，而是这种人类劳动不能随意使之增加的珍奇动物价值高的结果。在罗马共和国没落前后，罗马的白银真实价值比现在欧洲大部分地区高。三赛斯特斯，约合英币 6 便士，是共和国付给每一莫迪斯（Modius）或一配克的西西里（Sicily）所缴纳的什一税小麦的价格。可是，这个价格或许低于平均市场价格，因为按这种价格交纳小麦的义务被认为是对西西里农民的课税。因此，当罗马人偶尔命令交纳比什一税小麦数目更多的谷物时，按照投降条约须对超过额每配克付给 4 塞斯提斯，合英币 8 便士，这在当时或许被看作是适度的和合理的价格，即普通的或平均的契约价格，约等于每夸脱 21 先令。在最近的歉收年份以前，每夸脱 28 先令是英格兰小麦的合同价格，英格兰小麦质量不及西西里小麦，在欧洲市场上普通售价较低。因此，白银价值在古代与现在相比，一定是三对四的反比，即当时 3 盎司白银所购得的劳动和商品数量与现在 4 盎司白银所购得的相同。历史学家普林尼在其书中告诉我们，塞伊阿斯（Seius）购买一只价值

6000 塞斯提斯的白夜莺赠送女王阿格里皮娜（Empress Agrippina），价格约合我们现在货币 50 镑；阿西尼阿斯 · 塞纳（AsiniusCeler）购买一尾价值 8000 塞斯提斯的羊鱼，约合我们现在货币的 66 镑 13 先令 4 便士。尽管这种奇贵的奢侈价格使我们感到吃惊，但在我们看来，仍然比它的真实价格约少 1/3。它们的真实价格，即为它们而支付的劳动和生活资料的数量，比它们的名义价格在现时向我们所表示的数量要多出大约 1/3。塞伊阿斯为夜莺付出的对劳动和生活资料的支配数量等于 66 镑 13 先令 4 便士在现时所购到的；而阿西尼阿斯 · 塞纳为羊鱼付出的对劳动和生活资料的支配数量，等于现在 88 镑 17 先令 $9\frac{1}{3}$ 便士所能购到的。这种价格之所以昂贵奢侈，并不是因为白银特别丰富，而是因为罗马人所能支配的超过自己所必需的劳动和生活资料十分丰富。他们所拥有的白银数量，比他们所拥有的同量劳动和生活资料在现在所能换到的白银数量要少得多。

第二类产物

第二类产物的真实价格，会随社会进步而提升，其数量随着需求的变化相应增加。这类产物包括那些有用的动物和植物，在土地未开垦之前，它们自然疯长，数量多到几乎毫无价值。到农耕改良以后，它们就不得不让位于对人类更有利的其他产物。在社会进步的漫长过程中，这类原生产物的数量逐渐减少，与此同时，对它们的需要却在持续增加。于是，它们的真实价格，也即其所能交换或支配的实际劳动量，便会逐步增加，最终增加到和其他由人力在高度肥沃和耕作完善的土地上生产的任何物品不相上下的地步。但是，这也是上限了。如果超过了这个限度，很快就会有更多的土地和劳动用于这类物品的生产。

如果牲畜价格升高到使人们觉得开垦土地牧养牲畜与开垦土地

生产粮食可以获得同等利益，那么，这个价格就不会再上涨了。如果价格再继续涨，马上就会有大量的谷田改作牧场。耕地扩大，一方面会导致野生牧草的数量减少，以致不依靠人类劳动而自然生长的畜肉减少；另一方面会使持有谷物并打算交换牲畜肉的人数增加，以致对畜肉的需求有所增加。结果，家畜肉的价格上涨就会加剧。牲畜价格必然上涨到使人们觉得在高度肥沃和耕作完善的土地上生产牧草和生产粮食可以获得同等利益。但只有到了改良进程的晚期，农耕的扩大才会使牲畜价格被抬高到这种程度。如果国家仍在发展，牲畜价格高不到这种程度，必定还会继续上升。在当今欧洲的某些地方，牲畜价格恐怕还未上升到这个极限，苏格兰在与英格兰合并之前，没有哪个地方能达到这种程度。苏格兰的土地多适宜于畜牧，很少适宜于其他用途。因此，如果那里的牲畜只在本地市场销售，那么牲畜价格恐怕不会高到将耕地用来生产牧草更为有利的程度。前文讲过，英格兰的畜肉价格在 17 世纪初期的伦敦地区，好像曾达到这个极限。但在较偏远地区，大概要经过很长时间才会达到这个限度。也许到现在还有一些地方尚未触及这个限度。然而，第二类土地天然原生产物中随着社会发展最先上涨到这个极限的，恐怕就是牲畜的价格了。

在牲畜的价格达到这种极限以前，即使是能进行最佳精细耕种的土地，大部分也似乎不能获得完全的耕种。所有距离城市遥远以致不能从城市运送肥料的农场，耕种得好的土地数量一定是同农场自产的肥料数量成比例的，而自产的肥料数量又一定是同土地所能维持的牲畜数量成比例的。土地施肥，或是通过在土地上放牧牲畜而得到粪便；或是通过在畜舍饲养牲畜，将其粪便运往土地。但是，除非牲畜的价格足以支付耕地的地租和利润，否则农夫无力在耕地上牧养牲畜，更无力在畜舍中饲养它们。只有靠已经改良和耕种的土地的牧草才能在畜舍饲养牲畜，因为在荒芜的未经改良的土地上收集稀少分散的草料要求过多的劳动和过大的用费。因此，如果牲畜的价格不足以支付已经改良和种种的土地牧草（当牲畜在这种土地上放牧时），那么这种价格就更不足以支付必须用大量的额外劳动去收集起来送往畜舍的牧草。因此，在这种情况下，设置畜舍来饲养牲畜，其数量不可能比耕种所必需的更多，否则绝无利润可言。但是这种牲畜数量，绝不可能提供足够的肥料，使全部可耕地保持良好的状态。它们足以为整个农场提供的肥料，必然被留作耕种起来最为有利和最为方便的那些土地之用，即最肥的，或许是在农舍附近的那些土地。因此，这些土地会经常保持良好状态，并适于耕作。其余大部分的土地则任其荒芜，只能生长一些可怜的牧草，仅足以维持少数散漫的、半饥半饱的牲畜的生存。农场的牲畜数量，与其完全耕种所必需的量相比虽不足，但与其实际产物相比却又常常过多。可是，这样的荒芜土地，一部分在一连六七年处于这种可怜的牧场状态以后又重新耕种，或许能提供一两季薄收的恶劣燕麦，或一些其他的粗粮。于是，土地的肥沃度完全耗竭，必须休耕，重新用作牧场，转而耕种另一部分土地，直至它也地力耗竭，再行休耕。因此，在与英格兰联合以前，苏格兰高地的一般经营方式就是这样。经常施肥和保持良好状态的土地很少超过全部农地的 1/3 或 1/4，有时达不到 1/5 或 1/6。其余的土地全不施肥，尽管其中有一部分也经常耕种，然后地力耗竭。在这种经营方式下，即使能进行良好耕种的那部分苏格兰土地，所能生产的与可能生产的相比，量也很少。不管这种方式看起来多么不利，但是苏格兰在合并以前的牲畜价格的低廉使之成为必然的经营方式。以后，尽管牲畜价格大大提高，这种方式却仍然在苏格兰大部分地区流行，其原因，在许多地方无疑是由于无知和遵循旧习，但在大多数地方，则是由于自然的事理，导致没有立即施行良好经营方式的条件。他们遇到的障碍大致有两种：第一，由于承租户较为贫穷，他们还没有足够时间获得足够的牲畜群使他们能更加完全地耕种他们的土地，所以，牲畜价格上涨使得维持更多牲畜对他们有利，牲畜价格上涨也同样使他们获得牲畜更为困难；第二，即使他们能获得这些牲畜，他们也没有时间使自己的土地处于合适地维持这种更多牲畜的状态。牲畜的增加和土地的改良是两件必须同时进行的事情，一件事情走在另一件事情前头不能太远。不增加牲畜，就不能改良土地；而如果不能大大改良土地，就不能大大增加牲畜，否则土地就不能维持良好状态。除了通过长期的节约和勤劳，建立良好经营方式的自然障碍是无法消除的；或许必须经过半个世纪或一个多世纪，逐渐衰落的旧方式才能在一国所有的地区被完全废除。在苏格兰和英格兰联合中得到的所有商业好处中，牲畜价格的这种上升或许是最大的好处。它不仅提高了所有苏格兰高地地产的价值，而且或许也是整个高地得到改良的主要原因。

所有的新殖民地都有大量的荒地，除了饲养牲畜外，这些荒地没有其他用途。所以，牲畜数量繁殖极快。只要是数量极多的物品，其价格必然都十分便宜。最初，美洲殖民地的牲畜都是人们从欧洲运来，但是在很短时间内，这些牲畜就大量繁殖，以至于价格大大降低。即使马匹在林野中随意闲逛，主人也不会去刻意寻找。到了这种地步，开荒牧养牲畜，就根本无利可图了。若要有利，必须经过漫长的岁月，等到这些殖民地建立之后。在那里，肥料的短缺、耕畜与土地比例的失调，再加上投入不足，使其农业经营的手段可能与现在苏格兰大多数地方流行的方式完全一样。瑞典的旅行家卡尔姆（Kalm）曾在讲述他于1749年所见的北美某些英属殖民地的农业状况时说道，在那里，很难找出英格兰民族对农业各方面都出了名的熟练特性。当地人很少给自家的谷田施肥。如果一片土地因连续收获而耗尽地力，他们就转而垦治新土地。这片耕地的地力耗尽以后，他们又去开垦第三块土地。他们的牲畜全部自由地放牧于林间荒野。春天出土的牧草嫩芽，往往因为过早被啃噬而等不到开花结果就枯死了。因此，牲畜常处在半饥半饱状态。在北美，春天初生的牧草是最好的天然牧草。欧洲人定居此处之初，这种牧草非常茂盛，能长到三四英尺高。在卡尔姆的游记写作时期，连一头母牛都养活不了的地块，在最初可以养活 4 头母牛，并且，那时每头母牛的产奶量都是后来奶牛的 4 倍。卡尔姆认为，正是牧草的短缺导致了当地牲畜一代不如一代。这些后期的牲畜，可能和三四十年前苏格兰随处可见的矮小牲畜很相像。而今，苏格兰低地矮小牲畜的大改良，与其说是因为畜种的优选，还不如说是因为更丰富的牧草饲料。

因此，尽管要等到改良进程的晚期，牲畜的价格才能升高到使辟地种草、饲养牲畜达到有利可图的程度，但在第二类产物中，牲畜价格恐怕是最先达到这个程度的，因为在此之前，耕作的改良不可能达到接近当今欧洲许多地方的水平。

在达到极限价格的第二类产物中，最先达到极限的是家畜，最后达到极限的应当是鹿，不管大不列颠的鹿肉价格表面上看起来多么昂贵，还是不足以抵偿鹿园的开支，凡是有养鹿经验的人都很熟知这一点。如果不是这样的话，鹿很快就会像古罗马人饲养的特蒂鸟（Turdi）一样，遍布普通农家了。瓦罗与科卢梅拉曾经告诉我们，特蒂鸟的养殖是获利最丰厚的农事项目。奥尔托兰（Ortolans）是一种候鸟，在初到法国时很瘦弱，在法国某地可以将之养肥，据说这是非常有利的农事项目。总之，如果鹿肉继续流行，而大不列颠的财富与奢侈程度也像过去某些时代一样增长，那么鹿肉价格将比现在还贵。

在改良推进过程中，从家畜这样一种必需品达到极限价格到鹿肉这样一种非生活必需品达到极限价格，一定要经过很长的间隔时间，其间有许多天然产物也达到它们的最高价格，有的早一些，有的迟一些，依不同的情况而定。

所有农场中谷仓畜舍的废弃物都能养活一些家禽。因为饲养这些家禽利用的全部是原本要丢弃的东西，无须专门的开支。所以，家禽通常都以极低廉的价格售卖。农民由此获得的几乎都是纯利润，而家禽的价格也不会低到令他们不愿饲养的地步。在耕作不良和人口稀少的国家，往往这种无消耗而饲养的家禽就能够满足所有需求，因此，家禽就和畜肉及其他任何肉食一样低价。但以这种方式饲养的家禽总量和农场饲养的家畜总量比起来肯定少得多。在那些用途相同的产物中，数量较少的品种往往比数量较多的品种更为繁荣富裕时代的人们所偏爱。因此，随着耕种的改良、财富和奢侈度的增长，家禽的价格就会逐步上升并超过家畜的价格，最终涨到使改用耕地设立家禽养殖场有利可图的程度。如果家禽价格达到这个限度，便不能再上涨了，否则，其他用途的土地很快就会被改作家禽养殖场。在法国一些地方，家禽饲养一直被看成农村的支柱产业。该产业的利润，促使农民愿意为饲养家禽而大面积种植玉米与荞麦。一户中等农民家庭，在院子里养的鸡有时会超过 400 只。对于饲养家禽的重视程度，英格兰似乎赶不上法国。英格兰每年消费的家禽大多都要由法国供给，因此家禽的市场价格，在英格兰必定高过法国。在发展进程中，某种肉食一旦达到极限价格，紧接着必定会有大面积的土地用于生产这种动物的食料。在这种做法尚未普遍之前，必定会因为这种动物稀缺而引起价格提升，而在这种做法普遍之后，往往会因为发现了新的栽培方法，从而使单位面积土地的饲料产量大大高于从前。产量一旦增多了，农民必须降价销售，否则，就不可能长久地保持该产品的丰富程度。当今伦敦市场上的畜肉比 17 世纪初低廉，也许就是因为引进了苜蓿、芜菁、胡萝卜、卷心菜等饲料作物。

最初，与家禽业一样，猪的饲养也是利用废物进行的。当饲养的生猪数量足以充分供应需求的时候，猪肉要比任何其他鲜肉低廉得多。但当需求超过这种数量所能供给的时候，即当为饲养和催肥生猪而必须生产饲料的时候，像为了饲养和催肥其他牲畜那样，猪肉价格自然就会上涨，变得在比例上比其他鲜肉的价格高一些或低一些，的自然状态及其农业的状况使养猪比养其他牲畜所需费用更多或更少而定。据布冯（Buffon）先生说，法国的猪肉价格差不多等于牛肉价格。在大不列颠许多地区，现在猪肉价格略为高些。

大不列颠生猪和家禽价格的高涨，常常有人归因于承租佃农和其他小土地占有者人数的减少，这种人数减少是在欧洲每个地区土地改良和耕种改善以前发生的事情，同时也使这些东西的价格提高得更早一些和更快一些。就像最穷的家庭常常能不费分文养活一只猫或一条狗那样，最穷的土地占有者普通也能以极少的费用养活几只家禽或一头母猪和几只小猪。他们自己餐桌上的剩饭剩菜、他们提取奶酪以后所剩的奶浆、脱脂牛奶和提取奶油以后的酸奶，能为这些动物提供部分食物，其余食物可以从附近田野上取得，不会对任何人造成明显的损害。因此，减少这些小土地占有者的人数，那种无所费而生产的动物数量一定会大大减少，因而这些动物的价格一定会更快更早地提高。可是，在改良推进中，这种价格或迟或早总是一定会达到它所能达到的最高限度，这种最高价格就是能偿还为给它们提供食物而耕种土地的劳动和支出的价格，像其他大部分耕地所支付的那样。

乳酪业最初也像饲养生猪和家禽业那样，是一种利用废物进行的行业。在农场上饲养的耕牛，所产牛奶量比喂养小牛和供农场主家庭消费量还多，在某一个季节产奶尤多。但在所有土地产品中，牛奶或许是最容易变质的。在温暖季节牛奶最多，很难保存 24 小时。农场主将一小部分制成新鲜黄油，能贮存一星期；制成加盐黄油，能贮存一年；将大部分制成干酪，能贮存几年。所有这些东西，有一部分被保存起来供自身家庭用。一部分被送往市场，希望卖到最好的价钱，价钱不可能低到使他不愿把自己家庭消费不了的东西送入市场。的确，如果价钱太低，他会以十分潦草和不卫生的方式去经营他的乳酪业，或许认为根本不值得专门为它设置一个房间，而只是在自己的满屋熏烟又脏又乱的厨房中进行；三四十年前几乎所有的苏格兰农民奶酪业的情形就是这样，今天有许多奶酪业的情形也还是这样。逐渐提高鲜肉价格的原因，即需求的增长，以及由于国家的改良而使利用废物饲养的牲畜数量减少，也同样使乳酪业产品的价格得到提高，奶酪的价格同鲜肉的价格或同饲养牲畜的支出有着自然的联系。价格的提高能偿付对于制酪更多的劳动、更多的关注和更高度的清洁。奶酪业变得更值得农场主关怀，它的产品质量逐渐得到改进。最后，价格高到足以值得使用土壤最肥沃、耕种最良好土地来饲养牲畜，专供乳酪业之用；当价格达到这种极限时，就不能再高了。否则，不久就会有更多的土地转作这种用途。英格兰大部分地区价格似乎已经达到这种极限价格，那里许多好土地普遍都这样使用。在苏格兰，如果你将少数大城市的周围除外，其他地方的价格似乎尚未达到这种高度，那里普通农民很少为奶酪业而使用良田去为牲畜生产食物。产品的价格虽然在近几年来上升很多，或许仍然太低，不容许这样去做。同英格兰乳酪相比，苏格兰乳酪质量的低劣亦与其价格完全相称。但这种质量低劣或许是价格低廉的结果，而不是价格低廉的原因。我认为，即使质量更好，在苏格兰目前的情况下，大部分送入市场的乳酪也不能卖到更好的价钱；现在的价格或许不能偿付生产更好乳酪所必要的土地和劳动支出。在英格兰的大部分地区，尽管乳酪价格较高，但乳酪制造业仍不被认为是比谷物生产和家畜饲养这两种主要农事更能高效利用土地的产业。在英格兰尚且如此，在苏格兰就更被视为无利之举了。

很明显，只有人类劳动在土地所生产的每一种产品的价格都达到了能偿付完全改良和耕种的支出的程度，该国的所有土地才能得到完全的耕种和改良。为了做到这一点，每一种产品的价格，首先，必须足以支付良好谷地的地租，因为这种地租规定大部分其他耕地的地租；其次，产品价格必须足以支付农场主的劳动和支出，像他们从良好谷地所得那样，换句话说，就是要偿还他在土地上使用的资本及其普通利润。每种产品价格的提高，显然应当先于用来生产它的土地的改良和耕种。所有的改良发展，目的均在于获利，如果改良的必然结果是遭受损失，那就不能称为改良。但是如果产品的价格不足以弥补开支，那么改良土地的结果必然是遭受损失。如果把一国的完全改良和耕种看作是（其实肯定是）最大的公共利益，那么所有天然产物价格的提高就不应当被看作是公共灾难，而应当被看作是最大公共利益的先驱和伴随物。

一切土地原生产物的名义价格的上涨，并不是因为银价的下降，而是因为这些产物自身实际价格的上涨。与以前相比，这些原生产物不仅能换得更多的白银，而且能支配更多的劳动和生活资料。由于这些生产物上市需耗费的劳动量和生活资料量较大，所以上市之后，它们代表的劳动和生活资料量更大。

第三类产物

第三类产物的价格会随着改良发展进程而相应提升，人类劳动在增加这类生产物时所获的成效或者相当有限，或者很不确定。因此，此类土地原产物的真实价格在随改良总体上升的同时，有时却会有所下降，或在不同时期维持同一水平，或在同一时期里多少有所上升。至于具体如何，要视当下发生的那些偶发意外对人类劳动促进这类产物增产时所获的成效而定，价格波动受这个成效大小的影响。

某些土地生产物是其他生产物的附带产品。因此，一个国家所能提供的这类产物的数量，必然要受到它所依赖的那类生产物数量的支配。比如，一个国家的羊毛产量或皮革产量，肯定会受这个国家牲畜数量的支配；而他们的牲畜数量，又一定会受该国农业性质和改良发展程度所决定。

可以设想，在改良推进过程中使鲜肉价格逐渐提高的原因，对羊毛和皮革也会产生相同的影响，并使它们的价格按大致相同的比例提高。如果在改良开始的时候，羊毛和皮革的市场也像鲜肉的市场那样局限在狭窄的范围以内，情形就会是那样。但是它们各自的市场范围是极为不同的。

家畜肉的市场似乎只局限于本国。但据我了解，在当今商界有个特例，有英属美洲的某些殖民地和爱尔兰保持着大规模的腌制食品贸易。将本国大部分肉食出口到其他国家的，全球恐怕只有这些地方。

相反，羊毛和皮革的市场在改良初期就很少仅仅局限于国内。羊毛不需任何加工，皮革只需稍加处理，就能轻易地送往遥远的国度。由于这类生产物是用途很广的制造品原料，因此，即便出产国没有这方面的需求，其他国家的产业也可能有相当的需求。

在耕种不良因而人口稀少的国家，羊毛和皮革的价格在整个一头牲畜的价格中，总是比在发展较好和人口密集因而对肉类需求更大的国家所占的比例更大。休谟先生（Hume）说，在撒克逊时代，羊毛价格约占整头羊价格的2/5，这一比例大大高于现在。我确信，在西班牙某些地区，人们杀羊往往只是为了获取羊脂和羊毛，羊肉则被随意丢弃，或任其腐烂，或被食肉鸟兽吃掉。在智利、阿根廷，以及美洲的很多地方，估计人们对此类现象屡见不鲜。这些地方的人们，往往只是为了获得油脂和皮毛而不断猎杀有角动物。当时的海地岛经常受到海盗的侵扰，而法国人当时所辟种植园（现几乎已遍布该岛的整个西海岸）的稳定进步和人口状态能赋予西班牙人的家畜一定价值之前，这种现象在那里也十分常见。现在西班牙人继续占领着该岛的东海岸及内部地区。

随着改良的深入及人口数量的增长，牲畜的整个躯体价格都必然会有所上涨。不过，这种上升对毛皮价格的影响，要比对肉类价格的影响小得多。在原始社会，兽肉市场总是局限在原产国境内。随着社会的进步和人口的增长，兽肉市场范围肯定会成比例地扩大。而毛皮，即便产自未开化国度，其销路也往往会遍布整个商业世界，所以它的市场不会因一个国家的社会进步和人口增长而同比扩大。一国的发展对整个世界商业状态的影响微乎其微，因此，这类商品的市场在社会改良和人口增长前后，可能基本相同或完全相同。不过，按照事物发展的一般规律，社会如果进步，其市场一定会有所拓展。假如一个国家的某类制造业日益兴旺，而它又以这类产物做原料，那么，这些商品的市场即使不能扩大很多，也肯定会向原产地及附近转移，最终，这种原料的价格，至少会因需求增加带来的上涨超过运费节省而有所提高。在这种情况下，毛皮的价格即使不能和兽肉价格按照同一比例上涨，也应该有所提升，至少不会下降。

不过，英格兰的毛纺织业虽然兴盛，但是自从爱德华三世以来，羊毛价格却大幅下降。很多确凿的资料表明，在爱德华三世时代（14 世纪中期，1339 年左右），1 托德（Tod，即 28 磅）英格兰羊毛的公认合理价格不低于当时的 10 先令。那时的货币 10 先令，含有 6 盎司银，按每盎司白银折合 20 便士来算，约合现在的货币 30 先令。而现时国内最优质羊毛的最高价，也不过 1 托德 21 先令。也就是说，爱德华三世时代的羊毛名义价格，与现在相比，比例约为 10 ∶ 7。若比较真实价格，则前者价值更大。那时的小麦价格为每夸脱 6 先令 8 便士，10 先令在当时可以买到 12 蒲式耳小麦。现在的小麦价格，为每夸脱 28 先令，21 先令在现在只能买到 6 蒲式耳。所以说，那时羊毛的真实价格与现在相比，比例应为 2 ∶ 1。这说明，当时 1 托德羊毛所能交换到的食品量，等于现在的两倍。假如当时和现在的劳动实际报酬相等的话，那么当时的 1 托德羊毛所能支配的劳动量也等于现在的两倍。

羊毛的真实价格或名义价格的下降，绝不是自然发展造成的，而是外部强制力和人为作用造成的。首先是绝对禁止英格兰羊毛出口的结果，其次是对从西班牙进口羊毛实行免税的结果，再次是禁止爱尔兰对英格兰以外的其他任何国家出口羊毛的结果。因为这些规定的存在，英格兰羊毛市场就仅局限于国内，而无法随社会进步扩张到别处。在这个市场上，不但其他国家的羊毛可以与英格兰羊毛竞争，而且爱尔兰羊毛还被迫与英格兰的羊毛进行竞争。并且，由于这些不公平、不合理的条件的约束，爱尔兰人只能利用本国所产羊毛中的一小部分，而不得不把大量剩余出口到英格兰这个允许它销售羊毛的唯一市场。

我没能找到什么关于古代皮革价格的确凿记录。羊毛在古代通常被作为向国王缴纳的贡品，对这种贡品的估价至少也应该是当时的一般价格。而皮革的情况似乎并非如此。不过，弗利特伍德曾找到一份 1425 年牛津伯塞斯特（Burcester Oxford）修道院副院长与修道院某位牧师之间的账单，他据此提供了当时的皮革价格：5 张公牛皮价值 12 先令；5 张母牛皮价值 7 先令 3 便士；36 张两岁羊皮价值 9 先令；16 张小牛皮价值 2 先令。1425 年的 12 先令的含银量，约与现在英币 24 先令的含银量相等。因此，按照含银量算，这份账单中的每张公牛皮价格就相当于现在的 4.8 先令。也就是说，它的名义价格远低于现时。但在当时，小麦价格为每夸脱 6 先令 8 便士，12 先令可购买 18.8 蒲式耳的小麦。而现在，小麦价格为每蒲式耳 3 先令 6 便士，要购买等量的小麦，就需要 31 先令 4 便士。也就是说，当时一张公牛皮所能交换的小麦量，现在需要 10 先令 3 便士才能买到，即一张公牛皮的真实价值等于现在的 10 先令 3 便士。在那时，一到冬季，动物们就免不了陷入半饥半饱状态，它们的体格绝对不可能肥大，一张重达 4 英石（Stone），也就是常衡 16 磅的公牛皮，在今天只能算作中等牛皮，在那时则恐怕要视为上等牛皮了。按照现在（1773 年 2 月）每石半克朗的一般价格，一张 4 石重的牛皮价值不过 10 先令。因此，就公牛皮的名义价格，现在比古代要高，但就其真实价格而言，也就是它所能购买或支配的生活资料的真实数量而言，现在则要低于古代。就像上述账单所载，母牛皮对公牛皮的价格，会经常保持一个普通的比例。羊皮的价格却大大超过这个比例，这或许是由于羊皮连同羊毛一起出售。相反，小牛皮的价格却远低于这个比例。在家畜价格很低的国家，若非作为种牛而饲养的小牛，一般都在很小时候杀掉。苏格兰二三十年前就是这样，因为小牛的价格不足以抵偿喂养它所耗费的牛奶价格。

大概因为撤销了海豹皮关税，现在的皮革价格比几年前低廉得多，并且1769年又允许爱尔兰及其他殖民地的皮革在一定时期内免税进口。不过，就18世纪的平均情况来看，皮革的真实价格可能比古代略高。和羊毛相比，皮革不适合长途运输，并且在保存中也更容易蒙受较大损失。而盐腌的皮革品质则赶不上新鲜皮革，售价也因此更低。在这种情况下，皮革的价格在能够自行加工的国家必然会上涨，在不能自行加工而须向外国出口的国家必然会降低；在进步的工业国度必然会升高，在野蛮国家必然会降低；在现代必然较高，在古代必然较低。此外，在大不列颠，人们相信毛纺织业的繁荣关系到国家安全，而制革业在大众眼里就没有那么重要了，因而它也不像毛纺织业那样受到国人的普遍赞誉和保护。诚然，皮革的出口受到了禁止并被宣称是一种有害行为，但是皮革可以从外国纳税进口。从爱尔兰和海外殖民地进口皮革，免税期仅为五年。可是，爱尔兰过剩的皮革，也就是不能在爱尔兰境内加工的皮革，不一定仅限于在英国境内出售。各殖民地的普通牲畜皮革，最近几年才被列入只许向母国出售、不得在他处出售的商品项目中。在这方面，爱尔兰不曾受到类似于羊毛行业的为了要维护大不列颠制造业而施行的压迫。

在一个得到发展和改良并且耕种发达的国度里，凡是有使羊毛或皮革价格降到自然趋势以下的规定，也一定都有抬高鲜肉价格的趋势。在得到优质改良的耕地上饲养的大小家畜，其价格一定足以支付地主和农场主有理由从改良耕地上预期获利的地租和利润。如其不然，他们很快就会不再饲养。因此，这个价格中羊毛和皮革所没有支付的部分，必须由牲畜的肉类产品来支付。一方面支付得少，另一方面就必定支付得多。只要全数兑付给他们，地主和农场主通常不关心这个价格在牲畜的整体价格中占比如何。在一个耕种发达的国家，地主和农场主的利益不可能受到这类规定的多大影响，虽然他们作为消费者，其利益可能因食物价格上升而受到影响。在未经改良和耕种不发达的国家情况完全不同。那里大部分土地只能饲养牲畜，别无其他用途，而羊毛和皮革则构成牲畜价值的大部分。作为地主和农场主，他们的利益受到这类规定的很大影响，而作为消费者受到的影响则很小。在这种情况下羊毛和皮革价格的下降不会抬高肉类产品的价格，因为国家的大部分土地只用来饲养牲畜，所以相同数量的牲畜会继续被饲养。相同数量的鲜肉会继续被送入市场。对鲜肉的需求并不比从前更大。因此，价格也一定和从前一样。因此，就当时的情况而言，永久禁止羊毛出口的规定（大家普遍认为这种规定是爱德华三世制定的，其实不然），实在是流毒甚广。这种规定的实施不但导致国家大多数土地的真实价值下降，而且导致非常重要的小牲畜价格下跌，在很大程度上推迟了日后的土地改良。

苏格兰自从与英格兰合并后，其羊毛价格明显降低。因为自合并起，苏格兰羊毛就脱离了欧洲大市场，而只局限于大不列颠这个相对狭小的市场。若非畜肉价格的上升抵偿了羊毛价格的下降，苏格兰主要用于养羊的大多数土地的价格受这次合并的影响肯定是巨大的。

人类劳动在增加羊毛或皮革量方面的实际成效，一方面受到本国所产牲畜量的限制，另一方面还依存于其他国家所产牲畜量，所以不太确定。就后者说，与其说是依存于外国所产羊毛或皮革的数量，不如说是依存于它们是否自己制作或是否认为应当限制这类天然产物出口。这些情况与本国的劳动毫不相关，所以必然使本国劳动所做努力的功效或多或少不能确定。因此，在增加这类产品过程中，人类劳动的实效不仅受到限制，而且不能确定。

鱼是另外一种十分重要的原产物。人类劳动在增加羊毛、皮革数量方面的效果如此，在增加鱼的供给量方面的效果也是如此。人类劳动在这方面的努力，要受当地地理环境的限制，它与距离海洋的远近、内陆江河湖泊的多少，这些江海河湖产出量的丰富与否等都有很大关系。随着人口的增多，某国土地和劳动年产量日益增多，购买鱼的人也会越来越多，并且，这些购买者也拥有更多的其他商品或代价用来买鱼。但是，为了供应这个扩大了的市场，就必须按照大得多的比例投入新的劳动，否则就无法满足这种需求。比如，原来市场每年需要鱼 1000 吨，现在需求扩大到 1 万吨，那么，供给这个市场的劳动量的增加量至少要超过 10 倍，否则就满足不了需求。因为在这种情况下，大部分的鱼都要从远方运输，其所用的渔船必定会较大，捕鱼工具的价格也必然较高。所以，这类商品的实际价格在改良进步过程中自然会上升，我确信，各国鱼价都已不同程度地上升了。

日捕鱼量虽不好确定，但是一般情况下，某地年捕鱼量还是比较好确定的。可是，因为人类劳动在这方面的成效不由一国财富的多寡和人民勤劳状态决定，而由其地理位置决定。所以，即便两个国家发展进步的程度差异巨大，在渔业上的收获却也可能相同；而改良进步的程度相同的国家，收获量却可能相较悬殊。人类劳动在捕鱼上的成效与改良程度的关系很不确定。我们所要讨论的正是这种不确定性。

在增加由地下开采的各种金属和矿物质的量，尤其是贵金属量方面，人类劳动的功效似乎不受限制，但这功效也完全无法确定。

一国所拥有的贵金属数量，并不受该国地理状况，如矿山富饶与否的制约。缺少贵金属矿山的国家，有时却拥有数量巨大的贵金属。各国家所拥有的贵金属的数量，是由以下两方面情况决定的。一是该国的购买力、产业水平，以及土地与劳动的年生产物。这些因素决定了该国能够用于开采本国矿山，或者购买他国金银这一类非必要品的劳动量和生活物资量的多寡。二是在一定时期内向世界市场提供金银矿山的丰饶程度，由于金银比较容易运输，运费不高，并且体积较小、价值巨大，因此，即便是距矿山遥远的国度，其拥有的金银量也要受这些矿山丰饶程度的相应影响。印度的金银量，就曾受美洲各矿山丰饶程度的影响。

就决定一国金银量的第一种情况（购买力）来说，金银的实际价格随着该国的富裕和繁荣而上升，随着该国的贫穷与萧条而下降。这一点，与其他所有的奢侈品、非必需品的实际价格的变动原因是一样的。因为，比起持有少量剩余劳动和生活资料的国家，持有更多剩余劳动和生活资料的国家在购买定量的金银时，能支付较大数量的劳动和生活资料。

就决定一国金银量的第二种情况（向世界市场提供金银的矿山的丰饶程度）而言，金银的实际价格，即它们所能交换或支配的劳动与生活资料的数量，必然随着这些矿山的丰饶程度而波动。

显然，在一定时期内向世界市场供给金银的矿山丰饶与否，和某个国家的产业发展水平基本上没什么关系，而且与全世界的产业发展水平也没什么必然的联系。诚然，在新技术与贸易逐渐朝世界更广阔的地区拓展，矿山的勘探自然也会随之推向更广阔的地区，这样发现新矿山的可能性必然更大。但是，在旧有矿山逐渐枯竭的时候是不是能够找到新矿山，则是极不确定的事，人类无法对此做出保证。若非真正发现、若非成功开采，就无法确认新矿山的真实价值，甚至连它是不是真正的新矿山都不能确定。一个公认的事实是，所有的表象都是靠不住的。不论人类如何辛勤，矿山勘查这种活动成功与失败的可能性似乎总是随机不定的。在今后的一两个世纪，也许能够找到前所未有的储量丰富的新矿山，但到那时候，如今产量最大的矿山可能已经枯竭，甚至比美洲矿山发现以前那些被采掘将尽的老矿山更贫瘠。不管新矿山是否真的被发现，都无关于世界的真实财富与富裕繁荣，也就是说，丝毫不会影响土地与劳动的年生产物的实际价值。它会对年生产物的货币价格，也就是它们所能换得金银数量造成巨大影响，但考察年生产物的真实价值，也就是其所能支配或交换到的真实劳动量，却没有任何不同。如果找矿确实成功，1 先令所能交换的劳动量可能与现在 1 便士所能交换的劳动量一样；如果找矿确认失败，1 便士所能交换的劳动量可能与现在 1 先令所能交换的劳动量一样。在前一情况下，拥有 1 先令的人并不比现在拥有 1 便士的人更富有；在后一情况下，拥有 1 便士的人并不比现在拥有 1 先令的人更贫穷。人类从新矿山的发现中所获得的唯一好处，就是金银器皿的丰富和低廉，人类从找矿失败中遭受的唯一损失，也只是这种无关紧要的非必需品的稀缺和昂贵。

关于银价变动的离题论述的结论

那些收集古代商品货币价格的学者们，大都秉持这样的观念：谷物和其他普通商品货币价格的低廉（即金银价格的昂贵）是当时贵金属短缺的证据，而且还据此认为一个国家处于贫穷落后状态。这种观念，与一种经济学体系密切相关。该体系认为，一个国家之所以富裕是因为金银充足，一个国家之所以贫穷是因为金银匮乏。关于这个经济学体系，我将在第四篇详加论述。在这里，只想论证以下观点：高昂的金银价格所能证明的仅仅是向世界市场供应这种贵金属的矿山的贫瘠，绝不能据此证明所在国是贫穷和野蛮的。与富裕国家相比，贫穷国家既不能购买大量金银，也不可能为购买金银支付高昂价格。因此，这类金属在贫穷国家的价格，绝对不会高于富裕国家。中国的富裕程度超过任何一个欧洲国家，但中国贵金属的价格要远高于欧洲国家。诚然，从发现美洲矿山以来，欧洲国家的财富已经大幅增加。而与此同时，金银的价格却在不断降低，但是，金银的价格降低并不是因为欧洲实际财富的增长，或者说土地与劳动的年生产物的增长，而是因为储量异常丰富的美洲矿山的发现使欧洲金银量大增的同时，制造业和农业也发达起来，两件事虽同时发生，但背后原因却大相径庭，并且，二者之间没有任何天然的联系。金银量的增加是偶然事件，不牵扯任何智慧和政策，再说，智慧和政策对此也无能为力。制造业和农业的兴盛，则肇始于旧制度的崩溃和新政府的建立。新政府对产业发展提供的唯一有利条件，就是切实保证了个人享受自己劳动成果的权利。波兰至今还有旧制度残余，因此该国的贫穷程度和美洲被发现前差不多。但是，就像欧洲其他各国一样，波兰谷物的货币价格上涨了，金银的真实价值也降低了。由此可知，贫穷国家波兰与其他富裕国家一样，贵金属的数量也在增加，其增加量与该国土地及劳动的年生产物的比例，也与其他国家接近。但是，金银等贵金属的增加，似乎并未促进该国的年生产量的增长，也不曾促进该国制造业和农业的发展，更不曾改善波兰居民的福利。西班牙和葡萄牙两国在美洲拥有大量金银矿山，但在所有的欧洲国家中，它们的贫穷程度却仅次于波兰。贵金属的实际价值，在西班牙与葡萄牙国内市场上肯定比其他欧洲各国都低。这是因为，欧洲其他国家的贵金属都是从这两国输入的，其价格所要附加的项目有运费、保险费，还有两国金银出口时的沉重关税，或禁止出口时所需支出的走私费用。因此，就贵金属对土地及劳动的年生产物之间的比例而言，贵金属量在这两个国度中的充裕程度会远高于其他欧洲国家。但是，这两个国家却比其他欧洲国家更贫穷。两国虽然都已废除旧制度，但也并未创建更好的新制度。

如同金银价值的贬低不能作为一个国家是否富裕繁荣的证据一样，金银价值的上涨，即谷物和普通商品货币价格的降低，也不能作为一个国家贫困落后的证据。

虽然谷物价值的低贱不能证明一个国家的贫困落后，但如果该国的家畜家禽，以及所有野生动物的货币价格低于谷物的货币价格，那么，十有八九可以说该国确实贫穷落后。这类物品货币价格的低廉，能清晰地证明两点：第一，这种土地生产物远较谷物丰富，说明该国的牧场和荒地比农田面积大得多；第二，牧场和荒地的价格要比谷田的价格低很多，说明该国绝大多数土地还没有得到改良和耕作。以上两点足以证明，这类国家的财富与人口与国土面积之间的比例远低于普通的文明国家，进而可以证明，该国确实处于贫穷落后的社会状态。总结起来，根据普通商品，特别是谷物货币价格的高低，我们仅仅能推断当时向世界市场供应金银的矿山的丰富程度，但绝不可以据此断定一个国家的贫富。从某些特殊生产物的货币价格与普通商品货币价格的对比中，我们却能确切地断定，一个国家到底是富裕还是贫穷，该国大部分土地是不是已经改良，这个国家所处的社会状态是野蛮落后的还是文明进步的。

完全由白银价值贬值所造成的商品货币价格的上升，会同等地影响到所有商品，使它们的货币价格普遍上升 1/3、1/4 或 1/5，依白银的价值比以前降低 1/3、1/4 或 1/5 而定。但是粮食价格的上升，并不会同等地影响到所有的各种食物。这已成为一个热闹的议题。大家都公认，就 18 世纪的平均情况来看，谷物价格的上涨率低于其他食物价格的上涨率。即使是将这种上涨归因于白银价值下跌的人也不例外。可见，其他食物价格的上升不能完全归因于白银价值的下跌。必须考虑其他的原因，而上面所提到的那些原因，或许不必去假定白银价值的下跌，就足以解释那些食物的价格比谷物价格涨得快的原因。

就谷物本身的价格而论，它在18世纪前64年中，在最近的特别严重的歉收年份以前，比在17世纪后64年略为低一些。这个事实，不仅被温莎市场的价格表，还有苏格兰所有各郡的公定谷价表所证明，还有麦桑斯先生和杜普雷·德·圣莫尔先生收集到的法国几个不同市场的详细账目而得到佐证。证据比所能预期的更为充分。

至于最近10年或12年的谷价居高不下，可以由年成不好来充分证明，而不必假定白银价值有任何贬值。由此可见，不论是根据谷物的价格，还是根据其他食物的价格，关于白银价值正在继续下落的见解似乎没有任何健全的观察做基础。

或许可以说，即使据所提供的记载，等量白银所能购到的几种食物的数量也比在17世纪某些时候所能购到的要少得多，去确定这种变化是由于这些货物价值的上升抑或由于白银价值的贬值，只是做出一种徒然无用的区分，对于只携带一定数量的白银去做买卖的人或只有某种固定货币收入的人来说，是毫无用处的。我肯定不能说，知道这种区分就能使他以较低的价格买到谷物。但是也不能说，这种知识因此就没有用处。

根据这种区分，能较为轻松地判断一个国家是否处于繁荣状态。从这一点看，对社会大众不无裨益。某些食品价格的上涨，如果仅仅因为银价降低，那么，根据这种情况所能推出的唯一结论，就是美洲矿山产量巨大。在此情况下，一个国家的真实财富，即土地和劳动的年生产物可能会日渐减少，就像葡萄牙与波兰那样；土地和劳动的年生产物也可能会逐渐增长，就像现在欧洲大多数国家那样。但是，这些食品价格的上涨如果是因为生产这些食品的土地价值的增加，也就是土地生产力的增加，或者是因为耕作的进步和改良的扩大，致使土地更有利于谷物的生产，那么，我们就可以果断确认，这个国家正处在繁荣进步状态。土地是所有大国财富中最大的、最重要的、最恒久的组成部分，能对判断这种财富的价值是否增加提供决定性的理论根据。

另外，这个区分在规定某些低层雇工的货币报酬时，对公众也会有一定的裨益。如果某些食品价格的上涨是由银价下跌造成的，那么，如果从前的规定不是过高，就应该按这个下跌比例增加这些雇工的报酬。否则，他们所得的实际报酬，就会依这个比例而减少。但是，如果食物价格的上涨是由自身价值上涨造成的，也就是其出产土地土壤改良和生产力提升的结果，那么，应按什么比例来提高他们的货币报酬、要不要提高，就变得很复杂而难以判断了。我相信，随着改良和耕作的扩大，所有动物性食物对谷物的比价一定会有所上升，所有的植物性食物对谷物的比价一定会有所降低。动物性食物的价格之所以会确定性上涨，是因为原先出产这种食物的土地大部分已经改良为适合谷物生长的农田，必须向地主和农户支付谷田的地租与利润。植物性食物的价格之所以确定会降低，是因为改良后土地的产量提高，这类食物的供应量大大增加。并且，随着农业的改良，很多引进植物性食物的价格会更低，因为与谷物相比，它们所需要的土地不多，需要的劳动更少。例如，土豆和玉米（又称印度玉蜀黍）都属此类。欧洲农业，也可以说是欧洲自身的这两大改良，乃是得益于航海大发现和贸易的大扩张。另外，在原始农业状态下，很多植物性食物大多仅仅在菜园里栽种，劳动工具仅锄头而已。随着农业的进步，人们开始在普通农田里以耕犁方式进行种植。比如，芜菁、胡萝卜、卷心菜等都属此类。所以，随着社会的进步，如果某一种食品的真实价格确定会上涨，那么，必有另一种食品的真实价格出现下降，在这种情况下，要搞清后者的降价能在多大程度上抵消前者的涨价，那就更复杂了。在家畜肉的价格上涨达到极限（在英格兰大多数地区，一个世纪之前，猪肉以外的所有家畜肉似乎已经涨到极限），其他那些动物性食物的价格无论怎样上涨，对下层普通民众的生活都不会有太大影响。在英格兰，大多数贫民的生活肯定不会因家禽、鱼类、野禽或鹿肉价格的高涨而陷入更大痛苦，因为土豆价格的下跌一定可以对此进行补救。

在当前的歉收年份，食物短缺，谷价高昂，普通民众无疑会遭受痛苦。但在一般丰收的年份，当谷物处于其普通价格和平均价格时，任何其他天然产物价格的自然上升对他们都不会有多大影响。他们或许由于某些制造品如食盐、肥皂、皮革、蜡烛、麦芽、啤酒、麦酒等因课税而人为价格上涨遭受痛苦。

改良进步对制造品真实价格的影响

改良发展的自然影响，是逐渐降低几乎所有制造品的真实价格。所有制造品的真实价格，几乎毫无例外地会降低。由于机器的改善、更高的熟练程度、更适当的分工和工作分配，改良发展的这种种自然的效应，使执行任何一项具体工作所需要的劳动量大为减少。虽然社会的繁荣状态必然使劳动的真实价格上升很多，但是劳动量的大大缩减，一般足以抵消价格中可能发生的上升而有余。

的确，尽管改良带来的效益不足以弥补原料真实价格的上涨，比如，许多木器行业就算用效率最高的机器、最先进的技术、最合理最精细最完善的作业分工，也还是弥补不了因土地改良而引起的木材价格上涨。但是，这仅仅是在原材料涨价时会发生的状况，如果原材料不涨价或涨价的幅度不大，那么制造品还是会因费用缩减而降低其真实价格的。

但在所有其他原料真实价格根本没有上升或上升有限的情况，制造品的价格下降了很多。

在17世纪和18世纪中，以贱金属为原料的制造品价格下跌最为明显。17世纪中期，花费20多镑才能买到的手表，如今只花费20先令就能买到了。就算是伯明翰出品或设菲尔德出品的、刀匠铁匠生产的铁制品，如各式各样的铁制玩具，其价格下降幅度之大，都让欧洲其他地区的工匠深表震惊。他们都公开承认，就算以两倍甚至三倍的价格，他们也造不出那样优质的产品。这也无足为奇，或许没有一种制造品比用粗金属做原料的制造品能做进一步的劳动分工，能使用改良程度更大的机器。

相较于铁制品，同一时期以来，毛织业产品的价格就没怎么下跌。相反，在近25至30年间，最优良的毛织品在品质稳定的情况下，价格还有所上涨。据说，这和原料价格提高有关。西班牙的羊毛比以前贵了好多。也有人说，在品质不变或者提高的情况下，全部以英格兰羊毛为原料制成的约克郡毛织物的价格，都在18世纪下跌了很多。我感觉这个说法是不太准确的，毕竟品质的好坏很难达成共识。所以，品质不降或提高而价格降低的说法不一定是事实。毛织行业的作业分工、机械使用等状况，现在和百年前基本没什么变化，有也是一些微小的改进改良。或许，就是这两方面的微小改良造成了毛织产品价格的轻微下跌。

然而，如果把毛织品现在的价格和15世纪末的价格相比，那它的下跌就太明显了。那时的毛织业，分工极不精细，使用的机器远不及现在精良。

亨利七世在1487年曾颁布这样的法令："最上等的花呢或红呢，每码零售价不得超过16先令，否则，违规者就要被处于每码40先令的罚金。"依此不难看出，每码16先令（含银量相当于今货币24

先令）在当时应该是上等呢绒的合理价格。亨利七世颁布这条法令的目的是杜绝奢侈，由此可知，当时上等呢绒的平均价格当在16先令之上。而现在，这种产品的最高价格是每码1畿尼。很显然，从15世纪末到现在，品质相同的最上等呢绒价格的下跌得是非常明显的。并且，现在的最上等呢绒的质量比当时要好很多。如果加上这点来看，那它的真实价格下跌幅度就更大了。当时和那之后很久，每夸脱小麦的平均价格是6先令8便士，所以，16先令能购买2夸脱3蒲式耳的小麦。现在的小麦价格为1夸脱28先令，如果拿小麦作基准，那么，当时每码最上等呢绒的真实价格就应该是现在英币的3镑6先令6便士。当时的人们要想买1码最上等呢绒，就必须花费今天的3镑6先令6便士所能支配购买的劳动量与生活物资。

粗呢的真实价格下跌也很明显，但没有上等呢绒跌幅大。

爱德华四世在1463年颁布的法令规定，农业雇工、普通工人、住在市外或郊外的所有工匠的雇工，都不得穿着价格在每码2先令以上的呢绒。那时候，2先令的含银量相当于现在英币4先令的含银量。但现在的约克呢，每码就是4先令，品质却比那时候的穷雇工穿的呢绒好很多。所以，如果从品质角度讲，现在的呢制品的价格就比当时低廉很多。而真实价格也的确比那时低廉了。在当时，每蒲式耳小麦售价10便士，被视为适当合理价格，所以，2先令在当时能购买2蒲式耳2配克小麦。按每蒲式耳3先令6便士的现价进行计算，2蒲式耳2配克小麦，就相当于现在英币8先令9便士。那个年代的雇工，每买1码这种呢绒，就要付出相当于现在8先令9便士所能支配的食品量的购买力。可见，那时候贫民日常所穿的衣着的价格比现在的贵多了。

同一项法令还规定，禁止一定等级的贫苦人民穿着价格超过14

便士的长袜，约等于我们现在货币 28 便士。14 便士在当时是 1 蒲式耳和将近 2 配克小麦的价格，这在现时，按每蒲式耳 3 先令 6 便士计，值 5 先令 3 便士。我们在现时应当把 5 先令 3 便士的一双长袜看作对最穷的、最低级的雇工来说价格昂贵的产品。可是，他在当时一定为一双长袜付出了实际等于这种价格的劳动。

爱德华四世时代，织袜技术还没在欧洲各地广为流传。当时人们都穿普通布匹制成的长袜。这可能就是纺织长袜昂贵的一个原因。英格兰人，据说是伊丽莎白女王，是先穿纺织长袜的人，其袜子是西班牙大使赠送的。

过去，不管是精织还是粗织，所用的机械都不是很完备，无法跟现今技术相比。最近几百年来，毛织业机械曾进行过很多次改良，比较大的改良有三次，小改良则不计其数。这三次大的改良分别是：第一，用纺条和纺锤替代了纺轮，这样，相同劳动量完成的工作量是原来的两倍还多。第二，精巧机械的使用，极大地方便了绒线毛线的卷绕，节省了经纬线上机之前的工作时间。这两项工作在没有机械之前是相当繁杂的。第三，漂布机在浆洗中的采用，省去了在水中踏踩这一环节。16 世纪初期，英格兰人还不知道水车风车是什么，阿尔卑斯山以北的欧洲诸国也不知道。意大利算是最早使用这类机械的国家了。

这些情况的考虑，或许可以在某种程度上向我们说明，为什么粗织品和细织品的真实价值在古代要比在现在昂贵得多。当时须费更大的劳动量才能将货物送入市场。因此，当它们被送入市场后，必须交换更大数量劳动的价格。

粗呢制造业在古代英格兰的运作方式，或许同在工艺和制造还处于摸索起步阶段的任何国家一样。它或许是一种家庭工坊式操作，工作的每一部分都由家庭成员偶然完成。只是在他们没有别的事要做时才去干这种工作，这并不是他们从而获得大部分生活资料的主要业务。前文已经指出，用这种方式完成的制品，比起作为工人生活资料主要或唯一来源的制品来，在市场上售价总是要低廉得多。反之，精织品当时不是在英格兰制造的，而是在弗兰德斯这个富裕的商业国制造的，当时或许像现在一样，这些工作是由靠这份工作来获取全部或大部分生活物资的工人制造的。此外，它是一种外国制造品，至少须向国王缴纳一种古老的关税，即吨税和磅税。诚然，这种税或许不是很重。当时欧洲的政策不是要用重税限制外国制造品进口，而是要鼓励这种进口，使税率尽可能轻，以便商人能向达官显贵供应他们所需要而本国劳动不能提供的便利品和奢侈品。

以上种种，在某种程度上可以说明，过去粗制品和精制品的真实价格，为什么比现在要低廉得多。

本章结论

我将用如下的话语来结束这长篇的讲述：所有的社会改良进步，都有促使地主真实财富增加的趋势，一切改良都直接或间接提升土地的真实地租，让地主在购买他人的劳动或劳动产品时拥有更大能力。

土地改良与耕作的扩展，能直接推高土地的真实地租。地主获得的土地生产物的数量，一定会随着全部生产物的增多而增多。

有些土地天然原产物真实价格的上涨，是由土地改良与耕作扩展造成的，但接下来，它又反过来推动土地改良和耕作扩大。比如，牲畜真实价格的上升，会直接推动地租同比或以更大比例上涨。地主所得的那个部分的真实价值，也就是他支配别人劳动的能力，必然会随着土地产物真实价值的升高而增加，并且，他所得部分在全部生产物中所占的比例也会随之提高。改良后土地的生产物，虽然真实价值在增加，但消耗的劳动量与以前相比并未增加。所以，在土地的生产物总量中，只需拿出很小部分，就可以偿还雇佣劳动的资本和支付一般利润。而剩余的较大部分，自然归地主所有。

如果劳动生产力的提高能够促使制造品的真实价格降低，则肯定会间接抬升土地的真实地租。一般情况下，地主会把他消费后剩余的土地原生产物出售，以交换自己需要的制造品。那些导致制造品真实价格降低的原因，都能抬升土地生产物的真实价格。因为等量的土地原产物此时能购买到的制造品的数量更多。故而，地主便拥有了购买更多必需的便利品，以及装饰品、奢侈品的能力。

全社会真实财富的增长，以及所雇佣真实劳动量的增长，都倾向于抬高土地的真实地租。这些增加的劳动量必然有一部分流向土地，肯定会有更多的劳动者与牲畜在土地上进行耕作。随着土地投资的增长，土地生产物也将相应增加，而地租同样会随之增加。

如果情况与上面所述相反，比如忽视土地改良与耕作推广，土地天然原产物真实价格的降低，因制造水平下降和产业衰退而引发的制造品真实价格的上涨，还有全社会真实财富的减少等。这些都有降低土地真实地租的倾向，会导致地主真实财富的减少，地主支配他人劳动或劳动产品的能力也会相应降低。

此章前文讲过，一个国家土地和劳动的全部年产物，也可以说其年产物的全部价格，都是由土地地租、劳动工资和资本利润这三大部分构成。这三部分，是三个不同阶级民众的收入来源，地主以地租维持生计，劳工以工资维持生计，雇主以利润维持生计。这三个阶级，乃是文明国度社会的最基本也是最主要的三个阶级。任何阶级的收入，追溯下去无不来源于这三个阶级的收入。

上述可以看出，这三大阶级中第一个阶级，也就是地主阶级的利益同社会的一般利益是密切地、不可分割地联系在一起的。凡是促进或妨碍一种利益的事情，必然会促进或妨碍另一种利益。当公众商讨有关商业和政治规定时，土地所有人从促进本阶级的利益出发，是不可能起误导作用的，至少是在他们对这种利益还有相当认识的时候。的确，他们常常太缺乏这种初步认识了。他们在三个阶级中是唯一特殊的阶级，其特殊表现在他们的收入既未动用自己的劳动，亦没有要自己去操心，而仿佛是自行来到手中，不依靠他们自己的任何规划或设计。正是因为满足于这种稳定和安逸，这个阶级很自然地流于怠惰，这使得他们常常不仅陷于无知，而且不会运用思考来预见和理解任何公共规定的效果。

第二个阶级就是以工资为生的劳工，他们的阶级利益与社会普遍利益同样密不可分。前面说过，社会财富增长最快的时候，社会对劳动的需求快速增加，所雇佣的劳动量每年都大幅增加，这就是劳动者工资达到顶峰的时候。如果社会的真实财富既不增加也不减少，在这种情况下，劳动工资很快就会降低，劳动者的收入仅仅能够养家糊口、维持生存。当社会陷入衰退的时候，劳动者的工资就会降低至上述限度之下。虽然劳动者的利益与社会普遍利益的关系是那样的密切，但是，他们缺少了解社会普遍利益的能力，也不能正确理解本阶级利益与社会普遍利益的关系。所以，当社会繁荣发展时，劳动者享受不到地主阶级那么大的利益，当社会陷于衰退时，他们却要承受其他阶级体会不到的苦难。故而陷入上述状况。他们的处境决定了他们没有时间去收集必要的有利信息。即便有时间，因受限于教育与习惯，他们也不能对繁多的消息做出合理的判断。因此，他们在公众集会上很少发言，也很难有发言权。在某种特殊情况下，劳动者也会出来发表意见，但多半是受雇主鼓动和支持。劳动者的这种发言表达的是雇主的特殊意图，而不是劳动者自身的利益。除此之外，很少见到劳动者发言，至于其言论受到尊重，更是闻所未闻。

第三个阶级是雇主，他们靠利润为生，为追求利润而投入使用的资本，是促使社会有用劳动活跃的真正推动力。劳动者的所有重要活动都是在资本家规划设计的支配和指导下进行的。但是，资本家所有规划与设计的目的都是获取利润。地租与工资会随社会繁盛而上涨，随社会萧条而降低。资本利润率却与之相反，在富裕国家里低，在贫穷国家里高，在快速走向衰败的国家里最高。所以，雇主阶级的利益与社会普遍利益的关系，与上述两大阶级迥然不同。该阶级中的商人和企业主拥有和使用的资本量最大。他们是最富裕的两个阶层，所以在社会上最受尊重。因为每天都忙于规划和设计，所以他们的理解力比大多数乡绅地主更加敏锐。通常，他们只会为自身的特殊利益而盘算，而不会为社会普遍利益而谋划，因此，即便是他们眼里最公平的建议，也都是出于自身利益的考量，而很少是对社会普遍利益的考虑。他们要比地主更高明，与其说他们对公众利益理解深刻，毋宁说他们对自身特殊利益的理解更深刻。靠着这种高超的理解能力，他们常常去欺骗宽厚的乡绅，使他们笃定地相信，地主阶级的利益并非社会普遍利益，雇主的利益才是社会普遍利益，并诱导地主确信这样简单而错误的观念，进而使之放弃自身和公众的利益，并去迁就雇主阶级。事实上，不管是商人还是企业主，他们的诸多利益大部分与公众利益不一致，有时甚至背道而驰。例如，扩展市场和缩减竞争是商人确信无疑的利益，扩展市场固然有利于社会大众，但缩减竞争却会损害公共利益。缩减竞争能使商人获得超过自然率的高利润，而其他的居民却要为此付出不合理的代价。所以，雇主阶级提议的任何一项新的商业规则，都必须审慎地加以分辨。如果不是极其用心，并保持怀疑态度进行长时间的认真考察，绝不可轻易采用。因为这些人的利益很少与公众利益完全一致。通常情况下，他们的利益需要欺骗大众，甚至压榨大众。实际上，大众也常常被他们欺骗和压榨。

年度	各年度小麦每夸特的价格			同一年度各种价格的平均			换算为现币后各年度的平均价格		
	镑	先令	便士	镑	先令	便士	镑	先令	便士
1202	0	12	0		‥	‥	1	16	0
	0	12	0						
1205	0	13	4	0	13	5	2	0	3
	0	15	0						
1223	0	12	0		‥	‥	1	16	0
1237	0	3	4		‥	‥	0	10	0
1243	0	2	0		‥	‥	0	6	0
1244	0	2	0		‥	‥	0	6	0
1246	0	16	0		‥	‥	2	8	0
1247	0	13	4		‥	‥	2	0	0
1257	1	4	0		‥	‥	3	12	0
	1	0	0						
1258	0	15	0	0	17	0	2	11	0
	0	16	0						
1270	4	16	0	5	12	0	16	16	0
	6	8	0						
1286	0	2	8	0	9	4	1	8	0
	0	16	0						
合计							35	9	3
平均价格							2	19	1¼

年　　度	各年度小麦每夸特的价格			同一年度各种价格的平均			换算为现币后各年度的平均价格		
	镑	先令	便士	镑	先令	便士	镑	先令	便士
1287	0	3	4	··	··		0	10	0
1288	0	0	8	0	3	¼	0	9	¾
	0	1	0						
	0	1	4						
	0	1	6						
	0	1	8						
	0	2	0						
	0	3	4						
	0	9	4						
1289	0	12	0	0	10	1½	1	10	4½
	0	6	0						
	0	2	0						
	0	10	8						
	1	0	0						
1290	0	16	0	··	··		2	8	0
1294	0	16	0	··	··		2	8	0
1302	0	4	0	··	··		0	12	0
1309	0	7	2	··	··		1	1	6
1315	1	0	0	··	··		3	0	0
1316	1	0	0	1	10	6	4	11	6
	1	10	0						
	1	12	0						
	2	0	0						
1317	2	4	0	1	19	6	5	18	6
	0	14	0						
	2	13	0						
	4	0	0						
	0	6	8						
1336	0	2	0	··	··		0	6	0
1338	0	3	4	··	··		0	10	0
合　　计							23	4	11¼
平均价格							1	18	8

年度	各年度小麦每夸特的价格			同一年度各种价格的平均			换算为现币后各年度的平均价格		
	镑	先令	便士	镑	先令	便士	镑	先令	便士
1339	0	9	0		..	..	1	7	0
1349	0	2	0		..	..	0	5	2
1359	1	6	8		..	..	3	2	2
1361	0	2	0		..	..	0	4	8
1363	0	15	0		..	..	1	15	0
1369	1 1	0 4	0 0	1	2	0	2	9	4
1379	0	4	0		..	..	0	9	4
1387	0	2	0		..	..	0	4	8
1390	0 0 0	13 14 16	4 0 0	0	14	5	1	13	7
1401	0	16	0		..	..	1	17	4
1407	0 0	4 3	$4\frac{3}{4}$ 4	0	3	10	0	8	11
1416	0	16	0		..	..	1	12	0
合计							15	9	4
平均价格							1	5	$9\frac{1}{3}$

年度	各年度小麦每夸特的价格			同一年度各种价格的平均			换算为现币后各年度的平均价格		
	镑	先令	便士	镑	先令	便士	镑	先令	便士
1423	0	8	0		..	..	0	16	0
1425	0	4	0		..	..	0	8	0
1434	1	6	8		..	..	2	13	4
1435	0	5	4		..	..	0	10	8
1439	1 1	0 6	0 8	1	3	4	2	6	8
1440	1	4	0		..	..	2	8	0
1444	0 0	4 4	4 0	0	4	2	0	8	4
1445	0	4	6		..	..	0	9	0
1447	0	8	0		..	..	0	16	0
1448	0	6	8		..	..	0	13	4
1449	0	5	0		..	..	0	10	0
1451	0	8	0		..	..	0	16	0
合计							12	15	4
平均价格							1	1	$3\frac{1}{2}$

年　　度	各年度小麦每夸特的价格			同一年度各种价格的平均			换算为现币后各年度的平均价格		
	镑	先令	便士	镑	先令	便士	镑	先令	便士
1453	0	5	4		..	..	0	10	8
1455	0	1	2		..	..	0	2	4
1457	0	7	8		..	..	0	15	4
1459	0	5	0		..	..	0	10	0
1460	0	8	0		..	..	0	16	0
1463	0 0	2 1	0 8	0	1	10	0	3	8
1464	0	6	8		..	..	0	10	0
1486	1	4	0		..	..	1	17	0
1491	0	14	8		..	..	1	2	0
1494	0	4	0		..	..	0	6	0
1495	0	3	4		..	..	0	5	0
1497	1	0	0		..	..	1	11	0
合　　计							8	9	0
平均价格							0	14	1

年　　度	各年度小麦每夸特的价格			同一年度各种价格的平均			换算为现币后各年度的平均价格		
	镑	先令	便士	镑	先令	便士	镑	先令	便士
1499	0	4	0		..	..	0	6	0
1504	0	5	8		..	..	0	8	6
1521	1	0	0		..	..	1	10	0
1551	0	8	0		..	..	0	2	0
1553	0	8	0		..	..	0	8	0
1554	0	8	0		..	..	0	8	0
1555	0	8	0		..	..	0	8	0
1556	0	8	0		..	..	0	8	0
1557	0 0 2 0	4 5 8 13	0 0 0 4	0	17	8½	0	17	8½
1558	0	8	0		..	..	0	8	0
1559	0	8	0		..	..	0	8	0
1560	0	8	0		..	..	0	8	0
合　　计							6	0	2½
平均价格							0	10	5/12

年度	各年度小麦每夸特的价格			同一年度各种价格的平均			换算为现币后各年度的平均价格		
	镑	先令	便士	镑	先令	便士	镑	先令	便士
1561	0	8	0	..	..		0	8	0
1562	0	8	0	..	..		0	8	0
1574	{2 1	16 4	0 0}	2	0	0	2	0	0
1587	3	4	0	..	..		3	4	0
1594	2	16	0	..	..		2	16	0
1595	2	13	0	..	..		2	13	0
1596	4	0	0	..	..		4	0	0
1597	{5 4	4 0	0 0}	4	12	0	4	12	0
1598	2	16	8	..	..		2	16	8
1599	1	19	2	..	..		1	19	2
1600	1	17	8	..	..		1	17	8
1601	1	14	10	..	..		1	14	10
合计							28	9	4
平均价格							2	7	5⅓

下表是温莎市场在1595—1764年间，最上等次小麦每夸脱的价格。各年度报喜节（Lady-day）和米迦勒节（Michaelmas）[1]这个集市日最高价格的中位数。

年度	小麦一夸特的价格			年度	小麦一夸特的价格			年度	小麦一夸特的价格		
	镑	先令	便士		镑	先令	便士		镑	先令	便士
1595	2	0	0	1604	1	10	8	1613	2	8	8
1596	2	8	0	1605	1	15	10	1614	2	1	8½
1597	3	9	6	1606	1	13	0	1615	1	18	8
1598	2	16	8	1607	1	16	8	1616	2	0	4
1599	1	19	2	1608	2	16	8	1617	2	8	8
1600	1	17	8	1609	2	10	0	1618	2	6	8
1601	1	14	10	1610	1	15	10	1619	1	15	4
1602	1	9	4	1611	1	18	8	1620	1	10	4
1603	1	15	4	1612	2	2	4				
								二十六年合计	54	0	6½
								平均	2	1	6$\frac{9}{13}$

年度	小麦一夸特的价格			年度	小麦一夸特的价格			年度	小麦一夸特的价格		
	镑	先令	便士		镑	先令	便士		镑	先令	便士
1621	1	10	4	1627	1	16	0	1633	2	18	0
1622	2	18	8	1628	1	8	0	1634	2	16	0
1623	2	12	0	1629	2	2	0	1635	2	16	0
1624	2	8	0	1630	3	15	8	1636	2	16	8
1625	2	12	0	1631	3	8	0				
1626	2	9	4	1632	2	13	4				
								十六年合计	40	0	0
								平均	2	10	0

① 报喜节，每年3月25日；米迦勒节，每年9月29日。——译者注

年度	小麦一夸特的价格			年度	小麦一夸特的价格			年度	小麦一夸特的价格		
	镑	先令	便士		镑	先令	便士		镑	先令	便士
1637	2	13	0	1659	3	6	0	1681	2	6	8
1638	2	17	4	1660	2	16	6	1682	2	4	0
1639	2	4	10	1661	3	10	0	1683	2	0	0
1640	2	4	8	1662	3	14	0	1684	2	4	0
1641	2	8	0	1663	2	17	0	1685	2	6	8
1642	0	0	0	1664	2	0	6	1686	1	14	0
1643	0	0	0	1665	2	9	4	1687	1	5	2
1644	0	0	0	1666	1	16	0	1688	2	6	0
1645	0	0	0	1667	1	16	0	1689	1	10	0
1646	2	8	0	1668	2	0	0	1690	1	14	8
1647	3	13	8	1669	2	4	4	1691	1	14	0
1648	4	5	0	1670	2	1	8	1692	2	6	8
1649	4	0	0	1671	2	2	0	1693	3	7	8
1650	3	16	8	1672	2	1	0	1694	3	4	0
1651	3	13	4	1673	2	6	8	1695	2	13	0
1652	2	9	6	1674	3	8	8	1696	3	11	0
1653	1	15	6	1675	3	4	8	1697	3	0	0
1654	1	6	0	1676	1	18	0	1698	3	8	4
1655	1	13	4	1677	2	2	0	1699	3	4	0
1656	2	3	0	1678	2	19	0	1700	2	0	0
1657	2	6	8	1679	3	0	0				
1658	2	5	0	1680	2	5	0				
								六十四年合计	153	1	8
								平均	2	11	1/3

年度	小麦一夸特的价格			年度	小麦一夸特的价格			年度	小麦一夸特的价格		
	镑	先令	便士		镑	先令	便士		镑	先令	便士
1701	1	17	8	1723	1	14	8	1745	1	7	6
1702	1	9	6	1724	1	17	0	1746	1	19	0
1703	1	16	0	1725	2	8	6	1747	1	14	10
1704	2	6	6	1726	2	6	0	1748	1	17	0
1705	1	10	0	1727	2	2	0	1749	1	17	0
1706	1	6	0	1728	2	14	6	1750	1	12	6
1707	1	8	6	1729	2	6	10	1751	1	18	6
1708	2	1	6	1730	2	16	6	1752	2	1	10
1709	3	18	6	1731	1	12	10	1753	2	4	8
1710	3	18	0	1732	1	6	8	1754	1	14	8
1711	2	14	0	1733	1	8	4	1755	1	13	10
1712	2	6	4	1734	1	18	10	1756	2	5	3
1713	2	11	0	1735	2	3	0	1757	3	0	0
1714	2	10	4	1736	2	0	4	1758	2	10	0
1715	2	3	0	1737	1	18	0	1759	1	19	10
1716	2	8	0	1738	1	15	6	1760	1	16	6
1717	2	5	8	1739	1	18	6	1761	1	10	3
1718	1	18	10	1740	2	10	8	1762	1	19	0
1719	1	15	0	1741	2	6	8	1763	2	0	9
1720	1	17	0	1742	1	14	0	1764	2	6	9
1721	1	17	6	1743	1	4	10				
1722	1	16	0	1744	1	4	10				
								六十四年合计	129	13	6
								平均	2	0	$6^{19}/_{32}$

年度	小麦一夸特的价格		
	镑	先令	便士
1731	1	12	10
1732	1	6	8
1733	1	8	4
1734	1	18	10
1735	2	3	0
1736	2	0	4
1737	1	18	0
1738	1	15	6
1739	1	18	6
1740	2	10	8
十年合计	18	12	8
平　　均	1	17	3⅕

年度	小麦一夸特的价格		
	镑	先令	便士
1741	2	6	8
1742	2	14	0
1743	1	4	11
1744	1	4	10
1745	1	7	6
1746	1	19	0
1747	1	14	10
1748	1	17	0
1749	1	17	0
1750	1	12	6
十年合计	16	18	2
平　　均	1	13	9⅘

第二卷

论资财的性质、积累与使用

导言

在原始社会状态下，没有分工，很少进行交换，人们自给自足，也没有必要为了经营社会事业而事先积累资本。人人都竭尽所能通过自己的劳动来满足自身随时的需要。饿了，就去森林里打猎捕食；衣服坏了，便剥取兽类的皮革来穿；房屋破了，便就近砍伐树枝草皮设法修葺。

而分工在社会上全面实行之后，一个人依靠自己的劳动而获得的产品所能满足的自身随时产生的需要只有很小一部分，其他那一大部分的需要，则要依赖于他人的劳动产品来提供。他人的劳动产品必须通过购买才能获得。这一交换是通过自己劳动所获得的产品，也可以说是自己劳动产品的价格来实现的。但是在购买之前，不但要生产出自己的劳动产品，而且还要把这些产品出售出去。因此，在这之前，他必然要保证能在某个地方存放各式各样的物品来维持生活，并且还要有材料和工具，不然，他就难以制造出东西来。显然，这种积蓄一定要在开始从事这项事业很长时间之前完成。

按照事物的本性，资财的积蓄必定先于劳动分工。积蓄的资财[①]越丰厚，分工就会变得越细密；分工越细密，同等数量工人所

① 从第二章开始，原文 stock 包含了资本 capital 之外的东西，故翻译为资本财产、资财。——译者注

能够加工的生产原料的数量也越大。工人操作日益简单化，于是也引发人们不断发明出新机器，这又便利和简化了工人的操作。随着劳动分工发展起来，要支持同数量的工人获得不断的工作，就必须先储备起同数量的食物和比原始状态中所需的数量更多的生产资料与工具。不过，每个业务部门的工人数量的增加，一般与该部门的劳动分工的发展成比例。换言之，工人数量增加导致劳动分工变得越来越精细。

要实现劳动生产力的大改进，就有必要事先进行资财积蓄。这种积蓄很自然地就会引起生产力的改进。投资雇佣劳动的人，当然很希望自己的投资方式能够产出尽可能多的产品。所以，在对工人进行职务分配时，他会努力使其胜任岗位；在其投资和购买的能力范围内，他会尽其所能地配置精良的机器。这两个方面的能力往往取决于他的资产多少和他所能雇佣的工人数量。所以，在每个国度中，不但产业的数目会随着所办产业的资产的增加而增加，而且由于上述资产的增加，同等数量的产业的产出也会随之增加。

资财增加对劳动及其生产力的效果一般就是如此。

本篇章我要竭力说明的是资财的性质和资财的积累对各种资本的影响。资财的不同用途以及所产生的不同影响。本篇共分为五章。第一章说明个人或社会的资产自然分成几个部分，这些部分是什么。第二章讨论作为社会总资产的一个部门的货币，以及它的性质和作用。第三章和第四章讨论积蓄为资本的资产的两种情形：或者是所有者自己使用，或者是贷给他人使用。第五章所要讨论的是资财的不同用途，以及它对国民产业量、土地和劳动的年产量的直接影响。

第一章

论资财的划分

一个人不会指望从一笔仅够维持自己几天或者几周生活的资财中来获得任何收入。他只能尽其所能，慎之又慎地节约使用它，同时还希望在将这笔资财用尽之际，从自己的劳动中获取一些补充资材。在此情况下，他的收入完全来自他的劳动。各国贫穷劳动者大都如此。

如果他的全部资财足以维持他生活数月或数年，他很自然地就会希望能通过这笔资财中的一大部分来取得收入，在这笔款中保留适当比例，用作自身的生活开支，余下的部分就被用来获取某种收入。他希望能够通过它而获得收入的那一部分，称为资本。另一部分则保留下来以供消费之用，后者包括三种东西：第一种是用来获取收入的资本；第二种是不论何种来源，逐渐获取的收入；第三种用前两项的资产购买的至今没有用完的物品，如被褥、衣服和家具等。人们普遍积蓄以供自身小费的资财，必然包含上述三种中的部分或全部。

有两种不同的方式可以使用资本来为使用者提供收入或利润。

第一种方式，使用资本进行生产、制造或购买产品，之后将产品售出，从而获得利润。这种方法使用的资本在掌握于所有者手中或者是保持原状的时候，是无法为投资者带来收入或利润的。商人的货物在尚未销售交换到货币之前，无法提供收入或利润；货币在尚未再一次支付出去并交换到商品之前也是如此。商人的资本不断以一种形态流出，又以另一种形态流入。而且，也只有通过这种流通和不断地交换，商人才得以赚得利润。因此，这样的资本可称之为流动资本。

第二种方式，资本可以用来改良土地、购买机器或生产用的工具或不更换主人或不用再次流通就能提供收入或利润的东西。因此，这种资本可以合适地称为固定资本。

不同的行业各自所必需的固定资本与流动资本之间的比例差异也很大。

例如，商人的资本完全是流动资本。他几乎没有使用机器或生产工具的必要，除非将店铺或货仓也看作是生产工具。

手工业者和制造业者的资本的部分就必须固定投资在生产工具上，只是这部分的比例各不相同，依据行业不同而有大有小。裁缝只需要一包针，鞋匠的工具稍微贵些，而从事织布业的人的工具可就贵了许多。然而这最后一类的手工业者的资本，大部分是流动资本，它们先以工人工资或者原料价格的形式流出，后作为包含利润的产品价格重新流入。

其他的行业所需要的固定资本就更多了。比如，一个规模比较大的铁厂，要修建必需的熔铁炉、锻冶场和截铁场，没有大数额的资本是不行的。如果要投资开采煤矿，那么购买所必需的排水机和其他各种机器所需要的资本就更多了。

农场主购买农具时所用的资本是固定的，他把这资本留在自己的手中以获取利润。他用以维持工人与支付工资的资本是流动的，从他的手中支付出去以获取利润。和农具一样，耕畜的价格或价值被称为固定资本；和维持工人的费用一样，饲养牲畜的费用被称为流动资本。农场主通过保有耕畜和支付饲养牲畜的费用获取利润。但是以出售而不是以代耕为目的的牲畜，农场主是在出卖牲畜时取得利润，其购买和饲养的费用应当归入流动资本的范围。在生产牲畜的国家，不以代耕或贩卖为目的，而是以剪毛、挤奶、繁殖谋求利润为目的而买入的羊或牛应当称为固定资本，因为在这里求利润的方法在于保有它们；它们的维持费是流动资本，利润是通过付出它来取得的。赚回维持费的时候，维持费的利润及牲畜全部价格的利润，都会通过羊毛价格、产奶价格、幼畜价格来提供。种子虽流动于土地与谷仓之间，但没有改变主人，即使没有真正地流动过，农场主获取利润不是靠出售种子，而是靠种子进行繁殖，种子的全部价值也因此可称为固定资本。

任何一个国家或社会的总资财，也就是它的所有居民或成员的总资财，因此自然分成同样的三部分，各有不同的功能或作用。

第一部分是本身不能提供收入或者利润，而仅仅供给直接消费的资财，这包括诸如消费者已经购买，而正处在消费过程当中的食品、服装和家具等物。在一定意义上，它甚至也包括仅供居住的居民房屋。这是指屋主买来自己居住的房屋。从屋主开始入住该房屋的时候起，花费在这所房屋上面的款项就已经不再是资本，因为从这个时候算起，它不再能够为房屋的主人带来任何形式的收入。这时候，房屋便和衣服、家具一样，对于主人，它们都是有用而不能为他带来收入的东西，它们是纯粹的成本，而无关收入。屋主可以通过出租房屋取得利润，然而房屋本身不能为租户提供任何东西，租户要支付租金，仍须动用从劳动、资本或土地上取得的收入。虽然它为屋主私人提供收入，因而对他具有资本的作用，但对社会公众却不提供收入，不能起到资本的作用。它丝毫不能增加全体人民的收入。同样，有时衣服和家具也可提供收入，从而对个人有资本作用。有人在化装舞会盛行的地方出租化装衣服为业，租期为一夜。家具商人常常论月或论年出租家具；殡葬业往往论天论星期出租丧葬用品。还有许多人出租备有家具的房屋，不仅收取房租，还收取家具租。总而言之，虽然这样的租借到处都有，但由出租这种物品而得来的收入归根结底总是出自别种收入来源。此外要注意的就是，即无论就个人来说还是就社会来说，在留供直接消费的各种资财中，投在房屋上的那一部分是消费最慢的。衣服可穿用数年，家具可使用 50 年到 100 年，但建筑坚固、保护周全的房屋却可使用好几百年。不过房屋虽要很长时间才会消耗掉，它还是和衣服、家具一样属于供直接消费的资财。

第二部分就是不必经过流通或者无须易主，就可以提供收入或者利润的固定资本。它由四项内容构成：

第一项是任何可以使劳动简单化和方便化的设备和工具。

第二项是一切有利润可图的建筑物，它们是获取收入的手段，不仅对将其出租以收取租金的所有人是如此，而且对占有它并为它付出租金的人也是如此，例如店铺、货栈、工场、农舍连同它们的一切必要的建筑物，如畜舍、谷仓等。它们是一种生产工具，这是它们区别于普通住房之处。

第三项是土地改良费用，被用于开垦、排水、围墙、施肥等有利可图的方法投下的使土地变得更适于耕作的土地。在使劳动变得更加省力和方便的方面，经过改进的农场和具有一定功能的机器是一样的，它们都有助于在某一领域投下的相同数量的资本为投资者带来比原先多得多的收入。土地的好处是它比机器更加经久耐用，因为农场主只要把资本投在土地上一次，此后土地便会自然地为他提供更多的收入。

第四项是社会上一切居民所学到的有用才能。花费不少资财进学校做学生，或者进工厂做学徒，这样学到的有用的技能是他个人财产的一部分，这花去的资本好像实现在他的身上，又固着在他的身上，这一点，对他所属的社会来说也是一样。和让劳动变得便利的机器和工具一样，工人提高的熟练程度可看作是社会上的固定资本。尽管学习的时候要花一笔费用，但这种费用除了可以得到报偿，还可以得到利润。

第三部分是通过流通和易主的方式而产生收入的流动资本。它由四项内容构成：

第一项是货币。只有依靠货币，其他三项才能实现辗转流通，从而分配给真正的消费者。

第二项是屠夫、牧畜家、农场主、谷商、酿酒商等人所拥有的食品，他们可以通过出售这些食品来取得利润。

第三项材料仍然留存在耕作者、制造者、布商、木材商、木匠和瓦匠等人手中，用于加工衣服、家具和房屋。不管这些材料是单纯的原材料还是半加工的材料，只要还没有制成衣服、家具或房屋，都属于这一项。

第四项是制成品，但仍然留存在制造者或商人的手里，并没有出售或分配给真正的消费者，例如锻冶店、木器店、金店、宝石店、瓷器店和其他陈列于各种商店柜台上的制成品。这样，流动资本便包括各种商人手中存留的食品、材料、制成品和货币。食品、材料和制成品的流转与分配都必须通过货币才能实现，否则就无法到达最后使用者或消费者手中。

在这四项中，食物、原料和制成品三项，每年在或长或短的时期内经常从流通中退出，成为固定资本或保留供直接消费的资财。

固定资本均为流动资本转变而成，同时还要由流动资本不断地进行补充。生产中所有有用的机器和工具均来自流动资本，流动资本为制造机器提供材料，为维持制造机器的工人提供费用，为维修制成后的机器提供维修费。

如果没有流动资本，固定资本便无法产生任何收入。生产过程中所使用的材料、工人生存所需要的食物均来自流动资本。如果没有流动资本，哪怕是最有用的机器工具，也无法生产出一点东西。维持耕作和收获的工人，流动资本也不可或缺。如果没有流动资本，不管土地如何改良也不能产生任何收入。

固定资本与流动资本的目的一致，那就是不但要使保留下来以供目前消费之用的资产不会短缺，而且还能增加。民众的生计都依赖于这类资产，贫富状况也是由这两类资产所产生的资产的多寡决定的。

大部分的流动资本被调动起来，以便补足被社会直接消费掉的资财，并且补充社会的固定资本。这样流动资本也必须得到不断的补充，以免这种资本被耗尽。这种补充可以从三种主要资源得到，即土地产物、矿山产物、渔业产物。这三种资源不断向流动资本提供食物和原材料的补充，其中有一部分通过加工制成完成品。此外，金属货币从矿山得到补充。虽然在一般情况下，货币在使用中几乎没有损耗，因此不必动用流动资本以补充其损耗，但是在输往外国的过程中却可能发生少量的磨损，因此仍然有必要进行少量的补充。

土地、矿山和渔业都需要用自己的产品偿还投资所用的资本，其产品不但要补偿所投入的资本，并且还要创造利润，以清偿应当返还社会的所有其他各项资本及其利润，因此这几项事业的运营中都需要有固定资本和流动资本的参与。制造业者每年消费的食品和材料由农民提供和补充，农民每年消费的工业品由制造业者为之补充。这两个阶级虽很少以制造品和农产品直接交换，但他们之间年年进行交换的实际情况就是如此。我们知道，农民生产谷物、牲畜、亚麻、羊毛，他同时需要衣服、家具、工具。买谷物、牲畜、亚麻、羊毛的人与卖衣服、家具、工具的人往往不是同一种人。所以农民用货币作为中介，先将自家的土地产品易手，然后他就可以自由地选购自己所需要的工业制造品。土地中的产物对于渔业和矿业的经营也能提供资本方面的补充。

当土地、矿山和渔业的生产能力大小相同时，它们的产量便与投资额的大小与资金使用的优劣成比例。当资本额相等，投资方法又很得当时，它们的产量便与它们的自然生产能力的大小成比例。

在一切生活比较安定的国家里，有常识的人无不愿用可供他使用的资财来求得直接享乐或寻求未来利润。用作寻求直接享乐的是留供直接消费的资财。如果要将这资本用来寻求将来的利润，则方法无非是把资财留在手中，作为固定资本，或是用作投资，作为流动资本。如果生命财产无虞，任何心智健全的人都会把自己所能够支配的一切资财投入到其中某一项用途中去，无论是自有的还是借用他人的可支配资财。

但在那些不幸的国家中，人民经常畏惧有权有势者的暴虐，他们就经常把自己的大部分资财埋藏起来，一旦情况有变，他们可以抢在灾难未降临之前，把财物运到别处。在封建暴虐时代，英国似乎也是如此。当时，发掘的宝物被视为欧洲各大国君主的一项大宗收入。凡埋藏地下、无从证明所属的物品一律为国王所有，非得国王钦准，这些物品既不属于发现者也不属于地主。这些宝藏在当时极受重视，金银矿产的地位也不过如此。除非有明确的法令授予这种权利，则金银之类的矿产不能依照一般土地所有权的规定加以采掘。像铅、铜、锡、煤一类的矿山产业也属于这种情况，只是因为它们相对不那么重要，所以政府在这些东西上面，对民间的采掘也就听之任之。

第二章

论作为社会总资财的一部分货币，或论维持国民资本的支出

第一篇章已经说明，大部分商品的价格都可分为三个部分，即劳动工资、资本利润和土地地租。劳动、资本与土地都用于生产商品，并将其送入市场。的确，有些商品的价格只有劳动工资和资本利润两个组成部分，甚至极少数商品的价格只由劳动工资构成。然而，每一商品价格总是由上述三个部分全部或者一部分构成，既非地租又非工资的部分必然要归于某人的利润。

对于个别的商品而言是这种情况，对于构成全国土地和劳动的年产品的所有商品而言，情况也是如此。第一篇章已经讲过：一个国家年产品的总价格或总交换价值，也必然会被分解成上述三部分而分配给国内的各个居民。要么作为劳动工资、资本利润，要么作为土地地租。

一个国家土地和劳动的年产品的全部价值按照上述方法分配给各个居民，并让其成为各个居民的收入。国内所有居民的收入也可以被分成总收入和纯收入两部分，如同私有地产的地租可以被分成总地租和纯地租一样。

私人地产的总地租包含农场主所支付的全部东西，纯地租是在扣除管理和修缮支出以及其他一切开支以后剩下留给地主自由支配的部分，换句话说，纯地租就是在不损害他们地产的情况下，地主能保留供直接消费的资财，可以用于饮食、车马、房屋装饰、家具、享受和娱乐。地主的真实财富与纯地租成比例，而不是与总地租成比例。

大国全体居民的总收入包含他们的土地和劳动的全部年产品，纯收入是扣除他们的固定资本和流动资本的维持费以后剩下可供自由支配的部分，换句话说，纯收入就是不损害他们的资本，他们可以保留供直接消费的资财，可以用于他们的生活资料、便利品和娱乐品。他们的真实财富也是同他们的纯收入成比例，而不是同他们的总收入成比例。

固定资本的全部维持支出显然不能算作是社会的纯收入。为维持他们的有用机器和生产工具、他们的有利润可图的建筑物等所用的原料，以及将这些原料制成合适形状所必要的劳动的产品，绝不能构成纯收入。诚然，这种劳动的价格可以构成纯收入的一部分，因为这样雇佣的工人可将工资的全部价值用作供自己直接消费的资财。但就别种劳动说，价格和产品都属于这种资财：价格属于工人的直接消费资财，产品属于他人的直接消费资财，他人的生活资料、便利品和娱乐品因这些工人的劳动而增加。

增加劳动生产力是固定资产的目标，也就是使同等数目的工人能做更多的工作。拥有完善的设备，同时又有必要的建筑物、围墙、水沟和道路等的农场，与没有这些设施的农场相比，即使土地的面积大小一样、肥沃程度相同、劳动数目和拥有的牲畜数目一样，前者所获得的产品也肯定比后者多得多。拥有优良的机器设备的工厂，与设备并不完善的工厂相比，即便所雇佣的工人数目相同，但是前者的出产量也必然会比后者大很多。任何投入到固定资本中的费用只要运用得当，很快就能创造出巨额利润。并且，比较而言，年产品的价值由此而产生的增加也将比维持其所必要的费用要大得多。不过，这种维持是通过消耗一部分的年产品实现的。在原先用来增加食品、衣料、住所、各种必需品和便利品的材料和人力的年产品中，便会有一部分被改用到其他用途上。这些新用途也很有利，只是与原来的用途不太一样。因此我们可以这样说，对机器进行改良，能够让同等数量的工人操作更便宜、更简单的机器，完成同量的工作，这确实是一种社会福利。以前要维修那些价格高昂且构造复杂的机器，经常要耗费一定的材料和人力，而今机器改进之后，不但节省了那一部分材料和人力，而且还能增加产品的数目。比如，原来一个大型制造厂的厂长每年都要留出 1000 镑作为维修机器的费用；而今，如果能够将维修费降到 500 镑，那么另外的 500 镑就能用于购买更多的材料、雇佣更多的工人。这样的话，机器生产出来的产品数目就会随之增加。产品的数目增加了，由此种产品所带来的社会福利也会增加。

大国维持固定资本的支出也可同私人地产的养护费相比较。养护费用可能常常是为了维持地产的产出、从而维持地主的总地租和纯地租所必需的。可是，如果采用更为合适的办法，能使养护费减少而生产物又不减少，则总地租至少保持不变，而纯地租则必然增加。

与固定资本不同，流动资本的维持费可被归入社会纯收入的范围。上文已经说过，构成流动资本的四个部分货币、食物、材料和制成品中的后三者经常从流动资本中独立出来，或作为社会中的固定资本，或留下以供直接的消费，非此即彼。而那些不变为固定资本的消费品就变作供直接消费的资财，属于社会的纯收入。因此，除了维持固定资本所需之外，维持这三部分的流动资本并未从社会纯收入提取任何年产物。

社会流动资本与个人流动资本是不同的。个人流动资本完全被排除在其纯收入以外，纯收入必须完全由他的利润组成。但是，虽然每一个人的流动资本都是他所属的会流动资本的一部分，社会流动资本却并不因此被完全排除在社会纯收入以外。一个商人店铺中的全部货物绝非供他自己直接消费的资财，却可以是供他人直接消费的资财。他人从其他资源获得收入，可以经常为商人补充货物的价值并支付利润，而商人或其他人的资本均不会减少。

所以社会流动资本中仅有一个部分，投入资本加以维持，社会纯收入必减少，这一部分就是货币。

就其影响社会收入而言，固定资本和由货币构成的那部分流动资本非常相似。

第一，制造与维持生产上使用的机器和工具会支出一笔费用。这笔支出属于社会总收入，但是和货币一样，都是取自社会的纯收入。货币的收集与维持也需要一定的支出，这种支出虽然是社会总收入的一部分，但也是从社会纯收入中扣除得来。一定数量的非常有价值的原料（如黄金和白银），一定数量的精巧劳动，不是用来增加直接消费的资财（即个人的生活资料、便利品和娱乐品），而是用来维持这种伟大而昂贵的商业工具，社会上每一个人通过它来得到常按适当的比例分配给他的生活资料、便利品和娱乐品。

第二，无论就个人来说还是就社会来说，作为固定资本的营业上使用的机器和工具，都不属于总收入或纯收入，同样，虽然社会的全部收入要依赖货币才能经常分配给社会各成员，但货币不是社会收入的一部分。货币只是货物借以流通的巨轮，和它所流通的货物却大不相同。社会的收入完全是由这些货物、而不是由使它们流通的轮子组成的。在计算社会的总收入或纯收入时，我们必须永远从货币和货物的每年流通总量中扣除货币的全部价值，连一个法新币也不能算在总收入或纯收入中。

也许是过于含糊的语言可能会让读者感到惊讶或疑惑，如果有恰当解释而又能准确理解，那其中的道理就不言自明了。

当我们谈及一定数目的货币时，我们有时只是指货币中所构成的金块，有时又暗指货币所能购买的货物或持有货币所赋予的购买力。例如，当我们说英格兰的流通货币为 1800 万镑时，我们只想表示某些作者所计算的或者他们认为在该国流通的金块数量。但是当我们说一个人一年赚 50 或 100 镑时，我们通常所表达的意思不只是每年付给他这么多金块，而且也是他每年所能购买或消费的货物价值。我们通常的意思是，要确定什么是或应当是他的生活方式，或他所能享受的生活必需品和便利品的数量和质量。

当我们用一个具体数额的货币不仅表示它所组成的金块数量而且指它所能购得的货物时，这样表示的财富或收入只等于用同一个词所笼统地表示的两种价值之一，说等于后者比说等于前者更恰当，即说等于货币的价值比说等于货币本身更恰当。

假设某个人，他每周所领取的养老金是 1 畿尼，在这一周之内，他可以用这 1 畿尼购买一定数目的生活必需品、便利品和娱乐用品。他每周的真实收入，换句话说，也就是他的真实财富，便与这一数量的大小成比例。他每周的收入不能同时等于 1 畿尼和 1 畿尼所可以购买到的货物，而只能等于其中之一。实际上，他的收入不是与前者相等，而是与后者相等；不是与这 1 幾尼相等，而是与这 1 幾尼的价值相等。

如果这个人的养老金不是以金币的形式发放的，而是以每周 1 畿尼的支票形式发放，显然，他的收入不是等于这一张纸，而是等于这一张纸能够交换到的物品。他可以用这张支票去附近的商人那里购买一定量的必需品和便利品。这时，构成他收入的不是金块，而是因他拥有这 1 畿尼而能够换得的货物。因为，如果银行倒闭了，支票也将毫无用处；如果这1畿尼居然什么物品都换不到，那它的价值就如同废纸一样。

一个国家所有居民每周或每年的收入虽然都是用货币支付的，但是不管怎么样，他们的实际财富、他们每周和每年的实际收入数量，总是与他们所拥有的货币能够购买的消费品量成比例。很明显，他们的所有收入不能既等于这些货币，又兼等于这些消费品，而只能等于其中之一，不是等于前者的价值，而是等于后者的价值。

因此，虽然我们常常用每年领取的金块额来表示一个人的收入，可那是因为这些金块的数量决定他的购买力大小，或他每年所能消费货物的价值。我们仍然把他的收入看作是由这种购买力或消费力组成的，而不是由表达购买力或消费力的金块组成的。

如果这个道理对个人来说已经足够明显，对社会来说就更是如此。每年付给一个人的金块额总是等于他的收入，因此也是其收入价值的最简明表达。但在一个社会中流通的金额绝不可能等于它所有成员的收入，作为支付每星期养老金的手段，同一个畿尼的金币今天可以付给一个人，明天可以付给第二个人，后天可以付给第三个人。所以，每年在一个国家流通的金块额，其价值必然小于每年支付给他们的全部货币养老金。这种陆续支付的全部货币养老金的购买力，或用它所能购得的货物，必然等于这些养老金的价值，也必然是所有领取养老金者的收入。所以，这种收入不可能是由这些金块组成的，因为它们的数目远远小于该收入的价值，而只是由购买力、由这些金块从一个人转到另一个人手中时所能陆续购得的货物组成的。

货币这个流通的巨轮是伟大的商业工具。和其他一切生产工具一样，货币也是资本的一部分，并且极具价值。但是，虽然构成货币的金块在其每年流通的过程中分配了应当属于每个人的收入，这些金块本身却不构成收入。

第三也是最后一点，构成固定资本的机器和工具等和由货币构成的那部分流动资本还有一点相似。在不降低劳动生产力的情况下，建造和维持机器的支出的每一项节约也都是社会纯收入的一种增加；同样，每一项收集和维持由货币构成的那部分流动资本支出的节约也是如此。

维持固定资本支出的每一项节约都是社会纯收入增加的原因已十分清晰，并且前文也已经做出了部分解释。每项工程的经营者的全部资本，必然划分为他的固定资本和流动资本。当他的全部资本保持不变时，一部分小些，其他部分就肯定大些。提供了原料和劳动工资，并推动了劳动的是流动资本。因此，在不降低劳动生产力的情况下，固定资本维持费的每一项节约就一定会增加推动劳动的基金，从而增加土地和劳动的年产物，并增加社会的真实收入。

以纸币代替金银币，是以一种低廉得多的商业工具来取代另一种极其昂贵的商业工具的过程，但就便利性而言却并没有差别。流通只是用一种新巨轮工具来进行，它比旧轮子的建造和维持所费较少，但是这种作用是用什么方式完成的，它又怎样增加了社会的总收入或纯收入，这道理却并不十分明白，需要做进一步的解释。

有几种不同的纸币，而银行和银行家的流通券则是最著名的一种，也是最适用的一种。

某国的居民如果相信某家银行拥有雄厚的资产，银行家为人处世小心谨慎、诚实可靠，其实就是相信他有随时能兑换本票的能力。那么，该银行家发行的钞票就和金银币毫无差别，能够在社会上流通。

假设一位银行家要把面值 10 万镑的本票贷给他的顾客，由于本票在流通中的作用和货币相同，顾客自然应该为这些本票支付与借贷货币相同的利息，这利息就是银行家的利润。银行家发出去的票据是 10 万镑，但只需要 2 万镑金银币的储备，就足够应付兑现，这是因为，虽然发出去的票据中有一部分会不断回来兑现，但是在社会上不断流通的还有一部分。这种本票的发行，也就使 2 万镑金银币获得了 10 万镑金银币的能力。同一数量消费品的交换，同一数量消费品的周转和分配也可通过这 1 万镑本票实现，与通用的 10 万镑金银相同，所以国内流通就可省下 8 万镑的金银。如果国内同时有许多银行都经营这样的业务，那么这时流通国内货物所需的金银货币的数量就只需期票时代以前的 1/5。

例如，我们假定，一国的全部流通货币在某一时刻为 100 万镑，当时就足以使其土地和劳动的全部年产物得以流通。我们再假定，以后有许多银行和银行家发行凭票支付的本票共 100 万镑，而在他们的金柜中只保持 20 万镑金银币来应付临时的兑现请求。因此，在流通中就有 80 万镑金银币和 100 万镑的银行券，即 180 万镑纸币和硬币。但是，该国土地和劳动的年产物以前只需要 100 万镑来流通并分配到它的适当消费者手中，而年产物是不能通过银行业的做法立即增加的。因此，100 万镑就足以使之流通。买卖的货物和从前完全一样，同样数量的货币也足以买卖它们。流通渠道，如果我可以使用这个词的话，将依然和以前完全相同。我们假定 100 万镑足以充满这个渠道，注入的超过此数的货币就无法在其中流动，而只能溢出。现在注入了 180 万镑，一定会有 80 万镑溢出，这 80 万镑超过了该国流通中所能使用的货币的数目。但是，虽然不能在本国使用，这个数目的货币却仍是极有价值的，因此不能任其闲置。于是它将被送往国外，寻找它在本国不能找到的有利润的用途。但是纸币不能运往国外，因为如果远离发行的银行，远离可以用法律强制兑现的国家，人们就会在普通支付行为中拒绝接受它。因此，80 万镑的金银币将被送往国外，充满本国的流通渠道将是 100 万镑纸币，而不是以前充满它的 100 万镑金银币。

如此巨额的金银并不是白白送到国外去的，也绝不是作为礼物送到国外的。它的外流，一定是要通过交换获得一些外国货物，以供国内居民消费或者转手出售给其他国家的居民。

假设是甲国输出金银，现在他们用如此巨额的金银购买乙国的货物，同时供两国的民众进行消费。那他们经营的业务便为转口贸易，从中得到的利润自然为甲国纯收入的增加。所以，如此巨额的金银就如同新创设的基金一样，能够用于开办新业务。现在，国内的贸易经营是通过纸币来实现的，金银转而成为这一新贸易的基金。

如果把如此巨额的金银用来购买外国的货物，并且供国内居民消费，那么购买回来的货物要么是有闲阶级消费的商品，如外国的葡萄酒、外国的绸缎等，又或者是勤劳的人民生活所必需的材料、工具和食品，这些材料能够再生产出每年所消费的价值以及利润。

就用于前者来说，会鼓励挥霍，增加开支和消费而不增加生产，或者说是设置一种永久性的基金来支持这种开支，在各方面均对社会有害。

就用于后者来说，它会鼓励勤勉，虽然它增加了社会消费，却也提供了一种永久性的基金来支持这种消费，消费的人民再生产出他们每年消费的全部价值，并附带利润。社会的总收入、即它的土地和劳动的年产物的增加额，等于这些工人的劳动在其加工的原料上所增添的全部价值；社会纯收入的增加额，等于这个价值扣除维持机器和生产工具的必要开支以后所剩下的部分。

由于银行的这种运作而被迫送往国外的金银币，当被用来购买外国货物以供本国消费时，事实上大部分是用来购买第二类货物。这不但是可能的，而且几乎是必然的。某些人收入根本不增加，有时却也可能忽然大手大脚消费，但是我们可以肯定，从来没有哪个阶级的人全部这样。因为，谨慎的原则虽然不能支配每一个人的行为，却总是会影响每一阶级大多数人的行为。但是，若把有闲者视为一个阶级，他们的收入也不能由银行业的这种运作得到任何增加，其一般支出也不会因此大为增加。尽管他们中少数人的支出可能增加，并且实际上有时增加了。因此，有闲者对外国货物的需求还和从前一样，或者说差不多一样。由于银行业的这种运作而被迫送往国外的货币中，有一小部分用来购买外国货物供本国消费之用，这一部分也可能用来购买供有闲者使用的货物。而其中大部分自然会用于雇佣勤劳人民，而不是维持有闲阶层。

计算社会流动资本所能推动的劳动量，只需要考虑由食物、原料和制成品组成的那一部分，而将促进以上三者流通的货币组成的另一部分扣除。推动劳动的三种东西是必不可少的：供制作的原料，用来从事制作的工具，以及使工作得以完成的工资或报酬。货币既不是劳动的原料，也不是用来劳动的工具。虽然工人的工资通常用货币来支付，但构成真实收入的不是货币，而是货币的价值；不是金块，而是金块的购买力。

任何资本所能推动的劳动量，显然必须与它能以原料、工具和与工作性质相称的维持费去雇佣的工人数相等。为了购买原料和生产工具，并维持工人的生活，货币是必需的。但是整个资本所能推动的劳动量肯定不能同时等于用于购买的货币以及用货币买到的原料、工具和维持费二者，而只能等于上述两种价值之一，说等于后者比说等于前者更恰当。

用纸币来取代金银币，那么所有的流动资本能够供给的材料、食物和工具就必然会随着所取代金银的全部价值而增加。流动和分配过程中的所有价值，现在被附加在原来通过它流通的货物的价值上。这有点类似于某个大工厂经营者的处境：在对机器进行改良之后，他将旧机器搁置一旁，弃之不用，将新旧机器之间的价格差额添加到了他的流动资本中，也就是添加到了用于置办材料和支付工资的基金中。

一个国家流通的货币和通过它而得以流通的货物的价值之间到底保持着什么样的比例，也许难以确定。不同的人得出了不同的比例，有 1 ∶ 5，1 ∶ 10，1 ∶ 20 或 1 ∶ 30 不等。尽管在年产品中，充当维持产业的基金通常只有很小一部分，但是，不管货币在所有年产品的价值中占有的比例多么微不足道，货币在这一小部分年产品中占有的比例都并不小。如果用纸币来代替，那么流通中所需要的金银量就会减至原来的 1/5，而其余的 4/5 中的很大部分将添加到维持产业基金中去，不言而喻，这会促使产业的数目激增，从而促使土地和劳动的年产品价值也激增。

在近二三十年间，银行业占据了苏格兰所有的大城市，其业务甚至覆盖了穷乡僻壤。其效果正如上面描述过的一样。纸币支撑着国内所有的商业和购买支付。除兑换 20 先令的钞票外，银币很少见到，金币更是少见。银行并非个个奉公守法，由议会立法实施管理也确有必要，可是国家从银行界得到好处之大，人所共见。据我了解，自银行创立以来，格拉斯哥（Glasgow）在 15 年间商业贸易竟已翻了一番。苏格兰有两家公立银行，一家是苏格兰银行，于 1693 年由议会决议创立；一家是皇家银行，1727 年国王敕令设立。自从两家公立银行在爱丁堡创立以来，商贸则不只增加了 3 倍。在这个短暂时期内，苏格兰一般的商业和格拉斯哥的商业是否增加了这么多，我不敢妄加评断。如果两地真的增加到了此比例，那么这效果就未免太大，似乎不能尽归功于银行的设立。不过，仍然可以确信，在这个时期，银行业大大有利于苏格兰国内贸易和产业的增长。

在 1707 年英格兰和苏格兰合并之前，流通于苏格兰境内，且在英格兰和苏格兰合并后没多久就被带到苏格兰银行进行再次铸造的银币价值为 411 117 镑 10 先令 9 便士。金币的价值则无法查证，但是从苏格兰造币厂旧账簿的记录来看，似乎每年铸造的金币价值都比银币略多些。[①] 当时有许多人唯恐收不回银币，所以有许多银币始终没有拿到苏格兰银行重铸。此外，还有若干流通的英格兰银币并未要求重铸。所以，在联合之前苏格兰通用的金银币的价值合计就不下于 100 万镑。这数额似乎构成当时苏格兰全部的通货，因为当时苏格兰银行虽没有竞争者，它的钞票发行无可匹敌，但在全部通货中也只是占极小部分。而现在的苏格兰，通货总值不下 200 万镑，金银币的比例大大减少，不超过 1/4，可是苏格兰的产业没有衰退，反而繁荣，它的财富没有损失，反而增加，这只需看一下每年农业、制造业和商业以及土地和劳动产物的增加量，就可以知道。

大部分银行发行信用券的主要方法是贴现汇票，就是垫付货币，购买还未到期的汇票。不等汇票期满，便可拿着汇票前往银行兑换现金。银行先计算到期应该收取的利息，然后从全部的贷款数额中扣除这一部分。到期之后，兑付汇票能够偿还银行事先借贷出去的价值，也能产生纯利润，这种纯利润是以利息的形式出现的。银行对汇票进行贴现，支付的是本银行发行的钞票而不是金银。银行家可以根据经验，在力所能及的范围内尽可能地将钞票垫付出去，他能够贴现的汇票金额增加之后，从利息上能够得到的纯利润也会随之增加。

现时苏格兰的商业并不是很发达，在上面提到的两家银行创设时更是如此。如果这两家银行只经营汇票贴现的业务，那它们的业务必定不多。因而想出了另外一种发行信用券的方法，也就是人们

① 参见鲁迪曼（Ruddiman）为安德逊（Anderson）的《苏格兰古文书》所写的序言。

所说的现金账户。任何人只要有两个确实有信用并且有可靠地产的担保人为他担保，并允诺在银行规定的还款期满时完整偿还所借数额和法定的利息，那么此人就能从银行借到一定数目的钱。我相信，全球银行都普遍使用这种放贷方法。也许正是因为苏格兰各家银行简单的还款条件，才促使它们的银行业务如此兴盛，国家也由此获得巨额收益。

只要按照这种条件，一个苏格兰人可用这个方法向银行借1000镑，他就可以20、30镑一次地分期还款。而银行方面则按每次的还款，一直到全数清偿，逐次计算所收回的数额，并在全部金额的利息中扣除相应数目的利息。这种方法因其便利，促进了银行的业务。商人们支持这种经营方法，不但在一切支付上都欣然接受银行钞票，并劝他自己所能影响到的人们也加以接受。客户借用货币时，银行大都以本银行的本票支付。商人以本票购买制造者的货物，制造者以本票购买农场主的食品、原料，农场主以本票付给地主的地租，地主以本票付给商人购买各种便利品与奢侈品，商人最后又把本票还给银行以抵销借款。这样做的结果是，整个国内的货币业务都借助钞票流通，而银行自然日益兴旺。

这种现金账户促进了商人的业务，因为在这种方式下，商人们得以回避风险。假设有两个商人，甲在伦敦，乙在爱丁堡，所经营的生意相同，所投下的资本相等。爱丁堡商人因有现金账户，所以营业规模能够做得较大，人员能够用得较多而不致有危险。伦敦商人没有使用现金账户，为应付索求赊购贷款的人，他往往不得不在银行金柜中备有大量的金银货币，而那样做是要损失利息的。假定他常须保有500镑，那么和不需常常保有现金500镑滞财的情况比较，其仓库内货物的价值就会少去500镑。假设商人保有的存货一般每年脱售一次，而较之无须保有滞财的情况，他就会因为常须保有这500镑，其每年售出的货物就少了500镑的价值。这样，和可以多卖500镑货物的情况相比，他每年能够得到的利润，他所能够雇佣以经办销售的雇员，一定都会少些。爱丁堡的那位同行却完全没有这些麻烦。他可以使用现金账户从银行贷款，以应付不时的急需，而还款可以分期逐步地完成。和那位伦敦人相比，在可以动用的资本相同的情况下，他可以储备更多的货物，取得更大的利润，为那些备办货物以供应市场的劳动者们创造更多的机会。这样做，他本人不承担危险，而国家也能从这种贸易中得益颇多。

英格兰银行通过贴现汇票的方式为英格兰商人提供便捷，这固然可等同于现金账户为苏格兰商人带来的便捷，但是，苏格兰商人也能像英格兰商人那样，轻而易举地向银行贴现汇票。除此之外，现金账户还能带来其他额外的便捷。

在任何国家，各种纸币可以毫无阻碍地到处流通的全部金额绝不能超过它所代表之金银的价值，或（在商业状况不变的条件下）在没有这些纸币的情况下所必需的金银币价值。例如，假设最小的苏格兰通用纸币是20先令纸币，那么能在全苏格兰流通的这项通货的总额绝不可超过国内每年20先令之价值的交易通常所需的金银数额。如果超过了这一总额，那过剩的部分就既不能流通于国内，又不能输往国外，结果就是马上回到银行去兑换金银。现有钞票持有者会立即觉得他们所持的纸币超过了国内交易所需。既然不能把纸币送往外国，他们就会马上向银行要求兑现，因为这些过剩的钞票一经换作金银就可以输往国外找到用途，但以纸币形式留在国内则毫无用处。因此，人们就会立即向银行挤兑超额纸币，如果银行表现出困难或迟缓，回流到银行的钞票就会更多，而由此而起的恐慌必然会使持有者的兑现要求更为强烈。

每一种商业的普通开支有房租以及雇员、办事员、会计师等的工资，银行除此之外还有两项主要的特殊开支：其一在自己的金柜中经常保持大量的货币，以应付自己发行的银行券的持有人随时提出的兑现请求，它损失的是这笔钱的利息；其二，应付不时兑现而日渐枯竭的金柜需要立即予以补充。

一家发行纸币超过国内流通所能使用的银行，由于超额部分不断回到银行请求兑换，所以必须增加在自己金柜中经常保持的金银币数量。其增加额不仅要和超额成比例，而且还要大于这一增加比例。这是因为纸币的回流速度比发行过剩额的纸币的扩大要快得多。所以银行第一项特别用费的增加不仅要按被迫增加的比例而增加，而且要按更大的比例增加。

此外，和银行业务限于较合理的范围之内时相比，这一银行的金柜不但应当填充得更为充实，而且这金柜的枯竭也会更快一些。为了对金柜加以补充，不仅要求做出更加重大的开支，而且要求更为经常且不断的开支。但这样不断由金柜流出来的大量金银币，不能在国内流通。这种金银币是为兑换超过流通需要的纸币而流出的，所以也是流通所不需要的。但是金银币是不会被废置无用的，它在国内没有用处，就会以这种或那种形态输往外国，以寻求有利用途。可是，这种金银的不断输出，又加剧了银行觅取金银币以补充金柜的困难，从而进一步增加了这方面的银行开支。所以，这样的银行也必须根据不得不增加的业务比例增加第二项开支，其幅度要比第一项增加更大。

假设某银行所发行的纸币是 4 万镑，而且这一数目正好是国内流通很容易就能吸收和使用的数目，为了应付不时出现的兑换要求，还要经常在银行金柜里存储 1 万镑的金银。假如这家银行想要发行 44 000 镑，那么，多出来的 4000 镑便是超过社会容易吸收和使用的数目，它将在发行的同时流回银行。这样的话，为应付不时出现的兑换要求，银行金柜所应存储的数额就不只限于 1 万镑了，而应是 14 000 镑。于是，那 4000 镑过剩的纸币不但不能带来收益，反而还会造成损失。原因在于金银一旦收回，随之便发行出去，如此循环，银行在不断收回发行的过程中还要承担收回这 4000 镑金银的费用。

如果所有银行都理解而且注意本身利益，流通中就不会有纸币过剩。不幸的是，未必所有银行都理解本身的利益，因此流通界纸币过剩的现象就司空见惯了。

由于过度发行大量的纸币，其超额过剩的部分又不断流回银行兑换金银币。英格兰银行在一连许多年中被迫铸造的金币每年达 80 万镑至 100 万镑，平均约为 85 万镑。数年前，由于金币出现磨损，银行在铸造金币时常常需要出每盎司 4 镑的高价来购买金块，发行时却只能以每盎司 3 镑 17 先令 10.5 便士的价格出售，损失了 2.5%~3%。由于铸造的数额不小，所以损失惨重。尽管银行不必缴纳铸币税，铸币的所有费用均由政府承担，但银行的损失仍不可避免。

因为发行过剩，苏格兰银行也不得不常常委托伦敦代理人代他们收集金银币，其费用很少低于 1.5% 或 2%。这样收集的货币通常由马车运送，运送人从每 100 镑中抽取 15 先令即 0.75% 的比率作为保险费。但代理人往往还是没能及时补充银行迅速枯竭的金柜。在这种情况下，苏格兰银行就得向有来往的伦敦各银行开出汇票以筹集所需数额。到期后伦敦银行向它们开出汇票索取借款、利息和佣金时，一些苏格兰银行由于发行纸币过剩而苦于无法应付，就不得不向原债权人或伦敦其他往来银行开出第二批汇票。同一金额或者不如说同一金额的汇票，有时会在伦敦和爱丁堡间往返两三次以上。这样累积起来的全部金额的利息和佣金，都必须由债务银行付给。就算苏格兰各家银行向来都不会过于冒险逐利，有时却也不得不采取这种自取灭亡的方法。

英格兰银行和苏格兰各银行为收回在国内流通中无法使用的纸币而付出的金币，在国内流通中也无法使用，于是就或以金币的形式，或熔成金块送往国外，或者熔化后按每盎司 4 镑的高价卖给英格兰银行。从全部铸币中精选出来送往国外或熔成金块的，都是那些最新最重最好的铸币。在国内，重币并不比轻币更有价值。但在国外和在本国熔化时，重币就更有价值。英格兰银行虽然年年大量铸币，却仍然惊奇地发现，铸币依然年年缺乏。每年虽有大量的良好新币发行，铸币却非但没有逐年好转，还年年变糟。每年不得不铸造和往年同一数量的金币。由于金块价格的不断上升，以及铸币的不断磨损和剪铰，铸造的开支就一年比一年大。必须指出，英格兰银行为了给自己的金柜供应铸币，也不得不间接地为整个王国供应经常以各种方式从所有银行的金柜中流出的铸币。因此，所有需要用以支付过剩的英格兰、苏格兰纸币的铸币，或因过度发行纸币造成的王国铸币的缺乏，英格兰银行都必须提供供应。苏格兰各银行为自己的鲁莽大意付出了高昂的代价。而英格兰银行不仅是为自己的不谨慎，而且也为几乎所有苏格兰银行的不谨慎付出了极大代价。

大不列颠联合王国两个地区的某些大胆投机家的贸易过度，是造成纸币超额流通的最初原因。

商人或企业家开展业务所需要的资本，既不应该全部从银行借贷，也不应该大部分都从银行借贷，而只应从银行借贷为了应付不时之需的那一部分资本，而且也只能限于这一部分。如果银行借贷出去的纸币并没有超出这一限度，那么发行的纸币数目也绝不会超过纸币未出现时国内流通所需要的金银数目，肯定不会导致数目过剩，也肯定不会导致有一部分货币难以被国内流通吸收。

假设银行为商人所贴现的汇票乃是真实债权人向真实债务人开出

的，期满时，债务人就会马上兑付，那么，就只有使商人不必为应不时之需而以现金的形式存储起来的那部分价值是由银行垫付的。这种汇票，一经到期就会兑付，所以，银行所垫付的价值和利息也一定能够收回。如果银行只同这类顾客打交道。那么银行的金柜就如同一个有水不断流出流入的水池，虽然有水不断地流出，水流出入的数量是一样的。因此，水池里的水经常很满，无须时刻留心。这种对银行金柜进行补充的方法的花费并不多，甚至无须支付任何费用。

即使没有票据要贴现，一个不过度贸易的商人也常需保持一定数量的流通现金款。一家银行除了贴现他的票据以外，还给他开设现金账户，按苏格兰银行的宽松条件，接受他分期偿还的条件是可以用随时出售货物得到的货币进行分期偿还。这就使商人完全没有必要保留存储一笔以应不时之需的现款。当有需要时，他就可以用自己的现金账户来应付。可是，银行在同这种顾客往来时，应当十分留心，要看一个短时期（例如 4 个月、5 个月、6 个月或 8 个月）内，它通常收到的偿还数目是否等于它通常支付的数额。如果这期间某些顾客的偿还数目在大多数场合等于银行借出的数目，它就可以放心地同这种顾客往来。在这种情况下，虽然从银行金柜经常流出的水流量很大，但是经常流入的水流量也是一样，因此也就无须特别留心或注意，金柜总是充满或几乎充满的，不需要任何额外的开支去补充它。反之，如果某些顾客的偿还数额通常大大少于借出数额，银行就不能放心地与其来往，至少在这些顾客继续如此时是这样。这时，从银行金柜不断流出的流量必然大于流入量，若不是用大量的开支不断补充，金柜不久就会完全枯竭。

相应地，苏格兰各银行在很长一段时期内放贷都异常谨慎，要求所有顾客要在固定的时间偿还贷款。倘若客户不遵守，那么不论财产和信用记录，也休想贷到款项。由于这样的谨慎，银行方面不但几乎无须特意留出一定的费用对银行的金柜进行补充，而且还能得到别的两种比较大的收益。

第一种谨慎的收益是，银行方面无须额外搜集别的证据，只需根据自己的账簿就能比较准确地判断出债务人的情况。债务人偿还债务的情况是否正常，很多时候都是由其经营业务好坏情况决定的。私人放债的债户通常不过数十家，所以，要想获知债务人的经济情况，只需委托一个经理人便可，甚至无须经理人。银行放债一般就有好几百家，除此之外，还要时刻注意很多其他的事情。所以，银行不但要从自己账簿中获得信息，而且还要从一些经常性报告中获取信息，而这些报告的内容正是大部分债务人的经营情况。也许就是因为这一点，苏格兰各银行才要求债务人必须经常偿还贷款。

第二种谨慎的收益是，银行方面就不会出现发行过剩的、社会流通无法吸收使用的纸币。在一定的时期内，顾客偿还的数额大都与贷出的数额相等，就证明银行出借给他的纸币数额，并没有超出他在未向银行借贷时为备不时之需而必须存储的金银量，从而也就证明银行发行的纸币额也未超出在无纸币的情况下国内所应流通的金银量。偿还的次数多少、偿还日期是否有规律和偿还的金额，都能表明银行方面贷出的数额，是否已超出顾客在未借贷时为应付不时之需而必须以现金形式存储起来的那一部分资本。也就是说，是不是超出顾客在未借贷的时候所必须以现金形式存储起来的、使他的其他资本能够持续不断运用的那一部分资本。唯有那些未超出的顾客的资本，能够在一定时期内，接连不断地以铸币或纸币的形态流进流出。如果银行的借贷额超出这一部分，那在一定时期内，顾客偿还的数额必定不会与贷出额相等。对银行的金柜来说，流入的金额一定没有流出的多。因为发行的纸币如果超出在纸币未发行时顾客所必须存储的以备不时之需的金银量，也就立刻超出在纸币未发行时国内流通中所应有的金银量，也就立刻会超出在纸币未发行时国内流通容易吸收的数目。这种过剩的纸币过不了多长时间就会返回银行兑换金银。与第一种利益相比，第二种利益同样实在，但是苏格兰各银行对这种利益并不是太了解。

银行通过贴现汇票和现金账户，竭尽全力使国内的信用商人不再需要存储现金款项以备不时之需时，商人也无需再对银行抱有任何期望。出于自身的利益和安全考虑，银行也只能做到这一地步。商人的流动资本不能全部是从银行借贷出来的资本，就算是大部分也不行。这是因为商人的流动资本总是以货币的形式表现出来的，而达到收支平衡的时间相距甚远，很难在短时间之内达到银行的要求，实现偿还的数额与贷出的数额相等。至于固定资产，也不应该大部分都是从银行借贷出来的。例如，制铁商修建铁厂、铁炉、工场、仓库和工人的宿舍等的资本，矿主掘井挖坑、排除积水、建造道路轨道的资本，地主开垦荒地、排积水、砌围墙、修建农舍、牲口棚和谷仓的资本，都不应该大部分是从银行借贷出来的。因为，收回的固定资本的速度要比收回流动资本的速度慢得多。固定资本投入之后，无论投入的方法多么得当，收回也要经过很多年。这么长的时间，当然对银行很不利。当然，企业家可以适当地使用借入的资本来实施他的大部分计划。但是要想使债权人不吃亏，债务人一定要拥有足量的资本，这一资本能够确保债权人资本的安全，即使债务人的经营计划失败，也能够保证债权人不会因此而遭受损失，如此才算对债权人比较公道。不过，即使这样，如果不是必须要用很多年才能还清的借款，还是不从银行借贷为好。最好的方法是向那些专门以利息为生的私人借，因为这些人并没有想在贸易上投资，但愿意把钱借给有信用的人，很多年不还也没关系，只是这种办法要通过抵押一定的物品才能实现。将货币出借给其他人，无须抵押品、印花税和律师费，而且偿还的条件也很简单，就像苏格兰银行愿意接受的那样，这对商人来说，不能不说是最方便的债权人。然而，对银行来说，这样的商人却是最不方便的债务人。

苏格兰各银行 25 年来所发行的纸币，至少也完全等于国内流通界所能吸收的数额了。银行对于苏格兰各种商人与经营者已仁至义尽。为本身利益，它们只能做到这些，事实上它们的营业已经稍微过分了。银行方面也因此受到损失，至少它们的利润减少了。只要银行业的经营规模略为过度，这结果就在所难免。不幸的是，商人与经营者们从银行已经得到那么多好处，却仍然想得到更多。他们以为银行可以任意推广信贷事业，除了增加少数纸张费以外用不着增添什么费用。他们埋怨银行理事们鼠目寸光、态度怯懦。他们说什么银行信贷事业还未扩充到和国内各种贸易的扩张相称的程度。很明白，他们所谓的贸易事业扩大，不是指别的，而是指把事业推广到超过他们自己的资本或能够凭借抵押品向私人借得的资本所能经营的范围。他们以为，银行有义务填补他们短缺的资本；他们认为，银行有义务供给他们所希望得到的全部资本。但银行方面的意见却截然不同。在银行拒绝扩大信贷之际，有些经营者想出了一个办法。这个办法有一段时期对他们很适用，虽然所费大得多，但其有效性却相当于极度地扩大银行信贷，这就是众所周知的“循环出票筹资法”（Shift of Drawing and Redrawing）。濒于破产的商人往往利用这个办法。英格兰商人通过这种办法获取资金行之已久了。在最近的战争期间，因为营业利润极大，商人们往往不度量自己的能力，把贸易过分扩大，这种办法用得非常普遍，后来这办法又由英格兰传入苏格兰。因为苏格兰的商业和资本都更为有限，这种办法就更加流行。

一般的商人对于这种循环出票筹资法当然都很明白，但是本书的读者并非都是实业家，而且，即使是商人好像也不太了解这种筹资法对银行的影响，所以，我会竭尽所能，做出明白的解释。

在欧洲的法律尚未强迫商人们履行契约时，商人之间便已形成一种习惯常规，那就是赋予汇票特殊的权利，使汇票比其他的任何证据都能更容易借到款项，尤其是所规定的期限很短，也只有两三个月的汇票。如果汇票期满，承兑人不能马上兑付，他便会立即成为破产队伍中的一员。于是，持票人便可拿着汇票去向出票人索要款项。如果出票人也没有马上照付，也要算破产。如果汇票在尚未期满之前不断地辗转流通，或者被用于购买物品，或者被用于借款，经手周转好几轮，都在汇票背面签署了自己名字的背书签保人就承担了对这一汇票兑付的责任，如果有人拿到了汇票却不能马上照付，他马上会被宣告破产。近两百年来，这种惯例已被欧洲各个国家的法律所采纳。出票人、承兑人和背书人（即在汇票背面签名）的信用即使存在问题，但是因为汇票的期限很短，这多少算是为持票人提供了一种保障。虽然他们都存在破产的危险，但并不一定在这么短的时间内全会破产。这就好比一个旅行者借宿一晚的房子已经倾斜支撑不了多久，但旅行者仍然会心存侥幸，觉得不一定今天晚上就会倒塌，姑且冒险住上一晚。汇票持有人的心理也是如此。

假设爱丁堡商人甲向伦敦商人乙开出限期为两个月的汇票，需要乙支付款项。实际上，伦敦商人乙并不欠爱丁堡商人甲的钱、他愿意承兑甲汇票的原因是：两方协商的条件是在付款期满之前，乙也可以向甲开出一张数额相等、外加利息和佣钱、兑期也为两个月的汇票。所以，在这两个月的期限未到以前，乙一定会向甲开出一张汇票，甲又在这一张汇票期满以前再向乙开出第二张汇票。在这第二张汇票尚未到期以前，乙照样会再向甲开出汇票，期限还是两个月。如此循环，可持续数月甚至数年。然而，在乙向甲开出所有汇票的过程中，所累积的利息和佣金都要算入其中。利息通常为每年5%，佣金每次不低于0.5%。如果每年按照这样的方法来往往复周转六次的话，佣金也就会加六倍，所以甲如果只通过这种办法筹措资金的话，每年的代价就不低于8%。如果佣金急剧上升，或者是要对之前开出的汇票的利息和佣金支付复利，这样利滚利后的费用就会更多。这就是所谓的循环借款的方法。

据说，国内大多数商业上的投资，其一般利润在6%到10%之间浮动。其收益既能偿还费用如此巨大的借款，又能为计划人提供巨大的超额利润，那一定是一种非常幸运的投机事业。并且，最近就有众多野心勃勃的投机商制订了许多宏大计划，想要通过这种方法支出巨额费用来取得经营的资金。无疑，巨额利润只是这些投机商在他们的黄金梦中看到的幻象。我相信，当梦醒之后，或在他们项目结束时，或在他们无法再继续经营时，能够实现其梦想的人寥寥无几。①

爱丁堡商人甲向伦敦商人乙开出的汇票，常常由甲持有并于汇

---

① 这里正文所提到的方法，绝不是冒险商人通过循环出票筹资的最普通最费钱的方法。经常发生以下类似的情况：爱丁堡的甲在第一张汇票到期以前的几天内向伦敦的乙开出第二张汇票，期限为三个月，使乙能兑付第一张汇票。这张汇票是付给甲自己名下的，所以他在爱丁堡按面额售出，用所得资金购买在伦敦对乙见票即付的汇票，邮寄给乙。在最近一次战争结束时，爱丁堡与伦敦间的汇费常由爱丁堡贴现3%，这种见票即付的汇票常由甲负担这个贴现。这种交易常常每年至少进行四次，由于每次的佣金至少为0.5%，甲每年至少要负担14%。在另外的情况下，甲为了使乙能兑付第一张汇票，就在它到期之前几天开出第二张汇票，期限两个月，不是对甲开，而是对第三者例如伦敦的丙开。这张汇票的受款人为乙，乙在丙承兑后；持向伦敦的某个银行家贴现；甲为了使丙能兑付汇票，在其到期之前几天开出第三张汇票，有时对头一个通信人乙开，有时对第四人丁或第五人戊开。这第三张汇票指定向丙付款，丙在付款人承兑后，同样向伦敦的某个银行家贴现。这种作业每年至少往复六次，每次的佣金至少为0.5%，连同法定利息5%，这种筹款方法正如书中所描述的，甲有时必须花费8%以上。可是由于省去了爱丁堡与伦敦之间的汇费，这个方法比本注前半部所描述的方法较为低廉，但它要求在伦敦不止一家行庄有建立的信用，这种好处是许多冒险家难以得到的。

票到期之前的前两个月向爱丁堡银行贴现。伦敦的乙之后向甲开出的汇票，也同样经常由乙持有并向英格兰银行或者是伦敦的别家银行贴现。银行在贴现这些循环汇票时，大多数时候兑付的是钞票。在爱丁堡，支付的是苏格兰银行的钞票；在伦敦，支付的是英格兰银行的钞票。诚然，贴现的汇票到期之后都要立刻兑付，不过，为贴现第一张汇票而实际支付的价值，事实上却永远没有归还给贴现它的银行。因为，在第一张汇票即将期满时，第二张数额更大的汇票又开出了。如果不存在第二张汇票，第一张汇票压根就不可能得到兑付。所以，其实第一张汇票只是在名义上得到了兑付。也就是说，银行金柜由于这种循环汇票的来往而发生流出之后，就再也没有流入对其进行弥补。

银行用纸币来兑付循环汇票，在许多场合，等于预定用于农业、商业或制造业方面某些大规模的广泛的计划的全部基金，而不只是等于保留以备不时之需的那一部分现款。于是，银行发行的纸币由此出现过剩，其中有很大一部分是社会无法吸收的，也超过了在纸币未曾发行的情况下国内流通领域中应有的金银价值。过剩的部分会立即流回银行要求兑换金银，而银行必须使出浑身解数寻求这些金银。这些资本是那些投机商略施巧计从银行取得的，不但没有让银行知情或得到银行经过深思熟虑后的同意，甚至在一定时期内，银行丝毫没有察觉曾为他们垫付了这笔资本。

当两个经常彼此对开汇票的人总是向同一家银行家循环出票贴现他们的汇票时，该银行一定会立即觉察他们的行为，清楚地看到他们是在用银行所垫支给他们的资本做生意，而并不是在用自己的资本做生意。但是这种觉察并不是很容易的事，因为他们有时向一家银行，有时向另一家银行贴现他们的票据；有时候相同的两个人并不总是对开汇票，而是偶尔向一大群设计人轮流开出汇票，这些人发现在这种筹资方法中彼此帮助有利可图，因而使得尽可能难于识别真实的和虚假的汇票，即难于识别由真实债权人向真实债务人开出的汇票，和没有真实债权人而只有贴现它的银行、没有真实债务人而只有用钱的设计人的那种汇票。即使其中一家银行有了这种发现，有时也是为时过晚，发觉他向这些人贴现票据的数额已经如此巨大，如果拒绝再贴现，必定会使他们全部破产，毁灭了他们，也可能毁灭他自己。因此，为了银行自身的利益和安全，他可能觉得在这种非常危险的情况下，必须先继续贴现一段时间，然后慢慢抽身，使贴现变得一天比一天困难，希望迫使这些人逐渐去找其他的银行贴现，或是用其他的方法筹集资金，从而使自己尽快摆脱这种圈套。因此，英格兰银行、伦敦的各个大银行家，甚至苏格兰的较为谨慎的银行在经过一定的时间以后，开始在贴现方面设置障碍，这不但使这些计划人感到吃惊，而且极端愤怒。他们自己的困难无疑是由银行方面的这种鼠目寸光和过于谨慎态度直接造成的，他们称之为国家的危难，他们说国家的这种危难，完全是由银行的无知、胆怯和不当举措造成的。但是银行却不愿意伸出双手援助。他们好像觉得将巨额的资金长期借贷给他们是银行的义务。然而，在这种借贷已经超过可承受的范围的情况下，要挽救银行自己的信用与国家的信用，唯一可行的办法就是银行不再借贷。

在如此混乱困窘之际，苏格兰创立了一家号称以挽救国家危难为宗旨的新银行。它的目的很明确，但措施却不太恰当，而且似乎对它所要解决的困难的性质和原因不甚明了。银行的信贷，无论是从现金账户来说，还是从贴现汇票来说，都要比其他银行更为宽松。对于后者而言，它几乎不辨认汇票的真伪，不管是真实汇票还是循环汇票，都会予以贴现。这家银行曾经很明白地宣布自己的宗旨：只要有一定的保证，即使是需要经过很长的时间才能偿还的资本，即使是改良土地的资本，也可全部从银行借贷。据说，推动这类土地的改良是该银行设立之初一个目标的明确。对现金结算和期票贴现竟然采取了这样宽松的政策，银行必定会因此而发行大量钞票，那么过剩的部分既然难以被社会吸收，当然就会什么时候发行什么时候便返回银行兑换金银。银行的金柜原本就不太充裕，银行的资本总额虽然号称有 16 万镑，但是实际上收到的也只不过 80%，而且这 80% 还是分期缴纳的。大部分股东在第一次缴纳入股款之后，就用现金账户向银行借款。银行的理事们觉得股东借款应该享受宽松的待遇，所以，在大部分股东缴纳了第一期的股款之后，其余各期缴入的款项几乎都是通过现金账户借出的。这样的话，他们后来缴纳的股款，不过就是先从银行的某一个金柜提取出来，然后再把它放入银行的另外一个金柜。所以，即使银行金柜原来是满的，也会随着过度发行而迅速枯竭，从而走向失败。向伦敦银行开出汇票，期满时算入利息和佣金的数额后开出新的汇票，用来兑付前一汇票，除了这种办法能够及时地对枯竭的金柜进行补充外，再没有其他的办法。银行的金柜原先就不是很充裕，据说，这家银行尚未营业数月就已陷入困境。好在各股东的田产都不低于数百万镑，他们认购股份的时候，事实上相当于以田产为抵押，用来保证银行的所有债务。因为有如此坚实的保证作为银行信用的后盾，所以尽管借贷政策如此宽松，银行营业仍然得以持续两年多。到这家银行倒闭的时候，其发行的纸币数目已差不多有 20 万镑。这种纸币一经发出立即回来兑换，为了维持这些纸币的流通，它频繁地向伦敦各银行开出汇票，如此累积，直到银行不得不倒闭时，汇票价值已达 60 万镑以上。然而，在这两年多的时间里，这家银行借出去的利息为 5% 的款项也达 80 万镑以上。也许可以将用纸币借出去的 20 万镑所获得的 5% 的利息看成是纯利，因为只从所获得的利息中扣除了管理费，其他的都没有扣除。但是向伦敦开出汇票借来的 60 多万镑和这一数额的利息、佣金等却不低于 8%。所以，比较这两种情形，就会发现银行借出的款项中 3/4 以上都会亏空 3% 以上利息。

这家银行经营的结果，好像正与其创办人的宗旨背道而驰。他们的目的不但要支持国内那些在他们看来有着锐意进取精神的企业，而且要排挤掉苏格兰其余银行，特别是那些设在爱丁堡、被指责在贴现方面过于谨小慎微的各家银行，继而独霸整个银行业务。无疑，这家银行曾在投机商陷入困境的时候给予了暂时的援助，使他们多延续了两年左右，但最终导致他们的债务状况更加恶化。因此，到破产时，他们遭受的损失更严重，也致使他们的债权人遭受更严重的损失。所以，这家银行不但没能减轻这些投机商为自己和国家带来的危难，相反，却使危难加深了。出于对自身、债权人和国家的考虑，他们的多数业务提前两年终止。不过，这家银行为各投机商提供的暂时性的援助，结果却成为对苏格兰其他银行永久性的援助。这家新银行在苏格兰其他银行都不愿意贴现循环汇票的时候，却对开出循环汇票的人伸出欢迎之手。正是因为有了它，其他各银行才能轻易地走出困境，否则它们就难以摆脱困境，必然会遭受巨大的损失，甚至在一定程度上会使名誉遭受损失。

由此可见，从长期来看，这家银行的经营实际上使它所要挽救的国家处于更为严重的危难之中，却使它的竞争对手面对的一个巨大的困难得到了有效解决。

在这家银行成立之初，一些人认为，银行金柜虽然枯竭得很快，但是可以用债务人担保物品作为担保而筹集资金来对金柜进行补充。但我相信，过不了多久，现实会让他们知道，这个筹款方法无异于远水救近火。这样不充裕且易枯竭的金柜最后肯定会消亡，向伦敦各银行开出一次汇票，期满时再开出一次汇票，这样循环下去，如此累积的利息和佣金就会越来越多。我实在想不出第二个办法对其进行补充。诚然，屡次向伦敦各家银行开出汇票可以应急，但结果是每次不但得不到丝毫利润，反而还会遭受损失。虽然没落的速度并不像反复使用这种费用巨大的筹款方法那样快，但这样只会导致一个营利的公司最终败得一塌糊涂。它仍然无法从其所发行的纸币的利息中获取利润，这是因为既然纸币超过了国内流通领域所能吸收和使用的数额，必定会一发行就流回兑换金银，而为了对其进行兑换，银行方面就需要不停地借债，而在借债的过程中的所有费用，包括借债的实际费用和打听谁手里有多余的钱能够出借、和有钱人进行磋商、写债券、订契约等所需要的费用，全部要由银行承担。很明显，上述做法只能使银行遭受损失而不会使其获得什么好处。用这一方法来补充金柜，就如同让人拿着水桶去远处的井里打水，以补充只出不入的水池一样，是注定会失败的。

虽然这种办法对作为营利机构的银行来说很适用且很有利，但对国家来说，不但不利，而且还会带来很大的损失。这种办法完全不能增加国内出借的货币数目，只能导致这家银行集全国的借贷事项于一身，从而使这家银行成为全国总借贷机关。要借钱的人都会向银行申请贷款，而不是向有钱出借的私人那里借贷。私人的贷借通常也只有数人或数十人，债务人的行为是否谨慎、诚实与否，债权人都很熟悉，也可对其进行甄选。与银行有来往的债务人。动辄有数百家，理事们对这里面的很多人往往并不熟悉，当然选择甄别也就无从下手。因此，比较而言，银行在借贷一事上显然没有私人那么谨慎。实际上，与这样一家银行来往的人除了爱冒险的商人，大都是反复开循环汇票的出票人。他们将资金投入到奢侈浪费的生意上，这些生意通常即使获得了所有可能的帮助，也必然难以成功，就算能成功，也肯定不能偿还所有的费用。他们肯定也不会将足量的基金用于维持其所雇佣的劳动力上。相反，私人借贷就不存在这种现象。诚实而又俭朴的私家债务人，往往会斟酌自己的资本，而将借来的资本用于经营适合自己资本的生意。也许这些生意并不怎么大，也不怎么惊人，但比较稳妥，也比较有利，一定能够偿还投入的资本，并能创造可观的利润，以提供一笔能够雇佣到比原来更多劳动力的基金。所以，即使新银行的计划取得了成功，结果也丝毫不会增加国内资本，而是白白使大部分资本从慎重有利的行业转移到了不谨慎且无利可图的行业上去。

著名的约翰·劳先生认为缺少货币支持是苏格兰产业萎靡不振的原因。他设想，设立一家特别银行，发行与全国土地价值相等的纸币以挽救货币的缺乏。当他首次提出这个计划时，苏格兰议会认为不适用而不予采纳。后来由奥尔良公爵（Duke of Orleans）——当时的法兰西摄政——予以采用，略有修正。有可能将纸币量几乎增加到无限大的思想，是所谓密西西比计划（Mississippi scheme）的真实基础，这是世界上前所未闻的有关银行业和股票买卖的最狂妄的计划。这一计划的各种运作已由杜维纳先生（Du Verney）的《杜托先生〈商业与金融的政治评论〉的考察》（*Examination of the Political Reflections upon Commerce and Finances of Du Tot*）一书做了详尽明晰的论述，我便不再赘述。这一计划所依据的原理，劳氏在其所著的一篇关于货币与贸易的论文中也进行了说明。在这本书以及某些其他著作中关于这一原理的宏伟而空幻的论述，迄今仍然让许多人深印脑海。近来在苏格兰及其他地方，人们所抱怨的关于一些没有节制的银行业的经营方式，部分是受其影响。

英格兰银行为欧洲最大的流通银行，成立于1694年7月27日，是由议会决意敕令所设立的。当时它出借给政府的资本额共有120

万镑，每年可从政府那里支取 10 万镑，其中，9.6 万镑充当利息，年利率 8%，4000 镑充当管理费。经过革命而刚刚建立起来的新政府的信用肯定不是太好，不然肯定不会有这么高的利息。

1697 年，银行的资本增加额为 1 001 171 镑 10 先令，这时银行的全部资本达到了 2 201 171 镑 10 先令。据说，这是为维持国家信用而增加的资本。1696 年，发行国库券所打的折扣为 40%、50% 或 60%，银行发行纸币所打的折扣却只有 20%。[①] 当时正在进行改铸银币，银行觉得应该暂时停止兑现纸币，这样做势必会影响到银行的信用。

根据安妮女王七年（1708 年）第七号法令的规定，银行要将 40 万镑贷给国库。加上之前贷给政府的 120 万镑，总共贷给政府 160 万镑。因此，1708 年，政府的信用已与私人无异，政府的借贷利率也降到了 6%。与当时的市场上的普通利率毫无差别。根据同一项法令，银行又购买了利息为 6% 的 1 775 027 镑 17 先令 10 便士半的财政部证券。银行资本由此而又增加一倍。所以，在 1708 年银行资本即为 4 402 343 镑，贷给政府的数目总计为 3 375 027 镑 17 先令 10.5 便士。

1709 年，英格兰银行以 15% 的比例催收股款，收到 656 204 镑 1 先令 9 便士。1710 年以 10% 的比例催收股款，收到 501 448 镑 12 先令 11 便士。银行资本因这两次催收而达到 5 559 995 镑 14 先令 8 便士。

根据乔治一世三年（1716 年）第八号法令的规定，英格兰银行又获得 200 万镑的财政部证券，因此，这时，银行贷给政府的数目已达 5 375 027 镑 17 先令 10 便士。按照乔治一世八年第二十一号法令的规定，银行购买了 400 万镑的南海公司的股票。为了购买这些股票，银行需要再增募 340 万镑的资本。如此一算，银行贷给政

---

① 詹姆斯·波斯尔斯韦特（James Postlethwaite）的《公共收入史》（*History of the Public Revenue*）。

府的数目是 9 375 027 镑 17 先令 10.5 便士。但是银行的资本总额却只有 8 959 995 镑 14 先令 8 便士。两相比较，银行为政府提供的有息贷款已经比它自己的资本还多，或者说，已经比它要对股东进行分红的资本还多。换句话说，银行已开始有了不必进行分红的资本，而这种资本比分红的资本多。这样的情况一直持续到现在。1746 年，银行陆陆续续贷给政府的资本达 11 686 800 镑，银行陆陆续续募集到的分红利的资本也达到 1078 万镑。从那时开始一直到今天，这两个金额都没有任何改变。根据乔治三世四年（1763 年）第二十五号法令的规定，为了让银行营业执照延续下去，银行同意向政府缴纳 11 万镑，而这一金额既不算利息，也不需要偿还，所以，这一做法既没有使银行的借出总额增加，也没有使银行的资本总额增加。

银行红利时有高低，其变化视各时期银行对政府贷款的利息高低以及其他情况而定。这一贷款利息率已由 8% 逐渐减至 3%。在过去几年间银行红利一般为 5.5%。

不列颠政府局势稳定，英格兰银行也跟着稳定。借贷给政府的金额没有遭受损失，银行的债权人也不会遭受损失。英格兰不能存在第二个由议会决议创建的银行，或者存在多于六人的股东。所以，英格兰银行已经不是一般的银行，而是成为一个国家的重要机关。每年大部分的公债利息是由它收付的，财政部证券是通过它流通的。土地税、麦芽税的征收数目，往往是由它垫付的。纳税人常常超过规定的期限好几年也不将这些税的税款上缴国库。在这种情况下，即便主管的官员明察，也难以遏止银行发行过剩的纸币。它也贴现商人的汇票。有时，不仅英格兰商人，就连汉堡和荷兰的那些商业巨头也向它借贷。据说，1763 年，英格兰银行有一次在一星期之内便贷出差不多 160 万镑，而且多数还是金块。数目是不是有如此大，时间是不是如此短，我不敢随便断定。但在其他情况下，英格兰银行不得不用六便士的银币来应付各种支出。

谨慎的银行活动可促进一个国家产业的发展。但是促进产业的目的并不是要增加一个国家的资本，而是要使原本没有得到利用的大部分资本发挥作用，使原本并不产生利润的大部分资本能够创造利润。商人为备不时之需而不得不存储的材料均为滞财，不利于商人和国家。谨慎的银行活动就能让这种滞财成为活财。换句话说，也就是变成工作所需要的材料、工具和食物，这既对自身有利，也对国家有利。国内土地和劳动产品得以流通并分配给真正消费者金银币必不可少。保留在商人手中的现金也是滞财。这种滞财，虽然在一个国家资本中是极具价值的一部分，但无法为国家生产任何产品。谨慎的银行活动会用纸币代替多数金银，使国家能够将多数滞财转变成活资财，变成对国家有利的资财。国内流通的金银币，可以看成进行商业贸易的道路。道路虽然不能生产稻麦，但能作为运输载体使稻麦流转到国内各个市场。谨慎的银行活动会用纸币代替金银，说得夸张一点，就像是在高空中架设的轨道，使往常大部分四通八达的道路转变成优良的牧场和稻田，同时使土地和劳动的年产品激增。但是，又必须承认一点，自从有了这种设施之后，国内工商业固然得到了推动，但是与脚踏在用金银铺成的实地上旅行相比，这种悬在纸币之上的吊在半空的做法是很危险的。如果管理纸币不是很熟练，那就不用说了；即便熟练谨慎，也仍然会发生难以阻止的灾难。

例如，战争失败之后，敌军占领首都，用于维持纸币信用的仓库存储也被敌方控制，国内的纸币就变成了毫无用处的废纸。在这种情况下，与国内大部分流通依赖金银来实现的国家相比，国内流通完全依赖纸币来实现的国家的处境当然会更艰难。普通的通商手段一旦没有任何价值，除了物物交换和赊欠就无法进行其他的交易。所有赋税如果都是用纸币缴纳的，那君主就难以发放军饷、扩充军备。在这种情况下，与大部分使用金银的国家相比，完全使用纸币的国家恢复原状将更为困难。因此，一个国家的君主要想使他的领土随时都处于易于防守的状态，那就不但要防止能导致银行破产的纸币发行过剩现象的出现，而且还要想方设法控制银行所发行的纸币数额，使其在国内流通领域中占有的比例不至于过大。

国内货物的流通可分成两部分：一是商人间的彼此流通；二是商人与消费者间的流通。无论纸币或金属货币，有时用于前一种流通，有时可用于后一种流通，但因两种流通经常同时进行，所以每一种都需要一定数量的某种货币来进行。商人之间流通的货物的价值，绝不可能超过商人与消费者之间流通的货物的价值。凡是商人买进之物，最终都要出售给消费者。商人之间的流通一般通过批发进行，所以每一笔交易都要求大量货币。反之，商人与消费者之间的交易一般通过零售来进行，只要求少量货币，常常1先令甚至0.5便士就足够。但是小额流通比大额流通要快得多。1先令比1畿尼更常易主，0.5便士又比1畿尼更常易主。因此，消费者每年的购买在价值上至少等于商人每年的购买，但消费者每年购买所需的货币量却相对小得多。而由于流通速度较快，同一货币，作为消费者购买手段的次数要远远多于作为商人购买手段的次数。

纸币可以被规定为仅限于在商人之间流通，也可推广到商人与消费者之间的大部分流通。当不发行10镑以下的银行券时，像在伦敦那样，纸币就只限于商人彼此之间的流通。消费者持有一张10镑的钞票，他一般不得不在购买5先令货物的第一次购物就兑换掉这张钞票。所以，在这张钞票被用去1/40以前，钞票早已回到商人手中。苏格兰各银行所发的钞票中有小至20先令的面额，在这种情况下纸币的流通范围就自然推广，商人与消费者间的大部分交易使用纸币。在议会决议禁止通用 10 先令和 5 先令的钞票以前，消费者便常使用小额纸币购物。北美洲发行小至 1 先令的纸币，所以纸币几乎充斥了商人与消费者之间的全部流通。约克郡的纸币甚至有小到 6 便士的。

这样小面额纸币的发行，如果获得准许而且又得以普遍实施，无疑与鼓励众多普通人去开办银行，而且使他们有能力变成银行家并无二致。普通人所发行的 5 镑甚至 1 镑的期票，大家会拒绝使用；但是大家却不会拒绝发行的 6 便士的期票。这些犹如乞丐一样的银行家当然极易破产，最终，可能会给接受他们钞票的穷人带来很大的困难，甚至使他们遭受极大的灾难。

把全国各地银行钞票的最低面额限定为 5 镑也许是不错的办法。大概能像伦敦一样，这样各地银行所发的钞票大抵就只会在商人彼此间流通。在伦敦发行的钞票的面值不得小于 10 镑，5 镑所能购得的货物虽仅等于 10 镑之半，但在英格兰其他各地，人们对 5 镑的重视，就如富有的伦敦人对 10 镑那样，一次花掉 5 镑像伦敦人一次花掉 10 镑那样少见。

如果纸币像伦敦那样主要在商人间流通，市面上就总会有充足的金银。如果像苏格兰，尤其是像北美洲那样，纸币的流通推广到商人与消费者间大部分的交易，它就会在国内几乎完全排斥金银币，国内商业的普通交易只会用纸币进行。苏格兰禁发 5 先令和 10 先令的钞票，略微缓解市面上金银的稀缺；若再禁发 20 先令的钞票，也许会得到更大的缓解。据说美洲自从禁发若干种纸币以来，金银已经比较充足了。在纸币未曾发行以前，听说美洲的金银更加充足。

银行发行的纸币应当主要限定在商人之间进行流通。国内流通虽然并非完全依靠纸币来实现，但其对国内工商业和银行家的帮助却差不多相同。因为商人以备不时之需而必须存储的滞财，原本就是限于商人之间流通。如果商人与消费者进行交易，商人则没有必要存储滞财。在这种交易中，商人无需支出货币，只需收入货币。所以，虽然银行发行的钞票只限定在这样的数额上，同时使其仅在商人之间流通，但银行依然能够通过贴现真实汇票和现金账户的办法，使大部分商人无须为应不时之需而存储那么多现金。银行依然可以为各种商人提供他们所能提供的最大援助。

也许有人会说，只要私人愿意接受，银行钞票不管数额大小，都应该被许可发行。政府禁止人们接受，取缔钞票的发行，不是法律应该做的。因为法律应扶持天赋的自由权，而不应妨害。从某种观点来说，这一限制确实侵犯了天赋的自由权。不管这一政府是最民主的政府，抑或最专制的政府，这会危及全社会的安全、侵犯少数人的天然自由，要受到而且应该受到所有政府的法律制裁。为了防止火灾蔓延，法律强迫人民修建隔墙，其对天赋自由的侵犯，与我们这里主张用法律来限制银行贸易的用意相类似。

由银行钞票所构成的纸币，如果是由信用可靠的人发行的，并且不附加任何条件，只要拿着它随时都能兑现。那不管从哪个方面来说，它的价值都与金银币相等，因为它随时能够兑换金银。所有货物均能用这种纸币进行交易，它的价格一定如用金银交易那样只会更加低廉，不会更贵。

有人说，纸币的增加使通货总量增加，因此必然减少它的价值，也必然抬高商品的货币价格。但是如果在通货中取走的金银币量总是等于在通货中加进的纸币数量，纸币就并不一定增加通货总量。一个世纪来，苏格兰粮食价格在 1759 年达到了最低谷。那时因发行 5 先令和 10 先令的银行钞票，国内纸币多过如今。苏格兰粮食价格和英格兰粮食价格的比例，现时与苏格兰银行增多以前完全相同。在大多数时候，谷物在英格兰和在法国一样便宜，虽然在英格兰有大量纸币，而在法国则少有。在休谟先生发表《政治论文集》（*Political Discourses*）的1751年和1752年间，以及在苏格兰大量发行纸币之后不久，粮食价格的上涨极其明显。但这是因为天时恶劣，并不是因为纸币的泛滥。

但是由这样一种本票构成的纸币，情况的确会不同。从各方面来说，它的立即兑现，或是随发行人的有无诚意为转移，又或是依存于持票人并不总是有力量去满足的条件，或是要经过若干年后才能兑现，在此期间并不支付利息。这样一种纸币无疑地会或多或少落到金银币的价值之下，依据获得立即兑现的困难性或不确定性的大小而定，或依获得兑现的时间长短而定。

数年前，苏格兰各银行经常在它们所发行的钞票上加印选择权条款（Optional Clause）。根据此条款，只要是持票人要求兑付，或在见票后立刻兑付，或在见票六月后兑付，但是后者要加付六个月的法定利息。有些银行的理事为了让兑付者满足于一部分的兑付，有时就利用这一条款威胁持大量钞票要求兑付的人。因此，钞票越发行越多，直到充斥于苏格兰金融领域的几乎都是这些银行的钞票。能不能兑现既然悬而未决，其价值自然会比金银低。在这一弊端尚未消除的时候（特别是1762年、1763年及1764年），卡莱尔（Carlisle）对伦敦实行的是平价汇兑，距卡莱尔不到30英里的邓弗里斯（Dumfries）却常常对伦敦的汇兑贴税4%。原因在于卡莱尔是用金银兑付汇票，而邓弗里斯则是用苏格兰银行钞票兑付汇票。既然钞票不一定有把握能兑换现金，那其与铸币相比的价值就下降了4%。后来，议会发布禁止发行5先令和10先令钞票的命令，又规定禁止在钞票上加印选择权条款，英格兰对苏格兰的汇兑这才得以恢复自然汇率，也就是必须与贸易情况和汇兑情况相顺应。

在约克郡的纸币中，小到6便士的兑现也要求持票人积满1畿尼才能向发行人提出，这种条件是持票人常常极难满足的，一定会使这种通货降到金银币的价值以下。因此，一项议会法律宣布所有这类条款都是非法的，并像在苏格兰那样，禁止发行 20 先令以下向持票人支付的一切本票。

北美的纸币，除非是银行发行的，否则便无法随时兑现。由政府发行的纸币要兑现的话，非经过数年不可。殖民地政府虽然不支付给持票人任何利息，但是曾宣布其纸币为法币，必须根据票面价值流通。但是，即便殖民地政府的政权非常稳固，15 年后所支付的 100 镑，与在利息通常为 6% 的地方的 40 镑现金相比，其价值相差无几。因此，强迫债权人接受 100 镑纸币，并通过这一纸币来清偿债权人所拥有的 100 镑债权，显然很不公平，任何习惯于标榜自由的政府大概都没有尝试实行过。很明显，这正如诚实直率的道格拉斯博士所说，这是虚伪的债务人欺骗债权人的狡黠手段。1722 年，宾夕法尼亚州政府在第一次发行纸币的时候，佯言纸币价值等于金银，禁止人们用纸币出售货物的时候索要比用金银出售货物的时候更高的价格。这个法令，如果说专横，则和它本意上所要维护的法令并无区别；如果说无效，则会逾越其本意所要维护的法令。法律能够使 1 先令与 1 畿尼相等，因为它能够指导法庭在债务人拿出 1 先令的时候清偿他 1 畿尼的债务。但是，商品如何出售，出售者可以自主决定。强卖的人把 1 先令变成 1 畿尼，在法律上却是难以实现的。所以，有时英国对一些殖民地的汇兑是 100 镑可以与 130 镑相等，但是对另外一些殖民地，100 镑却几乎可以与 1100 镑相等，虽然存在这样的法令，对此也无能为力。试着探究个中原因就会明白，价值之所以会如此悬殊，是因为殖民地发行的纸币数额很不一样。而且，纸币兑现的期限有长有短，兑现的可能性大小也不一样。

因此，没有一种法律能比议会决议这种立法更为公平。它宣布，在将来发行的一切纸币，均不能作为支付使用的法定货币，这项法律在各殖民地受到不公正的指责。

宾夕法尼亚在发行纸币时总是比英国任何其他殖民地都要谨慎。因此，据说它的纸币从未跌落到发行纸币以前在该殖民地流通的金银币价值以下。在发行纸币以前，该殖民地提高了铸币的单位名称，通过议会立法，规定英币 5 先令在该殖民地等于 6 先令 3 便士，以后又规定等于 6 先令 8 便士。因此，殖民地通货 1 镑比英币 1 镑的价值低 3% 以上，当这种通货变成纸币时，贬值很少大大超过 30%。提高铸币单位名的理由，是使等量金属在殖民地比在母国的货币数量更大，以防止金银币输出。可是，后来发现母国一切货物价格的提高，与铸币单位名称的提高比例完全一样，而金银币的输出也和之前一样迅速。

殖民地纸币既然准许民众按照纸币的票面价值缴纳本州各种赋税，因此，即便兑现的期限确实很长，或被认为很长，其价值也一定会增加一些。增加的价值取决于本州发行的纸币数目超过其缴纳赋税所能使用的纸币数目。据考察得知，各州的纸币数目都远超其缴纳赋税所能使用的纸币数目。

一国君主如果规定有一部分赋税必须要用纸币缴纳，那么，即使纸币兑现的时间全由国王的意志决定，纸币的价格也一定会因此而提高。纸币发行银行如果在测算纳税需要的时候，常常使其所发行的纸币额不能满足纳税人的需求，那么纸币的价值也会高于它的票面价值。或者可以说，纸币在市场上所能购买到的金银币会比它票面所标明的数目多。一些人就从这一点出发，解释阿姆斯特丹银行所发行的纸币贴水（Agio）的原因，也就是解释纸币的价值为什么会高于通用货币。据他们说，这种纸币不能任凭所有者的意愿随意拿出银行。他们认为，大部分外国汇票一定要用银行纸币兑付，也就是必须要在银行账簿上办理转账手续。谨慎的银行理事却故意使银行纸币数目常常不能满足这种用途的需求。他们说，这就是为什么阿姆斯特丹银行所发行的纸币往往比金银币的价值高出 4% 甚至是 5% 的原因。但是后来的事实证明，这是一种虚幻。

纸币价值虽然降到比金银铸币价值低，但是金银价值却不会因为纸币价值的下降而下降，金银所能换到的其他货物量不会因此而减少。金银价值与其他货物价值之间的比例，无论在什么情况下，都不是由国内通用纸币的性质和数目决定的，而是由当时把金银提供给商业世界大市场的金银矿藏的丰富程度决定的，换句话说，是由一定数量的金银上市时所需要的劳动量与一定数量的其他货物上市时所需要的劳动量之间的比例决定的。

如果银行低于一定数目的流通银行券或者持票便立即兑付的票据被禁止发行，如果他们有义务马上不附加任何条件地对这种银行债券进行兑付，那么银行的营业就不会妨碍社会的安全，而银行的其他营业也就可以实现完全自由。许多人对英格兰和苏格兰两地近年来银行数目增多表示非常担忧。但是这些银行的设立不但没有妨碍到社会，反而巩固了社会的安全。银行众多，而且竞争对手林立。为了防范同行业之间的恶意排挤，各家银行在营业时则需要小心谨慎，所发行的纸币也必须要与现金数目保持适当的比例。这种竞争能使各银行的纸币被限制在比较狭小的范围内流通，能使各银行流通中的纸币由此而减少。全国的流通区域被分成多个，所以，一家银行的失败尽管难以避免，但是对公众的影响必定不会太大。同时，这种竞争使银行为避免受到同行业的排挤而不得不放宽对顾客的营业条件。总而言之，一种有益于社会的生意，就应该让它自由发展。竞争越自由、越普遍，对社会就越有利。

第三章

论资本积累、生产性劳动及非生产性劳动

投入到劳动对象上并能增加其价值的劳动，被称为生产性劳动；而不能增加其价值的劳动，被称为非生产性劳动[①]。前者能够生产价值，后者却不能。制造业工人的劳动通常会将维持自身生活所需要的价值和为雇主提供利润的价值，添加到所加工的原材料的价值上。相反，家仆的劳动却丝毫不能使价值有所增加。制造业工人的工资虽然是由雇主垫付的，但是实际上雇主毫无其他支出。制造业工人将劳动投入到劳动对象上，劳动对象的价值便随之增加。由此而增加的价值，一般能够补偿工资的价值，并能创造利润。而维持家仆的费用却无法收回。雇佣众多工人能使雇主走向富裕，维持众多家仆却会使雇主陷入贫困。尽管如此，家仆的劳动和工人的劳动一样，也有它自身的价值，因此，应该获得报酬。不过，制造业工人的劳动能够固定下来，并且能够在某种劳动对象或可出售的商品上实现，能维持一段时间而不会立刻消失，就好像是将一部分劳动存储起来，到非用不可的时候再提取出来使用。那种劳动对象或者说是它的价值，在日后非用不可的时候，还能用来雇佣劳动力，

① 一些博学的法国作家使用这个词的含义不同。在第四篇最后一章我将力图表明，他们的用法是不当的。

而这一劳动力的数量至少会等于原来为生产这种物品而投入的劳动量。相反，家仆的劳动却无法固定下来，也无法在某种劳动对象或可出售的商品上实现家仆的劳动在提供之后就会立刻消失，要将其价值存储起来，用以日后雇佣相同数量的劳动力是很困难的。

社会上有一些最受尊敬的劳动，也像仆人的劳动一样，不生产任何价值，不固定或不体现在任何永久性的劳动对象或可贩卖商品上，这些东西在劳动完成以后还能存在，随后还能获得等量的劳动。例如，君主以及为他服务的所有文武官员，整个陆军和海军，都是非生产性劳动者。他们都是公众的仆人，是用他人劳动年产物的一部分来维持的。他们的服务，尽管多么体面，多么有用，多么必要，但并不生产什么东西，随后可以获得等量的服务。他们这一年劳动的效果，共和国的保卫、安全和国防，并不能为来年购得共和国的保卫、安全和国防。在这一类中，必须列入某种最庄严最重要的职业，以及某些最不重要的职业：牧师、律师、医生、各种文人、演员、滑稽剧演员、音乐家、歌剧歌唱家、歌剧舞蹈家，等等。其中最低级的人的劳动也有一定的价值，受支配其他各种劳动原则的支配，其中最高尚最有用的也不生产能在以后购到或获得等量劳动的东西。像演员的道白、演说家的雄辩或音乐家的歌唱等，他们所有的工作都在提供服务之后立即消逝。

生产性劳动者、非生产性劳动者和不劳动者，都依靠土地和劳动的年产物。不管生产物的数量多么庞大，都是有限的，并不是无穷的。因此，如果用来维持非生产性人力的比例越大，用来维持生产性人力的比例肯定就会越小，从而次年的生产品也肯定会越少。相反，如果用来维持非生产性人力的比例越小，那么用来维持生产性人力的比例肯定就会越大，从而次年生产品也肯定会越多。除去土地上的自然生成物，所有年产物都是生产性劳动的结果。

在任何一个国家，土地和劳动的年产品都被用于供国内居民消费、为国内居民提供收入，然而这些土地和劳动的年产物不管是产自土地还是由生产性劳动者生产出来的，都是一生产出来就很自然地被分成两个部分：一部分（所占的比例常常最大）是用于对资本进行补偿，对从资本中提取出来的食物、材料和制成品进行补充；另一部分则不是以利润的形式充当资本所有者的收入，就是以地租的形式充当地主的收入。以土地生产品为例，一部分用于对农场主的资本进行补偿，其他部分则不是用于支付利润而充当资本所有者的收入，就是用于支付地租而充当地主的收入。以大工厂的生产品为例，一部分是用于对厂商的资本进行补偿，其他部分则用于支付利润而充当资本所有者的收入。

对资本进行补偿的那一部分年产物，只能直接用来维持生产性劳动者，也仅能支付生产性劳动的工资。其他部分既然是以利润或地租的形式存在，所以既可用于维持生产性劳动者，又可用于维持非生产性劳动者。

每个将资产的一部分当作资本进行投资的人都希望能够顺利收回资本，并能赚取利润。因此，他将这一资产仅用于雇佣生产性劳动者。这项资产在投资过程中，先是对它的所有者发挥资本的作用，后又充当生产性劳动者收入的一部分。而用于维持非生产性劳动者的那一部分资产，则从开始使用时起就被从资本中提取出来，放进供直接消费之用的资产中。

非生产性劳动者和不劳动者，都要依赖收入。这里所说的收入，可以分成两项：一项是在年产物中，原以地租或利润的形式包含在收入中的一部分；另一项是在年产物中，原用于对资本进行补偿，用来雇佣生产性劳动者的一部分，然后转移到得到它的人们手里后，除去被用于维持生产性劳动者所必需的生活资料的部分，剩余部分则不分种类地都被用于维持生产性劳动者、非生产性劳动者。例如，当工资待遇比较丰厚时，不仅大地主和富商，就连普通工人，有时都雇佣一些家仆，或是偶尔看话剧或木偶戏。这样，他就将一部分收入用于维持非生产性劳动者。同时，他可能要缴纳一些税款。这个时候，虽然他所要维持的人社会地位尊贵得多了，但是他们仍然是非生产性劳动者。但是，最初预定用来补偿资本的那一部分年产物，在其完成推动生产性劳动的作用以前，绝不会用来维持非生产性的劳动者。劳动者在尚未进行劳动得到工资之前，绝对不可能会将一部分工资用于维持非生产性劳动者。这一部分工资往往是很小的一部分，那只是生产性劳动者的一部分可以节余的收入。无论如何，这节余出来的部分也不会太多。从赋税这一角度来说，由于劳动者这一阶层的人数众多，所以，虽然每个人所缴纳的税款很有限，但是整个阶层的人所缴纳的税款却很可观，在某种程度上可以补偿各人纳税数额的微小。因此，土地的地租和资本的利润是非生产性劳动者的主要生活来源。这两种收入是它们的所有者通常最能节余下来的。二者可以用来同样维持生产性劳动者和非生产性劳动者。但是似乎对后者略为偏重。一个大领主的支出，养活的闲人常比勤劳人民更多。富商虽然只用他的资本去维持勤劳人民，通常却要用他的支出，即收入的使用，去像大领主那样维持非生产性劳动者。

土地的自然生成物或经生产性劳动者所生产出来的年产物一生产出来，便有一部分被指定充当对资本进行补偿的基金，还有一部分以地租或利润的形式充当收入。我们现在又了解到，无论在哪个国家，生产者与不生产者之间的比例，大都是由这两个部分之间的比例决定的。贫穷国家和富裕国家在这一比例上非常不同。

现在欧洲的各个富裕国家，常常将很大一部分的土地生产物用于补偿独立富农的资本，而将其余的部分用于支付其利润和地主的地租。然而在以前封建政府众多的时候，很小一部分的年产物就已足以补偿耕作的资本。因为在当时，耕作所需要的资本也就几头少得可怜的牲畜，牲畜的食物则是荒地上的天然产物。因此，它们自然被看作是天然产物的一部分。通常，这些荒地也是归地主所有，而地主又将其租借给土地耕作者。所以，只要是从土地上生产出来的产物，只要有剩余，便几乎尽归地主所有，而这些可以是土地的地租，也可以是毫无价值的资本利润。耕作者大部分为地主的仆人，其身家财产也都归地主所有。如果耕作者不是仆人，那他们就是能够随意退租的佃农。虽然他们缴纳的地租在名义上常常只不过是免役税，实际上却是土地的全部产物。他们的领主可以随时要求他们在平时从事劳动，在战时服兵役。他们虽然住得离他的住宅很远，却还是同与他住在一起的家仆一样依赖他。但是土地的产物无疑都属于他，他可以随意处置由土地来维持的一切人的劳动和服务。在现在的欧洲，地主的份额很少超过全部土地产物的 1/3，有时不超过 1/4。可是，所有国内改良地区的地租已增至过去的三四倍，而这年产物的 1/3 或 1/4 似乎相当于过去的全部年产物的三四倍。在改良推进中，地租按数量说虽然有所增加，但按对土地产物的比例来说则减少了。

对于欧洲的各个富裕国家而言，现在规模巨大的资本都投在了商业和制造业。在古代，贸易量很少，制造业设备较简陋，所需资本量极少，然而它们所提供的利润必定很大。因为古时的利率大都高于 10%，它们的利润必然足以提供如此大的利息。现在，欧洲各个比较进步的国家的利率大多低于 6%；最先进的国家的利率，有时低至 4%、3% 甚至 2%。诚然，与贫穷国家相比，富裕国家所拥有的资本要多得多，因此，就从资本中所获得的利润而言，富裕国家的居民也比贫穷国家的居民要多得多。但是从利润与资本的比例来说，一般就会小得多。

富裕国家用于对资本进行补偿的那一部分土地和劳动的年产品自然要比贫穷国家大得多。不仅如此，与直接归入地租和利润的那一部分相比，其在年产品中所占的比例也必然会大得多。此外，富裕国家雇佣生产性劳动的基金自然也要比贫穷国家的大得多。前文说过，国家年产物中，除去用于雇佣生产性劳动的基金那一部分，剩余的部分是用于雇佣生产性劳动，抑或用于雇佣非生产性劳动，一般是用于后者。因此，富裕国家用于雇佣生产性劳动的资金在年产品中所占比例也比贫穷国家的要大得多。

这两种不同基金之间的比例，在每一个国家中必然决定居民的普遍性格是勤勉还是懒散。我们比我们的祖先更为勤劳，因为现时用于维持劳动的基金与可能用于维持懒惰的基金相比，比两三世纪以前要大得多。我们的祖先之所以懒散，是因为对勤勉没有足够的鼓励。俗话说，与其劳而无功，不如游戏人间。在商业和制造业城市，下层人民主要靠资本的使用来维持，他们一般是勤劳的、谨慎的和生机勃勃的。很多设立首都的地方，王公贵族大都聚集于此，下层居民主要依靠国家收入来维持生计，这些地方的居民大部分都是懒散、堕落、贫苦的。罗马、凡尔赛（Versailles）、贡比涅（Compiegne）和枫丹白露（Fontainebleu）便是很好的例子。法国，除了里昂和波尔多这两个城市外，其他各议会城市的工商业都不值一提。由于一般下层居民主要依靠法院工作人员的支出和打官司的人所缴纳的诉讼费来维持生计，所以，这些人大部分都是懒惰、贫苦的。里昂和波尔多这两个城市由于地理位置的关系，商业比较发达。里昂是巴黎的门户，从国外输入的，还有从沿海各地运来的巴黎所需要的任何物品，都必须要经过里昂。波尔多则是加隆流域

（Garonne）所产的葡萄酒出口的门户，这些地方的产酒量之大，世界闻名，输出量也很大。如此优越的地理位置，自然能吸引更多资本投入到这里。正是因为这些地方为资本提供了巨大的用途，而这种资本的使用正是这两个城市人民勤勉的原因。在法国的其他城市，所使用的资本似乎只是为维持它们自己的消费所必不可少的，只是在它们中所能使用的最小量的资本。巴黎、马德里和维也纳的情况也可能是这样。在这三个城市中，巴黎居民算是最勤勉的，但巴黎本身是所有设在这里的制造厂的主要市场，它本身的消费就是在这里进行的全部贸易的主要目标。伦敦、里斯本和哥本哈根或许是欧洲仅有的三个城市，既是宫廷的常在地，同时又是贸易城市，即不仅为自己的消费，而且也为其他城市和其他国家的消费而进行贸易的城市。这三个城市的有利地理位置，自然使它们成为一大部分供遥远地方消费的货物的集散地。在一个有大量收入来花费的城市，除了供应该城市的消费以外，将资本有力地的运用在其他方面，或许比在下层人民除了靠这种资本的使用以外别无谋生之道的城市更加困难。大部分靠花费收入来维持的居民都懒惰惯了，使应当勤勉做事的居民不免与之同化，使得在这里运用资本不及在其他地方有利。在苏格兰和英格兰联合以前，爱丁堡没有什么工商业。当苏格兰议会不再在那里开会时，当它不再是苏格兰王公贵族的必然驻地时，爱丁堡变成了一个稍稍有些工商业的城市。可是它仍然是苏格兰的主要法院、海关和货物税局等机关的所在地。因此，有大量的收入仍然在这里花费。在工商业方面它远远不及格拉斯哥，那里的居民主要靠资本的使用来维持。有时可以看到，在制造业有了重大进展以后的某大乡村和村落的居民，由于有公侯贵族大领主在附近定居，也变得闲散和贫穷。

可见，无论在什么地方，资本和收入之间的比例，似乎都决定勤劳和闲散之间的比例。凡是资本占优势的地方，勤劳就占上风；凡是收入占优势的地方，懒惰就占上风。因此，资本的每一次增加或减少，自然会增加或减少劳动的实际数量、生产性劳动者的人数，从而增加或减少国土面积和劳动年产物的交换价值、它的全体居民的真实财富和收入。

资本因节俭节约而增多，因奢侈浪费或恣意妄为而减少。

一个人节省了多少收入就增加了多少资本。他可以用这个增多的资本来雇佣更多的生产性劳动者，也可以按利息出借给别人，使其能雇佣更多的生产性劳动者。个人的资本既然只能由节省每年收入或每年利益而增加，由个人构成的社会的资本也就只能用这同一个方法增加。

资本增加的直接原因是节俭而非勤勉。诚然，勤勉提供了节俭可以积累的东西。但是不管勤勉能得到什么，如果没有节俭，就会有所得而无保留，资本就绝无可能增加。

节俭增加了维持生产性劳动者的基金，从而增加了生产性劳动者的人数。所以节俭又会倾向于增加一国土地和劳动的年产物的交换价值。节俭推动了更大的劳动量，而后者又可以增加年产物的价值。

每年节省下来的资本和每年消费掉的资本，被消费掉的时间几乎同时。富人每年花费的收入大都被闲散的客人和家仆消费掉了，消费完了也没有什么报偿留下。至于每年节省下来为了获取利润而直接转化为资本的部分，也几乎同时被人消费掉，但消费的人是劳动者、制造工人与技工。他们再生产他们每年消费掉的价值，并提供利润。现在假定收入都是货币，如果他把它全部花掉，用全部收入购买食品、衣服和住所，就是分配给前者。如果节省的一部分因为图利而直接转作资本，资本所有者亲自投用，或借给别人投用，那么由这节省部分购得的食品、衣料和住所就将分配给后一种人。

消费一样，但消费者却不同。

节俭者每年所省的收入不但可在近期内供养若干更多的生产性劳动者，他还好像工厂的创办人一样建立了一种永久性基金，将来随便什么时候都可维持同样多的生产性劳动者。这种基金将怎样分派，将被用在什么地方，固然没有法律对其进行保障，也不存在信托契约或永久营业证书对其进行规定。然而却有一个强大有力的原则保护它的安全，这一原则就是所有者个人的利害关系。如果将这种基金的任意一部分用在维持非生产性劳动者上，那么不根据原先指定的用途而随意使用该基金的人肯定会遭受损失。

奢侈挥霍者不量入为出，结果侵蚀了资本。就好比将某种敬神基金的收入转做渎神之用一般，他用父辈节省下来用来供养勤劳者的基金拿来供养了游手好闲的门客。由于雇佣生产性劳动的基金减少了，所雇佣的能增加物品价值的劳动量必然减少。全国的土地和劳动的年生产物的价值因此减少，全国居民的真实财富和收入也必然减少。挥霍者夺取勤劳者的面包来供养闲散之人。如果另一部分人的节俭不足抵偿这一部分人的挥霍妄为，奢侈者的恣意挥霍浪费，就不但会陷他自身于贫穷，也将陷全国于穷困之境中。

即使奢侈挥霍者的支出全是国产商品而并非舶来品，它对社会的生产基金的影响也是一样。每年总有一定数量的本来应该用来维持生产性劳动者的食品和衣服，用在了维持非生产性劳动者身上。因此，每年国家生产物的价值仍然不免少于所应有的价值。

有人认为，这种花费并未用来购买舶来物，没有造成金银币的输出，等量的货币仍然会像从前一样留在国内。但是如果这样由非生产性劳动者消费的食物和衣服总量被分配给生产性劳动者，他们就不仅可以再生产出他们消费掉的全部价值，此外还有利润。此情况下，同量的货币同样会留在国内，而又能再生产出一个与它价值相等的消费品。从而最终就出现两个价值，而不仅仅是一个。

此外，在一个年产物减少的国家，同量的货币不可能长久地留在国内。货币的唯一用途，就是使消费品流通。通过它，食品、原料与制成品才可实行买卖，分配给正当的消费者。因此，每年能在任何一国使用的货币数量，一定是由每年在该国流通的消费品的价值决定的。这些消费品或是本国土地和劳动的直接产物，或是用本国生产物购来的物品。因此，当这种直接产物的价值减少时，每年在国内流通的消费品的价值也必将减少，用来使之流通的货币数量也就减少。货币因生产物逐年减少而被逐出国内流通领域，但绝不会闲置。出于个人利益，货币所有者绝不愿自己的货币放着不用。国内没有用途，他就会不顾法律禁令而送往外国，用来购买国内有用的各种消费物品。每年的货币输出将在一定期间内继续，使国内人民每年的消费额超过他们本国年产物的价值。国家在繁荣时代从年产物中储存的用来购买金银的东西，会有助于在短时期内支持这种困境中的消费。但此时金银输出不是国家衰落的原因，而是它的结果。实际上，这种输出甚至可以暂时减轻这种衰落的痛苦。

反之，当国家年产物的价值增加时，货币量也自然增加。每年在国内流通的消费品价值增加了，要求用来使之流通的货币数量也就大一些。因此有一部分增加的生产物必定会被用来在有金银的地方购买额外数量的金银，以供流通之用。贵重金属的增加只是社会繁荣的结果，而不是其原因。购买金银的方式到处都一样，从矿山掘出再运到市集上总需要一定数量的劳动和资本。为这事业而投资的人必须需要一定数量的关于衣、食、住的供给，除此之外他必须得到一定数量的收入，这即是购买金银的价格。在英格兰和在秘鲁购买金银都是这样。只要出得起这个价格，需要金银的国家就不会担心长久缺乏所需的金银，用不上的金银量也不会长久留在国内。

因此，合理公道的说法是，认为国家的真实财富与收入是由该国的劳动和土地的年产物的价值所构成的。通俗的看法是，国家的真实财富与收入是由国内流通的贵金属量所构成的。总而言之，所有观点都认同，奢侈都是全民公敌，节俭都是社会的恩人。

我们来讨论恣意妄为。恣意妄为的结果和奢侈挥霍相同。对雇佣生产性劳动的基金来说，农业、矿业、渔业、商业以及工业上一切不谨慎的计划都同样会使之减少。当然投在这种计划上的资本也只能由生产性劳动者消费，但由于使用者的不当行为，他们消费的价值就不能充分得到再生产，与使用适当的情况比较，总不免减少社会生产基金。

对大国来说，个人的奢侈挥霍和任意妄为并不会产生很大的影响。另一部分人的节俭慎重通常能够补偿奢侈挥霍和任意妄为的人所消耗的那一部分，并且还有剩余。

提及奢侈，一个人挥霍，当然由于他有追求及时享乐的欲望。这种欲望之热烈有时简直难于抑制，但一般说来又总是暂时的和偶然的。然而一个人节俭的动力则是改善自身状况的愿望，这愿望虽是冷静的、沉着的，却是我们从生至死一刻未放弃过的愿景。我们一生到死，对于自身地位，几乎没有人会因有一刻觉得满意而不求进步、不想改善。一般人都觉得，增加财产是最通俗、最明显的必要手段。而增加财产的最适当方法就是在常年的收入或特殊的收入中节省一部分加以积蓄。虽然每个人都不免有时有挥霍的欲望，并且有一种人无时不有这种欲望，但就大多数人的一生平均来看，节俭的心理不仅常占优势，而且占压倒性优势。

就行为不当而言，无论哪里，慎重和成功的事业总占极多数，不慎重、不成功的事业总占极少数。我们常常抱怨破产的发生，但在无数经商的人中，失败的总是全数中的极小部分，也许不到千分之一。对于一个清白的人，破产也许是最大和最难堪的灾祸，大多数人都着意避免。当然也有人不知道避免它，就像有人不知道避开绞刑架一样。

大国固然不会因个人的挥霍奢侈或行为不当而贫穷，但政府的浪费与行为不当却可使国家穷困。许多国家全部或几乎全部的公共收入都是用来维持不生产者。朝廷上的王公大臣就是这类人。海军陆军亦然，他们在平时既无生产，在战时也得不到物品来补偿他们的维持费。这些人自己不事生产，不得不依赖别人劳动的产物。如果他们人数增加到不应有的数额，他们可能在某一年消费掉的产物过多，以致反无足够余量来维持能在次年有所再生产的生产性劳动者。于是下一年的再生产一定不及上一年。如果这种混乱情形继续下去，第三年的再生产又一定不及第二年。那些只应拿居民的一部分剩余收入来维持的不生产者可能消费了居民全部收入的这样大的部分，从而使这么多人不得不侵蚀他们的资本，即用来维持生产性劳动的基金，以致个人无论如何节俭慎重，也照样无法补偿如此巨大的浪费。

然而，就经验来看，在大多数情况下个人的节俭和慎重似乎不仅可以补偿个人的奢侈挥霍和恣意妄为，而且可以补偿政府的浪费。每个人改善自身境况的连续不断的长期努力是社会财富、国民财富以及私人财富所赖以产生的重大因素。这不断的努力，常常强大得足以战胜政府的浪费，足以挽救行政的重大失误，使事情日趋改善。这就像人间虽有各种疾病和庸医的荒唐处方，但人身上却仿佛总是有一种力量，足以战胜困难，恢复原来的健康和活力。

要实现一个国家土地和劳动的年产品的价值的增加，可以通过增加生产性劳动者数目的办法，还可以通过提升所雇佣劳动者的生产能力来实现。显然，要实现生产性劳动者人数的增加，必须首先要增加资本，使维持生产性劳动者的资金增加。而要实现相同数目劳动者生产力的提升，要么增加为劳动提供便利的、能够缩减劳动的机械和工具，或者对它们进行改良；要么就要使分工更恰当。不管怎样，增加资本都必不可少。要对机器进行改良，增加资本不可避免；要对工作分配进行改良，也免不了增加资本。如果将工作进一步细分，让每个工人专干一项工作，比起让一个工人同时干几项工作，肯定需要增加更多资本。因此，我们如果比较同一个国家在不同时代的状况，发现那里后代的土地和劳动的年产品比前代增多，土地耕作状况有所进步，工业的规模有所扩大并兴旺起来，贸易得到了推广，由此我们就可以得知，在这两个时代之间，这个国家的资本肯定增加了很多。这个国家由于一部分民众的节俭慎重而使资本增加的数目，一定比另一部分民众任意而为和政府的浪费而使资本受到占用的数目多。这里，需要说明一下，只要国家安定、民众生活稳定，即使政府并不节俭，这个国家也有进步。然而，如果我们要对这种进步进行正确评价，就不应该对两个相邻时代进行比较。进步是逐渐实现的，如果时代相距太近，就算国家进行了改良，我们也会因为看到某个产业的衰退，或者某一地方的没落，而看不出它的改良，有时还可能会感到国家的财富与产业在减少和倒退。

较之100年前查理二世复辟时代，现在英格兰土地和劳动的年产物当然是多得多了。现在对此表示怀疑的人固然不多，但在这100年时间内，几乎每隔五年就有几本著作或小册子出现，它们说英格兰的国家财富正在锐减，人口减少，农业退步，工业凋零，贸易衰落。这类书籍并不全是宣传品，也不是欺诈和见利忘义的产物。它们有许多出自极诚实、极聪明的学者之手，他们只有深信，才会下笔写自己深信之事。

此外，与200年前伊丽莎白即位时相比，查理二世复辟时代英格兰的土地和劳动的年产物必定多得多了。与300年前约克与兰开斯特争雄时代（Dissensions between the Houses of York and Lancaster）末期相比，伊丽莎白时代英格兰的年产品必定又多得多了。再往前推，约克与兰开斯特时代，当然胜过诺曼征服（Norman Conquest）的时代；诺曼征服的时代，当然又超过撒克逊七王国统治的时代（Saxon Heptarchy）。在撒克逊七王国统治的时代，英格兰当然算不上是一个先进的国家，但是与尤利乌斯·恺撒侵略时代相比，又称得上是一大进步。因为在恺撒时代，英格兰居民的状况与北美未开化民族相差无几。

在上述各个时代，个人和政府都有很多浪费现象，而且发生了多次所费甚巨的无谓战争，用来维持生产者的年产物许多被用来维持不生产者。我们可以假定，有时在一片混乱的国家里，这种对资本的破坏不仅妨碍财富的自然蓄积，事实上也是如此，而且也使国家在这时期之末陷于比起初更为贫困的境地。查理二世复辟以后的英格兰算是最幸福最富裕的了，但那时又有多少骚乱和不幸事件在发生。如果可以预见，那时的人们一定担心英格兰不仅要陷于贫困，而且恐怕还要全部毁灭。想想看，伦敦大火与大疫，两次英荷战争，对爱尔兰的战争，1688年、1702年、1742年和1756年四次耗资巨大的英法大战，再有1715年和1745年两次叛乱。单就四次英法大战的结果来说，英格兰欠下来的债务就在1.45亿镑以上；加上战争所引起的各种特殊支出，总共恐怕不下两亿。自革命以来，国家年产物就常有这样大的部分用来维持非常多的不生产者。假如当时没有战争，当作那些用费的大部分资本就会用来雇佣生产性劳动者。如果生产性劳动者既能再生产他们消费的全部价值又能提供利润，每年国家土地和劳动年产物的价值增加就可以预见了，更何况每一年的增加又必能使下一年的增加更为增长。假如当时没有战争，当时建造起来的房屋一定更多，改良的土地一定更广大，已改良土地的耕作一定更加完善，制造业一定增多，已有的制造业将更为扩大。至于国民真实财富与收入将达到怎样的程度，也许会超出我们的想象。

虽然政府的浪费无疑阻碍了英格兰在财富与改良方面的自然发展，却并未使它停止发展。与复辟时代比较，现在英格兰土地和劳动的年生产物是多得多了，比革命时代也是多得多。英格兰每年用以耕作土地维持农业劳动的资本也一定比过去多得多了。一方面虽有政府的横征暴敛，另一方面却也有无数个人在努力改善自己的处境，慎重地不动声色地节俭，一步一步地把资本累积起来。正是这种努力在法律的保障和自由许可之下通过最有利的方式发展起来，使英格兰几乎在过去一切时代都能日趋富裕和进步，我们希望在未来时代也会如此。可是，英格兰从来没有过很节俭的政府，因此居民也没有节俭的特性。由此可见，英格兰的王公大臣们倡言监督私人经济，要通过节俭法令或禁止外国奢侈品输入来限制他们的开支，实在是最放肆的专横之举。他们似乎没明白自己从来就都是社会最浪费的阶层。请他们好好管理自己的开支，民众会注意管理自己的开支的。如果他们的浪费不会使国家灭亡，人民的浪费就更不会导致国家灭亡了。

节俭增加社会资本，浪费减少社会资本，而收支平衡的人，即不积累资本也不占用资本的人，既不会使资本增加，也不会使资本减少。不过，在各种开支办法中，有些方法比其他方式更加有助于国家公共财富的增长。

个人的收入可以用来购买即时消费掉的、无法减轻或支持第二天的开支，也可以用来购买耐久性产品、可以积累的每天的支出可以减轻或支持下一天支出的东西。有些富人可以将其收入用于奢华挥霍的宴席、养着大量的仆从或犬马，也可以满足于粗茶淡饭和少量仆从，而将大部分开支用于其住宅与乡间别墅，用于实用或装饰性的建筑与家具，用于收藏书画雕刻，或用于珠宝、玩具、各种奇妙的小玩意儿等琐碎之物。还有人喜欢收集衣物，就如数年前逝世的某国王宠臣那样。如若两人财产相当，一个人用其大部分收入来购买比较耐久的商品，另一个则用其大部分收入购买即用的消费品。前者境况必能日渐改进，其今日的开支，可以增进明日费用的效果。后者的境况却不会比之前更好。前者最后将比后者更富，因为他有若干货物留存，虽然其价值已经比不上当时的开支，但多少总有价值；而后者的花费就连痕迹也没留下来，10 年或 20 年浪费的结果就是两手空空，好像什么都不曾存在一般。

有益于个人财富的消费方法，也比较有益于国民财富。富人的房子、家具和衣服瞬间就会变成对中下层人民有用的东西。当上层人士对它们感到厌烦的时候，中下层的人民便可以把它们购买过来，所以，在富人通常都是如此使用钱财时，所有人民的生活状况通常就能逐渐得到改善。在一个长期富有的国家，下层民众虽然不能自己出钱建筑大厦，但往往拥有大厦；虽然不能自己定做上等家具，但往往使用着上等家具。昔日色莫尔（Seymour）的邸宅，如今已变成了巴斯道（Bath road）上的旅馆；大不列颠詹姆士一世（James the First of Great Britain）王后从丹麦带来当嫁妆的婚床几年前已经被摆放在邓弗姆林（Dunfermline）的酒店。在一些没有进步也没有退步，或已经稍微有些败落的古城中，我们有时会发现几乎没有一幢房屋是目前占有人所能修建起的。如果你走入里面，还能看到许多虽然很适用，也非常讲究，但已经过时的家具。这些家具肯定不会是当前使用者花钱定做的。书籍图像和各式各样的珍奇物品，往往既是荣耀又是装饰，对其所在地和所属的国家均是如此。

凡尔赛宫是法兰西的装饰和荣耀，斯陀园和威尔顿是英格兰的装饰和荣耀。虽然意大利创造名胜古迹的财富减少了，创造名胜古迹的天才也好像消失了（当然也许是因为无处施展其才华），但是那里的名胜古迹却仍然是意大利的装饰和荣耀。

将收入用于购买比较耐用的物品，不但对积累有利，而且又易于养成节俭的习惯。假使一个人在这一方面花销太大，他可能会幡然醒悟，而不会沦落到被社会人士讥讽的地步。如果原来有成群的仆人，突然裁减人数；如果原来经常大摆丰盛的筵席，现在的次数减少了；如果原来陈列着的众多华丽物品数量突然减少，就不免引起邻居的注意，而且好像意味着自己承认以往的行为是不对的。所以，像这样挥霍的人，如不是不得已而破产，就很少具备改变习惯的勇气。相反，如果他原先就喜欢将钱用于添置住宅、家具、书籍或图画，以后如果感觉自己的财力无力承受时，他很快就可以彻底改变这一习惯，人们也不会怀疑他改变的动机。因为这类物品此前已经购买过，不需要不断地购买。在别人眼里，他之所以会改变习性好像不是因为财力无力承受，而是因为对其失去兴趣。

把资产用在购买耐用品上，所产生的维持费会比较多；把资产用在款待宾客上，所产生的维持费则略少。一个晚上的宴席，所消耗的粮食数百，其中也许有一半会被倒掉，浪费不能说不大。假设把宴会所用的开支用于雇佣泥水匠、木匠、装潢工和技工等，那么虽然所消耗的粮食的价值是一样的，但是所供养的人数必然会增多。工人们会一便士一便士地、一镑一镑地购买这些粮食，绝对不会浪费一镑。一种消费方式用于维持生产性劳动者，能实现一个国家土地和劳动的年产品的交换价值的增加；一种消费方式用于维持非生产性劳动者，则不能实现一个国家土地和劳动的年产品交换价值的增加。

但是，将开支用于耐用品就是良好行为，而将开支用于待客就是恶劣之举，这绝对不是我的意思。一个富人把他的收入主要用于款待宾客时，他就是在同其友伴分享其大部分财富；但是当他用这财富来购买耐用商品之时，他就是将其用于一身，不会将其无代价地给予他人。因此，后一种的花费，特别是用于购珠宝、衣饰等东西的花费，就常常表现出一种卑微的自私性格。我上面的意思不过是说，花费于耐久物品可以有助于有价值商品的蓄积，所以也能鼓励私人的节俭习惯，也就比较有利于社会资本的增长。由于它所维持的是生产者而非不生产者，所以也就更加有利于国民财富的增长。

第四章

论放贷取息的资财

贷款人总是将贷出收息的资财看作自己的资本，总希望借贷期满时，能够将其顺利收回。而在借期中，借钱的人会因为借用这笔资产而付给贷款人一定数额的年租。借钱的人可将这笔资产作为资本，也可将其用作供目前消费之用。如果充当资本，该笔资产就会被用于维持生产性劳动者的用度，并能够再生产出价值，且创造利润。在这种情况下，这类劳动者不必付出或占用任何别的收入，就能偿还这一资本并支付利息。如果充当目前消费之用的资产，这类劳动者就变成了浪费之人，他将原本用于维持勤勉之人用度的基金用在了供养闲散懒惰之人身上。在这种情况下，除非他占用其他类似资产或地租这样的某种收入来源，不然，他就难以偿还资本并支付利息。

毫无疑问，贷出取息的资财有时可以用作以上两种用途，但以用在前者中的居多。挥霍之人难免快速破产，借钱给他的人们事后也会为自己的愚蠢而悔恨不已。除非对于高利贷者，否则这样的借贷对双方都绝不是好事。天下之大，出于这样目的的借贷不可能避免，可是人无不自利，我们可以相信这种情况不会如我们所想象的那样频繁发生。找一个谨慎的富人，问他是愿以大部分资财贷给谋利的人，还是浪费的人？他会笑话你问了这样一个显而易见的问题。但是借债人中的节俭者终究也要多于奢侈者，勤勉之人也总比懒惰之人多得多。

只有乡绅借了钱是为消费而不是为了谋取利润。乡绅借款通常有财产作为抵押，他借来的钱款经常不是用来生财。但就连乡绅借钱也并非全为了消费。借款往往早在未借之前就已被挥霍一空。他们日常开支多是用于向商人与店主大量赊购，所以他们不得不用有息借贷来还清账目。乡绅们所借的资金实是用来填补商店老板的资金亏空，乡绅们所收的地租不够抵偿日常支出，便需大借外债。这时他借钱并不是为消费，而为补足先前已经消耗的资金。

收取利息的贷款绝大部分是依靠货币来进行的，或是纸币，或是金银。但是借钱的人真正所需要的与贷款人真正提供给他的并不是货币而是货币的价值，也就是用货币能够购买到的商品。如果借钱的人想要的是能够直接消费的资产，那么，他所借到的便是这种能够直接消费的商品。如果借钱的人所想要的是用来扩大产业规模的资本，那么，他所借到的便是那些劳动者开展工作所需要的工具、材料和食物。贷款的事情，事实上就像是贷款人将自己的一定部分土地和劳动的年产品的使用权转让给借钱的人，任凭借款人随意使用。

不论货币是纸币或是铸币，都是国内各种借贷的工具。无论哪个国家有多少资产能够以收取利息的方式借贷出去，或正如一般人所说，有多少货币能以收取利息的方式被借贷出去，并不取决于货币的价值，而是取决于具体的某一部分的年产物的价值。这一部分年产物从土地上生产出来或经生产性劳动者之手制出来后，便被指定用来充当资本，因其所有者无意亲自使用它们，便将其借给别人。由于这种资本的出借和偿还一般都是以货币的形式进行的，因此这便被称为所谓的货币权益。它不仅不同于土地权益，而且也不同于贸易权益和制造权益，因为在后一种情况中，资本的所有者是运用自己的资本。但是我们应该知道，即使是为了获取货币的利息而被借贷出去的货币，也不过像一张被转让的证书一样，所有者将自己无意亲自使用的资本转让到另外一个人的手中。与作为转让工具的货币量相比，这样转让的资本量要大得多。同一枚铸币或同一张纸币可以先后多次进行不同的购买，也可以被连续用来充当贷款。例如，甲将 1000 镑贷给了乙，乙马上用这 1000 镑向丙购买了 1000 镑的商品。丙因为自己并不需要这笔钱，所以就把这 1000 镑贷给丁，丁又马上用它向戊购买了 1000 镑的商品。戊也因为不需要这笔钱，同样地就把这 1000 镑贷给了己，己再马上用它向庚购买了 1000 镑的商品。货币或许还是原先的那几枚铸币或几张纸币，但是在几天之内就借贷了三次，也购买了三次。每一次的价值都与全部货币的数目相等。甲、丙、戊是有钱贷出的人，乙、丁、己是要借钱的人。他们所借贷的，其实只是购买那些商品的能力，借贷的价值与用途都取决于这种购买力。这三个有钱人所贷出的资财，与这笔货币所能购买的商品价值相等，所以，这三次出借所贷出的资产，实际上是用于进行购买的货币价值的 3 倍。假设债务人运用得比较恰当，在一定的时期内能够偿还原先借来的价值和它的利息，那么这种借贷就有了可靠的保障。这笔货币既然能被用来充当其价值 3 倍或 30 倍的贷款工具，因此也可连续充当偿还债务的工具。

用这种方式放贷以求利息，可以看作债权人以一定部分的年产物让与借款人。条件是债务人须在借款期内取出一部分的年生产物，转让与债权人，这一回报便是贷款利息。在借款期满后，又将与原来债权人让给他的那部分年产物相等的价值转让予债权人，这一操作称作还本。在转让这较小部分和较大部分的情况下，货币虽然起到转让证书的作用，但和其所让与的东西完全不同。

一旦从土地生出或从生产性劳动者手上造出，被指定用作补偿资本的那一部分年产物增加了，所谓货币权益也自然随之增加。资财在总体上增加了，资财所有者无意自留使用，但指望从中取得某一种收入的资本也必然增加。换言之，总资财增加了，能放贷取息的资财也必逐渐增加。

当放贷取息的资财数量增长时，利息或为使用这种资财而必须支付的价格也就必然下降，这不仅是出于商品数量增加时其市场价格普遍下落的一般原因，而且是出于在这种场合所特有的其他原因。首先，一国的资本增加了，投资的利润相应地减少。要想找出一种在国内投资并取利的方法将越来越困难。资本间的竞争就这样发生了，资本所有者往往互相倾轧，努力排挤原先的投资人。如此的话，他自己也只得降低条件，不但要低价售出所经营的商品，有时甚至不得不高价购入。其次，用以支持生产性劳动的资金既已增加，对生产性劳动的需求也势必与日俱增。劳动者不愁没有工作，资本家却担心没有工人可用。他们的竞争提高了劳动的工资，降低了资本的利润。但是当因使用资本而造成的利润减少时，为使用资本而付出的代价即利息率也必然随之减少。

洛克先生、约翰·劳先生和孟德斯鸠先生（Montesquieu）以及众多学者都以为，由于西属西印度群岛的发现而导致金银数量的增加是欧洲大部分地区利息降低的真实原因。他们认为这两种金属本身的价值减少了，它们特定部分在使用中便也只能具有较小的价值。这个观点似是而非。休谟已经充分揭露了这个错误，我们或许不必再作解释。但下面的简要阐述可以进一步说明这个迷惑了几位先生的谬见。

在西属西印度群岛被发现以前，欧洲大部分地区的普通利息率一般是10%左右。从那时起，各国的普通利息率开始下降，现在已降到6%、5%、4%甚至3%。暂且假定某一国银价的降低同这一国利息率的降低成某一比例。例如在利息率由10%减至5%的地方，现在用等量的银所能购买的货物量，只等于从前的一半。这种假设是否属实呢？我相信绝非如此，但这种假设对我现今要考察的那种学说却十分有利。然而，即使根据这个假设，我们也绝不能推出结论说，银的价值的降低会多少减少利息率。假若现今100镑的价值只等于昔日50镑的价值，则今日10镑的价值也只等于昔日5镑的价值。无论资本价值减少的原因为何，这同一原因也必会导致利息价值的减少，并且是按照同一比例。资本价值与利息价值的比例不变，利息率就也不会变。如果利息率真有变化，这两个价值之间的比例就不能不变。如果现今100镑的价值，只等于昔日50镑的价值，那么现今5镑的价值，也只等于昔日2.5镑的价值。在资本价值折剩一半的时候，若利息率由10%减至5%，则就使用资本所付的利息的价值而言，就只剩从前利息价值的1/4了。

在依靠白银而流通的商品数目尚未增加时，白银数目的增加，只会导致白银价值的下跌。这时，虽然各种商品的实际价值依旧和从前一样，但是它们的名义价值却会增大。虽然它们能够换到的银币数目更多，但是它们能够支配的劳动者的数量、维持和雇佣的劳动者的数量也依旧和从前一样。虽然将等量的资本从甲转移到乙所需要的银币数目可能增加了，但是国家的资本却没有增加。虽然那张转让证书会如同冗长的委托书一样，繁杂琐碎得多了，但所转让的物品却依然和从前一样，且产生的效果也一样。如果生产性劳动的维持费用完全一样，那么对生产性劳动的需求自然也完全一样。所以，虽然生产性劳动的名义价格或工资增大了，其实际价格并没有改变。按照所支付的银币数量计算，名义工资虽说是提高了，但是按照所能购买的商品的数量计算，实际工资依旧和从前一样。不管是从名义上说，还是从实际上说，资本利润都没有发生变化。因为工资通常是按照所支付的银币数量来计算的，所以当所支付的银币数量增加时，有时虽然实际工资并没有增加，但是从表面上看却似乎也增加了。然而资本的利润却并非如此。资本利润并不是按照所支付的银币数量的多少计算的。在计算利润时，仅计算所获得的银币数量与所投入的资本之间的比例。比方说，我们提到工资的时候，往往会说该国普通的劳动工资是每周 5 先令；我们提到利润时，往往会说该国普通的资本利润为 10%。然而，该国的所有资本既然与以前的相同，那么，国内分到这全部资本的各个人之间的竞争也必然和以前一样。他们在进行贸易往来时享受到的便利一如往昔，所遇到的困难也一如往昔。因此，资本与利润之间的普通比例依然不会改变，而货币的普通利息也依然不会改变。通常因使用货币而支付的利息，必定取决于使用货币通常所能获取的利润。

相反，在国内流通范围内货币量不变的情况下，国内每年流通的商品量增加，这种情况除了会提高货币的价值外，还会引起其他重要后果。一国资本名义上没变，实际上却已增加。它可能仍继续由同量货币表示，却支配着更大的劳动量。它所能支持和雇佣的生产性劳动量增加了，劳动的需求因此也会增加。工资自将随劳动需求的增加而提高，可是表面却可能是下跌的情形。这时作为劳动者所得的工资的货币的数量可能少于以前，但现今这较少的货币所能购得的物品的数量却多于从前较多货币所能购买的物品数量。可资本的利润无论在实际上和名义上都会减少。国内所有的资本总量既已增加，资本间的竞争也自然增加，他们就不得不满足于各自所雇佣劳动的产品的较小部分。货币的利息总是与资本的利润一样步调一致地变化，货币的价值或者一定量货币所能购买的物品总量虽然大增，但货币的利息仍然可能大减。

有些国家的法律禁止货币的利息。但由于在任何地方使用资本都会取得利润，所以在任何地方使用资本都应有利息为酬。经验告诉我们，这种法律不但不能遏制重利盘剥的罪恶，反会鼓励它：因为债务人不但要支付使用货币的报酬，还要对债权人冒险接受这种报酬支付另一笔费用。换句话说，债务人要为债权人可能会遭受的因放高利贷收取利息而受到的惩罚交纳保险金。

在允许收取利息的国家，为了禁止重利的盘剥，立法往往规定最高的利息率。这个最高利息率总要稍微高于最低市场利息率，即那些能够提供绝对可靠担保品的借款人借用货币时通常所付的价格。这个法定利息率不能低于最低市场利息率，否则这将无异于全然禁止放债取息。如果取得的报酬少于货币使用之所值，则债权人便不肯借钱出去，所以债务人得为债权人冒险接受货币使用之所值而再支付一笔费用。如果法定利息率恰等于最低市场利息率，则一般没有稳妥担保物的借款人便不能从遵守国法的诚实人那里借到钱，而只好受高利贷者的盘剥。在如今大不列颠这样的国家，贷款给政府的年息为 3%，贷款给有稳当担保的私人的年息则为 4% 或 4.5%。如此看来，现行法定利息规定为 5% 或许最为恰当。

有必要说明下，法定利息率虽应略高于最低市场利息率，但也不应高出太多。如果英格兰法定的利息率为 8% 或 10%，大部分可以供贷出的货币就会流入挥霍者和投机分子的手中，因为只有这一类人愿意出这样高的利息。诚实的人只能从使用货币所获的利润中取出一部分作为使用货币的报酬，当然不敢参与和这些人的竞争。这样一国的资本中将有大部分离开谨慎者，而流入浪费者手中，结果只是资本的浪费和破坏。反之，在法定利息率仅略高于最低市场利息率的情况下，有钱出借的资本所有者都宁愿把资本借给谨慎者，不愿借给浪费者和投机家。因为借给谨慎者所得的利息和借给浪费者所收取的利息几乎相同，而钱在谨慎者手上自然更为稳妥安全。这样，大部分的国家资本就落入谨慎者手里，而资本在这些人手里，最有可能被用在有利的用途上。

没有任何法律能把利息率降到低于当时最低普通市场利息率的水平。1766 年，法兰西国王曾经规定利息率须由 5% 减至 4%，但人们通过各种方法规避这法律，法国民间利息率仍然保持为 5%。

据观察得知，土地的普通市场价格都是由普通市场利率决定的。拥有资本而无意亲自使用却想从中取得收入的人，对于究竟将它用于购买土地，还是将它借贷出去收取利息，通常会斟酌再三。土地极其安全可靠，此外，在很多时候它还具有其他一些好处。所以，比较而言，虽然将钱贷给别人收取利息而获得的收入会更多，但是资本所有者一般却宁愿将钱用于购买土地而获得较少的收入。这些前面提到的好处能够补偿两种收入之间的差额，但也仅仅限于补偿这两种收入之间的差额。如果土地地租远远少于货币利息，没有人会愿意购买土地，土地的一般价格必然会因此而下降。相反，如果土地地租在补偿了地租与利息两种收入的差额之后还有许多剩余，那么每个人都会愿意购买土地，土地的一般价格就会因此而上升。当利率是 10% 时，土地的售价通常是年租的 10 倍或 12 倍。当利率下降到 6%、5%、4% 时，土地的售价就会上涨到年租的 20 倍、25 倍甚至 30 倍。法兰西的市场利率略高于英格兰，而其土地的一般价格则低于英格兰。英格兰土地的售价一般是年租的 30 倍，法兰西的土地售价一般则是年租的 20 倍。

第五章

论资本的各种用途

所有的资本都是用以维持生产性劳动的，但等量资本所能推动的生产性劳动量，从而对一国土地和劳动的年产品所能增加的价值，也按照资本的用途不同而千差万别。

资本有四种不同用法。第一，用以生产或获取社会上每年所需使用和消费的天然产品；第二，用以制造和加工这些天然产品，以应付使用和消费；第三，用以将天然产品或者制造品从有余的地区运往缺乏这类产品的地区；第四，将一定部分的天然产品或者制造品分割成为较小的部分，以便适应需求者的临时需要。第一种用法是经营农业、矿业、渔业的人的用法；第二种用法是制造业主的用法；第三种用法是批发商人的用法；第四种用法是零售商人的用法。很难设想，还有什么用法不能归入这四种用法之中。

资本的这四种用法之间的关系非常密切，每一个都不可或缺，即使独自存在，也难以实现发展。出于对全社会的福利考虑，这四种用法也是缺一不可的。

若没有资本所提供的相当丰富的天然产品，任何制造业和商业恐怕都不能存在。

天然产品有一部分往往要经过加工制造后才适于使用或消费。假设没有资本投入制造业中对它进行加工，这一部分的产品因为没有人需要，就永远没有被生产出来的机会。如果它是天然生长的，不经过制造也就不会有任何交换价值，不能增加社会财富。

盛产天然产品及制造品的地方需要资本，将物品从数量有盈余的地方运往匮乏的地方正是满足了这个需要。若没有这种投在运输业中的资本，这种运输便不可能存在，于是它们的生产量便不能超过本地消费的需要。批发商人的资本使一地剩余生产品与另外一地的剩余产品实现了交换，这样做既鼓励了产业，又促进了两地的消费。

若没有将资本投入到零售业中，把大量天然产物和制造品分成许多较小的部分，来满足需要者偶尔的需求，那么，每个人都只能购买大量的生活必需品，并且这一数量超出了他目前的所需量。假设社会上没有屠夫这一行业，每个人就只能一次购买一头牛或羊。这样做，即便是对富人来说，也很不方便，更不用说穷人了。一个贫穷的劳动者如果迫不得已一次购买了足以维持一个月或半年生活的粮食，那么他的资本中肯定有大部分只得改投到供目前立即消费之用的资产上，肯定有一部分资产被迫变成不能提供收入的资产。投入到工作所需要的生产工具、商店里摆放的家具上的资产肯定都会减少，可这种投入是可以给劳动者带来收入的。对于这种人而言，最便捷的办法就是在需要食物的时候，一天一天地去购买，当然一小时一小时地购买就更好了。这样，他就能把几乎所有的资产都作为资本。零售商肯定能从所经营的生意中获取利润，而这种利润便来自其所提高的零售商品的价格，那么这些贫穷劳动者能提供具有更大价值的工作，并通过该工作获取利润，该利润足以补偿零售商为获取利润而提高的商品价格，并有剩余。有些政治家对店主和商人有成见，这种行为其实毫无根据。零售商众多，也许他们会对彼此造成伤害，但是并不妨碍社会。因此，没有必要让他们缴纳赋税，也没有必要限制他们的人数。例如，某一城市能够销售出去的杂货数量受制于该城市及其周边地区对杂货的需求，因此，可投入到杂货业中的资本，一定不能多于购买这一数量的杂货所必需的数额。如果将这种有限的资本分给两个杂货商人让其经营，这两人之间的竞争会导致双方降低售价，而这一售价要比一个人独自经营时的售价更便宜。如果将资本分给 20 个杂货商人经营，他们之间的竞争会更激烈，而他们联合起来抬高价格的可能性却会更小。他们之间的竞争，也许会导致一些人破产，但这是他们自己应当注意的事，我们不必费心。他们的竞争肯定不会伤害到消费者，也不会伤害到生产者。相反，与一两个人垄断经营的情况相比，多加零售商间的竞争一定会导致零售商以昂贵的价格买入而不得不以低廉的价格出售。零售商众多，其中一定不乏引诱软弱的顾客上当受骗的奸商，致使顾客购买了自己其实并不需要的商品。不过，这种弊端并不是什么大问题，不值得国家费心费力，更无须通过限制他们人数的办法来防止弊端的产生。举一个最生动的例子，不是因为市场上的酒馆太多，社会上才会出现酗酒的人；而是出于其他原因，社会上出现了酗酒的人，从而市场上出现了众多酒馆。

把资本投在上述四种用途上的人都是生产性劳动者；如果使用得当，他们的劳动就可以固定而且实现在劳动对象或可卖物品上，至少也可把维持他们自身和被他们自身消费掉的价值固定在劳动对象或可卖物品的价格上。农场主、制造业主、批发商人、零售商人的利润，都来自前两者所生产及后两者所售卖的货物的价格。不过，在这四种不同的用途上，等量资本所直接推动的生产性劳动量却不相同，对在社会土地和劳动的年产物方面所增加的价值的比例也不相同。

零售商的资本补偿了向他供货的批发商的资本，连同后一资本的利润，使批发商能继续营业。零售商自身就是他自己的资本所直接雇佣的唯一生产性劳动者。他的利润包含了通过使用零售资本增加了社会土地和劳动年产物的全部价值。

批发商的资本补偿了向他出售天然产品和制造品的农场主和制造业主的资本，这一补偿连同后者的利润，使他们能继续其事业。批发商间接维持社会的生产性劳动，增加社会年产品价值，这是他的主要方法。他的资本同时雇佣了运输货物的水手搬运工，资本在这种货物的价格上面所增加的并非仅有批发商自己利润的价值，而且还有水手搬运工工资的价值。它所直接雇佣的生产性劳动不过如此，对于年产品所直接增加的价值也不过如此。然而，它在这两个领域中所起到的作用，要比零售商的资本大得多。

制造业主的资本中的一部分被用作固定资本，它被投入到他的产业所需的工具中，以便补偿出卖这些工具的其他制造业主的资本并给他们提供利润。剩下就是流动资本。流动资本中的一部分用来购买材料，这部分补偿供给这些材料的农场主和矿商的资本并给他们提供利润，但是大部分的流动资本是在每年或者短得多的时期中被分配到他的雇佣工人身上。制造业主的资本在他所加工的材料上增加的价值，包括雇工的工资和雇主的利润，该利润是指雇主支付工资和购买材料，以及贸易工具的应得报酬。较之批发商人的同量资本，制造业主的资本所直接推动的生产性劳动量大多了，在社会土地和劳动的年产品上所增加的价值也大多了。

以同量的资本所能够推动的生产性劳动的数量而论，没有哪个资本能超过农场主的资本。农场主的工人和牲畜都是生产性劳动者。在农业中，自然也和人一起劳动。自然的劳动虽无须代价，它的制成却和最昂贵的工人生产品一样具有价值。农业最重要的作用，与其说是增加大自然的繁育能力，不如说是引导大自然的繁育能力，使自然生产出对于人类最为有利的植物。荆棘丛生之地，常常也可以产出大量作物，就像从最好的葡萄园或谷田产出的作物一样。耕耘与其说是增加自然的产出力，不如说是支配自然的繁育能力。人工以外的大部分工作非依靠自然力不可。农业上雇佣的工人与牲畜不仅像制造业工人一样，重新生产出他们消费掉的价值，又或者说，重新生产出雇佣他们的资本及资本家的利润，而且生产更大的价值。他们除了再生产农场主的资本及利润外，通常还要再生产地主的地租。这种地租可以说成只是地主借给农场主使用的自然力的产物。地租的大小取决于想象中的自然力的大小，或者说取决于想象中的土地的自然产出力或土地的改进产出力的大小。减除一切人的劳作之后，余下是自然的劳作。它在全部生产品中很少占到1/4以下，多数时候占到1/3以上。投入制造业的任何同量的生产性劳动，都不能引发这样巨大的再生产。在制造业中大自然没有作用，全是人的功劳，再生产的大小也必然和起作用的生产因素的力量成比例。所以，与投在制造业上的等量资本相比，投在农业上的资本不仅推动的生产性劳动的量较大，就其所雇佣的生产性劳动的量而言，它对一国土地和劳动的年产品所增加的价值，对国内居民的真实财富与收入所增加的价值还要更大。在能够使用资本的所有方法之中，农业投资对社会最为有利。

投入到农业和零售业中的资本，通常都会留在其所属的社会里。它们的使用大都有固定的地点。对农业来说，是农场；对零售业来说，是商店。而且，它们的所有者在很多时候都是其所属社会的居民。虽然有时也有例外。

批发商的资本似乎并不会固定下来或停留在某地，也没有那个必要。因为要以低廉的价格买入而以昂贵的价格出售，他们的资本往往要从一个地方周转而流往另外一个地方。

制造商的资本自然要留在制造的地点。至于在什么地方制造，则没有必要进行确定。有时，制造的地点不但远离出产原料的地方，而且也远离制成品销售的地方。里昂制造品的原料是从极为遥远的地方运来的。而其制造品也要运到极为遥远的地方进行销售。西西里的时尚人士的衣料是其他国家所制造的丝绸，而丝绸的原料却产自西西里；西班牙的部分羊毛在英格兰加工制造，随后又有一部分毛织物返销西班牙。

在任何社会中，动用资本来出口剩余产品的批发商究竟是本国人还是外国人，这无关紧要。如果是外国人，我国受雇的生产性劳动者人数当然会少一些，但也只少他一人的利润；我国的年产品价值也当然会少一些，但也只少这一个人的利润。至于所雇佣的水手搬运工是不是本国人则与这个商人是否是本国人无关，本国人也可以雇佣外国的水手搬运工。无论是外国人或是本国人的资本，都一样能输出国内剩余生产品以交换国内需要的物品，从而使这些剩余生产品具有了价值。批发商同样使生产这些剩余生产品的人的资本得以偿还，使生产这些剩余生产品的人的营生得以继续。批发商的主要贡献在于，它支持本国生产性劳动，并增加本国土地和劳动年产品的价值。

比较重要的一点是，制造业主的资本应留在国内。这样一来，本国受到推动的生产性劳动量必然比较大，本国土地和劳动的年产物所能增加的价值也必然比较大。不过，即便不留在本国境内，制造业主的资本也能对本国产生效果。英格兰亚麻制造业主年年从波罗的海（Baltic）沿岸各地输入亚麻来加工。这种资本虽非产麻国所有，但对产麻国有利这一点也是显而易见的。这种亚麻只是产麻国的一部分剩余生产品，假如不是每年输出，用以交换本地所需各种物品，它便没有价值可言，其生产也将立即停止。出口商补偿了生产者的资本，从而鼓励他们继续生产；而大不列颠的制造业主又补偿了出口商的资本，使他们继续从事运输。

如同个人一样，国家也常会资本不足。既想把一切土地改良和耕种起来，又要把全部天然产品加工起来以供直接的消费及使用，还要把剩余的天然产品及制造品运往远方的市场换取国内所需要的物品。大不列颠许多地方的居民，没有足够资本来改良和耕种他们的全部土地。苏格兰南部的羊毛，就因为当地大部分居民缺乏资本，不得不在崎岖恶劣的道路上长途颠簸，被运到约克郡去加工。英格兰有许多小工业城市的居民没有足够资本把产品运到有需求的远方市场去销售。他们中间纵然有批发商，充其量不过是大商业城市中的大富商的代理人而已。

要是一国的资本不够同时兼顾这三方面，则将大部分的资本投入农业时所推动的国内的生产性劳动量将最大，同时它对社会土地和劳动的年产品所增加的价值也最大。其次是投入制造业的资本。而投入出口商业的资本在此三者之中效果最小。

当然，全部资本还不足以兼顾上述三者的国家，其富裕程度实在还没有达到自然注定要达到的水平。无论对个人还是社会来说，试图以不充足的资本，在时机未成熟时兼营三者，都不是取得充足资本的最佳途径。正像一个人的资本有一定限度一样，国内全体人民的资本也有一定限度，只够用于某几个方面。要增加个人资本，须从收入内节省而不断积蓄；要增加国民资本，也须从收入内节省而不断积蓄。资本的用途，若能给国内全体居民提供最多的收入，从而使全体居民都能进行最多的储蓄，则国民资本就可能飞速地增长。而国内全体居民收入的大小，必取决于国民土地和劳动的年产量的大小。

美洲地区快速走向富强的主要原因，就是英国人把几乎所有的资本都投入农业。那里除了一些粗糙的家庭手工业以外，几乎没有任何制造业。它们这些家庭工业是随农业发展自然出现的。出口业和航运业的经营权则主要掌握在居住在英格兰的投资商手中。有些省份则更甚，尤其是弗吉尼亚和马里兰，那里经营零售生意的店铺和栈房也多为居住在英国的商人所有。零售业不由本地商人资本经营的事例很少见，而这就是一个例子。假如美洲的居民团结起来，或者使用其他形式的手段阻止欧洲制造品的进口，让国内制造同种产品的本地人垄断制造业，这将导致本地的大部分资本都改变用途，投入到了制造业上，最终，他们不仅不能实现年产物价值的增加，使国家逐渐富强起来，恐怕只会阻碍国家发展。同样，如果他们企图垄断全部出口业，结果也许同样如此。

同等数量的资本在国内所推动的劳动量的多少和其使社会年产值实现增加的大小，因资本投入到农业、工业、批发业中的比例不同而有所差别。而且即便均为批发业，资本投资的结果也将因所经营的批发业的种类不一样而差异很大。

所有批发贸易可以分为三类，也就是国内贸易、对外消费贸易和运输贸易。国内贸易是从国内的一个地方购入劳动产品，之后在国内的另外一个地方将其售出，它有内陆贸易和沿海贸易两类。对外消费贸易是购买外国货物满足国内居民的消费。运输贸易是经营不同国家之间的贸易，也就是把甲国的剩余产品运到乙国。

投入到国内贸易中的资本，将从国内甲地购买的产品运到乙地出售，每运作一次，通常可以补偿两个均为投入到国内农业或制造业中的资本，从而使其得以继续运作。当使用这项资本从商人的店里将一定价值的商品运出去时，很多时候至少一个与其价值相同的其他商品可被交换回来。所以，如果交易的双方交换的均为国内劳动的产物，本国两个用于维持生产性劳动的资本结果自然能够得到补偿，并能继续运作。比如，先把苏格兰所生产的制造品运至伦敦，再将英格兰所生产的谷物或制造品运到爱丁堡的资本，每运作一次，无疑能够补偿大不列颠的两个投入到制造业或农业中的资本。

既然进行对外消费贸易的一方是本国劳动的产物，那么，每运作一次，投入到这种贸易中的资本虽然能补偿两个不同的资本，但仅有一个是用于维持本国产业的资本。例如，先把英国的货物运至葡萄牙，再把葡萄牙的货物运回大不列颠的资本，每运作一次，仅补偿一个英国资本，另外一个则是葡萄牙的资本。所以，即使这种贸易的资本每运作一次的速度与投入到国内贸易的资本运作的速度一样，比较而言，投入到这种贸易中的资本也只能鼓励半数的国内产业和国内生产性劳动。

对外贸易很少能像国内贸易那么迅捷地赚回资本。国内贸易一般每年能赚回一次，有时甚至三四次。而对外贸易很少能每年赚回一次，有时要两三年才能收回。因此，投入在国内贸易上的资本有时已经运作了 12 次，即付出而又收回了 12 次，而投在对外贸易上的资本只能运作一次。于是，若是两个资本相同，前者在给予劳动的鼓励和支持方面就是后者的 24 倍。

供应本国消费的外国货物，有时并不是用本国产品而是用一些外国货物来购买的。但这种外国货物却必然是直接用本国产品，或者是用这种产品换来的货物购买的。除非在战争或征服的情况下，否则除了用本国产品去直接交换，或用本国产品交换两三次得来的货物去交换之外，任何货物都无法得到。与最直接地用于对外贸易的资本比较，这种被如此迂回地投入对外贸易的资本，除去因最后收回之前一定有两三次对外贸易资本的收回从而耗时较多以外，在任何方面都效果相同。假如商人以英格兰制造品换购弗吉尼亚的烟草，再用弗吉尼亚的烟草换购里加的亚麻，则必定要在经过两次对外贸易之后，资本才能返到商人手上，再用来购买同量的英格兰制造品。若弗吉尼亚的烟草不是用不列颠的制造品购买，而是用由不列颠制造品购买的牙买加的糖与甜酒购买，他就必须等待三次回收。而如果这两三次对外贸易是由两三个商人进行，第一个人进口的是商品，其进口的商品被第二个人购买用以出口，第二个人进口的商品又被第三个人购买用以出口，对每个商人来说，资本的回收速度的确比较迅速；但是要将投入到贸易中的所有资本都如数收回，却是十分缓慢。在这种迂回周转的贸易中，使用的全部资本究竟属于一个还是两三个商人，对国家来说是没有什么区别的，虽然对每个商人来说会有不同。较之制造品与亚麻的直接交换，这样间接用一定价值的大不列颠产品来交换一定量的亚麻就需要有 3 倍的相同资本。因此，一般说来，和同一种直接贸易的等量资本相比，用于这种迂回的对外贸易的全部资本对国家的生产性劳动所做出的鼓励和支持要小一些。

用来购买国内消费的外国货物的，不管是什么样的外国商品，它都无法改变贸易的本质，也无法使自己对本国生产性劳动所能提供的鼓励与扶持发生增减变动。如果用于国内消费的外国货物是用巴西的黄金或秘鲁的白银所购买的，自然要通过本国的某种劳动的产品，或用本国的劳动产品通过交换而得来的某种物品购买。这种交换，便与先购买弗吉尼亚的烟草，然后再用弗吉尼亚的烟草来购买本国所需要的物品毫无差别。所以，对于本国的生产性劳动而言，不管是从利的方面说，还是从弊的方面说，在补偿直接用在维持该生产性劳动上的资本的速度方面，通过金银进行的对外消费贸易与其他任何同样用商品交易实现的间接交换的对外消费贸易毫无差别。不过，比较而言，通过金银进行的对外消费贸易还有一个优点。金银作为金属，虽然体积小，但是其包含的价值却不小，因此，与相同价值的其他物品相比，运输的费用比较少，保险费用也不会更多。再者，在运输过程中，与其他的物品相比，金银更不易受损。所以，用金银充当媒介与用其他的外国货物充当媒介相比，我们常常能够通过较小量的本国劳动产品交换到相同数量的外国产品。比较而言，用其他的外国货物充当媒介，不如用金银充当媒介，因为本国的需求可以由此而以较少的花费获得更充分的供给。至于这种不断输出金银用以换得本国所需要的外国货物的贸易是否会导致国家陷入贫困，下文会详细讨论。

在任何国家中，投在中间商贸易上的资本都被全部从本国的生产性劳动中抽出来，被转以维持外国的生产性劳动。虽然这种贸易一次可抵偿两个资本，但没有一个是属于本国的。从波兰运谷物到葡萄牙、再运葡萄牙水果和葡萄酒到波兰的荷兰商人的资本，确实抵偿了两个资本，但是这一结果完全不是用来维持荷兰的生产性劳动，而是一个维持波兰的生产性劳动，另一个是用来维持葡萄牙的。最后流回荷兰去的只是荷兰商人的利润，它也必然构成这种贸易对荷兰土地和劳动的年产品的增加量。当然，如果中间商贸易所用的船舶与水手是本国的船舶与水手，那么为支付运费而使用的那一前部分资本是在该国一定量的生产性劳动者中分配的，也就是用来推动本国的生产性劳动。事实上，几乎所有进行大量中间商贸易的国家都是以这种方式运行的。也许这便是“中间商贸易”（Carrying Trade）这个名称的由来，因为这样的国家居民成了其他国家的搬运工。不过，这种贸易的性质并非总是如此。比如说，经营波兰、葡萄牙两国的中间商贸易的荷兰商人，可以用荷兰船舶也可以用大不列颠的船舶。人们可以看到，他在某些情况下正是这样做的。出于这个缘故，人们认为，中间商贸易对大不列颠这种国家特别有利，因为它的国防与安全取决于船舶与水手的数目。但是，同等的资本在对外消费贸易甚至在由沿海船舶进行的国内贸易中，照样可以雇佣那么多的船舶与水手。一定量的资本所能雇佣的船舶与水手的数量并非依赖贸易的性质，而是一方面取决于货物容积与货物价值的比例，另一方面取决于运输海港间的距离，而前者尤其重要。例如，纽卡斯尔与伦敦相距不远，但是，这两个海港之间煤炭贸易所雇佣的船舶和水手却比英格兰全部中间商贸易使用的还多。因此，通过特别奖励措施迫使一国将比自然流入的资本份额更大的资本投入到中间商贸易中去，也并不总是会一定促进该国航运业。

因此，与投入到对外消费贸易中的相同数量的资本相比，投入到国内贸易上的资本所能扶持和鼓励的本国生产性劳动数量既然比较大，那么其使本国年产值实现的增加通常也更多。与投入到运输贸易中的相同数量的资本相比，投入到对外消费品贸易中的资本却能在以上提到的生产性劳动数量和年产值两个方面上提供更大的利益。在财富决定实力的现今，一个国家的财富和实力，一定与其年产值，也就是与其支付所有税收的最终农产品价值成比例。政治经济学的远大目标，便是增长本国财富、增强本国实力，所以，出于对本国经济的考虑，不应奖励对外消费品贸易，而应奖励国内贸易；不应鼓励运输贸易，而应鼓励对外消费品贸易或国内贸易。出于对本国经济的考虑，不应强迫也不应诱使较大份额的资本违背事物的自然趋势，流入到对外消费品贸易或运输贸易渠道中去。

然而，如果这三种贸易都是顺势而为自然发展起来，而未曾受到任何的约束与压制，它们就不仅有利，而且也是必要的、不可避免的。

当特定工业部门的产品超过本国需要时，剩余部分一定会被送往国外，以交换国内需要的物品。没有这种输出，本国的部分生产性劳动必然停止，其年产值也将减少。大不列颠的谷物、呢绒、金属制品，一般来说超过了国内市场所需，所以其剩余的部分必定要被运往国外，以交换其所需。正是由于这种输出，剩余的部分产品才可以通过销售换取充分的收入，并抵偿生产它时所费的劳动与费用。通航河道和大型海岸宜于兴建产业，即是因为剩余的产品易于运输和交换本地所需的货物。

如果用本国剩余产品购得的外国货物也超过了国内市场所需，其剩余部分也必须再次运往国外，以交换国内更为需要的东西。用大不列颠本国剩余产品的一部分，每年在弗吉尼亚、马里兰购买的烟草达到 9.6 万豪格海桶（Hogshead）[①]，而大不列颠所需大约不过 1.4 万豪格海桶，其余 8.2 万豪格海桶若不能送往国外以交换国内需要物品，烟草的进口就必然立即停止，而大不列颠居民的一部分生产性劳动也必然随之停止：因为他们现在制造的货物，就是用来交换这 8.2 万豪格海桶烟草的。这些货物是大不列颠土地和劳动产物的一部分，它在国内没有市场，如果在国外的市场也被夺走，这些货物就要停产。因此，在某些情况下，最迂回的对外消费贸易对支持本国生产性劳动和增加土地年产物价值也是不可缺少的，就像最直接的对外消费贸易一样。

一国资本若是增加到不能全部用来供应本国消费、支持本国生产性劳动的程度，其剩余部分就会自然地流入中间商贸易中去，用来为他国履行同一种职责。中间商贸易是国民巨大财富的自然结果与表征，但不是其自然原因。政治家们倾向于重视它并对其尤为鼓励，这就好像把结果和表现错当成原因了。从平均土地面积和人口的比例来看，荷兰是欧洲首富，因此，它在欧洲中间商贸易中占有最大的份额。英格兰或许是欧洲第二富裕国家，也在欧洲中间商贸易中占据极大份额，虽然它的中间商贸易不如说只是迂回的对外贸

① 豪格海桶，又名大桶，计量单位，约为 52.5 英制加仑，合 238.7 升。——译者注

易。从很大程度上来讲，这也就是我们从东印度、西印度和美洲向欧洲各市场运送货物所进行的贸易。这些货物一般或者用大不列颠产业的产物直接购买，或者用这种货物所交换的东西购买；这种贸易最后购买来的货物一般也是在大不列颠使用或消费的。只有大不列颠轮船在地中海各港间的贸易，和大不列颠商人在印度沿海各港进行的贸易性质相同，它们才是大不列颠中间商贸易的主体。

在国内贸易中所能运用资本的规模，自然受到国内各个遥远地区剩余产品价值的限制，这些地区要求相互交换自己的产品。在对外消费贸易中所能运用的资本的规模，受到整个国家剩余产品价值以及能用它来购买的物品价值的限制。在中间商贸易中所能运用的资本的规模，受到世界上所有国家的剩余产品的价值的限制；因此，它所能运用的资本和其他两种贸易比较，可以说是无限的，能吸收最大的资本量。

对自身利益的考虑，是决定资本用途的唯一动机。任何资本所有人将资本运用在农业、制造业、批发贸易或零售贸易的某一具体部门，都是出于自己利益的考虑。资本投入这些不同用途所推动的生产性劳动量的不同，以及所增加的社会土地和劳动年产物的价值的不同，从来不是资本所有人所考虑的。因此，在农业是最能创造利润，通过耕作和改良最容易富裕起来的国家，个人资本自然会以最有利于整个社会的方式去运作。可是，农业的利润在欧洲任何地区都不比其他资本用途产生的收益更加丰厚。诚然，在欧洲每一个角落的规划家，近几年来曾以耕种和改良土地所得的最辉煌的利润纪录，让公众感兴趣。无须对他们的计算进行特别讨论。一种非常简单的观察就可以令我们相信，这些计算的结果一定是假的。我们每天看到，在人的一生的贸易和制造业生涯中，常常有人以微薄的资本甚至白手起家，成为最富有的人物。在 18 世纪期间的整个欧洲，都没有看到任何一个用微薄资本经营农业起家的人。然而，在欧洲各个大国，依然有许多未经开垦的优良土地，已经有人开垦的土地，也远未达到充分改良的程度。所以，农业在几乎所有地方都还能吸收不少资本。欧洲各国的哪些政策能够使在城市经营贸易的利益远远超过在农村经营贸易的利益，从而致使私人宁愿将资本投入到遥远地方的运输贸易（如亚洲和美洲的贸易）上，也不愿将资本投入到改良和耕种最肥沃的土地上？我将力图在以下两个篇章中详细说明。

第三卷
论各国不同的富裕进程

第一章

论富裕的自然进程

在文明社会，城市与乡村之间的贸易往来是其商业的重要组成部分。构成这种贸易的因素主要是自然生成物和制成品之间的交换。这种交换或直接进行，或者通过货币或纸币这些流通工具进行。乡村向城市供应生活资料和制成品的原材料，城市则将一些制成品返回农村。毫不夸张地说，城市所拥有的财富和生活资料均来自农村，城市不存在什么生活资料，也不可能存在对这种生活资料进行的再生产。但是，我们不能单从这一点就说城市所获得的利益便是农村的损失。其实二者并没有此弱彼强的利害冲突，它们从彼此身上所获得的利益是一致的。分工所产生的结果与其他情形毫无二致，有利于城市和农村中所有从事不同行业的人。农村居民无须亲自加工自己所需要的产品，从城市购买即可，这样，他们就实现了以自己不多的劳动产品交换到较多的制成品。城市为农村居民的剩余产品提供了市场，这些剩余产品是超出农村居民所需要的数量，过剩的物品可拿到城市去出售，以交换农村居民所需要的物品。城市的居民越多，居民所获得的收入越高，农村居民剩余产品的市场就越广阔，这就能造福更多的人，为他们带来更大的福利。虽然出产谷物的地方有远有近，但离城市有 20 英里的地方与离城市 1 英里的地方出产的谷物所出售的价格并没有差别。谷物的售价不仅要补偿种植谷物和将谷物运到市场上的费用，而且还要为农民创造一般的农业利润；远地谷物的运输所耗费的支出远多于近地的谷物，在二者售价相同的情况下，近地的谷物节省了不少运输费用，因此其售价中所包含的利润肯定要比远地的谷物多得多。试比较一下所有郊区土地耕种情况与所有远离城市的地方的土地耕种情况，你就会发现城市的商业对农村的影响之大。即使是在那些关于贸易差额的极不合理的言论中，也从未出现过城乡之间互通有无的贸易不利于城市或农村的言论。

按照性质，生活物资肯定优先于便利品和奢侈品，所以，生产生活物资的产业必然要先于生产便利品和奢侈品的产业。因此，乡村的土地耕种和改良必然要先于城市的发展，乡村是提供生活资料的，而城市只提供便利品和奢侈品。只是乡村的剩余产品，即超过维持耕者生活所需的部分，构成城市的生活资料，因此，城市只有靠这种剩余产品的增长才能增长。的确，城市可能并不总是从邻近的乡村甚至也并不总是从本国获得全部生活资料，而是可以从非常遥远的国家进口；这一点，虽然并不形成一般规则的例外，却造成了不同时代和不同国家财富增长的巨大差异。

乡村的发展先于城市，这取决于其必要性。虽然并不是所有的国家都存在这种现象，但在每个国家，人类的天性促成了这种现象的形成。如果人为的制度无法约束人类的天性，那么，在城市所在地的所有土地完全实现耕种和改良之前，城市的发展必然不能超过其所在地的土地耕种和改良所能支持的限度。在前提是利润一样或几乎一样的情况下，人们宁愿投资于土地的耕种和改良，也不愿将资本投入到制造业或对外商业上。这是因为，如果投资于土地的耕种和改良，人们能够清楚地看到资本的流通过程，与商人相比，他们不必过于担心意外事故对其造成的影响。商人的资本经常任由市场起伏而支配，预期之外的事随时都有可能发生。将资本委托给对当地的风俗人情都不太熟悉的远方人，也很不靠谱。相反，地主的资本在土地上固定下来，这样的安全程度是最高的，非其他资本使用方式所能企及。再者，乡村的别致景色、生活于其间的愉悦感，以及其抚慰心灵、让心情归于平静的作用如果没有遭受到人为的干涉，那么，这些出众的地方无不吸引着每一个人。耕种土地从一开始就受到人们的偏爱，而且，在人类存在的所有阶段，这种古老的职业将永远受到人们的偏爱。

若非不是有一些工匠的帮助，土地的耕种是无法顺利实现的，不然，耕种只会遇到诸多不顺，从而变得断断续续。铁匠、木匠、车匠、犁匠、泥水匠、砖瓦匠、皮革匠、鞋匠和裁缝等人的服务，都是农民必不可少的。这些工匠因需要相互帮忙而居住在相距不远的地方，由于不用像农民那样一定要在某个地方固定下来，于是，小城镇就逐渐形成了。不久，一些能够满足他们不时之需的人也加入进来。这些人的存在非常有必要，而且十分有用，如屠夫、酿酒师、面包师以及其他的工匠和零售商，他们促使城镇进一步壮大。结果，城市的居民与乡村的居民双方成为彼此的仆人。城市常常成为一个市场，由于乡村居民需要将自然生成物拿到城市出售，以交换他们所需要的制成品，这就为城市居民提供了生产和生活的原料。城市居民所购买的原料量和食品量便取决于他们出售给乡村居民的制成品的数目。城市居民原料和食品增加的比例与乡村居民对制成品的需求保持一致，而这一需求的增加比例又与耕种和改良的发展情况保持一致。因此，如果人类的制度没有影响到事物的发展进程，那么城市财富的增加和发展，便都是乡村耕种和改良发展的必然结果，而且其比例也与之保持一致。

人们能够轻而易举地在北美地区购买到未被开垦的土地，但是在这些地方并不存在用于销售产品到遥远地方的制造业。如果一个工匠从经营的生意中获得的资本，超过了为附近的乡村提供服务所需要的数额，他会选择将剩余的资本投入到购买土地或对未被开垦的土地进行改良上，而不是将它投入到销售到遥远地方而创立的制造业中。他心甘情愿从一个工匠变成一位农场主。即便以高工资或易于得到的生活资料相诱使他可以长期从事工匠工作，这也难以改变他的心意。他宁愿为自己劳动，也不愿为他人劳动。在他看来，工匠所扮演的角色是顾客的仆人，从为顾客服务的劳动中获得自己所需要的生活资料，而农场主则不同。农场主所扮演的角色是自己的主人，在世界上是一个独立的个体，不受任何人支配，从自己的劳动中获得自己所需要的生活资料。

相反，在不存在荒地或购买土地比较困难的国家，工匠所获得的资本超过了为附近的乡村提供服务所需要的数目，那么他们便会为将剩余产品销售到更远的地方而着手准备。铁匠就会建造铁厂，纺织工人就会设立麻织厂或毛织厂。这些工厂将随着时间的推移而实行精密的分工，这样，各方面就会由此而得到改善。这一点很容易理解，就不必赘述了。

在利润相当或几乎相当的情况下，制造业必然要先于对外贸易发展。其原因，与农业先于制造业发展同理。与制造商的资本相比，地主或农场主的资本更为安全，与从事对外贸易商业的商人资本相比，制造商的资本因在自己的支配和控制的范围内而更安全。不可否认，每个社会、每个时代的自然生成物和制成品中的过剩部分，或在国内找不到用途的那一部分，都会为交换本国所需要的物品而被送往国外。至于把剩余产品输出、送往国外的资本到底是哪国的资本，是外国还是本国的，则不是太重要。如果本国的资本不足以支持对所有土地进行耕种和最大限度地对自然生成物进行加工，那么，即使将本国的剩余产品送往国外的资本不属于本国，这种资本也会对本国有利。这是因为，有了这种资本，本国的所有资本就能投资于更有利的用途上。中国、埃及和印度的富有充分证明了一点：即使国家的大部分对外商业掌握在外国人手中，这也不会对该国的财富有任何影响，该国依旧能够很富裕，甚至还能达到很高的富裕程度。如果北美殖民地和西印度群岛殖民地只用本国的资本而将剩余产品送往国外，那么两地的发展态势决计不会像现在这样迅速。

每个发展中的社会，其资本必然是根据一定的自然顺序，先将大部分份额投放到农业上，其次投放到制造业上，最后投入到对外商业上。无论哪个大城市，在其建立之前，都必然要开垦一些土地，必然要创办一些简单粗糙的制造业，而后才会出现从事对外贸易商业的人。

尽管每个社会都或多或少会遵循这一自然顺序，但是就现今欧洲的情况而言，很多方面却与之背道而驰。在欧洲的一些城市中，制造业的市场拓展到遥远区域大都是因对外贸易引发的。制造业和对外贸易商业，又推动了农业的改良。这种与自然顺序背道而驰的顺序，是由政府促成的，正是这些城市原先的政府管制使其发展方式和习惯成了现今的样子。虽然后来的政府进行了大幅度改革，但是，其发展方式和习俗却并没有因此而改变。

第二章

论罗马帝国衰亡后农业在欧洲旧状态下所受到的抑制

日耳曼民族和塞西亚民族侵扰罗马帝国的西部而产生的浩劫持续了数个世纪。未开化民族对居民的侵扰迫害打断了城乡之间的贸易。城市无人，乡村废弃，繁荣的西欧瞬间转入赤贫和野蛮的状态。在这一动荡中，未开化民族的头目们将大部土地据为己有。虽然大部分土地抛荒，却都已有了主人。土地被吞并占尽，大多进入了少数大地主的私囊。

这种对未开垦的土地的独占造成的危害巨大，却也不过是一时之患。这些土地可能不久就会被再次分割，通过继承或转让而分成若干小块。长男继承法限制了大土地在继承过程中的分割，限定继承法又阻止了大土地以转让形式进行的分割。

当土地像动产一样只被视作生活与享受的手段时，自然继承法就将土地视同动产一样，在家庭的所有子女中进行分割。每个子女的生计享乐都同样牵动父亲的心。因此，自然继承法产生于罗马人中间，他们在土地继承方面是不分年纪大小或男女之别的，如同人类对动产那样。但是，当土地不只被视为生活的手段而是权力与庇护之手段时，人们就认为，最好是将整个地块传给一个人。在动荡年代里，每一个大地主都是一位小君主，其佃户就是其臣民，大地主就是他们的法官。在某些方面，大地主平时是佃户的立法者，战时则是其首领。他可以随己之欲，任意作战，无论对其邻地或国王皆然。所以，地产的安全，以及地产所有人对居于这块土地上面的人的庇护，就都有赖于巨大的地产了。分割地产就是毁坏地产，使其每一部分在邻地入侵时受到压迫与吞并。因此，长男继承法并非立即产生，而是渐渐在地产继承中应运而生，其原因和君主国的继承一样，尽管最初并非如此。为了使君主国的权力和安全不因分割而削弱，土地就必定要完整地传给一个子女。如此重大之恩宠必须根据某种普遍性规则进行，该规则不得以个人好恶为基础，而要以某种无可争议的绝对性质为基础。而在一个家庭的子女中，除了性别年龄，再没有什么可争议的了。一般认为，男性优先于女性。若条件相等，年长者优于年幼者。所以长男继承法就产生了，所谓的直系继承产生了。

法律最初产生时都是出于环境的需要，而使其合理化的前提也是这一环境。当其产生并合理有据的情况不复存在时，法律却在很长时间内继续有效。在如今的欧洲，1 英亩土地所有者和 10 万英亩的所有者一样，对其财产享有同样的稳固的所有权。然而，长男继承权依然受到尊重，因为它最适宜于保持家庭的荣耀，今后可能还会持续数世纪不灭。而在其他的任何方面，这种为了一个人富裕却必须陷其余子女于贫穷的权利乃是对多子女家庭的实际利益的最大违背。

限定继承法是长男继承法的自然结果。采用限定继承法就是为了保持长男继承法衍生出的那种直接继承，阻止原地产的任一部分由于继承人的乱行或不幸而被通过赠予、遗赠或转让落入外人之手。罗马人根本不知道什么限定继承法，他们的预定继承人或遗嘱指定受赠人跟限定继承法毫无相似之处，尽管一些法国的法学家还以今拟古，妄加臆断古人制度。

不过，当大地产仍是诸侯领地时，限定继承法可能就不是不合理的了。就像某些君主国的所谓根本法律那样，它可以使千万人的安全免于独夫妄行之祸或穷奢极欲的威胁。但是，在如今的欧洲，大小地产都一样要靠国家法律的保护，保障其安全，这种制度就再荒谬不过了。因为其基础在于：对土地及其所有之物，人类的每个后代没有相同的权力。如今这代人的财产，还要受到500年前的死者之意志的支配。然而，该限定继承法在大部分的欧洲地区，特别是在贵族血统仍是民事或军事荣誉之必要条件的国家里继续受到尊重。人们认为，它是维持贵族门第特权的必需之物。而这一阶级已经夺取了高于其同胞的那种不正当利益，唯恐自己的贫穷遭人耻笑，所以竟要求得到另一种利益。据说英国的习惯法并不喜欢世袭产业。因此，尽管限定继承法在英格兰仍未被完全废除，但和欧洲其他君主国相比，它在英国已经受到了最大的限制。在今日的苏格兰，仍有1/5甚至1/3以上土地严格地遵行限定继承法。

这样一来，不单大片土地被某些家庭吞并，而且重新分割土地的可能性也被永远排除了。但是，大地主很少是大改良家。在产生这一野蛮制度的动荡年代，大地主整天忙于保卫自己的领土，或者将其管辖权和势力扩充到邻人的疆域上去。他无暇照看土地的耕作与改良。而当法律秩序井然，他也有了闲暇时，他却又没有耕作或改良的意思了，并且也常常没有这种才能。若他的家庭与个人支出等于甚或超出其收入（常有的事），他也就没有财力为之了。如果他有经济头脑，他也往往发现，用储蓄去购置新地比改良旧地要更加有利。要想从改良土地中得利，就要像其他商业中那样，注意在细小处节省，锱铢必较，而一个生于富家者是很难做到这些的，哪怕他天性节俭亦然。生于富家者必然只留意他喜欢的美饰，而不是去关心并不需要的利润。从少年时起，他就追逐穿着华丽、家具陈设精美、住宅富丽堂皇。当他想到改良土地时，这种习惯形成的心态就会暴露出来。他也许会在房屋周围装饰四五百亩地，开支之大是土地改良后价值的10倍。他发现，如果以这种方式来改良全部土地，就算他别无其他嗜好，在这工程完成1/10前他就会破产。在大不列颠的两个地区，仍然有些大地产是从封建动荡年代以来就把持在同一家庭之手，从未间断。把这些大地产与邻近的小地产比较一下，你自会了然于胸，大地产是怎样不利于改良的。

这样的大地主对土地进行改良尚且希望渺茫，更不用指望隶属于他们的人对地产进行改良了。在欧洲旧秩序下，他们均为毫无自由的佃户。佃农几乎就是奴隶，但是他们所受到奴役，比起古希腊和罗马制度下的奴隶，或者是西印度群岛殖民地制度下的奴隶，还算是比较温和的。与其说他们隶属于主人，不如说他们隶属于土地。虽然他们可与土地一起出售，但是却不能被单独出售。若得到主人首肯，他们还能结婚。而且，主人不能将他们拆散并出售给不同的人，只能同时出售给同一个人。如果主人残害或杀害了奴隶，那么，主人会受到惩罚，不过罚款数额很小。奴隶不能积累财产。他们的所有所得均归主人所有，主人可以随时随地拿走他们的东西。所以，只要是这种奴隶对土地进行的耕种和改良，事实上均是他们的主人主导的，在此过程中的所有费用也是由主人支付的。种子、牲畜和农具均属于主人。因此，这种奴隶所获得的东西，除了日常所需的生活资料之外，便没有其他的了。在这种情形下，土地属于主人，只是土地是由其奴隶耕种的。如今，在波兰、匈牙利、波希米亚（Bohemia）、摩拉维亚（Moravia）和德意志等地，这种制度仍然存在。将这种制度逐渐废除的，只有欧洲西部和西南部的地方。

期望大地主对地产进行大改良已经很不容易，更不用说在他们使用奴隶进行耕种时对土地进行大改良了。我相信，所有时代与国家的经验都证明，虽然从表现看来奴隶所做的工作只需要维持他们的生计，但到头来却是最昂贵的。因为他没有个人财产，除了吃得最多、干得最少之外，就再无任何别的兴趣。对他而言，工作所得能够购买个人生活资料就够了，没有任何原因促使他去干得更多。如果其主人想要他付出更多劳动，可能只有采用强迫的方式了。因为普林尼（Pliny）与科卢梅拉都指出，由奴隶经营时，古代意大利的谷物种植业衰败到了何种地步，对主人又是何其不利。种植业在古希腊亚里士多德时代也好不到哪去。讲到柏拉图理想国时亚里士多德曾说，五千闲民（理想国的护卫者）及其家人奴仆的生计，要靠巴比伦平原那样的一片广袤沃野来维持。

人的好胜心理使其倾向充当统治者，如果不得不俯就他人，就他感到耻辱。因此，只要法律许可，工作性质允许时，他一般就宁愿使用奴隶而非自由民。种植蔗糖与烟草已经能够补偿使用奴隶耕作的费用，种植谷物现在似乎还无法实现这一点。大不列颠殖民地主要种植谷物，其中大部分工作都是由自由人来操作的。宾夕法尼亚人最近决定释放黑奴，这令我们相信，这些黑奴的人数不会很多。如果黑奴是他们很大一部分财产，这种决定就不会通过。但在以蔗糖为主要产品的大不列颠殖民地，奴隶担任全部工作；在以烟草为主要产品的大不列颠殖民地，奴隶也担任大部分工作。西印度殖民地种植甘蔗的利润尤其巨大，在欧美两洲的种植业中独占鳌头。种植烟草的利润虽不如种植甘蔗，但仍然胜过谷物。这两种都能补偿支付给奴隶耕作的费用，甘蔗更是如此。因此，大不列颠的甘蔗殖民地和烟草殖民地比起来，黑奴的数目要远多于白人。

在古代奴隶耕作者之后渐渐出现一种农民，在如今的法国被称作“分益佃农”，拉丁文叫作 Coloni Partarii；在英格兰，这制度早已消亡，所以无法说出其英文名称。在这种制度下地主供给包括种子、牲畜、农具在内的耕作所需的全部资本；在扣除被认为保持原资本所需要的部分之后，剩余部分由地主与农人平分。如果农民离开农场或被驱逐而去，这资本将被归还于地主。

分益佃农耕种土地的费用也是由地主提供的，就像奴隶耕种的土地一样。但二者有一个最根本的区别，那就是分益佃农是自由人，能够拥有自己的财产，也可以占有一定比例的土地产物，土地产物的数目越多，他所能占有的部分就越大。所以，为了让自己获得更多的土地产物，他们会竭尽全力生产出更多的产品。相反，一个不能拥有自己财产的奴隶只要获得足以维持生活的产品便已足够，因此他只会想方设法让自己舒服，而不会自愿生产超出自己生活所必需部分的土地产物。或许是因为这种农民的存在比较有利于地主，或许因为君主对地主占有土地不满，奴隶追求自身解放得到了鼓励，最终大家都意识到这种奴隶的存在没有什么好处，所以，在欧洲大部分地区，这种奴隶制逐渐被废除。至于如此重大的改革到底是在何时发生的，又是怎样发生的，在现代史上已成为一个谜团。罗马常常夸耀自己在废除奴隶制的过程中所做的贡献。不可否认，早在 12 世纪的时候，亚历山大三世曾经颁布了一道关于解放奴隶的赦令。然而，这道赦令看起来好像只是一种语重心长地劝谕，而不是需要严厉执行的法律。此后，奴隶制度仍然实行了好几百年。最后，在地主和君主的利益纷争的共同作用下，奴隶制才逐渐得以废除。一个被解放的奴隶，又获得继续占有土地的许可，但是由于他没有资产，只好使用地主预先支付给他的资产对土地进行耕种，这种农民肯定便是法国人所说的分益佃农。

不过，在这种制度下，土地仍然得不到大的改良。地主不费吹灰之力便能享用一半的土地生成物，而留归分益佃农所有的却很少，在这么少的资产中所能节省出来的部分更是有限。分益佃农肯定不会愿意将这有限的部分用于土地改良。什一税只是抽取 1/10，就已经是改良的大障碍了。所以，当抽取的数额达到一半，那就是对土地改良极大的障碍了。用地主提供的资财来生产尽可能多的产品，这符合佃农的利益，但是将他自己的资财与地主的混在一起就绝不一样了。在法国，据说有 5/6 的国家土地是由这样的耕作者经营的。地主们抱怨，这些分益佃农千方百计地把主人的牲畜用于运输而非耕作，这样佃农们就能得到全部的利润，而不是与主人分享。这些被称作向地主借种子和家具的佃农（Steel–bow）在苏格兰的某些地方仍然存在。被大贵族吉尔伯特（Chief Baron Gilbert）与布莱克斯通博士（Doctor Blackstone）称为“地主的仆人而非真正农民”的那种古英格兰佃农，或许就属于此类。

在分益佃农之后逐渐出现的那一种农民才是真正的农民。他们拥有耕田的资本，向地主交纳一定的地租。他们耕种的土地有一定的限期，这让他们觉得值得花费一些资本改良土地，因为他们有望在租期结束以前收回投资，并有可能取得很大的利润。但是，农民的这种租地权在很长时期里面是不稳定的，直到今天，欧洲许多地方还是如此。在租约到期以前，他们可以被新买主合法解约；在英格兰，地主甚至可以依照虚构的普通退租法，来解除租约。如果农民被主人暴力驱赶，他们获得赔偿的法律程序也极不完善；他们无法重新得到土地，而只是获得一些赔偿，真正的损失却无法弥补。即使在像英格兰这样一个自耕农颇受尊重的国家，直到亨利七世第十四年回收土地诉讼法才得以施行，佃农不仅得到赔偿，也可以恢复借地权，虽然农民的这种要求不一定一审就得到结果。人们发现，这项法律极为有效，以致近来地主如要为占有土地发起诉讼，也经常借用其佃户的名义，依据退佃文件起诉，而不是像应该有的那样依据权利令状，以本人的名义进行。因此，在英格兰，佃户得到的安全保障是不亚于地主的。此外，在英格兰，年租金 40 先令的终身租约即被视作一种终身不动产，承租者有权投票选举下院议员。而大部分自耕农可以拥有这种不动产，这就赋予他们政治上的重要地位，其整个阶级也受到地主的尊重。我相信，在英格兰以外，任何欧洲地区都不可能出现佃农在订立租约之前就在土地上建筑房屋的情况；他相信地主会以人格担保不去侵夺这些财产，这是非常重要的进步。这种对自耕农如此有利的法律制度的确对英格兰如今的繁荣昌盛做出了极大的贡献，该贡献或许比人们引以为傲的那些商业规章都还要大。

据我所知，这项不会遭到各种继承人妨碍而保证最长租期的法律，是英国所特有的。早在 1449 年，这种法律便由詹姆斯二世（James Ⅱ）传到了苏格兰。不过，由于限定继承制尚未被废除，限定继承人常常不被允许将土地以一年以上的租约的形式租借出去，所以，这种法律所具备的有利作用并没有得到充分发挥。最近，国会显然想要设法补救这一弊端造成的影响，因而制定了一项条例以放宽条件让其发挥作用，但限制仍然很多。除此之外，在苏格兰，佃农并不享有选举国会议员的权利，所以，与英格兰的佃农相比，他们所受到的重视程度要低得多。

在欧洲的其他地方，虽然保证佃农的权益不受继承人和购买者的妨碍是随处可见的，但是这种权利的保障期限却依然很短暂。例如，法国规定的租期是 9 年，直到最近才把租期延长至 27 年，尽管如此，这一租期仍然有些短，还不足以鼓励佃农对土地进行重大改良。古代欧洲各个地方的土地所有者向来就是他们所在地的立法者。因此，关于土地的法律全是他们依据自身利益出发制定的。在他们看来，出于对土地所有者的考虑，祖先不应该将土地出租出去，这么做会使他们不能长期拥有土地的所有价值。贪婪和不公只会使土地所有者目光短浅，他们从来没有想到，这一规定会极度妨碍土地改良的进行，最终损害的还是他们自己的实际利益。

农民历来就被认为除了要有向地主缴纳地租的义务，还有为地主服劳役的义务。这种劳役的义务既没被在租约中注明，也没有被明文规定，而只是由庄园或领地的需要和习惯决定的。它几乎完全是随意而定，致使佃农苦不堪言。苏格兰取消了租约中未曾注明的所有劳役，这在短短数年间就明显改善了自耕农的生活状况。

除了私人劳役，自耕农还要服公共劳役，这项规定同样也是被随意做出的。我认为，修筑和维护公路就是处处都存在的一种劳役，尽管它因国家不同而压迫程度各异，但它还不是唯一的劳役。如果国王的大军过境，或其家庭或任何官员过境，农民们都必须为其提供马匹、车辆与粮食，而粮价却由采粮官决定。我相信，大不列颠是欧洲唯一完全取消了粮食征购的国家。在法国和德国，这种压迫仍然存在。

自耕农要交纳的公共税收和其所受的劳役一样，也是没有被明文规定的但是仍具有压迫性的。以往的贵族极不愿意以金钱辅助君主，却听任君主向自己的佃农收取一种贡税；他们没能意识到，此举最终会对自己的收入造成何种的影响。法国至今存在的贡税就是这种古代税收的实例之一。这种税是依据农民的假定利润征收的，按农民投入到农场的资本来计算。于是，为了自身利益，农民们就尽量装穷，让投入到耕种上的资本尽量少些，更不去做任何的土地改良。但凡某位法国农民手里有了点资本，贡税可以永远阻止这点资本被投入到土地上。另外，这种税还令交纳者蒙受耻辱，使其地位降至绅士甚至市民阶层之下。可是凡租种他人土地者就非要交纳此税不可。没有哪个绅士或有资本的市民愿意忍受这一耻辱。所以，征收这种赋税造成的结果便是，不但导致积累于土地上的资本不能被用在对土地的改良上，而且还将使资本积累在土地上的所有可能都毁灭殆尽。从前英格兰的税目中，有凡十税一和十五税一。就对土地的影响而言，它们似乎都和贡税性质一样。

在所有这些阻碍政策之下，土地占用人是不能被指望做出任何的土地改良的。哪怕拥有法律赋予的所有自由与安全，这些人在改良土地方面也处于极为不利的地位。农民与地主，就像借钱做生意的人与用自己的钱做生意的人，两人的资本都有可能增加。可是，如果两个人同样行事审慎，农民的资本增加会比较慢，因为大部分的利润都被借贷利息侵蚀了。同样，在行事审慎条件下，农民所耕作土地的改良也要慢于地主，因为大部分的产品被地租侵蚀了。如果农民是土地所有者，他本来可以用这部分钱来改良土地的。另外，农民的地位也肯定低于地主。在欧洲多数地区，自耕农被视为是低人一等的，其地位甚至低于生活稍好一些的手艺人和匠人。在欧洲所有地区，他们地位都低于商人与工厂主。因此，下述事情就没有可能性了：一个富人舍弃尊贵，甘心自处低下层。于是，就算现在的欧洲，也少有资本从其他行业进入农业耕作领域，进行土地改良。也许，大不列颠的这类资本要比其他国家多一些，但是即便如此，投向耕作的大量资财也多是来自耕农；而较之其他各种行业，这种资财很可能是积累最慢的一种。不过，除了小土地所有者，富有的大土地所有者是所有国家的主要改良家。在欧洲君主国中，英格兰的这类人也许格外多。据说，在荷兰和瑞士伯尔尼（Berne in Switzerland）政府治下，农民的地位也不低于英格兰的农民。

除此之外，欧洲政策历来都不利于地主和农民实行土地的改良与耕作。例如，任何地方都规定，除非获得特许，否则谷物出口一律被禁止；限制谷物贸易，甚至也限制国内其他一切农产品贸易，实行禁止垄断、禁止购买和禁止囤积的谬法，而且还形成市场特权。我在前面曾经讲过，古代意大利是欧洲土地肥沃程度最高的国家，而且又是当时世界上最大帝国的核心，然而其土地的耕种事业却依然不免因禁止谷物出口的政策和某些对进口外国的谷物的鼓励做法而受到阻碍，更不用说其他土地不怎么肥沃、地理位置比较偏僻的国家了。这些国家的耕种事业因国内谷物贸易的限制、禁止谷物的出口而遭受到阻碍的情况更令人难以想象。

第三章

论罗马帝国崩溃后城市的兴起及其进步

在罗马帝国衰落之后，和农村居民相比，城市居民的境况也不见得更好。不过，此时的城市居民确实已经大大不同于古代希腊和意大利各个共和国最初的居民。在那些古代共和国里，地主占居民的绝大多数，这些人正是最初瓜分了原属公有的土地的人。他们觉得将各自的房宅建在相邻之处，在周围修筑围墙，可以方便实现共同防卫。然而罗马帝国末期的情形却相反，此时的地主们不再聚居在同一个地区，而是零散地居住在各自领地上的城堡中。他们和他们的佃农以及依附他们的人住在一起。城市的居民则主要是商人和手艺人，他们的地位即使不像奴隶也相去不远。只需找出古代欧洲的某些城市的居民所获得的特许状，看一下他们被赋予哪些特权，我们就可以推想出他们此前的境况。这些特权包括：不必得到领主的许可，本人可以安排女儿出嫁；本人身后的财产归本人后代而非领主所有；本人可以立定遗嘱，安排身后的财产。获得了这些特权的人们先前无疑是奴隶，这些人就是城市居民，其生活处境和处在被奴役状态的农村居民几乎相同。

这些人生活极端贫困，在社会上的地位也极其卑微。他们每日里肩挑车载，穿越市区和乡村到处奔波，从一处市集赶向另一处市集，就像今日走街串巷的小贩。在那时的欧洲各地，旅行者个人和他们所携带的货物是抽税的对象。有许多的场合可以抽税，可以是在他们路过庄园时，可以是通过某些桥梁时，也可以是从集市中一处移至另一处的时候，甚至在集市上摆摊售货的时候。各种各样的税便相应地有了名目，如过境税、过桥税、落地税和摊贩税。有些时候，国王或者大领主会颁发特许（后者在某些情况下拥有这种权力），得此特许的商人，尤其是那些居住在前两者领地内的商人，可以免交所有这类税。所以这些商人就被叫作“自由商人”，尽管实际上在其他的方面，他们仍然处在奴隶或者准奴隶的状态。以当时的情况而论，无论国王还是大领主，若没有金钱上的考虑，是不会保护商人的。商人们接受保护，自然明白这一点，于是他们每年向自己的保护人纳一次人头税，既作为一种回报，也补偿了保护人因免除商人们应纳税金而遭受的损失。当时这种保护是昂贵的。原来这种人头税和豁免纳税只是给予个别人的恩赏，其效力或延续此人的一生，或因其保护人的意愿而断绝或继续。英格兰的几座城市都存有土地勘察档案，在这并不完善的材料中，我们仍然可以反复读到某一座城市居民为报答国王或者大领主的这种保护而完税若干的记录。有些时候，我们只能见到这些税收的总额[①]。

尽管当年城市居民的地位低微，但他们获得独立和自由的时间，大大早于在乡间耕地的农民。国王的收入有一部分来自城市居民的人头税，该税由国王确定缴纳的数目，在一定年限内交给各郡的司法行政长官或其他人，由他们包办并代为征收。但市民自己往往能够取得本市对这种税收的承包权，随后他们对这种税收负责。这种征收赋税的方式有利于欧洲各国国王的一般经济，这是因为通

① 参见罗伯特·布雷迪《关于城市和自治城市的历史论文集》（*Historical Treatise of Cities and Burroughs*）。

常将庄园的全部税收包给庄园所有人，使其对这种税收负有连带责任。这种办法对佃农来说极其有利。他们可以请人按照自己的方式征收赋税，然后上缴国库，而不必遭受国王和官员的欺凌。这在当时被看作是极为重要的一件事。

起初，类似于农民承包土地，由城市居民包办、代为征收城市税收，是有一定的年限的。然而，随着时间的推移，这似乎转变成为一种惯例，普遍永久地包办给了市民，而且征收的数额也永远不变。既然征收的数额成为永久性的，那么以征收此种税为条件的其他各种税收的豁免权自然而然也就成为永久性的。因此，获得其他各种税收豁免的人便不仅仅限于个人，而是推及某一城市的所有市民。这一城市由此便称为“自由市”，其市民也便因此而被称为“自由市民”或者“自由商人”。

城市居民所获得的权利除了永久的税务权之外，还获得上文提及的种种特权，诸如自由嫁女权、子女继承权和财产遗嘱权。我不敢断言，因为缺乏直接证据，以前这种特权是不是经常伴随着贸易自由权一起赐予某些特殊的市民个人。但也许真的就是如此。无论如何，低贱的地位和奴隶制度的主要特征已经从他们身上淡去，至少，从这一时刻开始，他们算得上实现了真正的自由。

远不止如此，他们一般还会建立自治机关，该机关有权选举市长、设立市议会、制定市法规，修建城堡以防御外敌入侵，有权令自己的所有居民参加军事训练、承担防御和保卫的职责。在遇到外敌入侵和偷袭时，城市内的居民都要不分昼夜地尽巡逻和保卫的义务。在英格兰，他们可以不必受州郡法庭的管辖，除非是公诉，否则他们的所有诉讼都是由自己的市长判决。在其他国家，市长被赋予的裁判权和司法权更重，所辖范围更大。

在市民包办征收赋税事务的城市，赐予这种审判权很有必要。

凭借着这种强制性权力，城市可以迫使自己的市民交税。况且，在那种世道混乱的年代，如果这种司法裁判的权力不在当地而是来自这座城市以外的地方，则司法的过程必然受阻。然而，令我们感到十分奇怪的是，为什么欧洲各国的君主一定要将这种税收规定为一定的数额，而且还将其定为永久性的。这或许是因为，在所有的税收中，这种赋税的征收最为省钱省力，它自然就能实现增长。除此之外，还有一点比较奇怪，那就是为什么君主们会在自己领土的中心建立一种独立的共和国。

要想了解个中缘由，就必须要谨记，当时时局动荡，在欧洲各君主国中，没有一个国家能够使自己居民中的弱势群体免受大领主的压迫。这一部分人，既得不到国家的保护，又无力捍卫自己，因此，摆在他们面前的只有两条路：那就是为了获得某个大领主的保护，他们只能充当其奴隶或农奴；或者联合起来建立同盟，以相互保护。单个城市居民的力量薄弱，难以保护自己，但是如果建立攻守同盟的话，其力量就不容小觑了。领主们时常鄙视市民跟自己不是同一阶层的人，将他们视为解放了的奴隶。因此，市民的财富常常引起领主们的嫉妒，一有机会，领主们就会将市民的财富据为己有却毫无怜惜和后悔的意思。市民自然对领主是既憎恨又畏惧。与此同时，国王也嫉妒憎恨领主们。尽管国王也鄙视市民，但是他却没有憎恨和畏惧他们的理由。所以，共同的利益促使国王和市民联合起来建立同盟，共同反对领主。市民倾向于支持国王，因此，从自己的利益出发，国王会尽可能维护市民的安全和独立。他赋予市民选举自己的市长、为维持秩序而制定法规的权利，并且允许他们修建城堡以防御外敌入侵，使所有居民参加军事训练。总而言之，国王尽自己最大的力量，为市民提供一切与领主一样的安全和独立的手段。但是，要想这种自愿建立起来的同盟能够使市民们获得永久性的安全保障，为国王提供强有力的支持，就必须要建立比较正规的政府、拥有强制居民服从的权利。那时，国王规定缴纳一定数额的赋税，并表示不会增加赋税的数额，也不会将包办、代为征收赋税的权利转交给他人。这些做法不过是为使市民成为自己的朋友、同盟军而消除他们的疑虑和猜忌的手段而已。如此一来，市民便不会担心国王再压迫他们，或增加他们所缴纳的赋税的数额，或将其转包给其他的人征收。

虽然国王与领主关系不和，但他在赋予市民特权时却宽爱之至。例如，英格兰的约翰国王（King John of England）就是对市民比较慷慨的人。[①] 法国的菲利普一世（Philip the First of France）已经全然失去了统率领主的权威。在他统治后期，其儿子路易（后来被称为胖路易）曾经和国内各主教共谋约束领主们的暴行最合适的方法。主教们的意见可以归纳为两种：一是在国王的领土范围内的各大城市都设立市长、市议会，以确立新司法制度；二是让城市居民组织一种新民兵，该组织听从市长调遣，必要时，随时出征支援国王。据法国各考古学家说，法国的市长制度和市议会制度就产生于这一时代。德意志多数自由市也是在苏阿比亚王室（House of Suabia）王公们统治衰落时才开始获得各种特权，著名的汉萨同盟（Hanseatic League）也在此时起崭露头角。[②]

当时城市民兵的力量并不逊于乡村民兵。一旦发生意外军队往往比较容易迅速集结，因此，在与邻近的地主发生矛盾时，他们常常占据优势地位。在意大利、瑞士等国家，或许是因为城市距离政府的中心甚远，或者由于其他势力的扩张，或者其他原因，君主们

---

① 参见马多克斯（Madox），《自治城市》（*Firma Burgi*）。

② 参见普菲尔，关于苏阿比亚腓特烈二世及其后继者大事记。

的权威逐渐丧失，城市逐渐变成独立的共和国，并且征服了当地所有贵族，强迫他们拆毁在乡村的城堡，和平民一样在城市居住。伯尔尼和瑞士的其他一些城市民主共和国的简史均是如此。除了威尼斯，在12世纪到16世纪初，在意大利先后出现的众多共和国的沧桑历史也是如此。

英格兰或法兰西国王的王权虽然有时极度衰弱，但是从来不曾被彻底摧毁，因此城市毫无彻底独立的机会。但是由于市民的势力日益壮大，除了上述所说的包税之外，国王征收的所有赋税都要事先征得市民的同意。因此，如果国王急需用钱，就要通知全国各个城市，让他们派遣代表出席国会，与贵族等一起商议，为国王提供某种特别的支援。由于城市的代表多数拥护国王，因此，国王非常乐意他们出席，并利用他们来对抗议会里大贵族的权威。此后，欧洲各大君主国的议会竞相仿效，都推选市民代表，这实际上就是现今欧洲各大君主国国会市民代表权的起源。

城市的秩序、良好的政府以及个人的自由和安全，便通过这种方式建立起来。然而此时，农村的土地占有者仍然遭受贵族的种种迫害。在农村，农民不敢反抗，只能满足于必要的生活物资，因为获取更多产品所带来的后果只会是让压迫他们的人更残暴。相反，如果人们的确能够享有自己的劳动成果，他们很自然就会努力改善自身状况，不只满足于获得必要的生活资料，还会想要得到生活上的便利品和娱乐品。从建立为生产超出生活必需品以外的东西而兴起的产业这一点来说，城市居民可以说是农村居民的前辈先锋。因此，在奴隶制度下受到领主控制的农民，一旦手中略有积蓄，必然会对主人隐瞒而将其小心翼翼地藏起来，否则这些财物只会被领主没收。并且，一有机会，农民们就会逃往城市。由于当时的法律偏向市民，同时又削弱领主对农村居民的权力，因此，只要他逃到城市之后一年没有被领主抓住，他就实现了永远自由。农村勤劳的居民，一旦手中积蓄了一定的财产，就会逃往城市，将城市视为他们唯一能够获得安全保障的避难所。

从根本上说，城市居民的食品、材料和工具均来自农村。但是邻近海岸或通航河道两岸的居民，却不必依赖于邻近的农村的产品。他们的活动范围要比一般的城市广泛得多，他们可以从遥远的国家获得他们所需要的各种物品，用自己加工的产品进行交换，或者经营各个国家之间的中间商贸易，用甲国的产品交换乙国的产品。在与他们邻近的农村地区和与他们进行贸易的国家都很贫穷落后的时候，海岸居民所在的城市却逐渐发展，走向富强。单独分开来看，这样的地区中的每一个所能提供的生活资料或就业机会似乎十分有限，但是将它们综合起来看，这些地区却能提供众多的生活资料和大量的就业机会。不过，即使在商业范围极其有限的情况下，有些国家还是实现了国家富裕、产业繁荣。比如还没有灭亡时的希腊帝国、亚巴西德（Abassides）统治下的撒拉逊人的帝国（Saracens），再比如未被土耳其占领之前的埃及、巴伯里海岸（Barbary）的某个地方，还有摩尔（Moor）政府统治下的西班牙。

商业城市往往会从富有国家进口制成品和昂贵的奢侈品，以供大地主满足其虚荣心，而大地主都很乐意拿本国的众多天然产物来交换这些物品。因此，当时欧洲的大部分商业主要由用本国的天然产物来交换更文明国家的制成品构成。英格兰的羊毛常常与法兰西的葡萄酒、弗兰德的精制呢绒进行交换，波兰的谷物常常拿来与法兰西的葡萄酒和白兰地，以及法兰西、意大利的绸缎和丝绒进行交换。

对于那些经过精致加工而成的产品的嗜好，就这样由对外贸易逐渐引入到了还没有建立精密制造业的国家。这种嗜好一旦在国内变得更加普遍，就会产生巨大的需求，商人出于对节省运费的考虑，自然想在国内建立同样的制造业。因此，在罗马帝国衰亡之后，欧洲西部各个地区才开始建立用于将制成品销售到远方的制造业。

必须指出的是，没有任何大国会脱离制造业而存在。我说脱离制造业的大国，是指它没有比较精美和发达的制造业，或者缺乏向远方销售其产品的制造业。大国居民中的多数人，身上的衣着和家中的家具均为本国的产品。这在一般缺乏制造业的穷国，更为常见。在那些制造业较为发达的富裕国家，这却并不普遍。你会发现，与穷国相比富国的底层人民所穿的衣服和所用的家具中外国产品的比例更大。

各国用于销售产品到远方的制造业大致有两种情况。

第一种情况。国内的个别商人和企业家，有时会效仿外国的某种制造业将资本投入到这一行业上。如此而产生的制造业乃是对外商业的产物。13 世纪在卢卡地区的绸缎制造业、丝绒制造业、织锦制造业，便是这样产生的。这些制造业后来遭到马基雅维利的英雄卡斯特罗西奥·卡斯特拉卡尼（Machiavel’s Heroes，Castruccio Castracani）的暴令驱逐。1310 年，有 900 个家族被驱逐出卢卡，其中有 31 家被迫退居威尼斯，这些人提出在那里兴办丝织业的请求。当地的官员听从了他们的建议，并赐予他们种种特权。于是，他们开始在那里建立丝织业，并在开业之初就雇佣了 300 个工人。在伊丽莎白时代被引入英格兰的，在古代就已经在弗兰德斯盛行的精细呢绒制造业，里昂和斯皮塔弗德（Spitalfields）的丝织业，似乎都是如此。由于这样产生的制造业大都效仿外国，因此其所使用的原料一般也是外国的。在威尼斯的制造业刚刚建立的时候，所有原料都是从西西里和黎凡特（Levant）运来的：这样看来，从前卢卡（Lucca）制造业所使用的原料也都产自外国。在 16 世纪以前，意大利北部的人对于桑树的种植、蚕的饲养似乎不太清楚：在查理九世时，种桑养蚕技术才得以传入法国。弗兰德斯的制造业所使用的羊毛出自西班牙和大不列颠，西班牙的羊毛尽管不是英格兰毛织业最初所使用的原料，却是用于销售产品到远方的毛织业最初所使用的原料。里昂制造所使用的丝大部分也是产自外国。而且，在它刚刚建立的时候，几乎全部的原料都产自外国：以英国的斯皮塔弗德为例，制造业所使用的原料也完全不是英国本地所生产的产品。像这样的制造业，多半产生于少数人的设计和规划，因此，制造业是设立的于沿海城市，还是内地城市，全由他们根据利益、兴趣来决定。

第二种情况。哪怕是在最贫穷、最落后的国家，粗放型的家庭制造业也是在一切时候都进行着的。这种粗放型的制造业是经过自然地成长并逐步地改进，最后仿佛是自发地孕育出以向远方销售产品为目的的制造业。这样的制造业通常使用本国的原料，并且它们好像经常是在内陆国家、在距离海岸很远甚至远离水道的那些国家中首先获得改良和完善。内陆富有肥沃的土地，易于耕种，土地上生出的产品，除去供应劳动者的需要外，还有大量的剩余。由于陆地运输成本高昂，利用河道运输又不够便利，这些剩余产品无法被输出，当地食品的价格因此极为低廉，这就吸引了大量工人在附近定居。这些人发现，以同样的劳动量，在这里能够换来比别的地区更多的生活必需品和便利用品。他们投身加工业，利用本地出产的原料，制造出成品，然后再用这些制成品，或用将这些制成品出售后获取的价格，去交换更多的原料和食品。由于省去了运往水边或者更遥远的市场的运输成本，剩余部分的天然产品的价值便有所增加，农民就可以从这些人的手上，以更低的条件买到他们所需要的或者喜欢的东西。在农民方面，他们同样可以从剩余的产品中取得更高的价格，而当他们购买所需要的其他便利品的时候，却只需付出较低的价格。农民受到这种鼓励，便去进一步改良土地，更加精心地耕种，以增加剩余的产品，而他们此时也具备了这种能力。肥沃的土地孕育了制造业，制造业的发达又反作用于土地，增进了土地的肥力。最初的制造业只为近处供货，当它得到改进而趋于完善的时候，便开始供应远方的市场。这是因为，天然的产品或者粗加工的制成品往往不抵长途的运费，对于经过改进的和高级的制造业产品，这却不难，因为它体积虽小，蕴含的价格却高。比如一匹精制的呢绒，虽然只有 80 磅的重量，却并非只值 80 磅羊毛的价格，它有的时候可以相当于几千磅谷物的价格，即维持工人及其雇主的生活资料的价格。谷物原本很难依原样出口到国外去，若是采用这种方式，被当作完全的制成品对待，那么就可以轻易地被出口到世界上最遥远的角落。利兹、哈利法克斯（Halifax）、谢菲尔德、伯明翰、伍尔弗汉普顿（Wolverhampton）各处的制造业，似乎都是自发地产生，那实际上就是按照这种方式自然地成长起来的。这样的制造业是农业发展的产物。在欧洲现代的历史上，这种制造业的扩大和改良滞后于那种从对外贸易中发展而来的制造业。现在各地以外销为目的的制造业正当繁荣，而在此前的一百多年，使用西班牙羊毛为原料的精制呢绒制造业已经使英格兰享有美誉。上述这一部分的各种制造业的扩大和改进，来自农业的扩大和改进。而对于对外贸易和直接产生于对外贸易的制造业而言，农业上的扩大和改进是它们最终的也是最大的结果。这些我将在下文中阐述。

第四章

论城市商业对农村改良的贡献

工商业城市的增加与繁荣，对于其所在乡村的改良，在三个方面做出了贡献。

首先，城市是乡村天然产品的一个巨大而便利的市场，乡村地区耕种者受到鼓励，会进一步改良土地。城市之于乡村的积极影响不限于城市周围的地区，任何与这城市存有贸易联系的乡村都会在不同的程度上受惠。就乡村而言，城市是一个市场，它们的天然产品或者制成品的某些部分可以在那里找到销路。乡村居民的辛勤劳作和对土地的改良因此多少会受到鼓励。城市所处的那部分乡村地区，由于最靠近城市，从中得到利益也最多。运送那里的天然产品到城市的费用较低，即便商人以较高的价格从耕种者手上购进，将产品出售给消费者的时候，仍然可以定出和来自较为偏远地区的产品一样低廉的价格。

其次，城市居民往往将获得的财富用于购买能够销售的土地，而这些土地大都是尚未开垦的土地。商人都非常希望自己成为乡绅，并且，在成功转型之后，这些人通常是最能推动土地改良的人。乡绅和商人不一样。乡绅一向奢侈惯了，只会花钱，却从来不想怎么赚钱。而商人却只愿意将钱花在有利可图的事情上，每花出去一笔钱都希望能产生利润。截然不同的花钱习惯使他们分别成为勇敢的经营者和畏缩的经营者。对于商人来说，如果将一定的资本投入到土地的改良上能有希望按照费用的比例获得一定的价值，那他就会毫不犹疑地着手进行。而对于乡绅来说，当他的手中稍微有一定的资本时，虽然情况并不是总是这样，他大多时候不敢像商人那样运用资本。即便他也着手对土地进行了改良，所用的资本也不过是每年收入里剩余的资金而不是一笔资本。因此，土地的改良确实要寄希望于购买土地的商人。假设你有幸在一个商业城市里居住，而其周围的农村的土地都尚未得到改良，你经常会看到一种情况，那就是与乡绅相比，商人按照这种方式进行的资本运作更活跃。除此之外，商人因经商而养成讲究秩序、看重节省、谨慎的习惯，也使他一旦对土地进行改良，便能取得成功，而且还能获得利润。

最后，从前的农村居民时常生活在与邻人持续不断的混战和被贵族所役使的压迫状态下。随着工商业的发展，良好有序的政府也使农村居民的自由和安全得到保障。这一点所产生的效果是最重要的，但很少有人注意到。据我所知，曾经觉察到这一点的学者唯有休谟先生。

在既没有对外商业，又没有精密制造业的乡村，大地主从土地中所获得产品除了支付给耕作者那一部分外，还有很大一部分剩余。剩余产品由于交换不到东西，因此就被用在摆设家宴、招待宾客上。如果这些剩余产品能够养活 100 人，就会用于养活这 100 人，如果能养活 1000 人，就会用于养活 1000 人。除此之外，便没有其他的用途。因此，大地主的身边经常围绕着成群的仆人和侍从。这些人依靠地主的恩惠而生存，他们对于地主只有服从的份，就像士兵服从为他提供军饷的王公贵族一般。实际上，除此之外，他们也没有任何等价的物品用来回报地主的供养。在欧洲的商业和制造业还没有扩张之前，上到国王、下到小贵族都是这样款待客人的，其场面之大是我们现在难以想象的。例如，威斯敏斯特厅就是威廉·鲁弗斯（William Rufus）的餐厅，里面常常人满为患。据说，托马斯·贝克特（Thomas Becket）有一次在地板上铺上了干净的干草和灯芯草，目的就是不让那些没有找到座位而不得不坐在地板上的武士和文人们弄脏崭新的衣服。沃里克伯爵（Earl of Warwick）每天在他的庄园中款待人数就有3万之多，虽然这一数字有些夸张，但是可以肯定的是，其人数一定很多。我们知道，几年前，在苏格兰高地一带仍然盛行这种习惯。在那些工商业很落后的国家，这种现象似乎还是很普遍。波科克博士（Doctor Pocock）曾经说，他曾经看见有一个阿拉伯酋长在大街上大摆筵席，款待那些包括普通乞丐的路人。

与侍从依附于大地主一样，佃农也依附于大地主。佃农不是奴隶，而是能够随意退租的承租者。因此，其所交纳的地租无论如何都不能与从土地中获得的生活资料画上等号。几年前，在苏格兰高地一带，从土地中所获得的产品足以供养一家，而通常所交纳的地租却只有一克朗、半克朗、一头羊或一头小羊而已。有些地方现在仍然是这样。但是，这些地方的货币所能购买到的商品却并不比其他地方多。实际上，在这样的农村，产自本地的产品必须在本地消费掉，因此，对地主来说，与其让这些地方的佃农像侍从那样依附于自己，还不如让他们消费掉产自于本地的产品。这样，他就可以省去很多麻烦。应该说，这种不能随意退租的佃农，虽然只需要向地主交纳略多于免役税的地租就可养活全家，但是他们仍然像侍从或仆人那样依附于地主，绝对听从地主的命令。既然仆人和侍从的生活资料来自地主的恩赐，佃农的生活物资也是如此，那么，这种恩赐是否会继续，自然就由地主的好恶决定了。

古代贵族权力的基础，就在于这些时候大领主对于自己的佃农和随从所拥有某种的必然权威。平时，他们是居民的法官，战时则是这些人的统帅。在他们自己的领地范围内，只有他们能够征调所有的居民，率领他们，去反对不法者的行为，从而维持境内的秩序，执行法律。领主有这种权力，国王却没有。古时的国王实际上是王国境内最大的一个领主，其他的大领主尊重他，从而与其携手共同防御敌人。在一个大领主的土地上，国王要是运用自己的权威，强行要求其偿还一小笔债务，那么他所花费的力气，不亚于消灭一场内战。因为那里的人民既有武装，又习惯相互援助。为此，他只得将王国境内大部分地区的司法权交给善于执法的人代为行使；同样地，他又把民兵的指挥权交给懂得指挥军队的人。

但是，把这种地方性司法权的起源归于封建法律却是错误的。早在欧洲知晓封建法律这个名称之前的几个世纪，大领主们本来就拥有最高的民事和刑事司法权，此外，他们还有征兵权、铸币权，甚至立法权以治理人民。在征服以前，撒克逊贵族的权威和司法的权力，就并不比征服以后的诺曼贵族的权力更弱。直到征服以后，封建法律才成为英格兰的习惯法。毫无疑问，早在封建法律出现以前，法国贵族本来就有的无所不至的权威和司法的权力就已经被引入这个国家。这些权威和这种司法的权力，一定都是上面讲到的财产状况和风俗习惯的产物。即便不追溯到英法两国遥远的古代，近代也可以为我们提供大量证据，证明两者之间直接的因果联系。距今不足30年以前，在苏格兰的洛赫巴（Lochabar）有一位卡梅伦（Cameron）先生，既不是贵族，也算不上是一个大佃农，不过是阿盖尔公爵（Duke of Argyle）的一名家臣。他没有正式的委任状，本人又非治安推事，却在他的人民中间行使着最高的刑事司法权，他的执法，虽然看起来不够正式，倒是公正的。这种现象的存在，极有可能是因为当时地方上需要有人主持公共治安。此人一年的地租收入只有500镑，却在1745年率领800人参加了起义。

封建法律的推行，实质是一种缩小大地主贵族权力的企图，并不是要去将其扩大。上自国王，下自最小的地主，封建法律制定了等级秩序，各级都各有职责和义务。在小地主尚未成年时，其土地上的地租和管理权均归其直接上级，而在大地主尚未成年时，其地租和土地管理权则归国王。国王对未成年的地主尽教育责任，并且以监护人的身份为他操办婚事，但采用的方式要与其身份相符。虽然这种法律的本意在于稳固国王的权力，削弱大地主的权力，但这却难以在农村的居民中确立秩序、建立良好的政府。在混乱局面中产生的各种财产制度和风俗习惯，并不会因这种法律的产生而彻底改变。政府的权力仍然过于弱小，贵族的权力仍然过于强大，而贵族权力的强大正是政府权力弱小的原因。虽然封建等级秩序已经确立，但是国王仍然不能控制大贵族的暴行。各大贵族仍然根据自己的意愿随意发动战争，相互间不断地交战，甚至经常对国王发动战争，而农村仍然处于混乱状态之中。

然而，对外商业和制造业在潜移默化中实现了一切封建制度的强制力量无法实现的事情。随着对外商业和制造业的兴起，大地主渐渐地将从土地中获得的全部剩余产品与其他物品进行交换。由此获得的物品无须与佃农共享，于是，他们所获的地租便可由自己消费掉。一切都归自己，不留给别人，这句可耻可鄙的言论流行于一切时代。因此，从这时开始，大地主们开始变得不愿意再与他人分享。从前，如果剩余的生活资料能够一年供养1000人，他们就只能将这些生活资料用于供养这1000人。现在却与往日不同了。他们会选择将用于供养这1000人的生活资料或与其相当的价格去购买一对钻石纽扣，或其他一些无价值无用处的东西。他们宁愿逐渐舍弃从这些生活资料中所获得的势力和权威，也不愿意与他人共享财物。现在纽扣是自己的，没有人与他分享；要是在以前，则要与1000人分享。其中的差别不言而喻，他们很容易做出取舍。就这样，他们最终舍弃这些势力和权威，将它们拱手让人，只为满足自己的虚荣心。

在一个既没有对外贸易，也没有较为精密的制造业的国度里，一个人要消费掉一年1万镑的收入，只有用它们来养活1000个对他言听计从的家庭。而在现今的欧洲，一个人要消费掉1万镑的年收入，并不需要直接去养活20个人，或者雇10个奴仆，对他们发号施令。和古老的消费方式相比，他通过间接的方式所供养的人数至少同样多，很可能更多。他花费全部的财产换来的贵重产品，尽管数量不多，但其采集和制作过程中涉及的工人人数却一定可观。贵重产品的高昂价格是由生产该产品的这些工人的劳动工资和他们雇主的利润构成的。他支付了这项价格，也就间接维持了这些工人和他们的雇主的生计。不过，对于其中的每一个人，他只支付了他们一年生活费中的很小一部分，对极少数人也许有1/10，对于多数人是1%，对于其他的人则不到1/1000，甚至只有1/10 000。所以，虽然他为每一个人都支付了生活费用，这些人却并不依赖他，因为他们的生活并非靠着他一人的支持。

从前，大领主们把地租收入用来供养佃农和侍从，他所维持的是自己所有的佃农和所有侍从的全部生活。现在他们用这地租来支持商人和工匠的生计，他们全体可以供养的人数应该与以前相当。若是考虑到先前在乡村款待客人时所不能避免的浪费，则他们全体现在可以供养的人数很可能更多。然而，个别来看，领主中的每一个对于这更多人数中的个体的生活费所做出的贡献，只占很小的比例。每一个商人或每一个工匠的生活物资，不是得益于领主中的某一位，而是得自千万顾客的集体的眷顾，因此，他们虽然仰仗顾客的全体，但对于顾客中的任何一位却并没有多少依赖。

大领主的个人开支逐渐变多，侍从的人数便逐渐减少，直到最后消失。出于同样的原因，多余的佃农也被遣散了。农场的面积增加了，租种土地的人数却减少到了原始耕作技术状态下所必需保有的数目，佃农们对此颇有怨言。遣散了多余的劳动力，从农民身上榨干了土地的全部价值，领主们因而获得了比较多的剩余产品或者说比较大的剩余产品价格（两者是一回事）。这一较大的剩余又可以与商人和制造业主交换那些用于领主们个人消费的产品。同样的原因使领主越来越希望把地租提高到超过当时土地实际的改良状态所能够提供的水平之上。对此，他的佃农表示同意，条件是必须保证他们拥有足够长的租地年限，以便投入资本，改良土地，收回成本，获得利润。领主为应付开支，满足自己的虚荣心，乐于接受这样的条件。长期租约应运而生。

一个付足了地租的佃农，不能随意退租，但他并非完全依附于领主。他们从彼此的身上所得到的利益是相互的、对等的。在这种情况下，佃农不会由于为地主服务而放弃自己的生命和财产。然而，在租期延长之后，他就能实现独立；除去那些在租约中清楚表明的或国家的习惯法中所规定的，地主也休想从他那儿享受到任何额外的服务。

既然佃农已经独立，侍从也已辞退，那大地主就不能再干扰正常的司法活动了，也不能再扰乱地方的治安了。既然他们天生拥有的权力已被出售，然而，出售的目的并不像以扫（Esau）那样，是在饥饿和必需的时候为了一碗稀粥；而是在资财丰富的放荡中，为了只适于做孩子们的玩物的不值得人们认真追求的徒有其表而无价值的小玩意。因此，他们变成了与城市里的富裕的市民和商人一样的毫无差别的平庸之人。于是，乡村也设立了正规的政府，就像城市的一样，任何人都无法扰乱政府在农村的治理。

下面所述的或许些许离题，但我还是想要说明一下。在商业发达的国度，古老家族拥有大宗地产世代相传的情况已经很少见了。反之，在商业不发达的国家，例如威尔士和苏格兰高地，这种家庭还是很常见的。在商业国度，尽管有最严格的法律规定去防止财富的消散，财富却很少能长期保留在同一个家庭手中。反之，在简朴的国家，虽然没有任何法律规定，财富却常常保留在同一家庭手中；因为在这些国家中，财产不易被消费，这必然使所有此类规定不能成立。

对于公共福利而言，这是一种非常重要的变革，但它的实现却是由两个丝毫不愿考虑公众福利的阶层促成的。满足最幼稚的虚荣乃是大地主的唯一出发点。商人和工匠，虽然不像大地主那么可笑，但也只是为了自己的利益。他们所追求的不过是去一个有利可图的地方能赚多少钱就赚多少钱。大地主的愚蠢、商人和工匠的勤劳，最终促成了这场变革的实现，然而，他们对变革却始终不了解，也没有预见。

由此，欧洲的大部分地区，城市的商业和制造业不是乡村改良和耕种的结果，而是其原因。

问题在于，这样的先后发展顺序是违背事物自然进程的，所以其进展的缓慢和不确定也是必然的事。想明白这一点，只需把那些极度依赖商业和制造业来创造财富的欧洲国家的发展速度，与财富积累完全基于农业的北美殖民地的发展速度做个比较。欧洲大部分地方的人口，在将近500年间增加不足一倍。而在我国的北美殖民地，人口翻倍只用了20年或者25年。在欧洲，小地主的人数无法增加，因为有长男继承权和其他种种永久所有权在限制对大土地进行分割。然而，小地主对于他那块面积不大的土地极为熟悉，这份小小的产业在他的心中激起的感情使他对其爱护备至，他不但努力耕种，而且怀着快乐的心情装点改进它。一般来说，小地主是最勤奋、最聪明和最成功的土地改良者。另外，这些规定又限制了土地的买卖，结果是用于购买土地的资本多，而可供销售的土地数量少，一旦有土地上市，其总是以垄断价格被出售。购地者所得的地租连购地款的利息都不能支付，而在购地款项的利息以外，维修的费用和其他偶然开支也是同样存在的。所以在欧洲，将小笔的资本用来购置土地，最是无利可图。生活状况处在中等的人，确实也有打算结束经营，为安全计，选择将小额的资本投在土地上面的。另外，有人本身从事专门的行业，收入另有来源，也会喜欢把自己的节余的资本以同样的方式保存起来。但如果是一个年轻人，他既不经商，也不从事专门的职业，也用两三千镑的资本来购置小块的土地用于自己耕种，那么他固然也可以舒舒服服地过日子，不需要依赖他人，今后却要与巨额的财富和显赫的声望无缘了。而他若把这一笔款子投在别的场合，他也完全可以和别人一样，有机会获得这样的财富和声望。这样的人虽然不想成为地主，却也常常不屑去做农民。这样一来，市场上待售的土地数量很少，而价格极高，大量的资本因此而无法被投入到土地的耕种和改良上，而这样的资本原本是可以用在这些地方的。北美的情况正相反，五六十镑的资本就足以使人涉足种植业。购买荒地，加以开垦，对于大资本和对于小资本一样，这同样是大为有利可图的事情。要在这个国家获得财产和名望，这是最直接的途径。的确，在北美，购买这样的土地相当于奉送，因为其价格大大低于自然产物的价值。然而，这样的事情在欧洲，或者在土地私有化已久的任何国家，都是不可能存在的。但是，如果地主死后，其地产在他众多的子女中被平均分配，那么土地此时可能被出售。大量的土地进入市场，垄断的售价就再不能够维持。出租这些购入的土地所取得的自由地租，大致就可以抵偿购地款的利息，这时，用小笔资本购置土地也就和用它购置别的东西一样有利可图。

由于土壤天然肥沃，海岸线比较长，再加上众多贯穿内陆的通航河道为各个地区的水上运输提供了便利，因此，英格兰与欧洲其余大国相比，都更适合发展对外商业、设立用于销售产品到远方的制造业、对土地进行改良。从伊丽莎白统治初期开始，英国在制定法律时对商业和制造业的利益就很重视。实际上，欧洲各个国家的法律通常都有利于这些产业的发展，就连荷兰也不例外。所以，在整个伊丽莎白统治期间，商业和制造业不断地向前发展。无疑，农村的耕种和土地的改良也在不断发展，但是其发展往往落后于商业和制造业的发展，而且其发展速度要比商业和制造业发展速度迟缓得多。大部分农村的土地也许在伊丽莎白时代之前就已经得到耕种，但尚未获得耕种的还有很大一部分，就算那些已经得到耕种的土地的状况也不容客观。不过，英格兰的法律不仅因保护商业而间接鼓励农业，而且还对农业进行了直接的奖励：除去庄稼歉收的年度，谷物不但能够自由出口，而且还能获得出口津贴；在一般的收获年度，对进口外国谷物征收关税。除了从爱尔兰进口活牲畜之外，其他所有均被禁止，而且，从爱尔兰进口的准许也是最近才出现的。在两种最重要的土地生成物，也就是面包和鲜肉上，耕种土地的人享有一种垄断权。正如我在下面所要说的，虽然这种奖励只是一种空想，但是从这一点上至少我们可以看出英国立法机关重视农业的诚意。而最重要的，莫过于英格兰法律竭尽所能使其自耕农安定、独立且受到人们的尊敬。在长男继承法还没有消失、什一税依旧征收、与法律精神背道而驰的永久所有制有时仍然发挥作用的时候，英格兰尽其最大的努力鼓励农业。然而，英格兰农业的状况依然如此。假设农业所获得的支持除了因商业的发展而间接获得的之外，便没有其他的。假设英格兰农民的处境和欧洲其他国家的一样，那么农业的情况会是什么样呢？从伊丽莎白统治英格兰以来到现在已有两百多年，这几乎和人类繁荣的进程所持续时间一样长。

在英格兰以商业立国而闻名的 100 年前，法兰西在对外商业中所占的份额还是比较可观的。按照当时人们的观念，法国的航海业在查理八世远征那不勒斯以前就已经很强大了，但是整体而言，法国的土地耕种和改良却不如英格兰。与英国不同，法国的法律从来没有为农业提供相同的直接鼓励。

西班牙和葡萄牙与欧洲其他国家所进行的对外商业，虽然大都是通过外国的船只运输的，但是其贸易份额并不小。西班牙和葡萄牙对其殖民地的贸易是通过本国的船只运输的，贸易额更大，这是因为殖民地很是富裕，面积辽阔。然而，如此巨大的对外商业潜力并未使两国的制造产品并销售到远方的制造业规模扩大，这两个国家的土地甚至还有大部分没有被开垦。在欧洲各国中，除了意大利，对外商业历史最悠久的国家便是葡萄牙了。

在欧洲，因对外贸易和制造业的发展而使全国的土地实现完全耕种改良的国家，似乎只有意大利。根据奎西阿丁（Guicciardin）所说，在查理八世入侵之前，不论是意大利平原地区最肥沃的土地还是山区最贫瘠的土地，都得到了耕种。这个国家所处的地理位置及境内存在的众多独立小国，这些都对全国土地的耕种不无益处。然而，那时意大利的土地耕种情况并不如现在的英格兰。

话虽如此，任何国家从商业和制造业中取得的资本，仍是十分不可靠和不稳定的财富，除非将资本的其中一部分投入到土地的耕种和改良中去，并且体现在这一过程中。常言道，商人不一定是某个特定国家的国民。他经商的所在地，对他来说基本无关紧要。一件小小的不快之事，便可使他抽走资本，将资本所支持的全部产业，从一国转移到另外一国。在资本落地，或者落到建筑物，或者落到持久的土地改良中之前，资本没有一个部分可以说是属于哪一国的。据说汉斯城镇拥有巨大的财富只有在 13 和 14 世纪的历史书中才能寻见蛛丝马迹。某些城市究竟在什么地方，它们的拉丁文名字究竟指着欧洲哪些城市，至今无法确定。15 世纪末和 16 世纪初的意大利遭遇灾祸，伦巴第和托斯卡纳一带各座城市的商业和制造业因而凋敝，即使这样，这一带仍然是全欧洲人口最多而土地耕种得最好的地区。弗兰德斯的内战和此后西班牙的统治，使安特卫普（Antwerp）、根特（Ghent,）和布鲁日（Bruges）的大商业迁往别处，然而弗兰德斯仍不愧是欧洲财富最多、土地开垦程度最好、人口最稠密的地方。得自商业的财富泉源经常因为战争和政治的因素而枯竭，而比较坚实的土地改良所创造的财富，除非遭遇来自未开化民族的一两百年间不中断的入侵，就像在罗马帝国晚期西欧发生的大动乱那样，否则它就不可能被毁灭。

第四卷

论政治经济学系统

导言

政治经济学，作为政治家或立法者的科学的一个分支，提出了两个不同的目标：其一，为人民提供充足的收入或生活资料，或者说让人民自己能够获取这样的收入或生活资料；其二，为国家或社会提供充足的收入，从而保证公共服务的进行。总之一句话，政治经济学的目标是民富国实。

不同时代不同国民的不同富裕程度，衍生了两种不同的关于富民的政治经济学学说：其中一种可称为重商主义，另一种可称为重农主义。鉴于重商主义学说是当代学说，在我国今日又更易为人们所理解，所以本篇章我将从重商主义开始，尽可能详尽而明了地说明这两种学说。

第一章

论重商主义的原理

财富由货币或金银所构成，这一普遍流行的观念是由于货币具有交易媒介和价值尺度两种功能自然而然地产生。由于货币是交易媒介，相比使用其他物品，我们就可以用货币更容易地获取我们想要的东西。我们总是发现，获取货币非常重要。有了钱，想买什么都容易。由于货币是价值尺度，我们用货币量来衡量所有物品的价值。有很多钱的人我们称他为富人，没什么钱的我们叫他穷人。一个人很吝啬或者渴望变富有，我们说他爱钱；一个人慷慨豪迈或大手大脚，我们就说他对钱不在乎。富足就是钱多。总之，无论在哪个方面，财富和货币都是同义语。

同样，一个富裕的国家也像一个富有的人一样，被认为拥有大量货币。对任何国家来说，贮存金银都是致富的捷径。在美洲被发现后的一段时期内，西班牙人每抵达一个陌生海岸，要问的第一个问题通常是附近有没有发现金银。根据所获得的情报，他们判定那个地区有没有被殖民的价值，或者那个国家有没有被征服的价值。

洛克先生曾经指出过货币和其他类动产的区别。他说，其他各种动产易被消耗，因此，由这些动产构成的财富是不大可靠的。某一年这种动产充裕的国家，就算一点都没有出口，但如果剩余产品被浪费掉了，第二年这种动产就可能变得匮乏。相反，货币则是一个比较可靠的朋友了，尽管它也会在不同人之间流转，但只要保证它不流出国外，货币就不会被轻易浪费消耗掉。所以，金银是一个国家动产中最可靠、最根本的部分，增持这类金属，应该是一个国家政治经济的大目标。

另一些人却认为，如果一个国家能够脱离全世界而独立存在，那么国内流通的货币无论是多是少，都无关紧要了。各国持有的货币存在多少之分，所以，以该货币为流通媒介的消费品，只需要或多或少的货币就可换取。他们也承认，一个国家是富庶还是贫困，实际上取决于这类消费品是充裕还是匮乏。但对于那些同外国有联系，并且有时不得不和外国作战而必须供养军队的国家，他们却又有不同的看法。他们认为，只有向国外输送货币来支付给养，才能在远离国家的地方支持军队，而只有国内持有大量的货币，才能往外输送货币。所以，每个这样的国家都必须尽力在和平时期蓄积金银，以备有需要时有财力支持对外战争。

依照这些普遍的观念，欧洲各国都曾研究在其国内蓄积金银的一切可能的办法，虽然并无多大成效。西班牙和葡萄牙作为向欧洲供应这些金属的主要矿山的所有者，曾以严厉的处罚或者课以重税的办法禁止金银流出。类似的禁令似乎也是以往欧洲大多数国家政策的一部分。甚至在古苏格兰的某些议会法案里我们也会意想不到地发现禁止携带金银出国、否则将受到重罚的律令。法兰西和英格兰古代也有类似的政策。

当这些国家发展为商业国时，在许多情况下，商人们会更明显地感受到这条禁令造成的不便。当他们向外国购买要输入本国的或运往其他外国的商品时，使用金银比使用任何其他商品都更方便。禁令妨害了贸易，因此他们反对这种禁令。

首先，他们提出，为购买外国货物而向外输出金银，不一定会减少国内的金银量，相反，往往还会增加国内的金银量。因为，如果国内消费的外国货物量没有因此增加，那么这些商品就可以再次出口到国外，以更大的利润在那里销售出去，所以，带回来的财宝也许会比原来购买货物时输出的金银多得多。芒先生（Mun）把这种国外贸易的作用比作农业的播种期和收获期。他说："如果我们只看见农夫在播种时期把很多好的谷物撒播到地里去的行为，那么一定会把他看作一个疯子，而不是一个农夫。但如果我们再考察他在收获期间的劳动，就会发现他的行为到底有什么样的价值，产生了多么丰富的成果。"

其次，他们提出，金银禁令并不能阻止金银外流，因为金银价值大、体积小，很容易走私。只有通过适当地注意他们所谓的贸易差额，才能防止这种输出。当一个国家出口的价值大于进口的价值时，就发生了对外贸易顺差，外国需要用金银支付这一差额，从而增加了本国金银的数量；但当一国进口的价值大于出口价值时，就发生了贸易逆差，这一差额必须同样用金银支付，从而减少本国的金银数量。在这种情况下，禁令并不能阻止金银输出，而只会使金银输出更危险，费用更大。这样，汇兑对于有外贸逆差的国家更为不利，在外国购买汇票而不得不向出售汇票的银行进行支付的商人，不仅要承担将货币送往国外原有的风险、麻烦和费用，而且还要承担金银输出禁令所带来的特别风险。但对一个国家的汇率越高，贸易的差额必然对这个国家也越不利。贸易逆差国家的货币的价值必然比贸易顺差国家低得多。例如，如果英格兰在它与荷兰的汇兑之中吃 5% 的亏，在英格兰就需要 105 盎司的白银才能购买到只值 100 盎司的荷兰汇票，这意味着英格兰的 105 盎司白银只值荷兰的 100 盎司，也就只能买到相应数量的荷兰货物。反过来，荷兰的 100 盎司白银在英格兰值 105 盎司，荷兰可以买到相应数量的英格兰货物。英格兰的货物卖到荷兰价格就低很多，而荷兰的货物卖到英格兰价格则高很多，这都是源自汇兑的差额。由于这种差额，流入英格兰的荷兰货币较少，流入荷兰的英格兰货币则较多。因此，这种贸易差额将如此地不利于英格兰，它需要把更大数量的金银输往荷兰。

商人们的这些观点里既有正确的部分，也有强词夺理的部分。贸易上的金银输出有利于国家，这方面是正确的。当人们私下发现输出金银的好处，禁令就不能阻止这种输出，这观点也没错。但若他们认为与关心保持或增加其他有用商品的数量相比，政府需要更关心保持或增加金银的数量，原因是自由贸易能确保那些商品的适量供应而无须政府如此关心，这便是强词夺理。他们说汇兑中的高昂代价必然加剧所谓的贸易逆差，导致更多的金银输出，或许也是诡辩。高汇价对该欠外国债务的商人来说诚然是不利的，他们要支付更多的钱给受理这些汇票的银行。但是，虽然由禁令而产生的风险可能使银行承担额外费用，这却未必会导致更多的货币流出国外。这种费用一般是走私时在国内发生的，它绝不会在所需汇出的数目之上。高汇价也自然会使商人们努力平衡输入和输出，以使他们尽可能缩小汇兑金额。此外，高汇价肯定也会起到类似征税的作用，抬高外货的价格，从而减少对它们的消费。所以，高汇价应该不会增多，而只会减少他们所谓的贸易逆差，以及相应的金银输出。

尽管这样，这些普遍观点还是让人们深信不疑。它们经由商人之口到达了国会、王公会议、贵族和乡绅们，经由那些被认为了解贸易的人到达了那些自认为对这种问题一无所知的人。商人、贵族、乡绅们都知道，同外国进行贸易可以富国，但是对外贸易是如何富国的，他们却没有一个人清楚。商人们十分清楚怎么进行国外贸易让自己富裕起来，这本就是他们自己的事，但国外贸易如何让国家富起来，却不是他们关心的问题。除了在向国家申请修改与国外贸易相关的法律时，他们从来都不考虑这个问题。只有在申请修改法律的时候，他们才必须陈述国外贸易如何有利，现行法律如何阻碍这种有利的结果等。他们通常会说，外国贸易可以输送货币到国内，但外国贸易法的存在却阻碍了这种输送。裁判官听了这个说明，觉得十分满意，于是，预期的效果实现了。刚开始的时候，法国和英格兰只限制本国铸币的输出，解除了对外国铸币和金银块输出的禁令，恢复了它们的自由输出。在荷兰和其他某些地区，这种自由输出的范围甚至扩展到了本国铸币。政府关注的焦点，从对金银出口的监控，转移到了对贸易差额的监控，因为贸易差额才导致了国内金银量的增减。他们放弃了一种毫无结果的监控，转向另一种更为复杂、更为困难但是同样毫无结果的监控。芒先生的《英国由对外贸易获得的财富》(*England's Treasure in Foreign Trade*)一书，不仅是英格兰，而且是其他所有商业国的政治经济学的基石和各国政治经济的根本准则。因为同样资本既可提供最大收入，又可雇佣最多本国国民的最重要的国内贸易，既不能带来货币，也不能把货币送到外国去，因此国内贸易被认为是国外贸易的附属品。所以，除非国内贸易的兴衰会对国外贸易产生影响，否则这个国家永远不会因此变得更强盛或更穷困。

正如没有葡萄园的国家需要从国外获取葡萄酒一样，一个没有自己矿山的国家毫无疑问必须从国外取得金银。然而，似乎政府没有必要关注甲物更多于关注乙物。一个有财力购买葡萄酒的国家，总会获得它所需要的葡萄酒；一个有财力购买金银的国家，也绝不会缺少那些金属。金银也和其他商品一样，需要以一定的价格购得；正因为金银可以买到其他所有商品，所以其他所有商品也可以买到金银。我们有充分的理由相信，自由贸易无须政府关注，也总会提供我们所需要的葡萄酒；我们也可以同样有理由相信，自由贸易总会给我们提供我们能够收支的全部金银。

各国各行业所能购入或产出的每种商品的数量，自然会按照有效需求，或者按照那些为了让商品进入市场而愿意支付所需的全部地租、劳资和利润的人的要求，自行调节。但金银按照这种有效需求而进行自我调节，要比其他商品都更容易、更准确，因为金银体积小而价值大，最容易从一个地方运到另一个地方，从价廉的地方运到价高的地方，从超出有效需求的地方运到不能满足有效需求的地方。比如，如果英格兰有要求更多黄金的有效需求，一艘邮轮就能从里斯本或其他任何有黄金的地方运来 50 吨黄金，铸成超过 500 万畿尼的铸币。但如果有效需求需要同等价值的谷物，按 5 畿尼一吨计算的话，进口这批谷物就需要载重 100 万吨的船只，或每艘载重 1000 吨的船只 1000 艘。对此英国的海军也会望尘莫及、爱莫能助。

当一个国家输入金银的数量超出它的有效需求时，政府的任何警惕都不能阻止它再输出。西班牙和葡萄牙的严苛法律并没能使他们的金银不外流。从秘鲁和巴西不断输入的金银超出了这两个国家的有效需求，金银在这两个国家的价格就会降低到邻国之下。相反，如果某个国家的金银达不到有效需求量，金银的价格就会抬高到邻国以上，政府也用不着费心去进口它们，或者，即使政府竭力阻止进口它们，那也做不到。斯巴达人（Spartans）一旦有了财力，他们购买金银的行动就冲破了为阻止金银进入所设置的一切障碍。所有严厉的海关法律都不能阻止荷兰和哥登堡东印度公司的茶叶输入英国，因为他们的茶叶比英国公司运来的便宜。而走私茶叶的难度通常用支付的白银来计算，1 磅茶叶的体积是其最高价格 16 先令银币的体积的 100 倍，如果以黄金算的话则是 2000 倍，走私的难度也应按体积翻番。

相较于其他的货物，金银的价格更稳定的原因一部分在于许多货物体积较大，不能随意从一个产品充足的市场运至一个产品匮乏的市场，但是金银想要运输流动却很方便。当然，金银的价格也不是完全恒定的，但是它的变动一般是缓慢的、渐进的、整体的。例如，有人假设，当然也许这种假设可能是没有什么根据的，欧洲在17世纪和18世纪的进程中，因为金银源源不断地从隶属于西班牙的西印度输入，价值在不断地下降，但也只是慢慢地下降，要使金银的价格突然发生巨大的改变，或者说，要想使所有货物的货币价格迅速地涨落，就需要再出现一次像发现美洲大陆那样的商业革命。

这些暂且不论。如果一个有财力购买金银的国家，即使在某个时候缺乏金银，要补足金银，它们总会比要补足其他任何商品要更方便。如果制造业的原料不足，工业必陷于停滞。如果粮食不足，人民必陷于饥荒。但如果货币不足，则以物物交换代之，还可通过信用赊账交易每月或每年清算一次获取，更可用调节得当的纸币加以弥补。第一种方法极不方便，第二种方法较方便，第三种方法不但方便而且还不时带来一些利益。所以，无论就哪一方面来说，任何一个国家的政府千方百计关注储存国内货币都是不必要的。

可是，最普遍的抱怨莫过于货币不足了。货币，也像葡萄酒一样，那些没有资本赢取它，也没有信誉借贷到它的人，一定会感到经常缺乏它。而那些既有资本又有信誉的人则从不缺少他们所需要的，无论是货币还是葡萄酒。然而，抱怨货币不足者未必都是只图一时口快的人。有时候，一整个商业市镇及其邻近地区都会有这样的抱怨。这通常是因为贸易过度而引起的。即使是有节制的人，如果不依照自己的资本制订经营计划，也会像没有量入为出的人一样，既没有赢取货币的财力，也没有赊取货币的信誉。在计划实现以前，他们的资财就已耗尽，接着他们的信誉也完了。他们到处去向人借钱，但人家都说无钱可借。这种对货币不足的抱怨即使普遍，也并非总是证明国内流通的金银不是正常数量的，而只是证明存在很多想要金银却无力得到的人。当贸易的利润偶尔高出平常的时候，贸易过度是无论大商人还是小商人通常都会犯的一个错误。他们输出的货币并不总比平常多，但他们在国内和国外通过信用赊购了超出常量的货物送往异地市场，希望能在支付欠款的期限之前收回本利。如果在此期限之前没能收回本利，他们手里就一无所有，既不能换购到货币，也没法提供借贷担保。一般对货币不足的抱怨，并不是起因于金银的缺乏，而是由于发现借贷困难，而债权人发现债款难以收回。

如果有人要认真地证明，财富不是由货币或金银构成，而是由货币所购买之物构成，只有在用于购买时货币才有价值，这未免多此一举，滑稽可笑。无疑，货币总是国民资产的一部分，但正如已经指出的，它通常只是一小部分，并且总是利润最少的那部分。

商人之所以普遍觉得用货币购买货物比用货物交换货币容易，并不是因为构成财富更主要的成分是货币而不是货物，而只是因为货币是公认的交易工具。货币容易和所有物品交换，而一切货物要和它交换，却不一定那么容易。而且，和货币相比，其他大部分货物都更容易磨损，如果要储存它们，往往会遭受很大的损失。另外，对商人来说，有货物在手和有同等价值的货币在金库中，前者更容易让商人遭遇所不能应付的需要货币的紧急情况。此外，商人的利润大多都来源于销售货物，而很少来源于购买货物，所以，他们大多数都更希望用货物交换货币，不怎么喜欢用货币交换货物。虽然个别的商人会因为丰富的物品不能及时销售出去而破产，但是这个原因却不可能让某国或某地破产。商人的全部资本经常是由易磨损、易消耗的货物构成的，它们生来就是要用来交换货币的，但是一个国家的土地和人民辛苦劳动所得到的生产物，却只有极少的一部分可以用来从邻国交换金银，其余大部分都是用来在国内流通和消费的。即使是送往外国的那一部分剩余产品中，也有相当大的一部分是用来交换其他种类的外国商品的，而不是用来交换金银的。所以，必须用来交换外国金银的那部分货物，就算是不能销售出去，也达不到让国家破产的地步。损失和不方便肯定是会有的，想办法补足货币也是必需的，但是，因为每年都有同样多或者是差不多同样多的可消费资本作支撑，所以每年国家土地和人民通过劳动获得的生产物都是一样的或差不多是一样的。尽管用货品交换货币比用货币交换货品困难一点，但是从长远看，用货物吸引货币似乎比用货币吸引货物更有把握。因为，和货币相比，货物除了可以交换货币外，还可以有许多其他用处，但是货币除了购买货物外，就没有其他任何用处了。只要有了货物，就一定会有货币。但有了货币却不一定就会有货物。购买货物的人，是为了自己使用和消费才买的，买了就不需要再卖出去了，任务就完成了；卖货物的人，在卖了货物之后，还必须再买别的东西，才算是任务真正完成，如果不再购买，就只能算是完成了任务的一半。人们需要货币，更多的时候需要的不是货币本身，而是货币所能购买的物品。

有人认为，可消费的物品很快就会被消耗破坏掉，而金银则可以储存很久，所以如果只储存不输出，金银就可以长久地积累在国内，使国家富有、人民富裕到难以置信的程度。他们由此得出结论：对任何一国最不利的事，是用这种可以储存很久的商品来交换那些很容易消耗的产品。铁器也是可以储存很久的，如果我们不输出，也可以长久地在国内积累，从而让我国的锅具多到难以置信的程度，但是我们并不认为用它来交换法国葡萄酒属于不利的贸易。

这样也容易得知，不论在哪个国家，锅具的数量都是受用途制约的。不论在哪个国家，锅具都是用来烹制食物的。所以它的数量只要满足烹制食物就行了，数量多了也没有用处。如果食物增加了，只要用增加的食物中的一部分来购买锅具，或者来供养制造更多锅具的工匠就可以了。同理，不论是铸造成铸币当货币使用，还是制作成器皿当家具使用，任何一个国家的金银量都是受它的实际用途的制约的。不论在哪个国家，依赖铸币流通的商品的价值都支配着其国内铸币的数量。商品的价值增多了，立刻有一部分商品会被送到有金银铸币的外国，交换流通商品所需要增加的铸币。我们还知道，不论在哪个国家，国内喜欢奢华商品的家族的数量和富有程度都支配着金银器皿的数量。喜欢奢华商品的家族数量增多了，财富增加了，增加的财富很快就会被送到有金银器皿的地方，购买更多的金银器皿。锅具虽然是家里所必须用到的，超出必需的锅具虽然想办法被储存起来了，但是也不能增加家人吃食物的快乐。同样，金银虽然是一个国家需要的，但如果不是国家货物流通过程中所必需的数目，即使人们想办法把它储存起来，也不能增加国家财富。正如支出资财购买不需要的用器不但不能增进家庭食物的质量，反而有可能减损一样，支出资财购买不必要的金银也一定会导致用于人们衣食行方面的财富减少，从而人们不能像原来那样雇佣他人，维持其生计。我们必须记得，金银无论是铸造成铸币还是锻造成器皿，都和厨房用具一样。增加金银的用途，增加依赖金银而流通、支配、准备的消费品，就一定能够增加金银的数量；相反，如果通过不正常的方法增加金银数量，那么金银用途就一定会减少，同时又因为金银数量受用途的制约，所以金银数量甚至会减少。如果一个国家金银的储蓄量超过了国家流通所需的数量，再加上金银运送起来那么容易，闲置不用又损失巨大，那么任何法律也不能阻止它输出国门。

一国要供养在异国的军队并进行对外战争，并不一定要积蓄金银。因为维持军队的不是金银，而是可消费品。在异国购买这类可消费品的财力就是国内产业的年产物，换言之，就是本国土地、劳动和可消费资本的年收入。有了这些收入的国家，就有资本支持在异国开展的战争。

一国要为自己在异国的军队支付军饷及供应军粮，有三种不同的途径：第一，把积累的部分金银运出国外；第二，把制造业的部分年产物运往国外；第三，把部分天然产物运往国外。

能被正当看作一个国家的储备的金银，可以划分为三个部分：第一部分，流通的货币；第二部分，私人家庭的金银器皿；第三，因多年节俭而积攒于国库的货币。

从一国的流通货币中节余大量金银的现象很少见，因为这方面很难有大量剩余。不论在哪个国家，虽然每年买卖货物的价值都需要有一定数量的货币来流通和分配给真正的消费者，但是流通中却不会使用多于必要量的货币。流通的渠道会且只会吸引足够的货币额充满其自身，而不能容纳超过必要量的货币。但在进行对外战争的情况下，一般会从这个流通渠道里抽取一些货币。由于要在国外供养大量人员，国内所要供养的人数就减少了。国内流通的货物如果减少，其流通所必需的货币也会减少。在这种场合，国家通常会发行超常数量的各种纸币，比如英格兰的财政部证券、海军证券和银行证券，这些纸币代替了流通的金银，使国家有机会运送更多的金银去国外。但是，对于那些耗费巨大、耗时长久的对外战争来说，靠上述办法来维持只是杯水车薪。

依靠熔解私人家庭的金银器皿来支持战争更是无济于事。法国在上次战争开始时，曾经使用过这种办法，但所获得的利益还远抵不上铸造带来的损失。

在战争爆发时，国库曾用积累的财宝会为国家和军队提供一个相对较大且更持久的资源。但在现在，除了普鲁士国王，全欧洲几乎没有一个国家把在国库累积财宝当作一项政策。

据史料记载，18 世纪的对外战争要算耗费最为巨大的一场战争了，但维持这种战争的经费却只有很少一部分来自流通货币、私人家庭的金银器皿或国库财宝。上次英法战争花了大不列颠 9000 万镑以上，其中不仅包括 7500 万镑新发行的国债，还有在每镑土地税上附加的 2 先令附加税，以及从偿债基金中每年借用的款项。这笔开支的 2/3 以上用于异国，用在德国、葡萄牙、美洲，用在地中海各港口，用在东印度和西印度群岛。英格兰国王没有累积的财宝，人们也从未听说有大量器皿被熔解的事情。当时，人们认为国内流通的金银不超过 1800 万镑。不过自从上次重铸了金币，人们相信这种估计未免过低了。因此，不妨按照我记得的所看到和听到的最夸大的估计来假定，我国金银总共有 3000 万镑。如果战争是通过我国的货币进行的话，那么即使依照这个估计数目，在六七年之间这些钱已经被运出运回至少各两次。如果这种假定成立，人们就能提供最具决定意义的论据来证明，政府留心着保存金银是多么没有必要，因为根据这一假定，国内所有的货币一定曾经在这么短的时期内不知不觉出出进进了两次。可是，在这一段时期内，流通渠道并没有显得比平常更空虚；有财力换取货币的人很少感到货币缺乏。对外贸易的利润在整个战争期间确实比平时高，尤其是在战争快要结束的时候。这在英国各口岸引起了一种普遍的贸易过度。而随着贸易过度，常见的对货币不足的抱怨由此出现。那些既没有财力赢取货币，又没有信誉赊贷货币的人觉得缺少货币，而正因为需要借钱的人觉得难以借到金银，而那些放债的人又觉得难以把债收回。不过，拥有可以换取金银的有价值之物的人，一般还是能得到有同样价值的金银。

所以，上次战争巨额费用的主要来源，绝不是金银的输出，而是英国某些商品的输出。在政府或政府工作人员同一个商人签订了汇款至外国合同时，这个商人就向国外来往通汇处开出一张期票，为了支付这张期票，他会尽力把商品而不是金银运到国外。因为运送商品出国，他可以获得很大的利润，但是运送金银出国，却没有任何利润。如果运送的英国商品，签约国家不需要，他就会想办法把商品运往其他国家，这样做总能获得很大的利润。同时，他会买一张期票，来付清欠签约国家的款项。商人送金银之类的金属到外国购买外国商品，虽然也有利润，但这种利润并不是来源于商品的购买，而是来源于在外国所买商品回国后的转卖。送到外国的金银，既不能购买外国商品，又不可能产生利润，所以，商人会想方设法用输出商品的方法代替输出金银的方法来偿还外债。《英格兰现状》(*The Present State of the Nation*)的作者指出，在上次战争中，英国就输出了大量货物，但没有带回任何货物。

除上述三种金银外，在所有大商业国，还有大量金银块在对外贸易中交替着输入和输出。这些金银块在不同的商业国之间流通，就像国家铸币在一国之内流通一样，它们可以被看作这个大商业圈的货币。国家铸币的流动及其方向取决于在自己国境内流通的商品，大商业圈的货币的流动则取决于在不同国家之间流通的商品。二者均用于便利交换，前者用于同一国家的不同个人之间，后者用于不同国家的不同个人之间。一部分大商业圈的货币也许曾被用于支持上一场战争。在发生全面战争期间，人们自然会认为，这种货币的流动及其方向与和平时期的不同，货币更多地在战场周围流通，更多地用于在战场及周边国家支付其军队粮饷方面。但无论英国每年这样使用的商业圈货币有多少，它一定是以英国的商品或英国商品换来的其他物品购买的。所以归根结底，仍是商品，仍是一个国家的土地和劳动的年产物，才是使我们能够进行战争的终极资源。的确，人们认为每年这样大的开销肯定来自丰厚的年产是很自然的。比如，1761 年度的开销在 1900 万镑以上。任何积累都不可能维持这么大的年度开销，即使是一年的金银总产量也是不可能。根据最可靠的统计，每年输入西班牙和葡萄牙的金银一般不会超过 600 万镑，在某些年份，这些钱还不够支付上次战争中四个月的开支。

最适宜运往远国异邦以换取军队粮饷的商品，似乎是比较精巧、先进的工业品，这种商品价值大而体积小，因而能以低廉的运费运往很远的地方。如果一个国家的工业每年有大量这样的剩余产品出口国外，这个国家就可以支持一场费用高昂的战争好多年，而无须输出大量金银。诚然，在这种情况下输出的大部分工业剩余产品虽然给商人带来了利润，但没有给国家带来任何利润，因为政府向商人购买外国期票，以便在外国购买军队粮饷。不过，总还有一部分剩余产品的输出能够带来回报。在战争期间，制造业有着双重任务：第一，生产为了支付政府开往国外供应其军队粮饷的期票而必须运往国外的产品；第二，生产用以在国外换回国内需要的消费品的产品。所以，在最具破坏性的对外战争中，很大一部分制造业往往会非常繁荣；相反，在恢复和平的时候制造业却往往会衰落下去。正所谓是国破业荣，国复业衰。英国制造业的许多不同部门在上次战争期间及战后一段时期的状况，可作为例证。

依赖土地原生产物的输出而进行耗费巨大、耗时长久的对外战争是不太方便的。通过输出原生产物购买军队的俸给和食粮，费用太高了。而且，很少有哪个国家的原生产物除了供给本国居民的生活所需外，还会有大量剩余。所以，把大量的原生产物输往国外，就相当于夺走了人民必需的生活资料的一部分。输出制造品就不一样了。输出制造品的时候，维持制造工人的生活资料仍然在国内，输出的只是他们劳动产品的剩余部分。休谟先生多次提到古代英国通常不能进行长期对外战争的情况。那时，英国除了土地原生产物和粗糙的制造品，就没有其他东西可以用来支付军队的粮饷了。原生产物供给国内消费后剩不下多少，粗糙制造品和原生产物的运费又巨大，所以英国不能经常进行长期的对外战争，并不是因为它缺少货币，而是因为缺少精巧的制造品。英国的商业贸易，现在是依靠货币进行的，当时也是一样。现在，流通渠道中的货币量固然与买卖次数和价值成一定比例，但是当时也是一样的。实际上，因为当时没有纸币，而现在纸币却已经代替了大部分的金银，所以在那个时候，流通中的货币量与买卖次数和价值所成的比例甚至比现在还高。当商业制造业不是很发达的国家出现异常情况时，臣民很少能给君主提供大的帮助。其中的原因将在下文说明。所以，这样的君主只能自己努力积蓄财宝，作为应付意外情况的资本。而且，在这样的国家，就算没有蓄积的必要，君主也会自然而然地倾向于为了积累而节俭。在这种节俭的状态下，君主的经费不会用在为了满足虚荣心而修建奢华的宫殿上，而是用在接济佃户、款待臣子上。虚荣心经常导致浪费，接济和款待却很少出现这种情况。因此，每个酋长都有很多财宝。作为查理十二世（Charles the Ⅻ th）有名的同盟者，据说乌克兰的哥萨克（Cossacs）酋长的财宝特别多。梅罗文加王朝（Merovingian）的历代法国国王也都有很多财宝，在他们给各个儿子分封领地时，也把财宝分封给了他们。撒克逊各个君主及其征服后的最初几个君主也曾蓄积财宝。每个篡夺王位的人，都把掠夺君王财宝当作第一步，似乎掠夺上一任的财宝是篡夺王位的最基本的手段。发达的商业国家的君主就没有蓄积财宝的必要性了，因为在紧急事件发生时，他们可以从臣民那里得到帮助。既然蓄积财宝的倾向没有那么严重了，那么他们就会自然地追随时代的风尚。他们的经费就会和领土内的其他地主一样，主要用于满足自己穷奢极欲的虚荣心。宫廷中各种毫无意义的装饰会一天多过一天，它耗费的巨大金额，不仅阻止了蓄积财宝，而且还占用了本应用于其他用途上的资财。这个时候，欧洲君主的宫廷，可以用得西利达斯（Dercyllidas）描写波斯宫廷的话来描述：在那里，看得到金碧辉煌的浮夸，却看不到脚踏实地的实力；看得到奴仆，却看不到士兵。

输入金银不是一个国家对外贸易的主要好处，更不是唯一好处。任何经营对外贸易的地方，都可以从中得到两种不同的利益，即输出本国剩余的土地和劳动年产物，换回本国需要的其他种类的物品。剩余物品的价值通过换回需要的其他种类的物品得以实现。通过这个方法，国内市场的狭隘性，不会阻碍国内各工艺部门的分工达到完善的程度。同时，国内消费不完的剩余劳动生产物拥有了一个更广阔的市场，这鼓励人们改进生产力，尽可能多地增加年产物，从而增加社会的真实财富和收入。这为进行对外贸易的各国做出了巨大的贡献，并且，这种贡献将一直持续下去。当然，从事对外贸易的商人，会更多地为本国人们提供需要的货物，输出本国的剩余生产物，所以，商人所在国是对外贸易的最大受益者。事实上，通商各国都将获利匪浅。把金银输入到没有金银矿山同时又需要金银的国家，固然是对外贸易的一部分，但相对来说，也是最没有意义的一部分。仅仅因为这种目的而进行对外贸易的国家，恐怕一世纪也装不满一船金银。

美洲的发现使欧洲富裕起来，但是让欧洲富裕的原因并不是由于输入金银。美洲矿山的产量丰富，这使金银价格更为低廉。现在购买一套金银器皿，只需用 15 世纪所值谷物的大约 1/3，或所费劳动的 1/3。而且，因为金银器皿的价格变成了原来的 1/3，所以不但原来有财力购买的人可以买到数量的 3 倍，而且原来没有财力购买的人也可以买得起金银器皿了，这样一来，有财力购买金银器皿的人，也许会比从前多 10 倍甚至是 20 倍。因此，欧洲现有金银器皿的数量，与美洲金银矿山没有被发现之前相比，也多了不止 3 倍以上，甚至恐怕是多了 20 倍、30 倍以上。欧洲无疑从中获得了利益，不过那真的是很小的利益。由于金银的贬值，购买同样价值的东西，现在需要支付更多的货币了。本来只需要带 4 便士，现在却需要带 1 先令了。这也是一种不便。金银价值过高和过低都是一种不便，至于哪种不便更无足轻重，我们还很难判断。不过，这两种不便都不会让欧洲的情况发生根本的变化。但是美洲的发现却让欧洲发生了非常大的变化，这是为什么呢？这是因为美洲的发现为欧洲的商品开拓了一个广阔的新市场。新市场带来了分工的进步和技术的改良，这在通商范围狭小、大部分物品缺乏市场的时候是不可能发生的。随之，劳动生产力得到改良，欧洲各国的生产物增加，人们的实际收入和财富也增多。欧洲生产的商品对美洲来说几乎是见所未见、闻所未闻的，美洲生产的商品对欧洲来说几乎也是一样。于是，一种全新的交易出现了，它对欧洲有利，对美洲也有利。没有人想到，这样一件本来对所有国家都有利的事情，却因为欧洲人的野蛮，对一些不幸的国家起到毁灭性的作用。

几乎在与美洲被发现的同时，经由好望角（Cape of Good Hope）至东印度的航道也被发现了，虽然它更遥远一些，但可以说是开拓了一个更广阔的国外通商市场。虽然和美洲相比，中国、印度、日本等国以及东印度的几个国家没有更丰富的金银矿资源，但是在其他方面，比如耕作和制作工艺。它们与美洲的秘鲁、墨西哥等国相比则更先进，它们算是富庶的国家。相较于与未开化的国家交易，与文明富庶的国家交易获得的价值当然要大得多。事实上，欧洲同美洲交易获得的利益却比同东印度交易获得的利益大得多。葡萄牙人曾经独占东印度长达一个世纪，欧洲其他国家要想把任何货物运送到东印度或者从东印度购买任何货物，都需要通过葡萄牙人间接地进行。17 世纪初期，荷兰人开始侵入东印度时，随即成立了一家公司全权包办东印度的贸易。英国、法国、瑞典、丹麦紧随其后进行效仿。所以，无论欧洲哪个国家，都不曾对东印度享有自由贸易的利益。这就是东印度贸易利益不及美洲贸易利益的原因。欧洲各国对其美洲各殖民地实施的是属民自由经营贸易的政策。那些东印度公司的排他性专营特权、丰厚财力以及从本国政府那里得到的庇护和利益，每一项都足以引起人们的嫉妒。嫉妒者声称这种交易是有害的，因为进行这种贸易的国家，每年都要输出大量的金银。针对这种观点，相关人士回答说，金银的不断输出，尽管确实导致欧洲整体上贫困了，却没有让进行贸易的国家变贫困，因为一个国家通过把换回来的货物输往欧洲其他国家得到的金银量，远远超过它输出的金银量。反对者和支持者都是以普遍观点为依据的。每年向东印度输出金银，固然可以稍微提高一点欧洲金银器皿的价值，金银铸币所能购买的劳动和商品也会有所增加，这两个结果中，前者是很小的损失，后者是很小的利益，它们都微不足道，不值得引起任何社会公众的注意。东印度的贸易既然为欧洲的商品开拓了一个市场，也可以说为其金银开拓了一个市场，那么其商品的年产量当然也就会增加，从而实际财富和收入增加了。而这种贸易，之所以一直让欧洲的财富收入增加得比较少，也许原因在于交易中处处受到限制。

我认为，对于财富是由货币和金银构成的这一流行的观点进行考察，虽然很麻烦，却是必要的。我曾经提及，货币意味着财富的语义模糊不清。尽管我们很清楚地知道这种观点不合理，在我们推理的时候，却一次次地忘记自己的原则，默认这种观点是不能否定的真理。在讨论商业的时候，英国有几个非常优秀的作者，刚开始还认为构成一个国家的财富，不仅有金银，还有土地、房屋及各种可消费品，但在推理的时候，却把土地、房屋以及可消费品都忘记了。在论证的时候，他们往往假定所有财富都是由金银构成的，一国工商业的重要目标是增加金银类金属。

贸易差额，就是出口价值超过进口价值。如果财富由金银构成、没有金银矿山的国家只能通过贸易差额的方式才能获取金银的原则已经确立，那么政治经济学就自然把尽量减少国内消费的外国商品的输入、尽量增加国内生产物的输出作为两大目标。因此，使国家富有的两大法宝便是限制输入和鼓励输出。

输入的限制分为两种：

第一种，对于供本国消费的外国产品，如果本国可以生产，那么不论从哪个国家输入，都要一律进行限制。

第二种，凡是从贸易差额不利于本国的那些国家进口的几乎一切货物，一律加以限制运入。

这两种限制，有的是通过高额关税实现的，有的是通过绝对禁止实现的。

而鼓励输出的措施，有时是采用退税，有时是采用发放奖金，有时是与外国签订有利的通商条约，有时是在遥远的地方建立自己的殖民地。

有两种情况允许退税。第一种，在国内制造品已经缴纳了关税或者国产税的情况下，在输出时，国家就允许将所纳税款的全部或者一部分退还；第二种，是输入时已经缴纳过关税的外国货品，在再次输出时允许退还全部或者是一部分的关税。

奖励金的颁发，有时是用来支持、鼓励新兴的初创制造业，有时是用来奖励、保护那些被认为应当受到特殊照顾的产业。

通过有利的通商贸易条约，本国的货物和商人可以在某些国外地区获得优于其他国家的特权。

在遥远的地方建立殖民地，不仅可以给殖民地母国的货物和商人提供某些特权，而且往往享有垄断权。

上述两种限制进口的手段和四种鼓励出口的手段，是重商主义体系为了使贸易差额有利于本国从而增加国内的金银数量所提出的六种主要手段。我将在下面的章节里对这些手段进行考量，但不再过多关注它们有没有把货币输入到国内来的倾向，而将主要围绕它们对国家产业的年产所可能带来的影响。由于这些手段往往会增加或者减少国内年产物的价值，显然它们也一定会增加或减少实际的国家财富和收入。

第二章

论限制进口本国能生产的商品

通过高额关税或绝对禁止的方式，来限制输入本国可以生产的商品，在一定程度上让国内的这个产业享有了垄断权。例如，禁止从外国输入活家畜，英国畜牧业就享有了对国内肉类市场的独占权；对谷物输入征收高额关税，英国的谷物生产业就得到了同样的利益；对外国羊毛输入实行禁令，同样有利于英国的羊毛生产。尽管丝绸制造业生产所用的原料全部是从外国进口的，但是最近它也获得了同样的利益。麻布制造业尽管还没有取得这种利益，但也正在大步地朝着这个目标前进。还有许多其他的制造业，也取得了或者是差不多取得了不利于本国同胞的垄断权。大不列颠绝对禁止或在一定条件下禁止输入的货物种类之繁多，对那些不熟悉关税法的人来说，简直是不可想象的。

这种对国内市场的垄断地位往往使得享有垄断权的各产业受到极大的鼓励，并且，常常毫无疑问地使更多的社会劳动和资本转到这些产业上来。但是，这样是否能促进社会总产业，或引导其朝着最有利的方向发展，结果也许不会十分明显。

社会总产业的发展程度绝不会超过社会资本所能投入的限度。就像任何个人所能雇佣的工人数必定和他的资本成某种比例一样，一个社会的全体成员所能持续雇佣的工人人数，也一定和那个社会的全部资本成某种比例，它绝不会超过这个比例。任何商业法规都不能使一个社会的产业数量增加到超出其资本所能维持的限度。它只能使本来不属于某一方向的一部分产业转到这个方向来。至于这个人为的方向是否比它自己投入的方向更有利于社会，这还不能确定。

每个人都为他所能支配的资本不断地寻找着最有利的用途。他在心里所考虑的当然是自己的利益，而不是社会的利益，但是他为自己考虑的结果，自然或必然会引导他选出对社会最有利的用途。

首先，如果能取得资本的正常利润或是比正常利润稍微少一些，每个人都会尽量把资本投在国内产业上，从而他对本国劳动产业的支持也会尽可能地增加。

如果利润相等或者相当，那么所有的批发商人都更倾向于进行国内贸易，而不愿意进行对外贸易，但是和进行中间商贸易相比，那商人还是更愿意进行对外贸易。投资进行消费品的对外贸易，资本常常脱离商人的视线，但是投资进行国内贸易的资本，则常常在商人的视线之内。在投资进行国内贸易的情况下，关于所委托人的品行怎么样、贸易情况怎么样的精彩，投资商人更容易掌握。就算是他偶然被骗了，对于法律上索取赔偿的手续，也更清楚明了。至于中间商贸易，商人的资本分别投资于境外的两个国家，没有任何部分有带回国内的必要，也没有任何部分在他的支配下。譬如，阿姆斯特丹商人投资进行中间商贸易：从柯尼斯堡（Konigsberg）运送谷物至里斯本，从里斯本运送水果和葡萄酒至柯尼斯堡。通常，他必须把资本一分为二,一半投在柯尼斯堡，一半投在里斯本。不论是他贩卖的是谷物还是水果和葡萄酒，两边的产品都没有必要流入阿姆斯特丹。这样的商人自然是住在柯尼斯堡或里斯本比较合适。只有在特殊情况下，他才会选择住在阿姆斯特丹。然而，最终由于远离资本的不安，他选择把一部分货物转道运到阿姆斯特丹，而宁愿担负装卸货的双重费用且宁愿支付税金和关税这两种额外的费用，只为了亲自支配一部分资本。也正因为这样，在经营中间商贸易上有优势的国家，经常成为通商各国货物的中心市场或总市场。因为，为了省去第二次装卸货物的费用，商人通常都想方设法在本国市场售卖各国的货物，也就是说，尽可能地将中间商贸易变成消费品的对外贸易。同样，进行消费品对外贸易的商人，当准备把收集的货物运往外国市场时，也总乐意以同样或者差不多的利润尽可能在国内售卖一大部分。他会尽可能地把消费品对外贸易变为国内贸易，这样，他就可以省去输出存在的风险和麻烦。于是，虽然出于某些特殊原因，资本被投到了国外，但是仍然可以说，不论流向哪个国家，本国仍是居民资本流向的中心，本国居民的资本不断地流通在这个中心的周围。以前提过，同样的资本，投在国内贸易上比投在消费品对外贸易上能推动更多的国内产业发展，能让更多的国内居民获得收入和就业机会。同样的资本，投在消费品对外贸易上比投在中间商贸易上更能获得上述同样的好处。所以，在利润相等或差不多相等的情况下，每个人的投资方向，大多都能给国内产业提供最大的援助，从而也给本国更多的居民提供收入和就业机会。

其次，每一个把资本投在国内产业上的人，必然会努力经营这个产业以创造最大价值。

劳动产物是它在劳动对象和使用原料上所增加的价值。经营人员利润的大小，与这种产品价值的大小成比例。但是，任何人使用资本来支持劳动都只是为了获得利润，因此，他力图使用资本来支持其产品具有最大价值的劳动，或其产品可能交换到最大数量的货币或其他商品的劳动。

但每个社会的年收入和它辛勤劳动所得的全部年产物的交换价

值通常是恰好相等的，或者说，恰好是价值相当的东西。所以，每个人把他的资本投入到国内用来支持国内产业，并想方设法让它的生产物的价值达到最高程度，本来就和每个人竭尽所能使社会的收入最大化是异曲同工的。的确，他们通常没有促进社会利益的想法，也不知道自己曾经怎样促进了社会利益。他们愿意投资支持国内产业而不投资国外产业，只是从自身的安全出发；他们积极指导产业的发展使其生产物的价值能达到最大程度，也只是考虑到了自身的利益。和其他时候的情况一样，他们是受着一只看不见的手的操纵，无意间竭力达到了一个他们从来没有考虑过的目标。他们不考虑这种目标，但这未必就对社会有害。他们径自追求利益，往往能更有效地促进社会利益的实现。他们如果真的总想着如何促进社会利益，结果往往达不到这样有效的程度。据我所知，那些打着为了公众幸福的旗号而经营贸易的人，并没有真正做出过多少好事。实际上，这种伪装的商人也并不多，我们也没有必要多费唇舌来劝阻他们。

一个人的资本应该投资何种国内产业，何种产业的产品最有价值，关于上述问题，显然每一个身处其中的商人都能比政治家或立法者做出更好的判断。如果政治家企图指导私人如何运用他们的资本，那不仅是多此一举，而且是在僭越一种他既不愿放心地交给任何个人，也不愿放心地交给任何委员会或参议院的权力。把这种权力交给一个荒唐的、自认为有资格行使它的人，是异常危险的。

给予国内产业中任何特定的工艺或制造业的产品在本国市场上的垄断地位，就是在某种程度上指导个体商人应如何运用他们的资本，而在大多数情况下，这种措施几乎毫无例外地必定是无用的或者有害的。如果国内产业的产品在本国市场上的价格与外国产业的产品一样低廉，这种措施显然是无用的。如果不是一样低，那这种措施则通常有害。假如自己在家里制造一件东西要比到外面买它付出得更多，制造者就绝不要在家里制造，这是每一位英明贤达持家有方的人都明白的道理。裁缝不会自己来做鞋子，而是从鞋匠那里购买。鞋匠不会自己来做衣服，而是请裁缝制衣。农夫既不想裁衣，也不想做鞋，他都请别的手艺工匠来做。此时劳动产品和价格是一回事。他们都觉得，为了自己的利益，应当把全部的精力都集中到自己比他人有优势的方面，而以其一部分的劳动产品或其价格，去购买自己需要的其他东西。

对个别家庭来说这是明智的选择，对于国家来说，这也绝对不可能是愚蠢的。就某种商品来说，如果自己生产比从外国购买花费的要多，那就不如经营有优势的产业，然后输出自己产业生产物的一部分向国外购买需要的物品。国家的产业总是和维持产业的资本成一定比例，所以，就像鞋匠一样，他的劳动绝对没有减少，只不过是放任它选择了最有优势的用途而已。如果购买一种物品花费得少，自己制造该物品花费得多，那么自己制造显然就不是最有利的方法。按照这种假设，向国外购买花费较少，自己生产花费较多，则只需将同样的资本投入到国内生产出来的商品的一部分或者商品价格的一部分，就可以把所有需要的商品从外国购买进来。所以，如果国家规定了这类本国产品的垄断权，这不过是让国家从自己有优势的产业转到了自己没有优势的产业，导致国内产业的价值没有如立法者所预期的那样增加，反而可能会因此而减少。

的确，通过这种法规，有些特定的制造业会更快地确立起来，一段时间之后该产业也能以同样低廉的价格甚至是更低廉的价格生产这种产品。要让社会产业转到某个特定的有利的用途上，确实可以通过制定法规更快捷地实现，但是，产业和收入的总额却不会因此而增加。社会产业的扩张只能与社会资本的增加成比例，而社会资本的增加又只能与社会收入的节余成比例。既然维护垄断措施的直接影响是社会收入的减少，减少社会收入就一定不会比任由资本和劳动寻找自然的用途更迅速地增加社会的资本。

没有这种措施，某些特定产业虽不能在社会上确立起来，但是，社会在其发展的任何时期都不会因此而变贫困。在社会发展的每一时期内，它的全部资本和劳动，虽然使用对象不同，但仍可能用在当时最有利的用途上。在每一时期内，社会收入均可能是社会资本能提供的最大收入，而资本和收入均可能按最快的速度增加。

在生产某种商品上，一国对另一国享有的自然优势是如此巨大，所以全世界都承认，向这种优势挑战是徒劳的。通过盖玻璃房、建温床和温墙，在苏格兰也能种出很好的葡萄，用它也能酿出很好的葡萄酒，但费用约为从外国购入同等品质葡萄酒的 30 倍。禁止所有外国葡萄酒的进口，只是为了鼓励在苏格兰生产波尔多和勃艮第酒，这难道是合理的法律？如果说为了得到所需的等量产品，不去从外国购买，而是用 30 倍的劳动和资本在本国制造，这显然荒谬，那么，即使用多出 1/30 甚至 1/300 的劳动和资本这样去做也同样荒谬，虽然荒谬的程度没有那么惊人，但荒谬的性质完全一样。至于这样一国对另一国享有的优势是天然固有的还是后来取得的，都无关紧要。只要一国享有这种优势，而另一国没有，后者向前者购买这种优势产品就总是比自己制造更为有利。一个手艺工匠相对另一行业的手艺工匠的优势只是后来取得的，但是他们都发现，从对方那里购买人家的产品比自己生产这种产品更为有利。

从垄断国内市场中获得收益最大的是商人与制造业者。禁止外国牲畜及腌制食品的输入，以及对外国谷物的输入征收高额关税（这在丰收年份等于禁止进口），虽然也对英国牧畜者与农民有利，但总体来说，有利程度比不上商人和制造业者从同类限制中得到的利益。和谷物、牲畜比起来，制造品，尤其是精细制造品，更容易从一个国家出口到另一个国家。所以，国外贸易通常都以贩卖制造品为主要业务。在制造品方面，外国商人哪怕只占有一点点的优势，也能让我国商人在本国市场上贱卖自己生产的产品。但在土地原生产物方面，除非占有非常大的优势，否则外国商人就不能做到这个地步。在这种情况下，如果外国制造品可以自由输入，那么也许真的甚至会有几种国内制造业受到损害，甚至会有几种国内制造业因为外国制造品的冲击而完全覆灭，大量的资本与劳动因此会离开现在的用途，被迫转向其他用途。但是，就算土地原生产物实行最自由的输入，也不能对我国农业产生这种巨大的影响。

例如，即使外国牲畜的进口十分自由，能进口的牲畜也会很少，大不列颠的畜牧业并不会受到多大的影响。活牲畜可能是海路运输贵于陆路运输的唯一商品。通过陆路，它们可以自己走到市场上去。通过海路，则不仅要运牲畜，还得运送牲畜的食物和饮水，这样的开支和麻烦可不小。确实，爱尔兰和大不列颠之间的海路较短，因此从爱尔兰进口牲畜较为容易。但是，最近的自由进口许可是有时间限制的。即使它们可以随时自由进口，对大不列颠畜牧业者的利益也不会有多大的影响。与爱尔兰海相邻的大不列颠领土全是畜牧之地，爱尔兰的牲畜在这些地方没有市场，它们只能穿过这些广阔的地区（费用和麻烦当然不小），赶往其他合适的市场。而肥牲畜走不了这么远，所以，只能进口瘦牲畜。进口瘦牲畜不会损害饲育牲畜之地的利益，瘦牲畜价格的降低对这些地方反倒有利；它只会损害繁殖牲畜之地的利益。而允许自由进口之后爱尔兰牲畜的进口数量之小，以及瘦牲畜依然坚挺的价格，都可以证明，即使是大不列颠繁殖牲畜之地，也未受到爱尔兰牲畜进口多大的影响。事实上，爱尔兰的老百姓据说曾强烈地抵制牲畜出口。不过，如果出口商认为继续出口牲畜有利可图，而法律又支持他们，那他们要克服这种群众抵制是很容易的。

另外，饲养牲畜以及饲养肥牲畜的地区，通常是土地已经经过了很大改良的地区，但是繁殖牲畜的通常都是一些土地没有经过开垦的地区。瘦家畜价格的高昂可以增加没有开垦过的土地的价值，所以这通常就相当于给其颁发了反对改良的奖励金。对全境已经改良过的国家来说，与其自己繁殖牲畜，倒不如从国外进口有利。据说，现在荷兰各地都奉行这个原则。苏格兰、威尔士及诺萨伯兰（Northumberland）的山地，都没有多少改良的余地，似乎天生就是要做英国的繁殖牲畜场的。允许外国牲畜自由输入的唯一结果就是，这些地方不能利用联合王国其他地方日益增加的人口与土地改良的优势，不能再把牲畜价格提高到超乎寻常的高度，不能再向国内土地改良和开垦程度比较高的地区征收一种真实的赋税。

腌制食品的自由进口也像活牲畜的进口一样，不会对大不列颠畜牧业者的利益产生多大的影响。腌制食品不仅是笨重的商品，而且和新鲜的肉食相比，它的品质更低，价格也更高，因为它要花更多的劳动和费用。因此，进口腌制食品虽然能和本国的腌制食品竞争，但绝不能和本国新鲜的肉食竞争。它可能被当作远洋船只上的食物，或用在类似用途上，但在人们的饮食中毕竟不占很大的部分。自从允许其自由进口以来，从爱尔兰进口的腌制食品并不多，这一事实证明，我国畜牧业者不必为此担心，我国的家畜价格不会受到腌制食品进口的明显影响。

不仅如此，外国谷物的自由进口对大不列颠农民的利益也没有多大的影响。谷物比肉类还要笨重得多，运送 1 磅只值 1 先令的小麦就要花上和运 1 磅值 4 先令的肉类同样的开支。即使是在大荒年，外国谷物的进口量也很少，这使我国的农场主感到欣慰，他们不必担心谷物的自由进口。根据信息详尽的谷物贸易研究者提供的数据，每年平均进口的各种谷物的数量总共不过 23 728 夸脱，只占本国谷物消费额的 1/571。但是，谷物出口奖金在丰收年份导致了超过实际耕作状况所允许的出口，所以在歉收之年必然导致超过实际耕作状况所允许的进口。这样一来，今年的丰收就不能补偿来年的歉收。如果没有谷物奖金，那么出口的谷物会比现在少，或许进口量也会因此比现在少。在英国和其他国家之间贩运谷物的商人将因此而失去许多生意，遭受许多损失。但对乡绅和农民来说，损失却非常有限。所以，正如我观察到的，最希望奖励金制度继续执行下去的人，不是乡绅与农民，而是赖之生存的谷物商人。

在所有的人中，乡绅和农民算是最不受可憎的垄断心态支配的人了，这对他们来说是一种莫大的荣誉。那些大制造厂的企业家，如果发现周围 20 英里内新建了同种类工厂，就会感觉惊慌。在阿比维尔经营毛织品制造业的荷兰人就曾经明文规定，在城市周围 20 英里内，不许建同类型工厂。农民与乡绅则相反，他们不但不会阻止这种做法，还常常乐意促进而不是阻碍邻近各田庄的开垦与土地改良。大部分制造业都有要保守的商业秘密，但农民与乡绅却没有什么秘密。如果他们发现了有利的新方法，不但不会保守秘密，还喜欢竭尽所能地把它告诉其他所有的邻居。老卡托曾说："农民和乡绅是最受人尊敬的职业，从事这种职业的人，生活最为稳定，最不让人嫉恨，他们也最没有不满的欲念。"乡绅与农民散居在全国各地，不容易团结起来。商人与制造业者却集聚在城市中，容易团结起来，且在他们内部流行排外的垄断的风气。他们既然可以置本城市民利益于不顾，取得排他的城市专营权，也就自然会置本国人民的利益于不顾，而取得排他的国家专营权。单独占有国内市场，限制外国货物输入的方法，似乎就是他们发明的。乡绅和农民抛弃由其本身的地位带来的宽大胸怀，提出要享有国内谷物和家畜肉的单独占有权，可能是从商人和制造家那里模仿来的，因为总是见到他们压迫自己，所以想要和他们站在同等的位置上。至于贸易自由对自身利益的影响比对商人和制造家的小很多这一问题，乡绅和农民估计都没认真考虑。

用永恒、长久的法律对谷物及牲畜的输入进行限制甚至禁止，实际上就是在规定一个国家的人口与产业永远不得超出本国土地原生产物所能维持的限度。

然而，似乎在下面两种情况下，对外国产业或产品施加某些负担以鼓励国内产业通常是有利的。

第一种情况，当某种产业为国防所必需时。例如，海员和船舶的数量，在很大程度上决定了保卫大不列颠的国防力量。因此，航海条例非常正当地企图给予大不列颠的海员和船舶垄断他们自己国家航运业的特权。在某些场合，该条例用绝对禁止的办法；在另外的场合，它用对外国船舶课征重税的办法。以下是这项法律的主要规定。

一、凡与大不列颠移民地和殖民地通商或在大不列颠沿岸经商的船只，其船主、船长及 3/4 的船员必须为英国籍臣民，违者将被没收船只及所载货物。

二、许多大体积的进口商品，只能由符合条款一的船只或货物出产国（船主、船长及 3/4 的船员必须是该国国民）的船只输入英国，但若由购买这些货物的国家的船只输入，需要被征收加倍的居留税。如果由其他种类的船只输入，一经发现就没收船只及其运送的货物。这条法令颁布时，稳坐欧洲贩运业第一把交椅的荷兰人已经是欧洲的大中间商了。但在这法令颁布后，荷兰就再也不能当大不列颠的中间商，再不能向大不列颠输入欧洲其他各国的货物了。

三、许多大体积的进口商品，禁止从不是生产国的其他任何国家进口，即使是用不列颠的船只也不例外，违者将被没收船只及所载货物。这项规定可能也是专门针对荷兰人的。那时的荷兰和现在一样，是欧洲货物的大市场。有了这项条例，英国船只就不能在荷兰境内运欧洲其他国家的商品回国了。

四、各种腌鱼、鲸须、鲸鳍、鲸油、鲸脂，如果不是由不列颠船只捕获及加工制造的，那么在输入英国时就要被征收加倍的居留税。像现在一样。那时捕鱼并提供加工产品给他国的，只有荷兰。这个条例颁布以后，荷兰要把鱼提供给大不列颠，就需要上缴重税。

当航海条例制定的时候，虽然英格兰和荷兰实际上没有发生战争，但是两国之间的矛盾已经到了爆发临界点，一触即发。它们之间的矛盾从制定这项法令的长期议会（Long Parliament）统治时期就已经开始，并在不久后的克伦威尔王朝及查理二世（Protector and of Charles the Second）王朝时期的荷兰战争中爆发出来。所以，这个很有名的法令中的几个条款很有可能是从民族仇恨出发的，却是和深思熟虑的结果一样明智的。当时的民族仇恨，以削弱唯一可能危及英格兰安全的荷兰海军力量为目的，这和经过最冷静思考得出的结论正好相同。

航海条例于对外贸易不利，或者说于可能由对外贸易产生的财富的增长不利。一个国家在对外贸易中的利益，与个别商人在对外贸易中的利益一样，要看是否买得尽可能便宜或卖得尽可能贵。但是，一个国家只有在贸易非常自由且其他所有国家都受到鼓励把这个国家所需的货物运到它这里来的时候，它才最有可能买得便宜。同样，只有当它的市场上挤满大量买者的时候，一个国家的商品才最有可能卖得贵。诚然，航海条例并没有给到英国来购买货物的外国船只增加税费负担。甚至过去出口和进口商品通常都要缴纳的外国人税，也经过后来的几项法令被免除，大部分的出口商品无须再缴纳税金了。但是，如果禁令或高税率阻止了外国人前来出售他们的商品，他们也就不会总是有能力来购买商品，因为如果船只不载货物前来，他们就损失了从自己的国家到不列颠的路费。由于减少了前来销售货物的人数，购买者的数量必定也减少，这样，与贸易完全自由的时候相比，不仅在购买外国货物时人们要买得更贵，而且在出售本国货物时人们要卖得更便宜。不过，由于国防比国富重要得多，航海条例也许仍然是英格兰各种通商条例中最为明智的一种。

第二种情况，为鼓励本国产业而对外国施加某种负担是有利的，即在国内对外国同类产品课征同等赋税似乎是合理的。这不会给予本国产业以国内市场上的垄断权，也不会使进入某一行业的本国资本和劳动比自然会进入的份额更大。它只会阻止自然进入该行业的任何部分的资本和劳动由于课税而离开该行业，转向一种不那么自然的用途，并且会让本国产业与外国产业之间的竞争尽可能地处于和以前相同的水平。在大不列颠，当任何这类赋税课征在本国产品之上时，通常所有外国同种货物的进口会被课征更重的关税，借以平息本国商人和制造业者的怨声载道。

有些人认为，对自由贸易的这第二种限制中的课税商品范围，不应该仅仅局限在能与国内被课税的产品相竞争的那些外国商品上。他们说，本国生产的生活必需品要是在国内课税，那么，不仅对从外国进口的同种生活必需品课税是正当的，而且对从外国进口的能和本国产品竞争的所有商品征税也是正当的。他们说，征税必然会导致本国生产的生活必需品价格抬高，而劳动价格会随着劳动者生活必需品价格的增高而增高。所以，本国产业生产的各种商品，虽然没有被直接课税，但其价格都因为对本国生活必需品课税而上升了，因为生产各种商品的劳动的价格上升了。他们说，这种课税虽然只以生活必需品为对象，但实际上等于对国内一切产品征税。他们认为，为了使国内产业与国外产业居于同等地位，对进入本国而与本国商品形成竞争的所有外国商品，都必须征收与本国商品价格增高额相等的税。

对生活必需品课税（比如英国对肥皂、食盐、皮革、蜡烛等商品课税）是否必然提高劳动价格，从而提高其他一切商品的价格，我将在后面探讨赋税问题时加以考察探讨。我们不妨先假定这种征税具有这样的效果，其实它无疑是有这种效果的，但劳动价格提高导致所有商品价格提高与因直接课税导致特定商品价格提高，在以下两方面还是有所不同的：

第一，特种赋税能使特定商品的价格提高到什么程度，总是可以准确地判定的，但劳动价格的普遍提高能在多大程度上影响各种不同的劳动产品的价格，则不能很确切地判定。所以，不可能很准确地按照国内各种商品价格上涨的比例来对各种外国商品征税。

第二，对生活必需品课税给人民境况带来的影响，与贫瘠土壤和恶劣气候所产生的影响大致相同。在这两种情况下，物资都会变得昂贵，因为生产它们都需要异常的劳动和费用。在因为土域贫瘠和气候异常引起天然的稀缺性时，指导人民使用其资本与劳动当然是不合理的；在因为对生活必需品征收赋税引起人为的稀缺性时，指导人民使用其资本与劳动同样也是不合理的。很明显，在这两种情况之下，对人民最有利的是让他们尽可能地使自己的劳动适应他们的境况，即使在不利的情况下，也能找到在国内或国外市场上可以占据一些优势的行业。由于他们的纳税负担很重，由于他们对生活必需品支付了过高的价格，就让他们负担一种新税，让他们对其他大部分商品也支付过高的价格，这无疑是一种最荒谬的补偿办法。

当对生活必需品课征的赋税达到一定高度时，其危害与土壤贫瘠和天时险恶所造成的危害相同；然而征收这类赋税的地区通常都是最富裕和最勤勉的国家，其他国家经受不起样大的混乱。只有最强健的身体才能在不卫生的饮食条件下生存并保持健康状态，所以，只有各种产业都具有最大先天优势和后天优势的国家，才能在这类赋税下生存并繁荣。荷兰是征收这类赋税最多的欧洲国家，但它的持续繁荣并不是由于有了这类赋税（持这种看法的人是荒谬的），而是由于其特殊的国情。它的繁荣与这些赋税无关。

通过对外国产业征收赋税增加它们的负担从而鼓励本国产业的发展，在上面两种情况下是有利的，但在下面两种情况下则是需要认真考虑的。第一种，继续允许特定的外国货物自由输入到什么程度是合适的；第二种，采用什么方式，或者说在什么程度上恢复已经中断一段时间的外国商品的自由输入是合适的。

当某个国家以禁令或高关税抑制进口我国的某种制造品的时候，我们就得考虑在何种程度上允许这个国家的某种商品持续自由进口是适当的。在这种情况下，复仇的心理自然导致报复，我们应当对外国的某一些或所有的制造品课征同样的关税或禁止进口。各国一般都是如此进行报复的。法国人为了庇护本国的制造业，特别倾向于抑制一切能和他们竞争的外国商品的进口。这构成了柯尔贝尔政策中的很大一块。柯尔贝尔先生的才能虽然不小，但在这种情况下，他却似乎为商人和制造业者的诡辩所蒙蔽了。而商人和制造业者所要求的垄断权对其国人总是不利的。现在，法国最明智的人都认为，他的这种举动对国家没有好处。这位大臣1667年颁布关税法，该法对大多数外国制造品课以极高的关税。由于他拒绝荷兰人减轻关税的要求，荷兰于1671年禁止法国的葡萄酒、白兰地和制造品的进口。1672年的战争部分是由这场商业争端引起的。1678年两国签订奈梅亨和约（The Peace of Nimeguen）停战时，法国向荷兰做出让步，减轻了其关税，荷兰也由此撤回进口禁令。英法两国大约是在同一时候开始互相采用相同的高关税和禁令政策来压制对方产业的，但这次似乎也是法国人带的头。从那之后，两国之间存在的敌意使得双方迄今都不肯减轻关税。1697 年，英国禁止弗兰德斯制造的麻花边输入，那时弗兰德斯属于西班牙的领地，作为回应，其政府禁止英国毛织品进口。1700 年，以弗兰德斯撤回对英国毛织品的进口禁令为条件，英国撤回了对弗兰德斯麻花边的进口禁令。

能够得以撤销众人抱怨的高额关税或禁令，这种报复也可以说是好政策。恢复一个广阔的外国市场，足以解决由于某些商品在短时期内价格过高所带来的困难。要判断这种报复能否产生这种效果，与其说需要有立法家的知识，不如说需要狡猾的政治家或政客的技巧。因为立法家的考虑，应受持久不变的普遍原则的支配，而政治家或政客的考虑，则受瞬息万变的具体事件的指引。如果这种禁令没有可能被撤销，这种报复则不见得是一个好办法。当邻国禁止我国某些产品进口时，我们通常不仅对其相同产品施行进口禁令，而且还禁止他们其他的一些产品进口，因为如果单是禁止同样的产品，很难给他们施加足够的影响。这样做无疑可给我国某些行业的生产者以鼓励，替他们排除一些竞争者，使他们能在国内市场上抬高产品价格。但是，我国那些因邻国禁令而蒙受损失的生产者绝不会从我们的报复性禁令中受益。相反，他们以及我国其他行业里的人民，在购买某些货物时都不得不支付比以前更为昂贵的价格。所以，这样的法律等于是对所有人征收了实税，但是受益的不是因邻国禁令而蒙受损失的生产者，而是其他行业的生产者。

当本国的某些制造业由于所有能与其竞争的外国商品都被课以高关税或禁止进口而发展壮大、从业人员众多的时候，那么，在外国商品自由进口中断一段时间之后，在何种程度上、以何种方式来恢复自由进口才是适当的，这有待思量。人道主义也许会要求自由贸易一步步地、小心翼翼地恢复，因为如果骤然撤销高关税与禁止低廉货品进口的禁令，外国货物可能迅速涌入本国市场，立刻会造成我国成千上万的人民丧失生计。由此引起的混乱无疑会相当严重。不过，这种混乱也许并不像通常想象得那么严重。原因如下：

首先，没有奖励金也会输出到欧洲其他各国的制成品，通常都不太受外国商品自由输入的影响。这种运往国外的制成品，价格一定和同品质同种类的其他外国商品一样低廉，在国内的售价也一定很低廉。因此，就算是自由贸易完全恢复了，它也仍然能控制国内市场。即使有一些爱时髦的人崇洋媚外，只因为是外国货便爱好起来，本国制造的同种货物虽然物美价廉，他们也不喜欢，但是按照事物发展的自然规律，这种愚蠢的行为只会影响到很少的人，以至它不会对人民的一般职业产生显著影响。例如，我国的羊毛制造业、制革业、锻造业中，每年就有很大一部分制造品不依赖奖励金而运往欧洲其他各国。而雇佣人数最多的制造业，也就是这几种行业，所以，既然产业不会受到影响，那么很多人也就不会因为完全恢复自由贸易而失去生计。受到自由贸易影响最大的，也许先是丝制造业，而后是麻布制造业，但后者所受损失比前者少得多。

其次，这样突然地完全恢复贸易自由，虽然会让许多人失去他们原来从事的职业和原来熟悉的谋生方法，但并不能由此得出结论：他们将失去工作或生活的办法。在上一次战争结束时，海陆部队裁减了 10 万人以上（约相当于大制造业所雇佣的人数），海陆军人忽然就失去了原来从事的职业。毫无疑问，他们会觉得生活窘迫，却并未因此就被剥夺了从事所有职业的权利和其他的收入来源。大部分海军士兵逐渐转行，开始为商船服务。被遣散的海陆军士兵，被吸收到了人民大众中，受雇于社会的各个行业。10 万以上习惯了拿武器，甚至有一些是习惯了劫掠的人，在身份上经历了一次巨大的转变，但是这一切却没有引起大的混乱，也引起任何地方的流氓数目增多。而且，据我所知，除了商船海员的工资以外，也没有哪种职业的工资降低了。士兵都可以这样转变身份和职业，那么制造业工人要重新就业，当然更容易。因为士兵一向依靠饷给为生，制造工人则依靠劳动技能为生；士兵习惯于懈怠和浪费，而制造工人则习惯了勤劳和实用。士兵从懈怠和浪费转变成勤劳实用是比较困难的，但是制造工人从一种劳动换成另一种劳动就简单得多了。此外，根据我们的观察，所有的制造业都有一些性质相似的衍生的制造业，所以工人只需要改变一下方向，很容易就可以达到就业的目的。而且这类工人有时还被雇佣从事农业劳动。以前特定制造业上用来雇佣他们的资财仍将被留在国内，只不过换一个方式雇佣同样数目的人。国家的资本依然那么多，对劳动的需要也和从前相同或大致相同，只不过资本被使用的地方不同、被使用的职业不同而已。被遣散的海陆军士兵，拥有在英国或爱尔兰任何地区从事任何职业的自由。如果国王下面的臣民都能像海陆军士兵那样，拥有选择职业的自由，换句话说，如果自由造成实际侵害的行业垄断权和学徒法令能够被撤销，居住法也被摧毁，让在某个地方某个行业失业的工人可以在别的地方、别的行业就业，而不用担心被人检举、被迫迁移，那么社会和个人就都不会因为某种制造业工人的偶然解散而蒙受巨大损失。制造业工人确实为国家做出了巨大的贡献，但是与用血肉保护国家的士兵比起来，他们的功绩就显得小很多，所以国家对于他们无须特别对待。

在大不列颠完全恢复自由贸易的希望，就像在英国建立理想国或乌托邦（An Oceana or Utopia）的希望一样，是不合理的。完全恢复自由贸易不仅会受到来自公众的压力，还会受到来自个人私利等各个方面的不可抗拒的压力。就像军队的将军强烈且一致地反对裁军一样，制造业者也一样强烈且一致地反对实施会在国内市场上增加竞争者的法律。将军会将士兵们煽动起来，以暴乱等形式反对裁军的提案，制造业者也会用同样的方式反对实施可以增加竞争者的法律。所以，现在，要尝试从某一个方面减弱制造业者已经享有的危害了同胞利益的市场垄断权，其危险程度和裁军一样大。这种垄断权，让这个制造业雇佣了非常多的人。这就像一个过于庞大的常备军一样，它不但可以要挟政府，而且可以要挟立法机关。支持、加强这种垄断权的国会议员，不但可以享有理解贸易的美誉，还可以在那个人数和财富众多并且占有重要地位的行业中获得拥戴。反对这类提案的人，如果他有阻止这类提案的权利，那么就算他被公认为是最有正义感、地位最高、对社会最有贡献的人，恐怕也免不了遭受最肮脏的辱骂和中伤，甚至是实实在在的危险，遭遇来自被愤怒和失望充斥着的独占者们实施的无理的暴行。

如果大型制造业经营者由于在国内市场上突然遭遇外国人的竞争而不得不放弃原产业，其损失当然不小。通常用来购买原料和支付工资的那部分资本要另觅用途或许不会十分困难，但是固定在厂房和贸易设备上的那部分资本处理起来就不免造成相当大的损失。因此，为了公平地对待他们的利益，这种变革被要求不能操之过急，而要在缓慢地、逐渐地、长时间地给予警告之后再被实行。如果立法机构不被局部利益的无理诉求所操纵，而具有为大众谋福利的远见，那么，它为此要特别谨慎，既不去建立新的垄断，也不扩大已经存在的垄断。每一种类似这样的法规都难免会在某种程度上造成国家法规的失调。以后要去补救，又会引起另一种失调。

至于对外国货物课税不是为了防止其进口，而是为了增加政府收入，这在何种程度上是适当的，我们将在后面探讨税收问题时予以解释。为阻止或减少进口而设的关税，显然是有损于关税收入的，就像它有损于贸易自由一样。

第三章

论对那些贸易差额被认为不利于我国的那些国家的所有商品实施的特殊进口限制

第一节　论即使从重商主义原则看进口限制的不合理性

对来自那些与我国展开贸易的贸易差额不利于我们的通商国家的几乎所有货物施加特殊的进口限制，是重商主义体系提出的增加国家金银的第二种办法。例如，在大不列颠，西里西亚（Silesia）的上等细麻布只要缴纳一定的关税，即可进口到英国供国内消费。而禁止进口法国麻纱白葛布和上等细麻布，除非它们先被运进伦敦港并存在货栈中。与对葡萄牙葡萄酒或任何其他国家的葡萄酒课征的税费相比，对法国葡萄酒征收更重的关税。根据1692年的所谓进口法，对所有法国货物课征从值25%的关税，而对来自其他国家的大部分货物，课征较轻的关税，税率很少超过5%。的确，来自法国的葡萄酒、白兰地、食盐和醋是例外，这些商品要根据其他法律或同一法律的特别条款被课征其他重税。1696年，英国认为第一次的25%的从值税不足以起到挫抑法国的作用，又对所有法国货物课征第二次的25%的关税，只有白兰地除外；还对法国葡萄酒每桶课征25镑、对法国醋每桶课征15镑的新税。法国货物从来没有免缴过一般补助税，这种税是对税率表中所列的所有货物或大部分货物课征的。如果将 1/3 和 2/3 的补助税也算在内，对法国的货物征收的一般补助税就一共有五种；可见在本次战争开始以前，75% 可以被看作是最低的关税，法国的大部分农产品和制造品都必须按此比例缴纳税费。但是对大部分货物来说，这种关税等于是禁止进口。我相信，法国人方面也同样严峻地对待不列颠的货物和制造品，虽然我不熟悉他们对待不列颠产品严苛到什么程度。这种相互限制使两国之间的几乎一切公平商业贸易均告结束，现在大不列颠货物输入法国、法国货物输入大不列颠主要靠走私商。我在上一章考察的那些原则，起源于私人利益和垄断精神；我现在要进行考察的原则，则是起源于民族偏见和敌对精神。因此，正如预期那样，这些原则更加不合理。即使按照重商主义体系的原则来看，它们也是不合理的。

首先，就算英法两国间自由通商的贸易差额确实对法国有利，也不能因此断言，认为这种贸易对英格兰不利，更不能断言英国全部贸易的总差额，也将因为这种贸易而对英国更加不利。如果同样都是葡萄酒，法国出产的比葡萄牙出产的要物美价廉；同样是麻布，法国的也比德国的物美价廉，那么英国向法国购买需要的葡萄酒和麻布当然比向葡萄牙和德国购买更有利。这样一来，从法国输入的商品的价值，当然会大大增加，但是因为同样的商品，法国的比葡萄牙和德国的便宜，所以总的来说，整个年度英国进口的商品的价值肯定会减少，而减少的数量，就和商品的便宜程度成一定的比例。就算法国输入的商品全部在不列颠消费，情况也是这样。

其次，相当大一部分从法国进口的商品会被再出口到其他国家去赚取利润，通过这种再出口，与全部法国进口商品原始成本价值相等的收益也许能被带回英国。人们对于东印度贸易的说法，其实同样适用于对法贸易。虽然大部分的东印度货物是用金银买来的，但是将其一部分再出口到其他国家，可以给做这项生意的国家带回比其全部原始成本更多的金银。现在荷兰贸易最重要的分项之一，就是将法国货物贩卖到欧洲其他国家。甚至英国人喝掉的法国葡萄酒，有一部分也是从荷兰和西兰（Zeeland）秘密进口的。如果英法之间贸易自由，或者，法国货物进口时只需支付与欧洲其他国家货物相同的关税，在出口时再退税，那么英国就可以在那种对荷兰十分有利的贸易中分一杯羹。

最后，没有一个明确的标准，可以判断两国之间所谓的贸易差额对哪国有利，即哪一国的出口额更大。由某些商人的私利所造成的民族偏见和敌对情绪，往往阻碍了我们对所有相关问题的判断。不过，在这种场合人们一般求助于两条标准，即海关账簿与汇兑行情。现在人们已经普遍认为，以海关账簿作为标准不可靠，因为那上面对各种商品的估价基本上不准确。至于汇兑行情，情况恐怕也差不多。

当伦敦和巴黎之间的汇兑按平价进行时，他们说这就显示伦敦欠巴黎的债务和巴黎欠伦敦的债务相互抵消。反之，购买巴黎的汇票如需在伦敦贴水，他们说那就显示伦敦欠巴黎的债务未被巴黎欠伦敦的债务所抵消，而必须从伦敦送出货币以弥补差额，因为输出货币的风险、麻烦和开支，所以一方要求贴水、另一方给付贴水。他们说，两个城市之间通常的债务债权情况必然受它们之间通常的交易情况所支配。当甲地从乙地的进口不比它对乙地的出口数量更大时，则彼此间债务和债权可以抵消。但当甲地从乙地的进口比它对乙地的出口更大时，前者对后者的负债必定比后者对前者的负债更大，彼此间的债务债权不能抵消，债务大于债权的一方必须送出货币。因此，通常的汇兑行情是两地之间通常的债务债权情况的显现，也必定是两地之间进出口情况的显现。

但是，就算汇兑的一般情况可充分表明两地间债务与债权的一般状态但我们也不能因此断言，债务债权的一般状态如果有利于一个地方，那么贸易差额也就对它有利。因为两地间债务与债权的一般状态，不一定完全由两地间商务来往的普遍情况决定，还会受两地间任何一地对其他各地商务来往情况的影响。譬如，英国购买了汉堡、但泽、里加等各地的商品，通常购买荷兰期票支付货物的价值。那么英国和荷兰之间债务与债权的一般状态，除了受两国间商务来往一般情况的影响外，还受英国和其他地方商务来往一般情况的影响。在这种情况下，就算英国每年向荷兰的输出超过荷兰向英国输入的价值，就算所谓的贸易差额对英国有利，英国每年也仍然需要输出一些货币到荷兰。

而且，按照迄今为止计算平价汇兑的方法，通常的汇兑行情也并不能充分表明，汇兑对某国有利，则债务债权就对该国也有利。或者换句话说，真实的汇兑情况与计算出来的汇兑情况可能极不相同，而且事实上极不相同。所以，在许多场合，关于债务债权的通常情况，我们绝不能根据通常的汇兑行情得出确定的结论。

如果你在英国支付的一定数量的货币，该货币按照英国造币厂的标准，包含了若干盎司的纯银，而你所得到的期票，按照法国造币厂的标准，在法国兑付的货币面额所含的纯银量和在英国所付货币含的纯银量恰好相等，那么人们就说英法两国以平价汇兑。如果你支付的货币的含银量多于兑付所得货币的含银量，人们就认为你付了贴水，并说汇兑不利于英国，有利于法国。如果你支付的货币的含银量少于兑付所得货币的含银量，人们就认为你得了贴水，并说汇兑对法国不利，对英国有利。

然而第一点，我们不能根据各国造币厂的标准来判断各国货币的价值。各国货币因为磨损和削减而低于标准的程度是各不相同的。将一个国家通用货币与其他国家通用货币的价值大小进行比较的时候，我们比较的并不是它们应该含有的纯银量，而是它们实际含有的纯银量。在威廉王时代改铸银币以前，英国和荷兰之间的汇兑，如果按照一般的计算方法，根据各自铸币厂的标准，那么英国要贴水 25%。但是，根据朗兹先生（Lowndes）调查研究显示，英国当时通用货币的价值比它的标准价值低 25%。所以，按照通常的计算方法，当时两国之间的汇兑表面上看起来是不利于英国的，但实际上却是对英国有利的。在英国支付较少量纯银购入的汇票，却可以在荷兰兑换到较大量的纯银。被认为支付了贴水的人，实际上却得到了贴水。在英国金币改铸以前，法国货币比英国货币的磨损程度小得多，在接近规定标准方面，法国铸币也许比英国铸币要大 2% 或 3%。英国和法国之间的汇兑，如果不利于英国的程度没有超过 2% 或 3%，那么汇兑便是对英国有利的。而且金币改铸以来，汇兑一直有利于英国而不利于法国。

第二点，在某些国家，铸造货币的费用由政府支付；还有另一些国家，则由私人支付，政府甚至从货币铸造中获得一些收入。在英格兰，铸币费由政府支付，如果你将 1 磅标准银送到铸币厂，你可以拿回 62 先令，内含同样的标准银 1 磅。在法国，铸造货币须扣除 8% 的税，这不仅足以支付铸造费用，而且还能为政府提供小额收入。在英国，因为铸币不收费，所以铸币的价值不可能大大高于其所含金银的价值。在法国，你付出的加工费增加了铸币的价值，正如加工费增加了金银器皿的价值一样。所以，含一定量纯银的若干法国货币，比含等量纯银的若干英国货币价值更大，必然要求用更多的金银块或其他商品来换取它。因此，这两个国家的铸币，虽然同样接近各自造币厂的标准，但是一定数量的英国铸币却不能购买含有等量纯银的一定量法国货币，因而也不能购买同样数额的法国汇票。如果为买这张汇票所多支付的钱正好偿付法国货币的铸造费用，那么两国之间就实际上是平价汇兑，它们的债务债权可以相互抵消，但计算出来的汇兑大大有利于法国。如果不用支付这么多，则实际汇兑有利于英国，而计算的汇兑有利于法国。

第三点，像阿姆斯特丹、汉堡、威尼斯等地，都以所谓的银行货币兑付外国汇票，但像伦敦、里斯本、安特卫普、来航（Leghorn）等地，则以当地通用货币兑换汇票。所谓银行货币，通常比同样金额的通用货币价值更大。例如，同样是1000荷兰盾[①]（Guilders），阿姆斯特丹银行货币就比阿姆斯特丹地方通用货币有更大的价值。二者之间的价值差，在阿姆斯特丹通常为大约5%，这被称为银行的扣头。假设两国通用的货币都接近于各自造币厂的标准，但是甲国用本国的通用货币兑付外国汇票，乙国以银行货币兑付外国汇票，那么按照一般的方法计算，这两国之间的汇兑对使用银行货币兑付的国家有利，但实际上对使用通用货币兑付的国家有利。这就像是按照一般的方法计算，两国间的汇兑是对使用较好的货币兑付的国家有利，但是实际上却是对用较差的货币兑付的国家有利的一样。在最近一次的金币改铸之前，我相信，按照一般的计算方法，阿姆斯特丹、汉堡、威尼斯等其他所有用银行货币兑付的地方和伦敦的汇兑，都是对伦敦不利的。但是，我们不能因此断言认为这种汇兑在事实上也是对伦敦不利的。自从金币改铸以来，甚至和地方通汇也对伦敦有利了。我相信按照一般的方法计算，除了对法国，伦敦对里斯本、对安特卫普、对来航等欧洲大多数以通用货币兑付汇票的地方，汇兑大多数都对伦敦有利，事实上也极有可能是这样。

---

① 荷兰盾是荷兰王国的货币单位，由荷兰银行发行。1荷兰盾等于100分（Cents）。——编者注

有关储蓄银行，尤其是阿姆斯特丹储蓄银行的离题论述

像英法这样的大国，其货币差不多都是由本国的铸币构成。如果这种货币因磨损、削减或其他原因低于其标准价值了，那么国家可以通过改铸有效地恢复其原来的状态。但是，像热那亚、汉堡这样的小国，其通货很少能完全由自己的铸币构成，而必然在很大程度上由与自己的居民有商业往来的所有邻国的货币构成。这样的国家，用改铸的方法改良其货币将非常困难。因为这种货币本身性质很不确定，一定数量这种货币的价值在国外一定会低于其实际价值，如果用这种货币兑付外国汇票，对这样一个国家一定十分不利。

当这样的小国开始重视贸易的利益时，为了消除这种不利汇兑给其商人带来的困境，该国往往会规定，外国汇票不得用通用货币支付，而只许以特定银行的票据支付或在其账簿上转账，这种银行依靠国家信用、在国家保护下设立，有义务完全按照国家标准，以良好的、真正的货币支付汇票。威尼斯、热那亚、阿姆斯特丹、汉堡、纽伦堡（Nuremberg）等地的银行，最初似乎都是为此而建立的，虽然其中有一些后来还具有其他用途。这种银行货币既然比本国的通用货币好，必然会有一定扣头，其大小依据人们普遍认为的通用货币低于国家标准的程度而定。例如，汉堡银行的贴水，据说一般约为 40%，这 40% 就是人们认为的由邻国流入的已经磨损、贬值的货币与国家标准良币之间的差值。

在 1609 年之前，阿姆斯特丹通过广泛贸易从欧洲各地带回来大量磨损严重的外国铸币，因此阿姆斯特丹货币价值比造币厂新出良币的价值约低 9% 的情况就出现了。在这种情况下，新出的良币往往是一被铸造出来就被熔解或输出了。货币充裕的商人也不是总能找到足够的良币来兑付他们的汇票。因此，尽管有不少防范法

规，但这种汇票的价值仍然在很大程度上变得不确定。

为了解决这一困境，阿姆斯特丹于1609年在全市的担保下设立了一家银行。这家银行既接受外国铸币，也按照国家良币标准接受本国的轻度磨损的铸币，只扣除必要的铸币费和管理费。在扣除此项小额费用以后所余的价值，被作为信贷记入银行账簿上。这种信贷就是银行货币，其所代表的货币价值与造币厂标准一致且稳定不变，因此其实际价值大于通用货币。同时该地又规定，凡在阿姆斯特丹兑付或买卖的600盾以上的汇票，都应以银行货币支付。这项规定立即消除了这类汇票的所有不确定性。由于有了这种规定，为了兑付外国汇票，每个商人都不得不在银行开立账户，这必然引起对银行货币的需求。

银行货币，除了它固有的对通用货币的优越性以及因上述需求所必然产生的增值的优势外，还具有几种别的优点。它没有遭受火灾、劫掠以及其他意外事故的可能；阿姆斯特丹市对其负全责；其兑付仅需通过单纯的转账，不用进行烦琐的计算，也不用冒风险由一个地方被运往另一个地方。由于有这种种优点，它似乎一开始就带有贴水，而人们普遍相信，所有最初存在银行里的钱都会听其留在那里，没有人会要求银行支付。因为，这项债权在市场上出售可以得到贴水，但如果要求银行现金支付，就没有贴水了。因为刚从造币厂出来的先令在市场上不能比普通的磨损的先令购得更多货物，所以，如果从银行的保险箱里取良币出来、与私人保险箱里的普通货币混在一起，它的优良特质就会丧失，银行货币就变得和普通货币一样。但如果它们留在银行的保险箱里，其优越性众所周知是不会改变的。如果它们到了私人手中，要证明它们比普通货币优越，所付代价可能比两种货币本身的差值还大。此外，如果从银行里把钱取出来，它们也就丧失了它们作为银行货币的种种优点：安全性，转移的方便性，以及支付外国汇票的用途。不仅如此，银行还要在取出货币前收取保管费，不交就不能把货币取出来。

这种铸币存款，或者说银行需要用铸币支付的存款，就是银行的最初资本，或者说就是所谓银行货币所代表的那种东西的全部价值。现在，人们普遍认为那只是组成银行资本的很小的一部分。多年来，为了方便用金银条块进行的贸易，银行给存储金银块的人设立账簿，并给予信贷。这种信贷价格，通常比金银块造币厂的铸币价格低大约 5%。银行开出信贷货币的同时，还开出一张收领票据，存款人或持票人可以在 6 个月内的任何时候取回所存金银，条件是将当初那个数量的银行货币转回银行，并支付 0.25%（白银储蓄）或 0.5%（黄金储蓄）的保管费，就可以在六个月内的任何时候取回所存金银。但同时银行又规定，如果没有支付这笔保管费款项，或者是超过了预定的期限，那么所存的金银块就按照收受时的价格，或按照当时银行账簿上所给的信贷价格归银行所有。这样支付的储金保管费，可以当作是仓库租金的一种。至于为什么金的仓库租金比银的高那么多，他们也列出了几种不同的理由。据他们说，和银的纯度相比，金的纯度更难确认。越贵重的金属越容易作假，由作假而造成的损失也更大。此外，他们还说，银是标准金属，相比较于储蓄金来说，国家更愿意鼓励储蓄银。

储存金银在金银块的价格比平时略低时最为普遍，到价格上涨时，金银块则往往被提取出来。在荷兰，金银条块的市场价格通常都比造币厂的铸币价格略高，这和最近金币改铸以前英格兰的情况是一样的，原因也相同。其中的差额，据说在荷兰，通常为每马克（中世纪欧洲大陆的金银单位，通常为 8 盎司）6 到 16 斯泰弗（Stivers 等于 1/20 盾），也就是 8 盎司银，其中含纯银 11 分合金 1 分。对于那些被铸为外国铸币时，成色众所周知而且确定的银

（例如墨西哥银圆）的存储，银行所给的信用，或者说银行所给的价格，是每马克22盾；造币厂的铸币价格约为23盾；市场价格在23盾6斯泰弗到23盾16斯泰弗之间，通常超出造币厂价格2%至3%。[①] 金块的银行价格、造币厂价格和市场价格之间的比例，差不多一样。通常，一个人可以出售他的银行收领票据以赚取金银块的造币厂价格与市场价格之间的差额。金银块的银行收领票据几乎总是值钱的。所以，下面这类情况虽然不常发生，却也不是没有发生过：直至6个月期满储户还没有把储金提出来或忘记支付保管费以获取另6个月的收领票据，致使储金按存入时的价格归银行所有。这类情况发生在黄金储蓄上的频率比发生在白银储蓄上的更高，因为贮存黄金要支付更高的仓库租金。

在银行存入金银块的人得到一笔银行信贷货币，又获得了一张收领票据，他用银行信贷去支付到期的外国汇票。而至于他是保留还是出售他的收领票据，依他对金银块价格涨落的判断而定。收领票据和银行货币很少同时长期保留，而且也没有必要这样做。一个持有收领票据而想要取出金银块的人，总是能发现许多能用普通价格购得的银行信贷货币；一个持有银行货币的人想要取出金银块，发现总有是同样多的收领票据。

① 阿姆斯特丹银行现时（1775年9月）接受金银块和各种铸币的价格如下：白银铸币（墨西哥银圆、法国克朗、英格兰银币）每马克22盾，新铸墨西哥银圆每马克21盾10斯泰弗，达卡通（Ducatoons）每马克3盾，里克斯元（Rix）每马克2盾8斯泰弗。包含纯银11/12的银块，每马克21盾，按照这个比例，降至纯银为1/4时，则为每马克5盾。黄金铸币［葡萄牙金币、畿尼、路易多新币（Louis d' ors new）］每马克31盾，路易多旧币（Ditto old）每马克300盾，新达卡（New ducats）每达卡4盾19斯泰弗。金块或金锭的接受，按照其纯度对外国金币的比例。对纯金块，银行给予每马克340盾。但一般说来，银行对纯度为已知的铸币的定价比对金银块给价略高，因为金银块的纯度须经熔解和试验才能确定。

银行信贷的所有者和收领票据的持有者，构成银行的两种不同的债权人。收领票据持有者如果不付给银行与接收金银块时的价格相等的银行货币，就不能提取出金银块。如果他没有银行货币，他必须向别人去购买。银行货币所有者如果不能提供所需数量的收领票据，也不能提取出金银块。如果他没有收领票据，他也必须向别人购买。收领票据持有者购买银行货币，买的是提取出一定数量金银块的权力，这种金银块的造币厂铸币价格比银行价格高 5%，因此，他通常支付的 5% 的贴水不是为了想象虚幻的价值，而是购买了真实的价值。银行货币所有者购买收领票据，买的也是取出一定数量金银块的权力，这种金银块的市场价格通常比造币厂铸币价格高 2% 至 3%。所以，他所支付的价格也同样是为了真实价值而支付的。收领票据的价格和银行信贷货币的价格合起来，便构成金银块的完整价值或价格。

把国内流通的铸币存进银行，银行也会给存储人一种银行信用，同时发给收领票据，但这种收领票据一般是没有什么价值的，在市场上也卖不出什么价格。例如，把价值 3 盾 3 斯泰弗的达卡通（Ducatoons）存入银行，它只能换取到 3 盾的信用，比流通价值低 5%。虽然银行同样发给存储人收领票据，在六个月内的任何时候，只要持票人支付 0.25% 的保管费，就可以提出存储在银行的达卡通，但是这种收领票据在市场上通常卖不出什么价格。3 盾银行货币，虽然大多数都可以在市场上卖到 3 盾 3 斯泰弗，也就是在从银行提出来以后，可以再次得到达卡通的全部价值，但因为在提取前需要交纳 0.25% 的保管费，所以权衡得失，恰好互相抵消了。可是，如果银行贴水降低到 3%，那么这些收入就可以在市场上售出，卖到 1.75%。但因为现在银行的贴水大多数都在 5% 左右，所以，这种收领票据往往只能坐等过期，或者正如人民所说的被银行吞了。至于储存金达卡得到的收领票据，就更要坐等期满了，因为它的租金更昂贵，高达0.5%。在这种储存的铸币归银行所有时，银行作为长久保管金银的仓库通常会获得5%的仓库租金作为利润。

收领票据已经过期的银行信贷货币的数目一定相当可观。它必然包含了银行全部的原始资本。通常的看法是，货币或金银存入银行以后，没人会想着更新调换他的收领票据或把储金提出来，因为根据前面所列举的理由，任何一种做法都不免遭受损失。但无论这笔数目有多大，它在全部的银行货币中所占的比重据估计还是非常小。阿姆斯特丹银行多年来一直是欧洲最大的金银块仓库，但它的收领票据很少有过期的，或者按他们的说法，归银行所有。绝大部分的银行货币或银行账簿信贷，应该是这么多年来商人们不断储存和不断提取金银块而造成的。

没有收领票据，储户就不能向银行要求提取金银。票据过期的那一部分银行货币是很小的部分，收领票据有效的那一部分银行货币则比较重大，但是由于它们混在了一起，所以没有收领票据的银行货币额虽然可观，但是没有哪一个特定部分的银行货币是永远没有人来提取的。银行不能因为同一事物而成为两个人的债务人，所以在没有购买到收领票据以前，一个没有收领票据的人，就算是银行货币所有者，也绝对不能要求银行付款给他。在平常的时候，他要按照市场价购买到一张收领票据，也不是什么困难的事情。这个市场价格，和他根据收领票据可以向银行提取的铸币或金银条在市场上能卖的价格差不多相等。

在国难时期，情形则可能不同，例如，在1672年法国入侵的时候。当时，拥有银行货币的人都想从银行提出储金自己保存，收领票据由于需求旺盛，其价格被哄抬到离谱的程度。收领票据持有者满怀期望，不是要求与收领票据相应的银行货币的2%或3%，而是要求50%。了解银行章程的敌国，甚至可能把收领票据全部买下，以防止财富被运走。人们认为，在这种紧急情况下，银行会打破只对持有收领票据的人支付储金的常规。没有银行货币但持有收领票据的人，一定只领到了收领票据所记明的储金价值的2%或3%。据说银行在这种情况下会毫不迟疑地以货币或金银块支付那些持有银行货币但没有收领票据的人，给他们账簿信贷上的全部金额；同时，支付那些有收领票据但没有银行货币的人2%或3%，这是在这种事态下他们所应得的全部份额了。

就算是在平常的和平时期，拥有收领票据的人也希望可以减低贴水，从而可以用比较低的价格买进银行货币，进而用比较低的价格购买到收领票据上所标明的、可以提取的金银；或用比较高的价格把收领票据转卖给有银行货币并想要从银行中提出金银的人。因为在大多数情况下，收领票据的价格都等于银行货币的市场价格和收领票据所标明的铸币或金银的市场价格之差。相反，有银行货币的人却希望提高贴水，从而可以用较高的价格卖出银行货币，或用低价买来收领票据。这样恰好相反的利害关系，通常会引起投机和钻营。为防止这种诈骗的行为，近些年来，银行决定，为了通用货币而卖出银行货币按贴水5%的固定标准执行，而再度买进银行货币，按贴水4%执行。银行的这种决定，让贴水永远不能超过5%，也永远不能低于4%；银行货币与流通货币二者市场价格之间的比例不论什么时候都很接近它们固有价值之间的比例。但在没有这种决定以前，银行货币的市场价格往往高低不一，受这两种相反利害关系对市场的影响，有时贴水攀升到9%，有时又会下跌到和通用货币价格相等。

阿姆斯特丹银行承诺，储金账簿上每记下一盾，即在金库内保存一盾的货币或金银块，都不会将其作为贷款资金贷出。银行金库里保存着与未过期的收领票据相应的、随时可以提取的，并且事实上进出不断的金银块，这是毋庸置疑的。但是收领票据过期已久、在平常时期不能要求提取、实际上在联邦政府存在期间大概会永远留在银行的那一部分资本，是否也是这样，可能就不那么确定了。然而，在阿姆斯特丹，第一信条便是：有一盾银行货币，即有一盾金银存在银行金库里。这座城市确保了其落实这一信条。银行归四个在职的市长监督，四位市长每年改选一次。新任的四个市长，对照账簿核查银行金库，宣誓接管，再以同样庄严的仪式，把金库移交给继任者。在这个国家，宣誓依然受到重视。这种宣誓更替似乎足以防范一切不正当行为。在阿姆斯特丹政坛由党派斗争造成的多次革命中，胜利的党派从未谴责过他们的前任在银行管理上有不忠诚的行为。对于失势党派，不会比这种谴责有更深刻的影响了，如果这种谴责真有根据，那它一定会被提出来的。1672 年，当法国国王在乌得勒支（Utrecht）时，阿姆斯特丹银行迅速付款，因而无人怀疑它履行契约的忠诚。当时从银行金库中提出的货币，有一些还留有被那场银行设立后不久的市政厅大火烧过的痕迹。可见，这些货币从那时候起就一直保存在银行金库里。

银行存储的金银总额究竟有多少，很早就成了好事者常常臆想猜测的问题。但到底总额有多少，人们也只能猜测。一般认为，和银行有账目来往的人大约有 2000 人，把他们平均每个人存在银行的钱按照最大的数目算，那么银行货币总额，也就是银行金银总额，大约有 300 万镑，按照每镑 11 盾计算，就大约有 3300 万盾。这样巨大的数额，足以维系非常广泛的流通，但这还是大大低于人们关于这个总额的猜测。

阿姆斯特丹市从银行获得了相当可观的收入。除了所谓仓库租金外，凡第一次来银行开立往来账户的，须交费 10 盾；每记一次新账，须交纳3盾3斯泰弗；每转账一次，须交纳2斯泰弗；如果转账数目不及300盾，则须交纳6斯泰弗，以防止小额的转账。每年不清算账目两次的，须罚25盾。转账的数目如果超过了储存的数目，须交纳等于超支部分3%的费用，他的订单也在交易中被搁置。人们也认为，银行将收领票据过期后归为己有的外国铸币与金银块在有利时出售，也获得了不少利润。此外，银行货币以5%的贴水卖出，以4%的贴水买入，也给银行带来利润。这些不同的收益加在一起，大大超过了用于支付职员的薪俸和必要的管理费用。单是储存金银块所交纳的保管费一项，据说就带来15万至20万盾的年纯收入。不过，这家机构设立的初衷不是为了收入，而是为了公共利益。其目的在于将商人们从不利汇兑的困境中解救出来。由此而产生的收入则是不曾预料的，可以被看作是意外之财。但现在是从这个冗长的离题论述转回来的时候了。不知不觉中我们被带入这个话题，是为了说明为什么在用银行货币支付汇票的国家和用通用货币支付的国家之间，汇兑一般有利于前者而不利于后者。前者所支付的，是一种内在价值总是不变的货币，这种货币完全符合他们铸币厂的标准；后者支付的，是一种内在价值总在波动变化的货币，它几乎总是或多或少地低于其铸币厂标准。

第二节 据其他原则，论这种特殊限制的非合理性

在本章的前一节，我已竭力说明，即使从重商主义的原理出发，限制那些被认为贸易差额不利于我的进口产品的输入也没有必要。

但是，促使进口限制以及许多其他商业条例产生的整个贸易差额学说是再荒谬不过了。该学说认为，当两地通商时，如果贸易额平衡，两地均无得失；若贸易额失去平衡，就一方亏损，一

方得利，得失程度与失去平衡程度成比例。然而这两种设想都是错误的。虽然设立出口奖金与制造垄断是为了保障本国利益，但是由其所促成的贸易，可能是而且事实上常常是对其设立国不利的。但是，不受限制的自然的、正常的两地贸易，虽然得利程度并不总是相当，但总是对双方都有利的。这一点我将在后面的篇章论述。

我认为，所谓得利，并不是国内金银量的增加，而是一个国家所有土地和劳动年产物的交换价值的增加，或者是一个国家居民年收入的增加。

如果两地间贸易交换的都是各自所生产的国内商品且贸易额平衡，那么在大多数情况下，它们不仅都会得利，而且所得利益相等或差不多相等；各自都为对方的一部分剩余产品提供了市场；各自都将补偿另一方为生产和销售这些剩余产品所投入的资本，这资本已分配于另一方一定数量的居民之中，为其提供收入和生计。所以，两国的居民都有一部分人将间接地从另一国获取他们的收入和生计。由于两国间所交换的商品的价值相等，所以，两国投在这一贸易上的资本也相等或差不多相等；又由于这资本都是用来生产各自的国产商品的，所以，两国居民由此分配到的收入和生计也是相等的或差不多相等的。这样互相提供的收入和生计，按照双方交易往来额度计算有多有少。例如，每年的交易额每一方为 10 万镑，那么，为对方的居民提供的年收入就是 10 万镑；如果交易额为 100 万镑，那彼此给对方居民提供的收入也就是 100 万镑。

如果双方贸易的性质是，甲方向乙方出口的全是本国产品，而甲方从乙方带回的全是第三国的产品，此时双方的贸易都是以商品支付，贸易额仍被认为是平衡的，那么双方都会获利，但获利程度并不相等。从这种贸易中获得最大收入的，是那个只输出本国商品的国家。比如说，法国输入英国的全部是自己所生产的商品，但英国没有法国所需要的商品，所以每年英国不得不用大量像烟草、东印度的货物等这样的外国货物来支付，这种贸易虽然仍旧可以给两国国民提供一些收入，但是提供给法国国民的收入肯定大于提供给英国国民的。法国每年投在这种贸易上的全部资本都是在法国人之间分配的，但英国资本只有一部分，即用来生产与那些外国商品交换的本国产品的那一部分资本，是在英国人之间分配。其资本的较大部分是用来补偿弗吉尼亚、印度等遥远的国家为其居民提供收入和生计的资本的。因此，如果两国所投资本相等或差不多相等，法国资本的使用为法国人民增加的收入要比英国资本给英国人民增加的收入大得多。在这种情形下，法国对英国所经营的，是直接的对外消费品贸易，英国对法国所经营的，是转口的对外消费品贸易。之前的内容已经充分说明过了这两种贸易的不同结果。

不过，现实中两国间的贸易，双方也许既不可能全是用自己国内生产的商品进行交换，甲方全部是用自己生产的商品而乙方全部是用外国商品进行交换的情况也不可能出现。几乎所有国家之间所交换的商品，都是有一部分是自己生产的，有一部分是外国生产的。但是，两者相比，交换的商品中自己生产的商品占大部分而外国商品占小部分的国家，总是得到利益比较多的国家。

假如英格兰用以偿付法国进口商品的不是烟草与东印度货物，而是金银，那么在这种情况下，贸易差额便被认为是不平衡的。其实，这样的贸易也会像前一种贸易一样，给两国居民提供若干收入，不过给法国人民提供的比给英格兰人民提供的多。但英格兰人民也是能从中获得利润的。为生产可以交换金银的英国商品而投下的资本，也就是分配到英国一定数量的国民间、为他们提供收入和生计的资本，也会因此而得到补偿，使其用途可以继续。出口金银不会比出口等值的其他货物使英格兰资本的总量减少更多。相反，在大多数场合下，它们反而会增加英格兰的资本总量。凡是送往国外的货物都是国外需求比本国需求更大的货物，除非国外对这种商品的渴求程度大于国内，而回程货在国内的价值大于输出品在国内的价值，否则的话，那些货物是不会输出到国外的。如果烟草在英国仅值10万镑，但是出口法国而购回的葡萄酒在英国却值11万镑，那么这种交换就可使英国资本增加1万镑。如果英国以价值10万镑的黄金购得的法国葡萄酒在英国也可值11万镑，那这种交换也同样可使英国资本增加1万镑。在酒窖中存有价值11万镑葡萄酒的商人，比在仓库中存有10万镑烟草的商人更富裕，也比金柜中有价值10万镑黄金的商人更富裕。与其他二人相比，葡萄酒商人可推动更多的产业，并给更多的人提供收入、生计和职业。而国家的资本等于所有居民资本的总和，一国每年所能维持的产业量等于所有这些资本所能维持的产业量。所以，一国资本及其每年所能维持的产业量，通常会因此种交换而增加。当然，英国用自己的铁器和高级厚呢来购买法国葡萄酒，要比用弗吉尼亚的烟草或巴西和秘鲁的金银来购买葡萄酒更为有利。直接的对外消费品贸易总是比转口的对外消费品贸易有利。但是以金银进行的转口的对外消费品贸易，也不比用其他商品进行的转口的对外消费品贸易更不利。无矿产的国家每年出口金银，不会使金银更容易枯竭，正如不长烟草的国家每年出口烟草，不会使烟草更容易枯竭一样。有足够资财购买烟草的国家决不会长久缺乏烟草，同样，有足够资财购买金银的国家，也不会长久缺乏金银。

有人说，工人与酒馆之间的交易，对工人来说是一种亏本的交易，而制造业国与葡萄酒生产国之间自然进行的贸易，也可以被看作是同样性质的交易。而我认为，工人与酒馆做交易，并不一定就亏本。按其本身的性质来说，这桩生意和其他生意一样有利，只是它比较容易受毁谤一点。酿酒商的职业，甚至零售酒商的职业，与其他职业一样是一种必要的分工。通常，工人向酿酒商购买他所需的酒比自己酿造更为有利，如果他是一个贫穷工人，则他通常向零售商一点一点地购买比向酿酒商大量购买更有利。一个喜欢喝酒的人可能过度地购买麦酒，就和一个喜欢吃肉的人有可能过多地购买家畜肉、一个喜欢锦衣华服的人可能过度购买布匹是一样的。虽然所有的此类贸易都应该是自由的，因为对工人群体有利，但这种贸易自由可能会受到诋毁，尤其是其中的几种贸易自由更是如此。不过，虽然因为酗酒而倾家荡产的个人会存在，但对一个国家来说这样的危险似乎并不存在。虽然每个国家都有许多人在饮酒上花费过度，但总是还有更多的人在酒上面的花费远远小于他们支付能力所能承担的资财。还有一点应当指出，诉诸经验，就可以知道，酒价低廉似乎不是酗酒的原因，相反倒是节制饮酒的原因。葡萄酒生产国的居民，例如西班牙人、意大利人、法国南部各省的人，通常是欧洲饮酒最有分寸的人。在日常生活中，人们很少饮食过量。没有人会为了表现自己的潇洒和好客，而在与啤酒一样廉价的葡萄酒上浪费钱财。反之，在气候过热或过寒不能栽种葡萄，因此葡萄酒显得稀少昂贵的国家里，如在北方民族、热带民族中间，酗酒才成为普遍的恶习。我经常听说，一支法国军队从葡萄酒较贵的北方某省开来，在酒价较低的南方省份驻扎时，士兵们最初往往因为上好的葡萄酒如此价廉和新鲜而沉迷其中。但驻留数月之后，其中大部分士兵便像当地居民一样节制饮酒了。同样，如果把外国葡萄酒税、麦芽税、麦酒税、啤酒税一律被取消，英国中下层人民暂时酗酒成风可能会发生，但不久一种恒久普遍的节制的饮酒习惯也许就会产生。如今，上流社会有能力消费昂贵的饮料的人已很少酗酒了。喝得烂醉的绅士极为少见。此外，英国对葡萄酒贸易的限制，恕我直言，与其说是为了阻止人们走入酒馆，不如说是为了阻止人们购买价廉物美的饮料。这些限制是对与葡萄牙的葡萄酒贸易有利的，而对与法国的葡萄酒贸易不利罢了。据说对我国的制造品来说，葡萄牙人是更好的顾客，而法国人则是比较不好的顾客，所以，我们应当优待葡萄牙人。理由是他们照顾了我们，我们也应当回馈照顾他们。作为一个大国的英国竟然把小商人的不入流的策略作为政治原则。其实，只有小商人才会把这种策略当作是对待顾客的原则。大商人通常不顾这些细小的问题，而只是在价格最便宜、物品质量最好的地方购买需要的货物。

根据这样的原则，各国都认为他们的利益在于使所有的邻国变得穷困。每个国家都以忌妒的目光去看待与自己通商的国家的繁荣，并认为这些国家的获利就是自己的损失。商业本应在国家之间和个人之间一样，成为团结和友谊的纽带，而现在，它却成为不和与仇恨的最大根源。在 17 世纪和 18 世纪，王公大臣们的反复无常对欧洲和平所造成的危害，还没有商人和制造业者们无稽的嫉妒之心所造成的危害大。商人和制造业者的贪欲和垄断精神或许无法纠正，但要防止他们扰乱别人的安宁却容易得多。

毫无疑问，最初发明和传播这种学说的就是垄断精神，但传播垄断精神的人当然不像信奉它的人那般愚蠢。在任何国家，从商品的售价最低的人那里购买自己所需的东西，总是而且必然是符合人民大众的利益的。这个道理是显而易见的，如果浪费心思去证明它，那将是一件很可笑的事情。如果没有商人和制造业者从私利出发的诡辩混淆了人们的常识，这本不是什么问题。在这一点上，他们的利益和人民大众的利益正好相反。就像同业联盟公会内自由人的利益在于阻止其余的居民去雇佣他们以外的工人那样，这些商人和制造业者的利益，在于保有自己在国内市场的垄断权。因此，在英国和欧洲的大多数国家里，几乎所有由外国商人输入的商品都被征收超常重税；也因此，他们对凡能输入自己国家、与自己国家制造品竞争的所有外国制造品，都施以高关税或进口禁令；还因此，对于那些贸易差额被认为于己不利、因而民族仇恨最强烈的国家的几乎所有商品的进口，他们都加以特殊限制。

然而，邻国的财富虽然在战争中和政治上可能是危险的，但在贸易中必定是对我们有利而无害的。在敌对状态中，邻国的富有可以使敌国支持比我国强大的陆海军，但在和平时期和通商情况下，邻国的富有却使我们能够交换到更多的货物，并为我国的产品和用这些产品购进来的商品提供更好的市场。据说富人是比穷人更好的顾客，邻国之间关系也是如此。诚然，一个富人如果是个制造商，他会成为所有从事同一行业的人的十分危险的邻居。但是，对其他绝大多数人来说，和这个富人做邻居是有利的。哪怕仅仅因为他的产品比同业者售价更低，这对邻居们也是有好处的。同样，富裕国家的制造业毫无疑问可能成为邻国制造业极危险的对手，但这种竞争却对人民大众有利，他们还可以从这个富裕国家的消费所能提供的良好市场中获得不少利益。想发财的人，绝不会退居穷乡僻壤，一定会住在首都或大商业城市。他们知道，在财富流通少的地方，他们能够得到的财富就少，而在财富流通多的地方，他们就有可能分一杯羹。如此指导着 1 个人、10 个人、20 个人的常识的原则，也应该支配 100 万人、1000 万人、2000 万人的判断。全体国民都应该认识到，邻国的财富乃是本国获得财富的渠道和机会。想通过对外贸易来致富的国家，在其邻国都是富裕、勤勉的商业国时，是最有可能达到目的的。一个大国的周围如果都是未开化的民族和贫穷人，这个国家无疑只能通过耕种自己的土地、通过自己的国内贸易才能获得财富，而不能依靠对外贸易。以邻国的贫困为目标的这一近代对外贸易原则若能够产生它所期望的结果，这种贸易变得微不足道和被人轻视的情况就一定会出现。

英法之间的贸易之所以会在两国受到那么多阻碍与限制，就是由于这种原则。如果两国能抛弃商业的嫉妒与国民的仇恨来考虑其真实利害关系的话，对英国来说，与法国进行贸易就将比与任何其他欧洲国家进行贸易更为有利，反过来对法国也是如此。法国是英国最近的邻国，英国南部沿海各地与法国北部及西北部沿海各地间的贸易，犹如国内贸易一样可以每年来回进行 4 至 6 次。两国投在此项贸易上的资本，与投在其他大部分对外贸易上的等量资本相比，要多推动 4 至 6 倍的产业的发展，多雇佣和养活 4 至 6 倍的人口。这两国相隔最远的地区之间的贸易至少也可以每年来回进行一次。即使是这样的贸易，至少也和我们对欧洲其他大部分国家的贸易同样有利。我们引以为豪的对北美殖民地的贸易，往返一次至少 3 年，而且常常要 5 年。与法国的贸易比与北美的贸易至少要有利 3 倍。并且，法国居民估计有 2400 万，而我国的北美殖民地居民估计绝不会超过 300 万。尽管法国财富分配不均导致贫民和乞丐比北美更多，但法国仍比北美富裕得多。所以，与我国的北美殖民地相比，法国所能提供的市场至少比其大 8 倍，再算上往返更频繁这一点，利益要大 24 倍。对英格兰的贸易也同样有利于法国，从财富、人口、邻近的程度这几个方面来比较，对英贸易的利益定会大于法国对其殖民地贸易的利益。两国的智者所认为的一种应该被阻止、一种应该被关照鼓励的贸易，指的就是这两种贸易。

然而，这种可以带来对两国都有利的开放与自由的贸易的环境，却成了这种贸易的主要障碍。作为邻居，它们必然是仇敌，于是，一方的富强，增加另一方的恐惧；而本来可以增进国民友谊的有利因素，却成为助长激烈的民族仇恨的原因。它们都是富裕勤勉的国家，而每一国的商人和制造业者都担心在技术和生意上遇到另一国的商人和制造业者的竞争。强烈的民族仇恨激发了商业上的嫉妒，商业上的嫉妒又燃起民族仇恨，二者相互助长。两国的贸易商都强烈地坚信他们的利益谬论，宣称不受限制的对外贸易必然会生出不利的贸易差额，而不利的贸易差额，一定会导致国家的毁灭。

在欧洲的商业国家中，支持这种学说流派的学者们也常常预言，由于不利的贸易差额，某一国即将破产。可是，在他们所引发的一切忧虑过后，几乎所有商业国都做出了使贸易差额于己有利而于邻国不利的一切徒劳的尝试，欧洲任何一国都没有因此在任何方面变得贫穷。相反，每一个城市和国家，按照其港口向国外开放的程度，都变得富裕起来。不过，虽然今日欧洲有几个城市在某些方面称得上是自由城市，但还没有哪个国家可以称得上是自由国家。最接近自由国家的也许是荷兰，虽然它也仍相差很远。大家公认，荷兰的全部财富，以及其大部分生活必需品，都来自对外贸易。

诚然，之前还有一种被解释过的差额，是和贸易差额完全不同的。这种差额就是年生产和年消费的差额，这种差额是有利还是不利，直接决定着一个国家是愈加昌盛还是愈加衰败。在前面我们说过，如果年生产的交换价值多于年消费的交换价值，那么每年社会的资本就一定会按照过剩的比例而增加起来。在这种情况下，社会收入除了维持生存外，每年还能从收入中节余一部分下来加到社会资本上去，并用来进一步增加年生产物。相反，如果年生产的交换价值少于年消费的交换价值，那么，每年社会的资本就一定会按照不足的比例而减少下去。在这种情况下，社会的支出多于收入，那必然会耗费社会原来积蓄的资本。资本一定会越来越少，产业年产物的交换价值也就会越来越少。

生产与消费所产生的差额，和所谓贸易差额完全不同。即使是在没有对外贸易、与世隔绝的国家里，这种差额也可以产生。不论是在财富、人口与土地改良都在逐渐增进抑或在逐渐减退的任何地方，这种差额都可以产生。

即使在所谓的贸易差额不利于一个国家时，生产与消费的差额仍可不断地有利于此国。也许半个世纪以来，这个国家进口的价值都大于出口的价值，在这期间流入的金银又全部立刻被输出国外；它的流通铸币可能逐渐减少，而代之以各种纸币，甚至它对各主要通商国的债务也可能在逐渐增加；但它的实际财富，它的土地和劳动的年产物的交换价值，在此期间却仍然可能按照更大的比例在增加。我国北美殖民地的状况，以及他们与不列颠的贸易情况，足以证明这是个可能存在的。

第四章

论退税

商人和制造商并不满足于对国内市场的垄断，还想要他们的货物能同样在国外得到最广泛的销售。但是，由于他们的国家没有对外国的管辖权，很少能在外国为他们争取到任何垄断权。所以，他们一般来说不得不满足于请求获得某种出口鼓励措施。

在这些鼓励措施中，所谓的退税似乎是最合理的。允许商人在出口时抽回对国内工业征收的全部或部分货物税或国内税，绝不会导致出口的商品数量多于不征税时的出口量。这种鼓励措施并不是违反资本本身的意愿，将国家资本的更大份额转向任何特定的行业，而只是为了阻止税收将该份额的任何部分转移到其他行业中。这种鼓励措施不是要推翻在社会所有各种职业之间自然形成的平衡；而是要阻止它被关税所破坏。它们不是要破坏，而是要保护在大多数情况下有利于维护的社会劳动的自然分工和分配。

进口的外国货物再出口时，也可退税；在英国，这种退税一般占进口税的最大部分。根据议会法令立法附则的第二条，即现在所称的“旧补助税”，无论是否为英国公民，每位商人都可以在出口时获得所缴纳的该项税金的一半；条件是英国商人需要在12个月内出口，而外国商人需要在9个月内出口。葡萄酒、葡萄干和精丝织品是唯一排除在这一规则之外的商品，因为它们有着其他更为有利的补贴。议会的这一法令规定的关税是当时对进口外国货物征收的唯一进口税。之后，根据乔治一世七年第二十一号法令第 10 款，此项及其他退税的申请期限延长到了三年。

自旧补助税实施以来所征收的各种关税，大部分在出口时被全部退回。但是这一条规则存在很多例外情况，而且退税的规则也不像最初制定时那么简单。

某些外国商品的预计进口量大大超过国内消费所需要，那么在出口这些外国商品时，向其征收的全部关税都会被退回，甚至包括旧补助税的一半。在我国的美洲殖民地叛乱之前，我们对马里兰州和弗吉尼亚州的烟草也拥有垄断权。我国进口了 9.6 万豪格海桶的烟草，而预计国内的消费量应该不超过 1.4 万豪格海桶。为了促进剩余烟草的大量出口，我们退回了所有征收的关税，而条件仅仅是在三年内完成出口。

我国现在仍然拥有对西印度群岛的糖类的垄断权，虽然并非完全垄断，但是也非常接近。因此，如果糖类在一年内出口，将被退回所有进口关税；如果在三年内出口，将被退回除旧补助税的一半以外的所有关税，而大部分货物仍需缴纳旧补助税的一半。虽然糖类的进口量远超国内消费的需要，但与烟草进口量的差额相比，糖类的差额就显得微不足道了。

一些商品，也就是我们自己的制造商嫉妒的对象，被禁止进口供国内消费。然而，在支付一定的关税后，它们可以被进口并入库出口。但在这种商品出口时，这些关税的任何部分都不会被收回。我们的制造商似乎不愿意鼓励这种有限制的进口，他们担心这些货物的某些部分会被从仓库中偷走，从而与他们自己的货物发生竞争。只有在这些规定下，我们才能进口锻制的丝绸、法国凸纹布和上等亚麻布以及各种印刷、着色或染色的棉布等。

我们甚至不愿意成为法国商品的承运人，我们宁愿放弃自己的利润，也不愿意让那些被我们视为敌人的人通过我们的渠道赚取任何利润。在所有法国商品出口时，不但旧补助税的一半不会被退回，而且附加的 25% 的税金也不会被退回。

根据旧补贴所附规则的第四条，所有葡萄酒出口时的退税额远超当时进口时缴纳关税的一半；而当时立法机构的目的似乎是对葡萄酒的运输贸易给予比一般商品贸易更高的鼓励。同时或在旧补贴之后征收的其他几项关税，也被允许在出口时全部退回，这些税包括：所谓的附加税、新补贴税、1/3 和 2/3 补贴税、1692 年进口税、葡萄酒铸币税。然而，除了附加税和 1692 年进口税外，所有这些关税都是在进口时以现金方式支付的，如此大笔税金的利息所产生的开支，使人们无法期望在这种商品上进行任何有利可图的贸易。因此，在出口时只有所谓的“葡萄酒关税”的税金才可被退回，而对法国葡萄酒征收的每大桶（Tun）25 镑的税金，或 1745 年、1763 年和 1778 年征收的关税则均不能被退回。1779 年和 1781 年对所有以前的关税增收 5% 的税金，该税金可以在所有其他商品出口时被全部退回，同样也被允许在葡萄酒商品出口时全部退回。对葡萄酒商品特别征收的最后一项关税，即 1780 年关税，也被允许全部退回。在保留如此多种重税的情况下，这种恩惠很可能不会带来任何一大桶葡萄酒的出口。除英国在美洲的殖民地之外，这些规则适用于所有合法出口之处。

查理二世十五年第七号法令，称为贸易鼓励法，赋予了英国向殖民地提供欧洲所有农业和工业商品的垄断权，也赋予了英国供应葡萄酒的垄断权。在美洲和西印度群岛殖民地这样海岸线辽阔的地区，我国的权力一直非常微弱，而且准许这些地区的居民以自己的船只运输没有列入名单的商品，最初是运往欧洲各地，之后则是运往菲尼斯特雷角[1]（Cape Finisterre）以南的欧洲各地，这种垄断权不太可能被人尊重；而且这些地区的居民随时都可以找到某种办法从他们被允许运输的国家带回某些货物。然而，他们似乎难以从欧洲葡萄酒的产地进口葡萄酒，也不能从英国进口，因为英国对葡萄酒征收重税，而相当一部分税费在出口时并不被退回。马德拉葡萄酒（Maderia wine）不属于欧洲商品，因此可以直接被进口到美洲和西印度群岛，这些地区与马德拉岛之间，对于所有未列入清单的商品都享有自由贸易权。在1755年战争开始时，我国军官在各地发现的人们对马德拉酒的普遍喜好，可能就是由这种情况引发的。后来，他们把这种喜好带回了英国，此前这种葡萄酒并不流行。在战争结束后，根据1763年乔治三世四年第十五号法令第12条，除了法国葡萄酒之外，一切葡萄酒在出口到殖民地时，除3镑10先令外，都被允许退回所缴纳的全部关税。法国葡萄酒的例外则是来自国家的偏见，任何形式的贸易和消费都不被允许。但是，上述鼓励措施与我国美洲殖民地叛乱之间相隔的时间太短，以至于后者的习俗并没有发生任何重大变化。

同一份法令，虽然在对（除法国葡萄酒外）所有葡萄酒实行退税时，对殖民地的优待比其他地区更大；但对其他大部分商品实行退税时，该法案对殖民地的优待则少得多。对其他国家出口的大部分商品被允许退还旧补助税的一半。但这项法令同时规定向殖民地出口欧洲或东印度群岛的农业和工业商品时均不退还旧补助税，只有葡萄酒、白棉布和细棉布例外。

最初，退税可能是为了鼓励运输贸易，因为船只运费经常由外国人以货币支付，所以运输贸易被认为特别适合将金银带入国内。

① 菲尼斯特雷角位于西班牙加利西亚最西端。——译者注

虽然运输贸易不值得鼓励，而且设立退税制度的动机或许非常愚蠢，但是这一制度本身还是非常合理的。退税本身不可能迫使国家资本相比于没有进口税的情况下更多地进入运输贸易行业，而退税只是防止由于这些进口税而将资本完全排除出运输贸易行业。运输贸易虽然不值得被优先鼓励，但也不应该受到排斥，而是应该像对所有其他贸易一样使其保持自由。对于那些不愿或不能投入本国农业或制造业、国内贸易或国外贸易的资本而言，运输贸易都是一种必不可少的去处。

退税之后仍然保留一部分税款，这使得关税收入不但不会受到损失，而且国家可以从中获益。如果保留全部税款不予退回，那么已经缴纳关税的外国货物就会不能出口，而且也会因为缺乏市场而不再进口，这样，保留的这部分关税也不会再有人支付。

这些原因似乎足以证明退税的合理性。对国内工业产品和国外货物的退税总是在出口时被扣除，也可以证明退税的合理性。的确，在这种情况下，货物税的收入确实会受到一些影响，而关税收入受到的影响更大；但是，产业的自然平衡、劳动的自然分工和天然分配，总是或多或少地受到这种关税的干扰，而通过退税的规定，这些失调大致上重新恢复平衡。

这些证明退税合理性的理由只适用于向完全独立的外国，而非向我国商人或制造商享有独占权的国家出口。例如，在向我们的美洲殖民地出口欧洲货物时，退税并不总是会导致相比没有退税时更多的出口。得益于我国商人和制造商在美洲殖民地享有的垄断权，即使征收全部关税而不退回任何税金，同样数量的货物也可能出口到该地。因此，退税在这种情况下意味着货物税或是关税的完全损失，这既不能改变贸易状况，也不能扩大贸易规模。作为对我国殖民地产业的鼓励措施，这种退税在多大程度上是合理的；或者说，允许他们免除本国其他地区的人民所不能免除的税种在多大程度上对我国有利，我将在下文中讨论殖民地时提到。

然而，我们必须始终明白，退税只有在出口的货物真正出口到某个外国，而不是秘密地重新进口到我国的情况下才有用。某些商品的退税，特别是烟草，经常以这种方式被滥用，为许多欺诈行为提供了空间，而众所周知，这些欺诈行为对税收和公平交易者同样有着危害。

第五章

论奖励金

对于英国某些工业部门的产品，人们常常申请出口奖励金，而政府有时候也会发给他们出口奖励金。据称，通过这种方式，我国商人和制造商将能够以同样甚至比他们在外国市场上的竞争对手更便宜的价格出售他们的货物。据说这样就会有更多的货物被出口，贸易的天平也会因此而更向有利于我国的方向倾斜。我们不能像在国内市场那样，在国外给予我们的工人垄断地位。我们不能像对待我们自己的同胞那样强迫外国人购买我们的货物。因此，人们认为，第二个最佳的措施就是向他们支付购买费用。正是以这种方式，重商主义制度提倡使整个国家富裕起来并通过贸易差额使我们所有人富裕起来。

人们认为只有那些没有奖励金就无法进行贸易的部门才应该得到奖励金。但是，在每一个贸易部门中，如果商人能够以一定的价格出售他的货物，而这个价格又能补偿他在准备和运送货物方面使用的全部资本，那么，在没有奖励金的情况下经营也可以持续。显然，每一个这样的部门都与所有其他没有奖励金的情况下经营的贸易部门处于同一水平线上，因此不能要求更高的奖励金。只有当商人不得不以不能补偿他的资本和普通利润的价格出售他的货物时，或者当他不得不以低于他将货物运往市场的实际成本的价格出售货物时，他们所处的这些行业才需要奖励金。发放奖励金是为了弥补这种损失，鼓励商人继续从事或开始从事某种费用大于收益的行业，这种行业的每项业务都会亏掉它所使用的一部分资本，而且这种行业的性质是，如果所有其他行业都与它相似，那么这个国家很快就会不剩任何资本了。

应该说，通过奖励金进行的贸易，是唯一可以在两个国家之间长期进行的贸易，其方式是其中一个国家总是经常亏损，或以低于将货物送往市场的实际成本的价格出售货物。但是，如果奖励金不能补偿商人在货物价格上的损失，那么他自己的利益很快就会迫使他以另一种方式使用他的存货；或者找到某种货物，在这种货物的贸易中，货物价格将以普通的利润补偿他将货物运往市场的资本投入。奖励金的效果，就像重商主义制度的所有其他措施一样，只能迫使某个国家的贸易走入一个比它自己自然运行更不利的轨道。

一篇关于谷物贸易的论文的聪明且消息灵通的作者非常清楚地指出，自从对谷物出口的奖励金首次设立以来，出口谷物的价格（价值适中）超过了进口谷物的价格（价值很高），其数额远远超过在此期间支付的全部奖励金的数额。他认为，根据真正的重商主义原则，这清楚地证明了这种强迫性的谷物贸易对国家是有益的；出口的价值超过进口的价值，而且超出的数额比公众为了出口谷物而付出的全部特殊费用更多。他没有考虑到，这种特殊费用，或者说奖励金，只是社会真正花费在出口谷物上的费用的最小部分。农民在种植谷物时使用的资本也必须考虑在内。除非在外国市场上出售的谷物价格不仅补偿了奖励金，而且补偿了这一资本及其普通利润，否则社会就会损失这一差额，或者说国家资本会大大减少。但是，人们认为有必要发放奖励金的原因，正是假定价格不足以做到这一点。

有人说，自从设立奖励金制度以来，谷物的平均价格已经大大下降。我已经努力说明，谷物的平均价格在 17 世纪末开始有所下降，并在 18 世纪前 64 年中继续下降。但是，假设这一事件像我认为的那样是真实发生的，那么它的发生一定是与奖励金无关，而不可能是由于奖励金引起的。这种情况在法国和英国都出现过，尽管法国不仅没有奖励金，而且直到 1764 年，谷物的出口还受到普遍禁止。因此，粮食平均价格的这种逐步下降很可能最终不是由于某项规定，而是由于白银实际价值的逐步和不可察觉地上升。在本书的第一卷中，我已经努力说明，在 18 世纪，欧洲的一般市场发生了这种情况。奖励金似乎完全不可能有助于降低谷物的价格。

我们已经注意到，在丰收的年份，奖励金引发的超额出口，必然使国内市场上的谷物价格高于它自然下降的价格。这正是该制度公开的目的。在收成欠佳的年份，虽然奖励金经常被中止发放，但是它在丰收的年份引发的大量出口经常或多或少地阻碍了使某年的丰收弥补另一年的歉收。因此，无论是在丰收年还是在歉收年，奖励金必然会使谷物的货币价格略高于它在国内市场上的价格。

在实际耕作状态下，奖励金必然会有这种倾向，我相信任何有理智的人都不会对此提出异议。但是，许多人认为，奖励金倾向于鼓励耕作，而且以两种不同的方式：首先，通过为农民的谷物打开更广泛的外国市场，他们认为这会增加对这种商品的需求，从而增加这种商品的产量；其次，通过为农民争取比他在实际耕作状态下所能获得的更好的价格，他们认为这有利于鼓励耕作。他们认为这种双重鼓励在长时间内一定会引起谷物产量的增加，从而使其在国内市场上的价格下降，远远超过在该时期结束时实际耕作状态下奖励金能够提高的价格。

对此观点我的回答是，在每一个特定的年份里，无论奖励金能使外国市场扩大多少，这都必须以完全牺牲国内市场为代价；因为通过奖励金出口的每蒲式耳谷物，如果没有奖励金就不会被出口，而会留在国内市场，增加消费，降低商品的价格。应当指出，谷物奖励金和其他每种出口奖励金一样，对人民征收两项不同的税金：一是他们为了支付奖励金而必须缴纳的税；二是由于全体人民都是谷物的购买者，商品在国内市场的价格上涨而产生的税，必须由全体人民支付。因此，第二种税在很大程度上比第一种税更重。让我们假设，以一年为单位，每夸脱小麦出口被付给 5 先令的奖励金，这使该商品在国内市场上的价格只比在实际耕作状态下每蒲式耳高 6 便士，或每夸脱高 4 先令。即使在这种非常适中的假设下，广大人民群众除了为每夸脱出口的小麦缴纳 5 先令的税金外，还必须为他们自己消费的小麦每夸脱缴纳 4 先令。但是，根据一位谷物贸易论文作者的说法，出口的谷物与国内消费的谷物的平均比例不超过 1 ∶ 31。因此，他们每缴纳 5 先令用于支付第一笔税金，就必须缴纳 6 镑 4 先令用于支付第二笔税金。对生活必需品征收如此重的税，必然会减少劳动贫民的生活资料，或者必须使他们的货币工资有些许增加，使之与他们的生活资料的货币价格成比例。对于第一种情况，它必然会削弱劳动贫民教育和养育子女的能力，从而必然会倾向于限制国家的人口增长。而对于第二种情况，它必然会削弱劳动贫民的雇主的雇佣能力，使他们无法像在其他情况下那样大量雇佣劳动贫民，而且到目前为止，从而限制国家工业的发展。因此，由奖励金引起的谷物的超常出口，不仅在扩大了国外的市场和消费的同时在每个特定年份减少了国内的市场和消费，而且，通过限制国家的人口增长和工业发展，它的最终趋势是阻碍和限制国内市场的逐步扩大；因此，在长时间里，其会减少而非增加整个谷物的市场和消费。

然而，他们认为，谷物货币价格的提高，使这种商品对农民来说更加有利可图，这必然会鼓励其生产。

对此观点我的回答是，奖励金的作用是提高谷物的实际价格，或者使农民能够用同等数量的谷物、以与附近的其他劳动者相同的方式养活更多的劳动者。但很明显，无论是奖励金还是任何其他人为制度，都不可能有任何这样的效果。在相当大的程度上受奖励金影响的，不是谷物的实际价格，而是名义价格。尽管这种制度强加给全体人民的税金对纳税人来说可能是非常沉重的负担，但对接受奖励金的人来说却没有什么好处。

奖励金的真正作用与其说是提高了谷物的实际价值，不如说是降低了白银的实际价值，或者说，这导致同等数量的白银能换取的谷物数量不仅更少，而且能换取所有其他国产商品也更少：因为谷物的货币价格决定着所有其他国产商品的价格。

谷物的货币价格规定了劳动的货币价格，后者必须始终使劳动者能够购买足够的谷物。社会发展的进步、停滞或衰退的情况，迫使他的雇主以宽松、适度或俭省的方式维持劳动者及其家人的生活。

谷物的货币价格调节土地上所有其他粗放产品的货币价格，在每一个改良时期，这些产品都必须与谷物有一定的比例，虽然这个比例随着不同时期的变化而有所不同。例如，它调节了牧草和干草、肉类、马和马匹饲养、陆路运输或大部分国内贸易的货币价格。

通过调节土地天然产品的所有其他部分的货币价格，谷物的货币价格调节着几乎所有制造业材料的价格。通过调节劳动力的货币价格，它调节着制造业的工艺和劳动的货币价格。它还调节着整个制造业的价格。劳动的货币价格，以及作为土地或劳动产品的一切产品的货币价格，必然要与谷物的货币价格成比例地上升或下降。

因此，尽管受奖励金的影响，农民应该能够以每蒲式耳 4 先令而不是 3 先令 6 便士的价格出售谷物，并且向地主支付与产品的货币价格的这种上涨相适应的货币租金，但是，如果由于谷物价格的这种上涨，4先令所能购买的任何其他种类的国产商品不会比以前的3先令6便士多，农民和地主的情况都不会因这种变化而得到很大的改善。农民不能更好地耕作，地主也不能更好地生活。在购买外国商品方面，谷物价格的提高可能会给他们带来一些小的好处。而在购买国产商品时，这根本不会给他们带来任何好处。农民的全部开支，甚至地主的大部分开支，几乎都用在国产商品上。

白银价值的下降是由于矿山富饶，而且对商业世界的大部分领域平等地，或非常接近平等地产生影响，对任何特定国家来说都带来非常小的影响。随之而来的所有货币价格的上涨，虽然没有使接受货币的人真正富裕，但是也没有使他们真正贫穷。银器皿的价格确实变得更低，但其他一切东西的实际价值却与以前完全一样。

但是，如果由于特定国家的特殊情况或政治体制的影响，白银价值的下降只发生在这个国家，这就是一个非常重要的问题，这不仅不会使任何人真正变得富裕，反而会使每个人真正变得贫穷。在这种情况下，所有商品的货币价格的上升仅限在该国内，且或多或少地阻止在该国进行的每一种产业，使外国能够以比其本国劳动者所能付出的更少的白银提供几乎所有种类的商品，即外国商品不仅在外国市场上，甚至在国内市场上，都能被廉价出售。

西班牙和葡萄牙作为矿主的特殊处境是向欧洲所有其他国家销售金银。因此，这些金属在西班牙和葡萄牙的价格自然要比欧洲其他地方略低。然而这种差异不应超过运费和保险费的数额；由于这些金属价值高、体积小，其运费并不巨大，保险费与其他同等价值的货物相同。因此，如果西班牙和葡萄牙不通过其政治体制来加重其不利因素，那么它们受到其特殊处境的影响就会很小。

西班牙通过对金银出口征税，葡萄牙通过禁止金银出口，这些都使出口增加了走私费用，使这些金属在其他国家的价值大大高于它们在上述两国的价值，超出走私费用的全部数额。就像是在一条河流上筑起拦水坝，一旦积满水，同样多的水就会从坝顶流过，就像根本就没有水坝一样。禁止出口不可能在西班牙和葡萄牙留存更多的金银，能够留下的金银是他们有能力使用的，也就是土地和劳动的年产量允许他们在铸币、器皿、镀金和其他金银装饰品方面使用的限额。当他们得到这个数量之后，大坝就积满了水，随后再流入的所有水流都必须从坝顶流过。因此尽管有这些限制，每年从西班牙和葡萄牙出口的金银从各方面来看都非常接近于每年进口的总量。然而，就像是筑坝之后的水深总是比筑坝前更深，受这些限制因素影响，被扣留在西班牙和葡萄牙的金银数量，相对于其土地和劳动的年产量的比例，必须比在其他国家更高。堤坝越高越坚固，筑坝后和筑坝前的水深差异就越大。税收越高，对禁令的惩罚越重，监督法律执行的警察越警觉、越严厉，在西班牙和葡萄牙，金银与土地和劳动的年产量的比例，以及它与其他国家的金银的年产值比例的差异就越大。因此据说这种差别极大，而且这样的情况经常会出现：这两个国家的房屋内部金银器皿数量极多，而与其繁华程度相适应的其他物件则数量极少。金银的廉价，或者说所有商品的廉价，是这种贵金属过剩的必然结果，它阻碍了西班牙和葡萄牙的农业和制造业的发展，使外国能以比它们国内生产或制造所费的更小的金银量，向上述两国提供许多种类的天然产物和几乎所有种类的制成品。税收和禁令以两种不同的方式运作。它们不仅大大降低了西班牙和葡萄牙国内贵金属的价值，而且通过将本来会流向其他国家的一定数量的贵金属留存在那里，金银在其他国家的价值略高于其本来的价值，从而这些国家在与西班牙和葡萄牙的贸易中获得了双重优势。打开水闸，坝内的水就会减少，坝外的水就会增加，坝内和坝外的水势很快就会趋于平缓。取消税收和禁令，西班牙和葡萄牙的金银数量将大大减少，其他国家的金银数量也将增加，这些金属的价值，以及它们在土地和劳动年产量中的比例很快就会达到或非常接近于所有其他国家的水平。西班牙和葡萄牙因出口金银而遭受的损失将完全是名义上的。他们的货物以及他们的土地和劳动的年产量的名义价值将下降，将由比以前更低的白银数量表示或代表；但他们的实际价值将与以前一样，并足以供养、支配和雇佣同样数量的劳动力。由于他们的货物的名义价值将下降，他们剩余金银的实际价值将上升，而满足通商和流通的较大金银量，与以前使用的数量相比，则会降低。流向国外的金银不会白白流向国外，而是会带回同等价值的某种商品。这些货物也不会仅仅用于满足奢侈消费，即被那些不生产任何东西、只是消费的闲人所消耗。由于闲人的实际财富和收入不会因这种特别的金银出口而增加，因此他们的消费也不会因此而大大增加。这些货物肯定有一小部分，或许其中大部分，属于原料、工具和供养，用于雇佣和支持勤劳的人民，他们可以再生产出他们消费的全部价值，并带来利润。这样，社会的一部分死资本就会变成活资本，推动了比以前更大规模的工业活动。他们的土地和劳动的年产量将立即小幅增加，而且在几年内可能会大量增加；他们的产业将因此从目前受到的沉重负担中解脱出来。

对谷物出口的奖励金必然与西班牙和葡萄牙的这种荒唐政策起到的作用完全相同。无论实际耕作状态如何，它使我们的谷物在国内市场上比原来的价格略贵，而在国外则要略低一些；由于谷物的平均货币价格或多或少地调节着所有其他商品的价格，它使白银在国内的价值大大降低，而在国外则略有提高。它使外国人，特别是荷兰人，不仅能在无奖励金的情况下以更为低廉的成本食用我们的谷物，而且有时甚至比我国人民在同样的情况下吃得更便宜，正如卓越的权威马修·德克尔爵士（Sir Matthew Decker）告诉我们的那样。它阻碍了我国工人在无奖励金的情况下，用少量的白银供应他们的货物；而使荷兰人能够用更少的白银供应他们的货物。它使我们的制成品在每个市场上都比无奖励金时价格更高，而他们的制成品比在无奖励金时更便宜，因此他们的工业比我们的工业有着双倍的优势。

奖励金在国内市场上提高的不是我们的谷物的实际价格，而是名义价格，因为它增加的不是一定数量的谷物所能维持和雇佣的劳动量，而只是它能换来的白银数量，所以它阻碍了我国的制造业发展，而又不能为我国农民或乡绅带来任何相应的好处。的确，使两者口袋里的钱略微增加，或许很难说服他们中的大多数相信这并没有为他们带来非常可观的利益。但是，如果这些钱在其价值上及它能够购买的各种不同种类的劳动力、给养和国产商品的数量，都一样下降，那么这种好处就只不过是名义上的、想象的。

在整个联邦中，也许只有一类人会获得这种奖励金所带来的实际利益。这些人是谷物商人，也就是谷物的出口商和进口商。在丰收的年份，奖励金必然引起比其他情况下更大的出口量；通过阻碍某一年的丰收对另一年的歉收的弥补，在有的年份奖励金引起了比其他情况下更大的进口量。它增加了谷物商人在这两种年份的生意：在歉收的年份，商人不仅能够进口更多的谷物数量，而且能够以更高的价格将其出售。如果不是某年的丰收或多或少阻碍了弥补另一年的歉收的话，他所获得的利润会更大。因此，最赞成继续发放这种奖励金的，就是这一类人。

我国的乡绅们，在对外国谷物的进口征收高额关税时（在适度宽松的时期相当于禁止），以及当他们设立奖励金时，似乎是在模仿我国制造业者的行为。通过前一项制度，他们确保了自己对国内市场的垄断，而通过后一项制度，他们努力防止市场上的商品过量供应。制造商通过这两种方式，就像他通过类似的制度提高许多不同种类的制成品的实际价值一样，努力提高了商品的实际价值。他们也许没有注意到谷物和几乎所有其他种类的商品之间自然存在的巨大、根本的差别。当通过国内市场的垄断，或者通过出口奖励金，我们的毛纺或亚麻制造商能够以比他们本来可以得到的更高的价格出售他们的货物时，他们不仅提高了这些货物的名义价格，而且提高了它们的实际价格。使同样的货物等价于更多的劳动和生活资料，则不仅增加了名义上的利润，而且增加了实际的利润，增加了这些制造商的真正财富和收入，使他们能够生活得更好，或者雇佣更多的劳动力从事这些特殊的制造业。这实际上就是真正鼓励了这些制造业，把更大规模的国家劳动引向它们，从而使这些制造业自动地得到发展。但是，通过类似的制度提高谷物的名义价格或货币价格时，并没有提高其实际价值，并没有增加我国农民或乡村绅士的实际财富和实际收入。谷物的生长没有得到鼓励，因为他们没有能力供养和雇佣更多的劳动者来种植谷物。谷物的本质给谷物打上了真实价值的烙印，这种价值不能仅仅通过改变其货币价格来改变。任何对出口奖励金和对国内市场的任何垄断都不能提高这一价值；最自由的竞争也不能降低这一价值。在整个世界上，这种价值等于它能够支持的劳动量，而在每个特定的地方，它等于其能够按照那个地区通常供养劳动者的方式所支持的劳动量，无论这种劳动量是自由的、适度的还是贫乏的。毛布或亚麻布并不是最终衡量和确定所有其他商品的实际价值的调节商品，谷物才是。每种其他商品的实际价值最终是由其平均货币价格与谷物的平均货币价格之比来衡量和确定的。谷物的实际价值不随其平均货币价格的变化而变化，这种变化有时从一个世纪延续到另一个世纪；白银的实际价值才会随着这些变化而变化。

对任何国产商品的出口发放奖励金，首先会遭遇对重商主义体系的所有不同的措施提出的一般反对意见；该反对意见是指它会迫使国家工业的某些部分进入比它自己的运行更不利的轨道：其次，特别的反对意见是指不仅强迫它进入一个不太有利的轨道，而且会带来实质上的损失；没有奖励金就不能进行的贸易必然是一种亏本贸易。谷物出口的奖励金还可能引来这样的反对意见，即它在任何方面都不能促进那种旨在鼓励生产的特定商品的增长。因此，当我国乡绅要求设立奖励金时，尽管他们是在模仿我国商人和制造业者，但他们并没有完全理解自己的利益，而这种理解通常指导着另外两者的行为。他们让公共收入承受了相当大的开支负担；他们向全体人民征收了非常重的税金；但他们并没有在任何合理的程度上提高他们自己商品的实际价值；通过降低白银的实际价值，他们在某种程度上打击了国家的一般工业，不但没有推动，反而或多或少地延缓了他们自己土地的改良，而土地改良程度必然取决于国家的一般产业的发展。

为了鼓励任何商品的生产，人们应该想到，对生产的奖励金比对出口的奖励金有更直接的作用。此外，它只向人民征收一种税，即他们必须为支付奖励金而缴纳的税金。它不但不会提高，反而会降低商品在国内市场上的价格；因此，它不但没有向人民征收第二种税，而且至少可以部分地补偿他们缴纳第一种税的税金。然而，国家很少直接给付生产奖励金。重商主义体系所确立的偏见使我们相信，国家财富更直接地来自出口而不是生产。因此，出口更受青睐，因为它是为国家带来资金的更直接的手段。人们还说，根据经验，生产奖励金相对出口奖励金更容易产生欺诈。我不清楚这一点的真实性如何，但是众所周知，出口奖励金被滥用于许多欺诈性目的。但是，作为所有这些手段的伟大发明者，商人和制造商让他们的货物在国内市场上过量并不是他们的利益所在，而生产奖励金有时可能会造成这种情况。对出口的奖励使他们能够把剩余的部分送到国外，并保持国内市场上剩余货物的价格，从而有效地防止这种情况的出现。因此，在重商主义制度的所有措施中，这是他们最喜欢的一项措施。我知道，一些特定行业的不同经营者之间私下商定，如果所经营的货物有一定比例的出口，他们就从自己的口袋里拿出一笔奖励金。这种办法非常成功，他们的货物在国内市场上的价格提高了一倍以上，尽管生产明显增加。如果对谷物的奖励金降低了该商品的货币价格，那么谷物的奖励金操作就一定会有很大的不同。

然而，在一些特定的场合，类似于对生产的奖励金也存在过。给予鲱鱼和鲸鱼渔业的吨位奖励金，也许可以被视为具有这种性质。可以认为，它们直接倾向于使货物在国内市场上的价格比原来无奖励金时的更低。必须承认，它们在其他方面的效果与出口奖励金相同。通过这些措施，国家的一部分资本被用于将货物推向市场，而这些货物的价格不能补偿其成本、提供资本的普通利润。

尽管这些渔业的吨位奖励金并没有为国家的富足做出贡献，但人们也许会认为，它们通过增加水手和船舶的数量为国防做出了贡献。据称，有时这种奖励金可以有助于国防。

尽管有这些有利的辩护，以下的思考却使我相信，在给予这些奖励金的至少一项时，立法机关受到了大大的蒙蔽与欺骗。

第一，鲱鱼渔船的奖励金似乎数额太大。从 1771 年冬季捕鱼开始，到 1781 年冬季捕鱼结束，对鲱鱼渔船的吨位奖励金一直是每吨 30 先令。在这 11 年中，苏格兰鲱鱼养殖业捕捞的总桶数达到了 378 347 桶。在海上捕捞和腌制的鲱鱼被称为海条。为了使它们成为所谓的可销售的鲱鱼，商户需要加上额外的盐对鲱鱼进行重新包装；在这种情况下，据计算，三桶海条通常可以重新包装成两桶适销鲱鱼。因此，在这 11 年中，捕获的适销鲱鱼的数量，根据这种说法，只有 252 231 $\frac{1}{3}$ 桶。在这 11 年中，所支付的吨位奖励金达到 155 463 镑 11 先令，或每桶海条 8 先令 2 $\frac{1}{4}$ 便士，每桶适销鲱鱼 12 先令 3 $\frac{3}{4}$ 便士。

腌制这些鲱鱼使用的盐有的产自苏格兰，有的产自外国，这两种盐都是免除一切货物税提供给腌鱼者的。目前，苏格兰盐的货物税为 1 先令 6 便士，外国盐每蒲式耳 10 先令。一桶鲱鱼应该需要大约 1 $\frac{1}{4}$ 蒲式耳的外国盐，而平均需要 2 蒲式耳苏格兰盐。如果这些鲱鱼是为了出口，这部分关税就不需要缴纳；如果是为了国内消费，无论这些鲱鱼是用外国盐还是用苏格兰盐腌制的，每桶只需要缴纳 1 先令税费。这是苏格兰人对一蒲式耳盐征收的旧税，按照较低的估值，这个数量被认为是腌制一桶鲱鱼所必需的。在苏格兰，除了腌鱼以外，外国盐很少用于其他用途。但从 1771 年 4 月 5 日到 1782 年 4 月 5 日，进口的外国盐数量达到 936 974 蒲式耳，每蒲式耳 84 磅：从工厂交付给腌鱼者的苏格兰盐数量不超过 168 226 蒲式耳，每蒲式耳仅 56 磅。由此看来，渔业中使用的主要是外国盐。此外，每桶出口的鲱鱼都有 2 先令 8 便士的奖励金，而超过三分之二的鲱鱼又是用于出口。综合这一切计算，我们就会发现，在这 11 年里，每一桶用苏格兰盐腌制的鲱鱼在出口时，政府都要花费 17 先令 11 $\frac{3}{4}$ 便士；而进入国内市场时，则为 14 先令 3 $\frac{3}{4}$ 便士；而每桶用外国盐腌制的鲱鱼，在出口时，政府花费了 1 镑 7 先令 5 $\frac{3}{4}$ 便士；而当进入国内市场时，则为 1 镑 3 先令 9 $\frac{3}{4}$ 便士。一桶好的适销鲱鱼的价格从最低 17~18 先令到 24~25 先令不等，平均约为 1 畿尼。

第二，对鲱鱼渔业的奖励金按吨位计算；与船只的载重量成正比，而不是与渔船的勤奋或捕鱼的成功率成正比；我担心，渔船出海的目的只是获取奖励金，而不是捕鱼。在1759年，当奖励金为每吨50先令的时候，苏格兰的整个捕鱼业只产出了四桶海条。在那一年，每桶海条仅在奖励金方面就花费了政府113镑15先令，每桶适销鲱鱼159镑7先令6便士。

第三，在鲱鱼渔业中给予这种吨位奖励金的捕鱼方式（用载重20至80吨的双桅渔船或甲板船），似乎不大适合苏格兰的情况，只适合荷兰，这种做法似乎是从荷兰学来的。荷兰离已知的鲱鱼主要出没的海域很远，因此只能用有甲板的大船进行捕捞，这些船只可以携带足够的水和补给品航行到遥远的海域。但鲱鱼主要是在赫布里底群岛（Hebrides）或西部岛屿、设得兰群岛以及苏格兰北部和西北部海岸的周边地区可以被捕捞到，这些地区到处都有海湾隔断，这些海湾深入陆地相当长的距离，在该国的语言中被称为峡湾（Sea-loch）。鲱鱼在进入这些海域的季节，主要是游去这些峡湾；我听说，鲱鱼和许多其他鱼类进入峡湾的时间并不十分规律、稳定。因此，小舟捕鱼似乎是最适合苏格兰特殊情况的捕鱼方式，渔民们在捕到鲱鱼后立即将其运到岸上，以便腌制或被及时食用。但是，每吨30先令的奖励金对渔船捕鱼的巨大鼓励，必然是对小舟捕鱼的打击，因为没有这样的奖励金，小舟捕鱼就不能像渔船捕鱼那样把腌制好的鱼送往市场。因此在设立奖励金之前，小舟渔业的规模非常可观，据说雇佣的海员人数不亚于现在的渔船渔业，现在该产业几乎完全衰败了。然而，我必须承认，对于这个现在已经被毁坏和遗弃的渔场之前的规模，我无法精确描述。由于没有对小舟装备支付奖励金，海关或盐税官也没有对其进行统计。

第四，在苏格兰的许多地方，在一年中的某些季节，鲱鱼在人们的食物中占了不小的比例。如果提供奖励金可以降低鲱鱼在国内市场上的价格，这对于救济我们大量的同胞有很大的帮助，因为他们的生活并不富裕。但是，鲱鱼奖励金并没有起到这样的作用。它毁掉了迄今为止最适合向国内市场供应鲱鱼的小舟渔业，而出口时每桶2先令8便士的额外奖励金将渔船渔业的大部分产品带到国外，比例超过2/3。在三四十年前，设立奖励金之前，我听说白鲱鱼的普遍价格是每桶15先令。在10~15年前，在小船渔业完全被毁之前，据说价格是每桶17~20先令。在过去的5年里，平均价格是每桶25先令。然而，这一高价可能是由于苏格兰海岸的鲱鱼出现稀缺。我还必须指出，通常与鲱鱼一起出售的装鱼桶，其价格已包括在上述所有价格中。自美洲战争开始以来，其价格已上升到以前的两倍左右，即从大约3先令上升到大约6先令。我还必须指出，我所获得的关于以前的价格的说法并不十分统一或一致；一位对市场价格有非常精确的记忆的和有经验的老人向我保证，五十多年前，一桶优质的适销鲱鱼一般价格为1畿尼；我认为在现在这仍然可以被视为平均价格。然而，我认为，所有的记录一致表明，国内市场的价格并没有因为吨位奖励金而降低。

渔业经营者在获得如此丰厚的奖励金后，继续以相同，甚至比以前更高的价格出售他们的商品，此时我们可以预期他们的利润应该是极大的；有些个别人的利润可能如此。然而，总的来说，我有充分的理由相信他们的情况完全不同。这种奖励金的通常效果是鼓励轻率的经营者冒险加入他们不了解的行业，而他们因自己的疏忽和无知所受的损失足以抵消政府的极端慷慨为他们带来的一切好处。1750年，根据最初为鼓励白鲱鱼捕捞业而提供每吨30先令的奖励金的同一项法令（乔治二世二十三年第二十四号法令），一家合股公司被设立起来，资本为50万英镑，其股东（除所有其他鼓励措施——即刚才提到的吨位奖励金、每桶2先令8便士的出口奖励金——之外），在14年内每认购并缴纳的100英镑股本，有权每年获得3英镑，由海关总署每半年支付一次。除了设立这家其总裁和董事位于伦敦的大型公司之外，在王国所有不同的港口建立不同的渔场也被认为是合法的，条件是每个渔场的资本认购额不少于1万英镑，由各渔场自行管理，自负盈亏。对这些小型公司同样给予与大公司一致的年金和各种鼓励。大公司的认购很快完成，在王国的各个港口几个不同的渔场被建立起来。尽管有这些鼓励措施，几乎所有这些不同的公司，无论大小，都损失了全部或大部分资本；现在它们中的任何一个都没有留下什么痕迹，鲑鱼渔业现在几乎完全由私人冒险家经营。

如果任何特定的制造业对于保卫社会是必要的，那么依靠我们的邻国来供应这种制成品可能并不总是谨慎、明智的；如果这种制造业得不到奖励金就不能在国内维持，那么对其他工业部门征税以支持它也不是不合理的。根据这一原则，对英国制造的帆布和火药的出口给予奖励金，也许都可以由此得到辩护。

但是，向对广大人民有利的产业征税以支持某些特定阶层的制造商则很难说是合理的，但在公众享有的收入超过所知道的用途、社会处于巨大的繁荣时，向最受欢迎的制造业提供这种优惠，也许就像支付任何其他无谓的费用一样自然。在公共和私人开支方面，巨大的财富也许经常被认为是对巨大的愚蠢行为的辩解。但是，在普遍的困难和穷困时期，继续这样铺张浪费，就荒唐无比了。

所谓的奖励金，有时不过是退税，因此这种奖励金不应与真正的奖励金一概而论、被共同反对。例如，出口精制糖的奖励金可以被视为制造精制糖的红糖和粗糖的关税减免。对出口精制丝绸的奖励金，是对进口的生丝和抛丝的关税减免。对出口火药的奖励金，是对进口硫黄和硝石的关税减免。在海关的话语中，只有那些在出口时货物形态与进口时货物形态相同的津贴才被称为退税。当这种货物形式被任何种类的制造所改变，以至于被归入一个新的名称之下时，它们就被称为奖励金。

公众向在某些特定行业中表现出色的技术专家和制造商提供的奖金，不应该像奖励金那样被反对。通过鼓励非凡的聪明才智，它们有助于保持实际受雇于这些行业的工人的效仿，而且其数量不足以将国家资本的更大份额违反自然趋势地转向任何一个行业。这种奖金的趋势不是要颠覆就业的自然平衡，而是要使每项工作尽可能地完整、完善。此外，奖金的支出数额很少，而奖励金的支出则数额极大。单就谷物奖励金而言，公众每年的花费有时超过30万英镑。

奖励金有时也被称为补贴或奖金，正如退税有时也被称为奖励金。但在任何情况下，我们都必须关注事物的性质，而不需要理会这个名称本身。

浅谈谷物贸易和谷物法

在结束这一章关于奖励金的论述之前，我必须指出，人们对规定谷物出口奖励金的法律以及与之相关的法规体系的赞美是完全没有道理的。对谷物贸易的性质和与之有关的英国主要法律进行专门研究，此论断的真实性就会得到充分证明。因为这个问题极为重要，额外的论述也是非常合理的。

谷物商人的贸易涉及四个不同的部门，虽然它们有时可能由同一个人进行，但就其本身的性质而言，是四种独立和不同的贸易。

第一，国内商人的利益和广大人民的利益，无论它们乍看起来多么对立，即使在最歉收的年份，也是完全一致的。商人的利益所在，是把他的谷物价格提高到这个季节的真正稀缺性所需要的程度，但若提高到更高的程度则会对他不利。通过提高价格，商人抑制了消费，并使每个人或多或少地依赖于节俭和良善的管理，特别是下层阶级。如果把价格提得太高，就会严重阻碍消费，以致本季的供应量可能超过本季的消费量，那么，在下一季作物开始生长后持续一段时间内风险就会出现，不仅会因自然原因损失相当一部分谷物，而且商人不得不以远低于几个月前可能得到的价格出售剩余的谷物。如果没有把价格提得足够高，以致本季的供应量可能低于本季的消费量，那么不仅一部分本来可以赚到的利润会损失掉，而且这样做会使人民在本季结束前遭受饥荒的痛苦，而不仅仅是供给不足的艰辛和难处。人民的利益所在是他们每天、每周和每月的消费量应该尽可能与季节的供应量相称。国内谷物经销商的利益也是如此。通过尽可能按这个比例供应谷物给人民，经销商有可能以最高的价格和最大的利润出售所有谷物；根据对作物状况的了解，以及每天、每周和每月的销售情况，经销商能够或多或少准确地判断他们在多大程度上以这种方式供应。经销商无意于改善人民的利益，但出于对自身利益的考虑，他必然会不得不按照谨慎的船长对待其船员的方式来对待人民，即使在物资歉收的年份也是如此。当预见到粮食可能会短缺时，船长就会让船员减少粮食的消耗。虽然有时会因为过分谨慎而在没有任何实际需要的情况下这样做，但船员因此而遭受的所有不便，与他们有时因不太谨慎的行为而可能面临的危险、痛苦和毁灭相比是微不足道的。尽管国内谷物经销商由于贪婪过度，以同样的方式，有时把谷物价格提高到比季节的稀缺性所要求的更高的水平，但是，与商人在季节开始时以更宽松的方式进行交易而可能遭受的所有不便相比，这种行为可以有效地保证人们在季节结束时不发生饥荒，其损失是微不足道的。谷物经销商自己可能因这种过度的贪婪而遭受最大的损失；不仅因为这种行为通常会引起人民对他的愤怒，而且，即便他可以逃脱这种愤怒的影响，这种行为必然会导致在季节结束时他手上留下大量的谷物，而且，如果下一个季节恰好证明是丰收的，他必须总是以比他此前可行的更低的价格出售谷物。

如果一大群商人有可能占有一个大国的全部作物，也许他们会像荷兰人对待马鲁古群岛的香料那样处理这些作物，即销毁或扔掉其中相当一部分，以维持其余部分的价格。但是，即使通过法律的暴力，在谷物方面建立如此广泛的垄断也不可能；而且，在法律允许自由贸易的地方，谷物也是所有商品中最不容易被少数大资本吞噬或垄断的商品。不仅它的价值远远超过了少数私人资本所能购买的东西的价值，而且，即使他们有能力购买，谷物的生产方式也使这种购买不能实现。在任何文明国家，谷物都是年消费量最大的商品，所以每年用于生产谷物的劳动量比生产任何其他商品的劳动量都大。当谷物第一次从地里被收获出来的时候，它也必然被分给比任何其他商品更多的所有者；这些所有者不可能像一些独立的制造商那样集中到一处，而是必然分散在国家的所有不同角落。这些最初的所有者要么立即向他们自己附近的消费者供货，要么向对这些消费者供货的其他国内经销商供货。因此，谷物的国内商人，包括农民和面包师，必然比任何其他商品的经销商更多，而他们分散的情况使他们完全不可能进行任何普遍的联合。因此，如果在物资歉收的年份，他们中的任何一个人发现他手头有大量的谷物没能按照目前的价格在季节结束前被处理掉，那么他绝不会考虑保持这一价格而使自己蒙受损失，使他的对手和竞争者单独受益，而是会立即降低价格，以便在新作物开始生长之前将其谷物处理掉。规范任何一个经销商的行为的同样的动机和利益，会因此而规范其他每个经销商的行为，使他们都有义务根据自己的最佳判断，以最适合于这个季节的稀缺性或丰富性的价格出售他们的谷物。

仔细研究在 18 世纪或前两个世纪中困扰欧洲任何地区的贫瘠和饥荒的历史，我们就可以发现该段历史对一些情况有着相当准确的描述。我相信，贫瘠从来都不是由于国内谷物经销商之间的任何联合，也不是出于任何其他原因，而是由于真正的不足造成的。这种不足有时也许是由于战争的浪费，但在绝大多数情况下是由于季节的错误。而且，除了政府试图通过不正当手段补救饥荒带来的不便的粗暴行为之外，任何其他原因导致的饥荒从未出现过。

在所有不同地区之间有自由的商业和通信、谷物产量极大的国家，即便是最不利的季节所造成的歉收，也永远不会大到产生饥荒的程度；最差的收成，如果以俭省和经济的方式被管理和运用，在一年中所能养活的人口数量，与通常以较富裕的方式通过适度的充裕来养活的人的数量相当。对作物生长最不利的季节是那些过度干旱或过度降雨的季节。但是，由于谷物同样在高地和低地，在过于潮湿和过于干燥的土地上生长，对一个地区有害的干旱或雨水可能对另一个地区有利；尽管在旱涝季节里，产出比在更合适的季节里要少得多，但是在旱涝季节里，一个地区的损失在某种程度上会被另一个地区的收获所补偿。在种植水稻的国家，作物不仅需要非常湿润的土壤，而且在其生长的一定时期内必须被置于水中，因此干旱对作物造成的影响更为严重。然而，即使在这样的国家，如果政府允许自由贸易，旱灾也许也不会严重到一定会引起饥荒的程度。几年前，孟加拉的干旱可能会造成非常严重的饥荒。东印度公司的人员对大米贸易施加的一些不适当的规定和不谨慎的限制，也许促成了这种歉收恶化成为饥荒。

当政府为了补救饥荒带来的不便，命令所有经销商以政府认为合理的价格出售他们的谷物时，其结果要么是阻碍他们把谷物运到市场上，这有时甚至在季节开始时就会产生饥荒；要么如果他们把谷物运到市场上，政府的命令就会鼓励人们快速消费谷物，以致在季节结束前饥荒必然会产生。不受限制、自由的谷物贸易是防止饥荒痛苦的唯一有效手段，也是缓解饥荒带来的影响的最好办法；因为真正的歉收带来的不便无法补救，只能缓解。没有哪种行业比鼓励贸易更应该得到法律的充分保护，也没有哪种行业如此需要法律的保护，因为没有哪种行业如此容易受到公众的谴责。

在歉收的年份，下层人民把他们的苦难归咎于谷物商人的贪婪，而谷物商人则成为他们憎恨的对象。因此，在这种情况下，商人非但没有获利，反而经常面临着彻底破产的危险，商人的仓库也会被暴力掠夺和摧毁。然而，正是在物资歉收的年份，当价格高涨时，谷物商人才期望获得大量利润。他通常与一些农民签订合同，约定后者在若干年内以一定的价格供应一定数量的谷物。这个合同价格是根据适度和合理的价格，也就是普通或平均价格来确定的，在上次歉收年份之前，每夸脱小麦的价格一般为 8~20 先令，其他谷物的价格也按比例计算。因此，在歉收年份，谷物商人以普通价格购买了他的大部分谷物，并以更高的价格出售。然而，这种非同寻常的利润并不足以使他的贸易与其他贸易处于公平的水平，也不足以补偿他在其他场合所遭受的许多损失，这既是由于商品本身的易腐性，也是由于其价格的频繁、不可预见的波动。这一点似乎很明显，谷物生意似乎不能像其他行业一样赚到大钱。然而，在歉收年份，也就是在唯一可以获得丰厚利润的年份，人们对这种贸易的憎恶使得有品格和财富的人不愿意进入这个行业。因此，这种行业只有一些低级的经销商参与，例如磨坊主、面包师、制粉人和面粉商以及一些令人讨厌的小贩等，他们几乎是国内市场上介于种植者和消费者之间的唯一中间人。

古代欧洲的政策非但没有设法消除公众对这种对其如此有利的行业的憎恶，反而，似乎还认可和鼓励了这种情绪。

根据爱德华六世五年、六年第十四号法令的规定，凡是购买小麦或谷物并打算再次出售的人，应被视为不法囤积者。第一次犯错，应判处两个月的监禁，没收谷物的价值；第二次犯错，应判处六个月的监禁，没收相当于谷物价值两倍的价值；第三次犯错，应戴枷锁，受监禁，期限长短由国王决定，且没收其所有货物和动产。古代欧洲其他大部分地区的政策并不优于英国。

我们的祖先似乎认为，人们从农民那里购买谷物会比从谷物商人那里购买更便宜，因为他们担心谷物商人会在支付给农民的价格之外，试图给自己带来过高的利润。因此，祖先竭力要完全消灭商人的贸易。他们甚至试图尽可能地阻止任何类型的中间人介入种植者和消费者之间；这就是他们对那些被称为谷物收购商或运输商的贸易所施加的许多限制的意义，如果没有特许状证明商人的诚实、公平，商人便不可进行这种贸易。根据爱德华六世的法案，这种许可证必须有三名治安官的授权才能颁发。但是，即使是这种限制后来也被认为是不够的，根据伊丽莎白的一项法案，颁发许可证的特权被限制在议会的季度会议上。

古代欧洲的政策试图以这种方式来管理农业，即农村最大规模的行业，其原则与它对制造业，即城镇最大规模的行业所确立的原则完全不同。这种政策，通过让农民没有除了消费者或他们谷物的直接收购商和运输商之外的其他客户，试图迫使农民不仅从事农民行业本身，而且身兼谷物经销商或谷物零售商的职责。相反，在许多情况下，该政策禁止制造商从事店主的贸易，或是通过零售销售自己的商品。前一种法案的意义是通过一项法律来促进国家的普遍利益，或使谷物变得便宜，但也许人们并不清楚如何做到这一点；而另一项法案则是为了促进一个特殊群体——店主的利益，据说，当时人们认为，如果允许制造业者从事零售贸易，他们的生意就会被制造商严重影响。

尽管制造商被允许开设商店，以零售方式销售自己的货物，但他不可能卖得比普通店主更低。无论他把哪一部分资本放在商店里，他都必须从制造业中抽出这部分资本。为了使自己的生意与其他人的生意持平，一方面他必须获得制造商的利润，另一方面也必须获得店主的利润。例如，让我们假设，在制造商居住的特定城镇，制造业和商店的一般利润率为10%；在这种情况下，制造商必须对他自己在商店里出售的每件货物收取20%的利润。当制造商把这些货物从工场运到商店时，他必须按照可以卖给经销商或店主的价格来估价，因为后者会以批发的方式购买这些货物。如果制造业者对它们的估价较低，那么他就失去了制造资本的部分利润。当制造业者再次从他的商店出售这些产品时，除非他按照店主出售这些产品的相同价格出售，否则他就失去了商店经营资本的部分利润。因此，尽管制造业者可能看起来在同一件货物上赚取了双重利润，但由于这些货物先后成为两个不同资本的一部分，他在为这些货物所使用的全部资本上只赚取了一项利润；如果他赚取的利润少于应有利润，他就受到了利润的损失，或者像他的大部分同行那样，没有运用他的整个资本获得收益。

禁止制造业者经营的事，却在某种程度上要求农民经营：把他的资本分成两种不同的用途；一部分资本放在他的粮仓和堆场里，以满足市场的偶尔需求；另一部分资本用于耕种土地。但是，正如他不能以低于农业资本的正常利润运用后一部分资本一样，他也同样不能以低于商业资本的正常利润雇佣前者。无论真正从事谷物商人业务的资本是属于被称为农民的人，还是属于被称为谷物经销商的人，在这两种情况下都需要有同等的利润，以补偿以这种方式使用资本的资本所有者，使他的业务与其他行业处于同一水平，阻止其把资本转投入其他行业的倾向。因此，被迫从事谷物商贸易的农民，在自由竞争的情况下，不能以比任何其他谷物商更低的价格出售他的谷物。

能够将全部资本用于单一业务的经销商，与能够将全部劳动用于单一操作的劳动者具有同样的优势。正如后者获得了某种技巧，他能够用同样的两只手完成更多的工作；前者获得了如此简单和方便的交易方法以购买和处置他的货物，以致他可以用同样的资本经营更多的业务。因此，劳动者通常能以较低的价格提供他的劳动，而商人通常也能以相比将资本和注意力都用在更多种类的物品上更低的价格买到他的商品。大部分制造业者不可能像一位心思缜密、积极经营的店主那样，以如此低廉的价格零售自己的货物，因为店主的唯一业务就是批发和零售货物。大部分农民更无法负担零售他们自己的谷物、供应谷物给距离他们大部分人可能有四五英里远的城镇居民的费用，而一位心思缜密、积极经营的谷物商人则可以如此，他的唯一业务是批量收购谷物，将其收集到一个大谷仓里，再次零售给居民。

禁止制造业者经营商店生意的法律，试图迫使资本用途的这种分工比本来可能进行的分工更快。迫使农民从事谷物商人的行业的法律则试图阻止这种贸易的快速发展。这两部法律都是对天然自由的明显侵犯，因此并不公正；因为它们并不公正，它们也并不明智。每一个社会的利益都在于，这种事情既不应该被强迫，也不应该被阻挠。一个人如果以比他的处境所必需的以外的方式使用他的劳动力或资本，就永远不会因为卖得便宜而使同行受到损失。他可能会使自己受到损失，而且往往如此。谚语有云，“样样通，样样松”，涉猎每门贸易的专家永远不可能发财。但是，法律应该始终允许人们关注其自身利益，因为在他们自己的实际情况下，他们通常能够比立法者做出更好的判断。然而，迫使农民从事谷物商贸易的法律是这二者之中更有害的。

该法律不仅阻碍了对每个社会都非常有利的资本用途分工，而且也阻碍了土地的改良和耕种。该法律迫使农民同时从事两种行业，迫使他把资本分成两部分，其中一部分只能用于耕作。但是，如果他可以自由地把全部庄稼一经收获就卖给谷物商人，他的全部资本就会立即回到土地上，用于购买更多的牲畜、雇佣更多的工人，以便更好地改良和耕种土地。但是，由于不得不以零售方式出售谷物，他就不得不把大部分资本整年留在粮仓和堆场里，也就不能将全部资本用于耕种土地。因此，这项法律必然会阻碍土地的改良，非但不会使谷物变得更便宜，反而会使它变得更稀缺，因而比原来更贵。

除了农民的行业之外，谷物商人的行业如果得到适当的保护和鼓励，这将对谷物的种植做出极大贡献。这种行业将支持农民的行业，就像批发商行业支持制造业者的行业一样。

批发商为制造业者提供了现成的市场，使后者的货物一经造出即可销售，有时甚至在货物造出之前就可以为其垫付资本，这就使他可以保有全部资本，有时甚至超过他的全部资本，不断地用于制造；因此，与不得不自己把货物卖给直接消费者，甚至卖给零售商时相比，制造业者能够制造出更多的货物。由于批发商的资本通常也足以补偿许多制造业者的资本，批发商和众多制造业者之间的这种交往使拥有大量资本的人有兴趣支持大量拥有小资本的人，并在那些可能证明对他们有害的损失和不幸中帮助他们。

在农民和谷物商人之间普遍建立起的同样联系，会对农民产生同样的好处。农民将能够保有他们的全部资本，甚至超出他们的全部资本，将其不断地用于耕作。在发生任何意外（没有任何行业比他们更容易发生意外）时，农民都会在他们的一般客户——富有的谷物商人那里，找到既有兴趣支持他们又有能力这样做的人，而且不会像现在这样完全依赖自己地主的宽容或是管家的怜悯；如能（也许并不能）一下子建立这种普遍联系，一下子将王国的全部农业人口转向其应有的事业——耕种土地上来。为了支持和帮助这些庞大资本，同时提供另一支同样庞大的农业资本，也许不容易想象，仅仅这种情况的变化就会对整个国家的面貌产生多么巨大、多么广泛和多么突然的改善。

因此，爱德华六世的法规通过尽可能地禁止任何中间人介入种植者和消费者之间，试图消灭一种行业。这种行业的自由运转不仅是缓解饥荒带来不便的最好办法，而且是预防这种灾难的最好办法：在农民的行业之外，没有任何行业能像谷物商人那样对谷物的种植做出如此大的贡献。

这条法律的严厉性被后来的几条法令所缓和，这些法令相继宣布在小麦价格不超过每夸脱 20、24、32 和 40 先令的情况下囤积谷物得到允许。最后，根据查理二世十五年第七号法令，只要小麦的价格不超过每夸脱 48 先令，其他谷物的价格也不超过相应比例，除了垄断者（即在三个月内不在同一市场上出售）之外，所有为了再次出售谷物而囤积的行为都被宣布为合法。这条法规赋予了国内谷物贸易商迄今所享有的所有自由。现任国王（乔治三世）的第十二号法令废除了几乎所有其他针对耕种者和囤积者的古老法律，但并没有废除这一特殊法规的限制，因此它至今仍然有效。

然而，这一法规在某种程度上确认了两种非常荒唐的大众偏见。

这一法规假定当小麦的价格上升到每夸脱 48 先令，其他谷物的价格也按比例上升时，谷物就有可能被囤积，从而这会损害人民的利益。但是，从前面所说的情况来看，下面这点似乎很明显，谷物的价格不可能因为国内商人的囤积而上升到损害人民利益的地步：而且，每夸脱 48 先令，虽然可能被认为是极高的价格，但在谷物歉收的年份，这常常是收获后立即给出的价格，此时新作物的任何部分都是稀缺的，即使是无知的人也不能认为这样的新谷物囤积会伤害人民。

这一法规还假定有一个特定的价格，到达这个价格时，谷物可能会被囤积，也就是说被买走，以便很快在同一市场上再次出售，从而损害人民的利益。但是如果一位商人在去某个市场，或在某个市场上购买谷物，以便很快在同一市场上再次出售，那一定是因为他判断市场不可能像在这个特定场合那样在整个季节都有如此充足的供应，因此价格会很快上涨。如果他在这一点上判断错误，也就是如果价格没有上涨，他不仅损失了他以这种方式使用资本的全部利润，以及由于储存和保管谷物所必然产生的费用和损失，还损失了资本本身的一部分。因此，他对自己的伤害要比他对那些被他阻止在某个特定的集市日进行供应的特定的人的伤害大得多，因为后者可以之后在任何其他集市日以同样便宜的价格购入，满足自己的需求。如果他判断正确，他不但没有伤害广大人民，反而为他们提供了最重要的服务。通过使他们比其他人更早地感受到歉收的不便，他可以防止他们在事后感受到如此严重的不便，如果价格便宜鼓励他们消费得更快，而不是适应这个季节的真正歉收，他们肯定会愿意如此。当歉收真实存在时，能为人们做得最好的事情就是把歉收带来的不便尽可能平均分摊到年中的所有不同的月份、星期和日子。谷物商人的利益使他研究如何尽可能准确地做到：

由于没有其他人能像他一样拥有同样的利益、知识或能力来准确地做到这一点，所以商业的这一最重要的业务应该完全被交给他；或者换句话说，谷物贸易，至少在涉及国内市场的供应方面应该完全自由。

公众对囤积和垄断的恐惧可以与对巫术的恐惧和怀疑相比。被指控犯有后一种罪行的不幸的可怜人并不比那些被指控犯有前一种罪行的人更无辜。终止了对巫术的所有起诉的法律，使任何人都无权通过指控其邻居犯有这种罪行来满足自己的恶意，似乎因为消除了鼓励和支持这些恐惧和怀疑的主要原因，从而这些恐惧和怀疑被有效地消除了。恢复谷物国内贸易的全部自由的法律可能会被证明同样有效地结束了人们对囤积和垄断的恐惧。

然而，尽管查理二世十五年第七号法令有着种种不完善之处，但它对国内市场的充足供应和耕作的增加所做的贡献，也许比法规中的任何其他法律都要明显。正是基于这部法律，国内谷物贸易获得了它一直以来所享有的所有自由和保护；而且国内市场的供应和耕作的利益，比进出口贸易更有效地促进了国内的发展。

据前述有关谷物贸易的论文的作者计算，英国进口的各种谷物的平均数量与消费的各种谷物的平均数量的比例不超过1 ：570。因此，对供应国内市场来说，国内贸易与进口贸易的比例一定是570 ：1。

根据同一位作者的说法，从英国出口的各种谷物的平均数量不超过年产量的1/30。因此，为了鼓励耕作，并给国内产品提供市场，国内贸易的价值必须是出口贸易的30倍。

我对政治数据统计没有很大的信心，也无意保证这些计算的精确性。我提到它们只是为了表明，在最明智和最有经验的人看来，谷物的对外贸易比国内贸易的影响要小得多。在设立奖励金之前的几年里，谷物的低廉价格也许可以合理地归因于查理二世的这项法令的实施，这项法令是在大约25年前颁布的，因此有充分的时间来产生效果。

寥寥数语就能充分说明我对谷物贸易的其他三个部门的所有看法。

第二，进口外国谷物供国内消费的商人从事的贸易显然有助于国内市场的直接供应，而且直接对广大人民群众有利。它确实在一定程度上降低了谷物的平均货币价格，但并没有减少它的实际价值，也没有减少它所能供养的劳动量。如果谷物进口在任何时候都是自由的，那么，我们的农民和乡绅们在一年中从自己的谷物中获得的货币收入可能会比现在更少，因为现在大多数时候谷物进口实际上是禁止的；但是他们得到的货币会更有价值，他们能够使用货币购买更多其他种类的商品并雇佣更多的劳动力。因此，他们的真实财富和真实收入都会与现在相同，尽管它可能由较少的白银数量来表示；而且他们既不会丧失能力，也不会被阻止种植同样多的谷物。相反，由于谷物的货币价格降低导致了白银实际价值的上升，这会在一定程度上降低所有其他商品的货币价格，这给发生这种情况的国家的产业在所有外国市场上带来一些优势，从而这种产业得到鼓励和增长。但是，谷物的国内市场的规模必须与种植国的一般产业成比例，或者与那些生产其他东西的人的数量成一定的比例，后者拥有其他事物或是其他事物的价格（这两者是同一回事）用来交换谷物。但是，在每个国家，国内谷物市场都是距离最近、最为方便的，也是最大、最重要的。因此，谷物平均货币价格的降低，导致白银实际价值的提高，这往往会扩大最大、最重要的谷物市场，从而鼓励而非阻碍其增长。

根据查理二世二十二年第十三号法令，只要国内市场的价格不超过每夸脱 53 先令 4 便士，进口小麦就要缴纳每夸脱 16 先令的关税，只要价格不超过 4 镑就要缴纳 8 先令的关税。在过去的一个多世纪里，这两种价格中的前一种只在极为严重的歉收时出现；而后一种，据我所知，根本就没有发生过。然而，在小麦的价格上涨到后一种价格之前，该法规对其征收非常高的关税；而在小麦的价格上涨到前一种价格以上时，对其征收相当于禁止的关税。其他种类的谷物的进口同样受到限制，其税率和关税与谷物的价值成正比，几乎同样高[①]。之后的法律还进一步提高了这些关税。

在物资歉收的年份，严格执行这些法律可能会给人民带来极大

① 在乔治三世十三年之前，不同种类谷物进口时应缴纳的关税如下：

谷物（每夸特价格）	税
蚕豆 28 先令以下	19 先令 10 便士
40 先令以下	16 先令 8 便士
40 先令以上	12 便士
大麦 28 先令以下	19 先令 10 便士
32 先令以下	16 先令
32 先令以上	12 便士

根据每年抽税一次的麦芽税法案，麦芽是禁止输入的。

燕麦 16 先令以下	5 先令 10 便士
16 先令以上	$9\frac{1}{2}$便士
豌豆 40 先令以下	16 先令
40 先令以上	$9\frac{3}{4}$便士
黑麦 36 先令以下	19 先令 10 便士
40 先令以下	16 先令 8 便士
40 先令以上	12 便士
小麦 44 先令以下	21 先令 9 便士
53 先令 4 便士	17 先令
4 镑以下	8 先令
4 镑以上	约 1 先令 4 便士
荞麦 32 先令以下	16 先令

这些不同的关税，一部分是查理二世二十二年为替代旧补助税的税金，一部分是新补助税、1/3 补助税和 2/3 补助税，以及 1747 年补助税。

的痛苦。但是在这种情况下，它的执行通常被临时法规所中止，这些法规允许在有限的时间内进口外国谷物。这些临时法规的必要性充分表明了这一普遍法规的不正当性。

这些对进口的限制，虽然是在设立奖励金之前，却是由与后来颁布该条例相同的精神和原则所决定的。无论这些限制以及其他对进口的限制多么有害，在奖励金制度设立之后，限制进口就是十分必要的。如果在小麦价格低于每夸脱 48 先令，或不甚高于此价格时，外国谷物可以免税进口或只需支付少量的关税，那么这些谷物就可能利用奖励金再次出口，从而国家财政遭受巨大损失，这项为了本国增长而不是为了推动外国增长的制度也被扭曲甚至完全崩溃。

第三，商人出口谷物供国外消费的贸易当然不会直接促进国内市场的充足供应，然而，它可以做出间接贡献。无论这种供应是来自国内种植还是来自国外进口，除非通常种植的谷物或进口到国内的谷物多于国内通常消费的谷物，否则国内市场的供应永远都不会非常充裕。但是，除非在所有普通情况下剩余的谷物都能出口，否则种植者都会小心翼翼，绝不种植超过国内市场最低消费所需数量的谷物，进口者也绝不进口超过所需的谷物。市场很少会出现过剩的情况，却通常出现资本不足的情况，因为那些以供应市场为己任的人通常会担心他们的货物会积压在自己的手中。禁止出口限制了国家的土地改良和耕种，使谷物种植量只能满足供应本国居民的需要。出口自由使农民能够扩大耕种以供应外国。

根据查理二世四年第十二号法令，只要小麦的价格不超过每夸脱 40 先令就允许该谷物出口，其他谷物的价格也按照这一比例执行。同一国王的第十五号法令将这一出口自由的范围扩大到小麦价格超过每夸脱 48 先令时；第二十二号法令规定扩大到所有更高的价格。的确，这种出口要向国王支付磅税，但所有谷物的税率都很低。每夸脱小麦的税率只有 1 先令，燕麦的税率为 4 便士，所有其他谷物的税率为每夸脱 6 便士。根据威廉和玛丽第一年的法令，也就是设立奖励金的法令，只要小麦的价格不超过每夸脱 48 先令，这一税种实际上就被取消；而根据威廉三世十一年、十二年的第二十号法令，这一税种在所有更高的价格上都被明确取消了。

通过这种方式，出口商的贸易不仅得到奖励金的鼓励，而且比国内商人的贸易更加自由。根据上述的最后一项法令，以任何价格囤积谷物用于出口得到了允许，但囤积谷物用于国内销售是不可以的，除非价格不超过每夸脱 48 先令。然而，以下这点已经说明，国内商人的利益永远不可能与广大人民的利益相反。出口商的利益可能，而且事实上有时与人民利益相反。如果出口商自己的国家陷入饥荒的同时，邻国也发生了饥荒，为了自身的利益，他可能会把谷物运到后一个国家，其数量可能会大大加重本国饥荒的灾情。这些法规的直接结果不是国内市场的充足供应；而是在鼓励农业的借口下尽可能提高谷物的货币价格，从而导致国内市场出现持续短缺。由于不鼓励进口，即使在非常歉收的时候，国内市场的供应也仅限于国内产品；而由于鼓励出口，当价格高达每夸脱 48 先令时，即使在相当歉收的时期，国内市场也享受不到全部产品。各种临时法律在限定时间内禁止谷物出口，并在限定时间内取消谷物进口关税，英国不得不如此频繁地求助于这些措施，这充分表明英国总体制度是不恰当的。如果这个制度恰当的话，它就不会如此频繁地被迫放弃这一制度。

如果所有国家都遵循自由出口、自由进口的自由制度，那么一个大洲中的不同国家将像一个大国中的不同省份一样。在一个大国的不同省份中，缓解和预防饥荒的最有效的办法，就是国内贸易的自由；在一个大洲的不同国家中，进出口贸易的自由也会如此。大陆越大，通过陆路和水路与所有不同地区的交流就越容易，它的任何一个特定部分就越不会受到这些灾难的影响，任何一个国家的歉收都更有可能通过其他国家的富足而得到缓解。但很少有国家完全采用这种自由制度。谷物贸易的自由几乎在各国都受到或多或少的限制，而且许多国家还会受到一些荒唐规定的限制——这些规定常常使不可避免的不幸歉收变成可怕的饥荒灾难。这些国家对谷物的需求可能经常会突然变得如此之大、如此之急，以至它们附近的一个恰好在某种程度的紧缺中挣扎的国家，不敢冒险向它们供应，否则自己会面临同样可怕的灾难。因此，一个国家非常糟糕的政策可能会使在另一个国家制定的原本最佳的政策在某种程度上变得危险、不谨慎。然而，无限制的出口自由在大国的危险性要小得多，因为大国的产品总量更大，供应很少会受到可能出口的任何数量的谷物的影响。瑞士的一个州或意大利的一些城邦也许有时需要限制谷物的出口；而在法国或英国这样的大国这样做几乎是不可能的。此外，阻碍农民在任何时候都把他的货物送到最好的市场，显然是为了公共效用或是某种国家的理由而牺牲普遍的正义法律；这种立法权力只应在最紧急的情况下行使，也只有在最紧急的情况下才能被赦免。禁止出口谷物的价格（如果要被禁止的话）应该始终是一个非常高的价格。

有关谷物的法律在任何地方都可以与有关宗教的法律相比。人们对与他们的幸福有关的事情非常感兴趣，因此政府必须屈服于人民的偏见，建立他们认可的制度，维护公众的安宁。也许正是出于这个原因，我们很少见到在这两个基本目标中的任何一个方面建立起合理的制度。

第四，运输贸易商，或者进口外国谷物以便再次出口的人的行业，有助于国内市场的充足供应。他的贸易的直接目的确实不是在国内市场出售谷物。但是他一般愿意这样做，甚至以比他在外国市场上预期的价格低得多的价格出售；因为以这种方式，他可以节省装货和卸货、运费和保险的费用。通过运输贸易成为其他国家供应品的谷仓的国家，其居民自己很少会遭遇歉收的情况。尽管运输贸易可能因此有助于降低国内市场上谷物的平均货币价格，但它不会因此降低其实际价值，它只会在一定程度上提高白银的实际价值。

在英国，由于对进口外国谷物征收高额关税，且其中大部分没有退税，因此运输贸易在所有普通场合都是禁止的；而在特殊场合，当谷物歉收使得有必要通过临时法规中止这些关税时，出口总是被禁止的。因此，根据这一法律体系，运输贸易实际上在任何情况下都是被禁止的。

因此，与设立奖励金有关的法律体系似乎不配得到人们对它给予任何赞誉。英国的进步和繁荣经常被归功于这些法律，但这也很容易被其他原因所解释。英国的法律给予每个人安全感，即每个人都享有自己的劳动成果，仅此一点就足以使任何国家繁荣昌盛，尽管有着这样那样各种荒谬的商业规定；这种安全保障大约在设立奖励金的同时，通过革命得到完善。每个人都有一种自然的努力去改善他自己的状况，如果被允许在自由和安全的条件下发挥自己的作用，这种努力是如此强大，以至于在没有任何援助的情况下，它不仅能使社会走向富裕和繁荣，而且能够克服人类法律的愚蠢使其运作受到阻碍的一百种不恰当的障碍；尽管这些障碍的效果总是或多或少地侵犯了它的自由，或降低了其安全感。在英国，产业是完全安全的；尽管它远非完全自由，但它与欧洲任何其他地区相比至少同样自由或更自由。

虽然英国最繁荣和进步的时期是在与奖励金有关的法律制度颁布实施之后，但我们不能因此而把它归因于这些法律的颁布。这种繁荣同样也是在国债实施之后，但可以肯定的是，国债并不是造成这种情况的原因。

虽然与奖励金有关的法律制度与西班牙和葡萄牙的政策有着完全相同的倾向，即在一定程度上降低了采用这种制度的国家的贵金属的价值，但英国无疑是欧洲最富有的国家之一，而西班牙和葡萄牙也许属于最贫穷的国家。然而，这种情况的差异可以很容易地由两个不同的原因得到解释。首先，西班牙对金银出口征税，而葡萄牙禁止金银出口，加之两国极其严格地监督法律的执行，在这两个每年进口金银超过 600 万英镑的国家，这些金属的价值被直接、有力地降低了，其效果超过英国实施的谷物法；其次，这两国并没有利用人民的一般自由和安全抵消这种糟糕的政策带来的影响。两国的产业既不自由、也不安全，西班牙和葡萄牙两国的政府本身就足以使他们目前的贫困状况持续下去，即使他们的商业法规是明智的也无法改变，何况其中大部分都是荒谬的。

关于谷物，现任国王的十三年第四十三号法令似乎建立了一个新的制度，在许多方面优于古代制度，但在一两个方面也许并未改善。

根据这项法令，一旦中等小麦的价格上涨到每夸脱 48 先令，中等黑麦、豌豆或蚕豆的价格上升到 32 先令，大麦的价格上升到 24 先令，燕麦的价格上升到 16 先令，供国内消费的进口谷物就可以免于高额关税，而对每夸脱的小麦只征收 6 便士的小额税金，对其他谷物则按比例征收。就所有这些不同种类的谷物，特别是就小麦而言，国内市场以比以前低得多的价格向外国供应开放。

根据同一法令，一旦价格上升到每夸脱 44 先令，而不是之前的48先令，原有的出口小麦的5先令奖励金就会停止发放。出口大麦的2先令6便士，在价格上升到22先令（而不是24先令）时停止发放；出口燕麦的2先令6便士，在价格上升到14先令（而不是15先令）时停止发放。黑麦的奖励金从3先令6便士降至3先令，且只要价格上升到28先令，而不是之前的32先令，就停止发放奖励金。如果奖励金像我努力证明的那样不妥，那么它们越早停止发放，并且数目越低，就会越好。

同一法令允许以最低价格进口谷物，以便再次免税出口，只要在此期间将其存放在国王和进口商共同监管的仓库中。实际上，这种自由只适用于英国的25个不同港口。适用这种自由的都是主要的港口，而其他大部分港口可能没有合适的仓库用于这一目的。

就以上这些而言，这项法令显然是对古代制度的一种改良。

但根据同一法令，只要价格不超过14先令，就对燕麦的出口给予每夸脱2先令的奖励金。以前从来没有对这种谷物的出口给予奖励金，也没有对豌豆或蚕豆的出口给予奖励金。

根据同一法律，一旦小麦的价格上升到每夸脱44先令，出口就被禁止；黑麦的价格上升到28先令，出口就被禁止；大麦的价格上升到22先令，出口就被禁止；而燕麦的价格上升到14先令，出口就被禁止。这几个价格似乎都过低；此外，按照这些确切的价格完全禁止出口似乎也不妥当，因为在这些价格上，为了促进出口而给予的奖励金已经停止发放了。停止发放奖励金的价格应该更低，或者允许以更高的价格出口。

就以上这些而言，这项法令似乎比古代的制度要差。然而，尽管它有种种不完善之处，我们也许可以像对待索伦（Solon）法律那样来评价它，即尽管它本身不是最好的，但它是这个时代的利益、偏见和精神所允许的情况下最好的。它也许会为在适当的时候出现的更好的法律铺平道路。

本章附录

下面这两份报告是为了说明和证实第四卷第五章中关于鲱鱼渔业的吨位奖励金的具体内容。我相信，读者可以信任这两份报告的准确性。

苏格兰 11 年来所运用的桶数账目，包括运出的空桶数量和捕获的鲱鱼桶数；还有每桶海条的中等数量的奖励金，以及每桶完全包装后的奖励金。

年 次	大渔船数	运出的空桶数	所捕得的曹白鱼桶数	对各大渔船所付出的奖励金		
				镑	先令	便士
1771	29	5 948	2 832	2 085	0	0
1772	168	41 316	22 237	11 055	7	6
1773	190	42 333	42 055	12 510	8	6
1774	248	59 303	56 365	16 952	2	6
1775	275	69 144	52 879	19 315	15	0
1776	294	76 329	51 863	21 290	7	6
1777	240	62 679	43 313	17 592	2	6
1778	220	56 390	40 958	16 316	2	6
1779	206	55 194	29 367	15 287	0	0
1780	181	48 315	19 885	13 445	12	6
1781	135	33 992	16 593	9 613	12	6
总计	2 186	550 943	378 347	155 463	11	0

尽管对出口鲱鱼征收关税的减少，似乎不能被恰当地视为奖励金，但是对进入国内消费的鲱鱼征收的关税的减少则可以。

从 1771 年 4 月 5 日到 1782 年 4 月 5 日，进口到苏格兰的外国盐总量，以及苏格兰渔业提供的苏格兰盐免税量。

期　间	输入的外国盐	制盐厂交给渔业的苏格兰盐
自1771年4月5日 至1782年4月5日	936 974蒲式耳	168 226蒲式耳
每年平均	85 179 $\frac{5}{11}$蒲式耳	15 293 $\frac{3}{11}$蒲式耳

需要注意的是，每蒲式耳的外国盐重84磅，英国盐仅重56磅。

第六章

论商业条约

如果一个国家通过条约约束自己，允许进口某些来自某个外国的货物，却禁止所有其他国家的货物进入，或者免除来自某个国家的货物的关税，却对所有其他国家的货物征收关税，那么这个在商业上得到了如此优惠的国家，或者至少这个国家的商人和制造业者，必然会从条约中获得巨大的好处。这些商人和制造业者在对他们如此宽容的国家享有某种垄断权。这个国家成为他们的货物的更广阔、更有利的市场：更广阔，是因为其他国家的货物或被排除在外，或被征收更多的关税，而市场可以容纳更多他们的货物；更有利，是因为受优惠国家的商人享有某种垄断地位，往往会以比在其他国家的自由竞争中更好的价格出售他们的货物。

然而，这种条约虽然可能对受惠国的商人和制造业者有利，但对受惠国的商人和制造业者必然是不利的。这样就赋予了某个外国对本国不利的垄断权；而且他们必须经常以比允许其他国家自由竞争时更高的价格购买自己需要的外国货物。这样一个国家用以购买外国货物的那一部分自己的产品，必须因此而卖得更便宜，因为当两种东西相互交换时，一种东西价格更低，必然是另一种东西昂贵的结果，或者和它是同一回事。因此，其年度产出的可交换价值可能会因每项此类条约而减少。然而，这种减少几乎不可能构成任何绝对损失，而只是减少了它本来可能取得的收益。尽管国家出售货物时比其他方面可能卖得更便宜，但不会以低于成本的价格出售这些货物；也不会像某些货物那样，不发给奖励金，其出售的价格就无法补偿将货物运到市场的资本以及资本的普通利润。否则，贸易就无法长期进行下去。因此，即使是施惠国，也可能从贸易中得到好处，尽管其好处不如自由竞争时。

然而，按照与此大不相同的原则，一些商业条约被认为是有利的；一个商业国家有时对某个外国的某些商品给予这种垄断权，因为它期望在两国之间的整个商业中，该商品每年的销售量将超过它的购买量，因此每年金银的差额都对本国有利。正是基于这一原则，由梅休因（Methune）先生于1703年缔结的英国和葡萄牙之间的商业条约受到了极大的赞扬。以下是该条约的字面翻译，该条约仅包括三个条款：

第一条

葡萄牙国王以他自己和继承人的名义承诺，在法律禁止之前，永远允许英国呢绒和其他毛织品像往常一样进入葡萄牙；但是，需以如下所述作为条件。

第二条

尊敬的大不列颠国王将以他自己和他的继承人的名义承诺，从今以后有义务允许葡萄牙的葡萄酒进入英国。因此，在任何时候，无论英国、法国之间是和平还是战争，都不得以关税的名义或任何其他名称，直接或间接地对这些葡萄酒主张比同样数量或尺寸的法国葡萄酒更高的关税，无论它们是以豪格海桶或其他木桶进口到英国，都需扣除或减免1/3的关税或税收。如果将来在任何时候，按上述规定进行的关税扣除或减免，以任何方式被破坏或损害，尊敬的葡萄牙国王可以公正、合法地再次禁止呢绒和英国其他毛织品的进口。

第三条

两国任命的全权大使阁下承诺负责请求各自的国王批准本条约；获批条约应在两个月内交换。

根据该条约，葡萄牙王室有义务按照与禁止英国毛料进口之前相同的条件允许英国毛织物进口；也就是说，不得将关税提高到高于之前的水平。但它没有义务让英国毛织物获得与法国或荷兰相比更为优惠的进口条件。相反，英国王室有义务在只征收相当于法国葡萄酒的三分之二的关税的情况下允许葡萄牙的葡萄酒进口，而后者是有可能与前者竞争的。因此，到目前为止，这个条约显然对葡萄牙有利，而对英国不利。

然而，它被誉为英国商业政策的一个杰作。葡萄牙每年从巴西获得的黄金数量超过了其国内商业无论是铸币还是器皿的形式所能使用的黄金总量。剩余的黄金大有价值，锁在国库里闲置不用是一种极大的浪费，而且由于在国内找不到有利的市场；所以，尽管有各种禁令禁止出口，黄金也必须送到国外以交换对国内市场更有利的东西。每年都有很大一部分黄金被运到英国，以交换英国的货物，或者间接从英国交换其他欧洲国家的货物。巴雷蒂（Baretti）先生被告知，从里斯本出发的邮船每周为英国送来价值超过 5 万英镑的黄金。这个数字可能被夸大了，若真如此，该数字可能高达每年 260 万英镑以上，高出人们认为巴西人每年能够提供的总额。

几年前，我们的商人与葡萄牙王室几乎完全闹僵。有些不是通过条约，而是通过葡萄牙王室的恩典授予他们的特权要么被侵犯，要么被取消了，这些特权很可能是请求得来的，以换取英国王室更大的恩惠、防御和保护。因此，通常最为支持葡萄牙贸易的人，当时反而转向认为它没有通常想象的那么有利。他们认为，每年进口的黄金中，有很大一部分，近乎全部，不是为了英国，而是为了其他欧洲国家的利益；葡萄牙每年出口到英国的水果和葡萄酒，几乎足以补偿英国送往那里的货物的价值。

然而，让我们假设，全部黄金都是为了英国的利益，而且其数额比巴雷蒂先生所想象的还要大；从这个角度看，这种贸易也不会比任何其他贸易更有利，因为在这种贸易中，我们出口相同价值的货物，会得到同等价值的消费品作为回报。

可以推测，在这种进口中，只有很小一部分被用作增加国内的器皿或铸币的年度补充。其余必须全部被送往国外，交换某种类型的消费品。但是，如果用英国工业的产品直接购买这些消费品，相比首先用这些产品购买葡萄牙的黄金，然后再用这些黄金购买这些消费品，对英国更有利。直接的对外消费贸易总是比迂回的贸易更有利；把同样价值的外国货物带到国内市场，在前一种方式下需要的资本比在后一种方式下要少很多。因此，如果英国工业的较小份额被用于生产适合葡萄牙市场的货物，而更多份额被用于生产适合可以买到满足英国需求的消费品的其他市场的货物，对英国来说更为有利。这样，英国获得所需的黄金和消费品所消耗的资本就会比现在少得多。由此，剩余的资本可以被用于其他目的，以刺激更多的工业，并提高年产量。

就算英国完全不与葡萄牙进行贸易，英国在采购器皿、铸币或对外贸易使用的黄金时也几乎没有什么困难。像其他所有商品一样，凡是能对黄金支付价值的人，总是在某些地方获得所需要的黄金。此外，葡萄牙每年剩余的黄金仍然会被送往国外，即使没有输往英国，但也会输往其他国家，而这些国家会很乐意以相当的价格再次出售这些黄金，就像英国目前的做法一样。事实上，在购买葡萄牙的黄金时，我们按第一手价格购买；而在购买除西班牙以外的任何其他国家的黄金时，我们按第二手价格购买，而且可能价格更高。但这种价差过于微小，不值得公众关注。

据说，我国几乎所有的黄金都来自葡萄牙。我国与其他国家的贸易差额要么对我国不利，要么对我国不大有利。但我们应该记住，我国从一个国家进口的黄金越多，我国从所有其他国家进口的黄金就越少。对黄金的有效需求，就像对其他所有商品的需求一样，每个国家的数量都是有着一定限制的。如果这个数量的 9/10 来自某一个国家，那么剩下的 1/10 只能来自所有其他国家。每年从某些国家进口的黄金越多，超过了器皿和铸币所需的数量，更多的黄金就必然被出口到其他国家；现代政策中最微不足道的目标——贸易差额，在某些国家看来对我国越有利，在其他许多国家看来就必然对我国越不利。

然而，正是基于英国没有葡萄牙贸易就无法生存这种愚蠢的观念，法国和西班牙两国在最近一次战争的后期、战争即将结束时，没有以受到冒犯或挑衅为借口，就直接要求葡萄牙国王将所有英国船只驱逐在其港口之外，而且为了排除英国的威胁，将法国或西班牙的驻军接进港口。如果葡萄牙国王屈服于他的连襟西班牙国王向他提出的那些可耻的条件，英国就会摆脱比失去葡萄牙贸易更大的不便，摆脱支持一个非常软弱的盟友的负担。这一盟友对本国国防毫无准备，即便英国将全部力量都用于这一目的，也不太可能帮助其赢得下一场战役。诚然，葡萄牙贸易的损失会给当时从事这一贸易的商人带来相当大的困难，他们可能在一两年内都找不到其他同样有利的方法运用他们的资本，这就是英国可能从这一著名商业政策中遭受的所有不便。

每年进口的大量黄金和白银既不是为了制造器皿，也不是为了铸造货币，而是为了对外贸易。这两种金属可以比几乎任何其他商品更有利于进行迂回的对外消费贸易。作为通用的商业工具，金银比任何其他商品更易于交换所有商品；而且由于金银体积小、价值高，商人们将它们从某地运往另一地的费用几乎低于任何其他种类的商品，金银因被这样运输而损失的价值也更少。因此，在某个外国购买的所有商品中，不为其他目的，而只是为了在另一个国家出售或交换一些其他商品，任何商品都不会像金银这样方便。葡萄牙贸易的主要优势在于为英国开展的各种迂回的外国消费贸易提供便利。虽然这并不是极大的优势，但无疑是一个相当大的优势。

可以合理地认为，无论是用于器皿还是铸币，英国只需要每年进口很少的金银就可以补充每年增加的任何数量。这一点似乎很明显：虽然我国与葡萄牙没有直接贸易，但这一小部分金银总是可以在某处或另一处很容易地寻到。

虽然英国的金匠行业贸易规模非常可观，但他们每年出售的新器皿中，有很大一部分是由其他旧器皿熔化而成的；因此，每年我国所需补充的金银无须很多，需要的进口量也非常小。

铸币的情况也是如此。我相信，没有人会想到，在最近一次重新铸币之前的十年里，每年铸造的总币值达到每年 80 多万英镑的金币，其中大部分是对国内当前流通货币的补充。在铸币费用由政府支付的国家，铸币的价值，即使它包含全部标准质量的黄金和白银，也不可能比同等数量的未铸造金属的价值高出很多：因为任何数量的金银，只要送到铸币厂，等上几个星期，就可以得到此种金属铸成的等量货币。但是，在每个国家，大部分流通铸币几乎总是或多或少地出现磨损或不足标准的现象。英国最近一次改铸币之前的情况就是如此：黄金比其标准质量低 2% 以上，白银比其标准质量低 8% 以上。但是，如果 44.5 畿尼的完全足额的金币可以购得一磅未铸造黄金；那么 44.5 畿尼的不足额金币则不能购得同等质量的黄金，因此铸币者必须向其中添加黄金以弥补其不足之处。因此，目前市场上的金条价格与铸币价格不同：造币厂金价为46镑14先令6便士，而市价约为47镑14先令，有时约为48镑。然而，当大部分铸币处于这种不足额状态时，刚从铸币厂出来的44.5畿尼在市场上能够购买的货物并不比其他普通畿尼多，因为当它们进入商人的库房之后，由于与其他货币混在一起，它被单独挑出所需花费的成本远远高于这样做的收益。新铸的先令的价值与其他畿尼一样，不超过46镑14先令6便士。然而，如果把它们扔进熔炉，它们就会产出一磅的标准黄金，在任何时候都能以从47镑14先令到48镑之间的金银货币的价格被出售，而不会带来任何明显的损失，像都被熔化的铸币一样，可以用于各种用途。因此，熔化新的铸币显然是有着明显利润的，而且熔化过程非常迅速，政府的任何预防措施都无法阻止。因此，铸币厂的运作有点像珀涅罗珀的网（the web of Penelope）；其白天完成的工作在晚上就会被撤销。铸币厂的作用，与其说是每天对当前铸币进行补充，不如说是补充每天熔化的部分铸币。

如果个人将他们的金银带到铸币厂，自己支付铸币费用，这将使这些金属的价值增加，就像加工会增加器皿的价值一样。铸成货币的金银将比未铸的金银更有价值。铸币税如果不是很高，就会使金银的价值增加铸币税的全部价值；因为政府在任何地方都有铸造铸币的专属特权，没有任何铸币能以比政府认为合适的价格更低的价格进入市场。如果铸币税确实过高，也就是说，如果它远远高于铸币所需的劳动和费用的实际价值，那么国内外的假币制造者就会因为金银的价值和铸币的价值之间存在的巨大差异而受到鼓舞，从而导致大量假币涌入市场，降低政府货币的价值。然而，虽然法国的铸币税税率为8%，但这种明显的不便之处并未被发现。如果假币制造者住在他伪造铸币的国家里，则会到处面临危险，如果他住在外国，他的代理人或通信人也会面临危险。为了区区6%或7%的利润而冒如此大的风险实在不值。

法国铸币税提高了铸币的价值，使之超出所含纯金数量的比例。因此，根据1726年1月的法令，24克拉的纯金的铸币厂价格被固定为740利弗尔9苏和1又1/11德尼耶，相当于巴黎8盎司1马克[①]。法国的金币，考虑到铸币厂的补差措施，包括20 $\frac{3}{4}$ 克拉纯金和2 $\frac{1}{4}$ 克拉合金。因此，标准金币1马克的价值不超过671利弗尔10德尼耶。但在法国，1标准金马克被铸成30个金路易，每个价值24利弗尔，总计720利弗尔。因此，该铸币使1马克标准金条的价值增加了671利弗尔10德尼耶和720利弗尔之间的差额，或者说，增加了48利弗尔19苏2德尼耶。

铸币税会减少熔化新铸币带来的利润，而在许多场合下会完全消除这一利润。这种利润总是来自普通货币应该包含的金银数量和它实际包含的金银数量之间的差额。如果差额小于铸币税，亏损而非盈利就会出现；如果等于铸币税，则收支平衡，任何损失或收益都不会有；如果大于铸币税，一些收益确实会存在，但该收益少于没有铸币税时的利润。例如，如果在最近的重新铸造铸币之前，铸币税为5%，那么熔化金币时就会有3%的损失；如果铸币税为2%，损失或收益就不会有。如果铸币税是1%，收益则会产生，但利润率仅为1%，而非2%。因此，在凡是按面值而不是按质量收款之处，铸币税是防止熔化铸币的最有效办法，而且出于同样的原因，铸币税也是防止铸币出口的最有效办法。一般熔化或出口的都是质量最优、质量最足的铸币，因为正是这些铸币的利润最高。

---

① 见《货币词典》（*Dictionaire des Monnoies*），铸币税（Seigneurage）词条。

以免税鼓励铸币的法律最初是在查理二世统治时期颁布的，但时效有限；后来通过不断续期，一直延续到1769年，才变成了永久性法律。英格兰银行为了给他们的国库补充资金，经常不得不把金条运到铸币厂；他们可能认为由政府负担铸币费用比自己出资更符合他们的利益。可能出于满足这家大公司的要求，政府同意将这一法律永久化。然而，如果称量黄金的习俗被废弃——很可能因不便而被废弃；如果英国的金币被人以枚数方式接受，就像在最近一次重新铸造铸币之前那样，这家大公司也许会发现，他们在这个问题上，就像在其他一些场合一样，错误地估计了自己的利益。

最近一次重新铸造之前，英国流通的金币比其标准质量低2%，由于没有铸币税，其价值也应该比其标准金价值低2%。因此，当这家大公司购买金条以备铸币时，他们不得不为其支付比铸币后的价值高出2%的费用。但是，如果铸币时有2%的铸币税，那么普通金币即便比其标准质量低2%，其价值仍与它应该包含的标准黄金数量相等；在这种情况下，铸币税的价值可以补偿质量的损失。他们确实需要支付铸币税，而如果铸币税是2%，他们在整个交易中的损失也将是完全相同的2%，不会更多。

如果铸币税是5%，而流通金币只比其标准质量低2%，那么，在这种情况下，银行将获得标准金价格3%的收益；但由于他们将在铸币上支付5%的铸币税，他们在整个交易中的损失，按照相同的方式，正好是2%。

如果铸币税只有1%，而流通金币比其标准质量低2%，那么，在这种情况下，银行在标准金价格上只损失1%；但由于他们同样要支付1%的铸币税，他们在整个交易中的损失正好也是2%。

如果铸币税税率合理，同时，正如上次重新铸造铸币之后，铸币包含其全部标准质量，那么无论银行因铸币税而遭受何种损失，都会因金银的价格而获益；无论他们因金银的价格而获得何种收益，都会因铸币税而损失。因此，在整个交易中，他们既没有损失也没有收益，而且，这种情况就像上述所有情况一样，银行的损益与没有铸币税时完全相同。

当某种商品的税率很低，以至走私不会得到鼓励时，经营这种商品的商人虽然垫付了税金，但是，由于可以在商品的价格中得到补偿，他们并不是真正的税金来源，因为税金最终由最后的购买者或消费者支付。但对于货币这种商品，每个人都是商人。购入这种商品的目的只是再次将其卖出；而且一般情况下不存在最后的购买者或消费者。因此，当对铸币征收的税非常适度，以至假币不会得到鼓励时，尽管每个人都预付了税金，但没有人最终支付；因为每个人都在铸币的预付价值中得到了回报。

因此，在任何情况下，适度的铸币税都不会增加银行的开支，也不会增加任何其他将金银运到铸币厂以进行铸造的私人的开支，而且在任何情况下，没有适度的铸币税开支也不会减少。无论是否有铸币税，如果流通货币包含其全部的标准质量，那么铸币对任何人来说都是没有成本的；如果货币的质量不足，那么铸币的成本总是标准重量与实际质量之间的差额。

因此，政府在支付铸币费用时，不仅产生了一些小额开支，而且损失了可以通过适当的税收获得的小额收入；银行和任何其他个人都没有从这种无益的慷慨中得到丝毫的好处。

然而，银行董事们可能也不会支持铸币税的征收，因为铸币税的征收虽然不会给他们带来任何收益，却不会给他们带来任何损失。根据现有的流通金币，只要人们继续按照质量收取或支付金币，那么他们肯定不会因这种变化而得到任何好处。但是，如果按质量称量金币的习惯一旦被废除，而且这种情况很可能发生，而金币的质量又低到上次重新铸造铸币之前的水平，那么，征收铸币税可能会为银行带来很大的利益，或者说，为银行带来很大的节约。英格兰银行是唯一一家向铸币厂输送大量金银的公司，每年的铸币费的负担，也完全或几乎完全落在它身上。如果这种年度铸币只是修复不可避免的损失和必要的磨损外，那么很少能超过 5 万，或者最多只有 10 万英镑。但是，当钱币损耗到低于其标准质量时，每年的钱币必须填补由于不断熔化和出口导致的流通货币中不断出现的巨大差额。正是出于这个原因，最近一次重新铸造铸币之前的 10 或 12 年里，每年的平均铸币数量超过了 85 万英镑。但是，如果对金币征收 4% 或 5% 的铸币税，即使在当时的情况下，熔化或出口都可能被有效阻止。如果征收铸币税，银行就不会每年在铸币的 85 万镑中损失约 2.5%，或者损失超过 21 250 镑；实际损失可能只有这一数字的 1/10。

议会分配的用于支付铸币费用的收入每年只有 14 000 镑，而政府花费的实际费用或铸币厂官员的费用，一般情况下不会超过这一数额的一半。人们可能会认为节省这么小的一笔费用，甚至是为了获得另一笔不可能大得很多的收入，都是微不足道的事，不值得政府认真关注。但是，在一件事情上每年节省 18 000 或 20 000 英镑，更何况依照惯例，这种事情不仅以前经常发生，而且很可能每年都会出现，那么它就是一个值得认真思考的目标了，即使是对英格兰银行也是如此。

上述的一些思考，也许放在第一卷论货币的起源和使用，以及商品的实际价格和名义价格之间的区别那几章里更合适。但是，由于鼓励铸币的法律起源于重商主义制度的庸俗的偏见，我认为把他们保留在这一章里更为合适。重商主义认为货币是构成一切国家财富的基础，那么，对货币生产的奖励是最为符合重商主义精神的。货币生产的奖励金，是重商主义所谓的富国妙计之一。

第七章

论殖民地

第一节　论建立新殖民地的动机

促使欧洲各殖民地首次在美洲和西印度群岛定居的动机，并不像古希腊、罗马建立殖民地的动机那么简单、明确。

古希腊的各个城邦中，每个城邦的领土都十分有限，当其中任何一个城邦的人民增加到超过该领土所能供养的程度时，他们中的一部分人就会被派往世界上某个遥远的地方寻找新的居住地；四面八方的好战邻居使得任何一个城邦都难以在国内扩大其领土。多里安人（Dorian）的殖民地主要在意大利和西西里，这些地区在罗马建立之前居住着未开化的民族；希腊另外两个规模最大的部落，伊奥尼亚人（Ionian）和伊奥利亚人（Aeolian）的殖民地位于小亚细亚和爱琴海的岛屿，这些地方的居民当时似乎与西西里和意大利的居民处于相同的状态。殖民地自定法律、自选官员，不需要等待宗主的批准或同意。建立这种殖民的动机是再清楚、再明白不过的了。

罗马和其他大多数古代共和国一样，最初建立在某种“土地法”之上，该法将公共领地按一定比例分配给国家之中的不同公民。但是，公民的婚姻、继承和转让等人类事务的发展，必然会破坏这种最初的划分，经常使分配给许多不同家庭的土地落入一个人的手中。为了纠正这种混乱——因为人们认为这是一种混乱，所以罗马制定了一项法律，规定任何公民可以拥有的土地数量不得超过500朱格拉（Jugera），约为350英亩。然而，尽管根据文献记载，这项法律曾经在一两个场合下得到过执行，但是这项法律不是被忽视、就是被逃避，而财富的不平等也不断加剧。大部分公民都没有土地，根据那个时代的礼仪和习俗，没有土地就会使自由人难以维持其独立性。在今天，没有自己土地的穷人，如果有一点资本，就可以在别人的土地上耕种，或者经营一些小型零售行当；如果没有资本，他还可以从事乡村工人或工匠的工作。但是，在古罗马，富人的土地都是由奴隶耕种的，奴隶们在一位同样身为奴隶的监工手下干活；因此，一位贫穷的自由人几乎没有机会被雇佣为农民或工人。所有的贸易和制造业，甚至是零售业，都是由富人的奴隶为了他们主人的利益而运转的，他们的财富、权力和防卫使贫穷的自由人难以维持与他们的竞争。因此，失去土地的公民，除了在年度选举中得到候选人的赠金之外，几乎没有任何其他生存手段。当护民官想激发人民反对富人和豪强时，人们对古代土地分配的记忆就被唤起，把限制这种私有财产的法律作为共和国的基本法律。人们开始呼吁得到土地，而我们完全可以相信，富人和豪强决定完全不给穷人任何土地。为了在某种程度上满足人们对土地的愿望，他们经常提议建立新的殖民地。但是，即使在这种情况下，作为征服者的罗马也没有必要把英国的公民送到世界各地谋求生路，如果可以这么说的话，他们必须先知道自己会在哪里定居。罗马一般把土地分配给被征服的意大利各地。由于处于共和国的统治范围内，各地区充其量只是一个团体，虽然它有权为自己的政府制定规则，但在任何时候都要服从宗主城的统治，遵守宗主城的法律。建立这样的殖民地不仅使人民感到满意，而且由于新征服的领地的服从性可能是值得怀疑的，殖民地常常可以以此为由建设驻军。因此，无论我们思考建立殖民地本身的性质还是建立它的动机，罗马的殖民地都与希腊完全不同。因此，在原文中表达这些不同建制的词语，具有非常不同的含义。拉丁语的 colonia 一词表示殖民；而希腊语的 αποιχια 则相反，表示背井离乡、离开原有的居住地。尽管罗马殖民地在许多方面与希腊殖民地不同，但促使建立这些殖民地的利益也同样十分明显、独特。两种制度的起源均来自不可抗拒的必要性，或来自清晰明显的效用。

欧洲人在美洲和西印度群岛建立殖民地并非出于必要：尽管它们所产生的效用非常大，但其效用也不是非常清晰和明显。在最初建立时，其效用并不为人所知，既非建立殖民地，又非发现殖民地的动机，直到今日这种效用的性质、程度和限度也许还不大为人所知。

在 14 世纪和 15 世纪，威尼斯人进行了非常有利的贸易，向欧洲各国贩运香料和其他东印度货物。他们主要在埃及购买这些商品，当时埃及在马穆鲁克（Mameluke）[①] 人的统治之下，他们是土耳其人的敌人，而威尼斯人也是土耳其人的敌人。这种一致的利益，加之威尼斯的金钱援助，使得他们联合起来，帮助威尼斯人几乎垄断了这种贸易。

威尼斯人获得的巨大利润引诱出葡萄牙人的贪欲。在 15 世纪中，他们一直努力寻找一条海上通道，该道路通往摩尔人穿过沙漠为他们带来的象牙和金粉的产地。葡萄牙人发现了马德拉群岛（Madeiras）、加那利群岛（Canaries）、亚速尔群岛（Azores）、

① 马穆鲁克，1250—1517 年间统治埃及的军事阶层，原为土耳其奴隶。——译者注

佛得角群岛（Cape de Verde Islands）、几内亚（Guinea）、卢安果（Loango）、刚果（Congo）、安哥拉（Angola）和本格拉（Benguela）的海岸，以及最后的好望角。他们一直以来都希望能够从威尼斯人的利润丰厚的贸易中分一杯羹，而这最后的发现开启了通向美洲大陆的道路。1497 年，达·伽马带领一支由四艘船组成的船队从里斯本港出发，经过 11 个月的航行，抵达印度海岸，完成了近一个世纪以来一直在不断开拓、几乎没有中断的发现之旅。

若干年之前，欧洲人对葡萄牙人未必能够成功的计划充满期待，一位热那亚舵手提出了一个更大胆的计划，即向西方航行至东印度。当时的欧洲对这些地方了解得并不全面。少数真正去过的欧洲旅行者们或许由于单纯和无知，或许是出于夸耀自己能够前往距离欧洲如此遥远的地方展开冒险的独特魅力，夸大了距离，在那些难以计量距离的人们看来，这个距离几乎是无穷远的。哥伦布非常公正地得出结论，从东方走的路越长，从西方走的路就会越短。因此，他建议走向西的海路，认为这条路路程最短、最为可靠，而且他很幸运地说服了卡斯蒂利亚王国的伊莎贝拉女王（Isabella of Castile）相信他的计划可行。他于 1492 年 8 月从帕洛斯港（Palos）起航，比达·伽马的探险队从葡萄牙出发早了近五年，经过两到三个月的航行，他首先发现了一些巴哈马（Bahamas）或卢卡亚（Lucaya）的小岛，随后又发现了圣多明戈（St. Domingo）大岛。

遗憾的是，哥伦布在此次以及以后的任何一次航行中所发现的地方，与他所追求的目的地毫无相似之处。他在圣多明戈和曾经到访的所有其他地方找到的并不是中国和印度的财富、土地和人口，而是一个完全被树林覆盖的国家，在这里没有农业，只有居住着一些赤身裸体、可怜的未开化人的部落。然而，他不太愿意相信这些地方与马可·波罗描述的地方不同，马可·波罗是第一个访问过，或至少在身后留下过任何关于中国或东印度描述的欧洲人；而且哥伦布还发现了一些微小的相似之处，例如，他发现圣多明戈的一座名为西巴奥（Cibao）的山峰与马可·波罗提到的西潘各（Cipango）的名字略有相似，便执意认为他所找到的就是马可·波罗所述的地方，尽管所有证据都表明事实并非如此。在给费迪南德和伊莎贝拉的信中，哥伦布把他所发现的地方称为“印度”。他毫不怀疑，这些国家是马可·波罗所描述的那些地方的另一端，且与恒河相距不远。即使最后确信它们是不同的地方，哥伦布仍然自欺欺人地认为那些富饶的地方并不遥远，因此，在随后的航行中，他沿着美洲大陆的海岸和达里恩地峡（Isthmus of Darien）去寻找它们。

由于哥伦布犯下的这个错误，“印度群岛”这一名称自此一直伴随着这些不幸的地方；当人们最后弄清新发现的印度群岛与旧的印度群岛完全不同时，前者被称为西印度群岛，而后者则相反，被称为东印度群岛。

然而，对哥伦布来说，重要的是他所发现的地方。无论他新发现的地方到底是哪，向西班牙宫廷充分介绍其重要性都是应该的；而且，构成每个地方的真正财富是土壤上出产的动植物产品，但在当时没有什么东西能够证明这种说法的重要性。

圣多明戈岛上体形最大的四足兽名为科里（Cori），体形介于老鼠和兔子之间，布丰先生认为它和巴西的野生豚鼠（Aperea）相同。这个物种的数量似乎从来都不多，据说西班牙人的狗和猫在很久以前就几乎使其以及一些更小的生物灭绝。然而，这些动物和一种相当大的蜥蜴，即鬣蜥，构成了这片土地所提供的动物性食物的主要部分。

尽管由于缺乏工业，居民的植物性食物，并不十分丰富，但也并非完全如此匮乏。植物性食物包括谷物、洋芋、土豆、香蕉等，这些植物当时在欧洲完全不为人知，而且从那时起就不被欧洲人所推崇，也不被认为能产生与从欧洲自古以来种植的普通谷物和豆类相同的营养。

事实上，棉花为制造业提供了非常重要的原料，而且在当时对欧洲人来说无疑是这些岛屿所有植物产品中最有价值的。但是，尽管在 15 世纪末，东印度的棉布和其他棉制品在欧洲各地备受推崇，但在欧洲的任何地方棉花从未被种植过。因此，这种产物在当时的欧洲人眼中也不可能有很大的影响。

哥伦布发现，美洲大陆的动植物似乎都乏善可陈，并没有什么可以证明其重要性，于是他把目光转向了它们的矿物；在这第三个王国丰富的产品中，他自以为已经找到了对其他两个地方物产不足的充分补偿。当地居民用小块金子装饰他们的衣服，而且他听说，他们经常在从山上流下的河水和溪流中发现这些小块金子，这足以让他相信这些山里有着极为丰富的金矿。因此，圣多明戈被描述为是盛产黄金的国家，因此（不仅根据现在的偏见，而且根据那个时代的偏见）是西班牙王室和王国取之不尽的真正财富来源。当哥伦布完成第一次航行后返回，被介绍给卡斯蒂利亚和阿拉贡（Arragon）的国王时，他所发现的各国的主要产品被庄严地抬到他面前。这些产品中唯一有价值的部分是一些细带、手镯和其他金饰，以及一些成捆的棉花。其余的只是一些令普通人惊讶或感到好奇的物品：包括一些尺寸特别大的芦苇、羽毛非常漂亮的鸟类，以及一些巨大的鳄鱼和海牛的毛皮；在这些东西前面的是六七个可怜的当地人，他们奇特的肤色和外表大大增加了展览的新奇感。

由于哥伦布的陈述，卡斯蒂利亚议会决定占领那些居民显然没有能力保护自己的国家。但是，希望在那里发现黄金宝藏是促使这项工作进行的唯一动机；为了使这一动机更有分量，哥伦布提议，在那里发现的所有金银的一半应属于王室。这一提议得到了议会的批准。

只要第一批冒险家输入欧洲的全部或大部分黄金是通过掠夺手无寸铁的当地人这种非常容易的方法获得的，那么即使缴纳这笔沉重的税金也并非十分困难。但是，在6到8年时间过去后，原住民被完全剥夺了他们所拥有的一切。在圣多明戈以及哥伦布发现的所有其他地方，为了有更多的黄金，有必要在矿井中挖掘，因此这种税收就不再可能被缴纳。据说，严格的征税首先导致了圣多明戈矿区的完全废弃，此后该矿再没被人开采过。因此，税率很快就降到了金矿总产量的1/3，然后是1/5，再后来是1/10，最后是1/20。白银的税率在很长一段时间内一直是总产量的1/5。只是在18世纪中，它才被减为1/10。但是，第一批冒险家似乎对白银没有多大兴趣，他们所关注的唯有黄金。

在哥伦布之后，西班牙人在美洲大陆的所有其他事业，似乎都是由同样的动机促成的。正是对黄金的渴求，使得奥伊达（Oieda）、尼库萨（Nicuessa）和瓦斯科·努涅斯·德·巴尔沃亚（Vasco Nugnes de Balboa）来到了达里恩地峡，科尔特斯（Cortez）来到了墨西哥，阿尔马格罗（Almagro）和皮萨罗（Pizzarro）来到了智利和秘鲁。当这些冒险家到达任何一个未知的海岸时，他们首先询问的总是那里是否有金子可寻；根据他们得到的有关这一问题的信息，他们决定要么退出，要么在那里安顿下来。

然而，在所有那些昂贵且不确定的项目中，或许没有什么比寻找新的银矿和金矿更容易使得从事这些项目的大部分人破产的了。这也许是世界上最不利的彩票，或者说是中奖者的收益与未中者的损失所占比例最小的彩票：因为尽管中奖票很少，输家很多，但一张彩票的普通价格就是一位非常富有的人的全部财产。采矿项目不是补偿其中所使用的资本，而是与资本的普通利润一起，通常同时吸收资本和利润。因此，在所有其他项目中，如果一位谨慎的立法者希望增加国家的资本，他最不会选择给予任何特别鼓励，或者将比自行流入的资本更大的份额转向这些项目。在现实中，几乎所有的人都对自己的好运抱有如此荒谬的信心，以至只要有最小的成功可能性，过大的资本会自行流入它们之中。

但是，尽管人们清醒的理智和经验对这种项目的判断结果总是极为不利的，但人类的贪欲通常却完全不同。疯狂追求点石成金术的贪欲和狂热，也同样诱发人们探索无限丰富的金银矿山。人们没有考虑到的是，不论在什么时代、什么地方，这些金属的价值都主要来源于它们的稀缺性，而稀缺性是由于自然界在各处埋藏的金属数量非常少，而且这些少量的金属都被坚硬且难以摧毁的物质所包围，因此，为了穿透外围并得到这些金属需要付出极大的劳动和成本。人们自欺欺人地认为，这些今属的矿脉可能与那些通常被发现的铅、铜、锡或铁的矿脉一样大、一样丰富。沃尔特·雷利爵士（Sir Walter Raleigh）关于黄金城市和埃尔多拉多（Eldorado）的梦想告诉我们，即使是智者也不总是能免于这种奇怪的妄想。在他去世一百多年后，古米拉（Gumila）仍然相信那个奇妙的国家真实存在。

在西班牙人最早发现的国家，值得开采的金矿或银矿还没有被发现。据说第一批冒险家在那里发现的这些金属的数量可能被极大地夸大了，而且在第一次发现后立即被开采的矿井的富足程度也被夸大了。然而，据说这些冒险家所发现的东西足以激起他们所有同胞的热情。每位航行到美洲的西班牙人都期望找到一个埃尔多拉多。英国在某种程度上实现了英国人的奢望，在发现和征服墨西哥和秘鲁的过程中（其中一个发生在哥伦布第一次航行后约 30 年，另一个发生在约 40 年），为他们提供了与他们所寻求的大量贵金属不太一样的东西。

因此，对东印度的商业计划促成了对西印度的首次发现。西班牙人在这些新发现的国家建立的所有殖民地都来源于一项征服计划。促使他们进行这种征服的动机是发现并建立金矿和银矿；而一连串人们无法预见的意外，使这个计划比经营者有任何合理的理由所期望的要成功得多。

试图在美洲建立定居点的所有其他欧洲国家的第一批冒险家都被类似的幻想所驱使；但他们并没有同样成功。银矿、金矿或钻石矿在巴西的首次发现，距离人们第一次定居巴西已经过去了一百多年。英国、法国、荷兰和丹麦的殖民地至今还没有发现任何银矿，至少还没有发现值得开采的银矿。然而，在北美的第一批英国定居者将在那里发现的所有黄金和白银的 1/5 提供给国王，作为授予他们专营权的动因。给沃尔特·雷利爵士、伦敦和普利茅斯公司、普利茅斯委员会等的特许状，都相应地规定了这 1/5 留给了国王。除了寻找金矿和银矿的期望外，这些第一批定居者还希望发现通往东印度的西北通道。到目前为止，他们在这两方面都没能取得成功。

第二节　新殖民地繁荣的原因

一个文明国家的殖民地，如果荒芜、人烟稀少，或是当地人容易对新的殖民者让步，其往往更较为速地走向繁荣。

殖民者随身带去的农业知识和其他有用技术的知识，比在未开化民族中许多世纪以来自行成长起来的知识更为优越。他们带去的，还有服从的习惯、对他们自己国家的正规政府、支持它的法律体系和正规的司法行政的一些概念；他们自然会在新的殖民地建立同样的制度或体系。但是，在建立了足以保护他们的法律和政府之后，未开化民族中法律和政府的自然进步仍然慢于技术的自然进步。每个殖民者得到的土地都多于他能耕种的土地。殖民者无须缴纳地租，也很少需要纳税。没有地主与他分享土地的产出，而君主的份额通常也是微不足道的。他有充足的动机生产尽可能多的产品，因此这些产品几乎完全属于他自己。但是他的土地通常是如此广阔，以至即使尽他自己和他所能雇佣的其他人的一切努力，也很少能使土地生产出它所能生产的1/10的产品。因此，他热衷于从各方面募集劳动力，并给予他们最丰厚的工资回报。但是，这些丰厚的工资，加上大量廉价的土地，很快就会使这些劳动者离开他，以便自己成为地主，以同样的自由度重新雇佣其他劳动者——而这些劳动者很快就会离开他们，原因与他们离开第一个主人一样。对劳动的丰厚报酬也鼓励婚姻。子女们在幼年时期吃得更好、得到更适当的照顾，当他们长大后，他们的劳动价值大大超过了他们的供养费用。当他们长大成人时，劳动的高价格和土地的低价格使他们能够像他们的长辈一样打造自己的事业。

在其他国家，租金和利润吞噬了工资，两个上层阶级压迫下层阶级。但在新的殖民地，这两个上层阶级的利益迫使他们以更慷慨和人道的方式对待下层阶级；至少下层阶级不处在被奴役的状态中。自然界最肥沃的荒地只需花一点钱就可以得到。身为经营者的业主期望从土地改良中获得的收入增长，构成了他的利润，而在这种情况下，利润通常是极大的。但是，如果不雇佣其他人的劳动来开垦和耕种土地，这种巨大的利润就不可能获得；而在新殖民地通常发生的土地面积大而耕种人数少的不相称现象，使业主难以获得这种劳动。因此，他对工资不太计较，而是愿意以任何价格雇佣劳动力。劳动力的高工资鼓励了人口增长。廉价和充足的良田鼓励了土地改良，这些都使业主能够支付高工资。这些工资几乎包含了土地的全部价格：虽然它们作为劳动工资价格很高，但作为非常有价值的东西的价格很低。鼓励人口增长和土地改良的事务，同时鼓励真正的财富和进步。

因此，许多古希腊殖民地走向富裕和强大的过程似乎非常迅速。在一两个世纪的时间里，其中一些殖民地似乎已经与它们的宗主国或宗主城相媲美，甚至超过了它们宗主国或宗主城的水平。西西里岛的锡拉库萨（Syracuse）和阿格里真托（Agrigentum）、意大利的他林敦（Tarentum）和洛克里（Locri）、小亚细亚的以弗所（Ephesus）和米利都（Miletus），从各方面来看都至少与古希腊的任何城市相当。虽然它们的建立时间较晚，但似乎与宗主国或宗主城在相同的时间所有的技艺、哲学、诗歌和雄辩都是被培养出来了取得的进展水平堪比宗主国或宗主城。值得注意的是，两个最古老的希腊哲学学派，即泰利斯（Thales）学派和毕达哥拉斯（Pythagoras）学派，不是在古希腊建立的，而是一个在亚细亚、另一个在意大利的殖民地建立的。所有这些殖民地都是在未开化民族居住的地方建立的。新的殖民者有大量的良田，而且由于完全独立于宗主国或宗主城，他们可以自由地以他们认为最适合自己利益的方式管理自己的事务。

罗马殖民地的历史绝非如此辉煌。其中一些殖民地，如佛罗伦萨，在许多年的时间里，在宗主城沦陷后，已经成长为相当大的国家。但其发展并不迅速。这些殖民地都是在被征服的领地建立的，而在大多数情况下，这些领地以前就已经有很多人居住了。分配给每个殖民者的土地很少能有较大面积的，而且由于殖民地并非是独立的，他们并不总是能够自由地以他们认为最适合自己利益的方式管理自己的事务。

欧洲在美洲和西印度群岛的肥沃土地上建立的殖民地与古希腊

的殖民地相似，甚至大大超过它们。在对宗主国的依赖方面，它们类似于古罗马的殖民地；但它们与欧洲的巨大距离或多或少地减轻了这种依赖的影响。它们的处境使它们较少受到宗主国的监视和支配。在以自己的方式追求利益时，由于欧洲对它们不了解或不理解，它们的行为在许多情况下被忽视。即使是西班牙政府，也曾多次因担心发生全面叛乱而不得不收回或修改为管理其殖民地而发布的命令。因此，所有的欧洲殖民地在财富、人口和土地改良方面都取得了极大的进展。

西班牙王室通过分享黄金和白银，在其殖民地建立之初就获得了一定的收入。这种收入的性质是激发人类对更大财富的最奢侈的期望。因此，西班牙的殖民地从建立之初就吸引了宗主国的极大关注，而其他欧洲国家的殖民地则在很大程度上被忽视了很长时间。也许，前者并没有因为这种关注而发展得更好；后者也没有因为这种忽视而变得更糟。就其在某种程度上拥有的土地面积而言，西班牙的殖民地被认为不如其他欧洲国家的殖民地人口更多、发展更繁荣。然而，即使是西班牙殖民地，在人口和土地改良方面的进步也是非常迅速和巨大的。按照乌诺阿的说法，自征服以来建立的利马市在近三十年前就已经达到了 5 万人口。基多（Quito）曾是一个由印第安人组成的可怜的小村庄，但同一作者认为，在他的时代，基多的人口与利马相当。杰梅利·卡雷里（Gemelli Carreri），据说是一位冒牌旅行家，但他的作品似乎到处都是根据极为可靠的信息撰写——他说墨西哥城有十万居民；尽管西班牙作家有着种种夸张的说法，但这一数字可能比蒙特祖马（Montezuma）时代的居民多出五倍以上。这些数字大大超过了英国的三大殖民地——波士顿、纽约和费城的人口数量。在被西班牙人征服之前，墨西哥和秘鲁都没有适合耕种的牲畜。骆驼是他们唯一的牲畜，其力量似乎比普通的驴子要差得多。他们没有耕犁，不知道如何使用铁。他们没有硬币，也没有任何一种既定的商业工具。他们的商业是通过以物易物进行的。他们主要的农业工具是一种木制的铲子。他们用锋利的石头作为切刀和斧头；用鱼骨和某些动物的硬筋作为缝制衣物的针；而这些似乎是他们的主要工业工具。在这种情况下，这两个国家中的任何一个似乎都不可能像现在这样有着如此大的改善或如此良好的耕作，因为他们现在已经有了各种丰富的欧洲牲畜，而且铁器、犁和许多欧洲技术的运用已被引入。但是，每个国家的人口数量必须与土地的改善和耕作程度成正比。这两个国家现在的人口表可能比以前更多：而且人种也肯定会出现了极大的改变。

除了西班牙人的殖民地之外，葡萄牙人在巴西的殖民地是欧洲国家在美洲建立的最古老的殖民地。但是，在第一次被发现后的很长一段时间里，巴西既没有发现金矿，也没有发现银矿，因此，它几乎没有给王室带来任何收入，在很长一段时间里被严重忽视；它在这种被忽视的状态下成长为一个而强大的殖民地。当葡萄牙处于西班牙的统治之下时，巴西遭到了荷兰人的攻击，他们占领了巴西所划分的 14 个省中的 7 个。当葡萄牙因布拉干萨家族（Braganza）登上王位而恢复独立时，他们期望很快就会征服其他七个领地。于是，同为西班牙的敌人，荷兰成为葡萄牙的盟友。因此，荷兰人同意把没有征服的那部分巴西留给葡萄牙国王，而葡萄牙国王也同意把荷兰人已经征服的那部分留给他们，因为不值得与这样的盟友争执。但荷兰政府很快就开始压迫葡萄牙移民。葡萄牙移民并不仅仅口头抱怨，而且拿起武器反对他们的新主人。凭借自己的勇气和决心，虽然没有得到宗主国任何公开的援助，但是在宗主国的默许下，他们将荷兰人赶出了巴西。因此，荷兰人发现不可能将这个国家的任何部分据为己有，就心甘情愿地将它完全归还给葡萄牙王室。据说在这个殖民地有 60 多万人，人种包括葡萄牙人或葡萄牙人的后代、克里奥尔人、黑白混血儿，还有葡萄牙人和巴西人的混血民族。据称，没有任何一个美洲殖民地包含如此多的欧洲血统。

在 15 世纪末和 16 世纪的大部分时间里，西班牙和葡萄牙是两大海军强国；因为尽管威尼斯的商业延伸到了欧洲各地，但其舰队几乎没有航行到地中海以外。西班牙人凭借发现美洲大陆，声称整个美洲都属于他们；尽管他们无法阻止葡萄牙这样一个伟大的海军强国殖民巴西，但在当时，这两个国家的名字是如此令人生畏，以至欧洲其他国家的大部分人都不敢在这个大洲的任何其他地方建立自己的殖民地。但是，“无敌舰队”在 16 世纪末失败之后，西班牙的海军力量开始衰败，再也没有能力阻挠其他欧洲国家的定居。因此，在 17 世纪，英国、法国、荷兰、丹麦和瑞典等一切拥有港口的大国，都试图在美洲大陆建立一些殖民地。

瑞典人在新泽西州建立了自己的势力，那里现在仍然可以发现不少瑞典家庭。这足以证明，如果这个殖民地得到了宗主国的保护，它是非常有可能繁荣的。但由于受到瑞典的忽视，这块殖民地很快就被纽约的荷兰殖民地所吞并，而纽约又在 1674 年落入英国人的统治之下。

圣托马斯（St. Thomas）和圣克鲁斯（Santa Cruz）这两个小岛是美洲大陆上唯一被丹麦人占有过的土地。这些小殖民地也处在一家专营公司的管理之下，只有该公司有权购买殖民者的剩余产品，又可以向他们提供所需的其他国家的商品。因此，在买卖方面，该公司不仅有权力压迫他们，而且有极大的动机这样做。对任何国家来说，一家由商人组成的专营公司的统治也许是最糟糕的。然而，它并不能完全阻止这些殖民地的发展，尽管它使其发展变得更加缓慢、无力。丹麦前国王解散了这家公司，从那时起，这些殖民地的繁荣程度就变得非常高了。

荷兰在西印度和东印度的殖民地，最初都是由一家专营公司管理的。因此，与在几乎所有长期有人居住的地区和建立的旧殖民地相比，其中一些殖民地的进步相当巨大；但与大部分新殖民地相比，它们的进步是无力、缓慢的。苏里南（Surinam）的殖民地虽然规模可观，但与欧洲其他国家的大部分糖业殖民地相比，仍然逊色不少。现在分为纽约和新泽西两个省的诺瓦·伯尔基亚（Nova Belgia）殖民地，即使仍在荷兰人的管理之下，不久也可能变得规模相当可观。丰富而廉价的良田是繁荣的重要原因，以至于最糟糕的政府也很难完全阻止其运作的效率。除此之外，与宗主国的遥远距离使殖民者能够或多或少地通过走私逃避公司对他们的垄断。目前，该公司允许所有荷兰船只到苏里南进行贸易，并允许该船只支付其货物价值的2.5%作为特许状的费用；该公司只为自己保留了从非洲到美洲的直接贸易，几乎全是奴隶贸易。对公司专属特权的这种放松，可能是该殖民地目前享有的繁荣程度的主要原因。库拉索（Curacao）和尤斯塔西亚（Eustatia）是属于荷兰人的两个主要岛屿，同时也是对所有国家船只开放的自由港口。主要因为有了这种自由，所以这两座岛虽然土地贫瘠，但是也可以获得相当程度的繁荣。

在17世纪的大部分时间以及18世纪的部分时间里，法国在加拿大的殖民地是由一家专营公司管理的。在如此不利的管理下，与其他新殖民地相比，它的发展必然非常缓慢；但当这家公司在所谓的密西西比计划失败后被解散时，它的发展就变得更加迅速。当英国人获得这个国家的所有权时，他们发现这里的居民人数几乎是20至30年前的两倍。

圣多明戈的法国殖民地是由海盗建立的，在很长一段时间内，他们既不需要法国的保护，也不承认法国的权威。后来，当这些强盗承认法国的统治，成为公民时，他们在很长一段时间内仍然受到非常温和的对待。在这一时期，这个殖民地的人口增加和土地改良的速度极快。即使在一段时间内，它和法国所有其他殖民地一样，都受到了专营公司的压迫。尽管专营公司无疑延缓了它的发展，但也没能完全阻止它的进步。一旦摆脱了这种压迫，它就恢复了繁荣的进程。它现在成为西印度群岛最重要的糖业殖民地，据说产量比所有英国糖业殖民地的产量加起来还要多。法国的其他糖业殖民地总体上都非常繁荣。

但要说增长最快的殖民地，没有哪个殖民地的进步可以与英国人的北美殖民地相比。

充足的良田和以自己的方式管理自己事务的自由，似乎是所有新殖民地繁荣的两个主要原因。

虽然英国的北美殖民地的土地资源无疑是非常丰富的，但总不如西班牙人和葡萄牙人的殖民地，也不比法国人在战争前拥有的一些殖民地优越。但英国殖民地的政治制度比其他三个国家的政治制度更有利于这片土地的改良和耕种。

第一，对未开垦土地的掠夺，虽然没有完全被阻止，但在英国殖民地比任何其他地方都更受限制。殖民地法律规定，每个业主都有义务在有限的时间内改良和耕种其一定比例的土地，如果失败，则法律宣布这些土地可授予任何其他人，尽管这项法律也许没有得到非常严格的执行，但还是起到了一些作用。

第二，宾夕法尼亚州没有长子继承权。土地和动产一样，由家庭中的所有子女平分。在新英格兰的三个领地中，和摩西律法一样，最年长的人只拥有双份。因此，尽管在这些领地，有时某个人占有的土地数量太多，但经过一两代人的时间，这些土地可能会被充分地重新分配。就像英国法律规定的那样，其他英国殖民地确实有长子继承权。但是，在所有英国殖民地，土地的使用权都是以自由租地权的方式持有的，这为转让提供了便利，而且任何大片土地的受让人一般都会发现，为了自己的利益，他需要尽快转让大部分土地，只保留一小部分免征地租。在西班牙和葡萄牙殖民地，凡是附有任何勋爵称号的大庄园或大田产，其继承都有所谓的长子继承权。这些财产都归一个人所有，而且实际上是限定继承、不可转让的。法国殖民地确实受制于巴黎的习俗，在土地继承方面，巴黎的习俗比英国的法律更有利于年轻的子女。但在法国殖民地，如果以骑士称号或领地称号保有的地产的任何部分被转让，那么在有限的时间内，该土地可以由领地继承人或家族继承人赎回；该国所有最大的地产都是由这种贵族保有权持有，必然难以转让。但在一个新的殖民地，一块巨大的未开垦的地产很可能因转让，比继承而更快地被分割。上文已经提到，优质土地的充足和廉价供应是新殖民地迅速繁荣的主要原因。侵占土地，实际上破坏了这种充足和廉价的供应。此外，对未开垦土地的侵占是改良土地的最大障碍。但是，用于改良和耕种土地的劳动力为社会提供了最大和最有价值的产品。在这种情况下，劳动产品不仅要补偿劳动者的工资和雇佣它的资本的利润，还要支付它所租用的土地的租金。英国殖民者的劳动更多地用于土地的改良和耕种，因此很可能比其他三个国家的劳动带来更多、更有价值的产出，后者由于土地的垄断，土地或多或少地被转移到其他用途上。

第三，英国殖民者的劳动不仅可能提供更多和更有价值的产品，而且由于他们的税收适度，这些产品的更大比例属于他们自己，他们可以储存和使用这些产品，以投入更多的劳动。殖民地政府的开支一直是非常适度的。一般来说，它只限于向州长、法官和其他一些警察官员支付必要的薪水，以及维持一些最有用的公共工程。在当前的动乱开始之前，马萨诸塞湾的民事机构的开支每年大约为 18 000 镑。新罕布什尔州和罗得岛州的开支，各为 3500 镑。康涅狄格州 4000 镑。纽约州和宾夕法尼亚州各 4500 镑。新泽西州 1200 镑。弗吉尼亚州和南卡罗来纳州各 8000 镑。新斯科舍和佐治亚州的民事机构部分由议会的年度拨款支持。但新斯科舍（Nova Scotia）每年还要支付约 7000 镑的殖民地的公共开支；佐治亚州每年约 2500 镑。简而言之，除马里兰州和北卡罗来纳州的机构外，北美所有不同的民事机构，在目前的动乱开始之前，居民每年花费的费用不超过 64 700 镑。用如此之小的费用就能把三百万人治理得很好。事实上，政府开支中最重要的部分，即防卫开支，一直落在宗主国的身上。殖民地政府在接待新总督和新议会开幕时的仪式也是如此，虽然足够体面，但没有任何昂贵的盛典或游行。相反，西班牙和葡萄牙的政权却从对其殖民地征收的税款中获得支持。事实上，法国从未从其殖民地获得过任何可观的收入，它向殖民地征收的税款一般都用回到殖民地身上。但是，这三个国家的殖民地政府的管理都是在一种花费很多费用的仪式上进行的。例如，接待秘鲁的新总督经常花费巨额资金。这种仪式不仅代表着富裕的殖民者在这些特定场合支付的实际税收，而且还使他们养成了在所有其他场合下的虚荣、奢侈的习惯。这种仪式导致的税收不仅是非常痛苦的临时性税种，而且它导致了更加痛苦的同类永久税种的建立：即令人奢侈和挥霍的破坏性税收。所有殖民地都有什一税，西班牙和葡萄牙的殖民地则征收最严苛的税金。

第四，在处理他们的剩余产品，或超出他们自己消费的产品方面，英国殖民地比任何其他欧洲国家的殖民地都更受照顾，被允许拥有一个更广泛的市场。每个欧洲国家都试图或多或少地垄断其殖民地的商业，因此而禁止外国的船只与他们进行贸易，禁止他们从任何外国进口欧洲商品。但是，这种垄断的实施方式在不同国家有非常大的不同。

有些国家将其殖民地的全部商业交给一家专营公司，殖民者必须向该公司购买他们所需要的所有欧洲商品，而他们必须将自己的全部剩余产品卖给该公司。因此，该公司的利益所在是，不仅要把前者卖得很贵，而且要尽可能便宜地购买后者，但即使是按照这种低价，购买的总量也不能超过他们在欧洲能以很高价格出售的商品的总量。他们的利益是，不仅在所有情况下降低殖民地剩余产品的价值，而且在许多情况下阻止和压制其数量的自然增长。在所有能够很好地阻止新殖民地自然增长的办法中，设立专营公司的做法无疑是最有效的。然而，尽管荷兰的公司在 18 世纪已经在许多方面放弃了行使其专属特权，荷兰一直保有这样的政策。丹麦直到先王统治时期都设有如下政策。法国偶尔也有这样的政策；最近，自 1755 年以来，在所有其他国家因这一政策的荒谬性而放弃它之后，葡萄牙又重新施行该政策，至少对巴西的两个主要领地，即费尔南布哥（Fernambuco）和马拉尼翁（Marannon）施行。

在没有建立专营公司的情况下，其他国家将其殖民地的全部商业活动限制在母国的某一特定港口，从那里出发的船只可以在特定的季节以船队形式出海，不可以单船出海；如果是单船出海，则要持有特定的许可证，在大多数情况下，许可证的费用非常昂贵。这一政策确实为母国的所有居民开放了殖民地的贸易，条件是在适当的港口、适当的季节和适当的船只上进行贸易。但是，由于将资本联合起来运作这些船只的商人，认为采取一致行动对自己更为有利，所以以这种方式进行的贸易，几乎与按照专营公司的原则进行的贸易完全相同。这些商人的利润几乎同样是过度高昂、极具压迫性的。殖民地将供应不足，而且不得不昂贵地买入、便宜地卖出。然而，直到最近几年，西班牙的政策一直如此，因此，据说所有欧洲商品的价格在西班牙西印度群岛都很高。乌罗亚告诉我们，在基多，一磅铁的售价约为 4 先令 6 便士，一磅钢约为 6 先令 9 便士。但是，殖民地出售自己的产品，主要是为了购买欧洲货物。因此，他们为一种商品支付的费用越多，从另一种商品中得到的东西就越少，因此，某种商品的昂贵与另一种商品的廉价是同一回事。在这方面，葡萄牙除费尔南布哥和马拉尼翁之外的所殖民地的政策与西班牙有殖民地的古老政策是一样的，而对这些殖民地，葡萄牙最近采取的政策更差。

其他国家让其所有臣民自由参与殖民地的贸易，他们可以从母国的所有不同港口运输商品，而且除了海关的普通证件之外，不被要求持有特许证。在这种情况下，不同商人的数量和分散情况使他们不可能进行任何普遍的联合，商人间的竞争足以阻碍他们获得高昂的利润。在如此宽松的政策下，殖民地既能出售自己的产品，又能以合理的价格购买欧洲的货物。但是，自从普利茅斯公司解散以来，当我们的殖民地还处于初级阶段时，这一直是英国的政策。一般来说，这也是法国的政策，而且自从通常被英国称为密西西比贸易企业的公司解散后，情况也一直如此。因此，法国和英国与他们的殖民地进行贸易的利润，虽然无疑比所有其他国家自由竞争的情况下要略高一些，但绝非过度；因此，在这两个国家的大部分殖民地，欧洲商品的价格并没有高得离谱。

在出口自己的剩余产品方面，英国殖民地也只是限制某些商品被出口到母国市场。这些商品在《航海法》(*The Navigation Acts*) 和其他一些后续法令中被列举出来，因此被称为“列举商品”。其余的被称为“非列举商品”，可以直接出口到其他国家，只要是用英国或殖民地船只，其船主和3/4的船员是英国国民即可。

在未列举的商品中，有一些是美洲和西印度群岛最重要的产品：各种谷物、木材、腌制食物、鱼类、糖类和朗姆酒等。

谷物自然是所有新殖民地最优先、最主要的种植目标。法律允许谷物有非常广泛的市场，鼓励殖民者扩大谷物种植，使其产量超过一个居民稀少的国家的消费量，从而为不断增加的人口预先准备充足的生活保障。

在一个被森林覆盖的国家，木材很少有什么价值，因此开垦土地的费用是改良的主要障碍。法律允许殖民地的木材有非常广泛的市场，通过提高本来没有什么价值的商品的价格，努力促进改善，从而使殖民地能够从本来只是一项成本的商品中获得一些利润。

在一个人口和耕地数量都不到殖民地面积一半的国家，牲畜的繁殖自然超过了居民的消费量，而且牲畜往往因此而没有什么价值。但是，事实已经表明，在任何国家的大部分土地能够得到改良之前，牲畜的价格须与谷物的价格保持一定的比例。法律允许美洲的牲畜，不管是死的还是活的，享有非常广泛的市场，努力提高这种商品的价值，而这种商品的高价对改良是非常重要的。然而，这种自由的良好效用必然被乔治三世四年第十五法令所削弱，该法令将兽皮和皮革列入列举商品中，从而降低了美洲牲畜的价值。

通过扩大殖民地的渔业来增加英国的航运和海军力量，是立法机构似乎一直在考虑的一个目标。因此，这些渔业得到了自由所能给予的所有鼓励，并相应地得到了发展。尤其是新英格兰的渔业，在最近的动乱之前，它也许是世界上最重要的渔业之一。在英国，尽管有丰厚的收入，但捕鲸业的效用很小，以至于在许多人看来（但我不敢保证），每年全部产物的价值并没有超过为其支付的奖励金，而在新英格兰，捕鲸业在很大程度上没有任何赏金。鱼是北美与西班牙、葡萄牙和地中海地区进行贸易的主要商品之一。

糖最初是一种列举商品，只能出口到英国。但在 1731 年，根据糖业种植者的意愿，糖被允许出口到世界所有地方。然而，给予这种自由时施加的限制，加上英国的高糖价，使这种自由在很大程度上失去了作用。英国及其殖民地仍然是英国种植园生产的所有糖的几乎唯一市场。英国及其殖民地对糖的消费增长如此之快，以至于尽管由于牙买加以及割让群岛的日益改良，糖的进口在这 20 年内有了很大的增长，但据说出口到外国的数量并不比以前多。

朗姆酒是美洲人运往非洲海岸进行的贸易中一种非常重要的物品，他们从那里带回了黑奴作为回报。

如果美洲的各种谷物、盐类和鱼类的全部剩余产品都被列入名单，从而被迫进入英国市场，那么它们就会对我们本国人民的工业产品造成太大的干扰。可能不是出于考虑到美洲的利益，而是因为嫉妒这种干扰，这些重要的商品不仅没有被列入名单，而且在通常的法律状态下，禁止向英国出口除大米以外的所有谷物和盐类产品。

未列举商品最初可以出口到世界各地。木材和大米曾经被列入名单，后来被从名单中删除，就欧洲市场而言，它们被限制在菲尼斯特雷角以南的国家。根据乔治三世六年第五十二号法令，所有未列入名单的商品都受到同样的限制。位于菲尼斯特雷角以南的欧洲地区不是制造业国家，我们不太担心殖民地的船只会从他们那里运回任何可能干扰我国自己的产品。

列举商品有两类：第一类是美洲特有的产品，或者是母国不能生产或至少不生产的商品。这类商品包括糖蜜、咖啡、可可果实、烟草、红甜椒、生姜、鲸鱼鳍、生丝、棉毛、海狸和其他美洲毛皮、靛蓝、烟碱和其他染色木材；第二类商品不是美洲特产，但在母国可以生产，尽管数量不足以满足其大部分需求，这些需求主要由外国供应。这类商品包括所有海军物资、桅杆、船坞和船首桅杆、焦油、沥青和松节油、生铁和条铁、铜矿石、生皮和皮革、锅和珍珠灰等。第一类商品的最大进口量并不能阻碍母国任何一部分产品的增长或干扰其销售。通过将这些商品限制在国内市场，我们的商人不仅能够在种植园里以更便宜的价格购买这些商品，从而在国内以更高的利润出售这些商品，而且能够在种植园和外国之间建立起有利的运输贸易，而英国作为这些商品首先被进口到的欧洲国家，必然是其中心或集散地。第二类商品的进口也可以被这样管理，据认为，它不会干扰国内生产的同类商品的销售，而是干扰从外国进口的商品的销售；因为通过适当的关税，它们总是比我国便宜一些，但又比外国便宜很多。因此，通过将这些商品限制在国内市场，不是在限制英国生产的产品，而是在限制一些被认为不利于英国的贸易平衡的外国的产品。

禁止从殖民地向除英国以外的任何其他国家出口桅杆、船坞和船首桅杆、焦油、沥青和松节油，自然会降低殖民地的木材价格，从而增加开垦土地的费用，这是改良土地的主要障碍。但在1703年，瑞典的沥青和焦油公司试图提高其商品在英国的价格，通过禁止其出口，除非用他们自己的船只、以自己的价格和他们认为合适的数量出口。为了抵制这一令人瞩目的商业政策，并使自己尽可能地独立，不仅不依赖瑞典，而且不依赖所有其他北方国家，英国对从美洲进口的海军物资给予了奖励金，这一奖励金的效果是美洲的木材价格被提高，使之大大超过限制进口到国内市场的价格；由于这两项规定是同时颁布的，它们的共同效果是鼓励而不是阻止了在美洲开垦土地的行为。

尽管生铁和条铁也被列入列举商品名单中，但由于从美洲进口时，它们被免除了从任何其他国家进口时都要缴纳的大量关税，该规定的一部分更有助于鼓励在美洲建立炼铁厂，而另一部分则不利。没有哪种制造业像炼铁厂一样消耗如此之多的木材，也没有哪种制造业能对清理一个长满木材的国家的土地做出如此大的贡献。

这些法规中的一些规定有提高美洲木材价值的趋势，从而促进土地开垦，也许立法者既非有意造成、也未理解背后的原因。然而，尽管它们的有益影响在这方面是偶然的，但并没有因此而降低它们的真实性。

在英国的美洲殖民地和西印度群岛之间，无论是列举商品还是未列举商品都有着最完美的贸易自由。这些殖民地现在人口众多、经济繁荣，每个殖民地的每一部分产品都能在其他殖民地找到一个规模宏大的市场。所有这些殖民地加在一起，为彼此的产品提供了一个巨大的内部市场。

然而，英国对其殖民地贸易的宽松态度，主要局限于为其产品提供市场，无论是其是天然产物，还是可以称作处于制造的初级阶段的产品。英国的商人和制造业者选择将殖民地的更先进或更精致的制造业的产品保留给自己，说服立法机构阻止该制造业在殖民地建立，有时通过高额关税、有时通过绝对禁止的方式实现。

例如，来自英国种植园的粗糖在进口时只支付 6 先令 4 便士；白糖的价格为 1 镑 1 先令 1 便士；精制糖，不论是双糖还是单糖，都是 4 镑 2 先令 5 $\frac{8}{20}$ 便士。在征收这些高额关税时，英国是殖民地糖类可以出口到的唯一的市场，而且时至今日仍然是主要市场。因此，这些关税相当于禁止为任何外国市场制糖或炼糖，而现在相当于禁止制糖或炼糖，供应可能占整个产量 9/10 以上销售量的市场。因此，尽管法国所有的糖业殖民地都在蓬勃发展，但除了为殖民地本身的市场外，英国的任何一个殖民地都没有脱色蔗糖或炼糖的生产。格林纳达（Grenada）还在法国人手中时，几乎每个种植园都有一座炼糖厂，至少是用脱色蔗糖。自格林纳达落入英国人之手后，几乎所有这类工厂都被关闭，目前（1773 年 10 月），我相信岛上剩下的炼糖工厂不过两三家。然而，目前，由于海关的宽容，脱色糖或精制糖，如果从饼状变成粉状，则通常可以作为粗糖进口。

虽然英国鼓励美洲的生铁和条铁的制造，对它们免征从任何其他国家进口的同类商品的关税，但绝对禁止在任何美洲种植园中建立炼钢厂和炼铁厂。英国不允许殖民者从事这些更精细的制造，即使是为了他们自己的消费用途；坚持要求他们从英国商人和制造业者那里购买他们有机会得到的所有这类商品。

英国禁止从一个省到另一个省通过水路出口，甚至禁止陆路的马驮或用马车运送出口帽子、羊毛和毛织品以及其他产品；这一规定有效地防止了建立任何此类商品的制造业供远距离销售。这样，殖民者以这种方式将工业限制在一个私人家庭通常为自己使用或为同一省的一些邻居使用的粗糙的、家庭的制造业中。

然而，禁止人民尽其所能地利用自己的每一部分产品，或禁止殖民者以他们认为对自己最有利的方式利用他们的资本和勤奋，是对人权的明显侵犯。然而，尽管这种禁令可能是不公正的，但迄今为止，它们对殖民地的伤害并不大。土地仍然很便宜，因此，他们的劳动力也很宝贵，殖民者可以从宗主国进口几乎所有更精致或更先进的产品，成本比他们自己制造的还要更低。因此，尽管他们没有被禁止建立这种制造业，但在目前的改良状态下，考虑到自己的利益，他们可能也会选择不去建立。在目前的改良状态下，这些禁令也许并没有限制殖民地的工业发展，也没有限制他们从事任何本来会主动去做的工作，而只是由于母国的商人和制造业者毫无理由的嫉妒而强加给他们的无礼的奴役标志。在一个更先进的国家，这种禁令可能构成真正的压迫，是令人无法忍受的。

英国也是如此，因为把殖民地的一些最重要的产品限制在自己的市场内，所以作为补偿，英国在这个市场上给其中一些产品以优惠，有时对从其他国家进口的同类产品征收更高的关税，有时对从殖民地进口的产品给予奖励金。前一种方式在国内市场上为自己的殖民地的糖、烟草和铁增加优势；后一种方式为殖民地的生丝、麻和亚麻、靛蓝、海军物资和建筑木材增加优势。据我所知，这种通过对进口提供优惠来鼓励殖民地产品的后一种方式是英国特有的。前一种则不然。葡萄牙并不满足于对从任何其他国家进口的烟草征收更高的关税，而是以最严厉的惩罚来禁止进口。

在从欧洲进口的货物方面，英国对待其殖民地的方式同样比任何其他国家都要慷慨。

英国允许对进口外国货物时缴纳的关税的一部分，几乎总是一半，一般是更大的一部分，有时是全部，在出口到任何外国时予以退回。不难预见，如果英国对几乎所有外国货物在进口到英国时都要征收沉重的关税，那么没有一个独立的外国国家会接受它们。因此，除非这些关税的某些部分在出口时被退回，否则受到重商主义体系青睐的运输贸易就会结束。

然而，英国既然拥有向他们提供来自欧洲的所有货物的专属权利，就可以以其他国家对其殖民地相同的方式强迫他们接受这些货物，向其征收他们在宗主国支付的所有关税。但是，恰恰相反，直到1763年，大部分外国货物出口到我们的殖民地，都获得与任何外国附属国相同的退税。事实上，在1763年，根据乔治三世四年第十五号法令的规定，这种宽松的政策被大大削弱，法令还要求“对于从这个王国出口到任何英国殖民地或美洲种植园的欧洲或东印度生长、生产或制造的任何货物，不应退回被称为旧补贴的关税；葡萄酒、白棉布和薄绸除外。在这一法律出台之前，许多不同种类的外国商品在种植园里买到的价格可能比在宗主国买到的要便宜；即便该法律出台之后，有些商品仍然可能如此。

必须指出，在有关殖民地贸易的大部分法规中，从事贸易的商人是主要的顾问。因此，如果这些法规中的大部分，相比殖民地或母国的利益，更多地考虑贸易商人的利益，我们丝毫不会感到奇怪。在他们向殖民地提供所需要的所有货物，以及购买他们的剩余产品时，在不妨碍他们自己在国内进行的任何贸易的所有部分的独家特权时，殖民地的利益被牺牲在这些商人的利益之下。在允许对大部分欧洲和东印度货物向殖民地的再出口退还与它们向任何独立国家的再出口相同的税金时，母国的利益被牺牲了，即使是按照重商主义思想所称的这种利益。商人的利益是为他们运往殖民地的外国货物支付尽可能少的成本，以及尽可能多地拿回他们在进口到英国时预付的关税。这样，他们就可以在殖民地销售同样数量的货物而获得更大的利润，或者以相同的利润销售更多的货物，因此，他们可以从这两者中的任意部分获得一些好处。同样，为了殖民地的利益，也要尽可能廉价和大量地获得所有这些货物。但商人和殖民地的利益并不总是符合母国的利益。母国的收入经常受到影响，因为需要退还进口这些货物时支付的大部分关税；在制造方面，由于外国产品可以通过这些折扣轻易地运到殖民地市场，母国的产品就会被压价。一般说来，由于对德国亚麻布再出口到美洲殖民地的退税，英国亚麻布制造业的发展受到了很大的阻碍。

但是，尽管英国对其殖民地的贸易政策是由与其他国家相同的重商主义精神所决定的，但是，总的来说，该政策的不自由和压迫性弱于其他任何一个国家。

除了对外贸易外，英国殖民者在所有方面都拥有着以自己的方式管理自己事务的完全自由。这种自由在各方面都与他们国内的同胞相同，并以同样的方式得到了人民代表议会的保障，人民代表议会拥有为支持殖民地政府而征税的唯一权利。这个议会的权威凌驾于行政权力之上，无论是最卑微的还是最令人厌恶的殖民者，只要遵守法律，就不必担心遭到总督或该省任何其他民事或军事官员的怨恨。殖民地议会虽然像英国的下议院一样，并不总是非常平等地代表人民，但它们更接近于这种性质；而且由于行政权力要么没有办法腐蚀它们，要么由于从母国得到的支持无须如此，它们也许在一般情况下更受选民倾向的影响。在殖民地的立法机构中，与英国上议院相对应的议会并非由世袭贵族组成。在一些殖民地，如新英格兰的三个政府，这些议会不是由国王任命的，而是由人民代表选择的。在英国的殖民地中，没有一位是世袭的贵族。的确，在所有这些殖民地中，就像在所有其他自由国家一样，老殖民地家族的后裔相比具有同等功绩和财富的新秀更受尊重；但也只是更受尊重而已，没有任何可以给邻居带来麻烦的特权。在目前的动乱开始之前，殖民地议会不仅拥有立法权，还拥有部分行政权。在康涅狄格和罗德岛，他们可以选举总督。在其他殖民地，他们任命税收官员，由他们各自的议会征收税款，这些官员直接对他们负责。因此，英国殖民者比在母国的居民享有着更多的平等。他们的举止更加共和化，他们的政府，特别是新英格兰三个政府，迄今为止也更加共和化。

相反，西班牙、葡萄牙和法国在其殖民地建立的是极权政府：这种政府通常授予其所有下级官员自由裁量权，由于距离遥远，官员在属地行使权力时自然要比一般的暴力更多。在所有的极权政府下，首都的自由度都会超过国家的任何其他地方。君主本人不可能有兴趣或倾向于歪曲司法秩序，或压迫广大人民。在首都，他的存在或多或少地震慑了他的所有下级官员，而在偏远的领地，人民的抱怨不太可能传到他那里，官员们可以更安全地行使他们的暴政。英国殖民地的政府也许是自创世以来唯一能给如此遥远的领地的居民带来完美安全的政府。然而，法国殖民地的管理始终比西班牙和葡萄牙的管理更加温和、节制。这种行为的优越性既适合于法国民族的特性，也与构成每个民族的特性相适应。法兰西民族的政府虽然与英国政府相比更为专制、暴力，但与西班牙和葡萄牙的政府相比，则更为守法、自由。

然而，英国政策的优越性主要体现在北美殖民地的进展上。法国糖业殖民地的进展至少与英国大部分糖业殖民地的进展相当，也许更胜一筹，但英国的糖业殖民地享有的自由政府与北美的殖民地几乎相同。但是，法国的糖业殖民地并没有像英国的糖业殖民地那样被阻止提炼自己的糖；而且，更重要的是，他们精明的政府自然而然地引入了对黑奴的更好管理。

在所有欧洲殖民地，甘蔗的种植都是由黑奴进行的。那些在欧洲温带气候下出生的人的体质应该不能支持在西印度群岛的烈日下挖地的劳动；目前的甘蔗栽培都是手工劳动，尽管在许多人看来，钻犁的引入可能会带来很大益处。但是，由于用牲畜耕作的利润和成功在很大程度上取决于对牲畜的良好管理，所以用奴隶耕作的利润和成功也必须同样取决于对这些奴隶的良好管理；而在对奴隶的良好管理方面，我想，人们普遍认为法国种植者比英国人更有优势。对奴隶提供一些薄弱的保护，使其免受主人的暴力侵害的法律，在一个很大程度上属于专制政府的殖民地，就有可能比在一个完全自由的殖民地得到更好的执行。在每一个建立了不幸的奴隶制法律的国家里，行政长官在保护奴隶时，都会在某种程度上插手管理主人的私有财产；而在一个自由国家里，主人或是殖民地议会的成员，或者是这种成员的选民，行政长官不敢这样做，而只能非常谨慎、小心。行政长官不得不对主人表示尊重，这使他更难保护奴隶。但是，在一个政府在很大程度上肆意妄为的国家，行政长官甚至通常会干涉个人私有财产的管理，如果个人不按照他的喜好管理财产，行政长官也许会给他们寄去一张逮捕令，那么行政长官就更容易给奴隶提供一些保护；而且共同的人性自然使他愿意这样做。行政长官的保护使奴隶在他的主人眼中不那么可耻，从而促使主人更多地考虑奴隶、更温柔地对待奴隶。更加温柔的待遇不仅使奴隶更加忠诚，而且使他们更加聪明，因此，二者结合，奴隶就会变得更加有用。奴隶将更接近自由员工的状态，可能拥有某种程度的正直和对主人利益的依附，这些美德经常属于自由员工，但永远不可能属于在主人完全自由和安全的国家中通常被当作奴隶对待的奴隶。

奴隶在专制政府下的状况比在自由政府下的状况要好，我相信所有时代和国家的历史都支持这一点。在罗马历史上，第一个出面保护奴隶免受其主人暴力侵害的是奥古斯都当维迪乌斯·波利奥（Vedius Pollio）在奥古斯都面前命令把一个犯了小错的奴隶扔到鱼塘里喂鱼时，奥古斯都愤怒地命令他立即解放这位奴隶以及属于他的所有其他奴隶。在共和国时期，长官没有足够的权力来保护奴隶，更不用说惩罚奴隶的主人了。

应当指出，改良法国糖业殖民地，特别是圣多明戈殖民地的粮食储备，几乎完全来自这些殖民地的逐步改良和耕种。它几乎完全是殖民地的土壤和工业的产品，或者说，通过良好的管理逐渐积累起来的产品，并用于生产更多的产出。但是，改良和培育英国糖业殖民地的存货有很大一部分是从英国送出，而绝非完全是殖民者的土壤和工业的产物。英国糖业殖民地的繁荣在很大程度上是由于英国的巨大财富，如果可以这么说的话，其中的一部分溢出到这些殖民地上。但是法国糖业殖民地的繁荣完全是由于殖民者的良好行为，因此，他们的行为肯定比英国人的行为有某种优越性；而这种优越性最引人注目的是他们对奴隶的良好管理。

这就是不同欧洲国家对其殖民地政策的概述。

因此，无论是在最初的建立方面，还是在涉及其内部政府方面，欧洲的政策在美洲殖民地后来的繁荣中都没有什么值得夸耀的地方。

主持和指导最初建立这些殖民地的原则似乎就是愚蠢和不公正：寻找金矿和银矿的愚蠢和觊觎一个国家的不公正。殖民地国家无害的当地人非但没有伤害过欧洲人，而且是以各种善意和热情接待了第一批冒险家。

确实，那些后来组成殖民地的冒险家们，在寻找金银矿的妄想项目中加入了其他更合理、更值得称赞的动机；但是这些动机对欧洲的政策也没有什么好处。

在实施一些最重要的制度方面，欧洲各国政府没有什么功绩，就像他们没有规划这些制度一样。征服墨西哥不是西班牙议会的计划，而是古巴一位总督的计划。使这一计划实现的是冒险家精神。总督把这一任务交给一位冒险家之后，很快就对信任这位冒险家感到后悔，但他还是实现了这一计划。智利和秘鲁的征服者，以及美洲大陆上几乎所有其他西班牙殖民地的征服者，没有得到其他公共鼓励，只是得到了以西班牙国王的名义进行殖民和征服的普遍许可。这些冒险的风险和费用都由冒险家们自己承担。西班牙政府对这些冒险活动几乎没有任何贡献。英国政府对其在北美建立的一些最重要的殖民地的贡献也很小。

当这些殖民地建立起来、变得如此之大，以至吸引了宗主国的注意时，宗主国对它们制定的第一批规定总是基于确保自己对它们的商业的垄断：限制它们的市场，以它们为代价扩大自己的市场，因此，这与其说是加快和推进殖民地的繁荣进程，不如说是抑制和阻止这一进展。在行使这种垄断的不同方式中，不同欧洲国家对其殖民地的政策的差异明显存在着。

那么，欧洲的政策以何种方式促进了美洲殖民地的首次建立或目前的辉煌？其贡献在且仅在一个方面，那就是人才。欧洲培养造就了人才，为建设国家奠定了基础；世界上没有任何其他地方的政策能够造就，或曾经实际和事实上造就过这样的人才。殖民地应该将其积极进取的建设者所受的教育和拥有的长远眼光归功于欧洲的政策。其中一些最重要的殖民地，就其内部政府而言，需要归功于欧洲政策。

第三节　论欧洲从美洲的发现和从经由好望角到东印度的通路中获得的利益

欧洲从美洲的发现和殖民中获得的利益有哪些？

这些利益可以分为两类：第一，作为大国，欧洲各国从这些大事件中获得的一般利益；第二，每个殖民国家从所属殖民地中获得的特殊利益，因为它对这些殖民地行使统治权。

欧洲各国作为大国，从美洲的发现和殖民化中获得的普遍利益，首先是增加了其享受；其次是扩大了其工业。

美洲的剩余产品进口到欧洲，为这个大洲的居民提供了他们无法拥有的各种商品；有些是为了方便和使用，有些是为了娱乐，有些是为了装饰，从而有助于增加他们的享受。

人们很容易接受，美洲的发现和殖民化促进了工业的发展，首先是所有直接与它进行贸易的国家，如西班牙、葡萄牙、法国和英国；其次是所有那些没有直接与它进行贸易，但通过其他国家的媒介向它输送自己产品的国家；如奥地利的弗兰德斯和德国的一些领地，它们通过上述国家的媒介向它输送了大量的麻布和其他货物。所有这些国家显然都为其剩余产品赢得了更广泛的市场，并因此被鼓励增加其数量。

但是，这些重大事件也同样有助于鼓励匈牙利和波兰等国家的工业，而这些国家也许从未向美洲输送过一件自己的产品，这一点也许并不那么显而易见。但是这些事件已经做到了这一点，这一点不容置疑。美洲的部分产品在匈牙利和波兰被消费，那里对世界上这个新发现地区的糖、巧克力和烟草有着一些需求。但是，这些商品必须用匈牙利和波兰的工业产品，或者用这些产品的某些部分交换的东西来购买。美洲的这些商品是引入匈牙利和波兰的新的价值、新的等价物，在那里与这些国家的剩余产品进行交换。通过运到那里，匈牙利和波兰为这些剩余产品创造了一个新的和更广泛的市场。它们提高了其价值，从而有助于鼓励其增长。尽管匈牙利和波兰的剩余产品可能没有一部分被运到美洲，但它们可能被运到其他国家，这些国家用它们在美洲剩余产品中的一部分来购买这些产品；而且它们可能通过最初由美洲剩余产品推动的贸易流通来开发自己的市场。

这些事件甚至可能有助于增加那些不仅从未向美洲输送任何商品，而且从未从美洲收到任何商品的国家的享受，促进其工业的发展。甚至这些国家也可能从那些因美洲贸易而增加了剩余产品的国家获得了更丰富的其他商品。这种更丰富的商品，既然必然增加了他们的享受，那么也必然加强了他们的工业。必须向他们提供更多的某种新的等价物，以换取工业的剩余产品。必须为这些剩余产品创造一个更广泛的市场，以提高其价值，从而鼓励其增长。每年投入欧洲商业大循环以及通过各种流转、每年分配给欧洲各国的商品总量，一定已经被美洲的全部剩余产品所增加。因此，这一大批商品中的更大份额可能已经落入这些国家的每一个人手中，以增加他们的享受，并增强他们的工业。

母国的专营贸易倾向于减少，或至少使所有这些国家，特别是美洲殖民地的享受和工业都低于它们本来可以达到的水平。这对推动人类大部分事业发展的一个大发条来说，是一个沉重的负担。通过使殖民地的产品在所有其他国家变得更加昂贵，它减少了消费，从而抑制了殖民地的工业，以及所有其他国家的享受和工业。当他们为他们的享受支付更多费用时，他们的享受就会减少，当他们为他们的生产获得更少的东西时，他们的生产就会减少。通过使所有其他国家的产品在殖民地变得更加昂贵，它以同样的方式压缩了所有其他国家的工业，以及殖民地的享受和工业。为了某些特定国家的所谓利益，所有其他国家的享受和工业都被阻塞了，从而所有其他国家都陷入困境；但殖民地的情况比任何其他国家都严重。它不仅尽可能地将所有其他国家排除在一个特定的市场之外，而且尽可能地将殖民地限制在一个特定的市场之中：当所有其他市场都开放时，殖民地被排除在一个特定的市场之外，与当所有其他市场都关闭时，殖民地被限制在一个特定的市场上，这两者之间的区别非常明显。然而，殖民地的剩余产品是欧洲从美洲的发现和殖民中获得的所有享受和工业增长的原始来源；而母国的专营贸易往往使这种资源的丰富性大大降低。

每个殖民国家从所属殖民地中获得的特殊利益有两种；第一，每个国家从受其统治的领地中获得的共同利益；第二，像美洲的欧洲殖民地这种性质非常特殊的领地应该获得的特殊利益。

每个国家从受其统治的领地获得的共同利益包括：第一，这些领地为其国防提供的军事力量；第二，这些领地为支持其国民政府提供的收入。罗马殖民地有时既提供了这一项，也提供了另一项。希腊殖民地有时提供军事力量，但很少提供任何收入。他们很少承认自己受宗主城的统治。他们在战争中通常是宗主城的盟友，但在和平时期却很少是宗主城的臣民。

美洲的欧洲殖民地从未为保卫母国提供过任何军事力量。他们的军事力量从来都不足以保卫自己；在母国参与的不同战争中，保卫他们的殖民地一般都会使这些国家的军事力量受到很大的影响。因此，在这方面，所有的欧洲殖民地都毫无例外地成为其各自母国的弱点，而不是实力的来源。

只有西班牙和葡萄牙的殖民地为保卫母国或支持其国民政府贡献了收入。对其他欧洲国家的殖民地，特别是对英国的殖民地所征收的税款，很少与和平时期对它们的支出相等，也从未足以支付它们在战争时期所造成的费用。因此，这些殖民地一直是其各自母国的开支而非收入的来源。

这些殖民地对其各自的母国的利益完全在于那些特殊利益，这些利益被认为来自美洲的欧洲殖民地这样一个性质非常特殊的领地；而且人们承认专营贸易是所有这些特殊利益的唯一来源。

由于这种专营贸易，例如，英国殖民地的所有剩余产品，包括所谓的列举商品，除了输送给英国之外，不能输往其他国家，其他国家必须向英国购买该商品。因此，它在英国的价格必须比在任何其他国家的价格更便宜，而且它必须比任何其他国家更有助于促进英国享乐用品的增加。同样，它也必须对鼓励英国的工业做出更大贡献。对于英国用自己的剩余产品换取列举商品的所有部分，英国必须得到比任何其他国家用自己的类似部分换取相同商品时更好的价格。例如，英国的制造业者购买本国殖民地的糖类和烟草的数量，会比其他国家的同类制造业者购买这种糖和烟草的数量更多。因此，就英国和其他国家的产品都要交换英国殖民地的糖类和烟草而言，这种价格上的优势对前者的好处超过了后者在这种情况下所能享有的。因此，殖民地的专营贸易，由于它降低或至少使不拥有它的国家的享受和工业低于它们本来会达到的水平，所以它使拥有它的国家相比其他国家有着明显优势。

然而，这种优势也许会被发现是所谓的相对优势，而不是绝对优势：享有这种优势的国家通过压制其他国家的工业和产品，而不是通过使该特定国家的工业和产品高于自由贸易情况下自然上升的水平，从而获得优势。

例如，由于英国享有垄断权，马里兰和弗吉尼亚的烟草输送到英国的价格肯定比到法国的价格便宜，而英国通常向法国出售相当一部分烟草。但是，如果法国和所有其他欧洲国家在任何时候都被允许与马里兰州和弗吉尼亚州进行自由贸易，那么这些殖民地的烟草此时可能会比实际价格更便宜，不仅对所有这些其他国家，而且对英国也是如此。由于市场比以往任何时候都要广阔，烟草的产量到这时可能，而且很可能会大大增加，从而使烟草种植园的利润降到与谷物种植园的利润持平的自然水平，人们认为，它们是利润目前仍然略高于谷物种植园。烟草的价格可能，而且很可能，到这个时候比现在略低。英国或其他国家的同等数量的商品可能会在马里兰州和弗吉尼亚州购买到比现在更多的烟草，从而在那里以更好的价格出售。因此，只要这种烟草能以其廉价和丰富的数量增加英国或任何其他国家的享受或增强工业，那么，在自由贸易的情况下，它可能会在某种程度上产生比现在更多的这两种效果。事实上，在这种情况下，英国不会相比其他国家有任何优势。英国可能会以较低的价格购买其殖民地的烟草，从而使自己的一些商品的销售价格比实际的略高。但英国既不可能比任何其他国家买得更便宜，也不可能比其他国家卖得更贵。英国也许会获得绝对优势，但肯定会失去相对优势。

然而，为了在殖民地贸易中获得这种相对优势，为了执行尽可能将其他国家排除在任何份额之外的令人反感的计划，英国有非常可能的理由相信，它不仅牺牲了自己以及其他每个国家可能从该贸易中获得的部分绝对优势，而且使自己在几乎所有其他贸易分支中都处于绝对和相对劣势。

根据航海法令，英国独占了殖民地贸易，以前用于该贸易的外国资本必然会撤出。英国资本以前只进行了一部分贸易，现在要进行全部的贸易。先前为殖民地提供他们需要的欧洲货物的一部分的资本，现在被用来为他们提供全部货物。但英国资本不能供给这些货物的全部，而它向殖民地提供的货物必然以高价出售。先前购买殖民地剩余产品的一部分的资本，现在被用来购买全部产品。但是，资本不能以接近旧价格的价格购买全部产品，因此，无论它购买什么，都必然买得很便宜。但是，商人在低价买入、高价卖出的资本使用中，利润无疑是极大而且远远高于其他贸易部门的普通利润水平的。殖民地贸易中的这种利润优势，不可能不从其他贸易部门中吸引一部分先前在这些部门中使用的资本。但是，这种对资本的吸引，由于必然会逐渐增加殖民地贸易中的资本竞争，所以必然会逐渐减少所有其他贸易部门的竞争；由于它必然会逐渐降低一个部门的利润，所以它必然会逐渐提高另一个部门的利润，直到所有部门的利润达到一个新的水平，与它们先前的水平不同，略高于这个水平。

这种从所有其他行业吸引资本和提高利润率的双重效果，不仅是在这种垄断企业首次建立时就产生了，而且从那时起就一直不断产生着。

第一，这种垄断一直在不断地从所有其他行业中抽出资本，投入殖民地的行业。

虽然自航海法令颁布以来，英国的财富有了很大的增长，但增长的比例肯定与殖民地的增长比例不同。但是，每个国家的对外贸易自然会随着其财富的增加而增加，其剩余产品也会随着其全部产品的增加而增加；而英国几乎独占了所谓殖民地对外贸易的全部，其资本的增加又与该贸易的规模不成正比，因此，如果不从其他贸易部门中不断抽取先前用于这些部门的部分资本，从这些部门中扣留大量本来会流向它们的资本，英国就不能继续进行这种贸易。因此，自航海法令颁布以来，殖民地贸易一直在不断增长，而其他许多外贸部门，特别是对欧洲其他地区的贸易部门却在不断衰落。我们的对外销售的产品，不再像航海法令之前那样适合于欧洲的邻近市场，或更遥远的地中海周边国家，而是大部分销往更遥远的殖民地，输送到拥有垄断权的市场，而非拥有许多竞争对手的市场。马修·德克尔爵士和其他作家从税收的过度和不适当的方式、劳动力的高价格、奢侈品的增加等方面寻找其他外贸部门的衰败原因，这些原因都可以在殖民地贸易的过度发展中找到。大不列颠的商业资本虽然很大，但并非无限，虽然自航海法令以来大大增加，但没有按殖民地贸易的相同比例增加，这种贸易不可能在不从其他贸易部门抽走一部分资本的情况下进行，也不可能不使这些其他部门出现一些衰退。

必须指出的是，英国是一个贸易大国，商业资本非常大，而且可能每天都会变得越来越大，不仅在航海法令确立殖民地贸易的垄断性之前，而且在这种贸易变得非常可观之前情况就已经如此。在克伦威尔政府时期的荷兰战争中，英国的海军优于荷兰的海军；而在查理二世统治初期爆发的战争中，英国的海军最终与法国和荷兰的联合海军相当，也许更优。在当今时代，至少在荷兰海军与荷兰商业的比例与当时相同的情况下，这一优势似乎并未增加。但是，这两场战争中的这种强大的海军力量不可能归功于航海法令。在第一次战争中，该法令的计划刚刚形成；尽管在第二次战争爆发前，该法令已经由法律授权全面颁布，但它的任何部分都没有足够的时间产生任何重大影响，尤其是确立对殖民地的专营贸易的那部分。与现在的情况相比，当时的殖民地及其贸易都是微不足道的。牙买加岛是一片贫瘠的沙漠，很少有人居住，也没有什么耕地。纽约和新泽西为荷兰人所拥有：圣克里斯托弗岛的一半为法国人所拥有。安提瓜岛、南北卡罗来纳州、宾夕法尼亚州、佐治亚州和新斯科舍州尚未殖民。弗吉尼亚、马里兰和新英格兰是已有殖民，尽管它们是非常繁荣的殖民地，但在当时，无论是欧洲还是美洲，也许没有一个人预见到或甚至怀疑它们后来在财富、人口和土地改良方面取得的快速进展。简而言之，巴巴多斯岛（Barbadoes）是唯一的、当时与现在的情况有着相似之处的英国殖民地。因为航海法令在颁布几年后才得到非常严格的执行，殖民地的贸易，即使在航海法令颁布后的一段时间内，英国也只享有其中的一部分，在当时这不可能成为英国强大贸易的原因，也不可能成为由这种贸易支持的强大海军力量的原因。当时支持这一强大海军力量的贸易是欧洲以及地中海周围国家的贸易。但是，英国目前在该贸易中所享有的份额无法支持任何如此强大的海军。如果殖民地日益增长的贸易对所有国家都是自由的，那么无论英国在其中的份额是多少，尽管很可能拥有相当大的份额，这都一定是对英国先前所拥有的这一巨大贸易的补充。由于垄断，殖民地贸易的增加与其说是增强了英国先前拥有的贸易，不如说是完全改变了其方向。

第二，这种垄断必然促使英国贸易的所有不同部门的利润率高于所有国家被允许与英国殖民地进行自由贸易的情况下自然会有的利润率。

对殖民地贸易的垄断，必然把英国的资本的很大一部分，吸引到这一贸易中去；因此，由于驱逐了所有外国资本，它必然使这一贸易中使用的全部资本量低于自由贸易下的自然数量。但是，由于减少了资本在该贸易部门的竞争，这必然会提高该部门的利润率。同样，通过减少英国资本在所有其他贸易部门的竞争，这必然会提高英国在所有这些其他部门的利润率。自航海法令制定以来，无论在任何特定时期，英国商业资本的状况或程度如何，在这种状况持续期间，殖民地贸易的垄断必然提高了英国的普通利润率，使之高于在该部门和英国所有其他贸易部门中没有垄断所能达到的水平。如果自航海法令制定以来，英国的普通利润率已大大下降（当然是这样），那么，如果不是该法所建立的垄断来维持利润率的话，它肯定还会继续下降的。

但是，在任何国家无论什么使它的普通利润率高于它本来应该达到的水平，该国在其没有垄断的每个贸易部门中处于绝对和相对的不利地位都是必然的。

这使英国处于绝对的不利地位。原因是：在这些贸易部门中，英国的商人如果不把进口到本国的外国货物和出口到外国的本国货物卖得比原来更贵，就不能获得这种更大的利润。他们自己的国家必须既买得更贵又卖得更贵、必须既买得更少又卖得更少、必须既享受得更少又生产得更少。另外，它使其他没有处于同样绝对不利地位的国家处在比英国更有利，或是不像先前那样不利的地位。它使这些国家相比英国，既能享受更多的东西，又能生产更多的东西。它使他们的优势比原来更大，或使他们的劣势比原来更小。通过提高英国的产品的价格，其他国家的商品在外国市场的售价低于英国的价格，从而英国被从几乎所有没有垄断的贸易部门中挤走。

英国商人经常抱怨英国劳工的高工资是他们的产品在外国市场上卖不出去的原因，但他们对资本的高利润却保持沉默。他们抱怨别人的奢侈收益，但对自己的收益却只字不提。然而，英国资本的高额利润在许多情况下可能有助于提高英国产品的价格，甚至在某些情况下可能比英国劳工的工资还要高。

可以说，正是以这种方式，大不列颠的资本部分地被吸引，部分地被赶出英国没有被垄断的不同贸易部门中的大部分；特别是欧洲以及地中海周边国家的贸易。

由于殖民地贸易的持续增长，以及当年进行这种贸易的资本持续不足，无法在下一年继续进行这种贸易，因此，资本部分地从这些贸易分支中被吸引过来。

部分原因是，在英国形成的高利润率在英国没有被垄断的所有不同贸易部门中给其他国家带来了优势。

由于对殖民地贸易的垄断，从其他行业中抽走了一部分本来会在这些行业中使用的英国资本，所以它迫使许多外国资本进入这些行业，而这些资本如果没有被逐出殖民地贸易，是绝不会进入这些行业的。在其他贸易部门中，它减少了英国资本的竞争，从而使英国的利润率高于原有的水平。相反，它增加了外国资本的竞争，从而使外国利润率低于原有的水平。无论从哪一方面来看，它显然都使英国在所有其他贸易部门处于相对不利的地位。

然而，也许可以说，殖民地贸易对英国来说比任何其他贸易都更有利；而垄断通过迫使英国的资本在该贸易中占更大的比例，让这些资本变成了一种比它所能找到的任何其他用途对国家都更有利的用途。

任何资本对其所属国家最有利的用途，就是维持最大数量的生产性劳动，并最多地增加该国土地和劳动的年产量。但是，第二卷已经表明，任何用于对外消费贸易的资本所能维持的生产性劳动的数量，与它的收益频率成正比。例如，在对外消费贸易中应用的 1000 英镑的资本，如果每年定期回报一次，就可以在它所属的国家持续雇佣相当于 1000 英镑能在那里维持一年的生产性劳动量。如果一年有两次或三次的回报，它就能使生产性劳动的数量持续不断地保持下去，相当于 2000 或 3000 英镑能在那里维持的总量。因此，与邻国进行的对外消费贸易一般比与远方国家进行的贸易更有利；出于同样的原因，直接的对外消费贸易，正如第二卷中所表明的那样，一般比迂回的贸易更有利。

但是，殖民地贸易的垄断，就其对英国资本使用的影响而言，在所有情况下都迫使一部分人从与邻国进行的对外消费贸易转向与更远的国家进行的消费贸易，而且在许多情况下从直接的对外消费贸易转向迂回的贸易。

第一，殖民地贸易的垄断在所有情况下都迫使英国的部分资本从与邻国进行的对外消费贸易转向与更遥远的国家进行的贸易。

在所有情况下，它迫使部分资本从与欧洲和地中海周边国家的贸易中转移到与更遥远的美洲和西印度群岛地区的贸易中，而从这些地方获得的回报必然减少，不仅是因为距离较远，而且是因为这些地方的特殊情况。我们已经注意到，新殖民地总是资本不足。殖民者的资本总是远远少于他们在改良和耕种土地方面可以获得巨大利润和利益。因此，他们不断需要比自己拥有的更多的资本；为了弥补自己的不足，他们努力从母国借到尽可能多的资金，因此，他们总是欠母国的债。殖民者欠债的最常见方式不是向母国的富人借债，尽管他们有时也会这样做，而是向为他们提供欧洲货物的往来客商借款，只要这些客商愿意，他们就会欠款。他们的年度回报往往不超过他们所欠款项的 1/3，有时甚至不超过这么大的比例。因此，他们的来往客户向他们预付的全部资本很少在不到三年的时间内返回英国，有时甚至需要四或五年时间。但是，举例来说，一笔每五年才归还英国一次的 1000 英镑资本，相比每年能归还的资本，只能维持英国工业的 1/5；而且，如果 1000 英镑能保持一年的工业数量，而它只能维持 200 英镑能维持一年的数量。毫无疑问，殖民者通过为来自欧洲的货物支付的高价、通过在远期签发的票据的利息，以及通过在近期签发的票据的续期佣金，弥补了而且很可能弥补了超过他的客商因这种拖延而可能遭受的所有损失。但是，尽管他可以弥补他的客商的损失，他却不能弥补英国的损失。在收益非常遥远的贸易中，商人的利润可能与收益非常频繁和接近的贸易一样大，甚至更大；但他所居住的国家的优势，在那里不断维持的生产性劳动的数量，土地和劳动的年产量一定会少得多。我想，每一个对这些不同贸易部门有经验的人都会同意，一般来说，对美洲的贸易，以及对西印度群岛的贸易的回报，相比对欧洲的任何地方，甚至对地中海周围的国家的贸易，不仅收益更遥远，而且更不规则、更不确定。

第二，殖民地贸易的垄断在许多情况下迫使英国的部分资本从直接的对外消费贸易变成了迂回贸易。

在除了英国以外不能送往其他市场的列举商品中，有几种商品的数量大大超过了英国的消费量，因此，其中的一部分必须出口到其他国家。但是，要做到这一点，英国的部分资本就被迫要进入迂回的对外消费贸易。例如，马里兰州和弗吉尼亚州每年向英国输送的烟草多达 9.6 万桶以上，而据说英国的消费量不超过 1.4 万桶。

因此，英国必须向法国、荷兰以及波罗的海和地中海周围的国家出口超过 8.2 万桶的烟草。但是，把这 8.2 万桶带到英国，再从英国出口到其他国家，并从其他国家带回英国所需的货物或货币作为回报的那部分英国资本，是应用于迂回的对外消费贸易的；而且这部分资本显然是被迫从事这项事业，处理这一笔巨大的盈余的。如果我们要计算这些资本在多少年内有可能全部回到英国，我们就必须在美洲的资本回流距离上加上来自其他国家的资本回流距离。如果在我们与美洲进行的直接对外消费贸易中，所使用的全部资本经常不会在少于三年的时间内回来，那么在这种迂回的贸易中所使用的全部资本也不可能在少于四年的时间内回来。如果每年回收一次的资本可以维持国内产业的 1/3 或 1/4，那么后者可以维持国内产业的 1/4 或 1/5。一些出口港通常会向那些出口烟草的外国客商提供信贷。事实上，在伦敦港，烟草通常要求支付现钱，规则为“称量付款”。因此，在伦敦港，整个迂回贸易的最终回报比来自美洲的回报更遥远，因为迂回贸易收回资金的时间可能会比直接贸易多出存放在货舱里面的时间，但是问题是存放在货舱里的时间可能会非常长。但是，如果不是殖民地的烟草被限制在英国市场上销售，那么到达我们这里的烟草可能就不会超过国内消费所需的数量。英国目前用出口到其他国家的大量剩余烟草购买的商品，在这种情况下，英国可能会用自己工业的直接产品或制造业的某些部分购买。这些产品和制造品，不是像现在这样几乎完全适合于一个大市场，而是可能适合于大量的小市场。大不列颠将不再进行一个规模庞大的迂回的对外消费贸易，而可能是进行大量同类的小型直接对外贸易。考虑到收益的频率，一部分、可能只是一小部分资本，也许不超过目前进行这种大循环贸易的资本的 1/3 或 1/4，就足以进行所有这些小规模的直接贸易，可以使同等数量的英国工业的工人持续就业，并同样支持大不列颠的土地和劳动的年产量。这样一来，这种贸易的所有目的都可以用更小的资本来实现，就会有大量的闲置资本用于其他目的：改良土地，增强制造业，扩大英国商业；至少可以与在所有这些不同方面使用的其他资本进行竞争，重新降低它们的利润率，从而使英国在所有这些方面比其他国家更有优势。

殖民地贸易的垄断，也迫使英国的一部分资本从所有的对外消费贸易转向运输贸易；因此，资本从或多或少地支持英国的工业，转向完全支持部分殖民地的工业和部分支持其他国家的工业。

例如，每年从英国转口的 8.2 万桶烟草的巨大盈余所购买的商品，并不都在英国消费。例如，其中一部分，即来自德国和荷兰的亚麻布，被运回到殖民地供其消费。但是，英国购买烟草的那部分资本（这些亚麻布后来是用这些烟草购买的）必然从支持英国的工业中抽出，完全用于支持殖民地的工业，以及用自己的工业产品购买这些烟草的特定国家的工业。

此外，对殖民地贸易的垄断迫使大不列颠的资本远高于自然状态下的资本，这似乎完全打破了英国工业的所有不同部门之间本来会出现的自然平衡。大不列颠的工业不是适应于大量的小市场，而是主要适应于一个大市场。英国的商业，不是在大量的小渠道中运行，而是被教导主要在一个大渠道中运行。但是，英国的整个工业和商业体系因此变得不那么安全，英国的整个政治体状况也不那么健康。在英国目前的状况下，英国就像一个不健康的身体，其中一些重要的器官过度生长，因此，它会出现许多危险的、在各部分都比较均衡的情况下很少出现的疾病。巨大的血管被人为地胀大到超过其自然尺寸，非自然比例的国家工业和商业被迫通过该血管循环，而血管中的一个小小缺口很可能给整个政治体带来最危险的混乱。因此，与殖民地决裂的预期，使英国人民感到恐惧，这比他们对西班牙舰队或法国入侵的恐惧更甚。正是这种恐惧，无论其理由是否充分，使得废除《印花税法》（*Stamp Act*），至少在商人中，成为一项受欢迎的措施。如果完全被排除在殖民地市场之外，仅仅持续几年，我们大部分的商人就会预见到他们的贸易将完全停止；我们大部分的制造业者会预见到他们的生意将完全毁灭；我们大部分的工人会预见到他们将失业。与我们在大陆上的任何一个邻国的关系破裂，虽然也可能导致所有这些不同阶层的一部分人的工作停止或中断，但可以预见的是，任何这种普遍的情绪是不存在的。血液在一些较小的血管中停止循环时，很容易流向较大的血管，而不会引起任何危险的混乱；但是，当它在任何较大的血管中停止循环时，直接和不可避免的后果就是抽搐、中风或死亡。在那些过度生长的制造业中，如果某种制造业，通过赏金，或对国内和殖民地市场的垄断，被人为地提高到一个不自然的高度，而其运转中发现一些小的停顿或中断，就经常会引起叛乱和混乱，使政府感到震惊，甚至使立法机构的讨论陷入困境。因此，有人认为，如果我们的主要制造业有那么大一部分突然完全停顿，这会造成多大的混乱和无序呢？

适度和逐步放宽英国对殖民地的专营贸易的法律，直到它在很大程度上成为自由贸易，似乎是可以在今后所有的时间里使英国摆脱这种危险、甚至迫使英国把一部分资本从这种过度增长的行业中撤出并把它转向其他利润较少的用途的唯一办法。而且，通过逐渐减少英国的行业的一个分支，逐渐增加所有其他的分支，它的所有不同分支可以逐渐恢复到根据完美的自由必然建立的、完美的自由才能保持的那种自然、健康和适当的比例。如果一下子向所有国家开放殖民地贸易，这不仅会带来一些短暂的不便，而且会给目前从事这一行业或投入资本的大部分人带来巨大的永久性损失。即使是进口 8.2 万桶、超过英国消费量的烟草的船只突然失去这笔生意，仅此一点，人们就会有非常强烈的感受。这就是重商主义制度的所有规定的不幸后果！它们不仅给人们带来了非常危险的混乱，而且还使人们的生活受到影响。它们不仅给政治体带来了非常危险的混乱，而且这种混乱往往很难补救，至少在一段时间内会引起更大的混乱。因此，殖民地贸易应该以何种方式逐步开放、哪些限制应该首先被取消，哪些限制应该最后被取消，或者应该以何种方式逐步恢复完美的自由和正义的自然体系，这些问题我们必须留给未来的政治家和立法者，由他们做出决定。

非常幸运地同时发生的五个未曾预料、未曾设想的不同事件阻止了英国的以下感受，像人们普遍预期的那样，英国感受到自己一年多来（从 1774 年 12 月 1 日开始）从殖民地贸易的一个非常重要的分支，即北美的 12 个联邦领地的贸易中完全被排挤出来。第一，这些殖民地在为它们的不进口协议做准备时，把英国适合殖民地市场的所有商品购买一空。第二，西班牙舰队的超常需求使德国和北欧的许多商品，特别是亚麻布销售一空，这些商品甚至在英国市场上都曾与英国的制成品竞争。第三，俄罗斯和土耳其之间的媾和使土耳其市场产生了非同寻常的需求。第四，在过去一段时间内，北欧对英国产品的需求逐年增加。第五，波兰最近的分治和随之而来的和平，为这个国家开拓了市场，除了不断增加了来自北欧的需求之外，又增加了特别的需求。这些事件，除了第四个之外，在本质上都是过渡性、偶然性的。如果被排除在殖民地贸易的一个如此重要的贸易部门之外，且持续更长的时间，这将仍然为我国带来某种程度的痛苦。然而，由于这种困难逐渐出现，其严重程度将远远低于困难一下子发生的情况；同时，该国的工业和资本可能找到新的就业和方向，从而防止这种痛苦上升到任何相当高的程度。

因此，对殖民地贸易的垄断，由于它把英国资本与本来不会流向该贸易的资本更多转向这种贸易，那么在所有情况下，它都把英国与邻国的对外消费贸易变成了与更远的国家的贸易；在许多情况下，从直接的对外消费贸易变成了迂回的贸易；在某些情况下，从完全对外消费贸易变成了运输贸易。因此在所有情况下，它都把它从一个可以维持较多生产性劳动的方向变成了一个可以维持较少生产性劳动数量的方向。此外，由于大不列颠的工业和商业的如此巨大的部分只适应一个特别市场，因此，整个工业和商业的状况比它们的产品适应更多的市场时更不稳定、更不安全。

我们必须仔细区分殖民地贸易的影响和该贸易的垄断的影响。前者总是而且必然是有益的；后者总是而且必然是有害的。但是，前者是如此有益，以至于殖民地贸易虽然受到垄断的影响（尽管这种垄断的影响是有害的），但总体上仍然是有益而且是非常有益的；尽管比起没有垄断的其他情况下要少很多。

殖民地贸易在其自然和自由状态下的作用，是为英国工业产品中可能超过本国、欧洲和地中海周边国家市场需求量的部分打开一个虽然遥远、但规模巨大的市场。在其自然和自由的状态下，殖民地贸易没有从这些市场中抽取任何曾经运往这些市场的产品，而是通过不断提供新的等价物来鼓励英国不断增加剩余产品。在其自然和自由状态下，殖民地贸易倾向于增加英国的生产性劳动的数量，但在任何方面都不改变先前在那里使用的劳动的方向。在殖民地贸易的自然和自由状态下，所有其他国家的竞争将阻碍利润率在新市场或新行业中提升到一般水平之上。新的市场在不从旧的市场吸取任何东西的情况下，如果可以这样说，将为满足自己的供应创造一种新产品，而这种新产品将构成一种新资本，从事新的资本用途，这种新用途同样不会从旧的市场中抽出任何东西。

相反，对殖民地贸易的垄断，通过排除其他国家的竞争，从而提高了新市场和新就业的利润率，从旧市场中抽取产品，从旧用途中抽取资本。垄断的公开目的是增加英国在殖民地贸易中的份额，使其超过本来的水平。如果英国在该贸易中的份额不比没有垄断的情况下大，垄断就没有理由被建立。但是，不管是什么原因迫使任何国家的资本，以比自然进入该部门的比例更大的规模，进入一个收益比其他大部分贸易部门的收益更慢、更远的贸易部门，这必然会使每年维持的全部生产性劳动量，以及该国土地和劳动的全部年产量低于它们本来的水平。它使该国居民的收入低于其自然增长的水平，削弱了他们的积累能力。它不仅在任何时候都妨碍资本维持它本来会维持的那么大的生产性劳动量，而且还妨碍它以本来会增加的速度增长，妨碍它维持更大的生产性劳动量。

然而，殖民地贸易的自然良好效果足以抵消垄断的不良影响，因此，即便有着垄断的诸多害处，这种贸易也不仅有利，而且是非常有利的。殖民地贸易所开辟的新市场和新资本用途，比因垄断而失去的那部分旧市场和旧资本用途大得多。殖民地贸易所创造的新产品和新资本（如果可以这样说的话），在英国供养了更多的生产性劳动力，而这些劳动力由于资本从收益更多的其他行业被驱逐而无法就业。如果说殖民地贸易即使在目前进行的情况下对英国也是有利的，那不是由于垄断，而是出于其他原因，尽管有垄断的存在。

殖民地贸易为欧洲的制成品而不是天然产物打开了一个新的市场。农业是适合所有新殖民地的行业；土地的廉价使这种行业比任何其他行业都更有利。因此，殖民地的土地盛产天然产物，而且它们一般都有大量的剩余产品可以出口，而不是从其他国家进口。在新的殖民地，农业要么从所有其他工作中吸引劳动力，要么使劳动力无法从事任何其他工作。很少有人可以从事必要品或是装饰制品的制造业。他们发现，从其他国家购买这两种产品的大部分都比自己制造要便宜。殖民地贸易主要是通过鼓励欧洲的制造业来间接鼓励其农业。贸易为欧洲的制造业提供了就业机会，为土地产品构成了一个新市场：所有市场中最有利的市场，即欧洲的谷物和牲畜、面包和肉类的国内市场，也因此通过对美洲的贸易而大大扩展。

但是，西班牙和葡萄牙的例子充分表明，仅仅垄断人口众多和繁荣的殖民地的贸易，并不足以在任何国家建立或甚至维持制造业。西班牙和葡萄牙在拥有任何可观的殖民地之前就已经是制造业国家，而自从他们拥有世界上最富有和最肥沃的土地后，他们都不再是制造业国家了。

在西班牙和葡萄牙，垄断的负面影响，受其他因素影响而加剧，也许几乎抵消了殖民地贸易的自然正面影响。这些原因似乎是其他不同种类的垄断；黄金和白银的价值下降到低于大多数其他国家的水平；由于对出口征收不适当的关税而被排除在外国市场之外，由于对货物从国家的一个地方运到另一个地方征收更不适当的货物税而使国内市场缩小。但最重要的是，不规范和不公正的司法常常保护有钱有势的债务人不被受其伤害的债权人追究，使勤奋的人民不敢为那些傲慢的大人物的消费准备货物，因为他们不敢拒绝向大人物赊销，而且完全不确定是否能得到偿还。

相反，在英国，殖民地贸易的自然良好效果，在其他原因的帮助下，在很大程度上战胜了垄断的负面影响。这些原因似乎是：贸易的普遍自由，尽管有一些限制，但至少与任何其他国家相等，也许更胜一筹；可以自由地将国内工业生产的几乎所有种类的货物免税出口到任何外国；也许更重要的是，可以无限制地将它们从我们国家的任何地方运到其他地方，而不必向任何公职部门做出任何说明，也不必受到任何形式的质疑或检查。但最重要的是，平等和公正的司法行政使最卑微的英国臣民的权利都能得到最大的尊重，通过确保每个人都能得到自己的劳动成果，国家对各种工业给予最大和最有效的鼓励。

然而，如果英国的制造业由于殖民地贸易而得到了发展，正如它们所肯定的那样，那就不是由于这种贸易的垄断，而是出于垄断之外的原因。垄断的效果不是增加数量，而是改变了英国一部分制造业的质量和特性，使本来可以适应一个收益频繁、距离更近的市场的东西，转而适应一个收益缓慢、距离遥远的市场。因此，它的作用是把英国的一部分资本从它本来可以维持较多数量的制造业的就业转向它维持较少数量的就业，从而使英国维持的整个制造业的数量减少，而不是增加。

因此，殖民地贸易的垄断，就像重商主义制度的所有其他手段一样，压制了所有其他国家的工业，但主要是殖民地的工业；丝毫没有增加，相反却减少了它所支持的国家的工业。

垄断阻碍了该国的资本——不管在任何特定的时间该资本的规模如何，它都无法维持它本应维持的大量生产性劳动，也无法向勤劳的居民提供它本应提供的大量收入。但是，由于资本只能通过收入的节余来增加，垄断通过阻碍它提供本来可以提供的如此巨大的收入，必然阻碍它以本来可以增加的速度增长，从而阻碍它维持更大规模的生产性劳动，并为该国勤劳的居民提供更多的收入。因此，原始收入来源，即劳动工资，垄断必然会使其在任何时候都不如在原来没有垄断的情况下那么丰富。

通过提高商业利润率，垄断阻碍了土地的改良。改良的利润取决于土地实际生产的产品与通过运用一定的资本可以生产的产品之间的差异。如果这个差额所带来的利润大于在任何商业活动中可以从同等资本中获得的利润，那么土地改良就会从所有商业活动中吸引资本。如果利润较少，商业活动将从土地改良中吸引资本。因此，凡是提高商业利润率的东西，不是削弱了改良利润的优越性，就是增加了改良利润的劣势；在一种情况下，阻碍了资本进入改良领域，在另一种情况下，从改良领域吸引了资本。但是，通过阻碍改良，垄断必然会延缓另一个巨大的原始收入来源——地租的自然增长。通过提高利润率，垄断也必然使市场利率高于它本来的水平。但是，土地的价格与它所能提供的地租，即用若干年地租计算的价格的比例，必然随着利率的上升而下降，又随着利率的下降而上升。因此，垄断以两种不同的方式损害了地主的利益，首先是延缓了土地租金的自然增长，其次是延缓了他从土地上获得的与地租成比例的价格的自然增长。

垄断确实提高了商业利润率，从而在一定程度上增加了我国商人的收益。但是，由于它阻碍了资本的自然增长，它使该国居民从资本利润中获得的收入总额与其说是增加，不如说是减少；大资本的小利润一般比小资本的大利润提供了更多的收入。垄断提高了利润率，但阻碍了利润总额的上升，因为如若不然，利润总额就会上升得很高。

垄断使得所有原始收入的来源，即劳动工资、土地租金和资本利润，都比原来少得多。为了促进一个国家的一小部分人的利益，垄断损害了这个国家所有其他的人的利益，以及其他所有国家的人的利益。

只有通过提高普通利润率，垄断才能证明或可能证明对任何一个特定的人有利。但是，除了已经提到的高利润率必然给国家带来的所有负面影响外，一个比所有这些影响加起来更致命的影响还可能存在：如果我们可以从经验中判断，它与高利润率是密不可分的。高利润率似乎在任何地方都会破坏商人在其他情况下自然形成的那种节约。当利润很高时，这种清醒的美德似乎是多余的，昂贵的奢侈品更适合他的富裕状况。但是，商业资本的所有者必然是每个国家整个工业的领导者和指挥者，他们的榜样作用对所有勤劳人民的影响要比任何其他阶级的影响大得多。如果雇主殷勤而节俭，工人也很可能如此；但如果主人放荡不羁、缺乏秩序，员工如果按照主人规定的模式工作，也会按照主人的榜样塑造自己的生活。这就阻碍了所有的那些本来最喜欢俭省节约的人的积累，而用于维持生产性劳动的资金没有从那些本来最应该增加资金的人的收入中得到增加。国家资本非但没有增加，反而逐渐减少，维持生产性劳动的数量每天都在减少。加的斯和里斯本商人的高额利润是否增加了西班牙和葡萄牙的国家资本？它们是否减轻了这两个贫穷国家的贫困，是否促进了它们的工业发展？这两个贸易城市的商业支出的风气正是如此，这些暴利不仅没有增加国家的一般资本，似乎还不足以维持它们所赖以生存的资本。如果我可以这么说的话，外国资本每天都在越来越多地侵入到加的斯和里斯本的贸易中。正是为了把这些外国资本从他们自己的贸易中驱逐出去，西班牙人和葡萄牙人每天都在努力加紧他们荒谬的垄断所带来的恶劣影响。将加的斯和里斯本的商业风气与阿姆斯特丹相比较，你就会明白商人的行为和性格受资本利润高低的影响有多么不同。伦敦的商人的确还没有像加的斯和里斯本的商人那样普遍成为豪门贵族，但他们一般也不像阿姆斯特丹的商人那样殷勤而俭省。不过，他们中的许多人应该比前者的大部分人都要富有，而不像后者的许多人那么富有。但他们的利润率通常比前者低得多，而比后者高得多。谚语说：“来得快，去得快。”普通的花钱方式似乎在各处，与其说是根据真正的消费能力，不如说是根据所谓的花钱的便利决定的。

因此，垄断给一个人带来的单一利益，在许多不同方面损害了国家的普遍利益。

为了培育而建立一个国家，乍一看这似乎只适合店主之国。然而，这个计划完全不适合一个店主之国；但极其适合一个政府受店主影响的国家。这样的政治家，而且只有这样的政治家，才会幻想利用他们同胞的鲜血和财富来建立和维持这样一个帝国，给他们带来一些好处。对一个店主说：“给我买一个好的庄园，我将永远在你的店里买衣服，即使我花的钱比在其他店里买的要多一些。”你发现他无意接受你的建议。但是，如果有其他人给你买下这样的财产，要求你在他的店里买所有的衣服，店主会非常感激你的恩人。英国为一些在国内感到不安的臣民购买了一个远方国家的大庄园。这个价格确实很低，不是按照当今时代土地的普通价格，即 30 年的地租，而只相当于初次发现、侦察海岸和夺取该国的各种设备的费用而已。这片土地质量优良、面积广大，耕种者有很多好的土地可以耕种，而且有一段时间可以自由地在他们喜欢的地方出售他们的产品，在短短四十年的时间里（1620 年至 1660 年之间），它变得如此繁荣，以至英国的店主和其他商人希望确保自己垄断他们的习俗。因此，他们没有假称自己支付过最初的购买资金，还是后来的改进费用，而是向议会请愿，希望美洲的耕种者今后能被限制仅在他们的商店里购物：首先，他们可以从欧洲购买所需要的所有货物；其次，出售那些商人可能认为购买起来很方便的他们自己的所有货物。他们并不觉得把每一部分都买下来是一种方便行为。进口到英国的某些部分可能会干扰他们自己在国内进行的一些贸易。因此，他们愿意让殖民者在他们自己可以出售的地方出售，距离越远越好；为此，他们打算将市场限制在菲尼斯特雷角以南的国家。著名的航海法令中的一项条款将这一真正的店主建议确立为法律。

到目前为止，维持这种垄断一直是英国对其殖民地实行统治的主要目的，或者更恰当地说，也许是唯一的目的和宗旨。人们认为，专营贸易是各领地的巨大优势，各领地从未为支持殖民地政府或保卫宗主国提供过收入或军事力量。垄断是他们依附英国的主要标志，也是迄今为止从英国这种依附中获得的唯一成果。大不列颠迄今为止为维持这种依附关系而付出的任何代价，实际上都是为了支持这种垄断。在目前的动乱开始之前，维持殖民地的机构的费用相当于 20 个步兵团的军饷；还包括为他们提供必要的大炮、物资和特别供养的费用；此外，还需要维持一支规模非常可观的海军部队，维持这支部队的目的是防止其他国家的走私船只进入北美洲的广阔海岸和我国西印度群岛。这支维和部队的全部费用是英国财政收入的一部分，同时也是殖民地统治给母国造成的损失中的最小部分。如果我们想知道全部费用的数额，我们就必须在这个和平机构的年度费用中加上利息，由于英国将其殖民地视为受其统治的领地，英国在不同的场合为它们的防务付出了大量的资金。我们必须特别加上最近一次战争的全部费用，以及之前的战争的大部分费用。最近的战争完全是一场殖民地纠纷，其费用无论用于何处、无论是在德国还是在东印度，战争的全部费用都应该记在殖民地的账上，由殖民地负担。战争的费用总计超过了 9000 万英镑，不仅包括新发行的公债，还包括每英镑 2 先令的土地税附加税，以及每年从偿债基金中借入的金额。1739 年开始的西班牙战争主要是一场殖民地纠纷，其主要目的是阻止检查与西班牙主岛进行违禁品贸易的殖民地船只。这笔费用实际上是为了支持垄断而给予的奖励金。其宣称的目的是鼓励制造业，促进商业发展，但它的实际效果是提高了商业利润率，使我国商人将其资本的更大比例投入到一个收益比其他大部分行业更缓慢和更遥远的贸易分支中：如果可以防止这两件事情发生，也许给付这样的奖励金就很值得了。

因此，在目前的管理制度下，英国从其殖民地的统治中得到的没有收益，只有损失。

建议英国自愿放弃行使其殖民地的所有权力，让殖民地选举自己的行政长官、制定自己的法律、按照他们认为合适的方式选择和平和战争，这将是世界上任何一个国家从来不会、也永远不会接受并采取的措施。没有一个国家自愿放弃任何领地的统治权，无论治理它有多么麻烦、无论它所提供的收入与它所带来的费用相比比例有多微小。这种牺牲，虽然可能会符合国家利益，但总是会伤害到国家威信和尊严。更重要的是，这种牺牲往往与国家统治者的私人利益相违背。统治者会因此被剥夺对许多负责任、有利益的位置的处分权，被剥夺获得财富和荣誉的许多机会。占据最动荡，而且对大多数人来说最无利可图的领地，往往都会提供这种机会。即便是最有远见的热心人也不可能提出这样的措施，至少对它的通过不会认真地抱有任何希望。然而，如果这项措施被采纳，英国不仅可以立即从殖民地和平建设的全部年度费用中解脱出来，还可以与殖民地签订商业条约以有效地确保英国的自由贸易，尽管这对商人没有那么有利，这对广大人民来说比英国目前享有的垄断权更有利。这样，殖民地和宗主国，就像是好朋友的分离，二者之间的自然感情将迅速恢复，虽然我们最近的分歧已经几乎熄灭了这种感情。这可能会使他们不仅在整整几个世纪里尊重他们在离别时与我们缔结的商业条约，而且在战争和贸易中都支持我们。他们不再是动荡不安的臣民，而是成为我们最忠实、最亲切、最慷慨的盟友；在英国和殖民地之间可能会恢复曾经存在于古希腊人和他们的宗主城之间的父母之爱和孝敬之情。

为了使任何领地对其所属的国家有利，在和平时期，它应该向公众提供足够的收入，不仅用于支付维护其自身和平建设的全部费用，而且要为了支持宗主国的政府贡献其比例。每个省份都必然会或多或少地增加总政府的开支。因此，如果任何一个省份不为支付这一费用贡献自己的一份力量，不平等的负担就会被扔给其他地方。此外，每个省份在战时向公众征收的特别收入，从道理上讲，应该与整个国家的特别收入按照相同的比例被征收，就像和平时期的普通收入一样。英国从其殖民地获得的普通收入和特别收入在整个大英帝国的收入中并未保持这一比例，这一点是公认的。有人认为，这种垄断确实增加了英国人民的私人收入，使他们能够支付更多的税款，弥补了殖民地公共收入的不足。但是，我已经努力说明，这种垄断虽然是对殖民地的一种非常严重的税收，虽然它可能会增加大不列颠某个特定阶层的收入，但它却会减少而不是增加广大人民的收入；因此也会减少而不是增加广大人民的纳税能力。由于垄断增加了收入的人也构成了一个特殊的阶层，对其征税绝的比例对不可能超过其他阶层，甚至试图对其征税也是极为不明智的，我将在下一卷中努力说明这一点。因此，英国不大可能从这一特定社会阶层中获得任何特别的资源。

殖民地可以由他们自己的议会征税，也可以由英国议会征税。

殖民地议会的管理方式似乎不太可能向其选民征收足够的公共收入，该收入不仅能够在任何时候维持他们自己的民事和军事机构，而且能够支付他们在英国政府开支中的适当比例。即使是英国国会，尽管被置于君主的直接监督之下，也要经过很长时间才能置于这样的管理制度之下，或者说，他们才能提供足够的税收以支持他们自己国家的民事和军事机构。君主只有通过在特定的国会议员之间分配很大一部分处理这种民事和军事机构的权力和职务，才能构建这样一种管理制度。但是，殖民地议会远离君主的视线，它们的数量、分散情况，以及各种组织，即使君主用同样的手段，以同样的方式管理它们也变得非常困难，何况事实上君主缺乏这些手段。将英国政府的职位，或是支配职位的大部分权力，分给殖民地议会的主要成员，使他们放弃在国内的声望，向其选民征税以支持这个几乎全部薪酬都要分给那些与他们不相干的人的政府，这几乎是被可能的。此外，政府不可避免地不了解这些不同议会的不同成员之间的相对重要性，在试图以这种方式管理他们时难免会犯下错误，这似乎使这种管理制度对他们来说完全不可行。

此外，不应该认为殖民地议会能够对整个国家的防御和保障做出所需的适当判断。此类事务不应由殖民地议会考虑。这不是他们的任务，他们也没有获得有关情报的常规手段。省议会可以对自己特定地区的事务做出非常恰当的判断；但对整个国家的事务却没有适当的判断手段。它甚至不能正确判断自己的领地在整个国家中所占的比例；也不能判断自己的财富和重要性与其他领地相比的相对程度；因为其他领地不在某省议会的检查和监督之下。整个帝国的防御和保障需要什么，以及每个部分应该贡献多少比例，只能由检查和监督整个国家事务的议会来判断。

因此，有人建议对殖民地征税，由英国议会决定每个殖民地应支付的金额，由省议会以最适合该省情况的方式进行评估和征收。与整个国家有关的事情将以这种方式由检查和监督整个帝国事务的议会决定；而每个殖民地的事务仍可由其自己的议会管理。尽管在这种场合下，殖民地没有派出代表参加英国议会，但是如果我们可以根据经验判断，议会的要求不可能是不合理的。英国议会在任何情况下都没有表现出对帝国中那些在议会没有派出代表的地区施加过重负担的最细微的倾向。根西岛（Guernsey）和泽西岛（Jersey），没有任何手段来抵制国会的权力，它们的税收比大不列颠的任何地方都要轻。国会试图行使其向殖民地征税的所谓权力时，无论其理由是否充分，都从未要求他们的纳税比例以任何方式接近于其国内同胞所付比例。此外，如果殖民地的税金与土地税的增减成正比，那么国会在向他们征税的同时就不能不向自己的选民征税，在这种情况下，殖民地可以被认为是已经在国会中的派出代表。

各国不乏这样的先例，所有不同的省份不按照统一标准征税，如果允许我这样说的话，而君主是决定各个省份纳税的金额的人：在一些省份君主按照自己认为合适的方式对其进行估税和征收；而在其他省份，他让每个省份的省议会决定如何估税和征收。在法国的一些省份，国王不仅征收他认为合适的税收，而且以他认为合适的方式进行估税和征收。在其他省份，他要求征收一定的金额，但让各省的议会按他们认为合适的方式估税和征收。根据征税计划，英国国会对殖民地议会的立场几乎与法国国王对那些仍然享有拥有自己省份特权、被认为是治理得最好的法国省份的立场一样。

不过，尽管根据这一计划，殖民地没有正当理由担心他们的公共负担份额会超过国内同胞的适当比例；但英国可能有正当理由担心殖民地永远达不到这一适当比例。在过去的一段时间里，英国国会在殖民地没有像法国国王在法国那些仍然享有自己省份特权的领地那样拥有巩固的权力。殖民地议会如果不是非常有利的处理（除非比以往管理得更巧妙，否则不太可能如此），仍然可以找到许多借口来逃避或拒绝议会的最合理要求。让我们设想一场英法战争爆发了：英国必须立即筹集 1000 万镑的资金，以保卫国家的中心地带。这笔资金必须以某种国会基金作为担保，支付利息，向人民借贷。这笔资金的一部分，国会建议在英国征税筹集；这笔资金的另一部分，建议向美洲和西印度群岛的所有不同殖民地议会征税筹集。殖民地议会距离战场十分遥远，而且有时候认为自己与这场战争之间并无太大的关系，而这笔资金的募集，一部分又取决于殖民地议会高兴与否，这样一来，人民会不会根据这个资金的担保而贷出资金呢？在这样一笔资金中，预付的资金可能不会超过在英国征收的税金所能满足的数额。由于战争而产生的全部债务负担，就会以迄今为止的同样的方式，落在英国身上；换句话说，落在英国的一部分，而不是整个国家身上。也许，自创世以来，英国是唯一一个随着其帝国的扩张，只增加其开支而没有增加其资源的国家。其他国家一般都把保卫帝国的大部分费用分担给他们的臣民和附属领地。大不列颠迄今为止一直让英国和下属领地的人负担着几乎全部费用。为了使英国与英国自己的殖民地（法律迄今一直认为它们是臣民和附属国）处于平等地位，在通过国会向它们征税的计划中，法律似乎有必要使议会有某种手段使其征税立即生效，以防殖民地议会试图逃避或拒绝征税；而这些手段是什么，却不容易想象，而且尚未得到阐明。

如果英国国会在同一时间完全确立了向殖民地征税的权利，甚至不需要征得他们自己议会的同意，那么这些议会的重要性将从那一刻起就不存在了，英属美洲的所有领导人的重要性也将随之消失。人们渴望在公共事务的管理中占有一定的份额，主要是考虑到公共事务对他们的重要性。很多国家的上层阶级，也就是大部分领导人，拥有的维护或捍卫各自重要性的权力，取决于每个自由政府体系的稳定性和持续时间。一些领导人不断攻击他人的重要性、捍卫自己重要性的过程包含了国内派系和野心家的全部博弈。美洲的领导人渴望维护自己的重要性。他们喜欢称殖民地的议会为议会，并认为其权威与英国国会相等。他们设想，如果他们的议会被贬低到成为英国国会的卑微的部门和执行部门，那么他们自己的大部分重要性就会不复存在。因此，他们拒绝了通过议会征收税款的建议，而像其他野心勃勃的人一样，宁愿选择拔剑来捍卫自己的重要性。

在罗马共和国即将衰落的时候，罗马的盟友们承担了保卫国家和扩展帝国的主要任务，他们要求被允许享有罗马公民的所有特权。在被拒绝后，内战就爆发了。在战争过程中，罗马将这些特权逐个地、按比例地授予他们中的大部分人，使他们脱离联盟。英国国会坚持向殖民地征税；而殖民地拒绝向一个他们没有代表的议会征税。如果对每一个脱离联盟的殖民地，英国都应允许其有一定数量的代表，以适应其对帝国公共收入的贡献比例，因为它要缴纳相同的税金，作为补偿被允许与国内的同胞享有同样的贸易自由，其代表的数量将随着其贡献的增加而增加。一种获得重要性的新方法，一个新的和更令人眼花缭乱的雄心勃勃的目标，将呈现在每个殖民地的领导人面前。他们不再为那些称为殖民地派系的微不足道的抽奖活动中获得的小奖品而斤斤计较，而是希望从人们对自己的能力和运气的自然推测中，抽到一些有时来自英国政体的大奖。除非采用这种或其他方法来保持美洲领导人的重要性和满足他们的野心，否则他们不可能自愿屈服于我们。我们应该想到，如果采用武力手段迫使他们臣服，那么每一滴流下的血都属于我们的同胞，或者是那些我们希望成为我们同胞的人。一些人自以为是，认为在目前的状况下，仅靠武力就能轻易征服我国殖民地，这是非常愚蠢且不负责任的。现在管理着他们所谓的大陆会议（Continental Congress）决议的人此时此刻在自己身上感受到的重要性，也许是欧洲子民都难以感同身受的。他们从店主、商人和律师变成了政治家和立法者，受雇为一个庞大的帝国设计一种新的政府形式，他们自以为是地说，这个帝国将成为，而且事实上，似乎很有可能成为世界上最强大的国家之一。直接在大陆会议下工作的人或许有五百人；在这五百人下行动的或许有五十万人，他们都以同样的方式感到自己的重要性有了相应的提高。目前，美洲执政党的几乎每一个人，在自己的想象中都占据着一个优越的位置，不仅比他先前所占据的位置高，而且是他曾经期望占据的位置高；除非向他或他的领导人提出一些新的雄心壮志，否则，如果他有着普通人的精神，他将为捍卫这个位置而死。

埃诺（Henaut）主席曾说，我们现在很有兴味地读到关于联盟的许多小事件的记录，这些事件发生时也许并不被认为是非常重要的新闻。但他说，当时每个人都认为自己非常重要。从那个时代流传下来的无数回忆录，大部分都是由那些以记录和夸大事件为乐的人撰写的，他们自以为是地认为自己是其中的重要角色。众所周知，巴黎城在那次事件中如何顽强地保护自己，如何为了抗拒最好而且也是最受人爱戴的那位国王，忍受一场可怕的饥荒。大部分公民，或者说那些统治他们的人，都是为了捍卫自己的利益而战斗的，他们预见到只要古老的政府重新建立起来，这种利益就会消失。我国殖民地，除非能促使他们同意与我们联合，否则很可能会像巴黎城对付一个最好的国王那样，顽强地保卫自己，对抗所有宗主国中最好的政府。

古代没有代表权的概念。当一个国家的人民被接纳为另一个国家的公民时，他们没有其他方式来行使这一权利，只能通过与他国人共同投票、共同讨论方式行使权利。授予意大利的大部分居民罗马公民权，彻底毁掉了罗马共和国。再也不可能区分谁是、谁不是罗马公民了。这样，一个部族就不能了解自己的成员。任何类型的乌合之众都可以被引入人民大会，他们可以驱逐真正的公民、决定共和国的事务，就好像自己就是公民一样。但是，即使美洲向国会派出50或60名新的代表，下议院的守门人也不难区分谁是、谁不是议员。因此，尽管罗马组织因罗马与意大利盟国的联合而必然遭到破坏，但英国组织绝不会因英国与殖民地的联合而受到伤害。恰恰相反，这种组织会因为它而得到完善，而没有它似乎就不够完美。审议和决定帝国每一部分事务的国会，为了获得适当的信息，当然应该有来自帝国每一部分的代表。然而，这种联合是否容易实现，或者在执行中是否会出现困难和巨大的困难，我并不敢妄加猜测。不过，我还没有听说过有什么困难是无法克服的。主要的困难可能不是来自事物的本性，而是来自大西洋两岸人民的偏见和分歧。

大西洋这边的我们担心众多的美洲代表会颠覆组织的平衡，或过多地增加王室的影响力，或过多地增加民主的力量。但是，如果美洲代表的人数与美洲税收的产出成正比，那么需要管理的人数就会与统治手段成正比；而统治手段的增加也与需要管理的人数成正比。联合之后，君主势力和民主势力彼此之间的相对力量将与先前完全相同。

大西洋另一边的人们害怕他们因离本国政府所在地的距离遥远，从而会受到许多压迫。但他们在议会中的代表，从一开始就应该是为数众多的，很容易保护他们免受一切压迫。距离不会大大削弱代表对选民的依赖性，而且前者仍会感到他在议会的席位以及由此产生的所有后果都要归功于后者的良好意愿。因此，前者的利益在于培养这种善意，以立法机构成员的所有权威，抱怨任何民事或军事官员在帝国的那些偏远地区可能犯下的每一个暴行。美洲离英国确实十分遥远，此外，美洲人民也可以合理地认为他们不会长久地与帝国所在地分隔。迄今为止美洲殖民地在财富、人口和土地改良方面的进展十分迅速，也许在一个多世纪的时间里，美洲产品可能就会超过英国的税收。这样，帝国的所在地就会自然而然地转移到对整个帝国的总体防御和支持贡献最大的那个地方。

美洲的发现，以及从好望角通往东印度的通道的发现，是人类历史上记载的两个最伟大、最重要的事件。它们带来的影响非常大；但是，在这些发现发生后的短短两三个世纪里，它们的全部后果不可能都被看到。人类的智慧无法预见这些伟大的事件今后会给人类带来什么样的利益或不幸。通过在某种程度上将世界上最遥远的地区联合起来，他们能够填补彼此的需求、增加彼此的享受、鼓励彼此的工业，其总体趋势似乎是有益的。然而，对于东印度和西印度群岛的当地人来说，这些事件可能带来的所有商业利益都在它们所造成的可怕不幸中被抵消了。然而，这些不幸似乎是由意外而不是由这些事件本身的性质所引起的。在这些发现的特定时期，欧洲人的武力优势是如此之大，以至他们能够在这些偏远国家肆无忌惮地实施各种不公正行为。此后，这些国家的当地人可能会变得更强大，或者欧洲人可能会变得更弱小，世界上所有不同地区的居民可能会达到勇气和武力之间的平衡，通过激发相互之间的恐惧，独立国家之间的不公正才能被克制，转为对彼此的权利的某种尊重。但是，似乎没有什么比所有国家之间的广泛商业活动自然或必然引发的知识和各种改良的相互交流更有可能建立这种力量的平等。

同时，这些发现的主要影响之一是将重商主义提升到了一个它永远无法达到的辉煌和荣耀的程度。重商主义制度的目的是，通过贸易和制造业而不是通过土地的改良和耕种、通过城镇的行业而不是通过乡村的行业，来使一个大国富强。但是，由于这些地理发现，欧洲的商业城镇不再是世界上很小一部分地方（欧洲的大西洋沿岸，以及波罗的海和地中海周围的国家）的制造业者和运输业者的聚集地，而是现已成为美洲众多农业蓬勃发展地区的制造业者的市场，以及亚洲、非洲和美洲几乎所有不同国家的运输业者的聚集地，而且在某些方面也成为制造业者的聚集地。两个新的市场已经向他们的工业开放，每一个都比旧的市场更宏大、更广阔，其中一个市场还在不断增长，规模越来越大。

拥有美洲殖民地的国家，以及直接与东印度进行贸易的国家，确实享受到了这一贸易的全部成果和辉煌。然而，尽管其他国家受到各种令人反感的限制将它们排除在外，但除殖民地宗主国外的其他国家经常享受到更多的实际利益。例如，西班牙和葡萄牙的殖民地对其他国家的工业给予了比西班牙和葡萄牙的工业更多的实际鼓励。据说，仅亚麻布一项，这些殖民地的消费就达到了每年 300 多万英镑，不过我不敢肯定数字真有这么高。这种巨大的消费几乎完全来自法国、弗兰德斯、荷兰和德国，而西班牙和葡萄牙只提供了其中的一小部分。为殖民地提供大量亚麻布的资本，每年都在其他国家的居民中分配，并为他们提供收入。其他国家所得的利润只花在西班牙和葡萄牙，在那里它们帮助加的斯和里斯本的商人们积累丰厚的财富。

即使是每个国家努力为保证自己对其殖民地的专营贸易而制定的法规，也常常对其所支持的国家比对其所反对的国家更有害。对其他国家工业的不公正压迫，如果我可以这样说的话，会落到压迫者的头上，使他们的工业比其他国家的工业受到更大的压迫。例如，根据这些规定，汉堡的商人必须把他为美洲市场准备的亚麻布送到伦敦，也必须从那里带回他为德国市场准备的烟草，因为他既不能把一个直接送到美洲，也不能把另一个直接从那里带回。由于这种限制，他可能不得不把前一种商品（亚麻布）卖得更便宜一些，而对后一种商品（烟草）买得更昂贵一些；他的利润也可能因此而受到一定程度的压缩。然而，汉堡和伦敦之间的这种贸易肯定比对美洲的直接贸易能够更快地收到资本回报，即使我们假设从美洲收回资本的速度与伦敦一样，但这并非事实。这样，限制汉堡商人，使之不能与美国直接贸易，汉堡商人的资本可以促进德国工业持续就业，能继续在德国雇佣更多的劳动力。因此，尽管对他来说一种行业可能比另一种行业的利润低，但对他的国家来说，国家的利益却不会减少。但英国的情况则不同，垄断自然吸引（如果我可以这样说的话）伦敦商人的资本，使之流入比大部分其他用途更有利的用途，但是，由于收益缓慢，对国家更不利。

因此，在欧洲每个国家都试图不公正地将其殖民地贸易的全部利益据为己有之后，除了在和平时期支持、在战争时期捍卫其对殖民地的压迫性权力的费用之外，欧洲任何国家还没有能够将全部利益据为己有。每个国家都完全承担了拥有殖民地而产生的不便，却不得不与许多其他国家分享因其贸易而产生的利益。

毫无疑问，乍看上去，对美洲商业的垄断似乎是一种具有最高价值的收入。在乱花迷眼的野心家看来，在政治和战争的混乱交战中，它自然而然地会作为一种值得争夺的迷人目标。然而，这个目标的耀眼光芒、商业的巨大规模，正是使对它的垄断变得有害的性质，或者说，垄断使得某种用途就其本身的性质而言必然不如其他大部分用途对国家更有利，却吸收了比自然状态下更大比例的国家资本。

本书第二卷已经表明，每个国家的商业资本都会自然地寻求（如果可以这么说的话）对该国最有利的用途。如果它被用于运输贸易，那么它所属的国家就会成为所有国家货物的集散地，但该资本的所有者必然希望尽可能多地在国内处理这些货物。这样他就省去了出口的麻烦、风险和费用，因此他很乐意在国内出售这些货物，不仅价格要低得多，而且利润也要比他把这些货物运到国外可能赚到的要少。因此，他自然会尽可能地把他的运输贸易变成对外消费贸易。如果他的资本也被用于对外消费贸易，那么出于同样的原因，他将乐于在国内尽可能多地处理他为出口到某个外国市场而收集的国内货物，因此他将尽可能地努力将他的对外消费贸易变成国内贸易。每个国家的商业资本都会以这种方式自然地趋近避远，自然地追求收益频繁的工作，而回避收益遥远和缓慢的用途，自然地追求它能在其所属国家或其所有者居住的国家维持最大数量的生产性劳动的用途，而回避它能在那里维持最小数量的用途。也就是它自然会追求在一般情况下最有利的用途，而回避在一般情况下对该国最不利的用途。

但是，如果在通常情况下对国家不太有利的任何一种遥远的用途中，利润恰好高于足以平衡人们对较近工作的自然偏好的水平，这种利润的优越性就会从较近的用途中吸引资本，直到所有的利润恢复到适当的水平。然而，这种高利润证明，在社会的实际情况下，那些较远的用途与其他用途相比，资本略有不足，而社会资本没有以最适当的方式在所有不同的用途中进行分配。这就证明，有些东西要么买得便宜，要么卖得贵，某些特定阶层的公民或多或少地受到压迫，因为他们付出的代价或得到的东西比应该得到的要少，这种平等是本应该在所有不同阶层之间自然发生的。虽然同样的资本在远处的用途和在近处的用途中永远不会维持同样数量的生产性劳动，但远处的用途可能和近处的用途一样，对社会福利必不可少；远处的用途所经营的货物也许是进行许多近处的用途所必需的。但是，如果经营这种商品的人的利润高于其适当的水平，这些商品就会卖得比它们应该卖的更贵，或略高于其自然价格，而所有从事较近用途的人或多或少都会受到这种高价的压迫。因此，在这种情况下，他们的利益要求从较近的用途中抽出一些资本，转向较远的用途，以便把它的利润降低到适当的水平，把所经营的货物的价格降低到其自然价格。在这种特殊情况下，公共利益要求一些资本应该从那些在普通情况下比较有利的用途中撤出，而转向在普通情况下对公众比较不利的用途。人们的自然利益和倾向与公共利益完全一致，就像在所有其他一般情况下一样，这导致他们从近处撤出资本，而转向远处的用途。

因此，个体商人的利益和欲望自然使他们把他们的资本转向那些在通常情况下对社会最有利的用途。但是，如果由于这种自然的偏爱，人们将其过多地转向这些用途，那么，这些用途中利润的减少和所有其他用途中利润的增加会立即使他们改变这种错误的资本分配方式。因此，在没有任何法律干预的情况下，人们的私人利益和欲望自然会导致他们将每个社会的资本尽可能地按照最符合整个社会利益的比例分配给所有不同的用途。

重商主义制度的所有不同规定都必然或多或少地打乱了这种最自然、最有利的资本分配。但是，那些涉及对美洲和东印度贸易的规定，可能比其他任何规定都更能削弱重商主义制度的影响，因为由这两大贸易市场所吸收的资本量比任何其他贸易部门都要大。然而，在这两大贸易市场中，造成这种混乱的规定并不完全相同。垄断是这两种贸易的巨大动力，但这两种垄断情况是不同的。事实上，这样或那样的垄断似乎是重商主义的唯一手段。

在对美洲的贸易中，每个国家都试图通过公平地排除所有其他国家对其殖民地的直接贸易，尽可能多地占有自己殖民地的整个市场。在16世纪的大部分时间里，葡萄牙人努力以同样的方式管理对东印度的贸易，声称其拥有在印度海域航行的唯一权利，因为他们首先发现了通往印度的道路。荷兰人仍然继续排斥所有其他欧洲国家与他们的马鲁古群岛进行任何直接贸易。这种垄断显然是针对所有其他欧洲国家建立的，这些欧洲国家不仅被排除在一种对他们来说可能十分方便的贸易之外，他们不得不按照比他们自己直接从生产这些货物的国家进口要贵一些的价格购买这种贸易的货物。

但是，自从葡萄牙政权倒台后，任何欧洲国家都没有声称拥有在印度海域航行的专属权利，而印度海域的主要港口现在对所有欧洲国家的船只开放。然而，除了葡萄牙和近几年的法国，每个欧洲国家的东印度贸易都受制于一个专营公司。这种垄断是被正当地建立起来，反对建立该垄断的国家的制度。因此，该国的大部分人不仅被排除在一种对他们来说可能是方便的贸易之外，他们不得不按照比对所有同胞开放自由的贸易要贵一些的价格购买这种贸易所交易的货物。例如，自从英国东印度公司成立以来，英国的其他居民除了被排除在贸易之外，还必须在他们所消费的东印度货物的价格中付出代价，不仅因为该公司由于其垄断可能在这些货物上获得的所有特殊利润，而且因为在管理如此大的公司的事务中不可避免的欺诈和滥用所必然造成的所有渎职和浪费。因此，第二种垄断明显要比第一种垄断更加荒谬。

这两种垄断都或多或少地破坏了社会资源的自然分配；但它们并不总是以同样的方式使之错乱。

第一类的垄断总是违反资本的自然流动趋势，它吸引更多的社会资本流向它们所建立的特定行业。

第二类的垄断有时会把资本吸引到它们所建立的特定贸易中去，有时会根据不同的情况把资本从该贸易中赶走。在贫穷国家，它们自然会吸引更多的资本进入该行业；而在富裕国家，它们自然会排斥大量本来会去从事这一行业的资本。

例如，像瑞典和丹麦这样的贫穷国家，如果不是贸易受制于一家专门的公司，可能永远不会向东印度派出一艘船。这种公司的建立必然鼓励冒险家。他们的垄断保证了他们在国内市场上与其他对手的竞争，而且保证了他们在国外市场上与其他国家的商人之间竞争的机会。他们的垄断告诉他们，相当数量的货物有极大把握获得巨大利润，数量越大，获得的利润也越大。如果没有这种异常的鼓励，这些贫穷国家的贫穷商人虽然脑海中可能会有这样的想法，但是可能永远不会想到把他们的小资本投入到如此遥远和不确定的冒险中去。

相反，像荷兰这样的富裕国家，在自由贸易的情况下，可能会向东印度派出比它实际派出的更多的船只。荷兰东印度公司的资本有限，可能会把许多本来要流向东印度的大商业资本从该贸易中赶走。荷兰的商业资本规模如此之大，以至于它不断地溢出，有时流入外国的公共资金，有时借给外国的私营商人和冒险家，有时流入最迂回的对外消费贸易，有时流入运输贸易。所有近处的用途都被资本填满了，所有能在其中获得任何可容忍的利润的资本都已经投入其中，荷兰的资本必然流向更遥远的用途。对东印度的贸易，如果完全自由的话，可能会吸收这些多余的资本的大部分。东印度为欧洲的制造业、美洲的金银，以及其他产品提供了一个比欧洲和美洲加起来还要大、还要广阔的市场。

资本的自然分配的每一次失调都必然会对发生这种失调的社会造成伤害；不管是把本来会进入某一特定行业的资本拒之门外，还是把本来不会进入该行业的资本吸引到某一特定行业。如果没有任何专营公司，荷兰对东印度的贸易会比实际情况更多，那么该国一定会遭受相当大的损失，因为它的部分资本被排除在对该部分最方便的用途之外。同样，如果没有一家专门的公司，瑞典和丹麦对东印度的贸易会比实际情况少，或者，也许更有可能的是，根本就不存在，这两个国家也会遭受相当大的损失，因为它们的部分资本被吸引到一个或多或少不适合它们目前情况的用途之中。对他们来说，在目前的情况下，购买其他国家的东印度货物，即使价格稍贵，也比把他们的小部分资本转向如此遥远的贸易要好得多，因为这种贸易的收益非常缓慢，资本可以在国内维持的生产性劳动如此之少，而这两个国家又如此需要生产性劳动，国内已经做到的事情很少，需要做到的事情很多。

因此，尽管在没有专营公司的情况下，某个国家不可能直接对东印度进行贸易，但这并不意味着应该在那里建立专营公司，而只是意味着在这种情况下，这样的国家不应该直接对东印度进行贸易。葡萄牙人的经验充分证明了，这种公司对于开展东印度贸易一般来说是没有必要的，他们在没有设立任何专营公司的情况下，几乎在一个多世纪的时间里享受了整个东印度贸易的收益。

有人说，任何一个私营商人都不可能有足够的资本在东印度的不同港口供养代理商和员工，以便为他可能偶尔派往那里的船只提供货物；然而，除非他能够如此，否则寻找货物的困难可能经常使他的船只错过返程的季节，而如此长时间的拖延所产生的费用不仅会抵消掉冒险的全部利润，而且经常造成非常大的损失。然而，这种说法，如果能证明什么的话，所证明的就是没有一个大的贸易分支可以在没有专营公司的情况下进行，而这与所有国家的经验是相反的。在任何一个大的贸易部门中，任何一个私营商人的资本都不足以同时在所有为了开展主要的贸易部门而必须开展的附属部门进行贸易。但是，当一个国家的任何一个大的贸易分支成熟时，一些商人自然会把他们的资本转向主要的贸易分支、有些转向它的次要分支；尽管它的所有不同的分支都以这种方式进行，但它们都由一个私营商人的资本进行的情况很少发生。因此，如果一个国家开展东印度贸易的时机已经成熟，那么它的一部分资本自然会在该贸易的所有不同分支之间分配。一些商人会发现，居住在东印度符合他们的利益，在那里他们利用自己的资本为居住在欧洲的其他商人将要发出的船只提供货物。如果将不同的欧洲国家在东印度获得的殖民地从目前所属的专营公司手中转移到君主的直接保护之下，这种殖民地将是既安全又方便的，至少对这些殖民地所属的特定国家的商人来说是如此。如果在任何特定时期，某国自愿投入东印度贸易的那部分资本不足以经营所有这些不同的贸易分支，这就证明在那个特定时期，该国进行这种贸易的时机尚未成熟。该国最好在一段时间内，甚至以较高的价格，从其他欧洲国家购买它有机会得到的东印度货物，而不是自己直接从东印度进口。它因这些货物的高价而可能遭受的损失，很少可能等于因其他更必要、更有用或更适宜的用途所抽出大量资本而遭受的损失。

尽管欧洲人在非洲海岸和东印度都有许多相当大的殖民地，但他们还没有在这两个国家建立起像在美洲岛屿和大陆那样多而繁荣的殖民地。然而，非洲以及几个统称为东印度的国家都居住着未开化民族，但这些国家的土著民绝非像可怜无助的美洲人那样软弱无力；而且与他们所居住的国家的土地的自然肥力成正比，他们的人口要多得多。非洲或东印度的未开化民族中，很多人都是牧羊人；甚至霍屯督人（Hottentot）也是如此。但是，除了墨西哥和秘鲁之外，美洲每个地方的原住民都是猎人；在同样肥沃的领土上，牧羊人和猎人的数量相差很大。因此，在非洲和东印度，要驱逐土著，将欧洲人的种植园扩展到原居民的大部分土地上比较困难。此外，我们已经注意到，专营公司的精神不利于新殖民地的发展，这可能是他们在东印度取得的进展不大的主要原因。葡萄牙人在没有任何专营公司的情况下开展了对非洲和东印度的贸易，他们在非洲海岸的刚果、安哥拉和本格拉以及东印度的果阿（Goa）的殖民地，虽然因受到迷信和政府各种管理不良的影响而十分萧条，但与美洲的殖民地有一些微弱的相似之处，而且部分葡萄牙人已经在此处居住繁衍数个世代。荷兰人在好望角和巴达维亚（Batavia）的殖民地是目前欧洲人在非洲或东印度建立的最重要的殖民地，这两个殖民地都占有特别有利的地位。好望角居住着几乎和美洲原住民一样野蛮、一样没有自卫能力的一群人。此外，它还是欧洲和东印度之间的中转站，如果可以这么说的话，几乎每艘去程和回程的欧洲船只都会在这里停留一段时间，为这些船只提供各种新鲜食品、水果，有时还提供葡萄酒，为殖民者的剩余产品提供了一个非常广泛的市场。就像好望角在欧洲和东印度的每个地方之间一样，巴达维亚处在东印度的主要国家之间，除此之外，它还是所谓的东印度国家贸易的中心和主要市场，不仅包括欧洲人从事的那部分贸易，而且包括东印度原住民从事的贸易。这种有利的情况使这两个殖民地能够克服各种障碍，虽有专营公司的压迫，其发展也没有受到阻碍。这种地位还使巴达维亚克服了可能拥有着世界上最不健康的气候的这一额外的不利因素。

英国公司和荷兰公司虽然除了上面提到的两个外，没有建立相当大的殖民地，但都在东印度群岛征服了许多地方。但是，在他们管理其新领土的方式中，专营公司的自然精神表现得最明显。在马鲁古群岛，据说荷兰人会将一个肥沃季节所产的所有香料烧掉，他们因为担心这些香料过多，不能提供他们认为足够的利润。在没有建立殖民地的岛屿上，他们给那些收集丁香和肉豆蔻树的嫩花和绿叶的人提供奖励金。这些树在岛上自然生长，但据说野蛮的政策使它们现在几乎完全灭绝。即使在建立殖民地的岛屿上，据说他们也极大地减少了这些树的数量。如果他们自己岛屿上的产品远远超过适合他们的市场的需求，他们怀疑，当地人可能会把其中的一部分运到其他国家；他们认为，确保他们自己的垄断的最好办法是注意不要让自己的产量超过他们运到市场的产品的产量。通过不同的压迫手段，他们已经将马鲁古群岛的人口减少到足够为他们自己微不足道的驻军和偶尔会到那里装载香料的船只提供新鲜食物和其他生活必需品的数量。然而，即使在葡萄牙人的管理下，这些岛屿据说也有相当多的居民。英国的公司还没有时间在孟加拉建立如此完美的破坏性制度。然而，当地政府的计划却有完全相同的倾向。我确信，首领，也就是公司的领导者，命令农民耕种一片肥沃的罂粟地，然后播种水稻或其他谷物，这种情况并不少见。这样做的借口是防止粮食匮乏；但真正的原因是让首领有机会以更高的价格出售他手头的大量鸦片。有时，如果他预见到鸦片可能会带来巨大的利润，就会颠覆之前的命令，让农民犁掉肥沃的稻田或种植其他谷物的良田，为耕种罂粟腾出空间。该公司的员工曾多次试图出于自己的利益在国外和国内的贸易部门建立一些最重要的部门的垄断权。如果他们被允许继续下去，他们早晚会试图限制他们想要垄断的特定物品的生产，不仅限制自己可以购买的数量，而且限制可以以足够的利润出售的数量。在一两个世纪的时间里，英国公司的政策可能会与荷兰公司的政策一样具有完全的破坏性。

但是，没有什么比这一破坏性计划更直接地违背那些公司的实际利益了，这些公司被认为是他们所征服国家的统治者。在几乎所有国家，统治者的收入都来自人民的收入。因此，人民的收入越多，他们的土地和劳动的年产量就越大，他们就能向统治者提供更多的收入。因此，他的利益所在就是尽可能地增加年产量。但是，如果这是每一位统治者的利益，那么它对那些收入主要来自地租的君主来说，就更是如此。地租总是与农产品的数量和价值成比例，而这两者都必须取决于市场的范围。数量总是或多或少地适合那些有能力购买它的人的消费，而他们支付的价格总是与他们竞争的激烈程度成比例。因此，这样一位统治者的利益是为他的国家的产品开放最广泛的市场，允许最完美的自由贸易，以便尽可能地增加买家的数量和竞争；因此，不仅所有的垄断要被废除，而且对国内产品从一个地方到另一个地方的运输、对其出口到外国，或对其可以交换的任何种类的货物进口的所有限制都要被废除。这样做最有可能增加该产品的数量和价值，从而增加他自己的份额或他自己的收入。

但是，一群商人构成的商人公司似乎无法将自己视为统治者，即使在他们已经成为统治者之后也是如此。他们仍然把贸易，或者说为了再次出售而购买，视为他们的主要业务，并以一种奇怪的、荒唐的方式把统治者的角色视为商人身份的附属品，把它视为应该服从于商人身份的东西；或者通过成为统治者的方式，他们能够在印度购买更便宜的商品，从而在欧洲出售时获得更高的利润。为此，他们努力把所有的竞争者从他们政府管辖的国家的市场上驱逐出去，因此，至少要把这些国家的部分剩余产品减少到勉强满足他们自己需求的程度，或者减少到他们期望可以在欧洲以他们认为合理的利润出售的程度。他们的商业习惯促使他们几乎必然地、尽管也许是不自觉地，在所有普通的场合下，宁愿选择垄断者的小而短暂的利润，而不是统治者的宏大而长久的收入，这逐渐导致他们对待受其政府管辖的国家的方式趋向荷兰人对待马鲁古群岛那样。东印度公司作为统治者的利益所在是：运到他们印度领地的欧洲货物应该在那里尽可能便宜地出售，而从那里运来的印度货物应该尽可能地以最优价格或最高价格在欧洲出售。但是，他们作为商人的利益与此相反。作为统治者，他们的利益与所治理的国家的利益完全相同。作为商人，他们的利益与这个利益直接相反。

但是，如果说这样一个政府的精髓，甚至就其在欧洲的管理而言，在本质上也许是无可救药的错误，那么它在印度的管理上就更加如此了。印度的政府必然等于一个商人协会。商人的职业无疑是非常值得尊敬的，但在世界任何一个国家，这种职业都不会带有那种自然而然地征服人民的、不需要武力就能使他们心甘情愿地服从的权威。这样的议会只有通过与之相伴的军事力量才能命令人们服从，因此他们的政府必然是军事化和专制的。然而，统治者的本业是商人的业务，他们按照主人的要求，出售委托给他们的欧洲货物，并为欧洲市场购买印度货物作为回报。他们要尽可能地低买高卖，要尽可能地把所有竞争对手排除在他们买卖交易的特定市场之外。因此，就公司的贸易而言，统治机构的精髓与管理机构的精髓是一致的。它倾向于使政府屈从于垄断的利益，因此至少使国家某些部分的剩余产品的自然增长停滞在勉强满足公司需求的水平上。

此外，政府的所有成员都或多或少地为自己的利益经营贸易，而禁止他们这样做则是完全徒劳的。这些行政人员既有能力经营贸易、有发财的手段，又身处万里之外几乎完全不受主任控制。他们虽然有主人支付适度的工资，但工资本身却并不高、难以上涨，通常都是公司贸易的实际利润所能负担的数额。他们几乎完全不受主人的监视，因此，也就完全不可能只听从简单的命令就放弃发财的希望。在这种情况下，禁止公司的员工以自己的名义进行交易，除了使上级员工能够以执行主人的命令为借口，压迫那些不幸的下级员工外，几乎没有任何其他效果。员工自然会努力构建同样的垄断，以支持他们自己的私人贸易和公司的公共贸易。如果他们被允许按自己的意愿行事，他们就会公开、直接地建立这种垄断，公平地禁止所有其他人交易他们选择的物品；这也许是建立垄断的最好和最不压迫的方式。但是，如果来自欧洲的命令禁止他们这样做，尽管如此，他们还是会努力以秘密、间接的方式建立同样的垄断，这种方式对国家的破坏性更大。他们将利用政府的全部权力，歪曲司法，钳制那些在任何商业分支中干涉他们的人，而他们可能选择通过代理人的方式，通过无论是隐蔽、还是至少不公开宣布的方式，来进行这种贸易。但是，员工的私人贸易自然会比公司的公共贸易扩展到更多种类的物品。公司的公共贸易不超过与欧洲的贸易，而且只包括国家对外贸易的一部分。但员工的私人贸易可以扩展到内陆和对外贸易的所有不同分支。公司的垄断只会阻碍那部分剩余产品的自然增长，而在自由贸易的情况下，这部分产品将出口到欧洲。员工的垄断倾向于阻碍他们选择交易的每一部分产品的自然增长，包括供国内消费的产品和供出口的产品，因此这将降低整个国家的耕作水平，减少其居民的数量。它倾向于减少各种产品的数量，甚至是生活必需品的数量，只要公司的员工选择经营这些产品，这些员工就有能力购买并期望以他们所喜欢的利润出售。

从他们处境的性质来看，员工必须比他们的主人更愿意严格地支持他们自己的利益，而不是支持他们所治理的国家的利益。国家属于他们的主人，他们不能避免对属于他们的利益有一些考虑，但国家并不属于员工。他们的主人的真正利益，如果他们能够理解的话，与国家的利益一致。[①] 主要是由于无知以及商业偏见的卑劣，他们才会一直压迫国家。但是员工们的真正利益与国家的利益绝不相同，最完美的信息也不一定能结束他们的压迫。因此，从欧洲发出的规定，虽然经常软弱无力，但在大多数情况下都是善意的。

然而，我在这里所说的一切，并不是要诋毁东印度公司员工的一般品格，更不是要指责某位任何特定的员工。我想指责的是政府的制度和他们所处的状况，而不是在其中行事的人的品格。他

① 然而，每个印度股票所有者的利益与他所投的票对政府产生某种影响的国家的利益绝不相同。

们按照自己的处境自然而然地采取行动，而那些对他们批评得最厉害的人，可能自己也不会做得更好。在战争和谈判中，马德拉斯（Madras）和加尔各答的议会曾多次果断行事，这放在罗马共和国的鼎盛时期，会给罗马元老院带来荣耀。然而，这些议会的成员所从事的职业与战争和政体都有着极大的不同。仅凭他们的处境，在没有教育、经验、甚至没有榜样的情况下，他们所需要的品质似乎一下子就在他们身上形成了，这激发了他们的能力和美德，而他们或许还不自知。因此，如果，在某些情况下，他们的地位促使他们采取了出人意料的宽宏大量的行动，那么，在其他情况下，他们采取了一些不甚一致的行动，我们也不应该感到奇怪。

总而言之，这种专营公司在各方面都是有害的：对设立他们的国家而言，或多或少有些不便；而对不幸受其管辖的国家来说，总会带来破坏。

第八章

有关重商主义的结论

尽管鼓励出口和阻止进口是重商主义试图使每个国家致富的两大手段，但对于某些特定的商品，它似乎奉行一套相反的政策：阻止出口、鼓励进口。然而，它所宣称的最终目标始终是一致的，即通过有利的贸易差额使国家富强。重商主义限制工业原料和行业工具的出口，以便使我国工商业者受益，使他们能够在所有外国市场以比其他各国更低的价格出售他们的货物。重商主义通过这种方式限制少数价格不高的商品的出口，使其他商品的出口数量更大、价值更高。重商主义鼓励进口工业原料，以便使我国人民能够更廉价地加工这些材料，从而防止进口更大和更有价值的制造品。至少在我国的法律全书中，我没有看到对行业工具进口的任何鼓励。当制造业发展到一定的程度时，行业工具的制造本身就成为大量非常重要的制造业的目标。对这种工具的进口给予任何特别的鼓励都会对这些制造业的利益造成极大的干扰。因此，这种进口非但没有得到鼓励，反而经常被禁止。因此，爱德华四世三年（1463 年）的法案禁止进口羊毛梳，但从爱尔兰进口或作为残骸或战利品运入的羊毛梳除外；伊丽莎白三十九年（1596 年）的法案延长了这一禁令，并在随后的法律中得到延续，成为永久禁令。

工业原料的进口，有时通过免除其他货物的关税、有时通过奖励金进行鼓励。

羊毛从几个不同的国家进口，棉花从所有国家进口，未加工的亚麻、大部分染色剂和大部分未加工的生皮从爱尔兰或英国殖民地进口，海豹皮从英属格陵兰渔场进口，生铁和条铁以及其他一些工业原料从英国殖民地进口，只要在海关适当登记，就可以免除所有关税。这种关税豁免以及我国其他商业法规的大部分内容，很可能是商人和制造业者出于私人利益，从立法机构那里获得的。然而，这些规定是完全公正和合理的，如果与国家的需要相一致，这些规定可以扩大到所有其他的工业原料，公众肯定会受益。

然而，我国的大制造业者们的欲望在某些情况下将这些豁免扩大到了可以合理地认为超出工作的原材料之外。乔治二世二十四年（1650 年）第四十六号法案规定，对外国棕色亚麻纱的进口只征收每磅 1 便士的税金，取代先前所征收的高得多的税金。此前，帆布麻纱的税率为每磅 6 便士，所有法国和荷兰麻纱征收每磅 1 先令，对所有波罗的海麻纱征收每担（1 担 =112 磅）2 镑 13 先令 4 便士。但是，我国的制造业者对这一减税并没有满足太久。根据乔治二世二十九年（1655 年）第十五号法令，对价格不超过每码 18 便士的英国和爱尔兰亚麻布的出口给予奖励金的同一法律，甚至对棕色亚麻布纱线的进口也取消了这一小额关税。然而，在制造亚麻纱线所需的不同操作中，所使用的劳动比从亚麻纱线制造亚麻布的后续操作要复杂得多。且不说亚麻种植者和亚麻加工者的劳动，至少要有三位纺纱工才能维持一位织工的持续劳动，而制造亚麻布所需的全部劳动量的 4/5 以上用于亚麻纱，但我国的纺纱工是劳动贫民，通常散居在全国各地，没有任何支持或保护。我国的大制造业者不是通过出售她们的产品，而是通过出售织工的制成品获取利润。由于他们的利益来自尽可能高价出售制成品，所以他们想要尽可能低价地购入原材料。通过向立法机构索取本国出口的亚麻布的奖励金，对所有外国亚麻布的进口征收高额关税，以及完全禁止国内消费某些种类的法国亚麻布，他们努力尽可能高价出售自己的货物，尽可能通过鼓励进口外国亚麻纱线，使其与我国工人生产的亚麻纱线竞争，试图尽可能低价购买贫穷的纺纱工人的制品。他们既想压低自己织工的工资，又想压低贫穷纺工的收入，努力提高制成品的价格或降低原材料的价格绝不是为了工人的利益。我国重商主义体系鼓励的主要是为富人和有权有势者的利益而使用的劳动，为穷人和贫民谋福利的产业往往被忽视或压制。

对亚麻布出口的奖励金和对外国纱线进口的免税，最初只授予十五年，但得到过两次不同的延长，将于 1786 年 6 月 24 日开始的国会会议结束时失效。

奖励金对进口工业原料的鼓励主要限于从我国的美洲殖民地进口的材料。

第一笔这类奖励金是在 18 世纪初对从美洲进口的海军物资给予的奖励金。这类物资包括适合做桅杆、船坞和船首桅杆的木材；麻；焦油、沥青和松节油。然而，对于从苏格兰进口到英格兰的桅杆木材每吨 1 英镑的奖励金，以及大麻每吨 6 英镑的奖励金，都被扩大到这些木材之上。这两项奖励金没有任何变化，都以相同的比率继续执行，直到它们分别到期为止。大麻奖励金在 1741 年 1 月 1 日终止，桅杆木材的奖励金在 1781 年 6 月 24 日开始的国会会议结束后到期。

对进口焦油、沥青和松节油的奖励金在其持续期间经历了几次改变。最初焦油和沥青的奖励金是每吨 4 英镑，松节油的奖励金是每吨 3 英镑。后来，每吨 4 英镑的焦油奖励金仅限于以特定方式制备的焦油；其他良好、干净、适销的商品焦油奖励金降至每吨 2 镑

4 先令。对沥青的奖励金也降至 1 镑；对松节油的奖励金降至每吨 1 镑 10 先令。

按照时间顺序，对进口工业原料的第二笔奖励金是乔治二世二十一年（1647 年）第三十号法律规定的对从英国殖民地进口的靛蓝给付的奖励金。当殖民地靛蓝的价值是法国最好的靛蓝价格的 3/4 时，根据该法案，它有权获得每磅 6 便士的奖励金。这项奖励金和其他大多数奖励金一样只在有限的时间内发放，经过几次延长，最后降至每磅 4 便士，将于 1781 年 3 月 25 日开始的国会会议结束时失效。

第三笔这类奖励金是乔治三世四年（1763 年）第二十六号法案给付的，大约在我国开始与美洲殖民地有时和平、有时争执的时候，对从英国殖民地进口的麻或未加工的亚麻给予奖励金。这一措施从 1764 年 6 月 24 日到 1785 年 6 月 24 日，为期 21 年。前 7 年每吨 8 英镑，中间 7 年每吨 6 英镑，最后 7 年每吨 4 英镑。这项措施没有扩展到苏格兰，因为苏格兰的气候并不太适合这种产品，尽管有时会种植少量、质量较差的大麻。如果对进口到英格兰的苏格兰亚麻给予这种奖励金，则会对英国南部的本地产品产生很大的阻碍。

第四笔这类奖励金是由乔治三世第五年（1764 年）第四十五号法案给付的，对从美洲进口的木材给予奖励金。该奖励金为期九年，从 1766 年 1 月 1 日到 1775 年 1 月 1 日。在头 3 年中，每进口 120 条好松木发给奖励金 1 镑；每 50 立方英尺的其他方形木材，奖励金为 12 先令。中间 3 年，每进口 120 条好松木，奖励金为 15 先令，其他方形木材为 8 先令；第三个 3 年，每进口 120 条好松木，奖励金为 10 先令，其他方形木材为 5 先令。

第五笔这类奖励金是由乔治三世九年（1768 年）第三十八号法案给付的，对从英国殖民地进口的生丝给予奖励金。奖励金有效期为21年，从1770年1月1日到1791年1月1日。在最初的7年里，每进口价值100镑的生丝，奖励金为25镑；中间7年为20镑；最后7年为15镑。养蚕、缫丝要求大量的手工劳动，而美洲的劳动力又十分昂贵，因此我听说，即使是这么高的奖励金也不可能产生任何可观的效果。

第六笔这类奖励金是由乔治三世十一年（1770年）第五十号法案给付的，对从英国殖民地进口的大酒桶、豪格桶、木桶板和桶头板给予奖励金。奖励金的有效期为9年，从1772年1月1日到1781年1月1日。在前3年中，进口各类货物达一定数量，发给6镑奖励金；中间3年奖励金为4镑；最后3年奖励金为2镑。

第七笔，也是最后一笔这类奖励金是由乔治三世十九年（1778年）第三十七号法案给付的，对从爱尔兰进口的麻类给予奖励。它的授予方式与从美洲进口麻和未加工的亚麻的方式相同，为期21年，从1779年6月24日到1800年6月24日。这个期限同样分为三个时期，每个时期为七年；在每个时期，爱尔兰的奖励金标准与美洲的相同。然而，它并不像美洲的奖励金那样，扩展到生亚麻的进口。这对在英国种植这种植物的人来说是一个很大的打击。当最后一项奖励金发放时，英国和爱尔兰的立法机构之间的关系并不比英国和美洲先前的关系有所改善。但我国希望，对爱尔兰的这项奖励金是在比对美洲的所有奖励金更幸运的情况下给付的。

我国在从美洲进口时给予奖励金的同样商品，从任何其他国家进口，都要征收大量的关税。我国的美洲殖民地的利益曾经被视为与宗主国的利益相同。他们的财富被认为是我国的财富。据说，无论向他们送出多少钱，都会通过贸易差额回到我国手中，而且我国绝不会因为向他们支付任何费用而变得更穷。他们的财富在各方面都属于我国自己，这是一笔用于改善本国财产、为本国人民提供有利可图的就业机会的费用。我认为，这种制度的愚蠢现在已经无须多言，经验现在已经充分将其暴露。如果我国的美洲殖民地真的是英国的一部分，这些奖励金可能会被视为对生产的奖励金，仍然可以用对这种奖励金（而不是其他奖励金）的反对意见进行驳斥。

工业原料的出口，有时被绝对禁止，有时被高额关税阻止。

我国的毛织品制造业者比其他任何阶层的工人都更成功地说服了立法机构，他们认为国家的繁荣取决于他们特定业务的成功和扩展。他们不仅通过绝对禁止从任何外国进口呢绒而获得了对消费者的垄断，而且还通过同样禁止出口活羊和羊毛而获得了对牧羊人和羊毛种植者的垄断。人们对许多为保障税收而制定的严苛法律提出了非常合理的抱怨，因为这些法律对宣布为犯罪之前一直被认为是无罪的行为施加了沉重的惩罚。但是我敢肯定，我国最残酷的税收法律，与我国的商人和制造业者为支持他们自己的荒唐和压迫性的垄断而从立法机关那里敲诈来的一些法律相比，也是十分温和的。与德拉科（Draco）法律一样，这些法律可以说都是用血写就的。

根据伊丽莎白八年（1565 年）第三号法案的规定，出口绵羊、羔羊或山羊的人初次犯罪，没收其所有货物，监禁一年，然后集市日时在集市上砍掉左手，钉在那里。再犯者将被判定为重罪犯，判处死刑。这项法律的目的似乎是防止我国羊的品种在外国传播。根据查理二世十三年（1672 年）、十四年（1673 年）第十八号法案的规定，禁止羊毛出口。出口羊毛被定为重罪，出口者将受到与重罪犯相同的惩罚和没收。

为了国家人道的荣誉，我们希望这两条法规都从来没有被执行过。然而，据我所知，其中第一条从未被直接废除，而且律师霍金斯（Serjeant Hawkins）似乎认为它仍然有效。不过，也许可以认为它实际上被查理二世十二年（1671 年）第三号法案所废止，该法条没有明确取消先前法规规定的处罚，而是规定了新的处罚，即对每只出口或试图出口的羊征收20先令，同时没收羊和所有人对船只的股份。第二项法律被威廉三世七年（1695年）、八年（1696年）第二十八号法案第4条明确废除。法案提出，查理二世国王十三年、十四年的法案，除上述法案中提到的其他事项外，规定出口羊毛视为重罪。由于这种惩罚的严厉性，对罪犯的惩罚没有得到有效的执行。因此根据上述授权，废除上述法案中有关将上述罪行定为重罪的部分，视为无效。

然而，这个比较温和的法规所规定的惩罚，或者虽然是先前的法规所规定的，但没有被这个法规所废除的惩罚，仍然是十分严厉的。除了没收货物外，出口商每出口或试图出口1磅重的羊毛就会受到3先令的处罚，这是其价值的四五倍。任何商人或其他被判定犯有此罪的人都不得向任何代理商或其他人索取属于他的任何债务或账目。不管他的财富如何、不管他是否有能力支付这些沉重的惩罚，法律的目的是彻底使其破产。但是，由于大多数人的道德还没有像制定这一法规的人那样堕落，我没有听说有人曾经利用过这一条款。如果被判犯有此罪的人在判决后3个月内不能支付罚金，他将被流放7年，如果他在期限届满前返回，他将按重罪犯人处理。船主如果犯下这一罪行，将丧失其在船舶、设施中的所有权益。船长和水手犯下这一罪行，将没收其所有货物和动产，处3个月的监禁。根据之后的法规，船长将被处以6个月的监禁。

为了防止出口，整个内陆的羊毛贸易受到了非常繁重和压迫性的限制。羊毛只能装在皮包或布包，不能装在任何箱、桶、匣、盒或任何其他包装中，皮包或布包上必须在外面用不少于3英寸（1英寸等于2.54厘米）长的大字标明“羊毛”或“毛线”字样，否则将没收货物和包装，每磅罚款3先令，由所有者或包装者支付。在离海岸 5 英里的范围内，除了日出和日落之间，不能用任何马或车装载，也不能用陆路运输，否则将没收这些物品、马匹和马车。如果羊毛的价值低于 10 镑，那么与海岸相邻的郡分区（Hundred）将被罚款 20 镑；如果价值更高，则罚款为该价值的三倍，并支付三倍的诉讼费用，在一年内提起诉讼。对任何两个居民执行的裁判，开庭必须通过对其他居民的估税的方法偿还这些居民的费用，就像盗贼案件一样。如果任何人与郡分区达成的协议少于这一处罚，他将被监禁 5 年；任何其他人都可以提出控诉，这些规定在整个王国中施行。

但在肯特郡和苏塞克斯郡，这些限制更为烦琐。距海 10 英里内的每位羊毛所有者都必须在剪毛后 3 天内向临近的海关官员提供一份书面报告，报告羊毛数量和存放地点。在他运走任何部分的羊毛之前，他必须提供同样的通知，说明羊毛的数量和质量、买家的姓名和地址，以及打算运往的地点。在上述各县距海 15 英里内的任何人，在签订保证书之前，不得购买任何羊毛，他所购买的羊毛的任何部分不得由他出售给距海 15 英里内的任何其他人。如果在上述各县发现有任何羊毛被运往海边，除非已按上述规定登记并提供担保，否则将被没收，违法者还将被没收每磅 3 先令的费用。如果任何人在距海 15 英里内放置任何未按上述规定登记的羊毛，必须予以没收；如果在没收后，任何人要求得到这些羊毛，他必须向国库提供担保，如果被审判则需支付三倍的费用，以及所有其他处罚。

当对国内贸易施加这种限制时，我们可以相信，沿海贸易不可能非常自由。每位羊毛所有者，如果携带或安排携带任何羊毛到沿海的任何港口或地方，以便从那里通过海路运输到沿海的任何其他地方或港口，在他把这些羊毛带到离该港口 5 英里以内的地方之前，必须先在该港口进行登记，登记信息包括包装的质量、标记和数量，否则将没收这些货物以及马匹、马车和其他车辆，也会像其他现行禁止羊毛出口的法律规定的那样，受到罚没。然而，这项法律（威廉三世元年第三十二号）则非常宽容地宣布："这并不妨碍任何人将羊毛从剪羊毛的地方运回家，即使距海 5 英里之内，只要在剪羊毛后的 10 天内、运走羊毛之前向临近的海关官员亲笔证明羊毛的真实数量和存放地点即可；如果没有在 3 天前向该官员亲笔报告，则不许运走这些羊毛。"必须提供担保，保证将沿海运输的羊毛在预先登记的港口上岸；如果任何部分羊毛在没有官员在场的情况下上岸，不仅要像其他货物一样没收羊毛，而且还要承担通常的额外罚款，即每磅 3 先令。

我国的毛织品制造业者为了证明他们要求这种特别限制和规定的合理性，大胆地宣称，英国羊毛具有特殊的品质，比任何其他国家的羊毛都要更佳；其他国家的羊毛如果不与英国羊毛混合，就不能加工成任何可以容忍的制成品。因此，如果能够完全阻止羊毛的出口，英国就可以垄断世界上几乎所有的羊毛贸易。这样，没有了对手，英国就可以按自己喜欢的价格出售毛织物，在短时间内通过最有利的贸易差额获得最不可思议的财富。这个学说，就像其他大多数被任何相当多的人自信地断言的学说一样，过去和现在都被更多的人——几乎所有不了解毛纺贸易的人，或者没有进行特别调查的人——完全相信。然而，说在任何方面制作高级布匹必需英国羊毛是完全错误的，它完全不适合制作高级布匹。精致的布匹完全是由西班牙羊毛制成的。英国羊毛甚至不能与西班牙羊毛混合在一起，以免破坏和降低呢绒的质量。

本书的前半部分已经表明，这些规定的效果是压低了英国羊毛的价格，不仅低于它在当今时代的自然价格，而且大大低于它在爱德华三世时代的实际水平。苏格兰羊毛的价格，由于联合而受到同样规定的制约，据说下降了一半左右。根据《羊毛回忆录》（*Memoirs of Wool*）的非常敏锐、聪明的作者约翰·史密斯（John Smith）的观察，英国最好的羊毛在英格兰的价格通常低于质量很差的羊毛在阿姆斯特丹市场的售价。将这种商品的价格压低到可称为其自然和适当的价格之下，是这些规定公开的目的；而且似乎毫无疑问的是，它们已经产生了预期的效果。

也许有人会认为，这种价格的降低，由于阻碍了羊毛的生产，一定会使这种商品的年产量大为减少，虽然不至于低于先前的产量，但在目前的情况下，如果允许它在开放的自由市场上升到自然和适当的价格，它就可能低于先前的产量。然而，我倾向于相信，尽管它可能有一点影响，但羊毛的年产量不会受到这些规定的明显影响。生产羊毛并不是养羊人利用其产业和牲畜的主要目的。他所期望的利润不是来自羊毛的价格，而是来自羊肉的价格。在许多情况下，后者的平均或普通价格甚至可以弥补他在前者的平均或普通价格方面可能存在的不足。在一个改良的、耕种发达的国家里，无论什么规定都会使羊毛或生皮的价格降到自然水平以下，都会倾向于提高屠夫的肉价。在改良和耕种的土地上饲养的大小牲畜的价格必须足以支付地主的租金，以及农民有理由期望从经过改良和耕种发达的土地上获得的利润。如果不是这样，他们很快就会停止饲养牲畜。因此，这个价格的任何部分，如果不是由羊毛和生皮支付的，就必须由羊肉支付。一部分支付越少，另一部分就必须支付越多。对地主和农民来说，以何种方式将这一价格分配给牲畜的不同部分并不重要，只要全部支付给他们即可。因此，在一个经过改良、耕种发达的国家，他们作为地主和农民的利益不会受到这种规定的影响，尽管他们作为消费者的利益可能会受到粮价上涨的影响。因此，根据这一逻辑，在一个得到改良、耕种发达的国家，羊毛价格的下降不可能引起该商品年产量的减少，除非通过提高羊肉的价格，它可能在一定程度上减少对这种特定种类的肉的需求，从而减少其产量。然而，即使是这样，它的影响可能也不是非常大。

但是，尽管它对年产的数量的影响可能不是非常大，但它对质量的影响必然是极大的。或许可以认为，英国羊毛的质量下降，即便没有低于先前的水平，也低于在目前的改良和耕作状态下自然应有的水平，也许可以认为，它的质量下降几乎与价格的下降成正比。由于质量取决于品种、牧场、羊的管理和清洁，自然可以想象，在羊毛生长的整个过程中，对这些情况的关注永远不会超过羊毛的价格可能对这种关注所需的劳动和费用的补偿比例。然而，羊毛的好坏在很大程度上取决于动物的健康、发育和身体；在某些方面，改善羊肉所需的同样关注也足以改善羊毛的质量。尽管价格下降，但据说英国的羊毛在18世纪也得到了很大的改善。如果价格更高的话，这种改进可能会更大；但是价格的低下，虽然可能会阻碍，但肯定不会完全阻止这种改进。

因此，这些规定的粗暴，似乎既没有像预期的那样影响羊毛年产量，也没有像预期的那样影响其质量（尽管我认为它对后者的影响可能比前者大得多）；而羊毛生产者的利益，尽管肯定在某种程度上受到了损害，但总的来说，似乎比想象中的损害要小得多。

然而，这些思考并不能证明绝对禁止羊毛出口是正确的。但是，它们完全可以证明，对这种出口征收重税是正确的。

只为促进一些公民阶层的利益，在任何程度上损害另一个公民阶层的利益，显然是违背了君主对其所有不同阶层的臣民所应享有的公正和平等待遇的承诺。但是，这项禁令肯定会在某种程度上损害羊毛生产者的利益，除了促进制造业者的利益外，没有其他目的。

每个不同阶层的公民都有义务为支持君主或国家做出贡献。对每吨羊毛的出口征收5先令，甚至10先令，会给君主带来非常可观的收入。它对生产者利益的损害比禁令要小一些，因为它可能不会使羊毛的价格降低那么多。它将给制造业者带来足够的好处，因为尽管他买到的羊毛可能不会像禁令中那样便宜，但他买到的羊毛至少会比任何外国制造业者买到的羊毛便宜5到10先令，此外还可以节省运费和保险费用，而这些费用其他人则必须支付。几乎不可能设计出一种能给君主带来可观收入、同时又对任何人造成如此小的不便的税收。

尽管有各种惩罚措施的保护，这项禁令并没有阻止羊毛的出口。众所周知，羊毛是大量出口的。国内和国外市场巨大的价格差异很大对走私是一种诱惑，所有严格的法律都无法阻止。这种非法出口对除了走私者之外的任何人都没有好处。合法的出口需要纳税，通过为君主提供收入，从而避免征收一些其他、也许是更繁重和更不方便的税收，可能会被证明对国家的所有不同主体都是有利的。

出口被认为是制造和清洗羊毛制品所必需的漂白黏土（富勒黏土），受到了与出口羊毛几乎相同的处罚。即使是烟斗黏土，虽然与富勒黏土不同，但由于它们的相似性，以及富勒黏土有时可能被当作烟草管黏土出口，也受到同样的禁止和处罚。

查理二世十三年（1672年）、十四年（1673年）第七号法案不仅禁止出口生皮，而且禁止出口鞣制的皮革，但靴子、鞋子或拖鞋除外。法律赋予我国的制鞋商和鞋匠以垄断权，不仅针对我国的牧民，而且针对我国的制革业者。根据后来的法规，我国的制革业者被免除了这种垄断，只需对每担重的鞣制皮革缴纳1先令的小额税金。他们还获得了对其商品征收的2/3的货物税的退税，即使在没有进一步生产的情况下出口也可获得。所有的皮革制品都可以免税出口，出口商还有权获得全部货物税的退税。我国牧民仍然受到旧垄断的制约。牧民们彼此分离，分散在国家的各个角落，要想联合起来对他们的同胞实行垄断，或者免除其他人对他们实行的垄断，都是非常困难的。各类制造业者在所有大城市的众多机构中聚集在一起，则很容易做到。甚至牛角也被禁止出口；在这方面，牛角和梳子制造业这两个无关紧要的行业也享有对牧民的垄断权。

通过禁止或征税来限制部分但不完全制造的商品的出口，并不是皮革制造业所特有的。对于使任何商品能够立即使用和消费的尚待解决的事情，我国的制造业者都认为自己应该去做。毛线和精纺线被禁止出口，处罚措施与羊毛相同。即使是白呢绒，在出口时也要征收关税，我国的染业至此已经获得了对我国的呢绒商的垄断。我国的制衣业者本来可以保护自己不受影响，但碰巧我国大部分主要呢绒商中的大部分人本身也从事染业。表壳、钟壳和钟表的表盘均禁止出口。我国的钟表制造业者似乎不愿意由于外国人竞争购买而使这类制成品的价格提高。

根据爱德华三世、亨利八世和爱德华六世时代制定的一些旧法规，所有金属均禁止出口，只有铅和锡除外。可能是因为这些金属非常丰富，当时王国的贸易有相当一部分就是这两种金属的出口。为了鼓励采矿业，威廉和玛丽五年第十七号法案免除了对铁、铜和英国矿石制成的金属的出口禁令。此后，威廉三世九年、十年第二十六号法案允许出口外国和英国的所有铜块。未制造的黄铜，即所谓的炮铜（Gun-metal）、钟铜（Bell-metal）或鉴定金属（Shroff-metal）仍然禁止出口。各种类型的黄铜制品可以免税出口。

在没有完全禁止的情况下，工业原料的出口在许多情况下都要缴纳相当重的关税。

根据乔治一世八年（1721年）第十五号法案，先前的法规对其征收任何关税的所有货物，即大不列颠的产物或制造品，均可免税出口，但是以下货物除外：明矾、铅、铅矿、锡、鞣革、绿矾、煤炭、羊毛梳、白呢绒、青金石、各种兽皮、胶水、兔毛、野兔毛、各种毛、马和氧化铅。除了马之外，所有的这些要么是工业原料，要么是半成品制造品（可被视为进一步制造的原料），要么是行业工具。这条法规使它们需要缴纳曾经对它们征收的所有旧税，即旧补助税和 1% 的出口税。

同一法律规定，大量供染色师使用的外国染料在进口时免除所有关税。然而每一种染料在出口时都要缴纳一定的关税，但是并不很重。我国的染匠似乎认为通过免除所有关税来鼓励这些染料的进口符合他们的利益，同时也认为对这些染料的出口施加一些小的阻碍符合他们的利益。然而，促成这一值得注意的商业策略的贪欲，很可能使其目标落空。它必然使进口商更加小心，使进口量不超过国内市场供应所需的数量。国内市场在任何时候都可能供应不足；商品在任何时候都可能比出口和进口一样自由的情况价格更高。

根据上述法规，塞内加尔胶或阿拉伯胶属于染料，可以免税进口。事实上，这些染料再出口时要缴纳少量的磅税，每担只需缴纳 3 便士。当时，法国享有对这些染料产量最高的国家，即塞内加尔附近国家的独家贸易权；而英国市场难以通过立即从其产地进口这些染料来供应需求。因此，乔治二世二十五年（1751 年）的法案允许从欧洲任何地方进口塞内加尔胶（与航海法案的一般规定相反）。然而，由于法律并不打算鼓励这种贸易，因此与英国商业政策的一般原则相反，它对这种进口征收每担 10 先令的关税，而且这种关税的任何部分都不得在出口时退回。1755 年开始的战争的胜利使英国获得了与法国之前享有的相同的对这些国家的独家贸易权。和平一旦建立，我国的制造业者就努力利用这一优势，建立对自己有利的垄断，以对抗这一商品的生产者和进口者。因此，根据乔治三世五年（1764 年）第三十七号法案的规定，英国非洲领地的塞内加尔胶仅限于向英国出口，并受到与英国在美洲和西印度群岛的殖民地的列举商品相同的所有限制、规定、没收和惩罚措施。事实上，塞内加尔胶的进口要缴纳每担 6 便士的轻税，但再出口却要缴纳每担 1 镑 10 先令的重税。我国的制造业者打算将这些国家的全部产品进口到英国，而且，为了使他们自己能够以对自己有利的价格购买这些产品，除非可以负担极大的出口费用，否则这些产品的任何部分都不应该再出口。然而他们的贪欲在这一场合，以及在其他许多场合中，都没有得到满足。这一重税对走私活动产生了巨大的诱惑，以至于大量这种商品不仅从英国而且从非洲被秘密出口到了欧洲所有的制造业国家，尤其是荷兰。鉴于此，根据乔治三世十四年（1771 年）第十号法案的规定，这种出口税被减至每担 5 先令。

在征收旧补贴税地方税则中，海狸皮每张估税 6 先令 8 便士，在 1722 年之前对其进口征收的各种补贴税和关税税金，大约相当于地方税的 1/5，即每张皮 16 便士。除了旧补贴税的一半，即仅仅 2 便士之外，所有这些税金都可以在出口时退回。对如此重要的工业原料征收的这种进口税被认为太高，1722 年，税率被降低到 2 先令 6 便士，这使得进口税减少到 6 便士，其中只有一半在出口时被退回。战争的胜利使得最盛产海狸的国家处于英国的统治之下，而海狸皮是列举商品之一，因此，从美洲出口的海狸皮只能进入英国市场。我国的制造业者很快就想到了他们可以利用这一情况，在 1764 年，海狸皮的进口税被降低到每张 1 便士，但出口税被提高到每张 7 便士，进口税没有任何减免。根据同一法律，对海狸皮或海狸腹部出口征收每磅 18 便士的关税，但没有对该商品的进口税作任何改变，由英国人用英国船进口的海狸皮，每张纳税在 4 至 5

便士之间。[①]

煤炭可以被看作是一种工业原料和行业工具。因此，对其出口征收重税，目前（1783 年）达到每吨 5 先令以上，或按纽卡尔斯的煤炭衡量单位每查得隆（Chaldron）[②]15 先令以上，在大多数情况下高于比商品在矿坑，甚至在出口的航运港口的原始价值。

然而，所谓的行业工具的出口，通常不是通过高额关税，而是通过绝对禁止来限制的。因此，根据威廉三世七年、八年第二十号法案第 8 条的规定，禁止出口用于编织手套或长袜的机械或机器，不仅要没收这些出口或试图出口的机械或机器，还要罚款 40 英镑，罚款一半归国王所有，另一半归举报或起诉者所有。以同样的方式，根据乔治三世十四年第 71 条的规定，禁止向国外出口任何用于棉、麻、毛和丝绸制造的器具，不仅要没收这些器具，还要向违规出口的商人罚款 200 镑，同样也向装载这些器具的船主罚款 200 镑。

当对固定的行业工具的出口施加如此重的处罚时，就不能指望活着的工具，也就是工匠，会被允许自由通行了。因此，根据乔治一世五年（1718 年）第二十七号法案的规定，凡引诱大不列颠的任何工匠或任何制造业的工匠进入任何外国地区从事或教授其行业的人，初犯可处以不超过 100 镑的罚款，处 3 个月监禁，直至付清罚款；再犯可处以法庭酌情决定的任何罚款，处 12 个月监禁，直至付清罚款。根据乔治二世第二十三年（1749 年）第十三号法案，

① 除海狸皮外，北美殖民地居民猎取海狸的目的是获取海狸香。海狸香提取自海狸腹部的海狸香囊，是一种动物性香料，可入药。除海狸皮外，海狸香囊也可单独交易。——译者注

② 查得隆，又作查尔德隆，是原英国煤炭主产地纽卡斯尔地区以及其他各处使用的煤炭计量单位。查得隆是体积单位而非质量单位，1 查得隆约为 1.66 立方米，在不同时期、不同地区的容量定义有所不同。——译者注

对初犯的处罚增加到每名被诱骗的工匠500镑，处12个月的监禁，直到付清罚款；对再犯的处罚增加到1000镑，处两年监禁，直到付清罚款。

根据这两条法规中的前一条，如果有证据表明任何人一直在引诱任何工匠，或者任何工匠承诺或签约为上述目的进入外国地区，该工匠有义务向法庭提出不出国的保证，而在提出保证之前，需要由法庭监禁。

如果任何工匠越过海洋，在任何外国从事其职业或教授其手艺，在国王的任何驻外公使或领事或国王的内阁成员发出警告后，必须在6个月内返回本国，并继续在本国居住，否则从那时起，他将不能接受这个王国里遗留给他的任何遗产，也不能成为任何人的遗嘱执行人或管理人，或通过继承、受让或购买这个王国里获得的任何土地。同样，他自己的所有土地、货物、动产和不动产也会被国王没收，作为外国人对待，且不受国王的保护。

我想，不必多说这种规定与我国所鼓吹的自由精神有多背道而驰；但在这种情况下，这种自由显然是为了我国的商人和制造业者的利益而被牺牲的。

所有这些规定的可以称赞的动机都是为了增强我国自己的制造业，但不是通过他们自己的改良，而是通过限制我国所有邻国的制造业的方式，尽可能地消灭一切可憎、令人不快的竞争者的竞争。我国的大型制造业者认为，他们自己应该合理地垄断所有同胞的聪明才智。虽然某些行业限制单次可以雇佣的学徒人数，所有行业中都规定必须有长期的学徒期，但他们都努力将各自行业的知识限制在尽可能少的范围内，使其为尽可能少的人掌握，他们也不愿意这一小部分人中的任何一位去到国外，向外国人传授技能。

消费是所有生产的唯一目的和宗旨，而生产者的利益只应在促进消费者的利益的方面得到关注。这句格言是如此的不言自明，以至于试图证明它将是荒谬不堪的。但在重商主义体系中，消费者的利益几乎一直为生产者的利益所牺牲；它似乎把生产而不是消费视为所有工业和商业的最终目的和目标。

在限制所有可能与我国生产的商品竞争的外国商品的进口时，国内消费者的利益显然为生产者的利益所牺牲。完全是为了后者的利益，前者不得不支付这种垄断几乎总能造成的价格上涨。

对其某些产品的出口给付奖励金，完全是为了生产者的利益。国内的消费者不得不支付这两部分：首先是支付奖励金所需的税金，其次是由于国内市场上商品价格的提高而必然产生的数额更大的税金。

根据与葡萄牙签订的著名的商业条约，消费者因高额关税，无法从邻国购买我国本国气候不宜生产的商品，不得不从遥远的国家购买，尽管人们承认遥远的国家的商品比邻近国家的质量更差。国内的消费者不得不忍受这种不便，以便生产者能够以比他原本状态下更有利的条件向遥远的国家出口他的一些产品。消费者还不得不支付这种产品的强制出口在国内引发的价格增加。

但是，在为管理我国的美洲和西印度殖民地而建立的法律体系中，国内消费者的利益为生产者的利益牺牲，其程度比我国所有其他商业法规中的牺牲程度还要更深。建立一个大国的目的之一是培育一批消费者，这些消费者必须从我国不同的生产者的商店里购买他们能够提供的所有商品。为了这种垄断可能给我国的生产者带来的一点价格上的提高，国内的消费者已经承担了维持和捍卫这个帝国的全部费用。为且仅为这个目的，我国在最近的两次战争中已经花费了 2 亿镑以上的资金，除了在先前的战争中为同一目的所花费的所有费用之外，又欠下了 1.7 亿多镑的新债务。仅仅是这笔债务的利息，就不仅超过了可以说是由殖民地贸易垄断所带来的全部超常利润，而且超过了该贸易的全部价值，或者说，超过了每年平均输出到殖民地的货物的全部价值。

要确定谁是这整个重商主义体系的设计者并不困难。我们可以相信不是消费者，因为他们的利益被完全忽视；而是生产者，因为他们的利益得到了如此仔细的关注。在生产者中，我国的商人和制造业者又是迄今为止最主要的设计者。在本章提到的商业法规中，我国的制造业者的利益得到了最特别的关注；消费者的利益和其他一些生产者的利益被牺牲掉了。

第九章

论重农主义

——把土地产出作为国家收入和财富的唯一或主要来源的政治经济学体系

关于重商主义，我认为有必要详细说明，但是政治经济学中的重农主义，却不需要如此详细的说明。

据我所知，这种把土地产出作为每个国家收入和财富的唯一来源的制度从未被任何国家真正采用，目前它只存在于法国少数博学多才的学者的理论之中。对于一个从未而且可能永远不会危害世界上任何地方的学说的错误进行长时间的研究，无疑是不值得的。然而，我将努力尽可能清楚地解释这个非常巧妙的体系的大致特征。

路易十四的著名大臣科尔伯特先生为人正直，在审查公共账目方面有着丰富的经验和敏锐的洞察力，总之，他的各项能力都适合为公共收入的征收和支出方面引入合适的方法和良好的秩序。不幸的是，这位大臣接受了重商主义制度的所有偏见。重商主义学说，在其性质和本质上，是一种限制和管理的制度，对于已经习惯于管理公共事务的不同部门，建立必要的检查和控制机制，使得每个部门的权责都限制在其适当的范围内的一位勤奋、努力的实干家来说几乎不可能失败的。柯尔贝尔先生努力按照与公共部门相同的模式管理一个大国的工业和商业；他不允许每个人在平等、自由和公正的计划下，以自己的方式追求自己的利益，而是赋予工业的某些部门以特殊的特权，同时对其他部门施加特殊的限制。他不仅像其他欧洲大臣一样，倾向于鼓励城镇的工业而不是乡村的工业；而且，为了支持城镇的工业，他甚至愿意抑制或限制乡村的工业。为了使城镇居民能够获得廉价的食物，从而鼓励制造业和对外贸易，他完全禁止出口谷物，从而使国内居民的工业产品中最重要的部分被排除在所有国外市场之外。这项禁令，加上法国限制谷物从一个省运到另一个省的往日法规，以及对几乎所有省份的农民征收的任意裁决、有辱人格的税收，使该国的农业受到打击，远低于它在如此肥沃的土壤、如此优越的气候中可能自然达到的状态。全国各地都或多或少地感受到了这种沮丧和萧条的状态，人们对其原因进行了许多不同的研究。其中一个原因似乎是科尔伯特先生遵循的制度对城镇工业的偏爱超过了对乡村工业的偏爱。

谚语说“矫枉必须过正”：如果棍子向一边弯曲得太多，为了使它重新变直，必须把它向另一边弯曲。法国哲学家们提出了将农业作为每个国家收入和财富的唯一来源的制度，似乎采纳了这句谚语。柯尔贝尔先生的制度中，与乡村的工业相比，城镇产业得到了过分的重视。因此，在重农主义的制度中，城镇产业的价值必定受到轻视。

重农主义制度将曾经被认为在任何方面对一个国家的土地和劳动的年产出做出贡献的不同阶级的人分为三类：第一类是土地拥有者，也就是“所有者阶级”；第二类是耕作者、农民和乡村劳动者，对于这一阶级，可以冠以“生产阶级”的称谓；第三类是工匠、制造业者和商人，这一阶级可以冠以“非生产阶级”的称谓。

所有者阶级对年产量的贡献是他们可能偶尔为改良土地，修筑建筑物、排水沟、围墙等，以及其他改进措施支付费用。在土地上建造这些设施或是通过这些举措，农民能够在同样的资本投入下提高产出，从而支付更多更大的地租。这种增加的地租可以视作是地主在改进土地时所使用的费用或资本上应得的利息或利润。这种费用在重农主义学说中被称为土地费用。

耕作者或农民对土地年产出的贡献，是通过他们为耕种土地而支付的原始费用和年度费用做出的。原始费用包括农具、牲畜、种子，以及农民的家庭、雇工、牲畜群，在其耕作的第一年间（至少大部分时间里）的生活费用，或直到能在土地上得到收获之前所需的维持费用。年度费用包括种子、农具的损耗，以及农民的雇工、牲畜和家属（只要家属中的某些成员可以被视为农业雇工）每年的维持费用。农民在支付租金后剩下的那部分土地产出，首先应足以在适当的时间，至少在他耕种的期限内，补偿他的全部原始费用，以及资本的普通利润；其次，每年补偿他的全部年度费用，以及同样提供的资本的普通利润。这两种费用是农民用于耕作的两种资本。除非定期把它们连同合理的利润归还给农民，否则农民就不能在与其他工作平等的基础上继续从事他的工作，而是会出于对自己利益的考虑，必须尽快放弃更重，寻找其他的工作。土地上的那部分产出是使农民能够继续经营的必要条件，应被视为耕种的基金，如果地主对其加以侵害，就必然会减少自己土地上的产出，而且在几年内不仅使农民无法支付这种沉重的租金，而且也无法支付地主本来可以为他的土地得到的合理租金。地主应得的租金，不会超过以最完整的方式支付了为提高总产出或全部产出而必须事先支付的所有必要费用之后所剩下的净产出。正是因为农民的劳动，在完全支付所有这些必要的费用之后，提供了这种净产出，所以包括农民在内的这一类人在重农主义学说中被特别地称为生产阶级。出于同样的原因，他们的原始费用和年度费用在重农主义学说中被称为生产性支出，因为除了补偿他们自身的价值之外，这两者还促成了这种净产出的年度再生产。

所谓土地费用，即地主为改良其土地而支付的费用，在重农主义学说中也被冠以生产费用的名义。在这些费用、连同资本的普通利润全部由他从土地上获得的预付地租偿还之前，预付地租应该被国王视为不可侵犯的；应该不受什一税或征税的限制。如若不然，就会妨碍土地的改良，也会影响什一税的未来增长和国王税收的未来增长。因此，在秩序良好的状态下，那些土地费用，除了以最完整的方式再生产其自身价值外，在一定时间后也会再生产净产出，因此在这种学说中，它们被视为生产性费用。

然而，这种学说中，被视作生产性费用的就只有这三种：地主的土地费用，农民的原始费用和年度费用。其他一切费用、其他一切阶级的人民，即使是那些在人们的普遍理解中被认为是最具生产力的人，在这个体系中都被认为是完全贫瘠、没有生产力的。

尤其是工匠和制造业者，按照人们的普遍理解，他们的工作大大增加了土地天然产物的价值，但在重农主义学说中，他们被视为完全贫瘠、没有生产力的阶级。按照重农主义的说法，他们的劳动只替代了雇佣他们的资本，以及资本的普通利润。资本包括材料、工具和雇主预付的工资，是指定用来雇佣和维持他们的资金。其利润是用于维持其雇主的资金。他们的雇主向他们预付了雇佣他们所需的材料、工具和工资，因此他也想同样预付维持生活所需的费用，而这种维持费用通常与他期望通过工作产出所获得的利润成比例。除非它的价格能够偿还他预付给自己的维持费用，以及预付给劳动者的原材料、工具和工资，否则它显然不能偿还他在这上面的全部费用。因此，制造业资本的利润并不像土地租金一样，是在完全偿还了为获得这些利润而必须付出的全部费用之后的净产出。农民的资本和制造业者的资本一样为其带来了利润；农业资本能为别人提供地租，而制造业者的资本却不能。因此，用来雇佣、维持工匠和制造业者而支付的费用，如果可以这么说的话，不过是延续其自身价值的存在，并不产生任何新的价值。因此，它完全是一种贫瘠的、没有生产力的费用。相反，用于雇佣农民和乡村工人的费用，除了继续其自身价值的存在之外还产生了一种新的价值，即地主的地租。因此，它是一种生产性费用。

商业资本与制造业资本同样贫瘠，没有生产力。它只是延续其自身价值的存在，而不产生任何新的价值。它的利润只是对其雇主在雇佣期间或在收到它的回报之前为自己垫付的维持费的偿还。它只是对雇主必须付出的部分费用的偿还。

工匠和制造业者的劳动从来没有给整个土地的年度原始产出的价值增加任何东西。它的确大大增加了其中某些特定部分的价值。但是，与此同时，它对其他部分的消耗恰恰等于它对这些部分所增加的价值。因此，在任何一个时间点上整个数量的价值丝毫没有因为它而增加。例如，为一条精美的围巾加工花边的人，有时会把也许价值 1 便士的亚麻的价值提高到 30 英镑。尽管乍一看，他似乎因此使一部分原始产出的价值增加了大约 7200 倍，但实际上他对整个原始产出的年度价值没有增加。加工花边可能要花费他两年的劳动。当完成时，他得到的 30 英镑不过是他在为它工作的两年中为自己垫付的生活费的回报。他通过每天、每月或每年的劳动，在亚麻上增加的价值，不过是补偿他自己在那一天、一个月或一年中的消费的价值。因此，在任何时候，他都不会为土地的整个年度原始产出的价值增加任何东西：他不断消费的那部分产品总是等于他不断生产的价值。被雇佣从事这种费用较多，但不甚重要的制造业的人，大部分处在极端贫穷的状态。这种贫穷可以使我国确信，他们的制造品的价格在一般情况下不会超过他们的生活资料的价值。农民和乡村劳动者的工作则不然。在一般情况下，他们的劳动，除了以最完整的方式补偿全部消费，以及用于雇佣和维持工人及其雇主的全部费用之外，还不断产生一个价值，作为地主的地租。

工匠、制造业者和商人只能通过俭省来增加社会的收入和财富；或者，正如这种学说的观点中，通过节约，也就是通过剥夺自己的一部分维持生计的生产资料来增加社会的收入和财富。他们每年所能用于再生产的只有这些资金。因此，除非他们每年俭省其中的一部分、剥夺自己其中一部分享受，否则社会的收入和财富永远不可能在最低程度上通过他们的劳动所得而增加。相反，农民和乡村劳动者可以完全享受用于自己生活的全部资金，同时也增加他们社会的收入和财富。除了自己的生活费用外，他们的劳动每年还提供净产出，这些产出的增加必然会增加他们社会的收入和财富。因此，像法国或英国这样由大量地主和耕作者组成的国家，可以通过劳动和享受来致富；相反，像荷兰和汉堡这样主要由商人、工匠和制造业者组成的国家，只能通过俭省和节约来致富。由于情况不同的国家的利益关系非常不同，人民的国民性也是如此：前一种国家的国民性包括自由、坦率和友爱，而后一种国家的国民性则包括狭隘、吝啬和自私，其人民厌恶一切社会娱乐和享受。

非生产阶级，即商人、工匠和制造业者，完全是以其他两个阶级，即地主和农民的代价来维持和雇佣的。雇佣这一阶级的人，既为其提供工作材料，又为其提供生存资金，提供其在工作中消耗的谷物和牲畜。地主和农民最后既支付非生产阶级所有工人的工资，又支付他们所有雇主的利润。这些工人和他们的雇主都是地主和耕作者的雇员。他们与仆人的区别，只是前者在家门外工作，后者在家门内工作。然而，这两种人都是由同一个主人出资养活的。两者的劳动都同样不是生产性的，他们的劳动不增加土地上原始产出的总价值。非但不能增加总和的价值，反而是一种必须从其中支付的费用和支出。

然而，非生产阶级不仅有用，而且对其他两个阶级也有着很大帮助。借助于商人、工匠和制造业者的劳动，地主和农民可以用自己的劳动成果购买他们有机会购买的外国商品和本国的制成品，而用以购买的这些劳动成果的总量要远低于他们以笨拙和不熟练的方式试图进口一种商品或为自己制造另一种商品时不得不使用的总量。通过非生产阶级，农民摆脱了许多可能会分散他们对土地耕种的注意力的烦恼。由于这种持续不断的关心，他们能够提供更多的产出，完全足以支付地主和他们自己用来维持和雇佣非生产阶级的全部费用。商人、工匠和制造业者的劳动，虽然在其本身的性质上是完全非生产性的，但它以这种方式间接地促进了土地产出的增加。它增加了生产性劳动者的生产力，使其能够自由地专注于其适当的工作，即耕种土地。耕种土地往往由于不以耕地为业的人的劳动，变得更简单、更高效。

在任何方面限制或阻止商人、工匠和制造业者的劳动，都不可能符合地主和耕种者的利益。这个非生产阶级享有的自由越大，构成它的所有不同行业的竞争就越大，其他两个阶级所需的外国货物或本国的制成品就会以更低的价格供应。

压迫其他两个阶级也绝对不符合非生产阶级的利益。正是土地的剩余产品，或者说，在首先扣除耕种者的生活费用、然后扣除土地所有者的生活费用之后的剩余产出，维持和雇佣了非生产阶级。这种剩余产出越多，该阶级的维持和雇佣也会越多。完美的正义、自由和平等的确立，是能够最有效地保证这三个阶级都能实现最高程度的繁荣的秘诀。

在荷兰和德国一样主要由这种非生产阶级组成的商业国家的商人、工匠和制造业者，也是以同样的方式完全由土地所有者和农民来维持和雇佣的。唯一不同的是，这些地主和农民中的大部分人与商人、工匠和制造业者（前者为后者提供工作材料和生活资金）保持得距离最为遥远，这些人就是其他国家的居民。

然而，这样的商业国家不仅对其他国家的居民有用，而且是大有用处。它们在某种程度上填补了非常重要的空白，为这些国家的居民提供了本应该在国内找到的商人、工匠和制造业者的位置——由于国家政策的某些缺陷，居民在国内找不到这些人。

通过对他们的贸易或提供的商品征收高额关税来阻止或抑制这些商业国家的劳动，绝对不符合这些地主国家的利益，如果我可以这么称呼的话。这种关税使得商品变得更加昂贵，使他们自己土地上的剩余产出的实际价值下降，而这些商品是用本国的产出，或者说，用它们的真实价格购买和交换的。关税只会阻碍剩余产品的增加，从而阻碍他们对自己土地的改良和耕种。相反，提高这种剩余产出的价值，鼓励其增加，从而改良和耕种自己的土地，最有效的办法是允许所有这些商业国家的贸易享有最完美的自由。

这种完美的贸易自由甚至是可以在适当的时候向他们提供他们在国内需要的所有工匠、制造业者和商人，以最适当、最有利的方式填补他们非常重要的空白的最有效的举措。

土地剩余产物不断增加，在适当的时候所创造出的资本，相比按照普通利润率用于改良和耕种土地所需的资本更多。其中的剩余部分自然会转向雇佣国内的工匠和制造业者。但是，这些工匠和制造业者在国内既能找到他们的工作材料、又能找到他们的生活资金，即使技艺和熟练程度低得多，也能立即以与商业国的工匠和制造业者同样低廉的价格生产他们的产品，因为商业国的此类工匠和制造业者，所需的原料和生活资料必须从远方运来。即使由于缺乏技艺和熟练度，他们可能在一段时间内不能以同样低廉的价格工作，但是，如果能够在国内找到市场，他们就能在市场里以同样便宜的价格出售他们的制成品，而商业国的此类制成品只能从很远的地方运到市场。而且随着他们的技艺和熟练度不断提高，他们很快就能以更便宜的价格出售制成品。因此，商业国的工匠和制造业者将立即在这些农业国（土地所有国）的市场上与之竞争，产品在不久之后被压低价格，完全被挤出市场。由于技艺和熟练度逐步提高，这些农业国的产品的廉价性，将在适当的时候把产品的销售范围扩大到本国市场之外，并且带到许多外国市场，这些产品将以同样的方式逐渐把这些商业国的许多制造业者挤出市场。

这些农业国的原始产出和制成品的这种持续增长，将在适当的时候创造出更多的资本，而这些资本会有一部分不能按照一般的利润率用于农业或制造业。这种资本的盈余自然会转向对外贸易，用于向外国出口超过本国市场需求量的本国原始产出和制成品的那部分。在出口自己国家的产品时，就像本国的工匠和制造业者比重商国家的工匠和制造业者所具有的优势一样，土地所有国的商人相比那些重商国家的商人拥有同样的优势：这种优势就是可以在国内找到其他国家不得不在远方寻找的货物、原料与用品。因此，即使航海技术和技能较为粗糙，他们也可以在外国市场上像这些重商国家的商人一样廉价地出售货物；只要有同样的技艺和熟练度，他们就能更便宜地出售货物。因此，他们很快就会在对外贸易的这一分支中与这些商业国家相抗衡，并在适当的时候将它们完全排挤出去。

因此，根据这种自由和慷慨的制度，一个土地所有国要想培养本国工匠、制造业者和商人，最有利的方法是给予所有其他国家的工匠、制造业者和商人以最完美的贸易自由。这样，就可以提高自己土地上剩余产出的价值，逐渐增长为一笔基金，在适当的时候必然会培育所需的所有工匠、制造业者和商人。

相反，当一个土地所有国通过征收高额关税或禁止外国的贸易时，它必然以两种不同的方式损害自己的利益。首先，通过提高所有外国商品和各种制成品的价格，它必然会降低本国土地上剩余产品的实际价值，而它是以这种价格，或者说是以这种价格的实际价值来购买和交换这些外国商品和制成品的。其次，通过让本国的商人、工匠和制造业者垄断国内市场，国家提高了商业和制造业的利润率，使之与农业利润率成正比，因此，要么需要从农业中抽走一部分先前用于农业的资本，要么需要阻碍一部分本来会流向农业的资本流向农业。因此，这种政策以两种不同的方式阻碍了农业的发展：首先，降低其产品的实际价值，从而降低其利润率；其次，提高所有其他行业的利润率。农业变得没那么有利，而工商业则比原来更有利；每个人都会受到自身利益的诱惑，尽可能地把资本和劳动从前者转向后者。

尽管通过这种压迫性的政策，一个土地所有国应该能够比通过贸易自由政策更快地培养出自己的工匠、制造业者和商人，但是，毫不令人怀疑，如果可以这样说的话，农业国培养他们的速度过快，可能在时机完全成熟之前。过于匆忙地培养一种产业，会压制另一种更有价值的产业。过于仓促地提高一种产业，只补偿使用它的资本和普通利润，将抑制另一种产业，这种产业除了补偿资本、提供其利润外，还提供同样的产品作为地主的地租。由于过于匆忙地鼓励贫瘠、非生产性的劳动，它将抑制生产性劳动。

按照这个学说，所有的土地年产物以何种方式在上述三个阶级之间分配，以及非生产阶级的劳动是以何种方式补偿其自身消费的价值，而没有在任何方面增加这一总量的价值，则由重农主义学说的创立者、学识最为渊博的魁奈（Quesnay）先生用一些算术公式表示出来。这些公式中的第一个，他称为“经济表”（Economical Table），代表了他认为在一个最完美的自由状态下，因而也是最繁荣的状态下的分配方式。在这个状态下，土地可以提供最大的净产出，而且每个阶级都享有整个年产出的适当份额。随后的一些公式代表了他认为在不同的限制和规章制度的条件下进行这种分配的方式；在这种状态下，地主阶级或非生产阶级受惠多于农民阶级，而且其中一方或另一方都或多或少地侵占了本应属于生产阶级的那部分。根据这一制度，每一次这样的侵占，每一次对最完美的自由建立的自然分配的违反，都必然会使每年产出的价值和总量或多或少地下降，而且必然会使社会的实际财富和收入逐渐下降。这种下降的进展将根据这种侵占的程度，根据对最完美的自由将建立的自然分配的违反程度而加速或减慢。随后的那些表格代表了不同程度的下降，根据这一学说，这些下降与这种自然分配受到侵犯的不同程度相对应。

一些投机性的医生似乎认为，人体的健康只能通过某种精确的饮食和运动方案来保持，稍有违反就必然会引起与违反程度相称的某种程度的疾病或紊乱。然而，经验似乎表明，至少从表面上看，人体经常在各种不同的生活规则下保持着最完美的健康状态；甚至在一些被普遍认为远非完全健康的规则下也是如此。但是，人体的健康状态，似乎本身就包含着某种保护原则，能够在许多方面防止或纠正甚至是非常错误的生活规则带来的不良影响。魁奈先生本人就是一位医生，而且是一位非常投机的医生，似乎对政治机构抱有一种相同的观念，认为它只有在某种精确的规则，也就是完美的自由和完美的正义下，才能茁壮成长。魁奈似乎没有考虑到，在政治体中，每个人都在不断努力改善自己的状况，这就是一个保护原则，能够在许多方面防止和纠正一定程度上存在不公平或压迫的政治经济带来的不良影响。这种政治经济，尽管无疑会或多或少地延缓，但并不总是能够完全阻止一个国家走向财富和繁荣的自然进程，更不会使一国倒退。如果一个国家没有享受到完美的自由和完美的正义就不能繁荣，那么世界上就没有任何一个国家能够繁荣起来。然而，幸运的是，在政治机构中，自然的智慧做出了充分的纠正，弥补了人类的愚蠢和不公正所造成的许多不良影响，正如自然的智慧纠正人类的懒惰和不节制所造成的不良结果一样。

然而，重农主义学说的最大错误似乎在于它把工匠、制造业者和商人这一类人说成是无生产或非生产性的阶级。这种说法的不恰当之处，可以由下面的论述说明。

第一，这种学说承认，这一阶级每年都在再生产自己每年消费的价值，并且至少使维持和雇佣它的资料或资本继续存在。单就这一点而言，说他们是无生产或非生产性的，似乎就不是十分恰当。一个家庭只生育了一对子女，代替了他们的父亲母亲，尽管没有增加人类的总量，只是延续了之前的状态，但是不能称为不生育。事实上，农民和乡村劳动者在维持和雇佣他们的牲畜之外，每年还再生产净产出，作为地主的地租。正如能生育三个子女的婚姻肯定比只能生育两个子女的婚姻更有生产力一样，农民和乡村劳动者的劳动也肯定比商人、工匠和制造业者的劳动更有生产力。然而，一个阶级的更多生产并不会使另一个阶级变得贫瘠或没有生产力。

第二，无论怎么说，把工匠、制造业者和商人与仆人放在同一视角看待似乎完全不妥。仆人的劳动并不能延续维持和雇佣他们的基金的存在。他们的维持和雇佣完全是由他们的主人支付的，而他们所做的工作并不具有偿还这笔费用的性质。这种工作是由服务组成的，一般在其执行的瞬间就会消亡，不固定而且不会在任何可出售的商品中实现，以补偿其工资和维持费用的价值。相反，工匠、制造业者和商人的劳动，自然会在某种可销售的商品中固定和实现自己的劳动。正是出于这个原因，在论述生产性和非生产性劳动的那一章中，我把工匠、制造业者和商人归入生产性劳动者，而把仆人归入非生产性劳动者。

第三，说工匠、制造业者和商人的劳动没有增加社会的实际收入，在任何情况下都是不恰当的。例如，即使我国像在这个学说中假定的那样，这一阶级的日、月、年消费的价值与它的日、月、年生产的价值完全相等，但也不能因此认为他们的劳动没有增加实际收入，没有增加社会的土地和劳动的年产出的实际价值。例如，一个工匠在收获后的头 6 个月里从事了价值 10 镑的工作，虽然他在同一时间里消耗了价值 10 镑的谷物和其他必需品，但他确实为社会的土地和劳动的年产品增加了 10 镑的价值。当他在半年中消耗了价值 10 英镑的谷物和其他必需品时，他产出了同等价值的劳动，能够为他自己或其他人购买同等的半年收入。因此，在这 6 个月里所消费和生产的东西的价值并非等于 10 镑，而是等于 20 镑。的确，无论在什么时候，只存在着不超过 10 镑的价值，但是，如果工匠所消耗的价值 10 镑的谷物和其他必需品，被一个士兵或一个仆人所消耗，那么，在 6 个月结束时存在的那部分年产出的价值就会比由于工匠的劳动而实际存在的价值少 10 镑。因此，尽管工匠所生产的东西的价值不应该在任何时刻被认为大于他所消费的价值，但在每一个时刻，市场上实际存在的商品价值，由于他所生产的东西而大于它本来的价值。

当重农主义学说的支持者断言，工匠、制造业者和商人的消费与他们生产的东西的价值相等时，他们的意思可能不过是说他们的收入，或用于他们消费的资金与其相等。但是，如果他们表达得更准确一些，只是断言这个阶级的收入等于他们所生产的东西的价值，那么读者就会很容易想到，从这个收入中自然省下的东西必然会或多或少地增加社会的实际财富。因此，为了提出类似论证，他们不得不按照本来的说法表达自己的观点。而这种论证，即使假设事情真的像它所推测的那样，也会被证明是非常不令人信服的。

第四，农民和乡村劳动者，如果不俭省，则不可能比工匠、制造业者和商人更容易增加实际收入，即他们社会的土地和劳动的年产出。任何社会的土地和劳动的年产量只有在两种情况下才能增加：一是通过在社会中实际保持的有用劳动的生产力的某种改良；二是通过这种有用劳动量的增加。

有用劳动的生产力的提高，首先取决于劳动者能力的提高，其次取决于使用的机器的能力。但是，工匠和制造业者的劳动，由于能够更加细分，每名工人的劳动比农民和乡村劳动者的劳动更加单纯，所以同样能够在更大程度上进行这两种改进。因此，在这方面，农民阶级不可能比工匠和制造业者阶级有任何优势。

任何社会中实际雇佣的有用劳动量的增加，必然完全取决于雇佣它的资本的增加；这种资本的增加又必须恰好等于从资本管理人或资本出借人的收入中节省的数额。如果商人、工匠和制造业者真的像这一学说设想的那样，自然而然地比地主和农民更倾向于俭省和节约，那么到目前为止，他们更有可能增加他们社会中雇佣的有用劳动量，因此增加其实际收入，即其土地和劳动的年产出。

第五，也是最后一点，即使虽然每个国家的居民收入，真如这一学说设想的那样，完全由他们的劳动为自己带来的生活资料构成。在其他一切条件不变的情况下，一个工商业国家的收入必须总是比没有贸易或制造业的国家的收入高出很多。通过工商业，一个国家每年可以进口更多的生活必需品，而这些必需品是该国自己的土地在实际的耕作状态下所能提供的。城镇居民，尽管经常不拥有自己的土地，但通过他们自己的劳动得到其他人土地上的原始产出，不仅获得工作的原料，而且获得生活资料。城镇对其附近的乡村的关系，独立的国家或民族与其他独立的国家或民族的关系，也可能经常如此。因此，荷兰的大部分生活必需品来自其他国家；活牲畜来自荷尔斯泰因（Holstein）和北欧日德兰半岛（Jutland），谷物来自欧洲几乎所有国家。少量的制成品可以购买大量的原始产出。因此，一个工商业国家自然会用它的一小部分制成品购买其他国家的大部分原始产出；相反，一个没有工商业的国家通常不得不以它的大部分原始产出为代价，购买其他国家的极小部分制成品。一个国家出口的货物仅能供少数人使用，而进口的是多数人的生活资料；后一个国家出口的是多数人的生活资料，进口的却是供极少数人使用的货物和生活资料。前一个国家的居民必须始终享有比他们自己的土地在实际耕种状态下所能提供的更多的生活资料，而后一个国家的居民则只能享受更少的数量。

然而，尽管重农主义学派有着种种不完善之处，但也许是迄今为止在政治经济学问题上发表的最接近真理的观点，因此非常值得每一位希望认真研究这一非常重要的科学原理的人认真思考。虽然它把土地上的劳动视为唯一的生产性劳动，所灌输的观念也许过于狭隘。但是，这一学说认为国家的财富不是由不可累积的货币财富组成，而是由社会劳动每年再生产的消费品组成，把完美的自由视为使这种年度再生产达到最大限度的唯一有效的手段——似乎在各方面都是公正的，因为它极为慷慨、自由。重农主义学说的支持者很多；由于人们喜欢高谈阔论，总希望表现出能够理解超出普通人理解力的事务，重农主义所坚持的关于制造业劳动的非生产性的提法，也许是增加其追随者数量的一个原因。在过去数年里，他们居然已经形成了一个相当大的学派，在法国的学术界中以经济学家的名字而闻名。他们的作品当然对他们的国家有一定的帮助，不仅使许多先前从未被很好地研究过的问题纳入普遍的讨论，而且在某种程度上影响了公共行政部门对农业的支持。因此，正是由于他们的陈述，法国的农业才摆脱了它先前所遭受的一些压迫。授予土地的未来购买者和所有者的租约期限已经从 9 年延长到 27 年，古代各省对谷物从王国的一个省运到另一个省的限制已被完全取消，在一切普通场合，向所有外国出口谷物的自由已被确立为王国的普通法。这个学派的许多著作，不仅讨论真正的政治经济学，即国民财富的性质和原因，而且论述了公民政府制度的每一个分支机构。这些著作都遵循着魁奈先生的学说，不加任何修改。因此，他们的大部分作品几乎都和他的学说相同。对于这一学说，曾经做出的最明确、最连贯的阐述，来自马提尼克岛（Martinico）地方行政长官的梅西耶·德·拉·里维埃（Mercier de la Riviere）先生写的一本小书，书名为《政治社会的自然和基本秩序》（*The Natural and Essential Order of Political Societies*）。整个学派对他们的领袖——魁奈本人是一位极为谦虚、朴实的人——的钦佩不亚于任何一位古代哲学家对他们各自体系的创始人的钦佩。“自创世以来，”一位非常勤奋可敬的作者马奎斯·米拉波侯爵（Marquis de Mirabeau）说，“有三项伟大的发明在极大程度上给政治社会带来安定，这些发明与其他五彩斑斓、装饰政治社会的发明无关。第一项是文字的发明，它使人类有能力不加修改地传递其法律、契约、历史和发明。第二项是货币的发明，它将文明社会之间联系在一起。第三项是‘经济表’，它是其他两项发明的结果，通过实现二者的目标，使其变得更加完善。‘经济表’是我们这个时代的伟大发现，而我国的子孙后代都将从中受益。”

现代欧洲国家的政治经济学更有利于制造业和对外贸易，即城镇产业，而不利于农业，即农村产业；其他国家的政治经济学则遵循不同的计划，更有利于农业，而非制造业和对外贸易。

制造业产品通常体积小、价值高，因此可以用比大多数原始产出更少的费用从一个国家运输到另一个国家，所以在几乎所有的国家都是对外贸易的主要支柱。此外，在面积不够辽阔、环境较为不利以至于不能发展国内贸易的国家，一般都需要对外贸易的支持。如果没有广阔的外国市场，这些国家就不能很好地发展：它们要么国土面积不大，只能提供规模狭窄的国内市场；要么在一个省与另一个省之间的交通如此困难，以至于任何特定地方的货物都不可能享有该国可以提供的全部国内市场的国家。必须记住，制造业的完善完全取决于劳动分工；而在任何制造业中能够引入劳动分工的程度，必然受到市场规模的制约，这一点我已经指出。

古埃及以及印度政府的政策，似乎都更倾向于农业，而不是其他所有的行业。

在古埃及和印度，整个民族被划分为不同的种姓或部落，其中每个种姓从父到子都被限制在一种特定的职业或一类职业中。僧侣的儿子必然是僧侣；士兵的儿子是士兵；农业劳动者的儿子是农业劳动者；织工的儿子是织工；裁缝的儿子是裁缝，等等。在这两个国家，僧侣种姓拥有最高的地位，士兵的种姓次之；在这两个国家，农民和农业劳动者的种姓都高于商人和制造业者。

这两个国家的政府都特别重视农业的利益。古埃及君主为适当分配尼罗河水而建造的工程是有名的古代工程，其中一些工程的废墟遗迹至今仍是旅行者欣赏的遗迹。印度古代君主为使恒河和许多其他河流的水灌溉各地而建造的同类工程，虽然没有那么著名，但似乎也同样伟大。因此，这两个国家虽然偶尔会出现歉收，但都以其肥沃的土地而闻名于世。虽然这两个国家的人口都非常多，但在适度富裕的年份，都能向邻国出口大量的粮食。

古埃及人迷信地厌恶海洋；而印度不允许在水面上烹调任何食品，实际上禁止了人们进行所有远距离的海上航行。古埃及人和印度人在出口他们的剩余产品时，必须几乎完全依赖其他国家的航运。由于这种依赖肯定限制了市场，所以它肯定阻碍了这种剩余产品的增加。它也一定会阻碍制成品的增长，而不会阻碍原始产出的增长。与土地上最重要的原始产出相比，制造业需要一个更加广泛的市场。一个鞋匠一年要做三百多双鞋，而他自己的家人也许一年也不会穿坏六双。因此，除非他拥有至少五十个这样的家庭亲属光顾，否则他无法售出自己的全部劳动成果。在一个大国，数量最多的工匠阶级很少能在该国所有家庭中占到1/50或1/100以上。但是，在法国和英国这样的大国，从事农业的人数，有些作者认为是1/2，有些作者认为是1/3，而据我所知，没有一个作者认为少于该国总人口的1/5。但是，由于法国和英国的农业产品大部分是在国内消费的，因此，根据这些计算，每个受雇于农业的人口，只需自己的一家、两家或最多四家像他那样的亲属来光顾，就可以处理掉自己的全部劳动产出。因此，与制造业相比，农业可以在有限的市场中更好地维持自己。事实上，在古埃及和印度，外国市场的局限性在某种程度上被许多国内航运的便利性所弥补，这些航运以最有利的方式向这些国家每个不同地区的每种产品开放整个国内市场。印度的巨大面积也使得该国的国内市场变得非常庞大，足以支持大量的制造业发展。但是，古埃及国土面积较小，不及英国，在任何时候都会使该国的国内市场过于狭窄，无法支持任何种类的制造业。因此，通常出口大米数量最多的孟加拉，与其说出口大量谷物，不如说出口了各种制成品。相反，古埃及虽然也出口一些制成品，特别是精美的亚麻布以及其他一些商品，但其总是以大量出口谷物而闻名。长期以来，它都是罗马帝国的粮仓。

古埃及的君主，以及印度在不同时期、不同王国的君主，其全部或是绝大部分收入都来自从某种土地税或地租。这种土地税或地租，就像欧洲的什一税一样，包括一定的比例的土地产出，据说是土地产出的1/5，或以实物交付，或根据一定标准估税，以货币支付。因此，金额每年都会根据产出的各种变化而变化，这些国家的君主自然会特别关注农业的利益，因为农业的繁荣或衰落直接决定了其自身收入的增加或减少。

古希腊各共和国和罗马的政策，虽然对农业的重视超过了对制造业或对外贸易的重视，但似乎并没有直接或有意地鼓励前者，而是抑制后者的发展。古希腊各城邦，有些完全禁止外贸，有些认为工匠和制造业者的劳动对人体的力量和敏捷性有伤害，使其无法养成军事训练和体育锻炼的习惯，从而使人们不能忍受战争的疲劳和危险。这种职业被认为只适合于奴隶，城邦的自由公民被禁止从事这种职业。即使在那些没有这种禁令的国家，如罗马和雅典，大部分人实际上也不准经营那些现在通常是由城镇中的低等居民从事的行业。这些行业在雅典和罗马由富人的奴隶占据，他们为了主人的利益从事这些行业，主人的财富、权力和保护使得贫穷的自由人在他的劳动与富人的奴隶的劳动发生竞争时，几乎不可能为他的劳动找到市场。然而，奴隶很少有创造力，所有最重要的改良，无论是在机械方面，还是在便利和减轻劳动的分工和分配方面，都是自由人的发现。如果一名奴隶提出任何这类改进，他的主人很可能会认为这个建议出于懒惰，是想牺牲主人的钱财来节省自己的劳动。可怜的奴隶不但没有得到奖励，反而可能会受到许多虐待，也许还会受到一些惩罚。因此，在奴隶所从事的制造业中，为了完成同样数量的工作，一般必须比自由人所从事的工作雇佣更多的劳动力。因此，前者的工作通常要比后者的工作更昂贵。孟德斯鸠先生说，匈牙利的矿山虽然并不丰饶，但与附近的土耳其矿山相比，总是花费较少，因此利润也较高。土耳其的矿山是由奴隶开采的，而这些奴隶的手臂是土耳其人唯一想到要使用的工具。匈牙利的矿山是由自由人开采的，他们使用了大量的机器，通过这些机器来改进并减少自己的劳动。基于我们对古希腊和古罗马时代的制造业价格不甚丰富的了解，高档商品的价格似乎过于昂贵。丝绸与黄金按照相同质量交换。在那个时代，丝绸确实不是欧洲的产品；而且由于它都是从遥远的地方运来，运输的距离可能在某种程度上解释了高昂的价格。然而，据说一位女士有时会为一块非常精美的亚麻布支付奢侈的价格。由于亚麻布一般都是欧洲制造的，或者最远不过来自埃及，这种高价只能解释为其雇佣的大量劳动力，而劳动力的高成本又来源于使用机器的笨拙。上等羊毛虽然没有那么奢侈，但似乎也远远高于现在的价格。普林尼（Pliny）告诉我国，有些以特殊方式染色的布料，价格为每磅 100 迪纳里（Denarii），即每磅 3 镑 6 先令 8 便士。其他以另一种方式染色的衣服，每磅价格为 1000 迪纳里，即 33 镑 6 先令 8 便士。必须记住，罗马的 1 磅仅相当于我国当前的 12 个盎司。的确，这一高价似乎主要是由染料造成的。但是，如果不是布料本身比现在制造的任何布料都要贵得多，那么这么昂贵的染料可能就不会用在它们身上。这样，辅料的价值和主料的价值之间的比例就太过巨大了。同一位作者提到了一种供人躺在餐桌沙发上休息时使用的毛织枕垫（Triclinaria）的价格，过于难以置信。据说其中一些的价格超过了 3 万英镑，其他的超过了 30 万英镑。这种高价，据说也不是由于染料造成的。据阿布斯诺特

（Arbuthnot）博士的观察，古代时尚人士的服饰种类似乎比现代少得多；而我国在古代雕像上所见服装式样甚少也证实了他的观察。他由此推断，他们的服装总体上肯定比我国的便宜。但这个结论似乎并不成立。如果时尚服饰费用极高，其种类肯定极少。但是，当制造技术和劳动的生产力得到提高，任何一件衣服的费用都变得非常适中时，种类自然就会增加。富人如果无法通过任何一件衣服的费用来突显自己，自然会努力通过衣服的数量和种类来突显。

前面已经指出，每个国家商业的规模最大、最为重要的部门是在城镇居民和乡村居民之间进行的商业。城镇居民从乡村获得原始产出，这些产品既是他们工作的材料，也是他们生活的供养。他们为这些原始产出付出代价，把其中的一部分制造并准备立即使用的产品送回乡村。在这两群不同的人之间进行的贸易，最终的形式是以一定数量的原始产出换取一定数量的制成品。因此，后者越贵，前者的相对价格就越低。任何国家，凡是倾向于提高制成品价格的，都会降低土地上的原始产出的价格，从而抑制农业的发展。对于任何特定数量的原始产出，制成品的数量越少，或者说，任何特定数量的原始产出的价格能够购买的制成品数量越少，该特定数量的原始产出的可交换价值就越小，对地主通过改良土地增加产出数量，或对农民通过耕种土地增加产出的鼓励就越小。此外，任何国家的工匠和制造业者的数量减少，都会减少国内市场，而国内市场是土地原始产出的最重要的市场——从而导致进一步阻碍农业发展。

因此，重农主义这种为了促进农业发展而将农业置于所有其他职业之上的制度，对制造业和对外贸易施加限制，其实与他们所提倡的目的背道而驰，间接地阻碍了他们打算促进的那种（农业）劳动。到目前为止，它们甚至比重商主义更为矛盾。重商主义学说鼓励制造业和外贸而不是农业，使社会的一部分资本从支持更有利的产业转向支持不那么有利的产业，但归根到底还是真正地鼓励了它所要促进的那种劳动。相反，重农主义最终却真正阻碍了它们自己所支持的劳动种类。

每一种制度，如果试图违反自然规律，通过给予特别的鼓励，把社会资本的更大份额吸引到某一特定种类的劳动中去，或者通过施加特别的限制，迫使某些特定种类的劳动中本应用于该劳动的部分资本撤出，这实际上都是对它所要促成的伟大目标的颠覆。它实际上延缓而非加速社会走向真正的富裕，减少而非增加其土地和劳动的年产出的实际价值。

一切鼓励或限制的制度一经完全废除，最明确、最单纯的自然自由制度就会建立起来。每个人，只要不违反法律，都应该拥有完全自由，应该被允许采用自己的方法，追求自己的利益，用自己的劳动和资本与其他任何人或任何阶级进行竞争。这样一来，君主们就完全摆脱了一项职责：监督私人的劳动，并将其引向最适合社会利益的行业。尝试履行这项职责时，君主必须始终面临着无数的错觉，而正确地履行这项职责，不是任何人类的智慧或知识所能做到的。根据自然自由的制度，君主只有三项职责需要注意。这三项职责确实非常重要，但对普通人来说是很容易理解的：第一，保护社会不受其他独立社会的暴力和侵犯；第二，尽可能保护社会的每一个成员不受其他成员的不公正或压迫，或建立严肃、精确的司法机关；第三，建立和维护某些公共事业和公共机构。建立和维护这些公共事业和公共机构绝不是为了某些个人或少数人的利益，因为其利润永远无法偿还任何个人或少数人的费用，尽管它如果由社会经营，利润可能可以补偿成本。

正确履行君主的这些职责，必然需要一定的费用；而这一定的费用又必然需要一定的收入支持。因此，在下一卷中，我将努力解释以下几个问题：第一，什么是君主或联邦的必要费用；这些费用中的哪些应该由整个社会的普遍征税支付，哪些只由社会的某些特定部分或某些特定成员支付？第二，有哪些不同的方法可以使整个社会为支付整个社会应承担的费用做出贡献；每一种方法的主要优点和缺点分别是什么？第三，有哪些原因和理由促使几乎所有的现代政府将这一收入的某些部分进行抵押以举债，以及这些债务对社会的实际财富、土地和劳动的年产出有什么影响？为了回答这个问题，下一卷自然地分成三章。

第五卷

论君主或国家的收入

第一章

论君主或国家的开支

第一节　论国防费用

君主的首要义务，即保卫本国社会免遭其他独立社会的暴力和入侵带来的伤害，这只能通过军事力量的形式履行。但是，状态或发展阶段不同的社会，其和平时期维持军队、战争时期运用军队所需的费用也大不相同。

在最原始的狩猎民族中，民族的每位成员都兼具猎人和战士两种身份，当今的北美土著部落就是如此。当部落成员为了保卫自己所处的社会，或者为了复仇而参战时，成员本人如同在家一样，凭借自己的劳动维持生活。在这种既没有君主，也没有任何国家的状态下，社会不需要承担成员作战，或者在作战期间维持生活的任何费用。

游牧民族的社会状态则更为先进，鞑靼人或阿拉伯人就是典型的游牧民族。在游牧民族中，每位成员同样既是牧人又是战士。游牧民族通常没有固定住所，往往居住在帐篷或者容易迁徙、移动的有篷马车中。整个部落或民族根据一年中不同的季节变化，或者其他的意外情况不时迁徙，改变其生存状况。当部落的牲畜群吃光了一处的牧草时，部落就会迁徙到另一处，如此往复，不断迁徙。早季时，部落一路延伸到河岸；雨季时又一路退回高地。游牧民族在作战时，战士们不愿把他们的牲畜托付给老弱妇孺照看，也不会抛下手无寸铁、难以维生的老弱妇孺，让他们在后方自谋生路。游牧民族早已习惯流浪生活，即使是在和平时期也是如此，因此一旦出现战争，整个部落可以很快转为战士，加入战斗。无论作为军队行军，还是作为牧民行动，尽管目的不同，但他们的生活方式几乎保持一致。因此，作战时，整个部落一同作战，每位成员都尽其所能。鞑靼妇女甚至也参加战斗，这也是经常听说的事。如果部落战胜对手，那么原属于敌对部落的一切（包括财产和人口）都将成为战利品；但如果部落被其他部落征服，那么他们将失去自己的一切。即便是大部分在战斗中幸存的战士，也不得不为了活命臣服于征服者，其余人往往四散逃亡。

鞑靼人或阿拉伯人的日常生活或运动也是他们的战备行为。跑步、摔跤、棍棒、标枪、拉弓等，都是在野外居民的常见消遣，也是战争的意象。当鞑靼人或阿拉伯人外出作战时，他们依靠自己的牲畜群维持生活，驱使这些牲畜的方式与和平时期别无二致。他们的酋长、首领或者君主，都不需要为部落成员的战备或训练承担任何费用，部落成员的掠夺机会就是他们所期望或要求的唯一报酬。

一支由猎人组成的军队很少超过两三百人，因为由追逐狩猎获得的不稳定的生活资料难以维持更大群体的生活；相反，牧人的军队规模有时可能达到二三十万人以上。只要他们的前进不受阻碍，只要他们能从一个吃光草料的地区迁徙到另一片水草丰满的地区，可以共同进军的人数似乎没有什么限制。狩猎民族似乎对临近文明的成员没什么威胁，而游牧民族则完全不同。北美印第安人的战争无甚危害；相比而言，鞑靼人在亚洲的侵略则十分可怖、危害甚大。修昔底德（Thucydides）[①]的断言，“无论是欧洲还是亚洲，都无法抵挡塞西亚人（Scythians）[②]的联合”，已经被历朝历代的经验所验证。塞西亚人或者鞑靼人疆域内广阔无垠、毫无天险的旷野上的居民经常在某个征服者部落或者氏族首领的统治之下团结起来，这种团结的标志就是他们给亚洲带来的浩劫和毁灭。另一个规模浩大的游牧民族，阿拉伯地区的荒凉不毛的沙漠的居民，除了在酋长的领导之下整合过一次之外，从来不曾团结统一。而这唯一的一次团结的标志也与塞西亚人大同小异。如果美洲的狩猎民族全部变为游牧民族，那么他们对与之相邻的欧洲殖民地的居民的威胁则比现在大得多。

相比于狩猎民族和游牧民族更为进步的社会状态，是几乎没有对外贸易，除了每个家庭制造的自用、粗陋的用品之外没有其他制造业的农业社会。与前两种状态相同，其成员要么是士兵、要么很容易变为士兵。从事农业工作的人通常整天在户外度过，暴露在四季变化和风吹雨打之下。他们日常生活的艰辛使得他们能够承受战争的疲劳，农业生产中的一些劳作则与战场上的工事十分相似。挖掘沟渠的经验可以用于修筑堑壕、加固营地、修筑围墙。这些农夫的业余消遣[③]与牧人一样，都是战争的图景。但是，由于农夫的闲暇时间不像牧人那么充裕，他们并不常参与到这些业余消遣之中。农夫虽然也是士兵，但是士兵身份并不主导他们的生产生活；然

---

① 修昔底德（公元前460年—约公元前400年），古希腊伟大的文学家、历史学家，著有《伯罗奔尼撒战争史》。——译者注

② 塞西亚人，又译斯泰基人，是一支生活在东欧、中亚地区的古游牧民族，也是世界上有史料记载的最早的游牧民族，其活动范围大致相当于今天的黑海以东、俄罗斯以南、中国以西、伊朗以北。——译者注

③ 此处的所谓“消遣”，事实上指的是在本职工作之外的业余时间从事的生产生活活动。——译者注

而，尽管如此，君主或国家很少支付费用以进行战备和军事训练。

即使是最简陋的农业生产，也意味着存在聚居地：聚居地是某种固定的住所，一旦放弃会蒙受重大损失。因此，农耕民族参与战斗时便不能像狩猎民族或游牧民族一样倾巢出动，至少老人、妇女和儿童需要留在家中照料后方。不过，其他符合兵役年龄的人则需要全部参战，这也是此类民族的常态。在每个民族中，兵役年龄人口大约占总人口的四分之一到五分之一。如果战争在播种期之后开始、在收获期之前结束，那么农夫及其主要劳动者即便离开耕作的土地，也不至于遭受太大的损失。农夫认为，战争期间土地上的必要劳作可以由留守的老人、妇女和儿童很好地完成。因此，农夫并非不愿在持续时间较短的战争中无偿服役，也就是说，君主或国家在作战期间花销的费用往往和日常维持的军事训练费用相当，均处在较低水平。古希腊几乎所有城邦国家的公民在第二次波斯战争之前都以此方式服役，伯罗奔尼撒人（Peloponnesus）则一直持续到伯罗奔尼撒战争[①]之后。修昔底德观察到，伯罗奔尼撒人通常在夏季离开战场，回家收获。王政时代和共和国初期的罗马人民都以同样的方式服役。直到维伊（Veii）[②]之围时，罗马人才开始向留守家乡的公民征收费用，用作前线战争的军费。在罗马帝国衰亡之后建立起来的欧洲君主制国家中，无论是在所谓的封建制度建立起来之前、还是在建立之后的一段时间里，大领主及其附庸都自费为王室服务。在战场上和在家中一样，他们依靠自己的收入维持生活，而非国王在某些特定场合下支付给他们的津贴或报酬。

---

① 伯罗奔尼撒战争一直持续到约公元前 403 年。——译者注

② 维伊，意大利古城，位于罗马城的东北部。在第三次维爱战争期间（公元前 405 年—公元前 396 年），罗马军队围困维爱城十年之久，最终攻克。这场战争被视为古罗马历史的转折点和军事扩张的开端。——译者注

若是社会状态再向前发展一步，战场上的士兵们就再也不能凭借自费养活自己了。这一变化主要源于两个因素，其一是制造业的进步，其二是战争策略（兵法）的发展。

一位农夫，即便受雇于远征，但是只要在播种后开始、在收获前结束，农夫本职工作的业务中断并不会明显影响其收入。没有农夫劳动的干预，大自然自己已经完成了大部分需要的工作。但是，对于工匠、铁匠、木匠或者织工来说，情况则大不相同，一旦离开工场，他们的收入来源就完全枯竭了。他们的一切都要仰仗自己，大自然不能帮上一点忙。因此，当他们为了保护民众走上战场时，由于没有收入维持自己的生活，他必须由民众供养。但是，在一个大部分居民都是工匠或制造业者的国家里，大部分参战的士兵都必须从这些阶级中抽调，因此士兵只要是在为国家服役，就必须由民众供养。

随着战争策略逐渐发展为一门非常复杂的科学，战争不再是早期社会那种不定期的单次冲突或小规模战斗。一场战争往往以几场不同战役的形式开展，战役持续时间不等，多则占据一年中的大部分时间。在这种情况下，民众有必要供养那些在战争中为民众服役的士兵，至少在他们服役期间如此。一个人不论和平时期从事何种职业，如果需要长期服兵役或自费参战，这些费用则会构成过重的负担。因此，在第二次波斯战争之后，雅典军队基本上就采取了雇佣军模式。军队的一部分是雅典公民，另一部分则是外来人，所有士兵都由国家统一支付军饷。围攻维爱城之后，罗马军队的士兵在战场上服役期间也都会获得相应的报酬。在之后的封建政府统治下，大领主及其附庸的兵役在一段时间之后普遍以金钱作为交换，用以供养那些代替他们服兵役的士兵。

文明社会中，参战人数占总人口数的比例必然低于未开化的社会。由于士兵完全依靠士兵之外的劳动者的劳动所供养，而后者需要供养的除了士兵之外，还有他们自身以及政府的行政或司法官吏。因此，士兵的人数绝对不能超过后者以适合其各自职业的方式所能够供养的总量。在古希腊的农业城邦中，占总人口五分之一到四分之一的人自认为是士兵，并且可能参与作战；而在现代欧洲的文明国家中，据计算，士兵的人数一般不超过总人口的百分之一。如果超出这一比例，则可能导致国家经济负担过重。

各个国家的战备费用似乎总量不高。在供养军队战备的费用完全由君主或国家承担很久之后，战备费用才变得十分高昂。古希腊各个城邦的军事训练是城邦的自由公民教育的一个必要部分。每个城市似乎都拥有一片公共空间，处于地方行政长官的保护之下，供年轻人在教官的指导下学习、练习各项技能。这种非常简单的机制就涵盖了古希腊城邦为其公民进行战争准备所花费的全部费用。古罗马战神广场（Campus Martius）的训练与古希腊体育场（Gymnasium）的练习目的相同。基于同一目的，之后的封建政府也曾颁布法令要求各地区的公民练习射箭或接受其他军事训练，但是这些法令并未得到很好的执行。或是由于负责执行这些法令的人员缺乏兴趣，或是出于其他原因，这些法令往往成为一纸空文。随着这些政权的不断更迭，军事训练似乎被广大人民逐渐废弃了。

在古希腊和罗马各共和国存在的整个时期，以及在封建政府成立之后的相当长的一段时间里，士兵这一行当并非单独、独立的行当，也不能作为某一特定阶级公民的唯一或主要职业。国家的每个成员，不论其赖以谋生的是什么普通行当或职业，在一切普通场合，都认为自己同样适合担任士兵，而在特殊场合，也认为自己有义务服役。

然而，战争策略既然是一切技艺之中最为高贵的那种，随着不断进步，其必然成为最复杂的一种。战争策略能够发展到何种程度，固然取决于机械技术，以及与之紧密相关的其他技艺的发展程度。但是，为了使之充分发展，军事必须成为某些特定阶级公民的唯一或主要职业，而劳动分工对战争策略这一技艺的改良也如其他技艺一样十分必要。其他技艺的劳动分工来源于个人的精明思考，他们发现，相比于广泛地从事大量行业而言，专注于某种特定的行业更有助于自己的个人利益。将士兵与其他职业分开，作为一种专门、独立的职业，却并不是由于个人的精明，而是由于国家的智慧。在和平年代，一位普通公民，如果把大量时间花费在军事训练上，固然可以提升自己的军事训练水平，但是如果没有国家的支持或供养，他的个人利益并不会得到任何提升。因此，只有国家的智慧才能使公民为了自己的利益花费大部分时间从事这种特殊工作。但是，国家并不总是拥有这种智慧，即便它们的情况已经到了为了维持国家的存在必须拥有这种智慧的时候，它们可能依然没有这种智慧。

牧人拥有大量的闲暇时间，粗放状态下的农夫也有一定的空闲，但是手工业者或制造工人则完全没有。就军事训练而言，第一种人（牧人）可以投入大量时间而不损伤自己的利益。第二种人（农夫）可以花费一部分时间，也不会承受损失。但是第三种人（手工业者或制造工人）的情况则大不相同，每在军事训练上花费一小时，就损失一小时的收入。因此，他们对自身利益的关注使其自然而然地忽视军事训练。工艺和制造业的进步必然导致耕种的改良，剥夺了农民的闲暇时间。于是，乡下农民也和城镇工人一样忽视军事训练，使得大部分民众越来越不好战。与此同时，由于农业和制造业改良所蓄积的财富，往往会引发周围邻国的觊觎和攻击。勤于劳作而又因此致富的国家最容易遭受攻击。除非国家采取某些国防措施，不然，人民的自然习性会使得他们愈加难以自卫。

在这种情况下，国家对于国防或军备，往往只能采取两种手段：

其一，国家可以通过施行严格的法令，全然不顾人民的利益、能力或倾向，强制民众进行军事训练。要求所有或一定数量的处在服役年龄的公民，不论他们本身从事何种职业，都需要在某种程度上加入与士兵相关的行当之中。

其二，国家还可以通过供养和雇佣一定数量的公民不断地进行军事训练，使士兵这一行当与其他职业区分开来，成为一种特殊的职业。

两种手段中，国家如果采用前者，其军事力量即为民兵；而如果采用后者，其军事力量则是所谓的常备军。军事训练是常备军的士兵所从事的唯一或主要职业，而国家给予他们的生活费用或军饷是他们生活所需的主要和普遍的资金来源。民兵则不然。民兵只需要偶尔从事军事训练，而主要和普遍的生活费用来自其他职业。民兵成员的工人、技工或商人的属性比士兵更为重要；而常备军的军人属性高于其他任何性质。这两种属性上的区别，似乎构成了这两种不同的军事力量之间的根本区别。

民兵也有集中不同的类型。有些国家里保卫国家的公民只参与军事训练而不编成队伍，没有统一编制管理；也就是说，没有区分成单独、分立的部队，也没有在各自相应的常设军事长官的领导下进行训练。在古希腊和罗马各共和国中，公民留在家乡时，大多是各自单独，或者是与他们的同伴一起训练，不到真正征召去往战场之前，不编入任何作战部队。其他国家的民兵则既参加军事训练，又被编入部队。英格兰、瑞士和现代欧洲的其他任何一个国家，只要建立了这种不完善的军事力量，即使是和平时期，每位民兵也隶属于某个特定的不对，在相应的常设军事长官的领导下进行训练。

在火器发明之前，军队战力的强弱取决于士兵使用武器（冷兵器）的技巧和熟练度。身体力量和敏捷度十分重要，通常决定着战斗的胜败。但是，士兵使用武器的技巧和熟练度的训练，就像是现在的击剑一样，并不是在大部队中，而是每个人各自在专门的学校里、在专门的教官指导下，或者与水平相当的同伴一起训练。自火器发明以来，身体力量和敏捷度，乃至使用武器的技巧和熟练度，虽然并非全无用处，但重要程度已经极大削弱了。火器的属性决定了即便它不能让拙劣者与熟练者达到同一水平，但二者之间的差距相较于之前的武器也更为接近。人们还认为，使用火器所需要的一切技巧和熟练度，都可以通过在大部队中的练习掌握。

在现代军队中，纪律、秩序和迅速服从命令决定着战斗的成败，这些因素比士兵们使用武器的技巧和熟练度更重要。但是，一旦进入战场、暴露在枪炮声之下，就算是在真正的战斗开始之前，在火器发射的声响、烟雾和无法感知的死亡阴影的笼罩之下，士兵很难保持相当程度的纪律、秩序和服从性。古代的战斗中除了人类的喊杀声之外，并没有其他的声响；没有烟雾，也没有目不可见的受伤或是死亡。战场上的每个人，在夺去他们的生命的武器真正靠近之前，都可以清楚地看到这种武器没有出现在他们身边。在这种情况下，那些对使用武器的技巧和熟练度有信心的部队，从这场古代战斗开始直到分出胜负为止，维持某种程度的纪律和秩序比使用火器之后更容易。不过，纪律、秩序和服从性只能在大部队中才能训练获得。

然而，民兵无论以何种方式教练或训练，都远比不过纪律严明、训练精良的常备军。

一周或一个月只训练一次的士兵，在使用武器方面永远不会像每天或每隔一天训练一次的士兵一样熟练。士兵使用武器的熟练度虽然在现代不像在古代那么重要，但是，普鲁士军队公认的优势，据说在很大程度上得益于他们的精良训练。这也说明，即使时至今日，熟练度也是非常重要的。

一星期或一个月才在军官手下训练一次、在其余一切时间都可以自由处理自己事务、在任何方面都不对军官负责的士兵，与那些每天的生活起居、从起床到睡觉，或者至少是返回营房都由军官指挥的士兵相比，其服从命令的迅速程度是远远不及的。在纪律或服从命令的习惯，或体能训练和武器的操作和使用方面上，民兵相比于常备军都是远远不如的。但是，在现代战争中，随时服从命令的习惯比操作武器的技巧要更为重要。

跟随在和平时期带领他们的首领一同作战的民兵，例如鞑靼人或阿拉伯人民兵，是迄今为止最强大的民兵。他们对长官的尊重以及随时服从命令的习惯最接近常备军。苏格兰高地人（Highlanders）在自己的族长指挥下服役时也有同样的优势。然而，高地人的不同之处在于，他们虽然是牧人，但是有着固定的住所。在和平时期，他们并不会跟随自己的族长四处迁徙，也不太愿意长久地在战场上作战。他们一旦获得战利品就急于回归家乡，很少受到族长的权威约束。因此，论及服从度，高地人则比鞑靼人和阿拉伯人逊色很多。由于高地人习惯固定的生活，在野外生活的时间较少，所以他们并不太适应军事训练，也不像鞑靼人和阿拉伯人那样善于使用武器。

然而，需要注意的是，任何一种民兵只要在战场上连续服役过几次，在各方面上都可以成为常备军。士兵们每天训练操作武器，经常处在军官的指挥之下，也就习惯了像常备军那样服从命令。上战场之前他们从事何种行业并不重要，在经过几场战役之后，他们必然会具备常备军的一切特征。如果美国的战争再延长下去，那么美国民兵在各方面都可以与上次战争中表现应用的常备军相媲美，至少不逊于法国和西班牙最顽强的老兵。

既然了解了民兵和常备军之间的这种区别，我们就可以历史中找到证据，证明一支训练有素的常备军与民兵队伍相比具有不可抗拒的优势。

有着明确历史记载的最早的常备军之一，就是马其顿国王腓力麾下的常备军。腓力与色雷斯人（Thracians）、伊利里亚人（Illyrians）、色萨利亚人（Thessalians）和马其顿附近的希腊城邦频繁交战，逐渐建立了他的军队。这些军队最初可能是民兵，但是之后按常备军纪律行事。在他处在少有的和平时期时，他小心地把军队保留下来，不予解散。经过了长期而激烈的斗争，马其顿人最终击败了古希腊各个主要共和国的英勇、精良的民兵，后来又征服了波斯帝国的民兵。古希腊各个城邦和波斯帝国的衰落，就是常备军相比各种民兵的不可抗拒的优势的结果。这也可以说是人类历史上第一次有着明确记载的社会变革。

迦太基（Carthage）的衰落以及罗马随后的兴旺，则是第二次变革，这两个闻名遐迩的共和国的所有变化都可以用同一个原因来解释。

从第一次迦太基战争结束，到第二次迦太基战争开始，迦太基人的军队一直在三大将军哈米尔卡（Hamilcar）、他的女婿哈斯德鲁巴（Hasdrubal）[①] 和儿子汉尼拔（Hannibal）手下不断征战。他们

① 迦太基战争，又称布匿战争（Punic War）。哈斯德鲁巴（Hasdrubal，也作 Asdrubal），又译哈斯朱拔，古迦太基常见人名。此处共出现两位哈斯德鲁巴，其一是哈米尔卡的女婿、汉尼拔的姐夫（公元前 270 年—公元前 221 年），又称公正者（the Fair）；其二名哈斯德鲁巴·巴卡（公元前 245 年—公元前 207 年）是哈密卡尔的次子、汉尼拔的弟弟，下称小哈斯德鲁巴。——译者注

首先平定了国内的叛乱，之后镇压了非洲各国的起义，最后征服了西班牙王国。汉尼拔率领的军队在从西班牙向意大利进攻的过程中历经多次战争，最终形成了常备军的严明纪律。相应地，罗马人虽然没有处在和平状态，但是在这一时期，他们并没有经历任何重大战争，一般而言，他们的军事纪律也是较为宽松的。汉尼拔在特雷比亚（Trebia）、特拉西美诺（Thrasymenus）和坎尼（Cannae）[①] 遇到的罗马军队并不是常备军，而是民兵。这种差距，相比于其他的因素，可能更能决定这些战斗的胜败。

汉尼拔留在西班牙的常备军相比罗马派去抵御的民兵有着同样的优势，在汉尼拔的弟弟小哈斯德鲁巴的指挥下，几年之后，基本上把所有罗马民兵全部逐出了西班牙。

汉尼拔并没有从迦太基国内获得足够的补给。与此同时，久经战场的罗马民兵逐渐在战争中成长为一支纪律严明、训练有素的常备军，汉尼拔的优势不断缩小。小哈斯德鲁巴后来认为有必要率领他在西班牙指挥的全部或几乎全部常备军开赴意大利支援自己的兄长。在这次行军中，据说他被向导误导，在不熟悉情况的国家里遭到另一支训练水平与其相当，或是在其之上的常备军的突然攻击，结果全军覆没。[②]

当哈斯德鲁巴离开西班牙之后，罗马将领大西庇阿（Great

---

① 特雷比亚，指特雷比亚河战役。第二次布匿战争初期，公元前 218 年，迦太基将领汉尼拔在特雷比亚河河岸攻击罗马军队，取得胜利。特拉西美诺，指特拉西美诺湖战役。公元前 217 年，汉尼拔在特拉西美诺湖埋伏罗马军队，取得胜利。坎尼，指坎尼会战。公元前 216 年，汉尼拔击败罗马，取得胜利。斯密原文中的特拉西美诺（Thrasymenus）是拉丁语 Trasimenus 的拼法之一，意大利语写作 Trasimeno，英语写作 Trasimene。——译者注

② 公元前 207 年，小哈斯德鲁巴率军开赴意大利与汉尼拔会合，在梅陶罗河（Metaurus）附近与罗马共和国执政官盖乌斯·克劳狄乌斯·尼禄（Gaius Claudius Nero）率领的部队交战，兵败战死。——译者注

Scipio)[①]在迦太基领土上遭遇的抵抗，不过是一些不如他的民兵队伍发起的。他麾下的民兵，经过战斗的历练，自然而然地变成了纪律严明、训练有素的常备军。后来，这支军队被派往非洲，面对的敌人也不过是民兵。此时，为了保卫迦太基，汉尼拔的常备军不得不被召回。屡战屡败的非洲民兵被汉尼拔收编，成为其常备军，最终成为扎玛（Zama）战役中汉尼拔军队的大部。扎玛战役最终决定了这两个相互敌对的共和国的兴衰。

从第二次迦太基战争结束，直到罗马共和国灭亡，罗马军队一直是彻头彻尾的常备军。马其顿王国的常备军面对罗马的进攻进行了抵抗。在罗马军队的声望达到顶点时，他们经过两次大规模战争和三场大规模战役才征服了这个小小的王国。如果不是马其顿最后一位国王[②]懦弱投降，征服这个王国可能会更加困难。古代一切国家的民兵，例如希腊、叙利亚或埃及的民兵，对罗马常备军的抵抗都十分微弱。其他一些国家民兵的抵抗则比较激烈。米特里达梯（Mithridates）率领的来自黑海和里海以北各国的塞西亚人或鞑靼人的民兵，是罗马在第二次迦太基战争之后遇到的实力最强的敌人。帕提亚人（Parthian）和日耳曼人（German）的民兵也非常值得尊敬，他们曾好几次击败罗马军队。但是，总的来说，当罗马军队指挥得当时，这些民兵并不是他们的对手。罗马人最终没有征服帕提亚人或是日耳曼人，原因可能是罗马人认为本国的疆域已经足够广大，不需要再纳入两个国家。古代日耳曼人，就像塞西亚人或鞑靼

① 大西庇阿，全名普布利乌斯·科尔内利乌斯·西庇阿（Publius Cornelius Scipio），罗马共和国军事将领，因击败汉尼拔闻名于世。——译者注

② 指珀尔修斯（Perseus）。珀尔修斯（约前 212 年 – 前 166 年），马其顿王国在希腊化时期的安提柯（Antigonid）王朝的最后一位国王，于公元前 168 年，第三次马其顿战争中投降罗马。——译者注

人一样，是一个由流浪的牧人组成的游牧民族。他们平时由首领率领，在各地迁徙，战时则在首领的领导下进行战斗。日耳曼的民兵与塞西亚人或鞑靼人的民兵种类相同，可能他们就是塞西亚人或是鞑靼人的后裔。

罗马军队纪律松弛的原因是多方面的，军队负担过重可能就是其中之一。罗马军队的鼎盛时期，既然已经无敌于四方，军队的重甲就被当作不必要的负担放在一边，他们繁重的练习也被当作不必要的苦劳而被有意忽视了。此外，在罗马皇帝治下的常备军，特别是戍守罗马与日耳曼和潘诺尼亚（Pannonian）边境的部队，常常成为皇帝的心腹大患；他们经常拥护自己的将军，起兵叛乱，反对皇帝。为了削弱这些常备军的威胁，根据不同作者的说法，戴克里先（Dioclesian）或君士坦丁（Constantine）[①] 首先将两三个军团合成的戍边部队从边境召回，然后把他们化整为零，驻扎在各省的城镇，除非需要抵御外敌入侵，否则不得移动。部分驻扎在贸易或制造业发达的城镇的士兵很少离开驻地，他们自己逐渐变为商人、手工和制造业者。市民属性逐渐超过军事属性，罗马的常备军逐渐堕落为腐败、疏忽、没有纪律的民兵，无力抵抗日耳曼和塞西亚民兵的入侵——后者很快击溃了西罗马帝国。当时的皇帝只能通过雇佣其中一些国家的民兵抵抗其他国家民兵的方式勉强维持、保卫自己。西罗马帝国的灭亡是古代历史上具有直接或间接记载的第三次大规模革命。西罗马帝国之所以灭亡，也是因为野蛮国家的民兵相比文明国家的民兵具有极大优势；游牧民族的民兵胜过农夫、工匠、制造业者的国家的民兵。民兵所取得的胜利，一般不是战胜常

① 戴克里先（Dioclesian，又作 Diocletian，244—312），君士坦丁（Constantine，272—337），罗马帝国皇帝。——译者注

备军，而是战胜其他训练与纪律不及自己的民兵。希腊民兵战胜波斯帝国如此，瑞士民兵战胜奥地利和勃艮第民兵同样如此。

在西罗马帝国的废墟上建立起来的日耳曼民族和塞西亚民族的军事力量，在一段时间之内，继续在他们的新定居点维持与他们故国同样的状态。这些军事力量是由牧人和农夫组成的民兵队伍，在和平时期服从首领的指挥，在战场上跟随同样的首领战斗，具备一定的训练和纪律水平。然而，随着技艺和工业的发展，族长（首领）的权威逐渐衰落，大部分人民没有足够的时间用于军事训练。封建民兵的纪律和训练逐渐瓦解，国家开始建立常备军应对民兵的不足。另外，当这种权宜之计的常备军为一个文明国家所采用时，其他文明的邻国也就有必要效仿。他们很快发现自己的民兵无法抵挡常备军的进攻，而国家的安危就维系在建立的常备军之上。

即使没有上过战场，常备军中的士兵也经常会表现出久经战争的老兵的勇气，当他们走上战场时，他们已经可以与最顽强、最有经验的老兵相抗衡了。1739 年西班牙战争爆发时，英国大约已经享受了 28 年的和平，然而常备军士兵并没有被长期的和平所腐蚀，在卡塔赫纳（Carthagena）战役[①]的表现尤为英勇。尽管英国未能取得卡塔赫纳战役以及西班牙战争的胜利，但管理得当的常备军如果能够维持训练水平，那么士兵的勇气是不会削弱的。

如果一个文明国家依靠民兵保卫，那么它随时都有被临近的蛮族征服的风险。鞑靼人对亚洲各个文明的频繁征服，充分说明了野蛮民族的民兵相比于文明国家民兵的巨大优势。训练有素的常备军强

① 1739 年西班牙战争，即英国和西班牙两国在 1739 年至 1748 年爆发的“詹金斯的耳朵战争”（War of Jenkins’ Ear）。卡塔赫纳（Cartagena），哥伦比亚城市，同名战役发生于 1741 年，双方均未能取得战果。“詹金斯的耳朵战争”最后以西班牙获得全胜告终。——译者注

于任何民兵，这种军队可以独立保护一个国家免于贫穷、野蛮的邻国的入侵，而只有富裕的文明国家才能供养。因此，一个国家如果想要长久保存，或者长时间维系其文明，只有建立常备军一种途径。

一个文明国家只有依靠训练有素的常备军才能抵御外敌，而一个野蛮国家只有依靠常备军才能变得文明起来。常备军凭借其不可抵抗的力量，可以把君主法令推向一个帝国最偏远的角落，也可以在没有常备军就无法维系政治的国家里维持一定程度的正常统治。

认同共和的人一直担心常备军可能给自由造成风险。在将军和主要官员的利益与国家宪法的维持不一致时，的确存在这种风险。例如，恺撒的常备军摧毁了罗马共和国，克伦威尔的常备军把长期议会赶出门外。但是，如果君主本人即是将军，国家的主要贵族和绅士担任军队的主要长官，且军队由那些关心、支持公民权利的官僚指挥，常备军本身便享有这些公民权利的绝大部分，他们便永远不会危及自由。反之，在某些情况下，常备军还可能有利于自由。在一些现代共和国里，出于对民众的猜忌，君主可能会细致入微地监视民众的行动，时刻准备对民众的生活进行干预。常备军为君主带来的安全感使其不再烦心这种不必要的猜忌。尽管地方官员得到国家大部分人民的支持，但是他们的安全也会受到人民的不满带来的威胁。如果一场小规模骚乱可能在几小时之内就演变成为一场大规模革命，政府就不得不使用其权力以镇压、惩罚每次抱怨或反对的声浪。相反，对于君主而言，如果君主认为自己不仅得到国内贵族的支持，而且身后有着训练有素的常备军撑腰，那么即便是最无礼、最无根据、最放肆的劝谏也不会引起什么动乱，君主就可以放心地宽恕这些抗议，或者置之不理了。君主对自己稳固地位的认识，会使之更倾向于宽恕或者忽视。所以，只有在君主得到精良的常备军保卫的国家，才会容忍这种接近于放肆的自由程度。同样，只有这种国家才无须为了公共安全考虑，赋予君主任何可能会镇压这种放肆、随意的自由的裁量权。

因此，随着社会文明的不断进步，君主的首要义务，即保卫本国社会免遭其他独立社会的暴力和入侵带来的伤害，所需的开支也愈加昂贵。最开始，无论是在和平时期还是战争时期，军事力量都不需要君主的支出。但是，随着社会的进步，起初，战争时期的军事力量需要君主供养，之后，和平时期依然如此。

火器的发明使得战争策略发生了巨大的变化，进一步增加了和平时期训练和组织特定数量士兵以及在战争时期运用这些士兵的开销。军队所使用的武器、弹药都变得更加昂贵。火枪比标枪或弓箭昂贵，而加农炮或迫击炮也比投矛器（Balista）或投石机（Catapulta）价格更高。现代阅兵式所消耗的火药一旦发射就无法回收，久而久之也是一笔不小的费用；古代投掷出的标枪或箭矢都很容易收回，且价值低微。加农炮和迫击炮不仅比投矛器或投石机价格昂贵，而且更为笨重，其制造和运输都需要更大的费用。由于现代火炮相比古代投射武器的巨大优势，一座城市要抵挡这些先进火炮的攻击，即使只是抵御几个星期，也更为困难、更为昂贵。在现代，种种不同的因素导致国防费用更为昂贵。不可避免的社会改良和自然进步，加之战争策略上的极大发展，都是导致这个结果的原因之一。火药的发明似乎只是一个偶发事件，却对后者起到了极大的作用。

现代战争中，对能负担得起的国家而言，使用火器的高昂费用是一种明显的优势，这种优势同样体现在富裕、文明的国家与贫穷、野蛮的国家之间。在古代，前者难以抵御后者，而在现代，情况完全相反。火器的发明乍看上去像是有害无益，但实际上，它对文明的延续和扩张都是有着积极意义的。

第二节 论司法费用

君主的第二项义务，即尽可能保护社会的每个成员不遭受其他社会成员的不公正对待或压迫，也就是建立严格的司法制度的义务，在社会发展的不同阶段也需要不同的费用。

在狩猎民族中，由于几乎没有任何财产，或者说没有什么财产超过两三天劳动的价值，所以这种民族也就几乎没有公认的裁判官或者正规的司法体系。没有财产的人只能在人身或者名誉上互相伤害。当一个人杀害、伤害、殴打或诽谤另一个人时，虽然受害者遭受了痛苦，但是加害者却得不到好处。但涉及财产的损害时，情况则不同。加害者所获得的利益，往往等同于受害者的损失。嫉妒、恶意或憎恨是唯一能够促使一个人去伤害另一个人的人格或名誉的激情（动机）。但是，大多数人并不受这些激情的影响，即便是最坏的人，也只是偶尔如此。这些情绪的满足，无论对某些人来说如何愉悦，也不能带来任何真正或永久的好处，所以，大部分人总是经过谨慎的考虑，不轻易追求这些情绪上的满足。即使在社会中没有民事裁判官（Civil Magistrate）保护他们免遭这些激情引发的不公正对待，人们也可以在某种程度上安全地生活在一起。但是，富人的贪婪和野心，穷人对劳动的厌恶和对安逸、享乐的热爱，则是促发财产侵害的激情。这种想法愈发稳固，而影响愈加广泛。拥有大量财产积累的地方，必然存在极大的不平等。每有一位巨富，则至少有五百位贫民，少数人的富足意味着多数人的贫穷。富人的富足激起穷人的愤怒，而穷人财富的匮乏和嫉妒则会驱使他们侵犯富人的财产。只有在裁判官的庇护之下，拥有多年积累，或者经过许多代人的劳动获得财富的富人们才能睡上一个安稳觉。富人总是被未知的敌人所包围，虽然他从未激怒这些人，但是他永远也不能安抚他们的敌意。他只能依靠不断惩戒非法行为的裁判官的保护以避免敌人给他们带来的侵害。因此，要想获取并积累大量有价财产，则必然要求建立公民政府。在没有财产，或财产不过是两三天劳动价值的地方，公民政府就不那么必要了。

公民政府的存在首先需要公民一定程度的服从。随着有价财产的积累，公民政府存在的必要性不断增强，促使人们自然地服从于政府的核心动因也随之不断强化。

人们之所以会服从政府，或者说在任何公民制度建立起来之前，某些人之所以相较他们的同胞兄弟能够拥有更高的地位，似乎可以归因于以下四种内在或外在因素。

第一是个人素质的优越性，包括力量、容貌和身体的敏捷，智慧和品德，审慎、公正、刚毅和节制的品格等。一个身体素质出众的人，若没有精神品质的支撑，在任何社会阶段都不能被赋予权威。一个身强体壮的人如果单凭体力便可以迫使两个弱者服从，他的精神品质则可以带来极大的权威。然而，这些素质肉眼并不可见，总是存在争议余地，往往也是争议的对象。任何一个社会，不论野蛮还是文明，都认为根据这些看不见的品质确定身份地位和服从的法则极为不便，而总是以一些更简单、更明显的事物作为参照。

第二是年龄的优越性。只要年龄还没有达到让人怀疑衰老的程度，一位老人在任何地方都比一位地位、财富和能力相当的年轻人更受人尊敬。在北美原住民部落之类的狩猎民族中，年龄是确定身份地位和优先的唯一因素。他们将尊长称为父、将同龄人称为兄弟、将下级称为子。在富裕、文明的国家里，如果其他各方面都相同，那么年龄就是确定身份地位的标准。在兄弟姐妹之间，年长者往往具有优先地位。在继承遗产时，诸如名誉、头衔之类的不能分割、必须归一人所有的东西，大多数情况下都会由长子继承。年龄的优越性显而易见、无可争议。

第三是财富的优越性。虽然富人的权势在每个社会时期都十分巨大，但是在财产最不平等的最野蛮的社会中，富人的权势也许是最大的。一位鞑靼人首领所拥有牲畜的增值足以养活一千人，而其增值除了养活这一千人之外没有任何其他的用途。由于社会发展状态较为落后，他并不能用多余的原始增值交换任何制造品、装饰品或小玩意儿。这一千人完全依靠他的供养维持生活，因此，他们在战时需要服从其命令，在平时也听其管辖。这样一来，这位首领既成为他们的将军、又成为他们的审判官，首领地位也是财富优越性的必然结果。在文明、富裕的社会中，一个人可能拥有更多的财富，但可能无法指挥十几个人。他的财产增值起来，虽然也有可能或实际上供养着一千人，但是由于这些人都为从他那里得到的一切东西支付了相应的代价，他除了等价交换之外也不会送给这些人任何东西，很少有人认为自己完全依赖他生活，他的权力所及也不过是若干地位低微的仆人。然而，即使是在富裕、文明的社会中，财富的权势也是十分巨大的，远超年龄或个人品质的优越性，这也是承认存在财富不平等的各个社会发展阶段所共有的不满。

社会发展的第一个时期，狩猎时期，不存在这种不平等。所有人普遍的贫穷使得成员普遍平等，而年龄或个人素质的优越性是构成权威和从属关系的脆弱但唯一的基础。因此，在这个社会时期中几乎没有权威或从属关系。社会发展的第二个时期，游牧时期，存在明显的财富不平等，其他任何时期的财富优势都没有像这一时期一样，给财富的拥有者带来如此巨大的权利。因此，这一时期的权威和从属关系的建立相比任何其他时期都更为充分。

阿拉伯谢里夫（Sherif）[①] 的权威极高，而鞑靼可汗的权威几乎达到了专制独裁的程度。

第四是出身的优越性，指的是拥有财富的家庭积累数代的财富优势。不论是王子还是乞丐，所有家族都是从古时候繁衍下来的。王子的祖先，尽管可能名望更大，但是并不会比乞丐的祖先人数更多。不论何地，古老的家族都意味着昔日的财富，或者一般建立在财富之上、伴随财富而生的久远而伟大的声望。同样地，不论何地，暴发户的声望总是比不上古老的家族。人们对篡位者的憎恶、对古代君主家族的热爱，在很大程度上建立在对前者的自然蔑视和对后者的崇敬之上。就像军官虽然可以心甘情愿地服从上级的权威，但是不能忍受下级跃身而上一样。人们很容易服从那些他们的祖先一直以来服从的家族，但当他们被另一个他们从未承认过权威的家族的统治时，他们就会感到十分愤怒。

既然出身的不平等随财富不平等之后出现，那么狩猎民族中也就不存在门第之分，因为狩猎民族的所有成员在财富上是平等的，相应地，他们在出身上也非常平等。事实上，在他们中间，一个聪明、勇敢的人的儿子可能比功绩相同，但是不幸成为傻瓜或懦夫的儿子的人更受同伴的尊敬。然而这种差别不会很大。我相信，世界上没有任何一个家族，其光辉完全来自智慧和美德的继承。

在游牧民族中，出身的区别不仅有可能，而且总会出现。这些民族全然不知什么奢侈享受，他们也几乎不可能因为不适当的挥霍而消耗巨额财富。因此，与游牧民族相比，没有哪个民族的财富会在同一个家族中延续得更久，其他民族也不会有哪个家族因其伟大

① 谢里夫，又译沙里夫，阿拉伯语 Sharif 一词的音译，意思是“贵族”，指阿拉伯民族的统治者。——译者注

而杰出的祖先们的积累而受人尊敬。

显然，出身和财富是使得一个人的地位高于另一个人的两种主要因素。它们是个人之间的区别的两大来源，因此也是在人与人之间自然而然地确立权威和从属关系的主要原因。在游牧民族中，这两种因素的作用发挥到了极致。牧羊人或放牧者因其巨额财富和大量依靠其维生的人而受人尊重，因其高贵的出身和显赫家族的悠久历史而受到敬重，对其部落或氏族中的一切低级牧羊人或放牧者有着天然的权威。与任何其他成员相比，他可以团结并支配更多的人，军事力量也强于任何其他成员。在战争时期，他们都自然地倾向于在他的旗帜下集结，而非听从他人的调遣，这就是他的出身和财富为他争取到的某种自然的行政权力。由于团结并支配着更多的人，他最有能力迫使任何一个可能伤害了另一个人的人向其赔偿损失。因此，他就成为无力保护自己的人自然而然地寻求保护的对象，这些人会自然地向他抱怨他们认为受到的伤害。这样，即使对被抱怨的人来说，他的干预比其他任何人的干预都更容易被接受。因此，他的出身和财富自然地为他赢得了某种司法权威。

正是在社会发展的第二个时期——游牧社会中，财富的不平等最先出现，人与人之间也出现了之前不可能存在的某种程度的权威和从属关系，社会中也就出现了某种程度的民事政府，以维持和确保其自身权威。而且，这种民事政府的出现似乎是自然而然的，甚至不需考虑其必然性。对这种必然性的思考，无疑会大大有助于维护和确保这种权威和从属地位。尤其是富人，他们必然有兴趣支持那些能够维护他们拥有的既得利益的秩序。财富较少的人联合起来保护财富较多的人的财产，以便财富较多的人能够联合起来保护他们的财产。所有的低级牧羊人或放牧者都认同，他们自己的牲畜群的安全取决于大牧人的安全，他们较小的权利的维持取决于大牧人较大的权力，并且，他们对大牧人的服从取决于他们驱使地位在他们之下者服从他们的能力。这样，他们就成为一种小贵族，认为要使他们的小君主保护自己的财产、支持自己的权威，自己就要首先捍卫君主的财产和权威。民事政府，就其保障财产的建立目的而言，实际上是为了保护富人以应对穷人，或者说保护有产者以应对无产者。

然而，这位君主的司法权威不但没有成为开支的原因，反而在很长一段时间之内成为他的收入来源。向他寻求伸张正义的人总是愿意为之付出代价，而且诉状中往往附带礼品。在君主的权威完全确立以后，被认定有罪的人除了必须向当事人支付赔偿金之外，还必须向君主支付一笔赎金，原因是他给君主带来了麻烦、扰乱了君主的安宁——他需要对这些罪行进行赔偿。不论是在亚洲的鞑靼政府，还是在推翻了罗马帝国的日耳曼和塞西亚民族建立的欧洲政府中，司法都是一个相当大的收入来源。对君主如此，对君主和君主之下，在特定部落、氏族或领地行使任何特定管辖权的所有较小的首领或领主也是如此。最初，君主和下级首领都以自己的名义行使这种管辖权，后来他们普遍发现，管辖权可以十分方便地委托给一些代理人、执达官[①]或审判官，而这些代理人仍有义务向他的主人或委托人汇报管辖权的收益。只消阅读一下亨利二世（Henry Ⅱ）时期给予巡回法庭审判官的指令[②]，我们就会发现，这些审判官是国王的流动代理人，被派往全国各地替国王征收某些税收收入。在当

① 执达官，又译执达员或执事，指受命于法官或法院，负责执行法令、没收财产或完成逮捕的司法官员。——译者注

② 参见蒂勒尔（Tyrrell）著《英国史》(*History of England*)。此处《英国史》全名应为《英国教会和民间通史》(*The General History of England, Both Ecclesiastical and Civil*)，詹姆斯·蒂勒尔（James Tyrrell，1642—1718）著，当时的国王应为理查德一世而非亨利二世。——译者注

时，司法不仅为君主提供一定的收入，而且这种收入似乎是君主希望通过司法获得的主要好处之一。

这种使司法服从于税收目的、成为敛财工具的模式，几乎必然会导致非常严重的权利滥用行为。手持厚礼申请主持公道者，所获的往往不止正义；而手持薄礼伸张正义者，所获的可能不甚正义。为了能够不断地收到礼物，司法的行使者往往会拖延正义的到来。此外，为了从被告身上获取罚金，尽管被告有时并未犯罪，也经常被宣告有罪。这种滥用权力的现象在每个欧洲国家的古代史上都屡见不鲜。

当君主或首领以自己的名义行使司法权时，无论他滥用多少权力，这种错误都难以得到任何纠正，因为他的权力最大，无人可以与之相抗衡。但是，如果君主通过执达官行使权力时，就存在着纠正的余地。如果执达官为了自己的利益而犯了任何不公正行为，君主本人未必不愿意惩罚他或迫使他纠正错误。但是，如果这种压迫行为是为了君主的利益，或是为了他的任命者和利益相关者，那么在大多数情况下，就如同君主本人的不公一样，错误几乎不可能得到纠正。因此，在所有野蛮的政府特别是在所有那些建立在罗马帝国废墟上的欧洲古代政府中，司法行政都长期陷入极为腐败的状态，即使是在最优秀的君主的统治下也达不到平等和公正，而在最糟糕的君主治下就是完全挥霍无度了。

在游牧民族中，君主或首领只是部落或氏族中最大的放牧者或牧人，他和他的其他部下或臣民一样，通过自己牲畜群的增加来维持生计。在那些刚刚脱离游牧状态变为初级农业社会的国家中，例如特洛伊战争时期的希腊部族或者我们的日耳曼和塞西亚祖先最初在罗马帝国的废墟上定居时，所谓君主或首领，只不过是这个国家中最大的地主。其生活完全与其他地主一样，依靠从自己的私人地产，或者是现代欧洲所谓的王室领地上获得的收入维持。他的臣民一般不需要向其上贡以获取权威的支持，除非是为了保护他们自己不受某些同胞的压迫。君主在这种场合下收取供奉，就是他全部的经常收入，也就是说，除了某些异常紧急的情况之外，这些就是君主从统治中获得的全部报酬。在《荷马史诗》中，当阿伽门农向阿喀琉斯赠予七座希腊城市的主权以换取后者的友谊时，他提到，后者可能从这些城池中获得的唯一收益就是人们给他的供奉。只要这些礼物、司法报酬或所谓的法庭费用以这种方式构成了君主从主权中获得的全部经常收入，就不能指望、甚至不能体面地建议他完全放弃。然而，可能，而且经常有人提议君主规范或确定这些标准。但是即便是对它们进行了规范和确定之后，如何阻止拥有着无限权力的君主超出这些规定的范围，依然是极为困难、甚至可以说是不可能的。因此，只要这种情况一直存在，由礼物的任意性和不确定性而自然导致的司法腐败几乎不可能有任何有效的补救措施。

但是，当出于各种原因，主要由于保卫国家不受其他国家入侵的费用不断增加，导致君主的私人财产已完全不足以支付维持主权的费用时，或当人们为了自己的安全而必须通过各种税收来支付遮蔽费用时，似乎已经有着一项非常普遍的规定，即君主或其执达官和代理人——审判官，不得以任何借口接受与司法相关的礼物。这样看来，这些礼物相比于规范和确定，似乎更容易被完全废除。审判官可以获得固定的俸禄，这些俸禄被认为是可以抵偿他们古代司法体系中所能够获得的报酬，就像是君主通过税收对收入进行补偿一样。从那时起，司法审判可以算是免费了。

然而，不论是在哪个国家，司法从来都不是真正免费的。至少，律师或辩护人的费用需要由当事人支付。而且，如果没能获得足够的费用，他们履行职责的情况会比实际情况更为糟糕。在各个法院，每年付给律师或辩护人的费用加起来要比审判官的薪酬高得多。审判官的薪酬虽然由君主支付，但是丝毫不能减少诉讼的必要费用。但是，禁止审判官向当事人收取任何礼物或费用，与其说是减少诉讼费用，不如说是为了防止司法腐败。

审判官的职位本身非常光荣，就算薪酬不高，人们也愿意从事。比审判官职位更低的治安官，虽然工作非常烦琐，而且大多数情况下根本没有报酬，但我们国家的大部分绅士都趋之若鹜。无论级别高低，各级审判官的薪酬，加上司法行政的全部费用，即使是在成本管理没那么经济的情况下，在任何的文明国家都只占全部政府开支的微不足道的一部分。

司法的全部费用也可以很容易地由法庭费用支付，这样，在不使司法工作陷入任何真正的腐败困境的情况下，国家收入可以因此节省一笔开支，虽然可能节省得并不多。如果像君主一样有权力的人要从法庭费用抽成，从这些费用中获得相当大的收入，那么就很难有效地管理法庭费用。但是，如果获得好处的人是审判官而不是君主，就非常容易了。尽管不一定能使君主遵守，但是法律可以很容易地使法官遵守规定。如果法庭费用有着精确、明细的规定，如在诉讼每个阶段的特定时期一次性支付给出纳员或是经手人，由他在诉讼程序完成之后而不是之前，按照一定的比例分配给不同的审判官，那么出现腐败的风险似乎并不高于完全禁止这种费用的情况。这些费用，在不会导致诉讼费用任何大幅度增加的情况下，完全足以支付全部司法费用。如果在审判程序完成之前不向法官支付费用，可以在某种程度上激励法院在审理和审判过程中的积极性。在审判官数量很大的法院中，根据审判官在法庭上，或者根据法院命令在审判委员会审理程序所花费的时间和天数，按照比例向审判官分配法庭费用，则可能激励每名法官勤奋工作。当公共服务的报酬仅仅来源于服务的执行，并且与服务执行过程中的勤奋程度成正比时，公共服务才会得到最好的履行。在法国各个高等法院中，审判官薪酬的绝大部分都来自法庭费用（称为香料或酬金）。图卢兹高等法院是法国地位和级别第二高的高等法院，其律师或审判官的净工资在扣除所有费用后只有每年 150 里弗尔，约为每年 6 英镑 11 先令。这个数字相当于当地七年前的一位普通侍者的正常年薪。这些费用的分成，也是根据法官的勤奋程度而定的。勤奋的法官可以通过职务获得足够舒适生活的收入，尽管可能不是太高；而懒惰的法官所得到的不过是略超基本薪酬的收入。法国的这些高等法院，也许在很多方面都不甚便利，但似乎从未受到人们的指责，甚至似乎从未被怀疑过腐败。①

英国不同法院的主要收入，最初似乎都来自法院费用。每个法院都在尽力为自己招揽尽可能多的诉讼业务，因此也愿意受理许多原本不属于其管辖范围的诉讼案件。王座法庭（Court of King's Bench）原本只为审判刑事案件设立，但也以原告假称被告行为不公、对原告犯有某种非法侵入或不轨行为为由审理民事案件。财税法庭（Court of Exchequer）的设立，本来是为了征收国王的税收，或强制人民清偿对于国王的债务，但也以原告假称因为被告不愿意

① 法国高等法院是法国旧制度中的高等上诉法院，为法国司法系统中的终审法院。图卢兹高等法院是外省的第一座高等法院，因此地位居法国第二。最初，法国诉讼的胜者一般会向法官赠送来自东方的香料（épices）作为谢礼，后来，这一习俗逐渐演变成为强制规定，赠送者也从一方变为当事双方，香料一词从此代指法庭费用。酬金（vacation）最初指法庭或律师完成某项工作所需的时间，其意接近今天的工时或工作日，后引申为支付给律师或审判官的酬金。斯密似乎有些高估了法国高等法院审判官的清廉。艾蒂安·达理格（Étienne François d'Aligre，1727—1800）于 1768—1771 年任巴黎高等法院大法官，积累了巨额财富，被人们称为“杂货之王（le roi des épiciers）”。——译者注

向其付款，所以无法偿还国王债务为由受理其他各类契约债务[①]。由于这种法律，很多案件到底由哪个法院审理，取决于当事人自己的选择；每个法院为了尽可能多地招揽诉讼业务，都在力求审判迅速、审理公平。英国今日的法院制度之所以令人敬佩，也许在很大程度上来源于古代法院的审判官之间的相互竞争；每位审判官都力求在法庭上为各种不公正现象提供法律允许范围内最迅速、最有效的纠正措施。最初，普通法庭只对违反契约的行为责令赔偿；衡平法庭（Court of Chancery）[②] 作为良心法庭，负责强制执行协议的具体履行。当违约行为是拒不偿付时，当事人损害的唯一救济方式就是责令偿还，这就相当于协议的具体履行。因此，法庭对此类案件救济是充分的，但是在其他案件中情况并非如此。当承租人（佃户）起诉他的领主（地主）不公正地解除租约、收回租地时，当事人所得到的损害赔偿绝对不可能是土地的所有权。因此，此类案件在一段时间内都由衡平法庭负责审理。据说正是为了将此类案件重新纳入自己审理范围，普通法庭后来才人为创造了“恢复土地占有令状”（Writ of Ejectment），作为对不正当地剥夺土地占有或侵占土地的最有效的司法救济。

由各法院向受理的诉讼案件征收印花税，用于维持法官和其他官员的生活费用，同样可以提供足够的收入以支付司法行政的费

---

① 王座法庭（Court of King’s Bench），又译王室法庭，司法改革之前英国的法庭之一，因其以国王名义记录、国王常常亲临断案闻名。王座法庭是英国主要的刑事法庭，下级法庭可将刑事案件转由其审理。财税法庭（Court of Exchequer），负责国王与国王账目官之间、国王与纳税人之间的纠纷做出裁决。——译者注

② 衡平法庭（Court of Chancery），又译大法官法庭。衡平法庭随衡平法（Equity）的出现而逐渐形成，由英国于15世纪正式确立，与普通法法院平行。衡平法庭中，大法官（Chancery）根据“正义、良心、公正”的原则审理不属普通法诉讼形式范围的民事案件，用以弥补普通法的不足。——译者注

用，而不会给社会的一般收入造成任何负担。不过，在这种情况下，审判官们可能为了尽可能增加这种印花税收益，增加每个案件的不必要的手续。现在欧洲的做法是，在大多数情况下，法院根据律师和法院书记员所记录的页数来计算他们的报酬，并规定了每页的行数和每行的字数。所以，律师和书记员们为了增加收入，想方设法增加不必要的字数，导致欧洲法院公文的书写极为繁复。同样的诱因也可能会使诉讼的手续和流程出现同样的腐败。

但是，无论司法人员的薪酬由法庭自身筹措，还是由其他来源的资金按照某些固定薪酬支付，似乎都不需要其他被赋予行政权力的人士管理或者负责支付这些资金。这些资金可以来自地产的租金，在此情况下，其供养的法庭就可以负责承担管理每处地产的职责。这些资金甚至可以来自某笔款项的利息，同样地，由其供养的法庭负责相应出借这笔款项。苏格兰最高民事法庭（Court of Session）的审判官的一部分工资（尽管只是一小部分）就来自某笔借贷的利息。然而，由于这种资金收入的不稳定性，它似乎不适合维持某个常设机构。

司法权和行政权的分离，最初可能来自社会的日益完善以及社会事务随之不断增加。随着司法行政变得愈加费力、愈加复杂，担当这些职务的人必须全情投入。承担行政职责的人如果没有时间亲自裁决私人诉讼案件，就需要任命副手代行裁决。在罗马帝国的鼎盛时期，大执政官政务繁忙，无暇顾及司法行政。人们便任命了一位执政官代替他管理司法事务。后来，罗马帝国衰亡后，在罗马帝国的废墟上建立起来的欧洲君主制国家的发展过程中，君主和大领主普遍认为司法行政既费力、又有失身份。因此，他们一般委托代理人、执达官或审判官履行职责，以便自己从中抽身。

如果司法权与行政权结合，那么，几乎不可能不为世俗的所谓政治制度牺牲正义。担负国家利益的人，即使本人没有任何腐败的观念，有时也会认为有必要为国家利益牺牲某些个人的权利。但是，司法的公正性取决于每个个体的自由和自身的安全感。为了使每个个体在自己所拥有的每项权利上都感到完全安全，司法不仅有必要与行政权力分开，而且应尽可能独立于行政权力存在。审判官不应被行政权力肆意罢免，其薪酬的正常、善意乃至充足的支付也不应受到行政权力的制约。

第三节　论公共工程和公共机构的费用

君主或国家的第三项，也是最后一项义务，是建立、维持某些公共机构和公共事业。尽管它们可能对构建伟大的社会大有裨益，但其性质决定了其利润永远无法抵偿任何个人或少数人的开销，因此不能指望任何个人或少数人建立或维护这些机构和工程。不同的社会发展阶段，履行这一职责所需的费用也有着很大的不同。

除了上文提到的保卫社会和司法行政所需的公共机构和公共工程之外，还有那些促进社会商业和人民教育的工程和机构。教育机构有两类，一类是专门教育青年人的机构，另一类是教育所有年龄段的人的机构。关于如何最恰当地支付所有这些不同种类的公共工程和机构的费用，本节将详细论述。

第一项　论促进社会商业的公共工程和公共设施

其一，促进一般商业的工程和设施。

在社会发展的不同阶段，任何国家建造及维护促进商业发展的公共工程，如良好的道路、桥梁、通航的运河、港口等，所需的费用各不相同。这一点无须任何证明。国家建造及维护公共道路的费用显然随着该国土地和劳动力的年产量的增加而增加，或随道路上运输的货物的数量和质量增加而增加。一座桥的强度必须与可能通过这座桥的马车的数量和质量相适应，通航运河的深度和水量必须与河上运载货物的船只的数量和吨位相适应，港口的大小也必须与可能在其中停泊的船只数量相称。

此类公共工程的费用似乎不需要从通常所说的公共收入中支付，因为在大多数国家，公共收入的征收和使用是由行政权力负责的。这种公共工程的很大一部分可以非常容易地进行管理，以提供足以支付其自身成本的特定收入，而不会给社会的一般收入带来任何额外负担。

例如，在大多数情况下，公路、桥梁或通航运河的建造和维护费用可以由向使用它们的车辆或船只征收的少量通行费用负担，港口的费用也可以由根据港口中装卸货物的船只吨位所征收的适当的港口税金支付。在许多国家中，铸币是促进商业的另一种设施，它不仅能够负担自己的费用，而且还能为君主提供少量的收入或铸币税。另一个用于同样目的的设施——邮局，除了负担其自身的费用之外，几乎在所有国家都为君主提供了非常可观的收入。

当通过公路或桥梁的车辆、在通航运河上行驶的驳船，按照其质量或吨位的比例缴纳通行费用时，那么，它们就相当于按照造成的磨损的比例支付这些公共工程的维护费用。这种“按损付费”在支付维护费用方面似乎最为公平。税费虽然由承运人预付，但最终还需要由消费者在货物的价格中承担。然而，由于这种公共工程极大地降低了运输成本，消费者尽管负担了通行税费，但是货物的到手价格仍比原先更低；货物的价格并没有因为通行税费的征收而提高，相反，还因为运输成本的下降而降低。因此，这些税费的最终支付者由于缴纳税款而获得的收益要大于支付这些税款所带来的损失，他们的支付和获得的收益正好成比例。实际上，这些税款不过是他们为了获得其他收益而不得不放弃的那部分收益。这种征税方法似乎不能更公平了。

当豪华马车、驿递马车等的通行费与其质量的比例略高于必要用途的马车（如运货马车、四轮马车等）时，懒惰和虚荣的富人就会付出更多税费，降低重型货物运输到全国各地的成本，以非常容易的方式为救济穷人做出贡献。

如果公路、桥梁、运河等的建造和维护费用来自利用它们的商业活动，那么它们只会在有商业需要的地方建造，因此也只能建造在适合的地点。工程的建造费用、它们的建造规模和华丽程度也必须与这些商业活动所能负担的费用相适应。因此，它们必须按照适当的方式建造。几乎没有商业活动的荒凉地区不适合建造宏伟的公路，更不能只因为公路通往省长自己或是省长方便献媚的上级行政长官的乡村别墅就大兴土木。同样地，人迹罕至之处不适合在河上架桥，更不能因为点缀临近宫殿的窗外风景如此动工：在那些此类工程支出来自自身收入之外的其他来源的国家，这种情况时有发生。

在欧洲很多地区，运河上通行的船只的吨税（Ton Duty）和过闸税（Lock Duty）属于私人财产，个人的私人利益驱使他们维护运河的正常运行。如果他们不能良好地维持运河的秩序，运河就无法正常通航，他们也就无法获得来自通行费的任何利润。如果这些通行费由毫无利益相关的专员管理，那么他们可能就不会那么注意维护产生这些通行费的工程了。朗格多克运河（Royal Canal in Languedoc）[①] 的修建总共花费了法国国王和朗格多克行省

---

① 朗格多克运河，又称米迪运河（Canaldu Midi，意为南方运河）或双海运河。该运河是 17 世纪法国的一项重要工程，是沟通地中海和大西洋比斯开湾的水系的主干通道，被联合国教科文组织列入世界遗产名录，由法国工程师皮埃尔 – 保罗·里凯（Pierre–Paul Riquet）负责修建。——译者注

约一千三百万里弗尔，按17世纪末法国货币的价值（每马克银合二十八里弗尔）计算相当于九十多万英镑。当这项宏大的工程完工之后，人们认为最妥善的维护方法，就是把运河的全部通行费赠予规划和监督这项工程修建的工程师里凯（Riquet）。这些通行费现已成为里凯家族后代的一大笔财富来源，因此，他们非常热衷运河的常规维护。但是，如果这些通行费由那些不感兴趣的专员管理，则很可能会被浪费在装饰或不必要的开支上，而工程中最重要的部分将毁于一旦。

与运河不同，维护公路的通行费不能随意赠予个人成为私人财产。运河如果不加治理，就不能通航，但公路即便修缮不力，也不致完全无法通行。收取公路通行费的业主，可能完全忽视道路的修理，而继续征收几乎相同的通行费。因此，维护此类工程的通行费由专员或受托人管理是十分恰当的。

在英国，受托人在管理这些通行费方面所犯的滥用职权的行为，在很多场合下都受到了人们非常正当的投诉和诟病。据称，许多收费公路征收的费用已经超过了必要维护费用的两倍，而公路的维护进行得极为潦草，有时甚至根本没有执行。必须注意的是，通过收费来维护公路的制度并未建立很久；因此，即使这项制度执行的尚有欠缺也毫不意外。如果卑劣、不当的人被任命为受托人，如果尚未建立适当的检察或审计法院规范他们的行为并将通行费减少到勉强足够执行他们所做的工作的程度——当前存在的这些缺陷都可以归因为这项制度诞生不久、尚未完善。凭借国会的智慧，这些缺陷的大部分可以在适当的时间逐渐得到纠正。

在英国，人们认为不同收费公路上征收的费用远超修理道路所需的费用。因此，有些大臣甚至认为如果可以适当节约，从中节省下来的金额是一种巨大的资源，可以在特定时刻用于国家的紧急需要。还有人说，政府可以控制收费公路的管理权，雇佣士兵进行管理，而士兵的工资只需要增加少许，这样就可以用比受托人少得多的费用维持道路的秩序。受托人所能够雇佣的工人，除了依靠工资收入维持生计之外，没有任何额外收入。据称，这种方式可以为国家带来巨额的税收，也许高达五十万镑之多[①]，而不会给人民增加任何额外负担；收费公路将和现在的邮政一样，为国家贡献日常开支的来源。

我毫不怀疑，通过这种方式可以获得可观的收入，尽管金额可能未必如计划者所设想的那般巨大。然而，该计划本身似乎就有着几条非常明显的缺陷。

首先，如果收费公路上征收的通行费被认为是满足国家紧急需要的一种特定的资源，那么它们肯定会随着这些紧急需要的增加而增加。因此，根据英国的政策，这些通行费一定会迅速增加。若是可以这样毫不费力地获得大量收入，政府部门会频繁地利用这些资源。对任何一个经济体来说，从目前的通行费中是否可以节省出五十万英镑，也许还不甚清楚；但是如果把通行费增加一倍，那么就可以节省出一百万英镑，增加两倍就是两百万英镑。[②]而且，征收这笔大宗收入还无须任命新的税务官。但是，按照这种方式不断增加的通行费，非但不能像现在这样推动国家的内陆贸易，反而会很快成为贸易的巨大负担。国内任何重型货物的运输费用将迅速、大量增加，这些货物的市场将迅速、明显缩小，其生产将受到很大限制，而国内工业的最重要部门也将不复存在。

① 自本书最早的两个版本出版以来，我有充分的理由相信，英国征收的收费道路的通行费加起来还不足以产生五十万英镑的纯收入；在政府的管理下，这个金额不足以修建王国的五条主要道路。

② 我现在有充分的理由相信，所有的这些数额都被极大地高估了。

其次，按照质量比例对马车征税，虽然在仅仅为了修路而征税时是非常平等的，但是如果用于其他目的，或者满足国家的共同需要时，则非常不平等。当征税只用于上述的唯一目的时，每辆马车都应该准确地缴税以抵偿该马车对道路造成的磨损和损耗。但是，如果征税用于任何其他目的时，每辆马车所支付的费用就会超过磨损和损耗，负担国家的一些其他紧急需要。

但是，由于公路的通行费用使得货物价格按照货物质量，而非按照价值比例升高，所以，通行费用主要是由重型货物的消费者，而不是由价值高、质量轻的货物的消费者支付。因此，无论这种税金是为了满足国家的何种需要，负担这种需要的是穷人而不会是富人。这些需要是由那些最没有能力负担的人，而不是那些最有能力的人所承担的。

再次，如果政府忽视了公路的修缮工作，那么，适当地强制划拨通行费的一部分用作此项用途会比目前更为困难。以公路修缮为目的向人民征收的大量费用，可能完全没有将任何一部分用于公路修缮。如果说迫使当前卑劣、贫穷的受托人弥补犯下的错误尚显不易，那么也就是换成富裕、有权的受托人，使之弥补错误恐怕会比我们此处设想的困难十倍。

在法国，公路修缮的资金受到国家行政部门的直接管理。这些资金一部分是欧洲大部分地区的乡下人必须为修缮公路付出的一定天数的劳动，而另一部分是国王决定从其他开支中抽出的国家一般收入的一部分。

根据法国古代或欧洲其他大部分国家的法律，乡村人民的劳动在地方或省级行政长官的指导下进行，地方行政长官并不直接附属于国王朝廷。但是，按照现行制度，人民的劳动，以及为国王修理任何省份或大都市的公路而动用的其他资金，都完全由地方行政长官管理。行政长官由朝廷任免，接受朝廷命令，并与朝廷保持联络。随着专制政治的发展，中央行政机关逐渐吸收了国家所有的其他权力，并将用于任何公共目的的每项收入纳入自己的管理。然而，在法国，链接王国各个主要城镇之间的邮路，总体上保持着良好的秩序，在某些省份甚至强于英国的大部分收费公路。但是，我们所说的十字路，也就是国内的大部分道路，却完全被忽视了。许多地方无法通行任何重型马车，某些地方骑马旅行甚至很危险，而骡子是唯一可以安全信赖的交通工具。爱慕浮华的宫廷中的自傲的大臣可能经常以实施某项壮丽的工程为乐，例如一条王公贵族们时常经过的宏伟公路——后者的赞赏不仅助长了大臣的虚荣心，甚至有助于支持他在宫廷中的利益。但是，至于实施大量乏善可陈的小工程，则没有什么能够让人眼前一亮，或者激起任何旅行者的一丝赞叹。简言之，这些工程除了极大的实用性之外，没有任何值得夸耀之处，在各方面都显得过于琐碎和微不足道的工程不值得好大喜功的地方行政长官关注。因此，在这种人的管理下，这种小工程几乎总是被忽视。

在一些亚洲国家的政府中，中央行政机关既负责公路的修缮，又负责运河的维护。据称，在中央行政计划下达各省行政长官的命令中，经常会包括这些修路通河的目标，朝廷对他们的政绩的评价在很大程度上取决于他们对这些命令的重视程度。因此，这些国家都十分重视此类民政事务。然而，那些传播到欧洲的对这些工程的叙述，往往来自一些见识浅薄的旅行者，或者信口开河的传教士。如果这些工程经过了有识之士的观察，如果这些叙述得到了更为忠实的证人的报告，它们也许便不会显得如此奇妙。贝尼耶（Bernier）[1]对印度这类工程的叙述，就远不如其他更愿意夸张的旅行者那般离奇。其他国家也可能有这种情况，例如，在法国，宏伟的道路和通衢的交通很可能成政府和首都人民的谈资，而其他的工程往往就被忽视了。此外，印度等国政府中，君主的收入几乎完全来自地税或地租，金额随着土地年产量的增减而浮动。君主的重大利益，也就是他们的收入，与其国内土地的开垦状况、作物的产量和作物价值的高低有着直接、紧密的联系。要尽可能地增加作物的产量和价值，就必须为其争取尽可能大的市场，也就必须在全国各地之间建立最为自由、便捷和廉价的交通，而这种交通只能通过修建最好的道路和通航运河实现。但是，欧洲君主的收入并不主要来自地税或地租。在欧洲各大王国中，虽然大部分收入可能同样最终取决于土地的产出；但这种依赖关系并不像亚洲国家那么直接明显。因此，欧洲的君主不认为自己有责任促进土地作物的产量和价值的增加，或者维护良好的道路和运河为这些产品开拓市场。因此，尽管我毫不怀疑亚洲某些国家的中央行政机关可以非常适当地管理公共民政事务，但是在当前的情况下，若想欧洲任何地方的行政当局对这些事务进行适当地管理，似乎并不可能。

公共工程的性质决定了它们不可能产出任何足以维持自身的收入，它们的便利性几乎只局限于某些特定的地方或地区，由地方或省级行政当局管理的地方或省级收入维持，优于由中央行政机关管理的国家一般收入维持。如果伦敦街道的照明和铺设费用由国库费用负担，那么它们的照明和铺设是否可能像现在这样完善，成本是否可能如此低呢？此外，这笔费用如果不向伦敦各个街道、教区或

---

① 贝尼耶（1620—1688），法国医生、旅行家，曾于1658—1670年之间在印度游历，这段经历被编入其《弗朗索瓦·贝尼耶游记》（*Voyage de François Bernier*）。——译者注

地区的居民征收地方税筹集，那么就将由国家的一般收入支付，而国家一般收入来自王国全部居民的税收，而这些居民中的绝大部分并没有享受到伦敦街道的照明和铺设带来的益处。

地方和省级财政的管理中时有出现的弊病，无论表现得多么严重，若是与一个大国的财政管理和支出中的弊病相比，几乎总是非常微不足道，而且与后者相比也总是更容易得到纠正。在英国的地方或省级治安官的管理下，乡村人民每年需要为修缮公路而义务劳动六天。[①] 此项劳役也许并不总是运用得当，但极少出现残酷或压迫的情形。在法国，此项劳役受到地方行政长官的管理，其应用未必比英国更为适当，而且总是伴随着残酷的压迫和勒索。这些被称作徭役（Corvée）的义务劳动，成为暴政酷吏鱼肉人民的主要手段。如果某个教区或社区不幸遭到酷吏的记恨，酷吏往往就会借此向百姓施加惩罚。

其二，促进特定商业部门而必需的公共工程和设施。

上述的公共工程和机构的目的是促进一般商业的发展。如果为了促进某些特定的分支和部门，则需要特别的设施，以及与之相关的特别的额外费用。

与野蛮和未开化的国家通商的某些特殊的商业部门需要特别的保护。对到非洲西海岸进行贸易的商人来说，一座普通的店铺或者账房不能为他们的货物提供什么安全保障。为了保护他们不受野蛮的原住民的侵害，存放货物的场所必须进行某种程度的加固。印度

① 自16世纪开始，教区（parish）作为一种形式的地方政府，通过强迫其治下的居民劳动等方式筹集款项用于道路维护。这种劳役在英国称作“义务劳动”（statutelabor），在法国等欧洲国家则称为“徭役”（Corvée）。1555年通过的一项法令规定乡村居民每年的义务劳动天数最多为六天。17世纪之后，教区开始向居民按比例征收财产税。——译者注

人性情温和，但是由于印度政府管理混乱，类似的防护措施同样十分必要。英国和法国的东印度公司正是以保护他们的人身和财产不受暴力侵害为借口，获准在该国建立他们的第一批堡垒。在其他国家中，由于其强有力的政府不会允许任何陌生人在其领土上修建任何坚固的设施，因此有必要相互派驻大使、公使或领事。他们既可以根据本国的习惯裁决自己同胞之间的分歧，又可以在本国人与当地人的纠纷中借助其公共身份以更大的权威进行干预，并为本国人提供相比任何私人所能提供的都更强有力的保护。国家常常为了商业利益向其他国家派驻使节，而若是出于原本的目的，不论是战争还是结盟，可能都不需如此。英国最早向君士坦丁堡派驻使节就是为了便利土耳其公司（Turkey Company）的贸易活动，而最早向俄国派驻的使馆则是完全出于商业利益的考量。这些利益和冲突必然导致欧洲不同国家的人民之间的纠纷和干涉，因此，即使是在和平时期，欧洲各国也开始向所有邻国长期派驻大使或公使。这一习惯诞生的时间并不久远，似乎始于15世纪末或16世纪初，也就是商业开始向欧洲大部分国家扩展，各国开始留意其商业利益的时间。

国家为了保护某一特定的商业部门而支出的特别费用，应该由对该商业部门适度征收的税金负担，这似乎很有道理；例如，在商人开始在某个行业营业时向其征收小额的营业税，或者，更公平地，对商人从特定国家进口，或出口到特定国家的货物征收一定比例的特定关税。据称，海关关税制度的设立就是为了保护一般贸易免遭海盗的侵害。但是，如果人们认为对贸易征收一般税，用以支付保护一般贸易的费用是合理的，同理，对某一特定的贸易部门征收特殊税用以负担保护该贸易部门的特别费用，似乎也是合理的。

保护一般贸易一直被认为是保卫国家的必要条件，因此也成为中央行政机关权力的一部分必要职责。其结果是，一般关税的征收和运用也交由行政当局负责。但是，由于对特定贸易的保护是一般贸易保护的一部分，它也就是这项权力职责的一部分。如果各国始终采取一致的行动，那么为了保护这些特定贸易而征收的特定关税就应该始终平等地交由各国处理。但是，无论是保护特定贸易，还是在其他方面，各国的行为并不总是保持一致。在欧洲的大部分商业国家，某些商人和公司就有可能说服立法机构，将国家的这部分职责以及与之必然相关的一切权力委托给他们执行。

这些公司虽然在最初引进某些商业部门时可能有用，因为它们自费进行了国家可能认为不够谨慎的试验，但是长远来看，这些公司要么累赘、要么无用、要么管理不善、要么阻碍了贸易的发展。

这些公司分为两种。其一，公司不以合股进行交易。任何有适当资格的人支付一定的款项并同意服从公司的规定后，均可加入公司。每位成员各自的股票独立交易，风险自担。这种公司称为规约公司。其二，公司以合股进行交易，每位成员按照其在该股份中的比例共享利润或损失，这种公司称为合股公司。不论是规约公司还是合股公司，它们有时拥有，有时没有专营特权。

管制公司在各方面都与欧洲各国城镇中常见的同业行会十分相似，表现为相同的扩大化垄断形式。城镇居民如果没有加入同业行会，获得自由经营权，就不能从事公司贸易；相似地，在大多数情况下，任何国家的臣民，如果没有加入公司，就不能合法地从业于设立了规约公司的任何国外贸易部门。垄断的严格程度取决于准入条件的难易程度和公司董事的权力大小——也就是公司董事能够如何通过管理方法将大部分业务限制在自己和特定的朋友手中。在最古老的规约公司中，学徒的特权与其他行会相同。服务过一定时间的学徒，不支付费用或支付比其他人少得多的费用，就可以加盟成为公司的成员。只要法律不加限制，行会精神就会遍及所有规约公司。只要允许公司按照本性行动，为了将竞争限制在尽可能少的范围内，它们总是会给贸易施加种种约束和烦琐的限制条件。当法律不允许他们这样做时，它们就变得完全无用和微不足道了。

目前，英国有五家经营对外贸易的规约公司，包括原名商人冒险家公司的汉堡公司①、俄罗斯公司、东地公司②、土耳其公司和非洲公司。

据说现在加入汉堡公司的条件相当容易，公司董事要么无权对该行业施加任何繁重的限制或规定，要么至少最近没有行使这种权力。但是，情况并非一直如此。大约在17世纪中叶，公司的加盟费用有时需要50英镑，有时甚至需要100英镑，而且据说公司的行为十分恶劣。1643年、1645年和1661年，英格兰西部的服装商和自由贸易者曾经向议会控诉这些公司凭借垄断地位压迫英国的制造业发展。虽然这些控诉导致了一项议会法令的出台，但是它们本身可能已经恐吓了公司并迫使他们改变行为。至少从那以后，没有人再控诉过它们。俄罗斯公司的加盟费用，按照威廉三世（William Ⅲ）十年和十一年的六号法案降低至5英镑，东地公司的加盟费用，按照查理二世（Charlie Ⅱ）二十五年的七号法案降低至40先令。③法案同时取消了该公司在瑞典、丹麦、挪威乃至波罗的海北岸所有国家的专属经营权。这些公司的行为可能促发了这两项

① 汉堡公司（Hamburg Company）原名商人冒险家公司（Company of Merchant Adventures）。

② 东地公司（Eastland Company），又称北海公司（NorthSea Company），主要经营与北欧和波罗的海国家的贸易。——译者注

③ 威廉三世十年六号法案，即1698年俄罗斯公司加盟法案（Russia Company Membership Act 1698）；第十一年六号法案，即1699年外国人法案（Alien Act 1699）。查理二世二十五年七号法案，即1673年航海法案（Navigation Act 1673）。

法案的颁布。在议会颁布相应法令之前，乔赛亚·柴尔德爵士（Sir Josiah Child）曾表示，东地公司、俄罗斯公司和汉堡公司的行径极为专横，还将当时我国与其各自特许经营权范围内的国家所进行的贸易状况不佳归咎于他们管理不善。但是，尽管这种公司在当今时代可能已经没有那么跋扈，但是它们已经毫无用处了。事实上，如果只是无用的话，已经是对规约公司最高的褒奖了；上述这三家公司目前的状态似乎都值得这一褒奖。

以前，土耳其公司的加盟费用是未满 26 岁者 25 英镑，26 岁及以上者 50 英镑。除了纯粹的商人，其他任何人都不能加入；这种限制将店主或零售商排除在外。根据该公司的章程，任何英国产品，除非使用该公司船舶运输，否则不能出口到土耳其。由于该公司船只总是从伦敦港起航，这就将贸易限制到了这个昂贵的港口，而商人也仅限于居住在伦敦及其附近的居民。根据另一项章程，居住在伦敦 20 英里范围内的人，若不是伦敦市的自由市民，则不能加盟公司。这两种限制将所有除了伦敦市自由市民以外的人排除在公司之外。该公司的船舶装载和航行的时间完全取决于各位董事，因此他们可以轻易地优先装载自己和有着特殊关系的朋友的货物，而以托运时间太晚为由拒绝搭载他人的货物。因此，在这种情况下，这家公司毫无疑问地构成了一个严格、专横的垄断组织。这些弊病最终导致乔治二世（George Ⅱ）二十六年第十八号法案的出台，将所有商人的加盟费用统一降至 20 英镑，不再区分年龄、身份是否为纯粹的商人以及是否为伦敦市民。法案同样给予商人出口的自由，除了禁止进出口的货物之外，商人可以在英国的任何港口向土耳其的任何港口出口所有英国产的货物，并从土耳其进口所有土耳其货物，但须支付一般关税和为支付公司必要开支而征收的特定关税，须服从英国驻土耳其大使和领事的合法权利，服从公司正式颁布的公司章程。为了防止公司章程对商人的压迫行为，这项法案还规定，如果公司的任何七名成员认为自己受到本法案通过后制定的任何章程的侵害，他们可以在法案生效后的十二个月内向贸易及垦殖委员会[①]（该委员会的此项职能现由枢密院下设的委员会负责）申诉。此外，如果任何七名成员认为自己受到本法案通过前制定的任何章程的侵害，他们也可以在本法案生效后的十二个月内提出相似的申诉。然而，一年时间可能不足以让公司成员发觉某条章程的潜在危害。如果公司成员确实在期限之后发现相应的缺陷，无论是贸易委员会还是枢密院委员会，都无法为他们进行任何弥补。此外，所有规约公司以及其他所有公司的大部分章程的目的，与其说是压迫那些已经成为公司成员的商人，不如说是阻止其他人加盟成为会员，这种排外可以通过设立高额的加盟费用和许多其他方法来实现。这种公司的惯用做法是尽可能地提高自己的利润率，尽可能地使他们进出口的货物在市场上处于紧缺状态——这些只有通过限制竞争、阻止新的冒险家进入行业实现。除此之外，20英镑的加盟费用虽然可能不足以阻止任何人进入土耳其展开贸易并继续从事这一行业，但是可能会阻止一位投机商人的一次冒险尝试。不论在什么行业中，即使没有成立公司，长期、固定的从业者也会自然而然地联合起来，提高利润。如果没有投机商人的不定期的冒险尝试，这些利润永远不会降低到合理、适当的水平。尽管国会的这项法案在某种程度上开放了土耳其的贸易，但是许多人仍然认为土耳其贸易远非自由竞争。土耳其公司供养了一位大使和两三位领事的开支，而这些人员和其他公使一样，应该由国家供养，贸易也应该

① 贸易及垦殖委员会（Board of Trade and Plantations），为英国枢密院下设委员会。——译者注

向国王的所有臣民开放。公司为这一目的和其他事由所征收的各项税款的收入，可能远超国家供养这些使节所需的费用。

乔赛亚·柴尔德爵士指出，尽管规约公司供养外交使节，但从来没有在与他们交易的国家保有任何堡垒或驻军；而合股公司则维持相应堡垒或驻军。看起来前者似乎不如后者适合这项任务。首先，规约公司的董事与公司一般贸易的发展并无特别的利益关系，而堡垒或驻军的目的是维持此类贸易。如果一般贸易发展式微，反而有利于他们自己的私人贸易，原因是公司竞争对手的数量降低，他们自己就可以低买高卖了。相反，合股公司董事仅按持有股份的比例分配利润，没有自己的利益关系与公司的一般贸易独立的私人贸易。董事的私人利益与公司一般贸易的繁荣相关，也与维持公司防务所需的堡垒和驻军有关。因此，相比规约公司，合股公司的董事更会持续、细致地关注堡垒或驻军的维持。其次，合股公司的董事往往管理大量资本，即公司的股份，他们可以经常性地将其中的一部分用于建造、修理或维持这些必要的堡垒和驻军。但是，规约公司的董事们，由于不管理任何共同资本，除了加盟费用和对公司贸易征收的公司税中获得的临时收入之外，没有任何资本可以利用。因此，尽管他们同样有兴趣关注维持堡垒和驻军，但是很少有同样的能力将其转化为相应的成果。维持一位几乎不需要任何注意的外交使节以及提供适度和有限的开支则是更适合规约公司的性质和能力的任务。

然而，1750 年，乔赛亚·柴尔德爵士的时代过去了很久之后，一家规约公司，即现在的非洲贸易商人公司成立。起初，政府明确规定该公司负责维持布朗角（Cape Blanc）和好望角（Cape of Good Hope）之间的一切英国堡垒和驻军，后来改令维持罗索角

（Cape Rouge）[①] 和好望角之间的堡垒和驻军。国王设立这家公司的法案（乔治二世第二十三年第三十一号法令）似乎有两个不同的目标：其一是有效抑制规约公司董事固有的压迫和垄断；其二，尽可能迫使他们注意要塞和驻军的维护——而这两件事本是他们不会注意的。

为了第一个目标，该发现规定加盟费为四十先令，同时禁止公司以法人身份或者合股股票的形式从事贸易，禁止以公章为据借款，禁止对任何缴纳加盟费的英国国民施加额外限制，保证其自由经营和贸易。公司由一个由九人组成的委员会管理，总部位于伦敦，委员每年由伦敦、布里斯托尔和利物浦的公司的自由人选出，每个城市三人，委员连任不得超过三年。委员如有不正当行为，贸易及垦殖委员会（现由枢密院管理）负责听取委员的陈述和罢免。公司禁止从非洲输出黑人，或向英国输送非洲商品。但由于需要负责维持要塞和驻军，为此目的，公司可以从英国向非洲输送各种货物和补给品。委员会可以从公司所得的款项中拨出不超过八百镑的款项，用于伦敦、布里斯托尔和利物浦的职员和代理人的薪金、伦敦办事处的房屋租金，以及在英国的一切其他管理、佣金和代理费用。在支付了这些费用之后如有剩余，他们可以按照自己

① 布朗角（Cape Blanc 或 Cape Blanco），位于非洲大陆西部，今毛里塔尼亚拉斯努瓦迪布半岛（Ras Nouadhibou）南端，是西撒哈拉和毛里塔尼亚两国的分界点。罗索角（Cape Rosso）是非洲西部的一处岬角，位于今塞内加尔达喀尔（Dakar）以东、斯基灵角（Cape Skirring）附近，是塞内加尔和几内亚比绍两国最西端的海岸线分界点。此地最早由威尼斯探险家发现，根据海滩的颜色将其命名为 Capo Rosso（意大利语中 Rosso 意为红色），亦写作 Capo Roxo（西班牙语和葡萄牙语），后被英国人称作嫣红角（Red Cape 或 Cape Rouge）。非洲海岸线自布朗角起由西南方向转向约正南，直到罗索角处再由正南转向东南。罗索角亦是大体按照经线划定的塞内冈比亚（Senegambia）南部边界的海岸线参考点。——译者注

认为合适的方式，分配剩余资金作为他们辛劳的报酬。这一法令按理来说似乎可以有效限制垄断精神，实现两个目标中的第一个。然而，实际情况似乎并非如此。虽然到了乔治三世的第四年第二十号法令颁布时，塞内加尔堡垒及其所有附属地已归属于非洲贸易商人公司，但到第二年（乔治三世第五年第四十四号法令颁布时），不仅塞内加尔及其附属地，而且从南巴巴里（South Barbary）的塞拉港（Portof Sallee）到罗索角的整个海岸都不再由该公司管辖，移交国王管理，同时宣布凡国王的所有臣民都可以自由地在非洲进行贸易。法令的宣布当然是由于怀疑该公司限制了贸易的正常进行，并有以某种方式建立不正当的垄断之嫌。然而，很难想象在乔治二世二十三年法令的规定下，公司怎能如此。我曾经在下议院的议事录中——虽然议事录并非总是完全确实的——观察到他们曾经受到相应指控。委员会的九位成员本身均为商人，而且各大要塞和殖民地的总督和官员都对他们极为依赖，后者因此也可能会特别注意前者的货物和事务委托。这样，毫无疑问就会形成事实上的垄断。

出于第二个目的，即维持堡垒和驻军，该法案规定国会每年向它们拨款约 13 000 镑。为了确保此项款项的正当利用，委员会有义务将此项款项的运用情况每年向国库主审计官报告，随后主审计官向国会提交报告。但是，国会本身对数百万镑的申请都甚少关注，不太可能对这区区每年 13 000 英镑的费用给予太多关注。而这位主审计官从职务和教育背景来看，也不太可能熟知要塞和驻军的实际费用情况。实际上，皇家海军上尉，或海军军部委任的任何其他军官，都可以调查要塞和驻军的状况，并将他们的观察报告给军部。但军部似乎对该公司委员会没有直接管辖权，也没有任何权力纠正被调查者的行为。此外，皇家海军的舰长可能更熟知操船，而未必深刻了解修筑防御等事项。除非是委员们侵吞国家或公司公款，否则对于他们所犯各种错误的最高刑罚不过是撤销他们的职务。而职务任期本身就只有三年，法定报酬又极为有限；对惩罚的恐惧并不足以构成强迫他们对并无利益相关的事项仔细留意的动机。举例来说，议会曾经多次批准特别款项用于修筑几内亚海岸的海岸角城堡（Cape Coast Castle），而有人控诉委员会从英国运输过去的砖石质量太差，以至于使用砖石修筑的堡垒不得不在地基之上推倒重建。位于罗索角以北的要塞和驻军不仅由国家出资维持，而且由行政当局直接管理；至于那些位于罗索角以南、至少有一部分的维持费用由国家出资的地区，其管辖权却属于另一个政府之下，似乎很难找到一个合适的理由进行解释。保护地中海贸易是在直布罗陀（Gibraltar）和米诺卡（Minorca）驻军的最初目的或借口，而这些驻军的维持和管理不交给土耳其公司，而是由行政当局负责，这当然是非常合理且正当的。统治领域的广大面积在很大程度上反映了行政当局的尊严和声望，它不可能不去重视那些保卫该领地所必需的设施。因此，直布罗陀和米诺卡的驻军一向从未疏忽。虽然米诺卡已经两次被占领，而且现在可能永远无法夺回，但人们甚至从来没有把这场灾难归咎于行政权力的任何疏忽。然而，我不想被理解为在暗示这些规模宏大、耗费颇多的要塞最初从西班牙人手中夺取过来有任何的必要性。夺取这些要塞本身并没有任何的必要性，最后的结果不过是使英国何其天然盟友西班牙变得更为疏远，而波旁家族的两个主要分支结成了比血缘关系更紧密的同盟罢了。

根据皇家特许状（Royal Charter）或国会法案建立的合股公司则存在着诸多不同。不仅与规约公司不同，而且与私人合伙公司也相去甚远。

首先，在私人合伙公司中，未经公司同意，任何合伙人不得将其股份转让给他人，或介绍新成员进入公司。但每位成员在预先通知后，可以退出合伙，并要求合伙公司支付其股本份额。相反，在合股公司中，任何成员都不能要求公司归还份额；但是，每个成员都可以在不经过其他人同意的情况下，将自己的份额转让给他人，从而引进新成员。合股公司每股价值总是等于它在市场上挂牌出售的价格，而这一价值可能高于或低于其持有者最初缴纳的公司股本数额。

其次，在私人合伙公司中，每个合伙人都有义务以其全部财产承担公司所承付的债务。相反，在合股公司中，每个合伙人只在自己份额的范围内对公司债务负责。

合股公司的业务由董事会管理。事实上，董事会在许多方面常常受股东大会控制。但是，大部分股东很少懂得公司的实际业务，如果没有派别的区分，他们也不会为之费心，而是心满意足地接受董事们认为适当的每半年或一年派发一次的股息。这种既省心、又免于承担过大风险（风险仅限于一定金额）的特性，激励了许多不愿意把资产投入到私人合伙公司的冒险家加入了合股公司。相应地，这种公司也可以比私人合伙公司吸收更大的资本。

在有限的数目之外，这种完全免除麻烦和风险的做法，鼓励许多人成为合股公司的冒险家，他们绝不会在任何私人合伙中冒险。因此，这类公司通常能吸收比任何私人合伙企业所能吹嘘的要多得多的资本。南海公司的营业资本曾经达到 3380 万镑以上，而目前英格兰银行的分红资本为 1078 万英镑。然而，这种公司的董事管理的是别人而非自己的资金，因此也不能指望他们会像私人合伙公司的合伙人经常对自己的钱那样，保持谨慎、细心。就像富人的管家一样，他们或许认为关心小事有损主人的荣誉，因此很容易不屑为之费心。因此，在这种公司的事务管理中，总是存在着或多或少的疏忽和浪费行为。所以，合股公司在对外贸易中很难能与私人冒险家竞争。因此，如果没有专营特权，他们就很难取得成功；而即便是拥有专营特权，他们也常常并不成功。由于没有独占特权，他们通常对贸易管理不善；而若是拥有专营特权，他们既管理不善，又限制了自由贸易的进行。

皇家非洲公司（Royal African Company），即现在非洲公司（African Company）的前身，拥有皇家特许状给予的专营特权，但由于该特许状并未经过国会法案的确认，因此，在光荣革命后不久，根据《权利法案》(Declaration of Rights)，这项贸易就向国王的一切臣民开放。哈德逊湾公司（Hudson' s Bay Company）就其法律权利而言与皇家非洲公司处于同一地位。他们的专营特权特许状尚未得到国会法案的确认。南海公司只要继续作为贸易公司存在，就享有国会法案确认的专营特权。现在与东印度群岛进行贸易的联合商人公司（United Company of Merchants）也是如此。

皇家非洲公司很快发现他们无法维持与私人冒险家的竞争，于是，他们罔顾已经颁布的《权利法案》，在一段时间内继续将私人冒险家称呼为无证经营的非法商人，并对其进行迫害。然而，到1698年，私人冒险家几乎在其贸易的所有不同部门都要缴纳10%的税，由公司用于维持其堡垒和驻军。即便在这种重税的情况下，公司仍然不能无法胜过私人冒险家，其股价和信用度也随之下降。1712年，他们已经债台高筑，以至于国会认为有必要制定一项特殊的法案，以保证他们自己以及债权人的安全。法案规定三分之二的债权人（就人数或价值而言）同意的决议就对全体债权人有约束力。1730年，公司业务处于极度混乱状态，没有能力维持自己的堡垒和驻军，而这是这一机构存在的唯一目标和理由。自1730年起，国会决定每年拨款1万英镑用于维持堡垒和驻军，这笔款项一直拨付到该公司解散为止。1732年，该公司因为多年来向西印度群岛运送非洲黑奴的贸易而持续亏损，最终决定完全放弃这一贸易，并将从非洲海岸购得的黑奴转卖给美洲的私人商人，任命自己公司的职员从事非洲内地的金沙、象牙、染料的贸易。然而，在业务范围缩小之后，该公司的经营却未见相比之前有所改善。公司业务依然日渐衰退，无论在哪一方面都到了会破产的状况。国会见到公司无可挽救，最终通过法令宣布解散，而该公司的贸易和驻军则交由当前的合股公司非洲贸易商人公司管理。在皇家非洲公司成立之前，已经有另外三家合股公司相继成立进行非洲贸易，而他们同样均未成功。这些公司全部持有特许状，虽未经国会法案确认，但在当时均被认为确实拥有专营特权。

哈德逊湾公司在上次战争后期遭遇不幸之前，比皇家非洲公司幸运得多。他们的必要开支规模更小。据说，他们在自己的不同安置点和住所——他们美其名曰堡垒——所维持的人口总数不超过 120 人。然而，这个数目虽少，却足以在货船到港之前，预先准备好装船所需的毛皮和其他货物。由于当地港口结冰期较长，船舶不能在这些海域停留六周以上；因此，预先准备货物就是十分必要的了。这种准备货物的优势是私人冒险家不花上几年时间难以累积起来的，而且，倘若没有这种优势，商人似乎就难以到哈德逊湾进行贸易。公司的资本规模不大，据说不超过 11 万镑，却已经足以使他们垄断特许状所覆盖的这个贫穷而广大的国家的全部或几乎全部贸易和剩余产品。因此，从来没有私人冒险家试图与该国进行贸易，以与他们竞争。因此，尽管在法律上无权如此，这家公司实际上一直享有专营特权，最重要的是，据说这家公司的规模不大的资本被极少数所有者瓜分。一家由少数股东所组成的资本较少的合股公司在性质上十分接近私人合伙公司，而且在经营上几乎可以同样谨慎、小心。因此，由于种种优势，哈德逊湾公司在战争后期以前能够相当成功地经营他们的贸易不足为奇。然而，他们的利润似乎不太可能达到多布斯（Dobbs）先生所想象的那种程度。《商业的起源：基于历史和时代的推论》（*The Historical and Chronological Deduction of Commerce*）的作者安德森（Anderson）先生是一位更为清醒和明智的作家。他非常公正地指出，只要仔细研究一下多布斯先生本人几年来所提供的关于公司进出口的账目，且适当地考虑到他们的特殊风险和支出，公司的利润似乎并不值得羡慕，或者即便能超过普通的贸易利润，也不会超过太多。

南海公司从未维持任何要塞和驻军，因此完全不需承担其他对外贸易合股公司所需的一项巨大费用。但是他们资本数额巨大，且股东人数众多，因此，他们的整个业务经营管理毫不意外地充满了愚蠢、疏忽或浪费。众所周知，他们的股票买卖充满了欺诈和奢侈，因为与本书主题无关，在此不再赘述；而他们的商业项目的执行也没能强出太多。他们从事的第一项贸易是向西班牙西印度群岛输送黑奴，由于《乌得勒支条约》（*Treaty of Utrecht*）授予他们的所谓阿西恩托条约，他们享有专营特权。但是，由于预料这种贸易不能获得多少利润，在他们之前按照相同条件享有这种特权的葡萄牙和法国的公司均已倒闭，所以作为补偿，允许他们每年派一艘一定吨位的船舶直接到西属西印度群岛进行贸易。据说，该公司所派遣的船舶在十次出航中，只有1731年的皇家卡洛琳号（Royal Caroline）获利颇丰，其余各次或多或少都有所亏损。该公司的代理人都将他们的失败归咎于西班牙政府的勒索和压迫，但其实亏损也许主要是由于这些代理人的大量掠夺，据说有些人甚至在一年内就获得了巨大的财富。1734年，该公司以营业利润微薄为由向国王提出请求，允许他们处置其年度贸易权利与船只并等价卖给西班牙国王。

1724年，这家公司开始捕鲸。在这一领域他们确实没有垄断；但只要他们继续下去，似乎就没有其他英国臣民参与其中。在他们去格陵兰的八次航行中，只有一次赚到了钱，其余各次全部亏损。在他们第八次也是最后一次航行之后，当他们卖掉船只、库存和渔具时，他们发现在这个部门上的总损失，包括资本和利息在内，达23.7万镑以上。

1722年，该公司向国会请愿，要求允许将其全部贷给政府的超过3380万镑的巨额资本分成两等份：二分之一，即1690万镑以上，与其他政府年金同等，不受公司董事在执行其商业计划时所负的债务或所受的损失的影响；另一半像以前一样，仍然作为贸易资本，受到这些债务和损失的影响。这项请愿非常合理，很难不批准。1733年，他们再次向国会请愿，要求他们四分之三的交易股票可以变成年金股票，只有四分之一仍然作为交易股票，前者不会受到董事管理不善而产生的风险。此时该公司的年金和交易股票都因政府的几笔不同付款而各减少了两百多万，因此这四分之一的价值仅为3 662 784镑8先令6便士。1748年，根据《亚琛和约》（*Treaty of Aix-la-Chapelle*），该公司因买卖黑奴合同（指阿西恩托条约）对西班牙国王提出的一切要求均被放弃，同时获得所谓的等价物。由此，他们与西班牙西印度群岛的贸易宣告结束，交易股票的剩余部分转为年金股票，公司在各方面都不再是贸易公司。

应该注意的是，南海公司用他们的年度贸易船只进行的贸易是他们唯一可以获得可观利润的贸易，而无论是在外国市场还是在国内市场，都不是没有竞争对手。在卡塔赫纳、波托韦洛（Portobello）和韦拉克鲁斯（La Vera Cruz），他们不得不面对西班牙商人的竞争，这些商人从加的斯向这些市场运送与他们船只出口货物相同的欧洲货物；在英国，他们不得不面对英国商人的竞争，他们从加的斯进口与该公司相同的西属西印度群岛的货物。西班牙商人和英国商人的货物，也许都要缴纳较高的关税。但是，由于公司职员的疏忽、挥霍和贪污渎职所造成的损失，可能比所有这些税都要严重得多。当私人冒险家可以与合股公司进行任何公开公平的竞争时，合股公司就可以成功地经营任何对外贸易部门，这似乎与所有的经验都相违背。

英国东印度公司成立于1600年，由伊丽莎白女王签发特许状。在他们为印度准备的前十二次航行中，他们似乎作为一家规约公司进行贸易，虽然共同使用公司的船只，但是有着单独的股票。1612年，他们联合成了一家合股公司。他们的专营特许状虽然没有得到国会法案的确认，但其实际专营特权在当时得到了公认。因此，多年来，他们没有受到来自无证经营者的太多干扰。他们的资本从来不超过74.4万镑，其中每股50镑，股本总额并不很高，交易也不甚广泛，不能以此作为严重疏忽和挥霍的借口，也不能作为严重贪污渎职的掩护。尽管由于荷兰东印度公司的恶意和其他事故造成了一些巨大的损失，该公司仍然成功地经营了许多年。但是随着时间的推移，当人们更好地理解了自由的原则时，一张未经国会法案确认的皇家特许状所代表着的专营特权有着多大效力就越来越令人质疑了。关于这个问题，法院的判决并不一致，而是随着政府权威和时代精神的变化而不同。该公司遭遇了大量新入者的竞争，从查理二世统治末期、詹姆斯二世统治时期直到威廉三世统治的部分时期，他们都陷入了极大的困境。1698年，该公司向国会提出了一项建议，即以8%的利息贷给政府200万镑，条件是允许其成立一家拥有专营特权的新东印度公司。旧东印度公司提出了类似的条件，以4%的利息贷出70万镑，差不多相当他们当时的资本。但是当时英国的国家公债情况是，状况是这样的，政府以8%的利息借入 200 万英镑比以 4% 借入 70 万英镑更方便。因此，新成立公司的提议得到了接受，新东印度公司成立。然而，旧东印度公司有权继续贸易到 1701 年。同时，旧东印度公司还以公司财务的名义，非常巧妙地认购了新东印度公司的 31.5 万英镑的股份。由于规定这 200 万镑的新东印度公司的议会法案表达存在疏漏，没有明确必须全部合股经营。少数私人商人的认购额只有 7200 镑，坚持有权单独进行贸易，风险自担。在 1701 年以前，旧东印度公司有权用他们的旧股票进行单独交易；在此前后，他们也有权像其他私人商人一样，用他们所认购的 31.5 万镑新公司的股票进行单独的贸易。据说，这两家公司彼此以及与私人商人的竞争几乎完全毁掉了这两家公司。之后在 1730 年，有人向国会提出一项建议，要求把这种贸易置于一家规约公司管理之下，从而在某种程度上开放这种贸易；东印度公司反对这项提议，以非常强烈的言辞表达了当时他们所认为的这种竞争的悲惨后果。他们说，在印度，竞争把商品的价格提得如此之高，以至于不值得购买。在英国，由于市场积压，商品的价格降得过低，以至于无法获得利润。由于供应更充足，对国家有很大的好处和方便，毫无疑问，一定会使印度商品在英国市场上的价格大大降低。但是，竞争使印度市场上的商品价格大大提高则似乎不太可能，因为这种竞争所能引起的所有非同寻常的需求，一定占比极小，不过是印度商业的浩瀚海洋中的一滴水而已。此外，需求的增加虽然在开始时可能提高商品的价格，但最终在长时间上总是会降低商品的价格。需求的增加鼓励生产，因而增加了生产者的竞争，生产者为使价格更低，不得不运用新的劳动分工和工艺改良手段，这是在其他情况下不会想到的。公司所抱怨的悲惨后果，即消费的廉价和对生产的鼓励，恰恰是政治经济学所要促进的。然而，他们所说的这种悲惨的竞争并没有被允许长期持续。

1702年，这两家公司在某种程度上通过三方契约联合起来，由女王身为协议的第三方；1708年，根据国会法案，两家公司完全合并，之后改为现名东印度贸易联合商人公司。人们认为有必要在这项法案中加入一项条款，允许独立商人继续贸易至1711年米迦勒节为止，但同时授权董事们在提前三年通知后，赎回他们的7200镑少量资本，从而将公司的全部股票转换为合股股票。根据同一法令，由于向政府提供了新的贷款，该公司的资本由200万镑增加到320万镑。1743年，该公司又向政府提供了100万英镑贷款。但是，这100万镑不是通过向股东筹集，而是通过出售年金和发行债券筹集的，并没有增加股东可以要求获得股息的股票。但是，公司增加了他们的贸易存量，与其他320万镑一样对公司的商业计划所遭受的损失和所承付的债务负有同等责任。从1708年或至少从1711年起，这家公司摆脱了所有的竞争对手，完全确立了英国对东印度群岛商业的垄断地位，贸易经营颇为成功，每年从利润中向其股东发放适度的股息。在1741年开始的法国战争中，法国驻本地治里（Pondicherry）[①]总督迪普莱（Dupleix）先生的野心使其卷入了卡纳蒂克战争（Carnatic）和印度王公政治的乱局之中。在数次胜败易手及反复拉锯之后，该公司最终失去了在印度的主要殖民地马德拉斯。根据《亚琛和约》，这块土地重新回到了他们手中。大约在这一时期，该公司在印度的人员的心中似乎充满了战斗与征服的欲望，在此之后从未放弃。在1755年开始的法国战争（后称七年战争）中，他们的军队和英国军队一样好运。他们保卫了马德拉斯，占领了本地治里，收复了加尔各答，获得了一大块富饶而广阔的领

① 本地治里，印度城市，曾为法国殖民地。卡纳蒂克（Carnatic）地区，英法争夺印度南部地区的卡纳蒂克战争的发生地。——译者注

土，其收入据说每年超过300万镑。他们在几年之中一直默默地占有这一收入，但在1767年，行政当局以国王的权利为名，向他们占领的土地和由此产生的收入提出要求；作为这项要求的交换，公司同意每年向政府支付40万英镑。在此之前，他们逐渐将股息从大约6%增加到10%；也就是说，在320万镑资本的基础上，他们增加了12.8万镑，或者说，从每年19.2万镑增加到32万镑。大约在这个时候，他们还在试图进一步把股息提高到12.5%，这样他们每年付给股东的股息就等于他们同意每年付给政府的金额，即每年40万镑。但是在他们与政府达成协议的两年里，国会连续两次颁布法令限制他们进一步增加股息以使他们能够更快地偿还债务，当时公司债务估计超过六七百万英镑。1769年，公司将与政府的协议延长了五年，并规定在此期间，应允许他们逐步将股息增加到12.5%，但每年增加不得超过1%。因此，当股息增加到最高限度时，他们每年向其股东和政府支付的款项只能比在获得领土之前增加60.8万镑。前文已经提到过占领的这些领土的总收入；1768年东印度公司商船克鲁特登（Cruttenden）的一份账目显示，除去一切扣除和军事费用，净收入为2 048 747镑。据说，他们同时还拥有另一项收入，一部分来自土地，但主要来自在他们不同的殖民地设立海关的关税，共计43.9万镑。根据该公司董事长在下议院的证言，公司贸易利润在当时至少为每年40万镑；而根据会计师的证言，则至少为50万镑；按照最低金额估计，至少等于应支付给其股东的最高股息。如此巨额的收入，当然可以使他们每年的付款增加60.8万镑，同时还剩下一大笔偿债基金，足以迅速减少他们的债务。然而，1773年，他们的债务非但没有减少，反而有所增加：他们拖欠国家财政共计40万镑，拖欠的关税、银行贷款、由印度开出并被其鲁莽承兑的汇票总额达120万镑以上。这些累积债务给他们带来了极大的困难，迫使他们不仅把股息一下子减少到6%，而且不得不求助于政府，首先恳求豁免每年40万镑的额外支付；其次，贷款140万镑贷款，使他们免于立即破产。该公司财富的巨大增长只是为他们的人员提供了获得比合理的财富增长更大财富的借口、为更严重的贪污渎职作掩护。他们的人员在印度的行为，以及他们在印度和欧洲的一般业务情况，都成为国会调查的对象；调查导致了政府对国内国外管理机构的几项非常重大的修改。在印度，他们的主要聚居地马德拉斯、孟买和加尔各答以前是完全独立的，现在由一位总督统治，辅以四名陪审员组成的理事会从旁协助，国会负责提名驻加尔各答的第一任总督和理事会成员；这座城市现在已经接替了之前的马德拉斯的地位，成为英国在印度最重要的定居点。加尔各答市长法庭（Court of the Mayor of Calcutta）最初是为审理该市和邻近地区发生的商业案件而设立的，随着帝国的扩张，其管辖权逐渐扩大。现在，该法庭规模被缩小，管辖权也只局限于其机构设立之初的目的。取而代之的是一个新的最高法庭，由一名首席法官和三名法官组成，法官均由国王任命。在欧洲，股东在股东大会投票所需的资格，从持有原价500镑的公司股票的提高到1000镑。如果股票通过自己购买而不是通过继承获得的，则必须持有股票至少一年才能获得投票权，而非以前所需的六个月。过去的规定是每年选出24名董事组成董事会；现在规定，每位董事由选举产生，任期四年；然而，其中六名董事将每年轮流离任，离任董事不能在下一年重新当选。预计这些改革将使股东和董事会比以前更有尊严和更稳定地行事。但是，不论如何改变，似乎不可能使这些董事会在任何方面适用于治理某个大国，甚至是参与到治理之中；因为其中的大部分成员对国家的繁荣根本不感兴趣，以至于根本不会认真注意那些可以促进国家的繁荣的事物。一个拥有大量财富的人，有时甚至只是拥有少量财富的人，往往愿意购买 1000 镑的印度股票，只是为了在股东大会上投票所产生的影响力。这份股票虽然不能使他参与到对印度的掠夺之中，但是可以让他参与对印度掠夺者的任命。任命虽然由董事会做出，但必然或多或少地受到股东的影响，股东不仅选举这些董事，有时还否决他们对印度人员的任命。只要股东能够连续几年享有这种影响力，从而供养一定数量的朋友，他就常常不怎么关心股息，甚至不关心他投票所依据的股票的价值。至于他投票参与治理的大帝国的繁荣，他毫不在意。出于不可抗拒的道德原因，或者从事物的本质来看，从来没有任何君主像这样一家商业公司的大部分股东一样，对其臣民的幸福或痛苦、领地的繁荣或荒废、执政的光荣或耻辱如此并且必然如此漠不关心。这种漠不关心也更有可能由于国会调查后制定的一些新规定而加剧，而不是减弱。例如，下议院的一项决议宣布，当政府借给公司的 140 万镑偿还完毕，公司债权债务减少到 150 万镑时，只有此时，公司才可以派发 8% 的股息。他们剩下的收入和国内的净利润应分为四部分，其中三笔缴入国库，供国家使用，第四笔留作基金，以便进一步降低债务或用于公司可能应付的其他或有紧急情况。但是，当全部收入和利润属于公司自己、由自己支配时，公司已经管理、治理不善，那么，当收入和利润的四分之三归属他人，另外四分之一虽然用于公司利益，但需得到别人的监督和认可时，公司的管理和治理肯定不会更好。

对公司来说，与其将支付 8% 的股息后可能剩下的剩余部分交由一群必然会产生分歧的人所管理，倒不如要么由公司职员挥霍浪费、要么由其渎职侵吞来得痛快。到目前为止，这些职员和隶属人员的利益可能在股东大会上占据支配地位，有时使股东大会支持直接侵犯其权力的掠夺者。对大多数股东来说，即使是支持他们自己的股东大会的权威有时也可能不及支持那些蔑视这种权威的人更重要。

因此，1773 年的规章制度并没有结束公司在印度的混乱治理。尽管如此，在短暂的良好行为中，他们曾一度向加尔各答的府库中填充了 300 多万英镑。虽然后来他们把统治或掠夺扩展到印度一些最富有和最肥沃的地区，但所有这些资金都被浪费和摧毁了。他们发现自己完全没有准备好阻止或抵抗海德尔·阿里（HyderAli）的入侵；而且，由于这些混乱，公司现在（1784 年）比以往任何时候都面临着更多的困难；而且，为了防止公司立即破产，公司不得不再一次恳求政府援助。为了更好地管理公司事务，国会中的不同政党提出了不同计划。所有这些计划似乎在一点上达成一致，即——事实上一直非常明显——公司完全不适合治理自己的领土。就连公司本身也似乎相信自己没有这种能力，而且似乎出于这个原因，公司愿意把他们交给政府。

在遥远而野蛮的国家拥有要塞和驻军的权利，必然与在这些国家缔造和平和制造战争的权利相互联系。拥有一种权利的合股公司不断行使另一种权利，而且常常明确地赋予它们这种权利。他们对权利的行使有多么不公正、多么反复无常、多么残忍无情，在最近的经验中已经为人所知。

当一个商人公司自担风险和费用，与一个偏远而野蛮的国家建立新的贸易，将他们合并为合股公司并获得成功时，国家赋予他们在若干年内的贸易专营特权并非完全不合理。这是国家对他们进行危险而昂贵的实验进行补偿的最简单、最自然的方式，国家和民众随后也将从中受益。这种暂时的垄断与新机器的发明者或新书的作者所获得的垄断权一样，其原则大致相同。但是，在期限届满时就需要对垄断权做出决定；要塞和驻军，如有必要建立，应收归政府并由政府按照其价值支付相应代价，其贸易应向国家的一切臣民开放。永久的垄断使得国家的所有其他主体都被以两种不同的方式荒谬地征税：第一，高昂的商品价格，在自由贸易下，他们可以以更低的价格购买商品；第二，他们被完全排除在一个对他们中的许多人来说既方便又有利可图的行业部门之外。向他们征税，也是为了所有目的中最毫无价值的一种。这只不过是为了使公司能够支持他们自己的职员的疏忽、暴利和贪污渎职行为，这些不正当行为使得公司的股息不能超过完全自由贸易的正常利润率，甚至经常使股息远远低于正常利润率。但是，从经验来看，如果没有垄断，合股公司似乎不能长期经营对外贸易的任何分支。在一个市场购入，在另一个市场售出并获取利润，当两个市场中都有很多竞争者时，不但要注意需求的偶然变化，而且要注意竞争或供给的更大、更频繁的变化，以便使每一种商品的数量和质量都能适应所有这些情况，这是一种作战行动不断变化的战争，如果没有不懈的警觉和注意就很难取得成功，而这些素质是合股公司董事所不能长久保持的。东印度公司在完成偿债、专营特权终止后，有权根据国会的法令继续作为合股公司，以公司身份与其他竞争主体一起向东印度进行贸易。但在这种情况下，私人冒险家凭借更强的警觉和注意很可能很快就会将他们逐出这一领域。

法国一位著名的作家莫雷莱（Morellet）在政治经济学方面颇有学识，他列出了自 1600 年以来在欧洲不同地区建立的 55 家对外贸易合股公司的名单，据他说，这些公司尽管享有专营特权，但都因管理不善而失败。其中两三家公司的情况，他的描述并不准确。这些公司并非合股公司，也没有倒闭；但是相反，他遗漏了几家倒闭的合股公司。

在没有专营特权的情况下，合股公司似乎能够成功地经营的唯一业务，就是那些所有的业务都能够简化为所谓的例行业务，或简化为几乎不允许或不允许任何变化的统一方法的例行业务。其一是银行业务，其二是战时的火险、海险和兵险业务，其三是建设和维护通航水渠或运河的业务，其四是为大城市供水的业务。

虽然银行业的原则可能显得有些深奥，但其实践是可以简化为严格的规则。在任何情况下，由于某些追求超乎寻常的利益的奉承投机而偏离这些规则，对试图这样做的银行公司来说，几乎是致命的。但是，合股公司的组织方法使它们在一般情况下比任何私人合伙更能遵守既定的规则。因此，这些公司似乎非常适合从事这种业务。因此，欧洲的主要银行公司都是合股公司，其中许多公司没有任何专营特权，业务经营也非常成功。除了英格兰的其他银行公司不能由六人以上组成之外，英格兰银行没有其他专营特权。爱丁堡的两家银行没有任何专营特权，都是合股公司。

由火灾、海损或战争造成的损失的价值，虽然也许不能精确地计算出来，但可以做出粗略的估计，使它在某种程度上可以归到严格的规则和方法之下。因此，保险业务可以由合股公司在没有任何专营特权的情况下成功地经营。伦敦保险公司和皇家交易所保险公司都没有专营特权。

通航的水渠一旦开凿完成，其管理就变得非常简单、容易，并可归结为严格的规则和方法。即使是修造也是如此，就像它与承包商签订的合同一样，规定一英里水渠或者一道闸的费用。运河，渡槽，或用来给大城市供水的大管道也是如此。因此，没有任何专营特权的合股公司也可以非常成功地管理这种事业。

但是，仅仅因为某一企业有能力成功地管理该业务就设立一家合股公司，或者仅仅因为某一群商人如果享有豁免权就可以使业务繁荣，就使他们不受对其所有同行所实行的某些一般法律的约束，这当然是不合理的。为了使设立公司完全合理，除了其业务可以还原为严格的规则和方法之外，同时还应当具备另外两项条件。首先，应该有最明确的证据表明，这项事业比大部分普通贸易具有更大、更普遍的效用；其次，它的资本需要比私人合作机构能够筹集的资本更多。如果适度的资本足够使用，这一事业的巨大效用就不是成立合股公司的充分理由，因为在这种情况下，对它所要生产的东西的需求很容易通过私人冒险家来满足。上述四个行业都同时具备这两个条件。

在审慎管理的情况下，银行业的巨大和普遍效用已在本书的第二卷中得到了充分解释。但是，一家提供国家信贷的公共银行，在特殊紧急情况下需要向政府预付大约几百万镑的全部税金，而资金在一两年之后才能收回，那么这家银行所需的资本比任何私人合伙所能轻易筹集的资本数额更大。

保险业使个人的财产有了很大的保障，将个人破产的损失由许多人分担，使整个社会可以轻易承担损失。然而，为了提供这种保障，保险公司必须拥有数额巨大的资本。在伦敦的两家保险合股公司成立之前，据说总检察长面前有一份名单，上面列有一百五十家在几年内倒闭的私人保险公司的名录。

可通航的河道或运河，以及有时为使一个大城市供水所必需的工程，都有很大的一般效用，但同时它们所需的费用往往比私人财产所需的费用要大，这一点是很明显的。

除上述四种行业之外，我想不出任何其他行业符合合情合理设立合股公司所需的三项条件。伦敦的英国铜业公司、炼铅公司、玻璃公司，在他们所追求的业务目标上，甚至没有任何巨大或独特的效用作为借口；追求这一目标似乎也不需要任何与许多私人财富不相称的费用。我并不敢妄言了解这些公司所从事的业务是否可以简化为适合合股公司管理的严格规则和方法，或者他们是否有任何理由夸耀他们的非凡利润。矿业探索公司早已破产。爱丁堡英国亚麻布公司的股票目前的售价大大低于面值，尽管比几年前要稍高一点。为促进某种特定制造业而设立的合股公司是，除管理自己的事务不善以至于大大降低社会的总股本之外，在其他方面也是弊大于利的。尽管他们的动机最为正直，但他们的董事不可避免地受到承办人的误导而偏爱某些制造部门，从而对其他部门形成压制，而且或多或少地打破了工业和利润之间本来会形成的自然比例——这种比例是对国家的一般工业的所有鼓励措施中最明显、最有效的。

第二项　论青年教育机构的支出

青年教育机构可以以同样方式提供足以支付其自身费用的收入。学生付给教师的费用或谢礼自然构成这类收入。

即使教师的报酬并非完全来自这一自然收入，也不必由社会的一般收入承担，在大多数国家中，这项收入的征收和运用是由行政部门负责的。因此，在欧洲大部分地区，学校和学院的捐赠要么不从一般收入中支出，要么只有很小的一部分来自一般收入。它在任何地方的收入主要来自地方或省的收入，来自某些地产的地租，或来自有时是由君主本人，有时是由某个私人捐助者为这一特殊目的而分配并置于受托人管理下的某种款项的利息。

这些公共捐赠基金是否总体上促进了其机构的发展？他们是否有助于鼓励教师的勤奋和提高教师的能力？他们是否把教育发展转向了对个人和国家都更有用的目标，而不是教育发展的自然进程呢？对这些问题至少给出一个可能的答案似乎并不困难。

在每一种职业中，大多数从事这项工作的人的努力，总是与他们努力的必要性成正比。对于那些期望的财富、甚至是一般收入和生活的唯一来源是职业报酬的人来说，这种必要性是最大的。为了获得这种财富，甚至为了生存，他们必须在一年内完成一定数量的已知价值的工作；而且在自由竞争的情况下，竞争对手都在努力将对方挤出这一行业，使彼此失去工作，迫使每个人努力完成自己的工作，达到某种程度的精确。某些特定职业的成功需要实现的宏大目标，无疑有时会激发一些有非凡精神和抱负的人的努力。然而，为了使人们做出最大的努力，宏大的目标显然不是必要的。即使在卑微的职业中，竞争和模仿也能使人追求卓越，经常激励出最大的努力。相反，宏大的目标，如果没有必要性的支持，则很少足以引起任何重大的努力。在英国，法律行业的成功使得这一行业成为远大抱负的目标。然而，在这个国家，出身于富裕家庭的人中，有多少人能在这一行业取得杰出成就呢？

学校和学院的捐赠必然或多或少地减少了教师的努力的必要性。就其薪金而言，他们的生计显然与他们在特定职业中的成功和声誉并无关联。

在某些大学里，工资只是教师薪酬的一部分，而且常常只是一个小部分，而教师薪酬的大部分来自学生的报酬或学费。在这种情况下，努力的必要性虽然总是或多或少地减少，但并没有完全消失。教师的职业声誉仍然非常重要，他仍然依赖于那些听他讲课的人的喜爱、感激和好评。要想得到这些正面的反馈，只能依靠应得的部分，也就是履行职责的能力和勤奋程度。

在其他大学里，教师不得从学生那里获得任何荣誉或费用，工资构成了他通过职务获得的全部收入。在这种情况下，他的利益与他的职责处在直接对立的位置。每个人的利益都在于尽可能安逸地生活。如果不管是否履行某种非常艰苦的职责，所获的薪酬完全相同，那么他的利益当然是完全忽视这项职责，或者如果他受到某种权力的支配，而这种权力不允许他忽视，那么他就会以这种权力允许范围内尽可能粗心、草率的方式履行职责，至少按照一般利益的理解如此。如果他生性积极，热爱劳动，那么他的利益就是以任何能从中获得某种好处的方式从事这种活动，而不是出于履行他的职责来从事这种活动，因为他不能从中获得任何好处。

如果他所服从的权力属于他自己身为其中成员的法人团体、学院或大学，而其他成员中的大部分和他一样，要么同是教师，要么应该是教师，那么他们就很可能形成一个共同的观点，彼此之间都很宽容，每个人都认可只要他自己可以疏忽他自己的责任，那么周围的人可以疏忽他的责任。在牛津大学，许多年来，大部分的公共教授甚至已经完全放弃伪装自己在教书。

如果他所服从的权力并不属于他身为所属成员的法人团体，而是属于其他无关人士，例如，属于教区的主教、所在省的省长，或者某个国务大臣，也许在这种情况下他确实不太可能完全玩忽职守。然而，这些上司所能强迫他做的，不过是给他的学生完成一定课时数的授课，即每周或每年中讲述一定课时数。这些讲课的内容如何仍然取决于教师的勤奋程度，而这种勤奋很可能与努力的动机成比例。此外，这种无关管辖权的行使很可能是无知或反复无常的。就其性质而言，它是武断的和自由裁量的，而行使它的人，既不亲自聆听教师授课，也许也不了解他所教授的那门学科，因此很少能够用判断力行使这种管辖权。他们常常对如何行使职权漠不关心，很容易在没有任何正当理由的情况下，肆无忌惮地指责或剥夺教师的职务。受到这种管辖的人必然会受其影响而自我堕落，非但不会自认为属于社会上最受尊敬的人的行列，反而会自认为是社会上最卑鄙、最可鄙的部分。只有通过强有力的保障，教师才能有效地保护自己免受这种可能随时会面对的不良习惯的伤害。而教师最有可能获得这种保护的方法，不是凭借专业上的能力或勤奋，而是靠他对上级意志的奉承，并随时准备为这种意志牺牲他身在的法人团体的权利、利益和荣誉。无论是谁，只要在法国大学的行政管理岗位工作了相当长的时间，都一定有机会见到这种任意的、无关的管辖权自然产生的影响。

任何迫使一定数量的学生进入任何学院或大学的事情，不论教师的功绩或声誉如何，都或多或少地倾向于减少这种功绩或声誉的必要性。

只要在某些大学学习一定的年限就可以成为文科、法学、物理学和神学毕业生的特权，则必然使得一定数量的学生进入这些大学，而不受教师的功绩或声誉的影响。毕业的特权就像是一种学徒制度，有助于教育的改进，正如其他学徒制度对于艺术和制造业的改进一样。

奖学金、助学金、补助金等各种类型的慈善基金，必然诱使一定数量的学生进入某些学院，完全不考虑这些学院的学术水平如何。如果让受这些慈善基金资助的学生自由选择他们最喜欢的大学，那么，这种自由也许会激发不同大学之间的竞争。相反，如果规定，即便是学院中未受资助的成员，在没有事先请求、获得他们打算离开的学院的许可的情况下，也禁止离开这个学院转去任何其他学院，那就会在很大程度上消灭这种竞争。

如果在每个学院里，指导每个学生所有文理学科的导师或教师不由学生自愿选择，而是由学院院长任命，且如果导师疏忽、未能尽责或滥用权力，学生未经事先请求和获得许可不允许更换另一位导师，这种规定不仅会大大消除同一学院不同导师之间的一切竞争，而且会大大减少他们对各自学生的勤奋和关注的必要性。虽然学生付给这些教师很高的报酬，但他们可能会像那些学生不支付报酬，或者除了工资之外没有其他报酬的人一样，故意忽视学生。

如果教师碰巧是一位理性的人，那么当他在给学生讲课时，有意识地讲述或念出的几乎都是废话或者差不多的东西时，他一定感觉不甚愉快。看到大部分学生都不听他的课，或者带着足够明显的忽视、蔑视和嘲笑的表情听课时，也一定会感到非常不愉快。因此，在教师不得不讲述一定数量的课程时，光是出于这些动机，而没有任何其他兴趣，就可能使他不厌其烦地讲述一些相当高质量的课程。然而，几种不同的方式可能会有效地削弱所有这些激励勤奋的优势。教师不是亲自向学生解释他打算教授的科学，而是照本宣科地讲述一本这个领域的著作。如果这本书是用外文或某种灭绝语言写就，就把它解释成自己的语言给学生听；或者，如果想要减少自己的麻烦，可以反过来让学生把它解释给他听，然后偶尔插几句话，他就可以自鸣得意地说自己是在讲课。只要拥有一点点的知识和努力都能做到这一点，而不会使自己受到轻视或嘲笑，被别人认为愚蠢、荒谬或可笑。同时，学院的纪律可以使他强迫所有学生经常参加这些虚假的授课，并在整个表演期间维持最体面和最尊重的态度。

学院和大学的纪律通常是人为规定的，它们不是为了学生的利益，而是为了教师的利益，或者更恰当地说，是为了教师的方便。在任何情况下，其目的都是维护教师的权威，无论是否疏忽或履行他的职责，都要迫使学生在任何情况下对他表现出的态度像是他尽到了最大的努力、发挥出了最大的能力一样。它似乎假定教师有完美的智慧和美德，而学生有极大的弱点和愚蠢。然而，我相信，如果教师们真正履行他们的职责，那么就从来不会有大多数学生忽视他们授课的先例。众所周知，在真正值得参加的课程上，不需要任何纪律，无论在何处授课均为如此。毫无疑问，为了迫使儿童或非常年幼的孩子参加被认为是在生命的早期阶段有必要获得的教育，强迫和约束在某种程度上可能是必要的。但在十二岁或十三岁以后，只要教师尽职尽责，就不需要强迫或约束来进行教育。大多数年轻人都十分宽宏，只要教师表现出对他们有用的认真意图，他们不但不愿意忽视或轻视教师的指示，而且一般倾向于原谅他在履行职责时的许多错误，有时甚至会对国家隐瞒他的许多严重疏忽。

我们可以看到，没有公共机构实施的教育，一般教育得最好。当一个年轻人进入击剑或舞蹈学校时，他并不一定要把击剑或跳舞学得极好；但他很少学不会这些技能。骑术学校的良好效果一般并不如此明显。骑术学校的费用如此巨大，以至于在大多数地方它都属于公共机构。文化教育的三个最基本的部分，阅读、写作和算术，仍然是在私立学校的学习比在公立学校更为普遍；很少有人开始学习，却没有达到掌握这些能力所必需的程度。

在英国，公立学校的腐败比大学少得多。在学校里教授给年轻人，或者至少可以教授给他们的是希腊语和拉丁语。这些也正是教师们希望教授，或者应该教授的一切。在大学里，青年既没有受到教育，也找不到任何适当的方法来教授的，是那些本应由这些团体教授的学科。学校教师的报酬在大多数情况下主要依靠、在某些情况下几乎完全来自他的学生的费用或酬劳。学校没有专营特权。为了获得毕业的荣誉，学生并不需要证明自己在公学中学习了多少年限。如果经过考试可以验证学生似乎理解学校教授的内容，就不需要询问他在哪里习得了。

在大学里通常教授的那部分教育内容，也许可以说教授得不是很好。但是，如果没有这些机构，学生根本不会得到普遍的教育，个人和国家都将因缺乏这些重要的教育内容而遭受很大的痛苦。

现在的欧洲大学，最初大部分都是教会团体，为教育教士而设立。它们的成员，无论是教师还是学生，都有当时所谓的神职人员的特权，也就是说，它们不受各自大学所在国家的民事管辖，只受教会法庭的管辖。在这些大学中，大部分教授的东西都适合于它们机构的目的。

在颠覆罗马帝国的蛮族被推翻后，拉丁语逐渐不再是欧洲任何地区的语言。但是，人们对宗教的崇敬自然地保留了既定的宗教形式和仪式，即使最初引入和使其合理的环境在很久之前已经不复存在。因此，尽管拉丁语不再为任何地方的广大人民所理解，但教会的整个仪式仍然继续用拉丁语进行。两种不同的语言就这样在欧洲建立起来了，就像在古埃及一样：教士的语言、百姓的语言；开化的语言、未开化的语言。但是教士们必须懂得一些他们履职所需的博学的语言，因此，学习拉丁语从一开始就成为大学教育的重要组成部分。

而希腊语和希伯来语从来都不是如此。掌握这两种语言，对一个牧师来说，并不是必不可少的，在很长一段时间里，学习这两种语言，并不是大学教育的公共课程的必要组成部分。我敢肯定，在西班牙的一些大学里，希腊语的学习从来没有成为课程的一部分。希腊语与古典学问的每一部分都有联系，古典学问在宗教改革开始的同时流行起来。因此，在大部分大学里，这种语言是在学习哲学之前，以及学生在拉丁语方面取得一些进步之后教授的。希伯来语与古典学问没有任何联系，对希伯来语的研究通常是在哲学研究之后，当学生进入神学研究时才开始的。

最初，希腊语和拉丁语的最初的基础都是在大学里教授的，一些大学仍然如此。在其他大学中，人们期望学生以前至少已经掌握了这两种语言中的一两种的基本知识，对这些语言的学习在任何地方都继续成为大学教育的一个相当重要的部分。

古希腊哲学分为三大分支：物理学，或自然哲学；伦理学，或道德哲学；逻辑学。这种一般性的划分似乎完全符合事物的性质。

各种壮观的自然现象——天体的运行、日月食、彗星，雷鸣、闪电和其他非同寻常的流星雨，植物和动物的诞生、出生、成长和消亡，都是必然会引起人类惊奇的对象。人类的惊奇一旦产生，则必然会激发好奇心，去探究这些自然现象背后的原因。为了满足人类的这种好奇心，人类自然地对这些现象进行解释。哲学试图从人类更为熟知的原因对其进行解释。既然这些自然现象是人类好奇的对象，那么，试图解释它们的科学自然也成为第一个哲学分支。因此，历史上有记载的最早的哲学家似乎是自然哲学家。

在世界上的每一个时代、每一个国家，人们都必须注意彼此的性格、意图和行为，许多为人处世的著名规则和准则都在制定和认可上必须获得共识。文字一旦流行起来，智者，或那些自以为如此的人，自然会努力增加那些既定的和受人尊敬的格言的数量，表达他们自己对何为适当、何为不适当行为的观点，有时以更人为的寓言形式表达，如所谓的《伊索寓言》；有时则以更简单的格言或智慧的谚语的形式表达，如所罗门的箴言（Proverbs of Solomon）、泰俄格尼斯（Theognis）和福西尼德（Phocyllides）的诗句，以及赫西俄德（Hesiod）的某些作品。他们可以在很长一段时间里这样继续表达，仅仅是使这些谨慎和道德准则的数量成倍增加，甚至没有试图按照任何非常不同的或有条理的顺序对它们进行排列，更不用说用一个或多个一般性的原则把它们联系在一起了——就像是从自然的原因中推理出结果一样，这些准则可以从一般性原则之中推论出来。由少数一般性原则联系起来的观察到的不同系统排布的和谐之美，最早见于古代关于自然哲学系统的粗浅文章。后来，哲学家们在道德哲学上也尝试了同样的进路：普遍生活的准则按照某种有条理的顺序排列，并通过一些一般性原则联系在一起，就像自然哲学家们试图分析并梳理自然现象背后的原因一样。研究和解释这些相互联系的原则的科学被恰当地命名为道德哲学。

不同的哲学家提出了不同的自然哲学和道德哲学体系。但是，他们支持这些不同体系的论据，远远算不上是证明，往往充其量不过是极其微小的可能性，有时只是诡辩，除了所用普遍语言的不准确、暧昧不清之外，没有任何其他基础。世界的各个时代都采用了思辨的体系，太过细碎，以至于不能决定任何有常识的人对最小的金钱利益的判断。除了哲学和思辨以外，诡辩对人类的意见几乎没有任何影响；而在这些方面，它的影响往往是极大的。每一个自然哲学和道德哲学的体系的拥护者自然都竭力找出支持与他们自己的体系相反的体系而举出的论据的弱点和缺陷。在考察这些论证时，他们必然要考虑盖然性（Probable）论证和证明性（Demonstrative）论证之间的区别、谬误（Fallacious）论证和结论（Conclusive）论证之间的区别；逻辑学，或者关于好推理和坏推理的一般原则的科学，必然来自这种仔细考察所引起的一般观察。虽然逻辑学的起源在物理学和伦理学之后，但它们在即便并非所有古代哲学流派，也是在大部分古代哲学流派中，先于这两门学科被普遍地教授。人们似乎认为，学生在被引导对如此重要的问题进行推理之前，应该很好地理解好的推理和坏的推理之间的区别。

欧洲的大部分大学把这三个哲学门类分为了五个门类。

在古代哲学中，有关人的心灵或神的本质的学问都属于物理学体系的一部分。这些存在，无论其本质如何，都是宏大的宇宙体系的一部分，也是产生最重要影响的一部分。无论人类理性对它们所能做出的结论或推测如何，都可以说是这门科学的两个章节，尽管无疑是两个非常重要的章节，这门科学的目的是说明宇宙体系的起源和变革。但是，欧洲大学里哲学的教学只是从属于神学，自然地在这两章上比在其他任何一门科学上花更长的时间。它们渐渐地越来越扩展，分成许多更小的章节，直到最后，人们所知甚少的精神学说在哲学体系中所占的空间与人们所知甚多的肉体学说几乎相同。这两种学说被认为是两种不同的科学。所谓形而上学（Metaphysics）或精神学（Pneumatics）与物理学相互对立，不仅被视为更崇高的科学，而且为了某一特定职业的目的，被发展为两者中更有用的科学。实验和观察的主题，即只要仔细注意，就能得到许多有用的发现的主题却几乎完全被忽视了。相反，除了几个非常简单、几乎显而易见的真理之外，最仔细的注意只能发现晦涩和不确定性，因而只能产生微妙和诡辩的问题的主题却得到了人们的广泛研究。

当这两种科学这样对立起来时，它们之间的比较自然产生了第三种，即所谓本体论（Ontology），或者说处理其他两种科学的主体所共有的性质和属性的科学。但是，如果说微妙和诡辩构成了形而上学或精神学的大部分，那么它们就构成了本体论的复杂科学的全部，这种本体论有时也被称为形而上学。

一个人——以及不仅被视为个人，而且被视为家庭、国家和人类社会的一员——的幸福和完美的成因，是古代道德哲学研究的对象。古代道德哲学中人生的责任被视为服务于人生的幸福和完美。但是，当道德哲学和自然哲学都只被当作从属于神学的东西来教授时，人生的责任就被视为主要从属于来生的幸福了。在古代哲学中，德行的完美表现为，拥有德行的人必然会产生一生中最完美的幸福。而在现代哲学中，它常常被普遍地表达为，或者更确切地说，几乎总是与今生的任何程度的幸福相互矛盾。到目前为止，哲学的所有不同分支中最重要的分支就这样成为最为崩坏的分支。

因此，上面这些就是欧洲大部分大学的哲学教育的普遍课程。

第一教授逻辑学；第二是本体论；第三是精神学，即有关人的精神本质的学说；第四是一种崩坏的道德哲学体系；最后通常由一个简短而肤浅的物理学体系作为这门课程的结束。

欧洲大学对古代哲学课程所做的变革，全部是为了服务于教会教育，使之成为神学研究的更适当的入门。但是，这些改变给它带来了更多的狡智和诡辩，以及由此产生的良心学说和禁欲的道德观，这当然不会使它更适合于绅士或世俗的教育，也不会使它更有可能增进理解。

欧洲的大部分大学中仍在继续教授这种哲学课程，但根据每所大学的章程，教师或多或少必须努力的程度，取决于大学对教师勤奋程度的要求。在一些最富有、资金最充裕的大学里，导师们满足于教授这种崩坏课程的几个零碎部分。即使是这些零碎的部分，他们通常也教授得非常疏忽和肤浅。

哲学的几个不同分支在近代所做的改良，尽管有一些无疑是在大学中实现的，但是大部分并非在大学中完成。大多数大学甚至在这些改良之后都没有很积极地采纳这些改良；一些大学会选择继续充当陈旧知识的避难所，为在世界其他角落都被驱逐的崩坏的体系和过时的偏见充当庇护和保护。一般说来，最富有、接受捐赠最多的大学在接纳这些改良措施方面速度最为缓慢、也最不愿意允许对既定的教学计划进行任何重大改变。这些改良更容易引入一些较穷的大学，在这些大学里，教师们依靠自己的声誉维持生计，不得不更多地注意当今世界的意见。

但是，虽然欧洲的公学和大学最初只是为了培养教士这种特殊的职业，虽然他们并不总是很努力地教导他们的学生，即使是在这一职业所必需的科学方面，但他们还是逐渐地承担了几乎所有其他人的教育，尤其是几乎所有绅士和有钱人的教育。似乎没有比这更好的办法可以帮助人们度过从婴儿期直到余生中从事的工作之间的很长一段时间。然而，学校和大学所教授的大部分知识似乎并没有为他们将要从事的事务做出最适当的准备。

英国的一项日益普遍的习俗是在年轻人离开学校后送他们去外国旅行，而不送他们去任何大学。据说在旅行之后，我国的年轻人的一般会有很大的长进。一个年轻人，十七八岁出国，二十一岁回国，回国时比出国时大三四岁。在那个年龄，要在三四年内不取得很大的进步是非常困难的。在旅行的过程中，他通常会学到一两门外语，然而，这种知识很少足以使他们精通读写。并且，他回国后，一般变得更自负、更无原则、更放荡，更不能认真地学习或做生意。在年轻的时候去旅行，把生命中最宝贵的岁月花在最无聊的消遣上，远离父母和亲戚的监督和控制，早期的教育可能会在他身上形成的一切有益的习惯，非但没有得到巩固和强化，反而几乎必然会削弱或消失。这种极端荒谬的旅行之所以能够流行开来，其原因无非就是对大学的不信任。父亲把儿子送到国外，至少在一段时间内，自己不必目睹儿子无所事事、漫不经心、走向毁灭这样令人不快的事情。

一些现代教育机构的影响就是如此。

在其他时代和国家，似乎有着不同的教育计划和不同的教育机构。

在古希腊的各个城邦，每一位自由公民都在治安官的指导下接受体操和音乐训练。体操锻炼的目的是锻炼身体、磨砺勇气，并为战争的疲劳和危险做好准备。由于希腊民兵据说是世界上最好的民兵之一，所以这一部分的公共教育一定完全符合其目的。另外，音乐，至少在给我们介绍了这些制度的哲学家和历史学家的叙述中，使人通达心灵、性情温和，能够履行公共生活和私人生活中的一切社会和道德义务。

在古罗马，战神广场的运动的目的就像古希腊体育馆的运动一样，而且它们似乎同样达到了较好的效果。但在罗马人中，没有任何东西与希腊人的音乐教育相对应。然而，罗马人的道德，在私人生活和公共生活中，似乎不仅与希腊人的道德相等，而且总的来说，比希腊人的道德优越得多。他们的私人生活更为优越，可以在波利比乌斯（Polybius）和哈利卡纳苏斯的狄奥尼修斯（Dionysius of Halicarnassus）这两位对这两个国家都很熟悉的作家的作品中找到证据；古希腊和古罗马的历史证明了罗马人公共道德的优越性。不同阵营在斗争之时保持的良好脾气和温和态度似乎是一个自由民族公共道德中最基本的条件。但是希腊人的阵营斗争几乎总是暴力和血腥的。然而，直到格拉古（Glacchi）时代，任何罗马阵营斗争都没有流血。从格拉古时代起，罗马共和国就可以说实际上已经解体了。因此，尽管孟德斯鸠先生竭力支持，认为柏拉图、亚里士多德和波利比乌斯有着极高的威信，但希腊人的音乐教育似乎对改善他们的道德没有很大的作用，因为没有这种教育，罗马人的道德整体来说都更为优越。这些古代先贤对他们祖先的制度的尊重，可能使他们倾向于在也许仅仅是某种古代的习俗中找到许多政治智慧，这种习俗从这些社会的最初时期一直延续到他们达到相当程度的发展的时代。音乐和舞蹈也是人们认为适合于愉悦社会的艺术。今日非洲海岸的黑人就是这样。古凯尔特人、古斯堪的纳维亚人，以及正如《荷马史诗》中所述的特洛伊战争之前的古希腊人都是如此。当古希腊各部落形成小城邦时，对这些艺术成就的研究，在很长一段时间内自然成为民众公共教育和普通教育的一部分。

在古罗马，甚至在雅典，我们最熟悉其法律和习俗的希腊城邦，指导青年音乐或军事训练的教师，似乎都没有得到国家的报酬，甚至没有得到国家的任命。国家要求每位自由的公民都应该适合在战争中保卫国家，并为此接受军事训练。但国家要求他们自己向能够找到的教师学习，出于此目的，国家除了提供一个公共场地或锻炼场所供公民操练和演习之外，似乎别无其他。

在古希腊和罗马共和国的早期，教育的其他部分似乎都包括学习阅读、写作以及根据当时的算术进行计算。这些技能似乎往往是较富有的公民在家里通过一些家庭教员的帮助而获得的，这些教员通常要么是奴隶，要么是自由人；而较穷的市民，则在那些以教学为业的教师的学校里学习。然而，教育的这一部分被完全抛弃，交给每个人的父母或监护人负责。国家似乎从未对它们进行过任何监督或指导。的确，梭伦的一项法律规定，忽视指导他们从事有利可图的行业或生意的父母，子女不负责对他们的赡养。

随着文明的不断完善，当哲学和修辞学流行起来时，上流社会的人常常把他们的孩子送到哲学家和修辞学家的学校去学习这些时髦的科学。但是，这些学校没有得到国家的支持，在很长一段时间里，他们的存在只是得到默认。长时间里，哲学和修辞学的需求是如此之小，以至于最初宣称为哲学和修辞学教师的人在任何一个城市中都找不到固定的工作，不得不时时迁居他处。爱利亚的芝诺（Zeno of Elea）、普罗泰戈拉（Protagoras）、高尔吉亚、希庇亚斯和许多其他人都是这样生活。后来，随着需求的增加，哲学和修辞学学校开始固定下来，首先在雅典，然后在其他几个城市。然而，国家似乎从来没有进一步鼓励他们，只是给他们中的一些人分配了一个特定的教学地点，有时私人捐助者也是如此。国家似乎把学院（Academy）分配给了柏拉图，把学堂（Lyceum）分配给了亚里士多德，把门廊（Portico）分配给了斯多亚学派（Stoics）的创始人基提翁的芝诺（Zeno of Citium）。但是伊壁鸠鲁把他的花园留给了他自己的学校。然而，直到马克·安东尼的时代，似乎没有一个教师从国家那里得到任何工资，或者除了从他的学生的酬劳或费用中获得任何其他报酬。正如我们从卢西安（Lucian）那里知道的，这位爱好哲学的皇帝给予一位哲学教师的赏金只在他自己在世时为止。毕业的特权并不存在，入学也不是从事任何特定的行业或职业的必要条件。如果对学校效用的舆论不能吸引学生们到他们那里去，法律既不强迫任何人去找他们，也不奖励任何人去找他们。教师对他们的学生没有管辖权，除了凭借优越的德行和才能所获得的面对学生的自然权威之外，也没有任何其他权力。

在罗马，民法的研究不是大部分公民的教育，而只是某些特定家庭的教育的一部分。然而，想要获得法律知识的年轻人，却没有公立学校可上，也没有其他学习法律的方法，只能经常与他们认为应该了解法律的亲戚和朋友一起学习法律。也许值得指出的是，虽然《十二铜表法》的法律中有许多是从古希腊某些城邦的法律中抄袭而来，但法律似乎从来没有在古希腊的任何一个城邦发展成为一门科学。在罗马，法律很早就成为一门科学，为那些以了解它而闻名的公民提供了相当程度的声誉。在古希腊的各个城邦，特别是在雅典，普通法院是由许多人组成的，因此并无秩序，他们常常几乎是随机地做出决定，或者根据民意、阵营和党派精神做出裁决。当一份不公正的判决的责任由 500 人、1000 人或 1500 人（因为他们的一些法庭规模如此之大）来共担时，这份不公正判决的耻辱不会落在任何一个人身上。相反，在古罗马，主要的法庭要么由一名法官组成，要么由少数几名法官组成，特别是他们总是在公开场合进行审议，他们的品行必然会受到任何轻率的或不公正的判决的明显影响。遇到疑难案件时，这些法庭出于免受责备的焦虑，自然会努力以在同一法院或其他法院审理过相似案件的法官的榜样或先例为参照。这种对（司法）实践和先例的关注必然使罗马法成为传递给我们的规则而有序的体系，同样的关注对存在这种关注的每个其他国家的法律也产生了同样的影响。据说罗马人以其对誓言的高度尊重而闻名。但是，那些习惯于只在业务精进且消息灵通的法庭上宣誓的人，自然会比那些习惯于在杂乱无章和混乱的集会上做同样事情的人更注意他们所宣誓的内容。

希腊人和罗马人的行政能力，至少可以与任何现代国家相媲美。我们的偏见也许让我们高估了他们的能力。但是，他们似乎并没有花费很大的力气去培养其能力：因为我无法相信希腊人的音乐教育对其能力的形成有很大的影响。然而，这些国家中似乎已经出现了在各种艺术和科学上为上层人士提供教导的教师，而由于他们的社会环境，他们有必要或方便接受这些艺术和科学的指导。对这种教育的需求带来了它必然会带来的能力——讲授，而不受限制的竞争自然会激起教师之间的竞争心理，似乎使这种能力达到了极高的程度。古代哲学家似乎比任何现代教师都更能引起他们的听众的注意，影响听众的意见和原则，向他们的行动和言论赋予某种语气和性格。现代公立教师的勤奋或多或少地受到环境的侵蚀，这些环境使他们或多或少地独立于他们在特定职业中的成功和声誉。他们的薪酬也使得他们在与私人教师的竞争中处在这样的地位，就像是没有任何奖金的商人与有着大笔奖金的商人在贸易上竞争一样。如果他按照几乎相同的价格出售他的货物，就不可能获得同样的利润，他即便不是破产和毁灭，至少也是贫困或乞讨。如果他试图高价出售，那么他的顾客很可能很少，以至于他的生活境况不会得到很大的改善。此外，在许多国家，毕业的特权对于大多数有学问的人，即对于有机会接受学问教育的人，是必不可少的，或者至少是极其方便的。但这些特权只有通过参加公立学校教师的课程才能获得。对任何私人教师最高明的指导最认真的遵守，也不能给出任何要求这些特权的资格。正是出于这种种原因，教授大学里任何一门科学的私人教师在现代一般被认为是最低等级的文人。对一个真正有能力的人来说，这项工作已经是最为丢脸、最为无利可图的了。这样，学校和学院的捐赠不仅败坏了公立教师的勤奋，而且使得几乎不可能存在任何优秀的私人教师。

如果没有公共教育机构，那么没有某种需求的体系或科学，或者在某个时代环境下不必要、不方便或至少不流行的科学就不会被教授。一位私人教师在教授一个过去被公认为有用而今天已经崩坏、过时的体系，或者被普遍认为只是一堆无用和迂腐的诡辩和废话的科学时，是没有任何收益的。这种体系和科学只有在那些为教育而联合起来的学会中才能存在，他们的声誉在很大程度上与社会的繁荣和收入无关，也完全与他们的事业无关。如果没有公共教育机构，一位绅士在经过了当时环境所能提供的最完整的教育之后，不可能对世界上绅士和世俗之间的共同话题一无所知。

在妇女教育方面没有公共机构，因此，她们接受的一般教育中没有任何无用、荒谬或不合理东西。她们被教导的是她们的父母或监护人认为对学习有必要或有用的东西，而其他无用的事物都不在此列。她们教育的每一部分都明显倾向于某种有用的目的，要么是为了提高她们的自然魅力，要么是为了塑造她们的谨慎、谦虚、贞洁、节俭的思想，使他们都能够成为一个家庭的主妇，且在她们成为主妇时表现得适当。妇女在整个生涯中，所受教育的各个部分没有任何一项不是对其有某种方便或便利。男性则不然，男性却未必能从他所受的最费力、最麻烦的教育中获得任何便利或好处。

因此，我们可以提出这样一个问题：国家难道不应该注意人民的教育吗？或者，如果需要注意的话，那么对不同等级的人民，国家应该注意教育的哪些不同部分？应该以什么方式注意呢？

在某些情况下，社会的状况必然使大部分个人处于自然的状态，不受政府的任何关注，几乎自然地养成国家所要求的，或能允许的一切能力和美德。在其他情况下，社会的状况并不使个人处于这种状态，因此，政府必须给予一定的注意以防止广大人民几乎全部腐败和堕落。

在劳动分工的发展过程中，大部分以劳动为生的人民，即广大人民的劳动和职业只局限于极简单、往往只是一两项的工作。但是大多数人智力的培养必然是由他们的日常工作而来的。如果一个人的一生都在做一些简单的操作，而这些操作的效果也许总是，或者几乎相同的，他就没有必要发挥他的智力或运用他的发明来找出解决从来没有发生过的困难的方法。因此，他自然失去了这种努力的习惯，而变成最愚蠢、无知的人。他头脑的麻木使他不仅不能享受或参与任何理性的谈话，而且不能设想任何宽宏、高尚或温柔的感情，从而对许多甚至是私人生活中的平常义务形成任何公正的判断。他完全不能判断他的国家的重大而广泛的利益，除非采取极大的努力使他做到这一点，否则他同样不能在战争中保卫他的国家。他的单调生活自然地腐蚀了他的勇气，使他憎恶士兵不规则的、不确定的和冒险的生活。这种单调生活甚至腐蚀了他身体的活动，使他除了在自己习惯的工作之外，不能在任何其他工作中活跃、坚定地发挥他的力量。他在自己的特定行业中的灵巧和熟练，似乎是以牺牲他的智力、社交和军事品德为代价所获得的。但是，在每一个进步和文明的社会中，除非政府采取某种努力来防止这种状态的出现，劳动贫民，也就是广大人民，则必然会陷入这种状态。

在通常所说的野蛮社会，即猎人和牧人的社会中，甚至在制造业并不发达、对外贸易尚未扩张之前的初级的农业社会中，情况也非如此。在这样的社会中，每个人的职业各不相同，这就迫使每个人都要发挥自己的能力，发明各种办法来消除不断出现的困难。发明不断进行，人们的头脑不会陷入那种昏昏欲睡的愚蠢状态，在文明社会里，这种愚蠢似乎会使几乎所有下层人民变得麻木。上文已经写到，在那些被称为野蛮的社会里，每个人都是战士。每个人在某种程度上也是政治家，对社会利益和治理社会的人的行为都能形成一种相当程度的正确判断。首领在和平时期的审判如何公正，在战争时期的领导如何英明，几乎所有人都能观察得到。的确，在这样的社会里，没有人能够获得在一个更文明的国家里少数人有时拥有的那种改良和更加完善的智力。虽然在未开化的社会中，每个人的职业都有很多变化，但社会整体职业却没有太多变化。每个人都在做或有能力做到几乎所有其他人在做或有能力做到的事情。每个人都拥有相当程度的知识、聪明才智和发明能力，但很少有人程度更深。每个人拥有的那种程度的能力似乎足以应对整个社会的简单事务。相反，在文明国家，虽然大部分个人的职业没有什么变化，但整个社会的职业却几乎有无限多种变化。多种多样的职业为少数自己并不从事特定的职业，却有闲暇和兴趣去研究其他人的职业的人提供了几乎无限多样的思考对象。面对如此多种多样的对象进行沉思，必然会在无休止的比较和组合中锻炼他们的头脑，提升智力的敏锐度和全面性，达到超乎寻常的程度。然而，除非这些少数人碰巧被置于某些非常特殊的情况下，否则他们的伟大才能对社会的善政或幸福可能贡献甚微。尽管这些少数人的能力很强，但人类性格中所有高尚的部分，放于广大人民之中，可能会在很大程度上被抹杀和湮灭。

在文明的商业社会里，国家或许更需要注意对平民百姓的教育，而不是某些上层阶级和拥有财富的人。上层阶级、拥有财富的人，往往在十八九岁之后才去从事使他们在世界上脱颖而出的那种特定的业务、职业或行业。在此之前他们有充分的时间来获得，或者至少使自己适应以后获得的一切成就，这些成就可以使他们受到国家的尊敬，或者使他们配得上这种尊敬。他们的父母或监护人一般都十分希望他们会取得这样的成就，而且在大多数情况下，他们愿意为达到这一目的支付必要的费用。如果他们并不总是受到适当的教育，则很少是因为他们缺乏用于教育的费用，而是因为这种费用使用不当。很少是因为缺乏教师，而是因为拥有的教师的疏忽和无能，在当前的情况下难以找到，或者不可能找到更好的教师。上层阶级、拥有财富的人，其一生中大部分时间所从事的工作，也不像一般人那样简单、单调。它们几乎都极其复杂，而且用脑比用手更多。从事这类工作的人很少会因为缺乏锻炼而变得迟钝。此外，上层阶级、拥有财富的人的工作很少会占据他们的全部时间。他们一般有大量的闲暇时间，在此期间他们可以在每一个方面完善自己，要么学习有用的知识，要么学习装饰性的知识——他们可能已经奠定了这些知识的基础，或者在生命的早期获得了某种爱好。

普通人则不然。他们几乎没有时间接受教育。即使在婴儿期，他们的父母也很难负担得起抚养他们的费用。一旦他们到了能够工作的年龄，他们就必须从事一些可以谋生的行业。这些行业一般也是简单、单调的，无须使用过多智力；而与此同时，他们的劳动又是如此的固定、繁重，以至于他们很少有闲暇时间，也不太愿意去做，甚至不愿意去想别的事情。

但是，在任何文明社会中，平民百姓虽然不能像某些上层阶级和拥有财富的人那样受到良好的教育，但是，教育的最基本部分，即阅读、写作和算术，却可以在生命的早期习得，以至于即使是那些将被培养从事最低等职业的人，也有很大一部分可以在他们能够从事这些职业之前获得这些教育。只要花费很少的费用，国家就可以促进、鼓励、甚至强制几乎全体人民获得这些最基本、最必要的部分教育。

国家可以通过在每个教区或地区建立一所小型学校来促进这种教育，只需要支付即使是普通劳动者也能负担得起的、适当的学费就可以让儿童接受教育；教师的报酬只有一部分、而不是全部由国家支付，因为如果他的报酬全部或者主要由国家支付，他很快就会学会忽视他的事业。在苏格兰，这种教区学校的建立使得几乎所有的平民都学会了阅读，其中还有很大一部分人学会了写作和算术。在英格兰，慈善学校的建立也有着相同的效果，尽管效果不是那么普遍，因为学校的建立并不是那么普遍。如果在这些小型学校里，教孩子们如何阅读的书籍比一般的书籍更有教育意义，如果把平民的孩子们学习的拉丁文换成几何学和力学的基本原理，这一阶级的文化教育也许会尽可能地更为完善，因为拉丁文对他们几乎没有任何用处。没有任何普通的行业不存在应用几何学和力学原理的机会，也就是说，任何普通职业都可以使普通人民更加了解这些原理，提升对原理的认识，而这些原理是最高尚、最有用的科学的必要入门。

国家可以通过向成绩突出的平民子女提供小额奖金或小的荣誉徽章来鼓励他们接受这些最基本的教育。

国家也可以要求几乎全体人民必须接受这些最基本的义务教育，要求每个人在获准自由加入任何公司，或在乡村或城镇公司中经营任何业务之前，必须接受这些教育的考试或认定。

古希腊和罗马共和国正是通过这种方式，通过促进他们的军事和体育运动，鼓励，甚至强制全体人民学习这些运动，保持了他们各自公民的尚武精神。他们指定了一个学习或演习这些运动的场所，授予某些教师在该场所教学的特权，从而促进了这些技巧的习得。这些教师似乎既没有工资，也没有任何专营特权。他们的奖赏完全来自学生。一个在公立体育馆里学习运动的公民与私下学习的公民相比，如果二者水平相当，前者也没有任何法律上的优越性。这些共和国鼓励开展这些运动，对那些在这些运动中表现出色的人给予一些奖励和荣誉徽章。在奥林匹克运动会（Olympic）、地峡运动会（Isthmian）或纳米安运动会（Nemaean）中获奖，不仅对获奖者本人，而且对他的整个家庭和亲属，都是一种光荣。

除非政府采取适当的措施加以支持军事演习和操练的改进，否则军事训练的惯例就会逐渐衰败，同时，广大人民的尚武精神也会随之消散，现代欧洲的例子就足以说明这一点。但是，每个社会的安全或多或少都必须依赖于广大人民的尚武精神。事实上，在当今时代，如果没有一支纪律严明的常备军的支持，单凭这种尚武精神也许不足以保障任何社会的国防和安全。但在每个公民都有军人精神之处，规模较小的常备军肯定是必要的。此外，这种精神必然会大大减少常备军对自由的威胁，无论自由是否真实存在。就像尚武精神将极大地促进军队对付外国侵略者的行动一样，如果军队不幸违反国家宪法，这种精神同样也可以阻止他们。

古希腊和古罗马的制度在维持广大人民的尚武精神方面，似乎比现代所谓的民兵制度更为有效。古代的制度要简单得多。当制度一旦建立起来之后，他们就会自行运作，很少或根本不需要政府的注意来保持他们最佳地运行。然而，要维持任何现代民兵制度的复杂规则，即使是勉强执行，也需要政府持续、费力地投入其中，没有政府的投入，这些规则就经常被完全忽视和废弃。此外，古代制度的影响也要更加普遍。通过这种制度，全体人民完全学会了如何使用武器。在现代民兵制度之下，只有极小部分人民能受到这种训练，也许瑞士的民兵制度除外。但是一个懦夫，一个既不能自卫也不能为自己复仇的人，显然缺少性格中最重要的部分之一。即使人民的尚武精神对保卫社会毫无用处，为了防止性格上的懦弱导致的精神上的不幸在广大人民中蔓延开来，政府仍然需要应该给予最严肃的重视，就像为了防止麻风病或任何其他可憎的、令人厌恶的疾病（尽管这种疾病可能既不致命、也不危险）在人民中蔓延一样。尽管这种重视除了防止如此大的公共邪恶之外，也许不会产生其他公共利益，也应该给予最严肃的重视。

与尚武精神相似，在文明社会里，似乎常常使得下层人民变得迟钝的完全无知或愚蠢，情况也是如此。一个没有适当运用其智力的人，甚至比一个懦夫更可鄙，而且似乎在人性的一个更重要的部分上变得残废和畸形了。此外，受过教育的、聪明的人总是比未受教育、愚蠢的人更为体面、更有秩序。他们自己感觉到每个人都更应该受到尊敬，更有可能获得合法上级的尊重，因此他们更愿意尊重这些上级。他们不太容易被误导，从而对政府的措施进行任何肆意或是不必要的反对。在自由的国家，政府的安全在很大程度上取决于人民对政府行为可能形成的有利判断，因此，人民对政府的判断不可轻率或反复无常无疑是最重要的。

第四节　论维持君主尊严的支出

除了使君主能够履行其若干职责所需的费用之外，还需要一定的费用来维持其尊严。这笔支出随着社会发展时期和政府的形式不同而变化。

在富裕、进步的社会中，所有不同阶层的人民的衣食住行等方面的花费都日渐昂贵，君主自然也不可能抵御这一趋势。因此，君主在所有这些不同的物品的花费自然或者必然地变得更加昂贵。君主的尊严甚至似乎要求必须如此。

就尊严而言，君主高于他的臣民，而这种差距大于任何共和国的大执政官与他的同胞之间的差距。因此，为了维持这种更高程度的尊严，必须花费更大的代价。国王的宫廷自然比总督或是市长的宅邸更为富丽堂皇。

本章结论

包围社会的支出和维持最高行政官尊严的费用，都是为了整个社会的普遍利益而拨付的。因此，合理的做法是，它们应该由整个社会的一般收入进行负担，所有不同的成员尽可能地按照各自的能力比例分摊。

毫无疑问，司法行政的费用也可以被认为是为整个社会的利益而支出的。因此，使用整个社会的一般收入负担这笔费用并无不妥。然而，引起这笔费用的是那些由于他们在某种程度上受到不公正待遇而必须向法院寻求救济或保护的人，而最直接受益于这笔费用的，则是那些被法院恢复权利或维护权利的人。因此，司法行政的费用可以根据不同场合的需要，由这两类不同的人中的一方或另一方，或双方的特殊贡献来支付，也就是以法院费用的形式支付。除非是为了给那些本身没有任何财产或资金足以支付这些费用的罪犯定罪，否则没有必要求助于整个社会的普遍贡献。

为了地方或省级的利益的费用（例如，用于某个城镇或地区的警察的费用）应该由地方或省级收入来负担，而不应该成为社会一般收入的负担。整个社会为某项开支做出贡献是不公正的，因为这项开支的受益者只限于社会的一部分人。

维持良好的道路和通信的费用无疑对整个社会有利，因此，可以由整个社会的一般收入来负担，而不会带来任何不公正。然而，这笔费用对那些从某地到别处旅行或运送货物的人以及消费这些货物的人来说，是最直接和最有利的。英国的公路费和其他国家的税费完全由这两类人承担，从而使社会的一般收入摆脱了一项极大的负担。

当有益于整个社会的机构或公共工程要么不能完全维持自身，要么不能通过最直接受益于这些机构或工程的社会特定成员的收入而完全维持时，在大多数情况下，必须通过整个社会的一般收入来弥补不足。社会的一般收入，除了负担保卫社会的费用和支持最高行政官的尊严之外，还必须弥补许多特定收入部门的不足。我将在下一章中解释这种一般或公共收入的来源。

第二章

社会的一般或公共收入的来源

一国必须负担的收入，不仅包括保卫社会和维持君主尊严的费用，还包括国家宪法没有规定任何特定收入来源的所有其他必要的政府费用。这些费用的来源有以下两种：第一，某些独立于人民收入、专属于君主或国家的资金；第二，人民的收入。

第一节　论可能专属于君主或国家的资金或收入来源

可能专属于君主或国家的资金或收入来源，是资本或土地。

君主，像任何其他资本的所有者一样，可以通过自己使用或借出，从中获得收入。前一种情况的收入是利润，后一种情况是利息。

鞑靼或阿拉伯酋长的收入来自利润。利润主要来自他自己的牧群和羊群的奶水和繁殖，他本人负责管理这些牧群和羊群，是他自己部落的首领或“大牧人”。然而，只有在这种最早期和最粗糙的社会制度状态下，利润才是王国公共收入的主要部分。

小共和国有时会从商业项目的利润中获得大量的收入。据说，汉堡小共和国的主要收入就是来自公共葡萄酒窖和药店的利润。[①]一个国家的君主有闲情逸致进行酒商或药商的贸易，那么它的规模不可能是非常大的。公共银行的利润一直是更多大国的收入来源。不仅是汉堡，威尼斯和阿姆斯特丹也是如此。甚至有些人认为，这种收入对于像大不列颠这样的大国，一样值得关注。据称，英格兰银行的普通利息为 5.5%，其资本为 1078 万镑，在支付管理费用后，年净利润必须达到 59.29 万镑。据称，政府可以以 3% 的利息借到这笔资金，通过将银行的管理权掌握在自己手中，每年可以获得 26.95 万镑的明确利润。从经验来看，像威尼斯和阿姆斯特丹这样的贵族政府进行有序、警觉和节约的管理，对于这种商业项目是极为合适的。但是，像英国这样的政府——无论其优点如何，从来都是以良好的经济效益而闻名。在和平时期，英国通常出现有君主制所特有的懒散和疏忽造成的浪费；而在战争时期，则总是出现民主国家容易陷入的不经意的奢侈行为——能否安全地被信任来管理这样一个项目，还是非常值得质疑的。

邮政本来就是一个商业项目。政府预付了建立不同的办事处、购买或租用必要的马匹或马车的费用，通过对所运货物征收的关税获得了大量利润。我相信这也许是唯一一个各种类型的政府都可以成功管理的商业项目。垫付的资本数额并不巨大。这项业务没有任何神秘之处，其回报不仅明确，而且直接。

然而，君主们经常从事许多其他的商业项目，他们愿意像私人

---

① 见《欧洲关税和税收记录》。这部作品是在法国设立的、过去几年一直在考虑改革法国财政的适当手段的委员会的命令下编撰并供其使用的。全书共四卷，关于法国税收的记录就占了其中三卷，可以被视为是完全真实的。其他欧洲国家的税收情况是根据法国驻不同国家大使所能获得的信息编撰的，篇幅更短，而且可能不像法国的税收那样精确。

一样，为了增加财富而成为普通商业部门的冒险家。他们几乎没有成功过。君主们的事务总是管理得十分烦琐，使得他们几乎不可能成功。君主的代理人认为他们主人的财富取之不尽、用之不竭，不在乎以什么价格购买，不在乎以什么价格出售，不在乎以什么代价将他的货物从一个地方运到另一个地方。这些代理人经常过着王公贵族般的富足生活，有时尽管有如此浪费，也能通过适当的方法来弥补他们的账目，获得王公贵族一般的财富。正如马基亚维利所说，美第奇的洛伦佐（Lorenzo of Medicis）的代理人就是这样进行交易的，而洛伦佐并非平庸之辈。佛罗伦萨共和国曾多次被迫支付他们的奢侈行为所带来的债务。因此，洛伦佐发现放弃商人的生意十分便利的，他的家族最初就是靠商业发家；在他生命的后半段，他把剩余的财富和他所掌握的国家收入都投入到了更适合他的地位的项目和用处。

没有什么比商人和统治者的性格更难调和了。如果说英国东印度公司的贸易精神使得他们的统治十分差劲，那么统治者似乎也极不擅长经商。当他们只是商人时，他们成功地管理了他们的贸易，能够从他们的利润中向其股票所有者支付适度的股息。而自从他们成为统治者，据说他们的收入最初超过了 300 万英镑，但最后却不得不乞求政府的特别援助，以避免立即破产。前者，他们在印度的下属认为自己是商人的办事员；后者，这些下属认为自己是统治者的臣子。

一个国家有时可以从货币的利息和股票的利润中获得部分公共收入。如果它积累了财富，它可以将财富的一部分借给外国或者自己的国民。

伯尔尼州通过将其部分财富借给外国，即把它放在欧洲不同债务国（主要是法国和英国）的公债中，获得了可观的收入。这笔收入的安全性首先必须取决于存放资金的安全性，或取决于管理这些资金的政府的诚意；其次，取决于与债务国持续和平的确定性或可能性。在发生战争的情况下，债务国的第一个敌对行为可能就是没收其债权人的资金。据我所知，这种借钱给外国的政策是伯尔尼州所特有的。

汉堡市设有一种公共当铺，以 6% 的利息向国民提供抵押贷款。据称这家当铺或“伦巴德”（Lombard）当铺为国家提供了 15 万克朗的收入，按每克朗合 4 先令 6 便士计，相当于 33 750 英镑。

宾夕法尼亚州政府在没有积累任何财富的情况下，发明了一种向其国民放贷的方法。当然，其本质不是货币，而是货币等价物。贷给私人的是在土地担保的基础上提供双倍价值的纸质信用票据，在 15 年后票据到期时赎回，同时，该票据像银行票据一样流通，并通过议会法案宣布票据可以作为该州居民之间的所有交易的法定货币。政府筹集了适度的收入，足以对负担这个节俭而有序的政府的每年约 4500 英镑的全部开支。这种方法的成功需要满足三个条件：第一，除了金银货币以外，存在其他交易媒介的需求，即对必须把大部分金银货币送到国外去购买的商品的需求。第二，取决于采取这一手段的政府的良好信用。第三，取决于采取这一手段的节制：纸质信用票据的全部价值从未超过金银货币的价值，如果没有纸质信用票据，也可以继续流通。但是，由于缺乏这种节制，其他美国殖民地采取的这一手段产生的混乱远远多于便利。

然而，股票和信贷的不稳定性和短时性使它们不适合被信任为可靠、稳定和永久收入的主要资金，而只有这种资金才能给政府带来安全和尊严。没有任何一个超越游牧状态的国家的政府似乎曾经从这种来源获得大部分的公共收入。

土地是一种更加稳定和永久的资本，因此，公共土地的租金一直是许多超越游牧状态的大国的公共收入的主要来源。在很长一段时间里，古希腊和意大利各共和国用于负担国家的必要开支的大部分收入来自公共土地的产品或租金。王室土地的租金在很长一段时间内构成了欧洲古代君主的大部分收入。

在近代，战争和备战开支是所有大国必要开支中占较大比例的两项。但在古希腊和意大利各共和国，每位公民都是士兵，自费服役或参加训练。因此，这两种情况都不会给国家带来任何庞大开支。规模不大的土地财产的租金可能完全足以负担政府的所有其他必要开支。

在欧洲的古代君主国中，当时的习俗足以使广大人民做好战争准备。当他们走上战场时，根据封建的租约条件，他们可以自费作战，或者由他们的直接领主承担费用，而不会给君主带来任何新的负担。政府的其他开支，大部分都是非常适度的。已经证明，司法行政不是开支的原因，而是收入的来源。乡下人在收获前三天和收获后三天的劳动，被用于建造和维护所有的桥梁、公路和其他公共工程，而这些都是国家商业所需要的。在当时，君主的主要开支似乎包括维持他自己的家庭和家人的生活。因此，君主朝廷的成员当时是国家的重要官员。司库（财政大臣）负责接收租金。管家和侍从官负责照顾他的家庭开支。他的马厩由警官大臣和治安大臣管理。君主的房屋以城堡的形式建造，而且似乎是他所拥有的主要堡垒。这些房屋或城堡的看守人可以被视为某种军事长官。他们似乎是和平时期唯一需要维持的军事官员。在这种情况下，大型土地庄园的租金就可以很好地负担一般情况下政府的所有必要开支。

目前，在欧洲大部分文明君主国中，全国所有土地的租金，如果它们都属于一个地主管理的话，即使在和平时期也很难达到他们向人民征收的普通收入的金额。例如，大不列颠的普通收入，不仅包括负担当年的开支所需，而且包括支付公共债务的利息，以及偿还部分债务的资本所需，每年总计 1000 万镑以上。但是土地税，按每镑 4 先令计，每年总额还不到 200 万镑。然而，这种所谓的土地税的设想，不仅是对所有土地的租金征收五分之一，而且是对所有房屋的租金以及大不列颠所有资本存量的利息征收五分之一，其中出租给公众或作为耕种土地的农具的那部分资本除外。这种税收的很大一部分来自房屋租金和资本股票的利息。例如，伦敦市的土地税，按每英镑 4 先令计算，达 123.3991 万英镑 6 先令 7 便士，威斯敏斯特（Westminster）的土地税为 63.0921 万英镑 1 先令 5 便士，白厅和圣詹姆士区域（Whitehall and St. James）为 30.7541 万 6 先令 3 便士。土地税的一定比例以同样的方式对王国中所有其他城市和城镇的公司进行评估，而且几乎全部来自房屋租金，或是被认为是贸易和借贷资本的利息。因此，根据对大不列颠征收土地税的估计，所有土地的租金、房屋的租金和资本的利息（其中贷给国家或用于耕种土地的部分除外）产生的全部收入，每年不超过 1000 万镑，这就是政府甚至在和平时期向人民征收的普通收入。毫无疑问，英国对土地税的估计，从整个王国的平均水平来看，远远低于其实际价值；尽管在几个特定的县和地区，据说差不多等于实际价值。仅仅是土地的租金，不包括房屋的租金和股票的利息，许多人估计为 2000 万镑，这种估计在很大程度上是随意的，而且我担心，这种估计既可能高于也可能低于事实。但是，如果大不列颠的土地在目前的耕种状况下，每年尚不能提供超过 2000 万镑的租金，那么，如果这些土地都属于一个地主，由代理人和经纪人进行疏忽的、昂贵的和压迫性的管理，它们甚至不能提供当前租金的一半，很可能不足 1/4。大不列颠的王室土地现在的租金，还不及这些土地作为私人财产时所提供租金的 1/4。如果王室的土地面积更大，那么它们的管理可能会更加糟糕。

大多数人从土地上获得的收入不是与地租，而是与土地的产出成比例的。每个国家土地的全部年产量，如果我们把保留做种子的除外，每年不是被广大人民消费掉，就是被用来交换成其他东西。凡是使土地的产出低于它本来可以达到的水平的事情，都会使广大人民的收入低于地主的收入。土地租金，即属于地主的那部分产品，在大不列颠的任何地方都很少有超过全部产出的 1/3 的。如果土地在一种耕作状态下每年可以提供 1000 万英镑的地租，而在另一种耕作状态下则提供 2000 万英镑的地租，在这两种情况下，租金都是产出的 1/3，那么这两种耕作状态下，地主的收入只差 1000 万英镑，但广大人民的收入则差 3000 万英镑（只扣除种子所必要的部分）。国家人口因此减少的数目，相当于这 3000 万英镑（扣除种子）根据不同阶级人民的特定生活方式和花费方式按比例得出的可以维持的人口数量。

虽然目前在欧洲没有任何一个文明国家大部分的公共收入来自属于国家财产的土地租金，但是在欧洲所有的大君主国中仍然有大片土地属于王室。这些土地一般都是森林，而有时森林里方圆几英里内也几乎见不到一棵树；这些土地在产出和人口方面都是一种浪费和损失。在欧洲的每个大型君主国，出售王室的土地都会带来一大笔收入，如果用于支付公共债务，就会收回抵押物，获得比这些土地给王室带来的任何收入都高得多的收入。在土地改良和耕种程度很高，且在出售时可以产生丰厚租金的国家，土地通常以 30 倍年租金的价格出售，而在未改良、未耕种和低租金的王室土地完全可以以 40、50 或 60 倍年租金的价格出售。王室可以立即享受这一巨额资金在赎回抵押品后带来的收入。在几年里，它可能会享受到另一笔收入。当王室的土地变为私人财产时，它们在几年内会得到很好的改良和耕种。其产物的增加，由于增加了人民的收入和消费，会导致国家人口的增加。而王室从关税和消费税中获得的收入必然会随着人民的收入和消费而增加。

在任何一个文明的君主制国家，王室从王室土地上获得的收入，虽然看起来对人民无损，但实际上，社会付出的代价比王室享有的任何其他同等收入都要更高。在任何情况下，为了社会的利益，都应该用其他同等的收入来取代王室的这种收入，将土地在人民中分配，而最好的分配方法可能就是向人民公开出售了。

用于享乐和观赏的土地——公园、花园、公共道路等，都被认为是开支的原因，而不是收入的来源——在一个文明的君主国中，似乎只有这些土地才应该属于王室。

因此，公共资本和公共土地这两个可能特别属于君主或国家的收入来源，既不适当，也不足以负担任何伟大的文明国家的必要开支，因此，这种开支的大部分必须由各种税收负担；人民从他们自己的私人收入中贡献一部分，以弥补君主或国家的公共收入。

第二节　论税收

本书的第一卷中已经表明，个人的私人收入最终来自三个不同来源：租金、利润和工资。每项税收最终都必须从这三种不同的收入中的某一项，或者由所有这些收入共同支付。我将努力清楚说明这几点内容：第一，落在租金上的税收；第二，落在利润上的税收；第三，落在工资上的税收；第四，无差别地落在各种不同的私人收入上的税收。本章的第二部分为四节，分别具体说明这四种不同税种，而其中三节还会继续细分。从下文中可以看出，许多税种最终并没有从原定需要落在他们身上的资源或收入来源中支付。

在我开始对每个税种的论述之前，有必要就一般的税种提出以下四条原则：

（1）每位国民都应该尽可能地按照他们各自的能力来支持政府，也就是说，按照他们在国家的保护下各自享有的收入的比例缴税。对个人来说，大国政府的开支就像一个大庄园的共同佃户的管理费用一样，他们都有义务按照他们各自在庄园中的利益比例缴纳。对这一原则的遵守或忽视，决定了所谓的税收的平等与否。必须注意到，每一种税收，如果最终只落在上述三种收入其中的一种上，那么在不影响其他两种收入的情况下，一定是不平等的。在下面对不同税种的研究中，我将很少进一步关注这种不平等，但在大多数情况下，我的观察将局限于因某一特定税种不平等地落在受其影响的某项私人收入所引发的不平等问题。

（2）每位国民必须缴纳的税金应该是确定的而不是不确定的。缴纳的时间，缴纳的方式，缴纳的数量，对纳税人和其他每个人来说，都应该是清楚明白的。如果不是这样，每位纳税人都或多或少地被置于征税官的权力之下，征税官可以对任何令人厌恶的纳税人加重税收，或者通过对这种加重税收的恐惧，向自己索取一些礼物或好处。税收的不确定性鼓励了自然不受欢迎的一群人的傲慢和腐败，即使他们本来既不傲慢也不腐败。在税收方面，每个人应该缴纳的费用的确定性是一个非常重要的问题，我相信，从所有国家的经验来看，极小的不确定比极大的不平等更能导致更大的危害。

（3）每项税收都应该在纳税人最便利缴纳的时间或方式下征收。对土地或房屋的租金征收的税金，应在通常缴纳这种租金的同一期限内缴纳，在纳税人最可能便利缴纳的时候征收；或者，在纳税人最可能有资金缴纳的时候征收。对奢侈品等消耗品征收的税金最终都由消费者缴纳，而且通常是以一种对消费者来说非常便利的方式。当他有机会购买这些商品时，他就会一点点地缴纳。由于消费者拥有决定购买或不购买的自由，如果他认为这种税收会导致任何明显不便，那就是消费者自己的问题了。

（4）每项税收都应该如此设计，使得从人民的口袋里征收或者阻止人民获得的金钱，尽可能少地超出收入国家公共财政的金额。一项税收从人民的口袋中拿出或留出的金额超出国库收入，可能的原因是以下几种。第一，征税可能需要大量的征税官，他们的薪酬可能会花费掉税收的大部分收益，而他们的特权（或索取）可能会带来另一项额外的税收。第二，征税可能会阻碍人民的勤奋，使他们不愿意从事某些可能维持大量人口和就业的商业部门。虽然可以迫使人民缴税，但它可能因此减少、甚至可能破坏一些可能使他们更容易征税的资源。第三，由于那些试图逃税未果的不幸的个人所招致的没收和其他惩罚可能经常使他们破产，从而结束了社会可能从他们的资源运用中所能获得的利益。不合适的税收很可能诱发走私行为，但对走私的惩罚必然随着诱发而增强。法律违背了所有普通的正义原则：首先制造诱惑，然后惩罚那些屈服于诱惑的人；而且法律一般还会按照诱惑的大小加重惩罚。第四，通过使人民遭受征税人的频繁访问和可憎的审查，使他们面临许多麻烦、困扰和压迫。虽然严格来说，困扰并非费用，但其代价相当于人们愿意付出以免除此项困扰的费用。正是出于以上四种不同原因，税收对人民的负担往往大大超过为君主带来的好处。

上述原则的明显公正性和实用性已经或多或少地引起了所有国家的注意。所有国家都在根据自己的判断，努力使他们的税收尽可能平等，尽可能确定税金缴纳的时间和方式，尽可能便利纳税人，而且，与他们给君主带来的收入相称，尽可能不给人民带来负担。下文对不同时代和不同国家的一些主要税种的简短回顾将表明，并非所有国家在这方面的努力都同样成功。

第一项　落在租金上的税金

与土地租金成比例的税金

对土地租金的征税，可以对每个地区设定的租金按照一定的标准估值，且估值以后不得改变；也可以随着土地实际租金的变化而变化，并随着土地耕种的改良或衰退而上升或下降。

像英国一样的土地税按照某种不变的准则对每个地区进行评估，尽管在最初设立时应该是平等的，但随着时间的推移，根据国家不同地区耕作的改良或衰退程度的不同，必然会变得不同。在英国，威廉三世与玛丽二世的第四年对不同地区和教区征收土地税所依据的估值甚至在其确立之初就非常不平等。因此，到目前为止，这种税收违反了上述四条原则中的第一条。它完全符合其他三条原则。它是完全确定的。税金的缴纳时间与租金的缴纳时间相同，对纳税人来说是最便利的，尽管在任何情况下地主都是真正的纳税人，但税金通常是由佃户垫付，地主有义务在缴纳租金时扣除。这种税是由相比其他能够提供几乎相同的收入的任何税种，数量少得多的官员征收。由于每个地区的税金并不随着租金的上涨而增加，因此君主并不分享地主的改良所带来的利润。这些改良有时确实有助于该地区其他地主的破产。但是，有时对某一特定地产征收的税金的加重，对改良的影响总是非常微弱，以至于它永远不能阻止这些改良，也不能使土地的产出低于它本来会上升的水平。由于它没有减少产出的趋势，所以它也不会提高该产品的价格。它不会妨碍人民的勤奋。除了缴纳税金这一不可避免的问题外，它不会给地主带来其他不便。

然而，地主从不变的估值中得到的好处，即大不列颠的所有土地都要缴纳土地税，主要是由于一些完全与税收性质无关的情况。

其部分原因是，由于几乎全国各地都非常繁荣，大不列颠的几乎所有地产的租金，自从这种估值首次确定以来，一直在不断上升，而少有下降。因此，地主们几乎都获得了他们根据其地产目前的租金本应缴纳的税金与他们根据古代估值实际缴纳的税金之间的差额。如果国家的状况不同，如果租金由于耕种的减少而逐渐下降，地主们几乎都会损失这一差额。光荣革命以来，估值的恒定对地主有利，而对君主有害。而如果情况不同，它可能对君主有利而对地主有害。

由于税收以货币缴纳，所以土地的估值也以货币表示。自从这种估值方式确立以来，白银的价值一直相当统一，而且无论是质量还是纯度，硬币的标准都没有改变。如果白银的价值大幅上升，就像发现美洲矿藏之前的两个世纪，恒定的估值可能会被证明对地主非常不利。如果白银的价值大幅度下降，就像在发现这些矿区后至少有一个世纪的时间里肯定会下降一样，同样的不变的估值会大大减少君主的这部分收入。如果货币标准有任何重大改变，要么把同样数量的白银降到较低的面值，要么把它提高到较高的面值。比如说，如果一盎司白银不是被铸成 5 先令 2 便士，而是被铸成 2 先令 7 便士这样低的面值，或者被铸成 10 先令 4 便士这样高的面值，前者会损害地主的收入，后者会损害君主的收入。

因此，在与实际发生的情况略有不同的情况下，这种恒定的估值可能会给纳税人或国家带来极大的不便。然而，在漫长的岁月中，这种情况在某些时候一定会发生。但是，尽管帝国和人类的所有其他创造物一样，迄今为止都被证明无法长久存在下去，但每个帝国都以不朽和长期存在为目标。因此，每一种应该像帝国本身一样永久存在的制度，不仅应当在某些情况下是便利的，而且应当在所有情况下都是便利的；或者说应该既适合那些短暂、偶然或意外的情况，也适合那些必要而永远不变的情况。

法国自称经济学家的那一派文人认为对土地租金征税，且税金随着租金的每一次变化而变化，或者根据耕作的改良或衰退而上升和下降，是所有税收中最公平的。他们认为，所有的税收最终都会落在土地的租金上，因此，应该对最终必须缴纳这些税收的资源进行平等的征收。所有税收都应该尽可能平等地落在最终必须支付它们的资源上，这当然是事实。但是，在不批评他们用来支持其非常巧妙的理论的形而上学论据的情况下，从下文中就足以看出，哪些税收最终落在地租上，哪些税收最终落在其他资源上。

在威尼斯境内，所有租赁给农民的可耕地都要按租金的十分之一征税。租约记录在一个公共登记簿上，由各省或地区的税收官员保管。当地主耕种自己的土地时，这些土地按照公平的估值，允许他降低 1/5 的税金，因此，对于这些土地，他只需按照税金的 8% 而不是 10% 缴税。

这样的土地税当然比英国的土地税更平等。也许，它并不完全那么确定，而且税收的评估可能经常给地主带来更多的麻烦。而且，在征收过程中，也可能会有更多的费用。

然而，也许可以设计这样一种管理制度，在很大程度上既能防止这种不确定性，又能减少这种费用。

例如，地主和佃户可能有义务共同在公共登记簿上记录他们的租约。可以对隐瞒或歪曲任何条件的行为制定适当的惩罚措施；如果将罚款给予对这种隐瞒或歪曲行为进行举报并使得对方定罪的任何一方，就能有效阻止双方联合起来欺骗公共收入。从这样的记录中可以充分了解租赁的所有条件。

有些地主不提高租金，而是在续租时收取续租金。在大多数情况下，这种做法是挥霍者的权宜之计，他们为了一笔现款出卖价值更大的未来收入。因此，在大多数情况下，这对地主的利益都是一种损害。他也经常对佃户造成损害，而且总是对社会造成损害。他经常从佃户那里夺走他的大部分资源，从而大大削弱了他耕种土地的能力，以至于他只能支付得起小额租金，比其他情况下支付大额租金更困难。凡是削弱农民的耕作能力的，都必然使社会收入中最重要的部分降到低于本来的水平。对这种续租金征收比对普通租金比例更高的税金，就可以阻止这种有害的做法，这对所有有关各方，对地主、佃户、君主和整个社会都大有裨益。

有些租约规定佃户在整个租约存续期间的某种耕作方式和某种连续产出的农作物。这种条件通常是地主自负自己知识高超的结果（而这种自负在大多数情况下是没有根据的），应该始终被视为一种额外的租金，作为一种服务租金而不是货币租金。为了阻止这种通常十分愚蠢的做法，这种租金的估值应该更高，因此征收的税金也比普通货币租金更高。

有些地主不以货币作为租金，而是要求以实物缴纳租金，如玉米、牛、家禽、酒、油等；另一些地主则要求以服务作为租金。这种租金对佃户的损害总是大于对地主的好处。从前者的口袋里拿走的，总比收入后者的口袋里的更多。在发生这种情况的每个国家，佃户均穷困潦倒，这与这种制度的实行程度有很大关系。以同样的方式对这种租金进行估值，并因此对它们征收比普通货币租金更高的税金，也许就能充分阻止这种对整个社会有害的做法了。

当地主选择亲自耕种一部分自己的土地时，可以根据附近的农民和地主的公平仲裁来估值租金，可以按照威尼斯领土的同样方式对他进行适度减税，只要他所耕种的土地的租金不超过一定的数额。重要的是，应鼓励地主耕种他自己的一部分土地。地主的资源通常比佃户的要多，而且用较少的技艺就能带来更多的产品。

地主有能力进行试验，而且一般也愿意这样做。他的不成功的试验只给自己带来不大的损失，而成功的试验则有助于整个国家的改良和耕作水平的提升。然而，重要的是，减免税收只应鼓励他在一定程度上进行耕种。如果地主中的大部分人被诱惑去耕种他们自己的全部土地，那么这个国家就会充斥着游手好闲和挥霍无度的庄园主管家（而不是受自身利益的约束、在他们的资源和技能允许的范围内进行耕种的朴实、勤奋的佃户），他们的不当管理会很快降低耕种水平，减少土地的年产量，不仅减少他们主人的收入，而且减少整个社会最重要的部分收入。

这种管理制度也许可以使这种税收摆脱任何程度的不确定性，因为这种不确定性可能会给纳税人带来压迫或不便；同时还可以在土地的共同管理中引入这样一种计划或政策，从而有助于国家的普遍改善和良好耕作。

征收随租金变化而变化的土地税，无疑会比征收已经按照固定估值的土地税的费用略高一些。在全国各地设立不同的登记官员，以及偶尔对地主自己选择耕种的土地进行单独的估值，都必然会产生一些额外的费用。然而，这一切的费用可能总量不大，远远低于征收许多其他税种所产生的费用，而后者与土地税的收入相比是非常微不足道的。

对可变的土地税最重要的反对意见似乎是它可能会阻碍土地的改良。如果君主不承担任何费用，却要分享改良的利润，那么地主肯定会不愿意进行改良。即使是这种反对意见，也可以通过允许地主在开始改良之前，与税收官员一起，根据双方平等选择的附近一定数量的地主和农场主的公平仲裁，确定其土地的实际价值，根据这一估值对其进行评级，在若干年内按照估值征税，可能完全足以使其得到完全补偿。这种土地税所带来的主要好处之一是从增加君主的收入出发吸引君主对土地改良的关切。因此，允许对地主进行补偿的期限不应长于此目的所需的时间，以免遥远的利息会过多地阻碍这种关切。然而，与其将期限定得太短，还不如定得更长。对君主的关切的任何刺激都无法抵消对地主的关切的最小的挫折。君主的关切充其量不过是非常笼统、模糊地思考如何可能有助于改良其领地大部分地区的耕作状况，而地主的关切则是具体、细微地考虑哪些东西可能对他的地产上的每一寸土地进行最有利的应用。君主的主要关切应该是通过他力所能及的一切手段鼓励地主和农民的关切，允许他们以自己的方式、根据自己的判断追求自己的利益；给予他们最完善的保障，使他们能够享受到自己劳动的全部成果；并为他们的每部分产品争取最广泛的市场，因为君主拥有在自己领土上建立最容易、最安全的陆路和水路交通，以及向所有其他国家的领土出口的极大自由。

如果建立这样的管理制度，这种税不仅不会妨碍，反而会鼓励土地改良，那么除了必须缴税这个不可避免的问题外，似乎不会给地主带来任何其他不便。

在社会状况发生变化中，在农业的改良和衰退中，在白银价值的变化中，以及在硬币标准的所有变化中，这种税会自动地、不需要政府的任何关注，很容易适应事物的实际情况，在所有这些不同的变化的情况下都会同样公正和公平。因此，将其确立为一项永久的、不可改变的规定，或作为所谓的联邦基本法，要比总是按照某种估值固定征收的税种更为合适。

一些国家没有采用简单而明显的租约登记办法，而是采用了费力而昂贵的办法，对全国所有的土地进行实际测量和估值。他们可能怀疑，地主和佃户为了骗取公共收入，可能会联合起来隐瞒租约的真实条款。《末日审判书》[①]（*Domesday Book*）似乎就是这种非常精确的调查所产出的结果。

在普鲁士国王的古老领地内，土地税根据实际调查和估值来评估，不时进行审查和修改。根据这一估值，世俗地主缴纳其收入的 20%~25%。教会人士缴纳 40%~45%。西里西亚的调查和估值是根据现任国王的命令这样进行的。根据这一估值，属于布雷斯劳（Breslau）[②] 主教（Bishop of Breslau）的土地按其租金的 25% 征税。两个宗教的教士的其他收入按 50% 征税。条顿骑士团（Teutonic Order）和马耳他骑士团（Order of Malta）的领地按 40% 征税。贵族土地税率为 38.33%，平民土地税率为 35.33%。

据说，对波希米亚的调查和估值已经进行了一百多年。直到 1748 年和平之后，才根据现任女王的命令得以完善。米兰公国的调查在查理六世时期开始，直到 1760 年以后才得以完善。它被认为是有史以来最精确的土地测量之一。对萨瓦（Savoy）和皮埃蒙特（Piedmont）的测量是根据已故撒丁国王的命令进行的。

在普鲁士国王的领地内，教会的收入被征收的税金远远高于普通地主的收入。教会收入在很大程度上来自土地租金。教会收入很少被用于改良土地，或者用来在任何方面促进增加广大人民的收入。普鲁士国王可能认为，基于这个原因，教会应该为缓解国家的紧急状况做出更多的贡献。在一些国家，教会的土地被免除了所有的税收；在另一些国家，教会土地的税收比其他土地的税收更轻。在米

① 《末日审判书》是诺曼征服英格兰期间，按照征服者威廉的命令于 1086 年完成的一次大规模土地测量和普查的记录。因全书对英格兰的各种土地、收入和物产进行普查，财产的和价值的评估一锤定音、无法撤销，故称为“末日审判”。——译者注

② 布雷斯劳，波兰西南部城市，下西里西亚省省会，今名弗罗茨瓦夫（Wrocław）。——译者注

兰公国，教会在1575年以前拥有的土地只按其价值的1/3征税。

在西里西亚，对贵族土地的征税要比对平民土地的征税高3%。普鲁士国王可能认为，前者所附带的各种荣誉和特权足以补偿地主在税率上的小幅升高；同时，后者的屈辱的劣势将通过更轻的税收在某种程度上得到缓解。在其他国家，税收制度非但没有减轻，反而加剧了这种不平等。在撒丁国王的领地，以及在法国那些征收所谓土地税的省份，税金完全落在平民所有的土地上，而由贵族持有的土地则免于征收。

根据一般调查和估值而评估的土地税，无论起初多么平等，经过一段不长的时间之后，一定会变得不平等。为了防止它变成这样，政府就需要不断地、痛苦地关注全国每个不同农场的状况和产品的所有变化。普鲁士、波希米亚、撒丁和米兰公国的政府实际上都在进行这种关切，这种关切不适合政府的性质，不可能长期持续下去，而且如果持续下去，从长远来看，可能会给纳税人带来更多的麻烦和烦恼。

1666年，蒙托邦（Montauban）的全体居民，据说是根据非常精确的调查和估值，对根据实际情况或土地税进行估值。到了1727年，这种评估已经变得完全不平等了。为了弥补这种不便，政府找到了最适当的办法，那就是向全体人民征收12万利弗尔的额外税。这笔额外的税金根据旧的评估方法，对所有需要缴税的不同地区进行估值。但是，它只对那些在实际情况下被评估为税收不足的地区征收，而对那些被评估为税收过高的地区则用于救济。例如，有两个地区，其中一个在实际情况下应征收900利弗尔，另一个应征收1100利弗尔，但根据旧的评估，这两个地区都应征收1000利弗尔。这两个地区的附加税都被定为1100利弗尔。但这一附加税只对征收不足的地区征收，而完全用于救济征收过多的地区，因此，该地区只支付了900利弗尔。政府既没有因为征收额外的税而得到好处，也没有因为征收额外的税而受到损失，因为这完全是为了补救旧有的评估所产生的不平等。税金的征收在很大程度上是根据行政长官的自由裁量权规定的，因此，在很大程度上必定是独断的。

不是与土地租金，而是与土地产出成比例的税金

对土地产出征收的税金本质上就是对租金征收的税金，尽管这些税金最初可能是由农民垫付的，但最终是由地主支付。当某一部分产品要作为税金缴纳时，农民尽可能地计算出这部分产品的价值的年度平均值，在他同意缴纳给地主的租金中做出相应扣除。没有一位农民不会事先计算一下教会的什一税，也就是这种土地税，每年可能达到的数额。

什一税和其他各种土地税，表面上看起来完全平等，但事实上非常不平等；在不同的情况下，某一部分产出相当于截然不同部分的地租。在一些非常富饶的土地上，产物是如此之多，以至于其中的一半完全足以补偿农民用于耕种的资本以及邻近地区农业资源的普通利润。另一半，或者说，另一半的价值，如果没有什一税，就可以支付给地主作为租金。但是，如果以什一税的方式从他那里拿走了十分之一的产品，他就必须要求减免五分之一的租金，否则就不能平衡本利。在这种情况下，地主的租金不是相当于全部产品的一半或50%，而是只相当于其中的40%。相反，在较贫瘠的土地上，产品有时是如此之少，而耕种的费用是如此之大，以至于需要用去全部产品的80%才能补偿农民的耕种资本和普通利润。在这种情况下，即使没有什一税，地主的租金可能也不会超过全部产品的20%。但是如果农民以什一税的方式支付产品的10%，他就必须要求对地主的租金进行同样的减免，从而使其减少到整个产品的10%。对于富饶土地的租金，什一税有时可能是不超过20%的税，

或每镑 4 先令；而对于较贫穷土地的租金，有时可能是 50% 的税，或每镑 10 先令。

什一税常常是对租金征收的非常不平等的税种，因此它总是对地主的改良和农民的耕作造成极大的阻碍。一个人不能冒险进行最重要、通常也是花费最大的改良，另一个人也不能种植最有价值、通常也是花费最大的作物。而教会不承担任何费用，却要分享如此大的利润。由于什一税，欧洲的茜草栽培在很长一段时间里只限于联省共和国（United Provinces），因为联省共和国是长老会国家，免征这种破坏性的税收，独占对这种有用的染色药物的生产。后来在英国尝试引进这种植物的栽培引入英国的尝试，只是因为有法律规定每英亩应收取 5 先令，以代替所有形式的什一税。

正如欧洲大部分地区的教会一样，在亚洲的许多不同国家，国家主要由比例不是根据地租而是根据土地的产出的土地税来支持。

对土地产出的征税可以以实物形式征收，也可以根据一定的估值以货币形式征收。

牧师或者居住在自己地产上的小有财富的绅士，有时也许会发现用实物接受他的什一税或租金是有好处的。要征收的数量和征收的地区非常小，以至于他们都可以亲眼监督每一部分应付给他们的东西的征收和处理。一个住在首都的大财主，如果以实物方式向他缴纳一个遥远省份的地租，那么他就有可能因其代理人的渎职、更有可能因其代理人的欺诈而遭受损失。君主因其征税官的滥用和掠夺而造成的损失必然会更大。最粗心大意的地主的仆人可能比最谨慎的君主的官员更受其主人的关注；以实物形式缴纳的公共收入很可能因征税官管理不善而受到严重影响，以至于向人民征收的款项中只有很小一部分会到达君主的国库。

对土地产出征收的货币税可以根据随市场价格变化而变化的估

值来征收，也可以根据固定的估值来征收，例如，无论市场的情况如何，可以对一蒲式耳小麦始终按照一个相同的货币价格估值。以前一种方式征税的收益，只会根据土地的实际收益和耕作的改良或衰退而变化。以后一种方式征税的收益，不仅会根据土地产出的变化而变化，而且会根据贵金属价值的变化和同一面值的硬币在不同时期所含的贵金属数量的变化而变化。前者的产品将始终与土地的实际产品的价值保持相同的比例，后者的产品在不同时期与该价值的比例可能非常不同。

当土地产出的某一部分，或某一部分的价格，被用来完全补偿所有税收或什一税时，在这种情况下，税收就与英国的土地税具有完全相同的性质。它既不随土地租金的变化而上升，也不随土地租金的变化而下降。它既不鼓励也不阻碍改良。大部分教区的什一税都是这种类型的税，这些教区使用代金这一特殊征收方式取代所有其他的什一税。孟加拉的大部分地区或扎明达尔（zemindary）建立了一种据说非常适当的以货币形式缴纳的征税模式，以货币形式缴纳 1/5 的产品[①]。东印度公司的一些雇员，以恢复公共收入的适当价值为借口，在一些省份将这种方式换成了实物缴纳。在他们的管理下，这种变化可能会阻碍耕作，又使得他们可以在公共收入中贪污渎职，因为公共收入已经大大低于最初在公司管理下时的水平。公司雇员也许会从这种变化中获益，但很可能是以牺牲他们的雇主和国家的利益为代价。

房屋租金税

房屋租金可以分为两部分，其中一部分可以非常恰当地称为建

① 扎明达尔，又译柴明达尔，为波斯语“土地所有者”（地主）之意，是印度世袭贵族。扎明达尔拥有大量土地和为其耕种的农民，有权向农民征税。东印度公司时期，政府通过扎明达尔充当中间人向农民征收土地税，这种制度称为扎明达尔制度。扎明达尔制度于 20 世纪 50 年代逐渐废止。——译者注

筑租金，另一部分通常称为地皮租金。

建筑租金是建造房屋所花费的资源的利息或利润。为了使建筑业与其他行业平起平坐，这种租金必须首先足以支付他的资源在拥有良好担保的情况下会得到的相同利息；其次，要使房屋不断得到维修，或者说在一定年限内收回用于建造房屋的资源（两者是一回事）。因此，建筑租金，或建筑物的普通利润，在任何地方都受到货币普通利息的制约。如果市场利率为 4%，那么在缴纳地租之外，房屋的租金若是占到整个建筑费用的 6% 或 6.5%，也许可以为建筑商带来足够的利润。若是市场利率为 5%，也许需要 7% 或 7.5% 的利率。如果按照货币利息的比例，建筑业在任何时候都能提供比这更高的利润，那么它很快就会从其他行业吸引大量资源，从而将利润降低到适当的水平。如果它在任何时候提供的利润远远低于这个水平，那么其他行业很快就会从它那里吸取大量的资源，从而使其利润再次提高。

一所房屋的全部租金中，凡是超过足以提供这种合理利润的部分，都自然归于地皮租金；如果地皮租金的所有者和建筑物的所有者是两个不同的人，在大多数情况下，这一部分完全付给前者。这种剩余租金是房屋居住者为某种真实的或假定的环境优势所付出的额外代价。在远离任何大城市的乡村房屋中，有大量的土地可以选择，地皮租金几乎没有，或者不超过房屋所在的土地如果用于农业所需的费用。在一些大城镇附近的乡村别墅中，地皮租金有时会高得多，而且独特的便利性或优美的环境往往能得到更高的回报。一般来说，首都的地皮租金最高，而在对房屋需求最大的特定地区尤为如此，不论这种需求是为了贸易和商业，还是为了娱乐和社交，或者仅仅是为了虚荣和潮流。

对房屋租金征收的税金由承租人缴纳，按比例计入每所房屋的全部租金，至少在相当长的时间内不会影响到建筑租金。如果建筑商没有得到他的合理利润，他就不得不退出这个行业，通过提高对建筑的需求，在短时间内将他的利润恢复到与其他行业相同的水平。这种税也不会完全落在地租上；但它会以部分落在房屋居住者身上，部分落在地皮租金的所有者身上的方式进行划分。

例如，我们假设某个人认为自己能负担每年60镑的房租，同时假设对房租征收每镑4先令的税，或征收1/5的税，由居住者缴纳。在这种情况下，一栋租金为60镑的房屋每年要花掉承租人72镑，比自认为的负担能力高出12英镑。因此，他会租住一所条件更差的，或者租金为50镑的房屋，加上他必须缴纳的10镑的税金，就可以凑齐每年60镑的费用，这是他认为自己可以承担的费用上限。为了缴纳税金，他会放弃从一所每年多付10镑租金的房屋中获得的一部份额外的便利。之所以表述为他将放弃这种额外便利的一部分，是因为他很少会被迫放弃全部便利，但由于这种赋税的存在，同样每年花费50镑，他所能租住的房屋比不征税时更佳。因为这种赋税剥夺了排除了特定的竞争者，必然会减少对租金为60镑的房屋的竞争，所以它也必然会减少对租金为50镑的房屋的竞争，并以同样的方式减少对所有其他租金的竞争，但最低租金除外，因为它在一段时间内的竞争会加剧。但是，竞争被削弱的每一类房屋的租金必然会或多或少地减少。然而，由于这种减少的任何部分至少在相当长的时间内都不可能影响到建筑物的租金，从长远来看这种减少将全部落在地皮租金上。因此，这一税金的最终缴纳将部分落在房屋居民身上，为了缴纳他的份额，他将不得不放弃他的一部分便利；另一部分落在土地所有者身上，为了缴纳他的份额，他将不得不放弃他的一部分收入。这笔税金在他们之间的分配比例也许不很容易确定。在不同的情况下的划分可能会有很大的不同，而且这种税可能会根据这些不同的情况对房屋居住者和土地所有者产生极为不平等的影响。

这种税可能落在不同地皮租金的所有者身上的不平等，完全是由这种划分的偶然不平等造成的。但是，它可能落在不同房屋居住者身上的不平等，除此之外还有另一个原因。在不同的财富阶层中，房租开支在整个生活开支中的比例是不同的。最富有的阶层的房租开支可能最高，而随着阶层不断降低，房租开支也逐渐下降，因此一般来说在最贫困的阶层中也最低的。穷人的主要开支是生活必需品。他们难以获得食物，微薄收入的大部分都花在了食物上。富人的主要开支是生活中的奢侈品和满足虚荣心的开支，而一栋宏伟的房屋将他们拥有的所有其他奢侈品和虚荣心点缀和衬托得淋漓尽致。因此，一般来说，房屋租金征税向富人征收得最重；这种不平等也许并没有什么非常不合理之处。富人对公共开支的贡献，不仅要与他们的收入成比例，而且超过这个比例也并非不合理。

房屋租金虽然在某些方面与地租相似，但在一个方面却有本质的区别。地租是为生产性主体的使用而支付的，支付地租的土地就是这种地租的来源。房屋租金是为一个非生产性主体的使用而支付的，房屋和它所处的土地都不生产任何东西。因此，支付租金的人必须从独立于该主体之外的其他收入来源提取租金。对房屋租金征收的税金只要是落在居民身上，必然与租金本身的来源相同，而且必须从他们的收入中支付，不论收入是来自劳动薪酬、股票利润，还是来自土地租金。就落在居民身上而言，房屋租金属于那种不仅落在一个人身上，而且落在所有三种不同收入来源上的税种之一，它们在各方面都与任何其他种类的消耗品的税种具有相同性质。一般来说，也许没有其他任何一项开支或消费比一个人的房屋租金更能判断他的全部开支是否充裕。对这种特殊的开支项目按比例征税，也许会产生比欧洲任何地方迄今为止的任何税收都更为可观的税收。如果税额确实很高，那么大部分人就会尽可能地逃避，选择租住更小的房屋，将他们的大部分开支用在其他地方。

通过采用与确定普通地租所需政策相同的方法，可以很容易、充分、准确地确定房屋的租金。没有人居住的房屋不应缴税。对它们的征税将完全落在所有者身上，而所有者将因为一个既不提供便利，也没有收入的项目而被征税。所有者居住的房屋不应根据它们在建造时可能花费的费用估税，而应根据一个公平的仲裁，根据判断它们在出租给承租人时可能带来的租金估税。如果按照房屋建筑中可能花费的费用估税，那么每镑 3 或 4 先令的税金，加上其他税金，就会毁掉这个国家的几乎所有富人。仔细研究这个国家一些最富有的家庭的不同城镇和乡村房屋，就会发现，在建筑原始费用的基础上，仅按 6.5% 或 7% 的比率计算，他们的房屋租金几乎等于他们地产的全部净租金。建筑房屋需要连续几代人的投入，用于非常美丽和宏伟的目标；但是，与它们的成本相比，可交换的价值却非常小。①

地皮租金是一个比房屋租金更合适的征税对象。对地皮租金征税不会提高房屋的租金。它将完全落在地皮租金的所有者身上，地皮所有者总是作为一个垄断者行事，为使用他的土地索取最大的租金。他们得到的租金取决于竞争者的贫富情况，或者他们能出多少费用来满足他们对某块土地的兴趣。在每个国家的首都，富有的竞争者数量最多，因此，最高的地皮租金往往出现在国家首都。由于这些竞争者的财富不会因为征收地皮租金而增加，他们可能不愿意为使用土地支付更多的费用。税金是由居住者还是由所有者垫付并

① 自本书首次出版以来，已经有一项税种几乎根据上述原则征收。

不重要。居住者必须缴纳的税金越多，他就越不愿意为地皮纳税；因此，税金的最终缴纳将完全由地皮租金的所有者承担。无人居住的房屋的地皮租金不应该纳税。

地皮租金和土地的普通地租，在许多情况下，都是土地所有者在无须任何关切或留意的情况下都会享有的收入。虽然应该从他那里拿走这种收入的一部分以支付国家的开支，但不会因此而对任何行业造成影响。社会的土地和劳动的年产量，即广大人民的实际财富和收入，在纳税后可能与以前一样。因此，地皮租金和土地的普通地租也许是最能承担对其征收特殊税种的收入种类。

在这方面，地皮租金似乎比普通地租更适合作为特殊税收的对象。在许多情况下，普通地租至少部分归功于地主的关注和良好的管理。非常重的税收可能会影响这种关注和良好的管理。地皮租金只要超过了土地的普通地租，就完全归功于君主的良好管理。君主通过保护全体人民或某些特定地方的居民的工业，使他们能够为他们建造房屋的土地支付比实际价值高得多的费用，或者向土地所有者提供比他因土地被使用可能遭受的损失多得多的补偿。最合理的做法，莫过于对一项因国家的良好治理而存在，或比其他资源的主要贡献更大的资源征收特殊的税种以支持政府的运转。

虽然欧洲许多国家都对房屋租金征税，但我不知道有哪个国家把地皮租金视为单独的征税对象。征税人可能发现自己难以确定哪部分租金应被视为地皮租金，哪部分应被视为房屋租金。然而，要把这两部分租金区分开来似乎并非难事。

在英国，房屋租金应该按照与土地租金相同的比例征税，即所谓的年度土地税。每个不同的教区和地区据以征收这一税种的估值总是相同的。这种估值最初极其不平等，现在仍然如此。在王国的大部分地区，这项税收对房屋租金的征收仍然比对土地租金的征收更轻。只有在一些原先税率较高的地区，以及房屋租金大幅下降的地区，据说每镑 3 或 4 先令的土地税才与房屋实际租金的比例相同。未出租的房屋虽然依法要缴税，但在大多数地区，却由于评估员的好意而免于缴税；这种豁免有时会使特定房屋的税率出现一些小的变化，尽管该地区的税率总是保持一致。通过新建、修缮等方式提高租金，就可以抵消该地区的税金，使得特定房屋的税率进一步变化。

在荷兰，每所房屋不论实际支付的租金如何、也不论是否出租，都要按其价值的 2.5% 征税。迫使房主为未出租的房屋缴税似乎极为困难，因为他无法从中获得收入，尤其是在税率如此沉重的情况下。在大多数情况下，荷兰的市场利率不超过 3%，而房屋全部价值的 2.5% 则相当于超过房屋租金的 1/3，甚至是全部租金。事实上，房屋的估值，虽然非常不平等，但据说总是低于实际价值。当房屋重建、修缮或扩建时，就会重新估值并相应地征收税金。

英国在不同时期对房屋征收的几种税的设计者似乎已经想到，要想相当准确地确定每所房屋的实际租金是多少有着很大的困难。因此，他们根据一些比较明显的情况来调节他们的税收，比如他们可能想象到，在大多数情况下税金会与房屋租金成一定比例。

第一个这样的税种是灶捐（Hearth Money），即对每座壁炉征收 2 先令。为了确定房屋里有多少座壁炉，征税官必须进入房屋的每个房间。这种令人厌恶的访问使税收变得令人厌恶。因此，在改革后不久，这种税就作为是奴隶制的一个标志而被废除了。

下一个税种是对每间有人居住的房屋征收 2 先令（房间税）。有 10 个窗户的房屋要多付 2 先令。有 20 个以上的窗户的房屋要交 8 先令。后来，这一税种有了很大的改变：有 20 个窗户的房屋，以及少于 30 个窗户的房屋，被要求缴纳 10 先令；有 30 个以上窗户的房屋，则缴纳 20 先令。在大多数情况下，窗户的数量可以从外面计算得出，而且在任何情况下都不需要进入房屋的每个房间。因此，在这种税收中，征税官的访问没有灶捐的税收那么令人讨厌。

这一税种后来被废除，取而代之的是窗户税（Window Tax），也经历了几次修改和增补。现在（1775 年 1 月）的窗户税，在英格兰每栋房屋征收 3 先令、苏格兰每栋房屋征收 1 先令的基础上，对每扇窗户收税：在英格兰，对有不超过 7 扇窗户的房屋征收最低税率 2 便士，对有 25 扇以上窗户的房屋征收最高税率 2 先令——根据窗户数量逐级增加。

对所有这些税种的主要反对意见是它们的不平等，而这种不平等极为恶劣，因为它们经常落在穷人身上比落在富人身上的负担更重。乡下小镇的一栋租金为 10 镑的房屋有时可能比伦敦一栋租金为 500 镑的房屋的窗户数量更多；尽管前者的居民可能比后者的居民要穷得多，但只要他的税金受到窗户税的管制，就必须为国家缴纳更多税金。因此，这种税收直接违背了上述四条原则中的第一条。它们似乎并不怎么违反其他三项原则。

窗户税和所有其他房屋税的自然趋势是降低租金。很明显，一个人缴纳的税金越多，能支付的租金就越少。然而，自从征收窗户税以来，在我所熟悉的大不列颠的几乎每个城镇和村庄，房屋租金总体上都或多或少地出现了上涨。对房屋的需求几乎到处都在增加，以至于它所提高的租金超过了窗户税所能降低的程度；这也是国家的极大繁荣和居民收入增加的众多证据之一。如果不是因为征收窗户税，租金可能还会上涨。

第二项　落在利润或资本收入上的税收

股票产生的收入或利润自然分为两部分：支付利息的部分和属于资本所有者的部分，以及超出支付利息所需的剩余部分。

后面这部分利润显然是不需要直接纳税的。在大多数情况下，它是一种对使用股票的风险和麻烦的一种适当的补偿。使用者必须得到这种补偿，否则他就不能根据自己的利益继续使用。因此，如果他被直接按照整个利润的比例征税，那么他将不得不提高他的利润率，或者将税金转移到资金利息上，也就是说，支付更低的利息。如果按比例提高他的利润率，那么整个税金虽然可能由他垫付，但最终还是会根据他可能使用他所管理的股票的不同方式，由两种不同的人中的一个缴纳。如果所有者把他作为耕种土地的牲口，他只能通过保留更多的产出，或者说，更大部分的土地产品（两者的性质是一致的）来提高他的利润率。由于这只能通过减少地租来实现，所以税金最终缴纳将由地主承担。如果把土地用作商业或制造业的资本，他只能通过提高商品的价格来提高利润率，在这种情况下，税收的最终缴纳将完全落在这些商品的消费者身上。如果不提高利润率，他将不得不对分配给货币利息的那部分利润收取全部税金。他可以为他所借的任何股票支付较少的利息，而在这种情况下，整个税收的负担最终将落在货币利息上。只要他不能以一种方式减免税收，他就不得不以另一种方式免于缴税。

乍看之下，资金的利息似乎是一个与地租一样的能够直接征税的对象。与地租一样，它是在完全补偿了雇佣牲畜的全部风险和麻烦之后剩下的净产出。正如对地租征税不能提高地租一样；因为在抵偿农民的资本后剩下的净产出，加上他的合理利润，在征税后不可能比征税前更多，因此，出于同样的原因，对资金利息征税不能提高利率。国内的资本或资金数量与土地数量一样，在征税后应该与征税前保持一致。在第一卷中已经指出，普通的利润率在任何地方都是由将被使用的资本数量或必须由它完成的业务的数量相适应来调节的。但是，使用的数量，或由资本完成的业务的数量，既不能通过对资金利息的任何税收来增加，又不能由此减少。因此，如果要使用的资本数量既不增加又不减少，普通利润率就必然保持不变。但这一利润中用于补偿雇主的风险和麻烦的部分也同样保持不变，这种风险和麻烦在任何方面都没有改变。因此，剩余的部分，即属于资本所有者的那部分，以及支付资金利息的部分，也必然保持不变。因此，乍一看，资金利息似乎是一个适合直接征税的对象，就像土地的租金一样。

然而，有两种不同的情况，使资金利息远不如土地的租金适合成为直接征税的对象。

首先，任何人拥有的土地的数量和价值永远不会是一个秘密，而且总是可以非常准确地确定。但是，他所拥有的资本总量几乎总是一个秘密，而且几乎不可能以可以接受的准确度来确定。此外，它还可能一直会发生几乎持续的变化。不要说一年或一个月，有时甚至每一天资本总量都会或多或少地上下波动。如果对每个人的私人情况进行调查，并且为了使税收适应这些情况，对他的财富的所有波动进行监督，那将是一个无人能够支撑的持续无尽的烦恼来源。

其次，土地是一个无法转移的主体，而资本则很容易转移。土地的所有者必然是其财产所在的特定国家的公民。而资本所有者则是世界公民，不一定依附于任何特定国家。他很可能会因为被征收繁重的税金而放弃他所在的国家，并将资本转移到可以继续做生意，或者更轻松地享受财富的其他国家。通过转移他的资本，他将终止他所离开的国家的所有产业。资本耕种土地，资本雇佣劳力。如果征税的目的是把资本从任何特定的国家赶走，那么目前君主和社会的所有收入来源都会枯竭。不仅资本的利润，而且地租和劳动力的薪酬都会因为资本的转移而或多或少地下降。

因此，那些试图对资本产生的收入征税的国家，并没有进行严格的调查，而是不得不满足于一些非常宽松的，因此或高或低的随意估计。以这种方式评估的税收的极端不平等和不确定性只能通过极端细微的工作加以补偿，因此，每个人都发现自己的税金远远低于实际收入，即使邻居纳税更少也不会令他感到不安。

根据英国所谓的土地税，资本应该与土地按照相同的比例征税。当土地税为每镑 4 先令，或为推定租金的 1/5 时，资本也应该按假定利息的 1/5 征税。当现行的年度土地税首次征收时，法定利率为 6%。因此，每 100 镑资本应按 24 先令征税，即 6 镑的 1/5。由于法定利率已降至 5%，每 100 镑资本则应只征收 20 先令。通过所谓的土地税筹集的总数被分配给了乡村和主要城镇。其中大部分是在乡村征收的；而在城镇征收的部分，大部分来自房屋。对城镇的资本或交易征收的税金（因为土地的资本并没有被收税），远远低于该资本或交易的实际价值。因此，无论最初的评估中存在何种不平等，都不会造成什么干扰。每个地方仍然按照最初的评估对其土地、房屋和资本进行评估；而几乎普遍的国家繁荣，在大多数地方大大提升了所有这些东西的价值，使得这些不平等现象现在变得更加不重要。此外，每个地方的税率也继续保持一致，就其可能对任何个人的资本进行评估而言，这种税金的不确定性已经大大减少，后果也极大削弱。如果英国的大部分土地没有按其实际价值的一半征收土地税，那么，英国的大部分资本也许很少按其实际价值的 1/50 征收。在威斯敏斯特等一些城镇，全部土地税都是对房屋征收的，那里的资本和贸易免于缴税，而伦敦的情况则不同。

所有国家都努力避免对私人情况进行严格调查。

在汉堡，每位居民都必须向国家缴纳其所有财产的 1/4；由于汉堡人民的财富主要由资本组成，这种税可以被视为资本税。每位居民都要对自己进行评估，当着行政官的面，每年向公共资金库投入一定数额的资金，他在宣誓后宣布这笔钱是他所有财产的1/4，但不公布这笔钱的数额，也不需要就这个问题接受任何审查。通常认为，这种税的缴纳是非常忠实的。在一个小共和国里，如果人民对他们的政府完全信任，相信税收对国家的支持是必要的，相信它将被忠实地用于这一目的，那么这种自觉和自愿的缴纳有时是可以预见的，这也不是汉堡人民所特有的。

瑞士的翁特瓦尔登州（Unterwald）经常受到风暴和洪水的侵袭，因此面临着特殊的开支。在这种情况下，人们聚集在一起，据说每个人都要非常坦率地宣布自己的身价，以便据此缴纳相应的税金。在苏黎世，法律规定，在必要的情况下每个人都应按其收入的比例纳税，必须在宣誓后声明其数额。据说，他们并不怀疑任何同胞会欺骗他们。在巴塞尔（Basel），国家的主要收入来自对出口货物征收的小额关税。所有的公民都宣誓，将每三个月缴纳法律规定的所有税金。所有的商人，甚至所有的旅馆老板都受托记录自己在境内外销售的货物。每三个月结束时，他们都要把这个账目寄给财政官，在账目的下方计算出税金的数额。人们并不怀疑税收因这种信任而受到影响。

在瑞士各州，要求每个公民在宣誓后公开宣布其财产数额，似乎不能被视为一种困难。在汉堡，这将被认为是最大的困难。从事冒险的贸易的商人们一想到自己不得不暴露自己的真实情况，就会不寒而栗。他们预见到，这样做的后果经常是信用破产、计划失败。朴实而节约的人对所有这些项目都不感兴趣，他们不觉得自己有必要进行任何这样的隐瞒。

在荷兰，在已故的奥兰治亲王（Prince of Orange）就任总督后不久，就对每个公民的全部财产征收2%的税金，即所谓的50便士取其一。每个公民都以与汉堡相同的方式进行自我评估并缴纳税金，而且一般来说，人们都会非常忠实地缴纳税金。当时，人民对他们的新政府有着最大的爱戴，他们刚刚通过一场广泛的暴动建立了这个政府。这笔税金只需缴纳一次，以便在特殊的紧急情况下减轻国家的负担。事实上，这笔赋税负担太重，不可能永久持续。在一个市场利率很少超过 3% 的国家，2% 的税相当于从资本中提取的最高净收入的每镑缴纳 13 先令 4 便士。很少有人能在不侵占其资源的情况下缴纳这种税金。在特殊的紧急情况下，人们可能会出于极大的公共热情，做出巨大的努力，甚至牺牲他们的部分资本以减轻国家的负担。但是，他们不可能在相当长的时间内继续如此；如果他们这样做了，税收将彻底使他们倾家荡产，完全没有能力支持国家。

英国的土地税法案对资本征收的税金，虽然与资本成比例征收，但并不是为了减少或夺走该资本的任何部分。它只是作为一种对资金利息的征税，与对土地租金的征税成正比，因此，当后者的价格为每镑 4 先令时，前者也可能为每镑 4 先令。汉堡的税以及翁特瓦尔登州和苏黎世的更温和的税金，都是以同样的方式不是对资源，而是对资本的利息或净收入征税。荷兰征税是指对资本征税。

特殊用途资本的利润税

在某些国家，有时用于特定的贸易部门、有时用于农业的资本也会被征收特别的税金。

在英国，前一种税是对小贩征收的税金、对出租马车和轿子征收的税金，以及酒馆老板为零售麦酒和烈性酒的执照缴纳的税金。在最近的战争中，有人提议对商店征收另一种相同的税。据称，这场战争是为了保卫国家的贸易而进行的，从战争中获利的商人们应该为支持战争而做出贡献。

然而，对任何特殊商业部门所使用的资本的利润征税，最终不可能落在经销商身上（他们在所有普通情况下必须有其合理的利润，而且在自由竞争的情况下很少有超过该利润的情况），而总是落在消费者身上，他们必须在商品价格中缴纳经销商预付的税金，而且通常会有一些超额。

当这种税与商人的贸易成比例时，它最终由消费者支付，不会对经销商造成压迫。如果不是按比例征收，而是对所有经销商征收同样的税，虽然在这种情况下，最终也是由消费者支付的，但它有利于大经销商，而对小经销商造成了一些压迫。对每辆马车每周征收 5 先令的税，对每把轿子每年征收 10 先令的税，就这些马车和轿子的不同管理人所预付的税而言，与他们各自的交易范围完全成比例。既不偏袒大商人，也不压迫小商贩。卖麦酒的执照每年征收20先令，卖烈性酒的执照征收40先令，卖果酒的执照征收80先令，所有的零售商都一样，必然会给大商人带来一些好处，而对小商贩造成一些压迫。前者肯定比后者更容易从他们的货物价格中收回税金。然而，税收的轻微性使这种不平等变得不那么重要，而且在许多人看来，限制小酒馆的增加似乎并无不妥。对商店征税，其目的是对所有的商店征收相同的税。必然如此。如果不进行调查，就不可能以相当准确的方式将对商店的征税与商店所从事的贸易程度相称，而这种调查在一个自由国家是完全不能忍受的。如果税率很高，它就会压迫小商贩，并迫使几乎所有的零售贸易都落入大商人的手中。前者的竞争被剥夺了，后者就会享有贸易的垄断权，而且像所有其他垄断者一样，很快就会联合起来，把他们的利润提高到远远超过缴纳税金所需的水平。最后的税金，不是落在店主身上，而是落在消费者身上，店主为保证利润而增加大量的额外收费。出于这些原因，对商店征税的计划被搁置了，取而代之的是 1759 年的补贴。

在法国被称为“个人平民税”（Personal Taille）的税种，可能是全欧洲对农业资本的利润征收的最重要的税种。

在欧洲封建政府盛行期间的混乱状态下，君主不得不向那些过于软弱而拒绝纳税的人征税。大领主们虽然愿意在特殊的紧急情况下帮助君主，但拒绝接受任何持续的缴税，而君主也没有足够的力量来强迫他们。欧洲各地的土地拥有者最初大部分人都是农奴。在欧洲的大部分地区，农奴逐渐获得了解放，其中的一些人获得了土地和田庄财产，他们通过一些低级或不光彩的手段保有这些财产，有时居于国王手下，有时居于其他大领主手下，就像英国古代的享有土地者一样。另一些人没有获得财产，却获得了他们在领主手下占用的土地的多年租约，从而减少了对领主的依赖。大领主们似乎对这些下等人所享有的繁荣和独立抱有一种恶毒和轻蔑的愤慨，愿意支持君主向他们征税。在一些国家，这种税只限于以不光彩的使用权持有的土地。在这种情况下，可以说平民税就是地产税。已故撒丁国王制定的土地税，以及朗格多克省、普罗旺斯省（Provence）、多菲内省（Dauphiné）、布列塔尼省（Brittany）、蒙托邦省、阿根省（Agen）和孔多姆省（Comdom）以及法国其他一些地区的平民税，都是对以不光彩的使用权持有的土地征收的。在其他国家，这种税是对所有以农场或租赁方式持有属于其他人的土地的人的所谓利润征收的，而无论地主是以何种方式持有这些土地。在这种情况下，可以说平民税就是人头税。在法国那些被称为选举区的省份中，大部分的平民税都是这样。真正的征税，因为只对国家的一部分土地征收，所以必然是不平等的，但它并不总是一种任性的税收，尽管它在某些情况下确实如此。个人平民税的多少取决于人类的利润，所以它必然是随意的和不平等的。

在法国，当前（1775 年）每年对称为“选举区”的 20 个教区征收的个人平民税总计 40 107 239 利弗尔 16 苏。根据向国王委员会提交的有关农作物收成好坏的报告，以及其他可能增加或减少各自缴纳能力的情况，每年对这些不同省份征收的比例都各自不同。每个选举区又分为一定数量的小选举区，对整个总体征收的款项在这些不同的选举区中按比例分配，也同样根据向议会提交的关于其各自能力的报告而逐年变化。似乎不可能的是，议会即使出于最好的意图，也不可能将这两项评估中的任何一项与各自所负责的省份或地区的实际能力形成相当准确的比例。无知和错误的信息总是会或多或少地误导最正直的议会。每个教区应当负担的整个选举区税金的比例，以及每个人在其特定教区中应该缴税的比例，都是以同样的方式，根据情况的需要逐年变化。税金或由选举官员判断，或由教区官员判断，这两种情况或多或少都在地方行政长官的指导和影响之下。可以说，不仅是无知和错误的信息，而且私人恩怨等也经常误导这些评估员。显然，没有一个人在被征收这种税之前能够确定他应缴纳多少税金，甚至在被评估后也不能确定。如果有人被征收了本应被免除的税金，或者如果有人被征收了超出其比例的税金，虽然这两个人都必须在此期间缴纳，但如果他们提出申诉，下一年对整个教区征收的税金将用来偿还他们的损失。如果任何纳税人破产或无力缴纳，征税官有义务垫付他的税金，整个教区在下一年将重新收税，以便偿还征税官。如果征税官本人破产，选举他的教区必须为他的行为向选举的总征税官负责。但是，由于总征税官起诉整个教区可能会很麻烦，所以他就会选择五六个最富有的纳税人，要求他们弥补因征税官破产而造成的损失。之后，教区重新征收，以偿还这五六个人的费用。这种重新征收总是超过特定年份的平民税额度。

当对某一特定贸易部门的资本利润征税时，商人们都会小心翼翼地确保带到市场上的货物按照不足以偿还他们预付税金的价格出售。他们中的一些人会从贸易中撤出一部分资本，使得市场的供应比以前更加稀少。商品的价格上升，最后的税金由消费者承担。但是，当对用于农业的资本的利润征税时，农民从农业中撤出任何部分资本并不符合他们的利益。每个农民都占有一定数量的土地，并为此支付租金。为了适当地耕种这块土地，必须有一定数量的牲畜，如果抽出这一必要数量的任何一部分，农民就不可能更有能力支付租金或税收。为了支付税金，他不可以减少他的产出总量，也不可能相比之前缩减供应。因此，税收永远不会使他提高产出的价格，以便通过把最后的税金落在消费者头上来补偿自己。然而农民和其他商人一样，必须得到自己的合理利润，否则他就不得不放弃这个行当。在征收这种税后，他只有通过减少向地主支付的租金才能获得这种合理的利润。他必须缴纳的税金越多，他能够支付的租金就越少。毫无疑问，在土地租约有效期内征收的这一税种可能会使农民感到沉重压力甚至破产。在租约续期时，它必须始终由地主承担。

在那些实行个人平民税的国家里，农民的税金通常是按照他在耕作中使用的牲畜的比例进行评估的。因此，农民常常不敢拥有良好的马群或牛群，而是努力使用他可以使用的最恶劣、最差劲的牲畜或农具来耕作。他如此不信任他的评估员的公正性，以至于假装贫穷，希望看起来几乎没有能力支付任何东西，因为害怕不得不缴税太多。在这种可悲的政策下，农民也许并不总是以最有效的方式考虑自己的利益，而且他因产品减少而造成的损失可能超过因节省税金导致的损失。虽然由于这种可悲的耕作，市场供应无疑会有所减少，但它可能引起的价格小幅上涨，甚至不可能补偿农民对其产品的减少，更不可能使他向地主支付更多的租金。国家、农民、地主都或多或少地受到这种衰退的耕作的影响。我已经在本书第三章中指出，个人平民税在许多不同方面都会阻碍耕作，从而使每个大国的主要财富来源枯竭。

北美的南方各州征收的所谓人头税（Poll Tax），以及西印度群岛每年对每个黑人征收的税金，都是对农业中使用的某种资本的利润征收的。由于种植园主大部分既是农民又是地主，所以最后的税金是以地主的身份落在他们身上的，没有任何补偿的可能。

对从事耕种的农奴或奴隶征收这么多的税金，在古代似乎在整个欧洲都很普遍。可能正是出于这个原因，各种人头税经常被视为奴隶制的标志。然而，每一种税对交税的人来说都是一种标志，不是奴隶的标志，而是自由的标志。它表明他确实在政府的管辖之下，但由于他有一些财产，他自己不能成为其他主人的所有物。对奴隶征收的人头税与对自由人征收的人头税完全不同。后者是由被征收的人缴纳的，而前者是由另一群人缴纳的。后者要么完全随意、要么完全不平等，而且在大多数情况下既随意又不平等；前者虽然在某些方面不平等，因为不同的奴隶有不同的价值，但在任何方面都是随意的。每个知道自己奴隶数量的主人都清楚地知道他要缴纳的费用。然而，这些不同的税种既然被称为同一名称，就被认为是同一性质的。

在荷兰，对男仆和女仆征收的税金不是落到资本上，而是落到支出上，到目前为止与对消耗品征收的税金相似。英国最近对每个男仆征收的每人 1 畿尼的税金也是如此。它对中产阶级的影响最大。一个年薪 200 镑的人可以养得起一位男仆，而一个年薪 1 万镑的人不会养 50 位男仆。这种税并不影响穷人。

对特殊用途资本的利润征税，永远不会影响资金利息。没有人会把他的钱借给那些从事被征税的行业的人，而不是那些从事未被征税的行业的人，以获得更少的利息。如果政府试图对所有行业的资本征收任何程度的税收，那么在许多情况下，税收将落在资金利息上。法国的二十分之一税（Vingtieme）与英国的土地税是同类税种，以同样的方式对土地、房屋和资本产生的收入进行评估。就其对资本的影响而言，它的评估虽然不是很严格，但比英国土地税中对相同资本征收的那一部分要准确得多。在许多情况下，它完全落在资金利息上。在法国，人们经常把钱投在所谓的"地租合同"上，即一种永久的年金，债务人在偿还最初预付的款项后可随时赎回，但除特殊情况外，债权人不得赎回。尽管二十分之一税完全是对它们征收的，但似乎没有提高这些年金的费率。

第一项和第二项的附录

对土地、房屋和资本价值征收的税金

当财产由同一人占有时，无论对其征收何种永久性的税收，其目的都不是减少或剥夺其资源价值的任何部分，而只会减少或剥夺由此产生的部分收入。但是当财产易手时，当它从死者传给生者，或从生者传给生者时，对它征收的税金往往必然会剥夺其资源价值的一部分。

各种财产从死者手中转移到生者手中，以及不动产、土地和房屋从生者手中转移到生者手中时，这些交易在性质上要么是公开的、众所周知的，要么是无法长期隐瞒的。因此，这种交易可以直接征税。通过借钱将资本或动产从生者手中转让给生者，往往是一种秘密交易，而且可以一直如此。因此，它不容易被直接征税。它以两种不同的方式被间接征税：首先，要求包含偿还义务的契约应写在已缴纳过一定印花税的纸张或羊皮纸上，否则无效；其次，要求它应记录在公共或秘密登记簿上，并对这种登记征收一定的费

用，否则同样无效。对于将各种财产从死者转移到生者的契约，以及将不动产从生者转移到生者的契约，也经常征收印花税和登记税，而这些交易本来很容易直接征税。

奥古斯都（Augustus）向古罗马人征收的二十取一的遗产税（Vicesima Hereditatum）是对财产从死者转移到生者身上的一种税收。卡西乌斯（Cassius）对此描述得最为清楚，记载了这项税种对所有死亡时的继承、遗赠和的捐赠征收，只有最近的亲属和穷人的部分除外。

荷兰的继承税也是如此。根据关系亲疏程度，对附属继承人征收的税金为继承人全部价值的 5% 到 30% 不等。遗嘱捐赠（Testamentary Donation）或遗赠给旁系亲属的遗产也要征收类似的税。丈夫给妻子或妻子给丈夫的要缴纳 1/50。长辈对晚辈的悲惨性继承（Luctuosa Hereditas）只需缴纳 1/20。直接继承，或晚辈对长辈的继承，不交税。父亲的死亡，对与他共同生活的子女来说，很少会增加收入，反而会大大降低收入，因为他失去了劳动、职位，或者可能拥有的一些终身租借的财产。如果仍然收税，这种税收是残酷、压迫的，因为它从子女身上夺走了父亲的部分继承权而加重了他们的损失。然而，对于那些按照罗马法的语言称为解放的子女，用苏格兰法的语言称为有家室的子女，也就是说，已经得到了自己的那部分财产，组建了自己的家庭，并由独立于其父亲的资金来维持生活的子女，有时可能是另一种情况。无论他的继承权的哪一部分到了这些子女的手里，实际上都是一种对他们的财产的补充，因此，如果征税不会比这类义务带来更多不便的话，可以征收一些税。

根据封建法律，不论是从死者到生者，还是从生者到生者，土地转让都需要征税。整个古代欧洲，这项税种都构成了王室收入的主要来源之一。

每个王室直系家臣的继承人在接受遗产继承权时都要缴纳一定的费用，一般是一年的租金。如果继承人是未成年人，那么在未成年期间，遗产的全部租金都归国王所有，除了抚养未成年人以及在土地上支付寡妇应得的亡夫遗产时，没有任何其他费用。当未成年人成年后，仍需向国王缴纳另一种税，称为封建救济（Feudal Relief），一般也相当于一年的租金。如果继承人长期未成年，在现在常常使大宗财产摆脱所有的负担，使家族恢复其古老的辉煌，但在那个时代却没有这种效果。继承人长期未成年会导致地产的浪费，而不是摆脱负担。

根据封建法律，没有上级的同意，家臣是不能转让的，而国王一般都要收取一定的罚款或补偿金才会同意转让。这种罚款起初是随意的，在许多国家被规定为土地价格的一部分。在某些国家，其他封建习俗的大部分已经废弃，而这种对土地转让的税收仍然是君主收入的一个非常重要的部分。在伯尔尼州，这种税占所有贵族封地价值的 1/6，占所有无名封地价格的 1/10。在卢塞恩州，对出售土地的征税并不普遍，只在某些地区发生。但是，如果有人为了离开该地区而卖掉自己的土地，他要缴纳全部售价的 1/10。许多其他国家对所有土地的出售或对某些使用权持有的土地的出售征收同样的税金，构成部分君主收入。

这种交易可以通过印花税或登记税的方式间接征税，而这些税可能与转让对象的价值成比例，也可能不成比例。

在英国，印花税有高有低，与其说是根据转让财产的价值（18 便士或半克朗的印花在最大金额的债券上就足够了），不如说是根据契约的性质。每张纸或羊皮纸的最高税率不超过 6 镑，这些高额税费主要是针对王室的拨款和某些法律程序，而不考虑对象的价值。在英国，除了登记人员的费用外，对契约或文书的登记没有任何税金，而这些费用很少超过对其劳动的合理补偿。国王没有从中获得任何收入。

在荷兰，既有印花税，也有登记税，在某些情况下，印花税与转让的财产价值成正比，在某些情况下，则不是。所有遗嘱都必须写在贴有印花的纸上，其价格与所处置的财产成比例，因此印花的价格从 3 便士或 3 斯泰夫（Stiver），到 300 弗罗林（Florin）（大约相当于我国货币的 27 英镑 10 先令）不等。如果印花的价格低于遗嘱人应该使用的价格，他的继承权就会被没收。这是对继承权的所有其他税收之外的额外税种。除了汇票和其他商业票据，所有契约、债券和合同都要缴纳印花税。然而，这一税种并不按标的物的价值成比例地增加。所有土地和房屋的销售，以及所有对土地和房屋的抵押，都必须进行登记，并在登记时向国家缴纳价格或抵押金额的 2.5% 的税金。这一税率也适用于所有质量超过 2 吨的船只和船舶的销售，无论有无甲板。这些船只似乎被认为是一种水上房屋。当法院下令出售动产时，也要征收类似的 2.5% 的税金。

在法国，既有印花税，也有登记税。前者被认为是关税（Aides）或货物税（Excise）的一个分支，在征收这些税的省份由货物税官征收；后者被认为是国王收入的一个分支，由另一组官员征收。

这些征税方式，即印花税和登记税，是非常现代的发明。然而，在一个多世纪的时间里，印花税在欧洲几乎普及，而登记税则极为普遍。

财产从死者手中转移到生者手中时，税金最终和立即落在接受财产转移的人身上。出售土地的税金则完全由卖方承担。卖方几乎总是不得不卖，因此，必须接受他能获得的报价。买方很少有不得不购买的必要，因此，给出他喜欢的价格即可。买方考虑的是这块土地的税费和价格。必须缴纳的税金越多，愿意出的价格就越低。因此，这种税收几乎总是落在穷人身上，因此经常是非常残酷和压迫的。新建房屋如果不加地皮出售时，销售税一般由买方承担，因为建筑商一般必须获取利润，否则将不得不放弃这个行业。因此，如果他预付税金，买方一般必须偿还。出售旧房的税金与出售土地的税金一样，一般都落在卖方身上，在大多数情况下，无论是出于自愿还是出于需要，卖方都不得不选择出售。每年推向市场的新房数量或多或少受到需求的制约。除非需求能让建筑商在缴纳所有费用后获得利润，否则他就不会再建房屋。碰巧在任何时候进入市场销售的老房屋的数量取决于意外情况，其中大部分与需求无关。在商业发达的城市中，两三起规模较大的破产事件就可能会引发大量房屋的出售，这些房屋不得不以能够得到的价格出售。出售地租的税金完全由卖主承担，原因与出售土地的税金相同。印花税以及债券和借贷合同的登记税完全由借款人承担，而且事实上本就应该由其缴纳。法律诉讼的相应税费由原告承担。这项税费使双方都降低了争议对象的资本价值。获得任何财产的成本越高，获得后的净价值就越低。

所有对各种财产转让征收的税金，只要它们减少了该财产的资本价值，就会减少用于维持生产性劳动的资源。它们或多或少都属于浪费的税金，只是增加了君主的收入。这种税金以牺牲人民的资本为代价维持非生产性劳动者，而人民的资本只维持生产性劳动。

这种税收，即使与转让的财产的价值成比例，也是不平等的，因为同等价值的财产转让的频率并不总是相等的。当它们与这种价值不成比例时（大部分印花税和登记税就是这种情况）就更加不平等了。它们在任何方面都不是随意的，而是在所有情况下都是或可能是完全清楚和确定的。尽管这些税金有时会落在没有能力缴纳的人身上，但在大多数情况下，缴税对纳税人来说都是便利的。当需要缴税时，在大多数情况下，他们一定有用来缴纳的货币。征收的税金数量很小，一般来说，除了缴纳税金这一不可避免的问题外，纳税人不会有其他不便。

在法国，人们对印花税的抱怨不多，而登记税（称为 Controle）则民怨甚大。据称，这些税金给征税官带来了许多敲诈勒索的机会，而这些税金在很大程度上又是随意、不确定的。反对法国现行财政制度的大部分文章都在攻击登记税的弊端。不确定性似乎并不一定是税种性质所固有的。如果民众的抱怨是有根据的，那么贪污渎职现象的产生，与其说是由于税种性质，不如说是由于征税的法令或法律的措辞不够清晰明确。

抵押贷款的登记，以及一般来说不动产上的所有权的登记，因为对债权人和购买者都有很大的保障，对公众来说是非常有利的。其他种类的大部分契约的登记对个人来说常常是不便利，甚至是危险的，对公众没有任何好处。所有应该保密的登记册，根本不应该存在。个人信用当然也不应该依赖于税务局下级官员的正直和良心这种非常脆弱的保障。但是，当登记费成为君主收入来源时，登记处通常会不断增加，既可以用于登记应该登记的契约，也可以用于登记不应该登记的契约。在法国，有几种不同类型的秘密登记处。必须承认，这种权力的滥用虽然不必要，但是这项税种导致的一个非常自然的结果。

在英国，对纸牌和骰子、新闻报纸和期刊小册子等征收的印花税，属于消费税，最终缴纳的是使用或消费这些商品的人。诸如对麦酒、葡萄酒和烈性酒的零售执照征收的印花税，其目的虽然可能是落在零售商的利润上，但同样也是由这些酒的消费者最终缴纳的。这种税，虽然名称相同，由同样的官员以与上述财产转让的印花税同样的征收，但其性质完全不同，而且落在完全不同的资本上。

第三项 对劳动工资征收的税金

笔者在第一卷中已经努力说明，下层劳动者的工资在任何地方都必然受到两种不同情况的制约：对劳动力的需求和生活供养的普通或平均价格。根据劳动力需求增加、不变或下降，或人口需求增加、不变或下降，调节劳动者的生活资料并决定劳动力宽裕、适度、缺乏的程度。生活供养的普通或平均价格决定了必须缴纳给劳动者的货币数量，以使他在一年中能够购买这种自由、适度或稀少的生活。因此，在对劳动的需求和生活供养的价格保持不变的情况下，对劳动工资的直接征税，除了使工资比税收高一些外，没有其他效果。例如，假设在某个特定的地方，对劳动力的需求和供应品的价格是这样的：普通的劳动工资是每周 10 先令，而对工资征收五分之一的税，即每镑 4 先令。如果对劳动力的需求和生活供养的价格保持不变，那么该地的劳动者仍然有必要赚取税后每周 10 先令的工资，用以负担生活供养。但是，为了使他在缴纳这样的税金后还能得到这样的可供自由支配的工资，该地的劳动力价格必须很快上升，不仅仅是每周 12 先令，而是 12 先令 6 便士；也就是说，为了使他能够缴纳 1/5 的税金，他的工资必须很快上升，不仅仅是 1/5，而是 1/4。无论税收的比例是多少，劳动的工资在任何情况下都必须上升，不仅是达到这个比例，而且是按照更高的比例。例如，如果税收是 1/10，那么劳动者的工资必然会很快上升，不仅是 1/10，而是 1/8。

因此，尽管劳动者可能会从他手中缴纳对劳动工资的直接征税，但不能说是由他垫付的；至少在征税后对劳动的需求和生活供养的平均价格与征税前相同的情况下是如此。在所有这些情况下，不仅是税收，而且比税收更多的内容实际上是由直接雇佣他的人垫付的。在不同的情况下，最后的付款会落在不同的人身上。这种税可能引起的制造业工人工资的增加，将由制造业主预付，他既有权也有义务在他的货物价格中收取这种税和利润。因此，这种工资上涨的最终缴纳，加上制造业主的额外利润，将落在消费者身上。这种税可能引起的乡村劳动工资的增加，将由农民垫付，为了维持与以前相同数量的劳工，农民将不得不投入更大的资本。为了收回这笔更大的资本，再加上维持资源的常规利润，他就必须留下土地产出的更大部分，或者说是更大部分对应的价格，因此，他向地主缴纳的租金就会减少。因此，在这种情况下，这种工资上涨以及预付这部分税金的农民的额外利润的最终缴纳将由地主承担。在所有情况下，对劳动工资直接征税，从长远来看，一定会导致地租更大程度的减少和制成品价格更大程度的上涨，而这是由于对部分地租和部分消费品征收的税金进行了适当的评估而产生的。

如果对劳动工资征收的直接税并不总是导致这些工资的相应增长，那是因为它们通常会导致对劳动力需求的大幅度下降。工业的萎缩、穷人就业的减少、国家土地和劳动的年产量的减少，通常都是这种税收的影响。然而，由于这些税收的影响，劳动力的价格必须始终高于它在实际需求状况下的价格，而这种价格的提高，加上抬高价格的人的利润，最终必须由地主和消费者缴纳。

对乡村劳动者的工资征税，并不能按税率提高土地的粗放产出的价格，原因与对农民的利润征税并不能按税率提高该价格一样。

尽管这种税收十分荒谬、颇具破坏性，但它们在许多国家都存在。法国对乡村的工人和日工的工作征收的那部分平民税就是这种税。他们的工资是根据所居住地区的普通税率计算的，为了尽可能减少多收的费用，他们每年的收入按照不超过200个工作日计算。每年，每人的税额都会根据不同的情况变化，由省长任命来协助他的征税官或税务专员负责判断。在波希米亚，由于1748年开始的财政制度改革，对工匠行业征收的税金非常重。他们被分为四个阶级。最高阶级的人每年缴纳100弗罗林，按每弗罗林22.5便士算，相当于9镑7先令6便士。第二类的税额为70弗罗林；第三类的税额为50弗罗林；第四类，包括乡村的工匠和城镇的最低阶级工匠，税额为25弗罗林。

我在第一卷中已经努力说明，优秀艺术家和自由职业者的报酬，必然与低级行业的报酬保持一定的比例。因此，对这种报酬征税，除了使它比征税的比例高出一些外，没有其他效果。如果不以这种方式提高报酬，优秀艺术家和自由职业者由于不再与其他行业平起平坐，就会被人放弃，以至于很快就会恢复到这种水平。

官员的薪酬不像贸易和职业的薪酬那样由市场的自由竞争来调节，因此，并不总是与工作性质所要求的成正比。在大多数国家，这些薪酬可能高于正当的比例；负责管理政府的人通常倾向于超出足够范围地奖励自己和直系亲属。因此，在大多数情况下，官员薪酬可以很好地承受（更高的）税收。此外，享受公职的人，特别是那些待遇更好的人，在所有国家都是被普遍羡慕的对象，对他们的薪酬征税，即使比任何其他类型的收入要高一些，也总是非常受欢迎的。例如，在英国，当土地税使其他各种收入都按每镑4先令计算时，对年薪超过100镑的职位（对皇室新成家成员的年金、陆军和海军军官的工资，以及其他一些不太受人羡慕的官职报酬除外）征收每英镑5先令6便士的税金是非常受欢迎的。英国对劳动者的工资没有其他直接税。

第四项　无差别地落在各种不同收入上的税金

按照设想，无差别地落在各种不同收入上的税种包括人头税和消费品税。这些税必须无差别地从纳税人可能拥有的一切收入中缴纳，包括他们的地租、资本利润或劳动工资。

人头税

如果试图将人头税与每个纳税人的财富或收入相适应，就会变得完全任意且不合理。一个人的财富状况每天都在变化，如果没有比任何税收更令人难以忍受，而且每年至少要更新一次的，就只能靠猜测。因此，在大多数情况下，对人的评估必须取决于他的评估员的善恶，因此，一定是完全任意且不确定的。

人头税如果不是按照所谓的财富而是按照每个纳税人的阶级来征收，就会变得完全不平等。在同一阶级中，不同的人的财富往往是不同的。

因此，这种税收，如果试图使它们平等，就会变得完全任意且不确定；如果试图使它们确定而非任意，就会变得完全不平等。不管是轻税还是重税，不确定性总是让人感到极为难以容忍。若是轻税，相当程度的不平等还可以忍受；若是重税，这种不平等是完全不能容忍的。

威廉三世统治时期在英格兰征收的各种人头税中，大部分纳税人都是根据他们的阶级来评估的，如公爵、侯爵、伯爵、子爵、男爵、贵族、绅士、贵族的长子和幼子等。所有身家超过 300 镑的店主和商人，也就是他们中较好的那种人，无论他们的财富有多大差别，都要按照同样的标准估税。他们的阶级比他们的财富更受重视。有一些人的人头税起初是按照他们推定的财富估税，后来又根据他们的阶级估税。起初按其推定收入的每镑 3 先令估税的高级律师（Serjeants）、律师（Attorney）和法律顾问（Proctor at Law），后来按照绅士估税。在评估一项不是很重的税收时，人们发现哪怕是很大程度的不平等比任何程度的不确定性都更令人难以接受。

自18世纪初以来，法国一直在征收人头税，从未间断，最高阶级的人根据他们的阶级，以不变的税率估税；较低阶级的人，根据他们推定的财富，以每年不同的评估来估税。国王宫廷的官员、高级法院的审判官和其他官员、军队官员等，都是按第一种方式估税的。各省的下级官员则按第二种方式估税。法国的达官贵人很容易接受相当程度的不平等，因为这种税对他们的影响不是很大，但他们不能容忍一个地方长官的任意评估。在法国，下层阶级必须耐心地忍受他们的上级认为应该给予他们的待遇。

在英国，不同的人头税从未收足人们所期望的数额，也就是如果它们被准确征收的话，人们认为它们可能收足的数额。在法国，人头税总是能收到预期的数额。英国的温和政府在对不同阶级的人征收人头税时，只满足于这一评估所产生的结果，而不要求对国家可能遭受的、由那些不能缴税的人或不愿缴税的人（因为这样的人很多）造成的损失进行补偿，这些人由于法律执行宽松而没有强迫缴纳。法国更严厉的政府对每一个普通人都要征收一定的费用，征税官必须尽可能地征到这笔钱。如果任何一个省抱怨估税太高，它可以在下一年的评估中按照前一年多收的费用获得相称的减免，但当年必须缴税。为了确保在总体上收到评估的金额，地方行政长官（省长）有权评估更大的金额，以通过其他纳税人的超额收费补偿一些纳税人的失败或无能，而且直到1765年，这种超额评估的确定完全由他自己决定。事实上，在这一年，议会将这一权力收归自身。在各省的征税中，《欧洲关税和税收记录》（*Memoires concernant les Droits & Impositions en Europe*）的消息灵通的作者指出，落在贵族和那些享有豁免权的人身上的比例是最小的。最大的一部分落在了那些被征收人头税的人身上，他们被征收的人头税按照缴纳的每镑其他税款估计。

人头税，只要是对低级别的人征收的，都是对劳动工资的直接征税，也拥有着这种税收的所有不便之处。

人头税的征税费用不高；在其严格征收的地方，为国家提供了非常可靠、确定收入。正是出于这个原因，在那些很少关注下层阶级的安逸、舒适和安全的国家，人头税非常普遍。然而，一般来说，在一个大国中，从这种税收中获得的公共收入只是一小部分，而且它们所提供的最大数额可能总是以其他为人民增加便利的方式获得。

消费品税

由于不可能完全按照人民收入的比例、按人头税的方式征税，消费品税产生了。国家不知道如何直接和按比例地对其国民的收入征税，就努力通过对人民的开支征税来间接地征税，据说在大多数情况下，这种开支几乎与人民的收入成正比。对人民的开支，按照人民所依赖的消费品征税。

消费品要么是必需品，要么是奢侈品。

我所说的必需品，不仅是指维持生活所必需的商品，而且包括按照该国的习俗（即使是最低级的人）维持体面所需的东西。例如，严格来说，亚麻衬衫并不是生活必需品。我认为，希腊人和罗马人虽然没有亚麻布，也生活得非常舒适。但在当今时代，在欧洲的大部分地区，一个有信誉的日工如果没有一件亚麻布衬衫，就会羞于出现在公众面前，因为没有亚麻布衬衫就会被认为是生活贫困到了一定程度，而据一般人看来，如果没有极端恶劣的行为，没有人能够陷入这种情况。按照同样的习俗，皮鞋在英国也成为生活的必需品。无论男女，即便是最贫穷的人，如果没有皮鞋，也会羞于抛头露面。在苏格兰，风俗习惯使皮鞋成为最底层男人的生活必需品；但对同一阶层的妇女，却不是如此，妇女可以赤脚走动而不会有任何不光彩。在法国，它们既不是男人的必需品，也不是女人的必需品，最底层的男女都在抛头露面，有时穿着木鞋、有时光脚，毫不失体面。因此，我所指的必需品不仅包括那些自然界的东西，而且还包括那些既定的体面规则使得最底层的人也必须拥有的东西。除此之外，我将所有其他的东西都称为奢侈品，但我并没有使用这一称呼对有节制地使用这些商品的人进行哪怕是最轻微的指责之意。例如，人们饮用的啤酒、麦酒、葡萄酒，在英国以及即使在葡萄酒生产国，我都称之为奢侈品。任何阶级的人都可以完全不品尝这些酒，而不会受到任何指责。自然界并没有规定它们是维持生命所必需的商品，而风俗习惯也没有规定没有它们的生活是不体面的。

由于劳动工资在任何地方都是一部分是由对它的需求、另一部分是由生活必需品的平均价格决定的，因此，凡是后者的平均价格出现提高，前者也必然要提高，以使劳动者仍然能够购买得起那些必要的物品，而这些物品是劳动需求状况（无论是增加、不变还是下降）要求他拥有的。对这些物品征税，必然使其价格的增加值略高于税额，因为预付税金的商人一般必须用利润收回税金。因此，这种税必须引起与价格上涨相称的劳动工资的增加。

因此，对生活必需品的征税与对劳动工资的直接征税的方式完全相同。劳动者虽然可以亲手缴纳，但至少在任何相当长的时间内，都不能很恰当地说是在预付。从长远来看，它必须总是由他的直接雇主在其工资比率中预付。雇主如果是制造业主，就会在他的商品价格上收取工资的增长和利润。这样一来，最终的税金缴纳，加上这种超额的费用，就会落在消费者的身上。如果雇主是农场主，那么最终付款和类似的超额费用将落在地主的租金上。

对我所说的奢侈品，甚至对穷人的奢侈品征税，情况就不是这样。应税商品的价格上涨，不一定会引起劳动工资的增加。例如，烟草虽然是穷人和富人的奢侈品，但对烟草征税不会引起工资的提高。尽管英国对烟草征收原价 3 倍的税，法国对烟草征收原价 15 倍的税，但这些高额关税似乎对劳动者的工资没有影响。对茶叶和糖的征税也是如此，在英国和荷兰，茶叶和糖已经成为最底层人民的奢侈品；对巧克力的征税也是如此，据说在西班牙也是一样。18 世纪以来英国对烈性酒征收的各种税金，应该不会对劳动者的工资产生任何影响。由于对每桶烈性啤酒征收 3 先令的附加税，波特酒的价格上升，但这并没有提高伦敦普通工人的工资。在征税之前，普通工人的每日工资为 18~20 便士，现在并没有增加。

这类商品的高价格不一定会削弱下层阶级养家糊口的能力。对朴实和勤劳的穷人来说，对这类商品征收的税金起到了节俭法的作用，使他们要么节制、要么完全不消费他们不再负担得起的奢侈品。由于这种被迫的节俭，他们养家糊口的能力非但没有减弱，也许还经常因税收而增加。一般来说，朴实而勤劳的穷人才能养育出最多的子女，主要提供有用劳动力的需求。事实上，并非所有的穷人都是朴实和勤劳的，放荡不羁的人可以在价格上涨后继续像以前一样放纵自己消费这些商品，而不考虑这种放纵可能给他们的家庭带来的痛苦。然而，这些不守规矩的人很少会养育子女众多的家庭，他们的孩子通常会因为忽视、照顾不善以及食物的匮乏或不健康而死亡。就算他们凭借自己的体质在父母的不良行为所带来的艰难的困境中幸存下来，这种不良行为的榜样通常也会腐蚀他们的道德，因此他们非但不能通过自己的努力变得对社会有用，反而会因为自己的恶习和混乱而成为公害者。因此，尽管穷人的奢侈品价格上涨，可能会在一定程度上增加这些不负责任的家庭的痛苦，从而在一定程度上削弱他们养育子女的能力，但这可能并不会使国家的有用人口减少很多。

必需品平均价格的任何上涨，除非得到劳动工资相应增长的补偿，否则必然会或多或少地削弱穷人养育子女和家庭的能力，因而也会削弱对有用劳动的需求，无论这种需求增加、不变或下降，或者人口需要增加、不变或下降。

对奢侈品征税，除了对应税商品征税外，没有提高任何其他商品价格的趋势。对必需品征税，必然会导致通过提高劳动工资提高所有制造业的价格，因此减少其销售和消费的范围。对奢侈品征收的税金最终由被征收商品的消费者缴纳，而没有任何报偿。它们无差别地落在每种收入、劳动工资、资本利润和土地租金上。对生活必需品征收的税金，只要影响到劳动的穷人，最后就会由地主以其地租的减少来缴纳；部分由富有的消费者，无论是地主还是其他人，以制成品的预付价格来缴纳，而且总是有相当多的超额。像真正的生活必需品、供穷人消费的制成品，例如粗毛布，其价格的上涨必须通过进一步提高工资来补偿穷人。中等和高等阶层的人，如果了解自己的利益，就应该始终反对对生活必需品的所有税收，以及对劳动工资的所有直接税收。这两种税的最终缴纳完全由自己承担，而且总是有相当多的超额费用。它们落在地主身上最重，总是以双重身份缴纳：作为地主，他们的地租减少；而作为富裕的消费者，他们的开支增加。马修·德克尔爵士的观点是，某些商品的价格中，某些税种有时会重复、累积四到五次，而这对生活必需品的税收来说是完全正确的。例如，在皮革的价格中，不仅必须缴纳你自己的鞋子的皮革税，还必须缴纳鞋匠和皮匠的鞋子的部分税金。你也必须缴纳这些工人在为你服务时消费的盐、肥皂和蜡烛的税金，以及盐商、肥皂商和蜡烛商在为他们服务时消费的皮革的税金。

在英国，对生活必需品的主要税金是对刚才提到的四种商品，即盐、皮革、肥皂和蜡烛的税收。

盐是一种非常古老和普遍的征税对象。古罗马就开始对盐征税，我相信目前欧洲的每个地方都是如此。任何人每年消耗的盐数量都很少，而且可以逐渐、按需购买，因此，人们似乎认为，即使对它征收相当重的税，也不会有人感到非常敏感。在英国，盐的税率是每蒲式耳 3 先令 4 便士，大约是商品原价的三倍。在其他一些国家，税收还更高。皮革是一种真正的生活必需品。亚麻布的使用使肥皂也成为必需品。在冬夜漫长的国家，蜡烛是一种必要的生产工具。在英国，皮革和肥皂的税率为每磅 1.5 便士，蜡烛的税率为 1 便士；按照皮革的原价，其税率可能达到 8%~10%；按照肥皂的原价，其税率可能达到 20%~52%；按照蜡烛的原价，其税率可能达到 14%~15%。这些税率虽然比盐的税率低，但仍然非常重。由于这四种商品都是真正的生活必需品，对它们征收如此重的税，必然会在一定程度上增加朴实而勤劳的穷人的开支，因此或多或少地提高他们的劳动工资。

在英国这样一个冬季非常寒冷的国家，在冬季，从最严格的意义上说，燃料是生活的必需品，不仅是为了满足食物的需要，也是为了让许多在室内工作的不同种类的工人可以舒适地生活下去；而煤炭是所有燃料中最便宜的。燃料的价格对劳动力的价格有如此重要的影响，以至于整个大不列颠的制造业主要局限于煤炭产区，而该国的其他地区由于这种必需品的价格太高，无法以如此低廉的价格工作。此外，在某些如玻璃、铁和所有其他金属的制造业中，煤是一种必要的生产工具。如果在任何情况下都能提供合理的补贴，那么对于将煤炭从国内那些产煤地运到那些用煤地，也许就应该如此。但是，立法机构不但没有提供补贴，而是对沿海运输的煤炭征收每吨 3 先令 3 便士的税金，这对大多数种类的煤炭来说，超过了煤场原价的 60%。通过陆路或内河航运运输的煤炭不交税。在煤炭自然廉价的地方，煤炭的消费免于收税；而在自然昂贵的地方，煤炭的消费被征重税。

这种税收虽然提高了生活价格，因而也提高了劳动工资，但为政府提供了相当大的收入，这一收入可能不容易通过其他方式找到。因此，继续征收这些税收可能有充分的理由。对谷物出口的补贴，只要在实际耕作状态下倾向提高这一必要品的价格，就会产生所有类似的负面影响，而且非但不能提供任何收入，还经常给政府带来非常大的开支。对外国进口的谷物征收高额关税，在普通的年份相当于禁止进口；在通常的法律状态下绝对禁止进口活畜或腌制食品，在适度丰收的年份相当于一项禁令，而且由于稀缺，目前对爱尔兰和英国殖民地暂停征收一段时间，对生活必需品产生了所有征税的负面影响，而且不会给政府带来任何收入。要废除这些规定，只要让公众相信建立这些规定的制度是似乎徒劳、没有必要的，就足够了。

在许多其他国家，对生活必需品的征税要比英国高得多。许多国家都对在磨坊磨制的面粉和粉条以及在烤炉烤制的面包收税。在荷兰，城镇中消费的面包的货币价格被认为因为这种税收加倍。作为这种税收的部分代替，住在乡下的人，每年根据他们所消费的面包种类缴纳一定数量的税金。吃小麦面包的人要交 3 盾 15 斯泰夫，大约 6 先令 9.5 便士。这些税和其他一些类似的税，通过提高劳动力的价格，据说已经毁掉了荷兰的大部分制造业。类似的税收，虽然没有那么重，但在米兰公国、热那亚各州、摩德纳（Modena）公国、帕尔马（Parma）、普拉森蒂亚（Placentia）和瓜斯塔拉（Guastalla）

公国以及各个教会领地都有存在。一位法国的知名作家建议改革法国财政，用这项最具破坏性的税种代替其他大部分税种。西塞罗说，哪怕是如此荒谬的事情，有时也会有一些哲学家主张。

对畜肉征税仍然比对面包征税更普遍。畜肉是否在任何地方都是生活必需品确实值得怀疑。根据经验，谷物和其他蔬菜，加上牛奶、奶酪、黄油（或者在没有黄油的地方）和酥油，也可以提供最丰富、最健康、最滋补和最有活力的饮食。在任何地方，为了维持体面，都不像要求人们穿麻布衬衫或皮鞋一样要求任何人吃畜肉。

消费品，无论是必需品还是奢侈品，都可以通过两种不同的方式征税。消费者可以因使用或消费某类商品而每年缴纳一笔款项，或者在商品仍在经销商手中并在交付给消费者之前对其征税。对那些在完全消费之前已经持续了相当长的时间的消费品，用一种方式征税最为合适；而对那些立即消费或更快消费的商品则用另一种方式征税。马车税和器皿税是前一种征收方式的例子：其他大部分消费税和关税是后一种征收方式。

如果管理得当，一辆马车可以使用 10 年或 12 年。在它离开马车制造业主的手中之前，它可能会被征收一次税。但是，对买方来说，每年缴纳 4 镑以获得保留马车的特权，肯定要比一下子向马车制造业主支付 40 或 48 镑的额外价格，或者相当于他在使用同一马车期间可能花费的税金更加方便。以同样的方式，一个器皿可以使用超过一个世纪。对消费者来说，每年为每 100 盎司重的器皿缴纳 5 先令，接近其价值的 1/100，当然要比一次性付出相当于 25 或 30 年的税额总数更容易，因为后者会使价格至少提高 25% 或 30%。涉及房屋的不同税种，通过每年缴纳适当的费用肯定比在首次建造或出售房屋时征收同等价值的重税更方便。

马修·德克尔爵士提出了一个众所周知的建议，即所有商品，甚至是那些可以立即消费或非常迅速地消费的商品，都应以这种方式征税，经销商不预付任何费用，但消费者每年缴纳一定的费用，以获得消费某些商品的许可证。他的观点的目的是促进外贸的所有不同部门，特别是运输贸易，办法是取消所有进口和出口的关税，从而使商人能够将他的全部资本和信贷用于购买货物以及缴纳船舶的运费，而其中任何部分都不用于预付税金。然而，以这种方式对即时或快速消费的货物征税的计划似乎会有以下这四种负面影响：第一，相比于通常的征税方式，税收会更加不平等，或者说与不同贡献者的支出和消费不相称。对啤酒、葡萄酒和烈性酒征收的税金，由经销商垫付，最后由不同的消费者完全按照他们各自的消费比例缴纳。但是，如果通过购买饮用这些酒的许可证来缴纳税金，那么，按照不同的消费比例，饮酒较少的人将比饮酒较多的人征收更多的税金，热情好客的家庭比招待较少客人的家庭被征收的税要轻得多。第二，这种征税方式，即每年、每半年或每季度缴纳一次消费某些商品的许可证，将大大减少对快速消费的商品征税的主要便利之一，即零星缴纳。在目前为一壶波特酒缴纳的 3.5 便士的价格中，对麦芽、啤酒花和啤酒的不同税收，加上酿酒师为预付这些税收而收取的特殊利润，可能会达到大约 1.5 便士。如果一个工人能够轻易地拿出这 3.5 便士，他就会购买一瓶波特酒。如果不能，就买一品脱，而且，由于省下的 1 便士就相当于他得到的 1 便士，因此通过节约，他额外获得了 1 便士。在有能力且愿意购买的情况下，他可以零散地缴纳税金，每一次购买都完全自愿。如果他选择不购买，则可以避免。第三，这种税将降低节约法的效用。一旦购买许可证，无论购买者喝得多少，他需要交的税金都是相同的。第四，如果要求一位工人每年、每半年或每季度一次性缴纳相当于他在这一时间段内所饮用的不同的瓶数和品脱数的波特酒所缴纳的税金，这个数字可能经常使他非常困扰。因此，这种征税方式如果没有最严重的压迫，似乎就不可能产生与目前的没有压迫的征税方式几乎相等的收入。然而，在一些国家，立即或非常迅速地消费的商品是以这种方式征税的。在荷兰，人们为喝茶的许可缴税。前文我已经提到过的面包税中，对农舍和乡村消费的面包，都是以同样的方式征收的。

货物税只对用于国内消费的国产货物征收。它们只对适用于几种最普遍使用的商品。对于征收这些关税的商品，或者对于每一种商品所要征收的特定关税，均不需任何质疑。它们几乎全部落在我所说的奢侈品上，只有上面提到的对盐皂、皮革、蜡烛，也许还有对绿色玻璃征收的四种税例外。

关税比货物税要古老得多。海关（custom）[①] 之所以被称为海关，似乎是指自古以来一直在使用的习惯性缴税方式。它们最初似乎是对商人利润征收的税金。在封建无政府状态的野蛮时代，商人和城镇的所有其他居民一样，比被解放的农奴好不了多少，他们受到鄙视，而他们的收益得到羡慕。大贵族们同意国王对他们自己的佃户的利润征税，但他们并不希望国王也对那些他们不愿意保护的人的利润征税。在那个无知的时代，人们不知道商人的利润是不直接征税的对象，也不知道所有这些税收的最终缴纳必须落在消费者身上，而且还要收取相当多的超额费用。

人们对外国商人的收益比对英国商人的收益更为歧视。因此，对前者的征税自然要比对后者的征税更重。对外国人和英国商人征收的关税之间的这种区别既出于无知，又出于垄断精神，或者说为了使我们自己的商人在国内和国外市场上都有优势而继续存在。

① 海关一词同时有习惯之意。——译者注

除了这种区别之外，古代的关税是对所有种类的货物、必需品和奢侈品、出口货物和进口货物平等征收的。人们似乎会问，为什么一种货物的商人要比另一种货物的商人更受青睐？或者为什么出口商要比进口商更受青睐？

古代关税分为三个部分。第一，也许是所有这些关税中最古老的，是对羊毛和皮革征收的关税。它似乎主要是或完全是一种出口税。当羊毛制造业在英国建立起来后，为了避免国王因羊毛布的出口而损失其对羊毛的任何部分关税，英国对它们征收了类似的关税。另外两个部分是：第一，对葡萄酒征收的关税，按每吨多少钱征收，称为吨税；第二，对所有其他货物征收的关税，按其推定价值每镑多少钱征收，称为镑税。在爱德华三世四十七年，对所有进出口货物征收每镑6便士的关税，但羊毛、毛皮、皮革和葡萄酒除外，这些货物要征收特别关税。在理查德二世十四年，这一关税被提高到每镑1先令，但三年后又被降低到每镑6便士。在亨利四世二年，它被提高到每镑8便士，在亨利四世四年，它又被提高到每镑1先令。从那时起到威廉三世九年，这一关税一直保持在每镑1先令。吨税和镑税通常由同一部议会法案拨给国王，称为吨税和镑税补贴税。由于镑税补贴税在很长一段时间内一直保持在每镑1先令或5%的水平，因此在海关的语言中，补贴税指的是这种5%的一般关税。这种补贴税，现在被称为“旧补贴税”，仍然继续按照查理二世十二年制定的税率表征收。据称，通过关税税率表评估应缴税金的货物价值的方法甚至詹姆斯一世时期还要早。1/3和2/3的补贴税在合起来构成了另外的5%。1747年的补贴税是对大部分货物的第四个5%；1759年的补贴税是对某些特定种类的货物的第五个5%。除了这五项补贴税外，英国还会偶尔对特定种类的货物征收大量的其他关税，以便有时缓解国家的紧急状况，或者根据商业制度的原则调节国家的贸易。

重商主义已经变得越来越流行。旧补贴税对出口和进口都是无差别征收的。后来的四项补贴，以及偶尔对特定种类的货物征收的其他关税，除了少数例外，都是完全针对进口的。对国内生产和制造的货物出口所征收的大部分古老关税，要么被减轻、要么被完全取消。在大多数情况下，它们都被取消，甚至有些货物的出口得到了优惠。在进口时已经纳税的外国货物，在出口时也给予退税，有时是全部退税，在大多数情况下是部分退税。旧补贴税所征收的进口税在出口时只退回一半，但缴纳后一种补贴税和其他税金的货物，大部分出口时都会退还全部税金。这种对出口的支持和对进口的抑制，只有少数例外情况，主要涉及一些制造业的材料。商人和制造业主希望这些材料对他们自己来说越便宜越好，而对其他国家的对手和竞争者来说则越贵越好。因此，外国材料有时被允许免税进口，例如西班牙羊毛、亚麻和生麻纱等。国内生产的材料和我们殖民地的特殊产出的出口，有时被禁止，有时被征收更高的关税。英国羊毛的出口已被禁止。海狸皮、海狸毛和塞内加尔胶（Senegal Gum）[①]的出口被征收更高关税。英国通过对加拿大和塞内加尔的征服，几乎垄断了这些商品。

我已在本书的第四卷中努力说明，重商主义制度对广大人民的收入，对国家土地和劳动的年产量并不十分有利。它似乎对君主的收入也不太有利，至少在该收入取决于关税的情况下是如此。

由于这一制度的影响，若干种商品的进口已被完全禁止。这一禁令在某些情况下完全阻止了这些商品的进口，而在另一些情况下，由于使进口商不得不进行走私而大大减少了这些商品的进口。

① 塞内加尔胶，又称阿拉伯胶或阿拉伯树胶。——译者注

它完全阻止了外国毛织品的进口，大大减少了外国丝绸和天鹅绒的进口。在这两种情况下，它完全消灭了可能对这种进口征收的关税收入。

对许多不同种类的外国货物的进口征收高额关税，以阻止它们在英国的消费，在许多情况下只能增加走私，而且在所有情况下都使海关的收入低于更轻的关税所能产生的税金。斯威夫特博士说过，在海关的算术中，二加二不等于四，有时只等于一，这句话对这种重税来说是完全正确的，如果不是重商主义制度教会我们在许多情况下不把税收作为一种收入而是垄断工具，就不可能征收这种税。

有时对本国产品和制成品的出口给予优惠，对大部分外国货物的再出口缴纳退税，产生了许多欺诈行为，也导致了一种比其他任何种类都更具破坏性的走私行为。众所周知，为了获得补贴或退税，这些货物有时被运往海上，但不久后又被秘密地转运到本国的其他地方。补贴和退税对海关收入造成的损失非常大，其中很大一部分是通过欺诈手段获得的。截至 1755 年 1 月 5 日为止的那一年中，海关的总收入达到了 506.8 万镑。从这一收入中付出的补贴，尽管该年没有对谷物的补贴，但达到了 16.78 万镑。按照退税凭证及其他证明所持的退税金为 215.68 万镑。补贴和退税合计为 232.46 万镑。由于这些扣除，海关的收入只有 274.34 万镑：从中再扣除 28.79 万镑的工资和其他开支的管理费用，该年海关的净收入仅为 245.55 万镑。在这种情况下，管理费用相当于海关总收入的 5% 到 6%，而在扣除缴纳的补贴和退税后的剩余收入中，管理费用超过了 10%。

由于我国对几乎所有的进口货物都征收重税，进口商人尽可能多地选择走私而减少报关。因此，我国出口商人登记的数量超过了他们的出口量，有时是出于虚荣心，冒充假装是货物出口不纳税的大商人，有时是为了获得补贴或退货。由于这些不同的欺诈行为，我们在海关账簿上的出口额似乎大大超过了我们的进口额，这让那些以所谓的贸易差额来衡量国家繁荣的政客们感到十分欣慰。

除非特别豁免（这种豁免并不多），所有进口货物都需要缴纳一些关税。如果进口的任何货物没有在税则书中提及，则根据进口商的宣誓，每 20 先令价值征收 4 先令 9 $\frac{9}{20}$ 便士，也就是说，几乎要征收 5 种补贴税，或 5 种镑税的关税。税率表非常全面，其中列举了大量的物品，许多物品很少使用因此不为人所知。因此，经常无法确定某类货物应归入哪一类，也就无法确定它们应缴纳何种关税。这样的错误有时会毁了海关官员，且经常给进口商带来很多麻烦、费用和烦恼。因此，从清晰、准确和明确的角度来看，关税比货物税要低得多。

为了使任何社会的大部分成员都能按其各自开支的比例为公共收入做出贡献，似乎没必要对这种开支中的每项物品都征税。通过货物税征收的收入应该和通过关税征收的收入一样平等地落在纳税人身上，而且货物税只对最普遍使用和消费的少数物品征收。许多人认为，通过适当的管理，关税也可以只限于少数物品，而不会对公共收入造成任何损失，同时极大地促进对外贸易。

目前，在英国最普遍使用和消费的外国物品似乎主要是外国出产的葡萄酒和白兰地，美洲和西印度群岛的一些产出——糖、朗姆酒、烟草、椰子等，以及东印度群岛的一些产出——茶叶、咖啡、各种香料、各种纺织物等。这些不同的物品当前可能提供了从关税中获得的大部分收入。除上文中列举的少数商品之外，目前对外国制造业产品征收的税金，其中大部分不是为了税收，而是为了垄断，或为了让我们自己的商人在国内市场上获得优势。如果取消所有的禁令并对所有外国制造品征收适度的税金，根据经验，每件物品都能给公众带来最大的收入，那么我们自己的工人在国内市场上仍然可以有相当大的优势，而且许多物品（其中一些目前没有给政府带来收入，另一些则只带来非常微不足道的收入）可能会提供很大的收入。

高税率有时会减少应税商品的消费，有时会鼓励走私，因此政府的收入往往比从更温和的税收中获得的收入要少。

当收入的减少是由于消费减少时，唯一的补救办法就是降低税收。

当税收的减少是由于鼓励走私时，也许可以通过两种方式来补救：要么减少走私的诱惑，要么增加走私的难度。只有通过降低税收才能减少走私的诱惑，而只有通过建立最适合防止走私的管理制度才能增加走私的难度。

从经验来看，我相信货物税法比海关法更能有效地阻止或挫败走私者的行为。在不同税种的性质允许的情况下，通过在海关中引入一种与货物税相似的管理制度，走私的难度就会大大增加。许多人认为，做出这种改变是十分容易实现的。

据称，应缴纳任何关税的商品的进口商可以选择将其运到自己的私人仓库或将其存放在由自己出资或由国家出资设立的仓库中，但后者要由海关官员负责保管，除非官员在场，否则不得打开。如果商人把它们运到自己的私人仓库，则应立即缴纳关税，此后不再退还，该仓库应随时接受海关官员的访问和检查，以确定其中的数量与已缴纳的关税相符。如果他将这些货物运到公共仓库，在运出仓库供国内消费之前，不需要缴纳任何关税。如果运出用于出口，则免征关税；且应始终提供适当的担保，以确保它们能够出口。这些特定商品的经销商，无论是批发商还是零售商，都必须随时接受海关官员的访问和检查，必须以适当的证书证明其商店或仓库中的货物都已缴税。目前，对进口朗姆酒征收的所谓货物税就是以这种方式征收的，同样的管理制度也许可以扩大到对进口货物征收的所有关税，但条件是这些关税必须像货物税一样，只限于最普遍使用和消费的少数种类的货物。如果像现在这样把关税扩大到几乎所有种类的货物，则难以找到规模足够大的公共仓库；而性质非常特别，或需要非常小心和注意保存的货物，商人不可能放心地托付给除了自己的仓库外的任何其他仓库。

如果采用某种管理制度，即使在相当高的关税下，也能在相当大的程度上防止走私。如果每一种关税都能为了最有可能给国家带来最大的收入而偶尔提高或降低，那么税收就是作为一种收入的工具，而不是垄断的工具。至少相当于目前海关净收入的收入可以从仅有的几种最普遍使用和消费的商品的进口税中获得，似乎并不是不可能的；而且关税可以因此达到与货物税相同的简单、确定和精确程度。采用这种制度，因进口的外国商品再出口时的退税而造成的税收损失将完全避免。在这一节省的基础上，如果再加上取消对本国产出出口的所有补贴（而这些补贴实际上并不是以前预付的某些货物税的退税），那么毫无疑问，在经过这种变化后，海关的净收入将完全等同于以前的水平。

如果这种制度的改变不会使国家收入遭受任何损失，那么国家的贸易和制造业肯定会获得非常大的好处。（现在占绝大多数的）未税商品的贸易将是完全自由的，而且可以以各种可能的优势在世界各地进行交易。这些商品包括所有的生活必需品和所有的制造材料。只要生活必需品的自由进口降低了它们在国内市场上的平均货币价格，也就会降低劳动的货币价格，但在任何方面都不会降低其实际报酬。货币的价值与它能购买的生活必需品的数量成正比，生活必需品的数量完全与可以购买到的货币数量无关。劳动的货币价格下降，必然伴随着所有本国产出价格的相应下降，从而在所有外国市场上获得一些优势。一些产出的价格会因原材料的自由进口而降低更大比例。如果可以从印度免税进口生丝，英国的生丝制造业主就可以以大大低于法国和意大利的制造业主的价格销售。没有必要禁止进口外国丝绸和天鹅绒。本国货物价格较低，不仅可以确保我们自己的工人拥有国内市场，而且也可以获得国外市场的支配权。即使是应税商品的贸易也会比现在更有利地进行。如果这些商品从公共仓库运往国外出口，在这种情况下免去了所有的税收，那么这些商品的贸易将是完全自由的。在这种制度下，各种商品的运输贸易将享有一切可能的优势。如果这些商品交付给国内消费，直到进口商有机会将其货物卖给一些经销商或消费者之前，他不必预付税金，所以出售这些货物的价格总是能够以比在进口时必须预付税金的情况下更便宜。在同样的税率下，即使是应税商品的对外消费贸易，也可以通过这种方式进行，而且比目前的情况要好得多。

罗伯特·沃波尔爵士（Sir Robert Walpole）著名的货物税的计划的目标是在葡萄酒和烟草方面建立一个与此处所提出的制度非常相似的制度。但是，尽管当时提交给议会的法案只包括这两种商品，但人们普遍认为它是作为一个更广泛的同类计划的试点。与走私商人与营私党派结合起来对该法案提出了十分激烈、十分不公正的反对意见，以至于首相认为应该放弃它，而且由于害怕激起同样的意见，他的继任者也不敢恢复这一计划。

为国内消费而进口的外国奢侈品，例如外国葡萄酒、咖啡、巧克力、茶、糖等的关税，虽然有时落在穷人身上，但主要是落在中层阶级或中产以上的富人身上。

对供家庭消费的较便宜的奢侈品征收的税金，按其各自的开支比例，相当平等地落在所有阶级的人民身上。穷人缴纳麦芽、啤酒花、啤酒和麦酒的关税是为了他们自己的消费，富人则是为了他们自己和他们的仆人的消费。

必须指出，在每个国家，下层阶级或中产以下的人民的全部消费，不仅在数量上，而且在价值上，都比中等阶级或中产以上的人的消费大得多。下层阶级的全部开支比上层阶级的开支要大得多。第一，每个国家的几乎全部资本每年都作为生产性劳动的工资分配给下层阶级。第二，地租和资本利润所产生的收入的很大一部分，每年都在同一阶级的人中间分配，作为佣人和其他非生产性劳动者的工资和生活费用。第三，资本利润的一部分属于同一阶级的人，作为雇佣他们的小资本而产生的收入。小店主、小商人和各种零售商每年赚取的利润数额都十分可观，在国家年产值中占有相当大的比重。第四，也是最后一点，即使是土地租金也有一部分属于同一阶级，而相当一部分属于那些略低于中产的人民，还有一小部分甚至属于最低的阶级：普通劳动者有时也拥有一两英亩土地田产。因此，虽然这些下层阶级的开支就他们个人而言是非常小的，但是，就他们的整体而言，总是占整个社会开支的最大部分；国家的土地和劳动的年度产出中，留给上层阶级消费的部分，其数量和价值总是少得多。因此，主要落在上层阶级身上、落在年产出的较小部分上的税收，很可能比那些无差别地落在所有阶级上、甚至是那些主要落在下层阶级身上的税收要少得多。因此，在所有不同的费用税中，对自制发酵酒和烈性酒的材料和制造所征收的税金，是迄今为止最富有成效的；而且这一税种也许在很大程度上主要是落在平民百姓的身上。截至 1775 年 7 月 5 日的一年中，该税种的总产值达到了 3 341 837 镑 9 先令 9 便士。

然而，我们必须永远记住，应该收税的是下层阶级的奢侈开支，而不是必要开支。对他们的必要开支征收的任何税金的最终缴纳将完全落在上层阶级身上，落在年产物的较小部分而不是较大的部分上。在任何情况下，这种税都必须要么提高劳动工资，要么减少对劳动的需求。如果不将税收的最终缴纳落在上层阶级身上，就不可能提高劳动工资。如果不减少国家土地和劳动的年产量，就不可能减少对劳动力的需求，因为所有税收都必须从这项资源中最终缴纳。无论这种税把劳动力的需求减少到什么程度，它都必须把工资提高到比在这种状态下更高的水平，而在所有情况下，这种工资提高的最终缴纳必须由上层人民承担。

酿造的发酵酒和蒸馏的烈性酒如果不是为了销售而是为了私人使用，则不需要在英国缴纳任何消费税。这种豁免的目的是使私人家庭免于征税官的令人讨厌的访问和检查，使得落在富人身上的这些关税的负担往往比落在穷人身上的要轻得多。事实上，供私人使用的蒸馏烈性酒虽然存在，但是并不常见。但在国内，许多中产阶级和几乎所有富人和大户人家都自己酿制啤酒。因此，他们的烈性啤酒的价格比普通酿酒师的价格每桶低 8 先令，而普通酿酒师必须从税收以及他所预付的所有其他费用中获得利润。因此，这些自酿酒家庭饮用的啤酒至少要比普通人饮用的同样质量的酒每桶便宜 9 或 10 先令，因为对后者来说，从各地的啤酒厂或零售店里购买啤酒都是十分方便的。以同样的方式，供私人家庭使用的麦酒不需要接受征税官的访问或检查；但在这种情况下，家庭必须按每人 7 先令 6 便士的价格交税。7 先令和 6 便士相当于 10 蒲式耳麦芽的消费税——这个数量完全等于任何饮酒较少的家庭的所有成员，包括男人、女人和孩子，可能消费的平均数量。但是在富裕的大户人家，在乡下好客的地方，家庭成员消费的麦酒只占全家消费的一小部分。然而，受这种税款或其他因素影响，麦酒和酿酒供私人使用的情况并不常见。很难想象有什么公平的理由使那些为私人使用而酿造或蒸馏自用饮料的人不必缴纳制造麦芽的人所纳的税。

人们经常说，如果对麦芽征收更轻的税，就可以获得比目前对麦芽、啤酒和麦酒征收的所有重税更多的收入，因为酿酒厂逃避税收的机会比麦芽厂更大，而且那些为私人用途而酿酒的人可以免除所有的关税或各类税金，而那些为私人用途而制麦芽的人却不能免税。

在伦敦的波特啤酒厂，每夸脱的麦芽通常可以酿成两桶半以上的波特酒，有时甚至可以酿成三桶。对麦芽征收的不同税金为每夸脱 6 先令，对烈性啤酒和麦酒征收的税金为每桶 8 先令。因此，在波特啤酒厂，对麦芽、啤酒和麦芽征收的不同税收达到了每夸脱麦芽 26 到 30 先令之间。在乡下的普通啤酒厂里，每夸脱麦芽能酿成低于两桶浓啤酒和一桶淡啤酒，经常是两桶半浓啤酒。对淡啤酒征收的各种税金达到每桶 1 先令 4 便士。因此，在乡村酿酒厂，对每夸脱麦芽、啤酒和麦酒的不同税收很少少于 23 先令 4 便士，一般是 26 先令。因此，按整个王国的平均水平计算，对麦芽、啤酒和麦酒征收的全部关税，按每夸脱麦芽的产量计算，不可能低于 24 或 25 先令。但是，如果取消所有对啤酒和麦芽征收的不同税种，并将麦芽税提高三倍，或者将每夸脱麦芽的税额从 6 先令提高到 18 先令，按照这种单一方式收税，可以比目前从所有这些较重的税收中获得的收入更多。

1772 年	旧麦芽税收入……………	722 923 镑	11 先令	11 便士
	附加税……………………	356 776	7	9¾
1773 年	旧麦芽税收入……………	561 627	3	7½
	附加税……………………	278 650	15	3¾
1774 年	旧麦芽税收入……………	624 614	17	5¾
	附加税……………………	310 745	2	8½
1775 年	旧麦芽税收入……………	657 357	0	8¼
	附加税……………………	323 785	12	6¼
	合计 …… …… …… …… …	3 835 580	12	0¾
	四年的平均数……………	958 895	3	0 3/16
1772 年	地方国产税收入 …… ……	1 243 128	5	3
	伦敦酿造厂税额…………	408 260	7	2¾
1773 年	地方国产税收入 …… ……	1 245 808	3	3
	伦敦酿造厂税额…………	405 406	17	10½
1774 年	地方国产税收入 …… ……	1 246 373	14	5½
	伦敦酿造厂税额…………	320 601	18	0¼
1775 年	地方国产税收入 …… ……	1 214 583	6	1
	伦敦酿造厂税额…………	463 670	7	0¼
	合计 …… …… …… …… …	6 547 832	19	2¼
	四年的平均数 …… …… …	1 636 958	4	9½
加入麦芽税平均数…………………		958 895 镑	3 先令	0 3/16 便士
两平均数的和 …… …… …… …… …		2 595 853	7	9 11/16
三倍麦芽税，即麦芽税每夸特由六先令提高至十八先令。此单一税将产出以下的收入 …… …		2 876 685	9	0 9/16
对于前者的超过额 …… …… …… ……		280 832	1	2 11/16

事实上，旧麦芽税还包括每豪格海桶苹果酒（Cyder）征税 4 先令，以及对每桶穆默酒（Mumm）[①] 征税 10 先令。1774 年，总苹

① 穆默酒（Mumm），又写作 Mum 或 Mumme，是一种带有草本植物风味的烈性啤酒。在 13 至 14 世纪开始在德国北部酿造，约 16 世纪传至英国，后来的英国人称赞其口味“像六匹马拉的马车一样烈”。——译者注

果酒税金仅为3083镑6先令8便士，这一数字可能略低于平时的数额。该年份所有苹果酒不同税种的税收都比平时少。对麦酒的征税虽然要重得多，但由于这种酒的消费量较小，所以产量也较少。但是，为了平衡这两种税的正常数额，在所谓的乡村货物税下，首先是对每豪格海桶苹果酒征收6先令8便士的旧税；其次是对每豪格海桶酸果酒（Verjuice）征收6先令8便士的相似税金；再次是对每豪格海桶酸果酒征收8先令9便士；最后是对每加仑蜂蜜酒征收11便士。这些不同的税收所产生的收益可能会远远超过所谓的每年对苹果酒和麦芽酒征收的关税。

不仅酿造啤酒和麦酒需要消耗麦芽，而且酿造葡萄酒和烈酒也需要麦芽。如果将麦芽税提高到每夸脱18先令，就有必要对那些以麦芽为原料的特定种类的低度酒和烈酒征收的各种税进行一些减免。在所谓的麦酒中，麦芽通常只占原料的1/3，其他2/3是生麦芽或者1/3的大麦和1/3小麦。在麦酒的蒸馏厂里，走私的机会和诱惑都比酿酒厂或麦芽厂大得多；机会是由于蒸馏产品的体积小、价值大，诱惑则是由于关税太高，达到每加仑烈酒3先令 $10\frac{2}{3}$ 便士。[①] 通过提高麦芽的关税，减少酒厂的关税，走私的机会和诱惑都会减少，可能会进一步增加收入。

在过去的一段时间里，英国的政策不鼓励消费烈性酒，因为据说烈性酒会破坏普通人的健康、败坏他们的品德。根据这项政策，对酒厂的减税幅度不应足以在任何方面降低这些酒的价格。含酒精的酒类可能仍然像以前一样昂贵，而与此同时，啤酒和麦酒这些有

① 虽然直接对烈性酒征收的关税只有每加仑2先令6便士，但这些关税加上低度酒的关税（它们是由低度酒蒸馏而来的），就达到了3先令。为了防止欺诈，低度酒和蒸馏酒都是按照它们原料的规格来评定的。

益健康和令人振奋的酒类可能会大大降低价格。这样，人们就可以部分地从他们目前抱怨最多的一种负担中解脱出来，而同时，收入也可以大大增加。

戴夫南特博士反对现行货物制度的意见似乎是没有根据的。这些反对意见认为，税收不是像现在这样按照利润平均落在麦芽制造者、酿酒商和零售商头上，而是完全落在麦芽制造者身上，影响其利润；麦芽制造者不可能像酿酒商和零售商那样轻易地从其麦芽的提价中收回税金；对麦芽征收如此重的税可能减少大麦耕地的租金和利润。

任何税收都不可能在相当长的时间内降低任何特定行业的利润率，因为这些行业必须始终与邻近地区的其他行业保持一致。目前对麦芽、啤酒和麦酒征收的税金并不影响这些商品经销商的利润，他们都通过提高商品的价格来获得额外的利润，从而收回税金。的确，税收可能会使被征收的商品变得非常昂贵，从而减少对它们的消费。但是麦芽的消费含在麦酒中，对每夸脱麦芽征收 18 先令，不可能使这些酒比目前的不同税种（达 24 或 25 先令）更贵。相反，这些酒可能会变得更便宜，其消费量可能会增加而不是减少。

不太容易理解的是，为什么麦芽制造者从其麦芽的提价中收回 18 先令比目前酿酒商从其酒中收回 24 或 25 先令，有时是 30 先令更难。事实上，麦芽制造者并非缴纳 6 先令税，而是必须在每夸脱的麦芽中预付 18 先令。但目前，酿酒师每酿造一夸脱的麦芽，就必须预付 24 或 25 先令，有时是 30 先令的税金。对麦芽制造者来说，预付较轻的税金自然不会比目前对酿酒商预付较重的税金更不方便。麦芽制造者的麦芽也并不总是存放在自己的粮仓里，而处理这些麦芽所需的时间要比酿酒商经常存放在地窖里的啤酒和麦芽的时间长。因此，前者常常可以像后者一样很快得到资金回报。但是，无论麦芽制造者因不得不预付更多的税金而产生什么不便，只要给予他比当前通常给予酿酒商的时间更长几个月的信贷，就可以很容易地加以补救。

如果对大麦的需求没有减少，就不可能降低大麦耕地的租金和利润。但是如果改变制度，将酿造啤酒和麦酒的每夸脱麦芽的关税从 24 和 25 先令减少到 18 先令，就更有可能增加而不是减少这种需求。此外，大麦耕地的租金和利润必须始终与其他同样肥沃和同样易于耕种的土地的租金和利润几乎保持相等。如果更低，那么大麦耕地的某些部分很快就会转用于其他用途；如果更高，更多的土地很快就会转用于种植大麦。当土地的任何特定产出的常规价格是所谓的垄断价格时，对其征税必然会减少种植该产出的土地的租金和利润。由于葡萄酒远远不能满足有效的需求，其价格总是高于其他同样肥沃、同样良好的土地的产出的自然比例，对葡萄园的珍贵的产出征税必然会减少这些葡萄园的租金和利润。葡萄酒的价格已经达到通常运往市场的数量所能得到的最高价格，如果不减少这一数量，就再不能提高价格，而如果减少这一数量，也会承担更大的损失，因为这些土地不能转用于任何其他有着同等价值的产出。因此，税收将全部落在租金和利润上——确切地说，是落在葡萄园的租金上。当有人提议对糖征收任何新税时，我们的糖业种植者经常抱怨说，这种税并非落在消费者身上，而是落在生产者身上，他们从来没有能力在征税后把糖的价格提高到比以前高的水平。在征税之前，糖的价格似乎是垄断价格，而为了表明糖不是适当的征税对象而提出的论点也许表明它是一个适当的征税对象。垄断者只要能够获取收益，其收益当然是所有对象中最适当的。但是，大麦的常规价格从来就不是垄断价格，大麦耕地的租金和利润从来就没有超过与其他同样肥沃和同样耕种的土地的自然比例。对麦芽、啤酒和麦酒征收的各种税金，从未降低过大麦的价格，也从未减少过大麦耕地的租金和利润。酿酒商的麦芽价格总是与对其征收的税金成正比，而这些税金加上对啤酒和麦芽征收的不同税金，一直在提高这些商品的价格，或降低其质量。这些税金最终还是落在消费者而不是生产者身上。

在这里提出的制度改革中，唯一可能受到影响的是那些为自己的私人用途酿酒的人。但是，这些上层阶级的人目前享受的豁免贫困的劳动者和工匠缴纳的非常沉重的税金，肯定是最不公正、不平等的，即使这种改革永远不会发生，也应该被取消。然而，也许正是这种上层阶级人民的利益，迄今为止一直在阻止这种既能增加收入又能减轻人民负担的制度变革。

除了上述的关税和消费税之外，还有其他一些对商品价格有着更不平等、更间接影响的关税。这类关税在法语中被称为路桥费（Péage），在古老的撒克逊时代被称为通行税（Duty of Passage），其最初设立的目的似乎与我们的收费公路、运河或通航河流的收费相同，用于维护道路或航运。这些税在用于此类目的时，最恰当的做法是根据货物的体积或质量征收。由于它们最初属于地方和省的税收，因此他们适用于地方和省的目的，在大多数情况下，它们的管理被委托给征收它们的特定城镇、教区或领地，这些地区被认为是按照某种方式对其应用负责。在许多国家，完全不负责任的君主自己承担了这些税收的管理职责，尽管他在大多数情况下都大大加重了这种税收，但在许多情况下完全忽视了它的应用。如果某天英国的收费公路成为政府的资源之一，我们可以从许多其他国家的例子中了解到可能会出现的后果。毫无疑问，这种通行费最终是由消费者缴纳的；但是当消费者不是按照价值，而是按照他所消费的东西的体积或质量来缴纳时，他就没有按照他的支出比例来征税。当这种关税不是根据货物的体积或质量，而是根据货物的假定价值征收时，它们就变成了一种内部关税或消费税，在很大程度上阻碍了所有商业分支中最重要的商业：国家的内部贸易。

某些小国对从某国途经该国运往别国的陆路或水路货物征收类似于通行税的关税。这在一些国家被称为过境税。一些位于波河（Po River）和流向波河的支流上的意大利小国也这种完全由外国人缴纳的关税中获得了一些收入，而且，这也许是一个国家在不妨碍本国工业或商业的情况下对另一个国家的国民所能征收的唯一关税。世界上最重要的过境税，就是丹麦国王对所有通过波罗的海厄勒海峡（Oresund）[①] 的商船征收的过境税。

与大部分的关税和消费税类似的奢侈品税，尽管都无差别地落在每种不同的收入上，并且由消费它们所征收的商品的人最终无偿缴纳，但它们并不总是平等或按比例落在每个人的收入上。由于每个人的心情调节着他的消费程度，所以每个人都是根据心情而非收入比例缴税的；大手大脚的人纳税多，节约的人纳税少。当一个拥有巨大财富的人尚未成年时，他在国家的保护下获得了巨大收入，而通过消费对做国家的贡献（缴纳的税金）往往很少。生活在另一个国家的人，则完全没有通过消费为支持自己收入来源的国家做出任何贡献。如果这个国家没有土地税，也没有像爱尔兰那样对动产或不动产的转让征收任何可观的税金，那么这些人就可以在一个他们没有贡献一先令的政府的保护下获得大量的收入。在政府在某些方面从属于或依赖于其他国家的国家，这种不平等可能是最为显著的。在这种情况下，在附属国拥有最大量财产的人一般会选择居住

---

① 厄勒海峡，亦称松德海峡，位于瑞典南部和丹麦之间，是联通波罗的海和北海的重要水道。丹麦的哥本哈根和瑞典的马尔默位于该海峡沿岸。——译者注

在统治国。爱尔兰正是处于这种情况，因此，对不在本国者征税的建议在该国会如此受欢迎就不足为奇了。也许，要确定何种或多大程度的不在本国会使一个人被当作不在本国者而被征税，或者在何时开始或结束征税，可能有点困难。然而，如果不考虑这种非常特殊的情况，那么由这种税所引起的个人贡献方面的任何不平等都会被造成这种不平等的情况所补偿，即每个人的贡献完全自愿，他完全有能力消费或不消费征税的商品。因此，如果这种税可以被适当地评估，在适当的商品上征收，那么对它们的抱怨就会比其他任何税种更少。当它们由商人或制造业主预付时，最终缴纳它们的消费者很快就会把它们与商品的价格混为一谈，几乎忘记了他缴纳的任何税金。

这种税是或可能是完全确定的，可以按照应该缴纳的东西或应该缴纳的时间来对应地评估，而数量或时间都没有疑问。无论是英国的关税，还是其他国家的同类关税，有时可能存在任何不确定性，但这并不是因为这些关税的性质，而是因为征收关税的法律表达方式不准确或不熟练。

对奢侈品征收的税金一般都是而且总是可以零散地缴纳，或者根据纳税人有机会购买应税货物的比例缴纳。在缴纳时间和方式上，它们是或可能是所有税收中最方便的。总的来说，这种税也许与其他任何税种一样，符合关于税收的四条一般原则中的前三条，但它们在各方面都违反了第四条。

这种税收，按其给国家国库带来的收入的比例，总是比几乎任何其他税收从人民的口袋中取出或抽走的更多。它们似乎以四种不同方式造成这一结果：

第一，征收这种税金，即使是以最明智的方式征收，也需要大量的海关和货物税征税官，他们的工资和津贴是对人民的真正征税，而并没有给国库带来任何好处。然而，必须承认，英国的这项开支比大多数其他国家更为适度。截至1775年7月5日为止的那一年中，在英国货物税官员的管理下，不同税种的总产值达到了5 507 308镑18先令8 $\frac{1}{4}$便士，征收的费用略高于5.5%。然而，扣除出口奖励金和退税后，净产值将低于500万镑。① 盐税是一种货物税，但在不同的管理下，其费用要高得多。海关的净收入不超过250万镑，官员的工资和其他费用方面超过征税的10%。但是，不论何处，海关官员的津贴都比他们的工资高得多；在一些港口，津贴是工资的两倍以上。因此，如果官员的工资和其他费用达到了海关净收入的10%以上，那么征收关税的全部费用，包括工资和津贴，可能达到了20%以上。货物的官员很少或没有得到任何津贴，而且税收的这一分支的管理，由于建立时间较短，一般来说没有海关管理那么腐败，海关的管理时间长，出现了许多贪污渎职的情况。通过对麦芽征收目前对麦芽和麦酒征收的全部税金，据说每年可以节约5万多镑的消费税支出。将关税限制在少数几种商品上，根据货物法征收这些关税，每年的海关开支可能会节省得更多。

第二，这种税收必然会对某些工业部门造成一些阻碍或负面影响。由于它们总是提高应税商品的价格，因此它们到目前为止都阻碍了其消费并因此影响其生产。如果它是本国生长或制造的商品，那么就会导致饲养和制造的过程中所使用的劳动力减少。如果是外国商品，税收以这种方式提高了其价格，国内生产的同类商品确实可能因此在国内市场上获得一些优势，而且更多的国内工业可能因此而转向制造这些商品。但是，尽管外国商品的价格上涨可能会鼓

① 该年的净产值，在扣除所有费用和津贴后，为4 975 652镑19先令6便士。

励国内工业在某一特定领域的发展，但它必然会阻碍工业在其他几乎所有领域的发展。伯明翰（Birmingham）的制造业主购买的外国葡萄酒价格越贵，他为了购买这些葡萄酒而出售的那部分五金产品或者一部分五金产品的价格就越低（两者是一回事）。因此，与此前相比，他的那部分五金产品对他的价值就减少了，而他在这方面的工作也就得不到激励。一个国家的消费者为另一个国家的盈余产出支付的价格越高，他们出售自己盈余产出的那一部分就越便宜，或者说，它们的价格就越低（两者是一回事）。他们自己的那部分剩余产出对他们的价值就会减少，增加生产的积极性也会降低。因此，对消费品征收的所有税金都会使生产性劳动的数量减少到低于它原本应有的数量，无论是在制造应税商品方面（如果它们是本国商品），还是在准备用来购买它们的商品方面（如果它们是外国商品）。这种税也总是或多或少地改变国家工业的自然方向，使之转入一个往往与自己采用的渠道不同，而且一般来说没有那么有利的方向。

第三，希望通过走私来逃避纳税的行为经常导致没收和其他惩罚，从而使走私者完全破产。虽然，毫无疑问，一个人如果违反其国家的法律应该受到严厉的责备和惩罚，但是一个人却常常不会违反自然正义，如果国家法律不将自然从未视为罪恶的行为定为罪行，那么他在各方面都会是一位良民。在腐败的政府中，人们至少普遍怀疑有许多不必要的开支和对公共收入的严重贪污，而保护国家收入的法律很少得到尊重。如果不需要做伪证就可以找到很轻松、安全的走私机会时，那么就不会有人对走私行为有所顾忌。虽然购买走私货物是对违反税收法律，以及与之相伴的做伪证的明显纵容，假装对购买走私货物有任何顾虑在大多数国家都会被视为迂腐的虚伪行为之一，非但不能获得任何人的信任，反而会使那些试图从事这些行为的人被怀疑比他的大多数同行更加无耻。由于公众的这种纵容，走私者往往被鼓励继续从事他被教导为在某种程度上无辜的贸易，而当税收法律的严厉惩罚准备落在他身上时，走私者往往倾向于用暴力来捍卫他已经习惯于认为属于他自己的正当财产。起初，他也许并不十分谨慎，而不是有意犯罪，但最后他往往成为社会法律的最严厉、最坚定的违反者。走私者在破产后，以前用于维持生产性劳动的资本将被纳入国家的收入或税收官员的收入中，用于维持非生产性劳动，从而减少社会的一般资本以及本来可以维持的有用劳动。

第四，这种税收至少使应税商品的经销商受到征税官的频繁拜访和令人厌恶的审查，无疑使他们有时受到某种程度的压迫，并总是遭受许多麻烦和烦恼。虽然正如上文所说，烦恼严格来说并不是支出，但每个人愿意花费以免除烦恼，所以它也相当于支出。货物法虽然对其制定的目的更有效力，但在这方面却比海关法更令人困扰。当一个商人进口需要缴纳某些关税的货物时，在缴纳了这些关税并将货物放在他的仓库之后，大多数情况下他不会再受到海关官员的任何麻烦或烦扰。但是，对于需要缴纳货物税的货物，情况就不同了。商人常常被货物税官员的接二连三的上门访问和检查弄得苦不堪言、难以喘息。因此，货物税比关税更不受欢迎，货物税的征税官也是如此。据称，这些官员虽然在一般情况下可能和海关官员一样尽职尽责，但由于这种职责要求他们不得不经常给别人带来麻烦，所以他们的性格往往会比其他人更为强硬。然而，这种看法很可能只是不法商人的暗示与流言，或者他们的走私行为由于征税官努力工作而被揭露。

对消费品征税因其自带的某种程度的不便，落在英国人民身上，并不比落在任何其他政务费用几乎同样昂贵的国家的人民身上更大。我们的国家并不完美，还需要不断完善，但相比大多数邻国，我们的情况一样，甚至更好。

由于认为对消费品征税是对商人的利润征税，因此在一些国家，这些税在每次连续的货物销售中都会重复征收。如果对进口商或制造业主的利润征税，那么平等似乎要求对介于他们中的任何一方和消费者之间的所有中间买家的利润同样征税。西班牙著名的营业税（Alcavala）似乎就是根据这一原则设立的，起初税率为 10%，后来上涨到 14%。目前对各种动产或不动产的销售只按 6% 的税率征税，而且每次出售财产时都要重复征收。征收这一税种需要大量的征税官员监视货物的运输流程，不是从一个省到另一个省，而是从一个商店到另一个商店。它不是要求某些种类货物的经销商，而是要求所有种类货物的经销商、每一位农民、每一位制造业主、每一位商人和店主都要接受征税官的不断访问和检查。在征收这一税种的国家的大部分地区，没有任何商品可供远距离销售。国家每个地方的产出都必须与邻近地区的消费相适应。因此，乌斯塔利茨（Ustaritz）将西班牙制造业的毁灭归咎于这种营业税。他同样可以把农业的衰落归咎于它，因为它不仅被强加于制造业，而且强加于土地上的天然产出。

在那不勒斯王国也有一种类似的税种，按照所有合同价值的 3% 征税，之后也扩展到所有销售契约。这种税率低于西班牙，而且大部分城镇和教区都被允许以自己喜欢的方式缴纳补偿金加以代替。一般来说，这种方式不会对该地的内部贸易产生任何干扰或影响。因此，那不勒斯的税收并不像西班牙的税收那样具有破坏性。

大不列颠联合王国的所有地区都实行统一的税收制度，除了一些无关紧要的例外情况外，该国的内部贸易、内陆和沿海贸易几乎完全自由。内部贸易几乎完全自由，大部分货物不需要任何许可证或通行证，不需要接受征税官员的询问、访问或检查，就可以从王国的一端运到另一端。也有少数例外，但这些例外不会对该国内部贸易的任何重要分支造成干扰。沿海运输的货物，确实需要证件或海岸海关通行证。然而，除煤之外其余货物几乎都是免税的。这种内部贸易的自由是统一税收制度的结果，它也许是英国繁荣的主要原因之一：每个大国都必然是其自身工业大部分产出的最佳、最广泛的市场。如果由于同样的统一性，同样的自由能够扩展到爱尔兰各个殖民地，那么国家和帝国每个地区都可能比现在更加繁荣。

在法国，不同省份的不同税收法律要求众多的税收官员不仅驻扎在法国的边境，而且驻扎在几乎每个特定省份的边境，以便阻止某些货物的进口，或要求其缴纳某些关税，从而对该国的内部贸易造成不小的干扰。一些省份允许缴纳补偿金来代替盐税（Gabelle），而其他省份则完全免于征收。一些省份则免除了烟草专卖税，而总包税官（Farmer-general）在法国的大部分地区都享有这种权利。法国的 Aids（货物税）与英国的货物税相对应，但在不同的省份截然不同。有些省份免于征收，只需缴纳补偿金或是相当的费用。在设有货物税和农场的省份，有许多地方税只在某个特定的城镇或地区征收。与我国习俗相对应的关税（Traite），在法国按照三大部分征收：第一是适用 1664 年关税的省份，也被称为五大包税区，其中包括皮卡迪（Picardy）、诺曼底（Normandy）和法国的大部分内陆省份。第二是适用 1667 年关税的省份，称为“外疆省份”，其中包括大部分边境省份。第三是“视同外国省份”，或者说，由于它们被允许与外国自由贸易，在与法国其他省份的贸易中需要缴纳与其他国家相同的关税。这一类包括就是阿尔萨斯（Alsace），梅斯（Metz）、图尔（Toul）和凡尔登（Verdun）三个主教区，以及敦刻尔克（Dunkirk）、巴约讷（Bayonne）和马赛（Marseilles）三个城市。在五大包税区（之所以这样称呼，是因为法国古代将关税分为五大分支，每一个分支原本都是一个特定的包税区，虽然现在它们已经合并为一）以及那些外疆省份，都有许多范围不超过一个特定的城镇或地区的地方税。甚至在那些视同外国省份也有一些这样的情况，特别是在马赛。为了看管各种不同税制约束的不同省份和地区的边界，需要多少征税官，对国家内部贸易又会有多大的限制，毋庸赘言。

除了这一复杂的税收法律体系所带来的诸多一般限制外，葡萄酒贸易（也许葡萄酒是继谷物之后法国最重要的产出）在大部分省份都受到特殊限制，原因是某些省份和地区的葡萄园的待遇优于其他省份的葡萄园。我相信，以葡萄酒闻名的省份是葡萄酒贸易受到此类限制最少的地方。这些省份享有广泛的市场，激励他们在葡萄园种植和随后的葡萄酒制备方面进行良好的管理。

这种多样而复杂的税收法律并不是法国所特有的。小小的米兰公国（Milan）被分为六个省，每个省都有涉及几种不同的消费品的不同税收制度。帕尔马公爵（Duke of Parma）的领地面积更小，还分成了三四个小领地，每个领地都以同样的方式有着自己的制度。在这种荒唐的管理下，要不是土壤肥沃和气候适宜，这些国家必然会很快陷入贫困和野蛮状态。

对消费品征收的税金可以由政府任命的行政部门征收，其官员直接对政府负责，在这种情况下，收入必须根据税收产出的偶然变化而逐年变化；或者税金可以以一定的税额包出，允许包税官任命自己的收税官，后者虽然必须按照法律规定的方式征税，但必须接受前者的直接监督，对前者负责。征收税金的最佳和最节俭的方式永远不可能是通过包税官来进行。除了缴纳规定的租金、官员的工资和全部管理费用之外，包税官还必须从税收的产出中提取一定的利润，其比例至少要与他垫付的税金、承担的风险、遇到的麻烦以及管理如此复杂的事务所需的知识和技能相称。政府在自己的监督之下，建立一个与包税官所建立的管理机构相同的管理机构，至少可以节省这笔几乎总是极为可观的利润。承包国家公共收入的任何极为庞大的分支，都需要大量的资本或极高的信用，只有这样才可以把这门生意的竞争限制在极少数人的范围内。在拥有这种资本或信用的少数人中，有必要的知识或经验的人更少，这也是另一个限制竞争范围的条件。极少数有条件成为竞争者的人发现联合起来成为共同的伙伴而不是竞争者更符合他们的利益。当包税区拍卖时，他们不出租金，而是给出远远低于实际价值的出价。在公共收入来自包税区的国家，包税官通常是最富裕的人。他们的财富本身就会激起公众的愤慨，而几乎总是伴随着这些暴发户的是他们对财富的虚荣心，以及展示这种财富的愚蠢的炫耀，这更激起了公众的愤慨。

负责公共收入的包税官从不认为法律对任何企图逃税的行为的惩罚过分严厉。他们对那些不是他们的臣民的纳税人毫无怜悯之心，如果纳税人在他们的包税区到期的第二天就集体破产，也不会对他们的利益有什么影响。在国家最紧急的情况下，当君主最为渴望其收入能够确切支付的时候，包税官总要抱怨说，如果法律不比现行法律更为严厉的话，他们甚至连包税金都缴纳不起。在国家遇到困难的时刻，他们的要求不容置疑。因此，税收法逐渐变得越来越严厉。最严厉的法律总是出现在大部分公共收入都在包税区的国家，而最温和的法律则出现在君主直接监督征税的国家。即使再昏庸的君主对人民的同情也多于包税官。他知道自己家族的长久辉煌取决于人民的繁荣，他决不会为了自己的任何一时的利益而故意破坏这种繁荣。包税官的情况则不同，他们的辉煌往往伴随着人民的崩坏和破产，而不是其繁荣和发展。

有时，税收不只是以一定的税额包出，包税官还被赋予了垄断被征收的商品的特权。法国的烟草和食盐的税金就是以这种方式征收的。在这种情况下，包税官对人民征收的不是一种，而是两种高昂的利润：包税官的利润和垄断者的更高昂的利润。烟草是一种奢侈品，每个人都可以根据自己的决定购买与否。但盐是必需品，每个人都必须向包税官购买一定数量的盐，因为如果他不向包税官购买，他就很可能会向某个走私者购买。这两种商品的税收都很高。因此，走私的诱惑对许多人来说是不可抗拒的，而与此同时，严厉的法律和收税官的警觉使得走私往往伴随着十分严重的后果，甚至是倾家荡产。每年都会有几百人由于走私盐和烟草被送进班房，此外还有相当多的人被送上绞刑架。以这种方式征收的税款为政府带来了非常可观的收入。1767 年，烟税的包税金为 22 541 278 利弗尔；而盐税的包税金为 36 494 404 利弗尔。这两项税种的包税从 1768 年开始，持续六年。那些认为人民的鲜血与国王的收入相比微不足道、不值一提的人，也许会赞同这种征税方法。在许多其他国家，特别是在奥地利和普鲁士，以及意大利的大部分州，都建立了类似盐税和烟税的税收和垄断制度。

法国国王实际收入的大部分来自八个不同源头：平民税、人头税、二十分之一税、盐税、货物税、关税、官有财产和烟草包税。后面五项在大部分省份都实施包税，前三项在任何地方都是由政府直接监督和指导的行政部门征收的，而且人们普遍认为，与它们从人民口袋里掏出的钱相比，它们给国库带来的收益要远超其他五项税种，因为这五种税的管理成本更高、更加浪费。

在现有状况下，法国财政似乎可以进行三项非常明显的改革。第一，废除平民税和人头税，并增加二十分之一税的数量，使其增加值等于前两者，这样王室的收入就可以保持不变，而征税的费用可以大大减少。平民税和人头税引起的下层阶级的烦恼就可以完全避免，而上层人民的负担不会比目前的大部分人更重。我已经注意到，二十分之一税是一种与英国所谓的土地税非常接近的税种。人们承认，平民税的负担最终落在了土地所有者身上；由于大部分按人头征收的税金是由那些受平民税影响的人以每镑一定比例的费用分摊的，所以大部分税金的最终缴纳也必须同样落在同一批人身上。因此，尽管通过增加二十分之一税的税金获得相当于这两种税额的额外收入，但上层阶级的负担可能不会比现在更重。由于平民税按照个人的地产和租户估税时存在明显的不平等，毫无疑问，这些享有特权的人的利益和反对是最有可能阻止这一改革或任何其他同类改革成功实施的障碍。第二，在王国的所有不同地区统一征收盐税、货物税、关税、烟草税以及所有不同的关税和消费税，大大降低征税的费用，而且王国的内部商业可以像英国一样自由、便利。第三，也是最后一点，将所有这些税收置于政府的直接监督和指导下进行管理，总包税官的暴利可以纳入国家的收入。同样，由于个人的私人利益而产生的反对意见很可能像上述第一项改革计划一样，阻止后两项改革计划的实现。

法国的税收制度似乎在各方面都不如英国。在英国，每年向不到 800 万人征收 1000 万镑的税金，而没有任何阶级受到压迫。根据埃克斯皮里神父（Abbe Expilly）的统计以及《论谷物法和谷物贸易》（*Essay upon Legislation and Commerce of Corn*）作者的观察，法国，包括洛林和巴尔（Bar）在内，可能有 2300 万或 2400 万人口，是英国人口的三倍。法国的土壤和气候都比英国好。法国土地的改良和耕种远超英国，因此，凡是需要长期培养和积累的东西，如大城镇以及在城市和乡村都十分方便、建造良好的房屋，都强于英国。有了这些优势，可以预料，在法国征收3000万镑的收入来支持国家的开销，就像在英国征收1000万镑的收入那样容易。根据我所能得出的最好的估计——尽管我承认是非常不完善的，在1765年和1766年，法国国库全部收入一般在3.08亿到3.25亿利弗尔之间，也就是说没有达到1500万镑；如果人民按照与英国人民相同的比例缴税，这一数字还没有达到预期的一半。然而，人们普遍承认，法国人民受到的税收压迫要比英国人民严重得多。然而，法国无疑已经是全欧洲拥有继英国之后最温和、最宽容的政府的大国。

荷兰对生活必需品征收的重税据说已经毁掉了他们的主要制造业，甚至有可能逐渐阻碍他们的渔业和造船业的发展。英国对生活必需品的征税微不足道，迄今为止没有毁掉任何制造业。英国对制造业影响最大的税种是对原材料进口征收的一些关税，特别是对生丝。然而，据说各州和各城市的收入超过525万镑。由于荷兰居民不可能超过英国居民的三分之一，因此，按其人数比例，他们的税赋压力肯定要重得多。

在所有适当的征税对象都已用尽之后，如果国家在紧急状况下仍然需要新的税收，就必须对不适当的对象征税。因此，对生活必需品的征税，可能也是这个国家深思熟虑后的决定。为了获得和保持独立，荷兰尽管非常节俭，却卷入了耗资昂贵的战争，不得不承担巨大的债务。此外，荷兰和西兰这两个奇特的国家甚至需要相当大的开支来维持它们的存在，以防止它们被大海吞没，这当然会大大增加这两个国家的税收负担。共和制的政府形式似乎是荷兰当下辉煌的主要支撑。大资本的所有者、大商人家族通常在政府的管理中拥有一些直接参与或间接影响。在这种情况下，为了获得尊重和权威，他们愿意生活在这样一个国家：如果他们自己运用资本，则利润较少，如果他们把资本借给别人，则利息不高；在这个国家里，他们可以从资本中获得数额不高的收入，如果用以购买生活必需品和便利品，也比在欧洲任何其他地方更少。尽管有种种不利因素，但这些富人的定居必然会使该国保持一定程度的工业。任何国家灾难，如果破坏了共和制政府的形式，把整个行政交给贵族和军人，如果完全消除了这些富商的重要性，那么富商很快就会厌恶生活在一个可能不再受到尊重的国家。他们可能会转移资本、迁居他国，而荷兰的工业和商业很快就会跟随支持他们的资本一起移动。

第三章

论公债

我在本书的第三卷已经竭力清楚地表明，在商业扩张和制造业改良之前的粗放的社会状态中，当人们完全不知道商业和制造业所能带来的那些昂贵的奢侈品时，拥有大量收入的人除了供养几乎与其收入所能供养的一样多的人数之外并没有其他方式可以花费或享受这种收入。在任何时候，庞大的收入都可以说是拥有对大量生活必需品的掌控权。在粗放的状态下，这种收入通常是以大量的此类必需品支付的，如普通食物、粗布衣服的原料、谷物和牲畜、羊毛和兽皮等。当商业和制造业不提供任何东西，所有者可以用这些超出他自己消费的大部分材料来交换时，他只能用这些剩余的东西来养活几乎同样多的人。在这种情况下，不奢侈的款待、不炫耀的慷慨就是富人和大人物的主要开支。我在同一卷中也曾努力说明，这些开支不会使人们毁掉自己。也许，自私的享乐则不同，即使是对最微小的自私的追求，有时甚至也会毁掉明智的人。例如，热衷于斗鸡就曾经毁掉很多人。但是，尽管历史上有着很多奢侈的款待和炫耀的慷慨毁掉许多人的先例，但我相信被这种款待或慷慨毁掉的例子并不多见。在我们的封建祖先中，财产长时间保持在同一家族中，足以表明人们普遍倾向于在其收入范围内负担开销。虽然在我们看来，大量的土地拥有者经常进行的乡村式款待似乎与我们认为能反映良好的经济状况的那种秩序并不一致，但我们必须承认要，他们至少还是十分节俭，不会花掉全部收入。他们通常有机会把一部分羊毛和生皮卖掉换钱。这笔收入的一部分，也许可以用来购买当时的环境下可以供应的少数虚荣品和奢侈品；但他们似乎通常会囤积其中的一部分。事实上，他们除了囤积所存的钱之外，不可能做出其他事情。经商买卖对一位绅士来说并不体面的，而发放贷款赚取利息，在当时被认为是高利贷行为，被法律所禁止，会更加不体面。此外，在那个暴力和混乱的时代，手头留着一些金钱是十分方便的，万一被赶出自己的家，就可以带着一些价值确定的东西去到某个安全的地方。暴力使得囤积变得方便，也使得藏匿藏物同样方便。时有发现的宝藏或无主财宝，充分说明了在那个时代，囤积和藏匿藏物的频率有多高。当时，藏物被认为是君主收入的一个重要分支。而在当今时代，即使王国的所有藏物，或许也很难成为一个拥有大量财产的私人绅士的收入的重要部分。

君主和臣民有着同样的储蓄和囤积倾向。我在第四卷中已经指出，在那些对商业和制造业知之甚少的国家中，君主所处的境况自然使他倾向于实行积累所需的节俭。在这种情况下，即使是君主的开支也不能被那种以宫廷的华丽装饰为乐的虚荣心所左右。受时代的愚昧无知所限，这种装饰品的数量也并不多。当时不需要常备军，因此，即使是君主的开支也像其他大领主的开支一样，除了对佃户的赏赐和对家臣的款待外几乎没有什么可以运用之处。但是，赏赐和款待很少会导致浪费，而虚荣心几乎总是如此。因此，所有欧洲的古代君主都有财宝，而据说当今时代的每个鞑靼人首领都有财宝。

在一个充斥着各种昂贵的奢侈品的商业国家，君主也像他的国内几乎所有的大地主一样，自然将其收入的很大一部分用于购买这些奢侈品。他自己的国家和邻国为他提供了大量昂贵装饰品，构成了宫廷中华丽但无意义的盛装。为了获得同类的劣质装饰，贵族们遣散了自己的家臣，让他们的佃户独立，逐渐变得和他的领地内大部分富有的市民阶级一样微不足道。影响他们行为的那些轻浮的激情也影响了君主的行为。君主怎么可能是国内唯一对这种快乐无动于衷的富人呢？如果他没有把收入的很大一部分花在这些快乐上（这很有可能）以至于大大削弱国家的防卫力量，那么就不能指望他不把超过支持这种防卫力量所必需的那部分收入全部花在这些快乐上。他的常规开支就等于他的常规收入，如果开支不经常超过收入，那就是一件好事。不能再指望他积累财宝了，当特殊的紧急情况需要特殊的开支时，君主必须要求他的臣民提供特殊的援助。现任和已故的普鲁士国王是自 1610 年法国亨利四世（Henry Ⅳ）去世后，唯一被认为积累了大量财富的欧洲君主。为积累而节约，在共和制政府和君主制政府中几乎一样罕见。意大利各共和国、荷兰联合省都有债务。伯尔尼州是欧洲唯一一个积累了大量财富的共和国。瑞士的其他共和国则没有。对某种宏伟、壮丽的建筑和其他公共装饰品的爱好经常盛行在一个小共和国看上去清醒的元老院中，就像在国王奢侈无度的宫廷中一样。

在和平时期缺乏节约，战时就必须举债。当战争来临的时候，国库里没有足够的资金，只有维持和平时期的机构的正常开支所需的钱。在战争时期，为了保卫国家，往往需要三到四倍的开支，因此，收入也要是和平时期的收入的三到四倍。假设君主拥有（他很少拥有）按其开支的增加比例增加收入的直接手段，但这种增加的收入必须从税收中提取，而这种税收产出也许要在征收 10 或 12 个月后才开始进入国库。但是，在战争开始的那一刻，或者说，在战争看起来可能开始的那一刻起，就必须增加军队、装备舰队，使驻防的城镇进入防御状态；必须为军队、舰队、驻防的城镇提供武器、弹药和供给。在这一紧迫的危险时刻，必须立即支付一笔巨大的费用，而不会等待新税收的逐步、缓慢的回报。在这种紧急情况下，政府除了举债，没有其他办法。

社会商业状态相同的国家，受道德约束，政府在这种情况下必须举债，同时也使人民有意愿去举债。如果这种商业状态带来了借贷的必要性，那么它同样也会带来借贷的便利性。

有着许多商人和制造商的国家必然有着另一些人，他们自己的资本和那些借给他们钱，或者把货物托付给他们的人的资本，都会频繁地，甚至极度频繁地从他们的手中流过，就像是一个没有贸易或企业，靠劳动收入生活的人一样。这样的劳动者的收入每年只能常规地在手中流转一次。但是，一个商人的全部资本和信贷，如果他从事的是回报非常快的贸易，有时可能一年在手中流转两次、三次或四次。因此，一个盛产商人和制造商的国家必然盛产这样一群人：如果他们选择这样做的话，他们在任何时候都有能力向政府垫付大量的资金。因此，一个商业国家的国民有能力贷款。

商业和制造业在任何没有正规司法行政的国家很少能够长期繁荣，在这些国家中，人民对自己的私有财产没有安全感、合同的信用没有得到法律的支持、国家的权力不能用来强制所有有能力支付债务的人偿还债务。简而言之，在对任何政府的公正性没有一定程度的信心的国家，商业和制造业都很少能蓬勃发展。同样的信心使大商人和制造商在一般情况下愿意把他们的财产交给某个政府保护，也使他们在特殊情况下愿意把他们的财产交给政府使用。但借钱给政府甚至丝毫没有减少他们进行贸易和制造的能力。相反，他们通常会增强这种能力。国家的需要使政府在大多数情况下愿意以对贷款人极为有利的条件借款。政府向原始债权人提供的担保可以转让给任何其他债权人，而且，由于人们对国家的公正性普遍抱有信心，在市场上转让的价格通常也要高于原来。商人或有钱人通过借钱给政府来赚钱，不但没有减少反而增加了他的贸易资本。因此，当政府允许商人参与新贷款的首次认购发行时，他一般认为这是一种优待。因此，商业国家的国民都有贷款的倾向或意愿。

这种国家的政府常常会依靠其国民在特殊情况下借钱给它的这种能力和意愿。它预见到了举债的便利，因此放弃了自己节俭、储蓄的义务。

在粗放的社会状态下不存在大规模的商业或制造业资本。个人把自己能节省下来的金钱和囤积物都藏匿起来，是因为不相信政府的公正性，因为他们担心如果他们的囤积物或者囤积的地点被人知道，别人很快就会前去掠夺。在这种情况下，很少有人能够，也没有人愿意在特殊的紧急情况下把他们的钱借给政府。君主觉得他必须通过储蓄来应对这种紧急情况，因为他预见到绝对不可能有人借钱给他，这种判断进一步强化了他储蓄的自然倾向。

巨额债务压力的进展相当一致，目前压迫着欧洲所有的大国，而且从长远来看可能会毁掉这些国家。国家和个人一样，一般都是以所谓的个人信用开始举债，而不抵押偿还债务所需的任何特定的资源；当这种办法借不到钱时，他们又以指定或抵押特定资源进行举债。

英国所谓的无资金公债（Unfunded Debt）是以这两种方式中的前一种方式借入的。它一部分是无息或被认为是无息的公债，与个人根据账目签订的债务类似；另一部分是有息的公债，与个人根据账单或期票签订的债务类似。通常来说，特殊的服务，或没有固定费用的服务，或在执行时没有支付报酬的服务，以及陆军、海军和军械的部分额外费用，拖欠的外国君主的补贴、海员的工资等构成了第一类公债。有时为了支付这些公债的一部分，有时为了其他目的发行的海军券和国库券构成第二类公债。国库券从发行之日开始计息，海军券在发行六个月后计息。英格兰银行自动将这些票据按其现值贴现，或者通过与政府达成某种协议，同意流通国库券，即按面值接收这些票据、支付这些票据的到期利息，保持其价值并促进其流通，从而经常使政府能够借到规模很大的此类债务。没有银行的法国，有时会以 60% 和 70% 的折扣出售国家证券（Billets d' etat）。在威廉三世时代的大重铸（Great Recoinage）期间，当英格兰银行认为应该停止其通常业务时，据说法国的国库券和符契以 25% 至 60% 的折扣出售；部分原因无疑是大革命所建立的新政府的所谓不稳定，但也有部分原因是缺乏英格兰银行的支持。

当这一来源枯竭时，为了筹集资金，有必要转让或抵押公共收入的某些特定部分来偿还债务，政府在不同的场合以两种不同的方式实现这一点。有时，它只在短期内进行这种转让或抵押，例如一年或几年；有时则是永久性的。前一种情况下，资源被认为足以在有限的时间内支付所借资金的本金和利息。后一种情况下，资源被认为只够支付利息，或相当于利息的永久年金，政府可以在偿还所借本金后随时赎回该年金。当以第一种方式筹集资金时，称为预支债务；当以另一种方式筹集资金时，称为永久付息债务，或者更简单地说，付息债务。

在英国，由于在征收土地税和麦芽税的法案中不断加入借款条款，因此每年都会有定期的预支。英格兰银行通常以利息垫付这些税金，自大革命以来，利息从 8% 到 3% 不等，在收到税金时逐渐偿还。如果出现赤字（经常出现），则由次年的税金偿还。国家收入中唯一尚未抵押的相当大的部门，就是这样定期地在进账之前花掉的。就像贪得无厌的浪费者一样，紧迫的需要不允许他等待定期支付的收入，国家不断向自己的代理人和经理人借款，为使用自己的钱支付利息。

在威廉三世统治时期，以及安妮女王统治时期的大部分时间里，在我们还没有像现在这样熟悉付息的做法之前，大部分的新税种都是在短期内征收的（只征收四、五、六或七年），每年的拨款有很大一部分是根据这些税种的收益预期而提供的贷款。税收经常不足以在有限的期限内支付所借资金的本金和利息，因此会出现赤字，为了弥补这些赤字，就必须延长期限。

1697 年，根据威廉三世八年第二十号法令，几种税收的欠款被计入当时所谓的第一次普通抵押或基金，包括将几种本应在较短的期限内到期的不同税收延长至 1706 年 8 月 1 日，其收益被累积为一笔普通基金。延长的期限内需要收取的欠款达 5 160 459 镑 14 先令 $9\frac{1}{4}$ 便士。

1701 年，出于同一目的，这些税金和其他一些税金被进一步延长到 1710 年 8 月 1 日，称为第二次普通抵押贷款或基金。该基金的赤字达 2 055 999 镑 7 先令 $11\frac{1}{2}$ 便士。

1707 年，作为新贷款的基金，这些税金再一次延期到 1712 年 8 月 1 日，并被称为第三次普通抵押贷款或基金。总额为 983 254 镑 11 先令 $9\frac{1}{4}$ 便士。

1708 年，这些税金全部（除了旧的吨税和镑税之外，其中只有一部分成为该基金的一部分，以及苏格兰亚麻布进口税，该税已被联合条款取消）仍在继续，作为新贷款的基金，延期到 1714 年 8 月 1 日，称为第四次普通抵押贷款或基金。借款金额为 925 176 镑 9 先令 $2\frac{1}{4}$ 便士。

1709年，这些税金全部（除了吨税和镑税这两项旧税之外，现在不列入此项基金）出于同一目的继续延期至1716年8月1日，称为第五次一般抵押贷款或基金。借款金额为922 029镑6先令0便士。

1710年，这些税金再次被延期到1720年8月1日，称为第六次一般抵押贷款或基金。借款金额为1 296 552镑9先令11 $\frac{3}{4}$便士。

1711年，同样的税金（此时已作为四种不同的预支款的本金）和其他一些税金被永久延续，作为支付南海公司资本利息的基金，该公司当年借给政府9 177 967镑15先令4便士，用于偿还债务和弥补税收不足，这是当时有史以来数额最大的一笔贷款。

在这一时期之前，据我观察，为了支付债务的利息而永久征收的唯一税种是用于支付银行和东印度公司贷给政府的款项的利息，以及预计但从未预付的土地银行的款项。这时的英格兰银行的贷款金额达到了3 375 027镑17先令10 $\frac{1}{2}$便士，为此支付的年金或利息为206 501镑13先令5便士。东印度公司的贷款为3 200 000镑，支付年金或利息160 000镑；银行贷款的利息为6%，东印度公司贷款的利息为5%。

1715年，根据乔治一世第一年第十二号法案，为支付银行年金而抵押的不同税种，以及根据该法案同样成为永久性的其他几种税种，被累积为一个共同的基金，称为“总基金”（The Aggregate Fund），不仅要支付银行年金，还要支付其他几种不同种类的年金和债务。这个基金后来通过乔治一世三年第八号法案和乔治一世第五年第三号法案予以增加，当时加入其中的不同税种也同样被赋予了永久效力。

1717年，根据乔治一世第三年第七号法案，其他几项税收被定为永久有效，累积到另一个共同基金中，称为“一般基金”（The General

Fund），用于支付某些年金，总金额为 724 849 镑 6 先令 10 $\frac{1}{2}$ 便士。

由于这些不同的法案，以前只在短期内可预期的大部分税收被变成了永久的基金，用于支付通过不同的连续预期借来的资金的利息，而非本金。

如果不通过预支来筹集资金，那么在几年的时间里，政府就会释放出公共收入，除了不使基金负担过重，使其背负超过其在有限期限内所能支付的债务，以及在第一次预支到期前不进行第二次预支之外，不需要注意其他问题。但是，大部分欧洲国家的政府都没有注意到这一点。他们甚至在第一次预支时就经常使基金负担过重，而即便并未过重，他们也通常会在第一次预支到期前进行第二次和第三次预支，从而使基金过载。这样一来，基金就完全不足以支付所借资金的本金和利息，就有必要只收取利息，或收取相当于利息的永久年金，而这种不顾未来的预支必然会产生更具危害的永久付息这种更有害的做法。但是，尽管这种做法必然会把公共收入摆脱债务的时间从一个固定的时期推迟到一个不确定的时期，以至于不可能永远到来，但在任何情况下，这种新方法相比原有的预支可以筹集更多的资金。人们一旦熟悉了这种做法，在国家出现重大紧急情况下，就会普遍地倾向于后者。缓解当前的紧急状况总是那些直接参与公共事务管理的人最感兴趣的目标，至于公共收入如何摆脱债务，就是后人需要考虑的问题了。

在安妮女王统治时期，市场利率从 6% 降到了 5%，在她统治的第十二年，5% 被宣布为私人担保借贷可以合法收取的最高利率。在大不列颠的大部分临时税收变为永久，分配到总基金、南海基金和一般基金之后不久，公共债权人和私人债权人一样，被说服接受 5% 的利息，这样大部分债务的资本节约了 1% 的利息，或者说从上述三个大基金中支付的年金节省了 1/6。这种节约使得基金留下了相当大的盈余，超过了现在向它们收取的年金所需的数额，为后来所称的偿债基金（Sinking Fund）奠定了基础。1717 年，偿债基金数额为 323 434 镑 7 先令 7 $\frac{1}{2}$ 便士。1727 年，大部分公债的利息进一步降低到 4%。1753 年和 1757 年，分别降低到 3.5% 和 3%；这些利息缩减进一步增加了偿债基金的数额。

虽然偿债基金是为偿还旧债而设立的，但它非常有利于签订新的债务合同。它是一项附属基金，可以随时抵押给任何其他存在问题的基金，以帮助国家在紧急情况下筹集资金。英国的偿债基金到底是用在这两个用途中的哪一个，到时候就会充分揭晓。

除了这两种举债方法，即预支和永久付息之外，还有两种方法在它们之间占据了某种中间位置。这两种方法是定期年金借款和终身年金借款。

在威廉三世和安妮女王统治时期，英国经常以年金方式借入大量资金，这些年金的期限有的更长，有的更短。1693 年，英国通过了一项法案，以 40% 的年金，即每年 14 万镑举债 100 万镑，期限为 16 年。1691 年，英国通过了一项法案，以终身年金的形式举债 100 万镑，其条件在当时看来是非常有利的，但是认购的款项并没有足额。第二年，不足的认购额通过以 14% 的终身年金借款补足，7 年多便可收回本金。1695 年，购买这些年金的人被允许在向国库每 100 镑支付 63 镑后，将其换成 96 年年金；也就是说，终身年金的 14% 和 96 年年金的 14% 之间的差异额按照 63 镑售出，或者四年半收回本金。但由于人们认为当时的政府不稳定，即使是这种条件也少有购买者。安妮女王统治时期在不同的场合以终身年金和 32、89、98 和 99 年年金借款。1719 年，32 年年金的所有者被说服接受南海股票来代替年金，其金额相当于购买十一年半的年金，同时还有相当于当时应付未付的股票数量。1720 年，其他大部分长短年限的年金都被认购到同一基金中。当时的长期年金达到每年 666 821 镑 8 先令 $3\frac{1}{2}$ 便士。1775 年 1 月 5 日，其中的剩余部分，或当时没有认购的部分，仅有 136 453 镑 12 先令 8 便士。

在 1739 年和 1755 年开始的两场战争中，无论是以年为单位的年金，还是以终身为单位的年金，都没有筹集很多资金。然而，98 或 99 年的年金几乎和永久的年金一样值钱，因此，人们可能会认为，这两笔年金应该可以借到几乎同样多的资金。但是，那些为了安家或为遥远的未来做准备而购买公债的人不愿意购买价值不断下跌的公债；而这些人在公债持有者和购买者中都占了很大的比例。因此，尽管长期年金的内在价值可能与永久年金的内在价值几乎相同，但其购买者数量则大不相同。新公债的认购者通常打算尽快出售他们认购的公债，宁愿要可由议会赎回的永久年金，而不是金额相同但长期不可赎回的年金。前者的价值可以被认为总是相同，或非常接近相同的，因此，它是比后者更方便的可转让资本。

在上述两场战争中，无论是定期年金还是终身年金，都只是作为新年金的认购者在可赎回的年金或利息之外的溢价。它们不是作为偿还借款的年金，而是作为对出借人的额外鼓励。

终身年金有时以两种不同的方式发放，要么是对单人终身发放，要么是以对一群人终身授予，后者在法国按照其发明者的名字称为唐提式年金（Tontines）[①]。如果年金按照单人发放，每位年金领取者的死亡都会使国家财政收入缓解一部分压力，因为年金影响到

① 唐提式年金（Tontines），又称联合养老金或终身养老金，其基金份额由参与者共享。——译者注

了国家收入。如果年金是唐提式发放，国家财政收入压力要等到所有一拨年金领取者全部死亡后才可缓解，而那拨人有时可能由 20 或 30 人组成，其中的后死者继承所有在他们之前死亡的人的年金，最后的幸存者继承整个一拨人的年金。在收入相同的情况下，通过唐提式年金筹集的资金总是比通过单人年金筹集的资金多。幸存者接受所有死亡者的年金，确实比单人的相同年金更有价值，而且由于每个人都自然而然地对自己的好运有信心（所有彩票的成功都建立在这一原则之上），这样的年金通常以高于其价值的价格出售。在政府通常通过发放年金来筹集资金的国家，出于这个原因，唐提式年金通常比单人年金更受欢迎。政府几乎总是愿意采用能够筹集到最多资金的办法，而不是能以最迅速的方式解除国家收入的债务负担的办法。

法国公债中终身年金的比例比英国大得多。根据 1764 年波尔多议会提交给国王的一份备忘录，法国的全部公债估计为 24 亿利弗尔，其中发放终身年金的资本应该是 3 亿，占全部公债的 1/8。年金本身为每年 3000 万利弗尔，这是全部公债的利息。我很清楚这些估计并不准确，但既然是由如此受人尊敬的机构提出来的对事实的近似估计，我想，它们大概可以被视为如此。它们各自举债方式的不同并不是因为英法两国政府在释放国家公共收入方面的焦虑程度不同，而完全是因为贷款人的观点和利益不同。

英国政府所在地是世界上最大的商业城市之一，向政府出借资金的通常是商人。他们出借资金并不是要减少他们的商业资本，而是要增加他们的商业资本，除非他们期望在认购新年金时出售自己的份额并从中获利，否则绝不会认购。但是，如果通过出借资金后获得的不是永久年金，而是自己或他人的终身年金，他们就不会总是那么容易出售而获利。他们在出售自己的年金时总是会有损失，因为没有人愿意为另一个年龄和健康状况与自己几乎相同的人的年金出比自己的年金更高的价格。第三人的年金对买方和卖方来说无疑是同等价值的；但它的实际价值从它被发放的那一刻起就开始减少了，而且只要它还存在，价值就会越来越少。因此，它不可能像永久年金那样成为一种方便的可转让股票，而永久年金的实际价值可以说永远是保持一致的，或者说几乎是相同的。

在法国政府所在地，商人在贷给政府资金的人中占比不大。与财政有关系的人、普通包税官、非包税区的征税官、宫廷银行家等构成了在国家处于紧急状态时向政府贷款的人的大多数。这些人通常出身平凡，但拥有巨大的财富，而且常常非常自负。他们十分骄傲，不愿意和自己同等身份的人结婚，而高贵的女人也不屑于嫁给他们。因此，他们经常决定过单身生活，既没有自己的家庭，不太在乎自己的亲属，也不与他们的亲戚来往。他们只希望自己一生过得快乐，不在乎是否留下财产。此外，不愿意结婚的富人，或者生活状况使他们不适合或不方便结婚的人，在法国比在英国多得多。对这些不注意或不关心后代的人来说，没有什么比用他们的资本换取一笔收入更方便的了，而这笔收入的持续时间将与他们希望的恰到好处。

大部分现代政府在和平时期的普通开支相当于，或几乎相当于他们的经常收入。当战争来临时，他们既不愿意也不能按开支的增加比例增加收入。他们不愿意是因为害怕冒犯人民，因为人民会因为如此巨大和突然的增税而很快对战争感到厌恶；他们不能是因为不清楚什么样的税收才足以产生所需的收入。举债的便利使他们摆脱了这种恐惧和无能所带来的尴尬。通过举债，他们能够以较低的税收增长逐年筹集足够的资金来进行战争，而通过长期筹资，他们能够以尽可能小的税收增长每年筹集尽可能多的资金。在大国中，生活在首都和远离战场的省份的人们，其中许多几乎没有感受到战争带来的任何不便，但他们却能轻松地享受到在报纸上阅读自己的舰队和军队的战绩的乐趣。对他们来说，这种娱乐可以弥补他们因战争而支付的税金与他们在和平时期习惯于支付的税金之间的微小差异。他们通常对和平的回归感到不满，因为和平结束了他们的娱乐活动，也结束了他们对战争的长期持续所带来的征服和国家荣耀的无数幻想。

事实上，和平的回归很少能使他们摆脱战争期间征收的大部分税金。这些税金已经抵押，用于支付维持战争所借公债的利息。如果旧的收入加上新的税收在支付这笔公债的利息和支付政府的正常开支之外，还有一些剩余的收入，那么它也许可以转化为偿还债务的偿债基金。但是，首先，这种偿债基金，即使假定不用于其他目的，通常也完全不足以在预期的和平时期内偿还战争期间的全部债务；其次，这种基金几乎一定会被用于其他目的。

征收新税的唯一目的只是支付所借资金的利息。如果它们提供了更多的收入，那么这部分收入一般是既没有计划，也没有预期的，因此其规模往往并不大。偿债基金的产生，与其说是由于税收超过了支付最初收取的利息或年金所需的部分，不如说是由于后来利息的减少。1655 年荷兰的偿债基金，以及 1685 年建议弱化的偿债基金，都是以这种方式形成的。因此，这种资金通常不足以偿还债务。

极为和平的时期也会发生各种需要特殊开支的事件，而政府发现通过挪用偿债基金支付这笔开支总是比征收新税更方便。每一种新的税收都会立即让人们或多或少地感受到它的存在。它总是引起一些流言、遭到一些反对。税种越多，已征的税额越高，人民就会越是大声抱怨每一种新税，就越是难以找到新的征税对象，或是将已经征收的旧税税率提高得更高。人们不会立即感知到暂停还债，也不会引发流言或抱怨。使用偿债基金总是摆脱当前困难的一个明显而简单的办法。公债积累得越多，就越有必要研究如何减少这些债务，滥用偿债基金的任何部分就越危险、越有破坏性；公债越不可能减少到任何相当程度，偿债基金就越有可能被滥用于支付和平时期发生的所有特殊费用。当一个国家的税收负担已经过重时，除了新战争的需要、除了民族复仇的敌意或对国家安全的焦虑，没有什么能促使人民忍耐新的税种。因此，偿债基金的使用往往是不当的。

在英国，从我们第一次采用永久付息这一破坏性的办法时起，和平时期公债的下降就从未与战时公债的积累成任何比例。正是1688年开始的、由1697年《雷斯威克条约》（*Treaty of Ryswick*）终结的那场战争第一次为大不列颠目前的巨额债务奠定了基础。

1697年12月31日，大不列颠的公债，不论有无资金，总计达到21 515 742镑13先令8 $\frac{1}{2}$便士，这些债务中的很大一部分是按照短期预支签订的，还有一部分是根据终身年金签订的，因此在1701年12月31日之前，在不到四年的时间里，有一部分被偿还，还有一部分归还给公众，金额为5 121 041镑12先令$\frac{3}{4}$便士；在如此短的时间内，公债规模的缩减超过了以往任何时候。因此，剩余的债务只有16 394 701镑1先令7 $\frac{1}{4}$便士。

1709年开始的、由《乌得勒支和约》结束的战争积累了更多的公债。1714年12月31日，这些债务达到了53 681 076镑5先令6 $\frac{1}{12}$便士。认购短期和长期年金的南海基金增加了公债的资本，因此在1722年12月31日，公债达到了552 829 781镑1先令3 $\frac{5}{6}$便士。

1723 年起，债务开始减少，但进展缓慢，以至于到 1739 年 12 月 31 日，经过了 17 年的和平时期，偿还的全部金额不超过 8 328 354 镑 17 先令 11 $\frac{1}{12}$ 便士，而当时的公债资本为 46 954 623 镑 3 先令 4 $\frac{7}{12}$ 便士。

1739 年开始的西班牙战争和紧随其后的法国战争使债务进一步增加，在由《亚琛和约》结束的战争后的 1748 年 12 月 31 日，债务达到了 78 293 313 镑 1 先令 10 $\frac{3}{4}$ 便士。连续 17 年太平盛世不过缩减了 8 328 354 镑 17 先令 11 $\frac{1}{4}$ 便士，而持续不到 9 年的战争则增加了 31 338 689 镑 18 先令 6 $\frac{1}{6}$ 便士。

在佩勒姆[①]先生执政期间，公债利息有所降低，或者至少采取了降低利息的措施，从 4% 减少到 3%；偿债基金增加，部分公债被偿还。1755 年，在最近的战争爆发之前，英国的有资金公债达到了 72 289 673 镑。1763 年 1 月 5 日，在和平缔结时，有资金公债达到了 122 603 336 镑 8 先令 2 $\frac{1}{4}$ 便士。无资金公债被指为 13 927 589 镑 2 先令 2 便士，但是，战争造成的开支并没有随着和平的缔结而结束，因此，尽管在 1764 年 1 月 5 日，有资金公债增加（部分是通过新的公债，部分是通过将部分无担保公债改为长期公债）到 129 586 789 镑 10 先令 1 $\frac{3}{4}$ 便士。根据《大不列颠贸易和财政的考察》（*Considerations on the Trade and Finances of Great Britain*）的作者的说法，仍然存在无资金公债，当年及次年共有 9 975 017 镑

① 亨利·佩勒姆（Henry Pelham，1694—1754），英国政治家，于 1743—1754 年担任英国首相。——译者注

12 先令 2 $\frac{15}{44}$ 便士。因此，根据作者的说法，1764 年的英国公债，有资金的和无资金的加在一起达到了 139 516 807 镑 2 先令 4 便士。1757 年作为奖金发放给新年金的认购者的终身年金，按 14 年年金的购买量估计，价值为 472 500 镑；1761 年和 1762 年同样作为奖金发放的长期年金，按 27.5 年估计，价值为 6 826 875 镑。在连续大约 7 年的和平时期中，佩勒姆先生的谨慎和真正的爱国者的政府没有能够偿还 600 万镑的旧债。在持续时间几乎相同的战争期间，又欠下了超过 7500 万镑的新债。

1775 年 1 月 5 日，英国的有资金债务达到 124 996 086 镑 1 先令 6 $\frac{1}{4}$ 便士。无基金公债，除巨额的王室专项债之外，为 4 150 236 镑 3 先令 11 $\frac{7}{8}$ 便士。两者相加，为 129 146 322 镑 5 先令 6 便士。根据这个账目，在持续 11 年的和平时期所偿还的全部债务仅有 10 415 474 镑 16 先令 9 $\frac{7}{8}$ 便士。然而，即使这一小部分债务的减少，也不是全部由国家常规收入中的结余来完成的。有几笔完全独立于普通收入之外的外部资金起到了作用。这部分资金，我们可以算出每镑土地税增加 1 先令，为期三年；收到东印度公司 200 万镑，作为新取得领土的补偿；以及从银行收到的用于延长其特许经营权的 11 万镑。除此以外，还必须加上其他几笔款项，由于它们是在最近的战争中产生的，也许应该被视为战争费用的扣除额。这几笔款项包括：

	£	s.	d.
法国战利品收入…………………	690 449	18	9
法国俘虏赔偿金…………………	670 000	0	0
由割让各岛而得的代价………	95 500	0	0
合计………………………………	1 455 949	18	9

如果我们把查塔姆伯爵（Earl of Chatham）和卡尔克拉夫特先生（Calcraft）的账户余额以及其他同类的军费结余，加上从银行和东印度公司收到的款项，以及额外的每镑1先令的土地税，都加到这一数额上，那么总数肯定大大超过500万镑。由此可见，自和平以来，从国家普通收入的结余中支付的公债，每年都没有达到50万镑。自和平以来，由于部分债务已经偿还、可赎回的利息由4%降至3%，以及部分年金所有者已经身故，偿债基金已经大大增加，而且，如果和平继续下去，也许现在每年可以从其中抽出100万镑来偿还债务。因此，去年又偿还了100万镑。但同时，一边有大笔王室专项债没有支付，另一边我们又卷入了一场新的战争。随着战争的发展，它可能与我们以前的任何战争一样昂贵。[①] 在下一场战争结束之前，新债务可能几乎等同于从国家经常收入的结余中偿还的所有旧债。因此，期望通过目前经常收入可能产生的任何结余来完全清偿公债，完全是不切实际的。

一位作者认为，欧洲不同债务国的公债，特别是英国的公债，是国家其他资本之外的巨大资本的积累，有了这些资本，国家的贸易得到了扩张，制造业得到了发展，土地得到了耕种和改良，远远超过了仅靠其他资本所能达到的水平。他没有考虑到，第一批债权人贷给政府的资本，从借出的那一刻起，年产出的某一部分就从资本的功能转向了税收的功能，从维持生产性劳动者转向了维持非生产性劳动者，在一年中被花费或浪费，甚至没有任何未来再生产的希望。作为对他们出借资本的回报，他们确实在大多数情况下从公债中获得了超过同等价值的年金。毫无疑问，这笔年金取代了他们

---

① 事实证明，这场战争的花费比我们以前所有的战争都要昂贵，而且使我们又欠下了1亿多镑的债务。在长达11年的和平时期中，偿还的债务不超过1000万镑；而在长达7年的战争中，债务超过了1亿镑。

的资本，并使他们能够在与以前相同或更大的范围内进行他们的贸易和业务。也就是说，他们能够以这笔年金的信用从其他人那里借到新的资本，或者通过出售年金从其他人那里得到与他们贷给政府的资本相同或更多的新资本。然而，他们以这种方式购买或从其他人那里借来的这种新资本，以前一定存在于这个国家，而且一定像所有资本一样，被用于维持生产性劳动。当它落入那些把钱贷给政府的人手中时，虽然在某些方面对他们来说是一种新的资本，但对国家来说并非如此，只是从某些行业中抽出的资本，或转用于其他行业。虽然它取代了他们贷给政府的资金，但对国家来说，并没有代替国家的这部分资本。如果债权人没有把资本贷给国家，那么国家就会有两种，而不是只有一种资本，用于维持生产性劳动的年产出。

为了负担政府的开支而在一年内从免费或未抵押的税收中获得收入时，私人的某一部分收入只是从维持一种非生产性劳动转向维持另一种非生产性劳动。他们在这些税收中的一部分无疑可能已经积累成资本，被用于维持生产性劳动；但大部分可能已经被花掉，因此被用于维持非生产性劳动。然而，当以这种方式支付公共费用时，无疑会或多或少地阻碍新资本的进一步积累；但它不一定会导致任何实际存在的资本的毁灭。

当公共开支通过举债负担时，开支是通过每年破坏该国以前存在的某些资本，也就是通过将以前用于维持生产性劳动的某些年度产出转为用于非生产性劳动来支付的。然而，由于在这种情况下，一年内可以筹集到足以负担同样费用的收入，人民的纳税负担必然较轻，因此，他们将收入的一部分节约和积累为资本的能力受到的影响也会大大减少。如果举债方法破坏了更多的旧资本，那么同时它对积累或获得新资本的阻碍就不及用年内筹集收入来负担公共开支。在举债制度下，私人的节俭和勤奋可以更容易、更有助于弥补政府的浪费和奢侈可能偶尔对社会的总资本造成的破坏。

然而，只有在战争持续期间，举债制度才比其他制度具有这种优势。如果战争的费用总是由一年内筹集的税收来支付，那么这种特殊税收就不会比战争持续的时间更久。私人的积累能力，虽然在战争期间较少，但在和平时期会比在举债制度下更大。战争不一定会导致任何旧资本的毁灭，而和平则会导致许多新资本的积累。一般来说，战争会更迅速地结束。人民在战争持续期间感受到战争的全部负担，很快就会厌倦它，而政府为了取悦人民，就不会把战争进行得更久。对战争的沉重和不可避免的负担的预期，将使得人民不会在没有真正或坚实的利益可供争取时轻易地呼唤和要求战争。私人积累能力受到一定影响的情况将出现得更少，而且持续时间更短。相反，在这些能力最强的时期，其持续时间将比在举债制度下的持续时间长得多。

此外，当债务增加到一定程度时，它所带来的税收倍增有时会损害私人的积累能力，即使是在和平时期，也会像其他制度在战争时期一样。目前，英国的和平收入每年达 1000 多万镑。如果没有抵押，只要管理得当，不欠 1 先令的新债也足以进行最激烈的战争。目前，由于采用了有害的举债制度，英国居民的私人收入在和平时期受到了很大的阻碍，他们的积累能力也受到了很大的影响，就像是在最昂贵的战争时期一样。

有人说，支付公债的利息是右手交给左手。这些钱并没有流出国门，只是一部分居民的收入被转给了另一部分，而国家并没有因此而变得更穷。这种说法完全是建立在重商主义制度的诡辩上，在我对重商主义制度进行了长时间的研究之后，或许没有必要再对它说些什么了。此外，重商主义还假定全部公债都由本国居民承担，而这恰恰不是事实；荷兰人以及其他几个外国国家都拥有我国公债相当大的份额。但是，即使全部债务都确实由本国居民承担，它的危害也不会因此而减少。

土地和资本是所有私人和国家收入的两个原始来源。资本支付生产性劳动的工资，无论是在农业、制造业还是商业之中。这两个原始收入来源的管理属于两组不同的人：土地的所有者，资本的所有者或使用人。

地主为了自己的收入，有必要尽可能地保持地产的良好状态，建造和修理佃户的房屋，建设和维护必要的排水沟和围墙，以及建造和维护的所有其他昂贵的改进措施。但是，由于征收不同的土地税，地主的收入可能会大大减少，由于对生活必需品和便利设施征收不同的税，这种减少的收入可能会变得没有太多实际价值，以至于他可能发现自己完全没有能力进行或维持这些昂贵的改进。然而，当地主不再履行他的职责时，佃户也完全不可能继续履行他的职责。随着地主的困难增加，国家的农业必然会衰退。

当对生活必需品和便利品征收不同税种时，资本的所有者和使用者就会发现，他们从资本中获得的任何收入，在其他国家都能购买更多数量的必需品和便利品，这时他们就会倾向于迁居到其他国家。当国家为了提高这些税收，迫使所有或大部分的商人和制造商，也就是所有或大部分的大资本的使用者，不断地接受收税官令人厌恶和讨厌的访问时，这种迁居的意愿很快就会变成实际的迁移。国家的工业将必然随着支持它的资本的转移而衰落，贸易和制造业也将和农业一起走向消亡和衰落。

把土地和资本这两大收入来源的所有者，从对每一部分土地的良好状况和每一部分资本的良好管理直接相关利益的人，转移到另一群人，也就是没有这种特殊的利益国家债权人身上，从长远来看，必须造成土地的荒废和资本的浪费或消失。国家债权人无疑对国家的农业、制造业和商业的繁荣有着广泛的兴趣，因此对其土地的良好状况和对其资本的良好管理也有兴趣。如果这些事情中的任何一项出现了一般失败或衰退，不同税种的收益可能不再足以支付他应得的年金或利息。但是，国家债权人，仅仅身为债权人本身，不能从任何特定部分的土地的良好状况或任何特定部分的资本的良好管理中获得任何利益。作为国家债权人，他不了解任何这样的特定部分。他不会对它进行监督，也不可能关心。在某些情况下，土地或资本的崩坏可能不为他所知，而且对他没有直接影响。

举债已经逐渐削弱了每个采用这种做法的国家。意大利的各共和国似乎已经开始了付息。热那亚和威尼斯是两个仅有的可以称为独立存在的国家，均由于举债而削弱。西班牙似乎从意大利共和国那里学到了这种做法，而且它的税收可能不如后者的明智，结合国家的天然实力成正比，它的实力下降更为严重。西班牙的债务有着古老的历史。在 16 世纪末之前，它就已经债台高筑，比英国欠下第一个先令还要早 100 年。法国尽管拥有丰富的自然资源，却在债务的沉重负担下苦苦挣扎。联省共和国因其债务而衰弱的程度不亚于热那亚或威尼斯。有着这么多国家的前车之鉴，难道这种方法只会使英国独善其身吗？

可以说，这些不同国家建立的税收制度不如英国。这一点我相信。但应该记住，当最明智的政府已经用尽了所有适当的征税对象时，在紧急需要的情况下它必须求助于不适当的对象。明智的荷兰共和国在某些情况下不得不求助于像西班牙的大部分税收一样不方便的税收。在公共收入得到相当大的缓解之前就开始的另一场战争，随着战争的进展变得像上一场战争一样昂贵，可能会由于不可抗拒的需要，使英国的税收制度与荷兰的税收制度，甚至与西班牙的税收制度一样受到压力和挑战。事实上，对我们目前的税收制度来说，它迄今给工业带来的困难是如此之小，以至于在最昂贵的战争过程中，个人的节俭和良好行为似乎能够通过储蓄和积累来弥补政府的浪费和奢侈对社会的一般资本造成的所有缺陷。在英国有史以来最昂贵的战争结束时，它的农业和以前一样兴旺，它的制造商和以前一样多，而且就业充分，商业和以前一样广泛。因此，支持所有这些不同工业部门的资本一定与以前一样多。自和平以来，农业得到了进一步的改善，全国每个城镇和村庄的房屋租金都在上涨，证明人民的财富和收入在增加；旧税收的大部分，特别是消费税和海关的主要部门，每年都在不断增加，同样清楚地证明了消费以及产品因此增加，只有这些产品才能支持这种消费。大不列颠似乎轻松地支撑着一个在半个世纪前没有人认为它有能力支撑的负担。但是，我们不要因此而轻率地认为它有能力支持任何负担，甚至也不要过于自信，认为它可以毫不费力地支持比已经压在它身上的负担略微更沉重的负担。

一旦国债积累到一定程度，我相信它就很难能得到公平、彻底的清偿了。如果说公共收入的压力还有可能缓解，那么它也会是由破产导致的：有时是公开的破产，更多的时候是假装偿还所掩盖的真正的破产。

提高铸币面值一直是最常见的办法，通过这种方法就可以把真正的国家破产掩盖在假装偿还的外表之下。例如，如果通过议会法案国王布告将 6 便士提高到 1 先令的面额，将 26 便士提高到 1 镑的面额；在旧面额下借了 20 先令或近 4 盎司白银的人，在新面额下只需要用 26 便士或不到 2 盎司的东西来偿还。一笔大约 1.28 亿镑的国债，几乎相当于英国全部有资金和无资金债务的资本，可以用新币约 6400 万镑来偿还。这实际上只是一种假装偿还，国家债权人实际上将被骗走他们应得的每镑10先令的钱。这场灾难的影响也将远远超出公众债权人的范围，每个人的债权人都将遭受相应的损失；而这对公众债权人来说没有任何好处，他们大多数情况下会有很大的额外损失。如果国家债权人自己身为债务人，欠下很多债务，他们可以在某种程度上通过用国家支付给他们的新币来补偿债权人的损失。但在大多数国家，国家债权人大部分都是富人，他们对其他同胞的关系更像是债权人而不是债务人。因此，在大多数情况下，这种假装的支付非但没有减轻，反而加重了国家债权人的损失，而且在对国家没有任何好处的情况下，将灾难扩大到其他大量无辜的人身上。它会造成对私人财富的全面、严重的颠覆，在大多数情况下，以牺牲勤奋和节俭的债权人为代价，使游手好闲的大额债务人致富，将很大一部分本来可能增加和改善的国家资本转移到这些只知破坏的人手中。当国家不得不宣布自己破产时，就像个人必须这样做一样，公平、公开、公然的破产总是对债务人名誉影响最小、对债权人的伤害最低的措施。如果一个国家为了掩盖真正破产的耻辱，而采用这种很容易被看穿，同时又极其有害的戏法，那么这个国家的声望肯定是很难得到保障的。

然而，几乎所有的国家，不管是在古代还是在现代，当被逼到这种地步时，都在某种程度上玩弄过这种变戏法的把戏。罗马人在第一次布匿战争结束时，将他们用来计算所有其他硬币价值的硬币或面额阿斯从包含12盎司的铜减少到只包含2盎司；也就是说，他们将2盎司的铜提高到之前一直表示12盎司价值的面额。通过这种方式，罗马共和国得以用其实际欠款的1/6来偿还它所签订的巨大债务。我们很容易想象，如此突如其来的巨大破产如果放在当今时代将引起民众的强烈抗议。但当时它似乎并没有引起任何喧哗。颁布它的法律和所有其他与铸币有关的法律一样，是由一个护民官（Tribune）提出并通过人民大会的，而且可能是一个非常受欢迎的法律。在罗马，就像在所有其他古代共和国一样，穷人经常欠富人和有权势者的债，这些人为了确保自己在年度选举中获得选票，经常以高昂的利息借给他们钱，这些钱由于从未偿还，很快就积累成一笔巨款，无论是债务人本身还是其他人都无法偿还。债务人由于害怕被处死，不得不在没有任何进一步酬劳的情况下，为债权人推荐的候选人投票。尽管罗马有着各项反贿赂或反腐败的法律，但在共和国后期，候选人的恩惠加上元老院偶尔分发的玉米就是较贫穷的公民赖以生存的主要资金。为了使自己摆脱对债权人的这种奴役，较贫穷的公民不断要求完全废除债务，或者要求制定他们所谓的"新铜表法"（New Tables）；也就是说，要求制定一项法律，使他们只需支付一定比例的累积债务就能获得完全豁免。将所有面值的硬币减少到以前价值的 1/6 的法律，因为它使他们能够用他们真正所欠金额的 1/6 来偿还债务，相当于最有利的新铜表法。为了使人民满意，富人和大人物在不同的场合被迫同意废除债务和实行新铜表法；他们可能部分是出于同样的原因而同意这项法律，部分是由于通过释放公共收入压力，他们可以恢复自己身为主要领导者的政府的活力。用了这个办法，一项 12 800 万镑的债务一下子就减少到了 21 333 333 镑 6 先令 8 便士。在第二次布匿战争期间，阿斯还进一步贬值，首先从两盎司的铜降到一盎司，然后从一盎司降到半盎司；也就是说，降到了最原始价值的 1/24。将罗马的这几次操作合并，最开始的 12 800 万镑债务可以通过一下子减少到 5 333 333 镑 6 先令 8 便士。即使是英国的巨额债务也可以通过这种方式很快得到偿还。

通过这种手段，我相信所有国家的硬币都在逐渐贬值，越来越低于其原来的价值，同一面值的铸币里白银的含量也越来越少。

出于同样的目的，各国有时在其硬币的标准中掺假；也就是说，在其中掺入更多的合金。例如，1 磅重的银币不是掺入 18 英钱（penny-weight）[①]，而是掺入 8 盎司的合金，那么 1 镑或 20 先令的掺假银币就只相当于先行货币的 6 先令 8 便士。这样一来，我们现在的货币 6 先令 8 便士所含的白银数量将被提高到非常接近 1 镑的面值。这种做法与法国人所说的增加或直接提高硬币面额的做法具有完全相同的效果。

增加或直接提高硬币的面值，总是，而且从其性质来看，必须是公开的、透明的操作。通过这种方式，较小质量和体积的硬币被冠以与之前较大质量和体积的硬币相同的名称。相反，标准的掺假通常是一种隐蔽的行为。掺假之后从铸币厂发行的硬币面值与真币相同，尽可能地与之前流通的价值更高的硬币具有相同的质量、体积和外观。法国国王约翰为了偿还债务，在他的硬币中掺假时，要求铸币厂的所有官员发誓保密。这两种做法都是不公正的。但是，简单地增加面值是公开的不正义行为，而掺假则是背后欺诈的不公正行为。因此，后一种操作因为不可能隐瞒很久，一旦被发现，总是会比前一种操作引起更大的愤慨。钱币面值在经过相当程度的增加后，很少能恢复到以前的质量；但若是掺假之后，几乎总是能恢复到以前的纯度。除此之外，几乎没有以其他方式平息人民的怒火和愤慨的情况。

在亨利八世统治的末期和爱德华六世统治的初期，英国的硬币不仅面值上提高，而且在标准也有掺假。在詹姆士六世时期，类似的欺诈行为在苏格兰也有实施。在大多数其他国家偶尔也会实施。

收入的盈余或超过和平机构的年度开支的部分如此之少，想要

---

① 英钱，又称本尼威特，英国旧重量单位。1 英钱 =1/20 盎司。——译者注

大不列颠的国家收入完全摆脱债务，甚至能在摆脱债务方面取得任何相当大的进展，似乎是完全徒劳的期望。显然，如果不大幅增加公共收入，或同样大幅缩减国家开支，就不可能摆脱债务。

更加平等的土地税、更加平等的房屋租金税，以及前一章中提到的对现行关税和消费税制度的改革，也许可以在不增加大部分人的负担的情况下，将负担更加平等地分配给全体人民，从而带来相当明显的收入增长。然而，最乐观的规划者也不可能自鸣得意地认为，这种增长可以实现完全、彻底地让国家收入摆脱债务，甚至和平时期在这方面取得一些进展，或防止或减少下一次战争中公债的进一步扩大。

将英国的税收制度扩展到帝国所属各地，而不问那地方的居民是英国人还是欧洲人，税收或可望大有增加。然而，要做到这一点，根据英国的原则，需要不同地区按照其对税收的贡献比例，在英国议会，或者大英帝国总议会中获得公平、平等的代表权。目前，许多有权势的人的私人利益，以及许多人的公认偏见，似乎都在反对如此巨大的变革，这些障碍可能很难、也许完全不可能克服。然而，假设不考虑这种同意是否可行，在这部纯粹理论的作品中，思考一下英国的税收制度在多大程度上可以适用于国家的所有不同属地，如果这样适用的话，可以从各个属地那里得到什么收入，以及这种普遍的联合可能会以何种方式影响其中所包含的不同省份的幸福和繁荣，或许并无不妥。这种推测，最差也只能被看作是一种新的乌托邦，当然不会那么有趣，但也不会比旧乌托邦更无用、更虚幻。

土地税、印花税以及各种关税和消费税构成了英国税收的四个主要分支。

爱尔兰当然有能力，而我们的美洲和西印度的殖民地比英国更有能力缴纳土地税。在既不需要缴纳什一税也不需要缴纳济贫税的地方，地主肯定比需要缴纳这两个税种的地方更有能力支付土地税。在不征收什一税代金而必须缴纳实物的地方，什一税比每镑 5 先令的土地税更能减少地主的租金。在大多数情况下，这样的什一税会超过土地实际租金的 1/4 以上，或者完全付清地主的资本和合理利润后剩下的部分。如果去掉所有代金和所有移交私人保管的部分，大不列颠和爱尔兰的全部教会什一税估计不会少于 600 万或 700 万镑。如果大不列颠和爱尔兰都没有什一税，那么在不比现在的负担更重的情况下，地主们就有能力支付 600 万或 700 万镑的额外土地税。美洲没有缴纳什一税，因此可以很好地缴纳土地税。事实上，美洲和西印度群岛的土地一般不租给农场主。因此，它们不能按照任何地租表来估税。但是，在威廉三世和玛丽四世时期，英国的土地也不是根据任何地租表，而是根据非常松散和不准确的方式估税。美洲的土地可以按照同样的方式进行估税，也可以根据最近在米兰以及奥地利、普鲁士和撒丁岛的领地进行的精确调查，按照公平的估值来估税。

显然，在法律程序形式以及转让不动产和个人财产的契约相同或几乎相同的所有国家，都可以不加任何区别地征收印花税。

把大不列颠的税收制度扩展到爱尔兰和殖民地，只要同时（公正地）扩展贸易自由，就会对两者都有最大的好处。目前限制爱尔兰贸易发展的所有令人反感的条件，以及美洲列名商品和非列名商品之间的区别，都将完全终结。菲尼斯特雷角（Cape Finisterre）以北的国家将对美洲的所有产品开放，就像该角以南的国家目前对某些产品开放一样。由于海关法的这种统一性，英国所有不同地区之间的贸易将像目前英国的沿海贸易一样自由。因此，英国将为其所有不同属地的每种产品提供一个巨大的内部市场。如此巨大的市场扩张将很快补偿爱尔兰和殖民地因关税增加而遭受的一切损失。

货物税是英国税收制度中唯一需要根据适用于不同各属地而进行改变的部分。它可以适用于爱尔兰而不作任何改变，因为该王国的产品和消费与大不列颠的产品和消费性质完全相同。在应用于美洲和西印度群岛时，由于其产品和消费与大不列颠的产品和消费有很大的不同，可能需要进行一些修改，其方式与适用于英国的苹果酒和啤酒的消费相同。

例如，有一种名为啤酒的发酵饮品，由糖蜜制成，与正常的啤酒没有什么相似之处，在美洲人民的普通饮品中占了相当大的比重。由于这种饮品只能保存几天，所以不能像啤酒一样在大酿酒厂里制造、储存以备出售。每个私人家庭都必须以烹饪食物的方式进行酿造，供自己饮用。但是，如果让每个私人家庭都要接受征税官令人厌恶可憎的访问和检查，就像对麦酒老板和公开销售的酿酒师的要求一样，那就完全不符合自由原则了。如果为了平等起见，有必要对这种酒征税，那么可以对制造这种酒的材料征税，或者在原料的生产地征税，如果由于贸易情况，这种征税不合适的话，还可以在其输入到殖民地消费时征税。英国除了对从美洲进口的糖蜜征收每加仑 1 便士的关税外，还对任何其他殖民地船只输送到马萨诸塞湾（Massachusetts Bay）的糖蜜征收地方税，每豪格海桶 8 便士；对从北方殖民地进口到南卡罗来纳州的糖蜜征收每加仑 5 便士。或者，如果这两种方法都不方便，还可以按照英国私人家庭征收麦芽税的方式，根据每个家庭成员的人数来征收这种酒的消费税；或者按照荷兰征收几种不同的税的方式，根据家庭成员不同的年龄和性别来征收；或者按照马修·德克尔爵士提议的在英国对所有消费品征税的方式征税。我们已经注意到，这种征税方式在适用于快速消费的商品时并不是非常方便。然而，在没有更好办法的情况下，也可以采用这种方式。

糖、朗姆酒和烟草都是不属于生活必需品的商品，但几乎成为一般消费的对象，因此是极其适当的征税目标。如果与殖民地合并，这些商品可以在离开制造商或种植者的手中之前被征税。如果这种征税方式不适合，还可以把它们存放在制造地和帝国所有不同的港口的公共仓库里，由所有者和征税官共同保管，直到它们被交付给消费者、供国内消费的商人零售商或商人出口商时为止，在交付之前不预付税金。当交付出口时，在提供适当的担保以确保它们真的被出口到国外的情况下，可以免税。在与殖民地联合之后，这些可能是需要对英国目前的税收制度做出一些重大改变的商品。

将改良的税收制度扩展到英国的所有不同属地可能带来多大收入，毫无疑问，肯定是完全不可能以相当准确的方式得出的。采用这种制度，在大不列颠，每年对不到 800 万人口征收的税收超过 1000 万镑。爱尔兰有 200 多万人，根据提交给国会的账目，美洲的 12 个州有 300 多万人口。然而这些数字可能被夸大了，也许是为了鼓励自己的人民，或者是为了威吓这个国家的人民，因此我们假设，北美和西印度殖民地加起来不超过 300 万人口；或者整个英国，在欧洲和美洲不超过 1300 万居民。如果这种征税制度在不到 800 万居民的情况下可以带来超过 1000 万镑的收入，那么在拥有 1300 万居民的情况下，它就应该产生超过 1625 万镑的收入。从这一收入中（假定这一制度能够产生收入的话）必须扣除爱尔兰和殖民地通常为负担各自行政机构的开支而筹集的收入。爱尔兰的民事和军事机构的开支，加上公债的利息，在截至 1775 年 3 月的前两个年度中每年不到 75 万镑。根据一项对美洲和西印度群岛主要殖民地收入的非常精确的核算，在目前的动乱开始之前，其数额为 141 800 镑。然而，这个账目省略了马里兰州、北卡罗来纳州以及我们在大陆和岛屿上最近获得的所有收入，这也许会导致 3 万或 4 万镑的差额。因此，为了便于计算，我们假设支持爱尔兰和殖民地的行政机构所需的收入可能达到 100 万镑。因此，还有 1525 万镑的收入可用于支付帝国的一般开支和偿还公债。但是，如果在和平时期可以从大不列颠目前的税收中抽出 100 万镑用于偿还债务，那么完全可以从这个提高后的税收中抽出 625 万镑。这个巨大的偿债基金也可以通过前一年偿还债务的利息每年增加，而且可以通过这种方式迅速增加，以便在几年内足以偿还全部债务，从而复兴我们这个日益消沉、略显疲态的帝国。同时，人民可以从一些最繁重的税收负担，例如从那些对生活必需品或制造材料征收的税收中解脱出来。这样，从事劳动的贫民就能生活得更好，以更低的价格出卖自己的劳动力，将生产的货物以更低的价格运往市场。他们产品的廉价，将增加对它们的需求，进而增加对生产它们的人的劳动力的需求。这种对劳动力需求的增加，将增加劳动贫民的人数、改善他们的生活状况。他们的消费会增加，同时他们消费的所有物品所带来的税收也会相应增加。

然而，这种征税制度所产生的收入可能不会立即与受其影响的人数成比例地增加。在一段时间内，需要给那些承受了比之前更为沉重、一时间难以适应的税收负担的帝国省份极大的宽容，而且即使在各地尽可能准确地征收同样的税收时，也未必一定会带来与人口数量成比例的收入。穷国应收关税和消费税的主要商品的消费量极小，而居民稀少的国家则便于走私。在苏格兰，下层阶级对麦芽酒的消费非常少，假定麦芽的税率因质量差异有所不同，再考虑到人数和税率的比例，苏格兰对麦芽、啤酒和麦酒征收的税金少于英格兰。在这些特殊的货物税部门，我认为一国的走私活动并不比另一国多。酒厂税和大部分关税，按照各自国家的人口比例，在苏格兰带来的税收少于英格兰，不仅因为应税商品的消费量较小，而且因为它们更易于走私。爱尔兰的下层阶级比苏格兰更穷，而且该国许多地方同样居民稀少。因此，在爱尔兰，按人口比例计算，应税商品的消费量可能比苏格兰还少，而走私的便利性几乎相同。在美洲和西印度群岛，即使是最下层的白人，情况也比英国同阶级的人要好得多，他们对喜好的奢侈品的消费也可能要大得多。事实上，黑人在大陆南部殖民地和西印度群岛的居民中占了很大一部分，由于他们处于奴隶制状态，他们的状况毫无疑问比苏格兰或爱尔兰最贫穷的人还要更差。但是，我们决不能因此认为他们的食物更差，或者认为他们对可能要征收适度关税的物品的消费甚至少于英国的下层阶级人民。为了使他们能够更好地工作，主人出于利益会让他们吃得更好、保持良好的心态，就像照顾自己的耕牛一样。因此，黑人几乎到处都和白人工人一样，有定量的朗姆酒、糖蜜或云杉啤酒，即使对这些物品征收适度的关税，这种定量也不可能取消。因此，在美洲和西印度群岛，按居民人数的比例，应税商品的消费量可能与英国的任何地区一样大。事实上，在这些地区，走私的机会大得多；考虑到国家的面积，美洲的居民较苏格兰或爱尔兰要少得多。然而，如果目前通过对麦芽和麦芽酒征收不同的税金而获得的收入转由单一的麦芽税来征收，那么在消费税最重要的分支中，将不会有任何走私的机会。如果关税不是对几乎所有不同的进口物品征收，而是仅限于少数最普遍使用和消费的物品，而且如果这些关税的征收受制于货物税法，那么走私虽然不能完全杜绝，但其可能性也会大大减少。由于关税和货物税这两项税种的改革显然非常简单、易行，在消费的比例上，人口最稀少的省份可能也与人口最稠密的省份一致。

当然，有人说，美洲人没有金银货币。美洲的内部贸易是通过纸币进行的，偶尔得到的金银都被送到英国，换取可以从我们这里获得的商品。但是如果没有金银就不可能支付税收。既然我们已经得到了他们所有的黄金和白银，又怎么从他们那里获取他们没有的东西呢？

目前美洲的金银货币稀缺，并不是因为该国贫穷，也不是因为该国人民没有能力购买这些贵金属。在一个劳动工资比英国高得多、食品价格比英国低得多的国家，如果有必要或方便的话，大部分人肯定有能力购买更大量的金银。因此，这些金属的稀缺性一定是他们自己选择的结果，而不是必然的结果。

金银货币的必要性或便利性，体现在处理国内或国外贸易上。

本书的第二卷已经表明，至少在和平时期，每个国家的国内贸易都可以通过纸币进行交易，其便利程度几乎与金银货币相同。对美洲人来说，他们可以使用容易获得的大量资本，在改善土地时来获得利润，因此他们可以方便地尽可能节省像金银这样昂贵的商业工具的费用，将购买这些金属所必需的那部分剩余产品用于购买贸易工具、服装材料、家用家具等，以及建造和扩大他们的定居点和种植园所需的铁制品。也就是说，美洲人购买和交换的不是“死资源”，而是活的、可以用于生产的资源。殖民地政府发现，为人民提供比足够满足处理国内事务所需数量稍多一点的纸币符合他们的利益。其中一些政府，特别是宾夕法尼亚州政府，通过将这种纸币以百分之几的利息借给他们的人民而获得收入。另一些政府，如马萨诸塞湾政府，在特殊紧急情况下使用这种纸币支付公共开支，然后在适合殖民地便利的时候，按照逐渐贬值的价值赎回。1747 年，该殖民地以这种方式以其发行纸币 1/10 的价值偿还了大部分公债。①

① 参见哈钦森（Hutchinson）《马萨诸塞湾史》（*History of Massachusetts Bay*）。

殖民者可以方便地节省在国内交易中使用金银货币的费用，殖民地政府也可以方便地提供一种媒介，尽管有一些非常严重的缺点，但他们能够节省这笔费用。纸币的充足供给必然将黄金和白银从殖民地的国内交易中驱逐出去，原因与它在苏格兰的大部分国内交易中驱逐了这些金属一样。在这两个国家，造成纸币过剩的原因不是贫穷，而是人民的进取心和开拓精神，人民希望把他们能得到的所有资源作为活跃的生产性资源来使用。

在不同殖民地与英国进行的对外贸易中，黄金和白银的使用量或多或少与它们的必要性成正比。在不需要这些金属的地方，它们则很少出现；在需要它们的场合，一般也能见到。

在英国和盛产烟草的各殖民地之间的贸易中，英国货物通常以相当长的信用期赊账给殖民者，然后按一定价格用烟草支付。对殖民者来说，用烟草支付比用金银支付更方便。对任何一位商人来说，用自己碰巧正在经营的货物来支付他的交易对象卖给他的货物，比用货币支付更方便。这样，商人就不必为了应对不时之需而将自己的资本划出一部分作为现金。商人可以在任何时候在商店或仓库中储存更多的货物，扩展贸易的范围。但是，对一个商人的所有交易者来说，他们很少有机会以他碰巧经营的其他种类的货物作为他们卖给他的货物的付款方式。向弗吉尼亚州和马里兰州进行贸易的英国商人恰好是一对特殊的贸易方，对他们来说以烟草形式收取卖给这些殖民地的货款比以金银形式收取更方便。他们能通过销售烟草获得利润，但不能从支付的金银中获利。因此，金银很少出现在英国与烟草殖民地的贸易中。弗吉尼亚州和马里兰州在对外贸易和国内贸易中都很少用到这些金属，因此，据说他们的金银货币比美洲任何其他殖民地都少。但是根据估计，他们和任何相邻的殖民地一样繁荣，因此也一样富有。

在北方各殖民地，宾夕法尼亚州、纽约州、新泽西州、新英格兰的四州向英国出口的自己的产品的价值不等于他们从英国进口、供自己使用或销往其他殖民地的货物的价值。因此，必须用金银向宗主国支付贸易差额，而他们也可以找到用以支付的金银。

在糖业殖民地，每年出口到英国的产品的价值远超从英国进口的所有货物的价值。如果每年运往母国的糖和朗姆酒都在这些殖民地支付，英国将不得不每年送出大量货币。某派政治家认为这对西印度群岛的贸易是极其不利的。但碰巧的是，许多糖业种植园的主要业主都居住在英国。他们的租金是以自己庄园的产品糖和朗姆酒的形式支付。西印度商人在这些殖民地购买的糖和朗姆酒的价值与每年在殖民地出售的货物的价值不等。因此，这一差额必须用金银支付，而他们也可以找到用以支付的金银。

各个殖民地向英国付款的难度和不规则性，与它们各自应付数额的大小完全不成比例。一般来说，北方殖民地与烟草殖民地相比，尽管应付数额更大，但是付款更有规律，后者要么应付数额更低，要么没有支付。从不同的糖业殖民地取得付款的困难程度，与其说是与它们各自应付数额的多少成正比，不如说是与殖民地上未开垦土地的数量成正比；殖民者受到的过度贸易的诱惑越大，越有可能在超过资本许可的范围之外开垦和种植土地，也就越不能归还欠款。牙买加这个大岛仍有许多未开垦的土地，因此，与巴巴多斯、安提瓜和圣基茨（St. Kitts）这些较小的岛屿相比，该岛的回报一般来说更不规则、不确定，而后面这些岛屿多年来已经完全开垦，因此留给种植者的投机机会也就更小。新近取得的格林纳达、多巴哥（Tobago）、圣文森特（St. Vincents）和多米尼克（Dominica）岛为这些投机活动开辟了新的空间，而最近这些岛屿的收益与牙买加大岛的收益一样不规则、不确定。

因此，在大部分殖民地中，造成目前金银货币稀缺的原因并不是殖民地的贫穷。他们对活跃和生产性资源的巨大需求，使他们更愿意尽可能少地拥有固定资源，也更满足于尽管商品性不强但比金银更便宜的商业工具。这样，他们可以将金银的价值转化为贸易工具、服装材料、家用家具，以及建设和扩大其定居点和种植园所必需的铁器。在那些没有金银货币就无法交易的商业部门，他们似乎总能找到必要数量的这些金属；如果他们经常找不到，这种失败通常不是因为他们太过贫穷，而是因为他们太过冒进。他们的不规则、不确定的付款不是因为贫穷，而是因为他们太急于变得过分富有。尽管殖民地税收中超出支付其自身行政和军事机构费用所需的部分都要以金银形式汇给英国，但殖民地有足够的资金购买必要数量的这些金属。在这种情况下，他们将不得不把他们的部分剩余产品（他们现在用这些产品购买活跃的生产性资源）换成固定资源。他们处理国内业务时将不得不使用昂贵而不是廉价的商业工具，而购买这种昂贵工具的费用可能会在一定程度上抑制他们在改良土地方面的过度的活力和热情。然而，也许没有必要将美洲收入的任何部分以金银形式汇出。收入可以以票据的形式汇出，由英国的特定商人或公司接受，美洲的部分剩余产品已经委托给这些商人，他们在收到货物后，将美洲的收入以货币形式支付给国库；而且整个业务可能经常在不从美洲出口 1 盎司黄金或白银的情况下完成交易。

爱尔兰和美洲为偿还大不列颠的公债做出贡献并不违背正义。这笔债务是为了支持革命所建立的政府而欠下的，有了这个政府，爱尔兰人不仅在自己的国家享有全部权力，而且享有自由、财产和宗教方面的一切保障；有了这个政府，美洲的几个殖民地才得到了特许状，以及因此产生的当下的体制，美洲的所有殖民地才享有了自由、安全和财产。这笔公债不是为了保卫英国一个国家，而是为了保卫大英帝国的所有不同省份，最近的战争中欠下的巨额债务，以及在之前的战争中欠下的大部分债务，都是为了保卫美洲而欠下的。

通过与英国的联合，爱尔兰除了获得贸易自由外，还将获得其他更重要的好处，这些好处远远超过可能因联合而增加的税收。通过与英国的联合，苏格兰的中下层阶级的人民完全摆脱了以前一直压迫他们的贵族权力。通过与英国的联合，爱尔兰各阶层的大部分人将同样完全摆脱更具压迫性的贵族制度——爱尔兰的贵族制度不像苏格兰那样建立在出生和财富的天然、可敬的差别上，而是建立在所有差别中最可憎的一种上，即宗教和政治偏见。这些差别比其他任何差别都更能激发压迫者的傲慢和被压迫者的仇恨和愤慨，而且这些区别通常使同一国家的居民比不同国家的居民更加相互敌视。如果不与英国联合，爱尔兰的居民在许多年内都不会把自己视作同一个国家的成员。

美洲各殖民地从未出现过压迫性的贵族制度。然而，从幸福和安定的角度来看，即使是他们也会因为与英国的联合而获益良多，至少可以使他们摆脱那些小规模的民主国家不可避免的相互仇视、恶毒竞争的党派冲突——这些党派冲突经常分裂人民的感情，扰乱（形式上十分接近民主的）政府的安宁。在与英国完全分离的情况下，除非通过这种联合来阻止，否则这种分离似乎很有可能发生，这些党派斗争将比以往更加激烈十倍。在目前的动乱开始之前，宗主国的强制力量可以抑制这些党派斗争，使其不至于爆发出比暴力和侮辱更恶劣的行为。如果这种强制力完全不复存在，他们可能很快就会爆发出公开的暴力行为和流血事件。在团结于一个统一政府的大国中，偏远省份的党争弱于帝国的中心。这些省份远离首都，远离党派冲突和野心斗争的主要地点，从而较少地参与任何一方的阵营，可以对所有人的行为更加冷漠和公正地观察。苏格兰的党争比英格兰更弱。如果联合，爱尔兰的党争可能少于苏格兰，而殖民地可能很快就会享受到目前在英国任何地方都不曾有过的和谐和一致。当然，爱尔兰和殖民地的赋税可能都会比现在更重。然而，由于勤奋和忠实地将公共收入用于偿还国债，这些税收的大部分可能不会长期持续下去，大不列颠的公共收入可能很快就会减少到维持规模不大的、和平的建制所必要的水平。

东印度公司取得的领土，毋庸置疑是英国王室，也就是英国国家和人民的权利，可能会成为另一个也许比前面提到的所有国家更丰富的收入来源。这些国家比英国更肥沃、更辽阔，按照与面积之间的比例，可能比英国更富裕、人口更多。为了从这些国家获得大量的收入，也许没有必要在那些已经充分征税，或超出足够税收的国家引进任何新的税收制度。更合适的做法，也许是减轻而不是加重那些不幸国家的负担，努力从它们那里获得收入，不是通过征收新税，而是通过防止它们已经缴纳的大部分税收被挪用和滥用。

如果英国发现自己不可能从上述任何一种资源中获得任何可观的收入增长，那么，对她来说，唯一的办法就是减少开支。尽管在征税和国库开支的使用方式上还有改进的余地，但英国似乎至少和它的任何邻国一样节约。她在和平时期为保卫自己而维持的军事机构，比任何在财富或实力可以与其匹敌的欧洲国家的军事机构都要更有节制。因此，这些项目似乎都不太可能大幅度减少开支。在这次动乱开始之前，殖民地的和平建设费用非常可观，如果不能从殖民地那里获得收入，这笔收入肯定应当完全省去。这种在和平时期的经常开支虽然很大，但与我们在战争时期为保卫殖民地而付出的代价相比，就显得微不足道了。我们已经提到，上一次战争完全是为了保卫殖民地而进行的，已经使英国花费了 9000 多万镑。1739 年的西班牙战争以及由此引发的法国战争中，英国花费了 4000 多万镑，其中很大一部分应该公正地由殖民地承担。在这两次战争中，殖民地给英国带来的损失比第一场战争开始前的国债总额的两倍还要多。如果不是因为这两场战争，这笔债务到现在可能已经全部付清；如果不是因为殖民地，前一场战争可能不会发生，后一场战争当然也不会发生。正是因为殖民地被认为是英国的省份，所以这笔费用才需要落在他们身上。但是，那些既无收入也无军事力量支持帝国的国家不能被看作是省份。它们也许可以被看作是附属，是英国的一种华丽、炫耀的装饰。但是，如果帝国不能再支持维持这种装饰的费用，它当然应该把它放弃；如果不能按其费用的比例增加收入，至少应该使其量入为出。如果殖民地拒绝向英国纳税却仍被视为英国的省份，那么，在未来的一些战争中，他们的防卫可能会使英国付出与以往任何战争同样大的代价。过去一个多世纪以来，大不列颠的统治者一直以他们在大西洋西侧拥有一个伟大帝国的愿景来取悦他的人民。然而，到现在，这个帝国只存在于想象中。迄今为止，它还不是一个帝国，而只是一个帝国的蓝图。不是一个金矿，而是一个金矿的计划。这个计划已经耗费了巨额开支，而且还在继续耗费巨额开支，如果再按照目前的方式进行，很可能会付出更为巨大的代价，而不可能带来任何收益；因为事实证明，对殖民地贸易的垄断对广大人民仅仅是损失而不是收益。现在就是关键的时刻，我们的统治者要么实现这个自己和人民一直沉迷的金色美梦，要么从梦中醒来，努力唤醒人民。如果这个项目不能完成，就应该及时放弃。如果不能使英国的任何一个为支持整个帝国做出贡献，那么现在，英国应该消除自己战时保卫这些地区，以及和平时期支持行政或军事机构的费用，并力图使自己未来的地位和愿景适应于自己真实、平凡的处境。

译者后记

在这个充满智慧光芒的时代，我们再次翻开了亚当·斯密的《国富论》，这部经济学的奠基之作。其深邃的思想和精辟的分析，照亮了现代经济学的前行之路。作为高校英语专业教师，我们团队对能够承担起将这部经济学经典介绍给更多读者的任务深感荣幸。在翻译这部作品的过程中，我时刻铭记着那些珠玉在前的译者们所做出的卓越贡献，他们的工作不仅为我们提供了宝贵的参考，也为我们树立了难以逾越的高标准。

《国富论》不仅是经济学领域的经典之作，更是一部影响深远的社会哲学著作。亚当·斯密先生以其独特的视角，深入探讨了劳动分工、货币、资本、税收等经济学的核心问题，提出了自由市场经济的观点，对后世产生了深远的影响。

面对翻译这样一部经典，我们深感惶恐与敬畏，同时也秉持着认真与谨慎的态度。在翻译的过程中，我们努力保持原作的学术严谨性和思想深度，同时也尽力使译文流畅自然，以期让中文读者能够更好地理解这部作品，以及感受它的魅力。

我们衷心希望，我们的这份努力能够得到读者们的认可，更希望《国富论》能够激发更多人对经济学、对社会、对人类文明的思考。

在阅读这部作品的过程中，如果您有任何的疑问或建议，我们都非常乐意倾听和交流。让我们一起，随着亚当·斯密先生的笔触，探索经济的奥秘，思考社会的法则。

最后，感谢您选择阅读这部译作，愿您在阅读的旅程中，收获知识，获得启迪。

林敏奋　赵泽铭